# 깡쌤의
# 안드로이드
# 프로그래밍
# with 자바

## 깡쌤의 안드로이드 프로그래밍 with 자바


발행일 2022년 04월 01일 초판

지음 강성윤

발행인 한창훈
편집 최규리
펴낸곳 쌤즈
출판등록 2013년 11월 6일 제 385-2013-000053호
주소 경기도 부천시 길주로 284 913호

강의 https://www.ssamz.com
도서 https://www.rubypaper.co.kr

강의 문의 031_8027_7935
도서 문의 032_322_6754, FAX 031_8039_4526

ISBN 979-11-86710-78-4

# 깡쌤의
# 안드로이드
# 프로그래밍
# with 자바

아이들에게 자랑스러운(?) 아빠가 되고자 집필을 시작한 지 벌써 6년이 지나 이제 두 번째 개정판 출간을 앞두고 있다. 그동안 모바일과 안드로이드 앱 개발에 많은 변화가 있었기에 이전 책과 개정판에 담긴 내용에 큰 차이가 있을 수밖에 없었다. 예를 들어, ListView처럼 더 이상 사용하지 않고 사용할 필요도 없는 주제는 삭제하고 머티리얼 디자인과 JetPack의 API에 대한 내용은 추가했다. Volley와 HttpURLConnection은 제거하였고 Retrofit2를 중심으로 네트워크 프로그램을 정리하였다.

책을 집필하는 데는 인고의 시간이 필요했다. 그만큼 쉽지 않은 일이었다. 내가 알고 있는 지식을 다시 정리해야 했고 어떤 흐름으로 내용을 풀어야 학습하는 분들에게 효율적일지를 고민해야 했다. 특히 같은 내용을 어떻게, 어떤 그림으로 설명해야 할지 고심했다.

설명 형식이나 집필 방식이 모든 독자분들의 취향에 맞지는 않을 것이다. 어떤 분들은 설명 중심의 책이 아닌, 코드 나열로 구성되어 타이핑만 따라 하면 하나의 앱이 완성되는 책을 원하기도 한다. 반면, 어떤 분들은 소스를 그대로 따라 하는 형식을 싫어하고 설명과 함께 핵심 코드만 학습할 수 있는 책을 바라기도 한다. 나의 집필 방식은 여전히 설명 위주다. 하지만 핵심 코드만으로는 부족하다고 느끼실 분들을 위해 Step by Step 실습을 추가했다.

책을 집필하며 느낀 또 다른 부분은 말로 설명하는 것과 글로 설명하는 것에 차이가 있다는 점이다. 같은 주제라도 글로 내용을 읽었을 때는 이해되지 않다가 누군가의 강의를 들었을 때 이해되기도 한다. 그동안 책을 통해 나를 알게 되어 이메일을 보내 주신 분들의 질문을 보며 '이분들에게 잠깐이라도 말로 설명할 기회가 있다면 헷갈리는 부분을 명확하게 잡아 드릴 수 있을 텐데…'하는 아쉬움이 있었다. 그런 고민을 하던 중에 SSAMZ.com과 연이 맺어져 책을 바탕으로 한 인강을 촬영하게 되었다. 이 책을 통해 안드로이드 앱 개발을 이해하고자 하는 분들에게 SSAMZ.com의 인강이 또 다른 학습의 도우미 역할을 할 수 있기를 기대해본다.

인강을 오픈할 수 있게 도와주신 SSAMZ.com 대표님 이하 모든 관계자분들과 좋은 책을 집필할 기회를 주신 루비페이퍼 대표님 이하 모든 관계자분들께 감사의 인사를 전한다.

책을 읽으시는 모든 분들의 행복과 건승을 빌며

깡쌤, **강성윤** 드림

## 2 깡쌤 질문 있어요

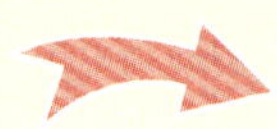

## 1 안드로이드 앱의 동작 원리 파악하기

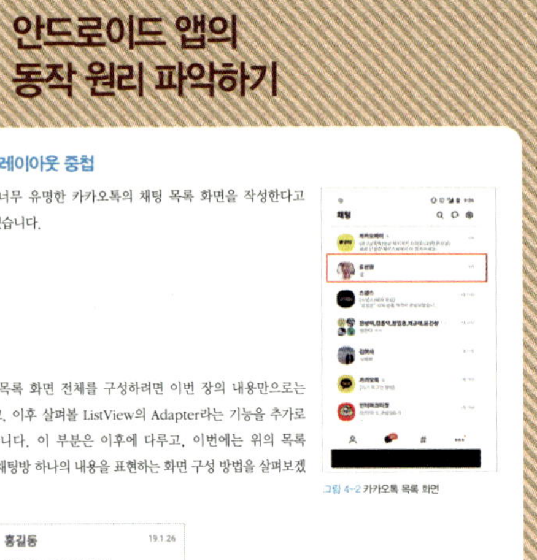

4.1.2. 레이아웃 중첩

이번에는 너무 유명한 카카오톡의 채팅 목록 화면을 작성한다고 가정해보겠습니다.

카카오톡 목록 화면 전체를 구성하려면 이번 장의 내용만으로는 불가능하고, 이후 살펴볼 ListView의 Adapter라는 기능을 추가로 알아야 합니다. 이 부분은 이후에 다루고, 이번에는 위의 목록 화면에서 채팅방 하나의 내용을 표현하는 화면 구성 방법을 살펴보겠습니다.

그림 4-2 카카오톡 목록 화면

홍길동 19.1.26
안녕하세요. 잘 지내시는 지요?

그림 4-3 항목 UI

그림처럼 항목을 구성해야 한다면 프로필 사진을 위한 ImageView와 이름, 내용, 날짜를 위한 TextView 3개가 필요합니다. 위 화면을 LinearLayout으로 구현할 수 있을까요? 여기서 중요한 것은 이름과 내용이 위아래로 나열되었다는 점입니다. 간단하게 생각하면 전체 뷰를 가로 방향으로 나열하고,

## 2 실제 수강생과 주고받았던 질의와 응답

**Q** 콘텐츠 프로바이더에 insert( ), delete( ) 함수가 있다는 건 외부 요청에 의해 외부 데이터가 저장, 삭제도 된다는 이야기인가요?

**A** 콘텐츠 프로바이더를 작성할 때는 앞에서 살펴본 query( ), insert( ), update( ), delete( ) 함수를 재정의해야 하며, 따라서 외부 앱은 재정의한 함수를 모두 호출할 수 있습니다. 그런데 외부 앱의 요청으로 인해 자신의 데이터가 추가되거나 삭제되는 걸 막고 싶다면, 즉 나는 그냥 내 데이터를 외부 앱에 전달하는 용도로만 쓰겠다 하면, insert( ), update( ), delete( ) 함수 부분을 비워두면 됩니다. 외부에서는 모든 함수를 호출할 수 있지만, 외부 호출로 인해 어떤 데이터가 어떻게 접근되고 관리되는지는 콘텐츠 프로바이더를 만드는 개발자 마음입니다.

서드파티 밴더의 앱에서 콘텐츠 프로바이더를 제공한다면 query( ) 함수를 열심히 구현해서 제공하겠지요. 그런데 구글 기본 앱의 콘텐츠 프로바이더들은 대부분 insert( ), update( ), delete( ) 함수에도 일정 정도의 작업을 해줍니다.

**실습 공유 파일 및 책 예제**

http://kkangsnote.tistory.com/

**책 문의**

kkang104@gmail.com

『깡쌤의 안드로이드 프로그래밍 with 자바』

# 100% 활용법!

4

Step by Step 실습

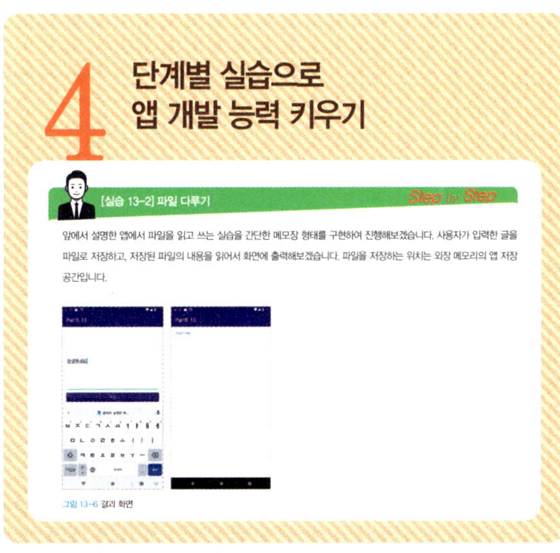

## 4 단계별 실습으로 앱 개발 능력 키우기

[실습 13-2] 파일 다루기 Step by Step

앞에서 설명한 앱에서 파일을 읽고 쓰는 실습을 간단한 메모장 형태를 구현하여 진행해보겠습니다. 사용자가 입력한 글을 파일로 저장하고, 저장된 파일의 내용을 읽어서 화면에 출력해보겠습니다. 파일을 저장하는 위치는 외장 메모리의 앱 저장 공간입니다.

그림 13-6 결과 화면

## 3 기능별 핵심 코드와 실행 결과 분석하기

DatePickerDialog와 마찬가지로 사용자가 시간을 선택할 수 있도록 TimePickerDialog도 제공합니다.

```
TimePickerDialog timeDialog=new TimePickerDialog(this, null, hour, minute, true);
```

위의 코드처럼 TimePickerDialog를 생성하며 매개변수로 시, 분을 입력하면 다음처럼 초기 시간이 화면에 나옵니다.



그림 7-17 TimePickerDialog: 24시간

Part 01

안드로이드 시작하기

# 목차

Part 03

상용 앱 수준의 화면을 구성하자

# 목차

Part 05

다양한 기능을 구현하자

# 목차

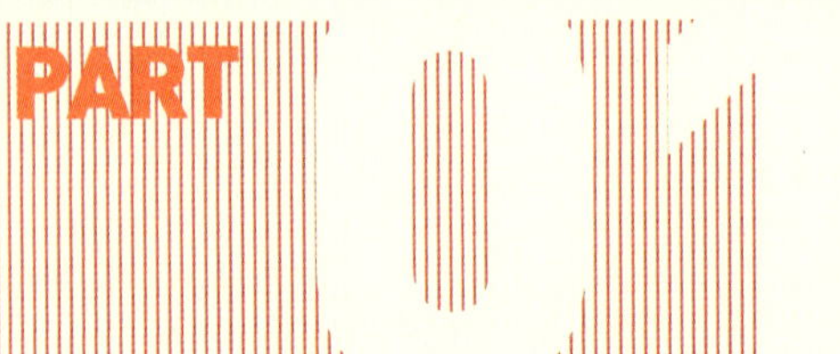


# 안드로이드 시작하기

## 이번 파트에서는...

안드로이드 앱을 개발하려면 먼저 개발환경을 구축해야 합니다. 그리고 여러 가지 안드로이드와 관련된 기본 지식이 있어야 합니다. 실제 개발에 필요한 API도 중요하지만, 이번 파트에서 설명하는 안드로이드의 특징도 앱 개발에 영향을 미치는 중요한 요인입니다.

특히 2장에서 설명하는 안드로이드의 특징을 이해하고 있어야 이후 다른 파트를 학습하기 쉬워집니다. 자! 안드로이드 학습, 이제 시작합니다.

열심히 달려봅시다!

1. 안드로이드 스튜디오를 이용한 개발환경에 대해 알아보자

2. 안드로이드 앱 개발의 여러 가지 특징을 이해하자

# 1장

# 개발환경을 구축하자!

이번 장에서는 본격적으로 안드로이드 앱 개발을 학습하기 전에 안드로이드 스튜디오(Android Studio)를 중심으로 개발환경을 구축하는 방법을 살펴봅니다.

이후 빈 화면에 "Hello World!"라는 문자열을 출력하는 간단한 앱을 에뮬레이터와 실제 스마트폰에서 실행하는 방법, 그리고 개발 완료 후 앱을 배포하는 방법까지 살펴보겠습니다.

안드로이드 스튜디오를 이용하여 앱을 개발하려면 많은 메뉴를 이용해야 하는데요. 처음부터 이러한 메뉴를 의미 없이 나열하는 식으로 소개해봐야 이해도 어렵고 쓰임새를 알기도 어렵습니다. 따라서 이번 장에서 세세한 메뉴 설명은 생략하고,

대신 이후 각 장에서 특정 메뉴를 언급할 때 소개하겠습니다.

# 1.1. 안드로이드 스튜디오 개발환경 구축

안드로이드 스튜디오 개발환경은 다음과 같은 과정을 진행하여 구축합니다.

안드로이드 스튜디오 설치

안드로이드 스튜디오 설정(SDK 다운로드 등)

안드로이드 앱을 개발하는 공식 통합개발환경인 '안드로이드 스튜디오(Android Studio)'를 설치하고, 이어서 설정 마법사를 진행하여 안드로이드 SDK를 내려받는 것으로 개발환경 구축을 완료합니다. 각 과정을 자세히 알아보겠습니다.

**깡쌤! 질문 있어요!**

**Q. 안드로이드를 자바로 개발하려면 JDK를 설치해야 하지 않나요?**

A. 예전에는 그랬습니다. 하지만 Android Studio 2.2 버전 이상부터는 Android Studio에 최신 버전의 OpenJDK를 내장하고 있습니다. Android Studio 2.2 버전은 과거 버전이며, 지금은 대부분이 4.x 버전 이상을 사용합니다. 따라서 JDK를 설치하지 않아도 안드로이드 앱을 개발하는 데 문제가 없습니다. 물론 개발자가 JDK를 직접 설치하고, 설치한 JDK를 사용하게 설정을 바꿀 수는 있습니다. 하지만 그럴 일은 별로 없지 않을까 싶습니다.

## 1.1.1. 안드로이드 스튜디오 설치

안드로이드 개발 도구인 안드로이드 스튜디오를 설치합니다. 안드로이드 스튜디오는 안드로이드 개발자 사이트에서 구할 수 있습니다.

- 안드로이드 개발자 사이트: https://developer.android.com

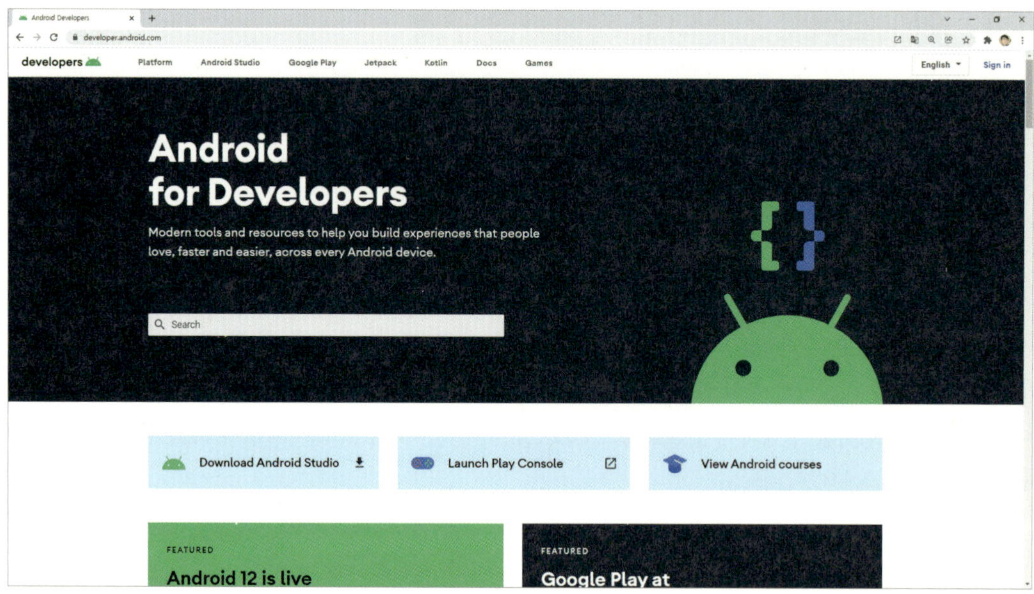

그림 1-1 안드로이드 개발자 사이트(https://developer.android.com)

이 사이트에 접속하여 'Android Studio 다운로드' 링크를 클릭합니다.

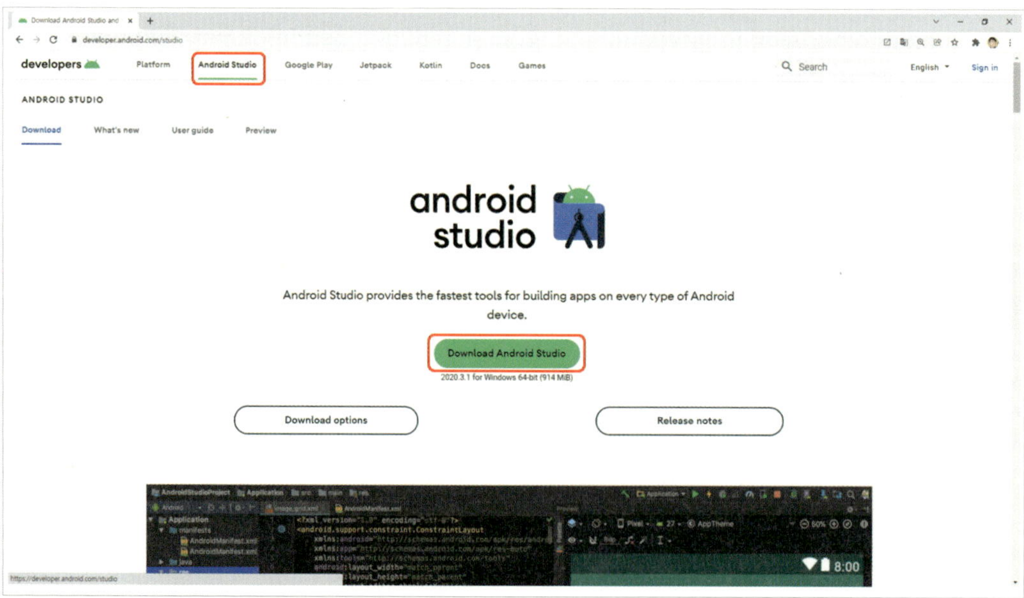

그림 1-2 안드로이드 스튜디오 다운로드

위와 같은 화면에서 안드로이드 스튜디오 다운로드 버튼을 누르면 내려받을 수 있습니다.

### 설치 파일로 내려받은 경우

내려받은 안드로이드 스튜디오 설치 파일을 더블 클릭해서 설치를 진행합니다. Welcome 화면이 보이면, 〈Next〉를 눌러 설치를 시작합니다.

그림 1-3 Welcome 화면

다음은 설치하려는 제품을 선택하는 단계입니다. 'Android Studio'는 필수이며, 'Android Virtual Device'는 선택해서 설치할 수 있습니다. 안드로이드 스튜디오를 처음 설치하는 것이라면, 모두가 선택된 상태에서 〈Next〉를 누릅니다.

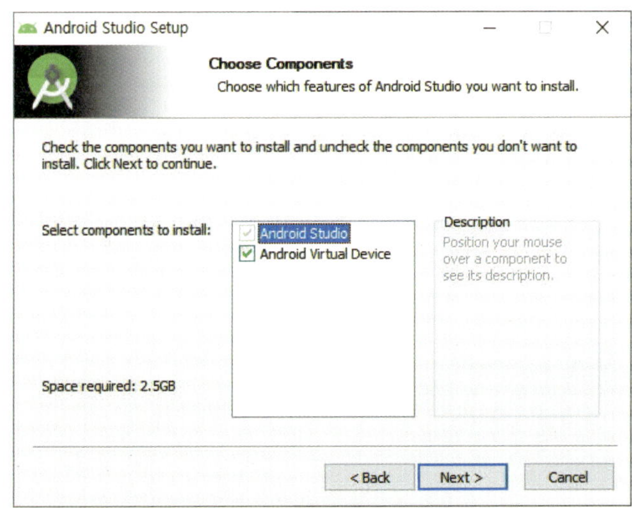


그림 1-4 컴포넌트 선택

다음은 설치 디렉터리 위치를 지정하는 단계입니다. 〈Browse〉를 눌러 특정 위치로 지정할 수 있습니다. 기본 위치에 설치하겠다면 〈Next〉를 누릅니다. 그러면 설치 작업이 진행됩니다.

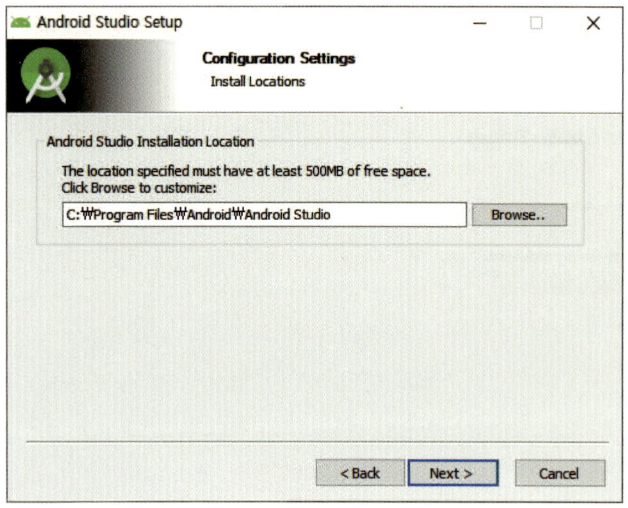


그림 1-5 설치 위치

안드로이드 스튜디오의 바로가기 아이콘을 생성하는 단계입니다. 원하는 폴더를 선택한 후, 〈Install〉 버튼을 클릭합니다.

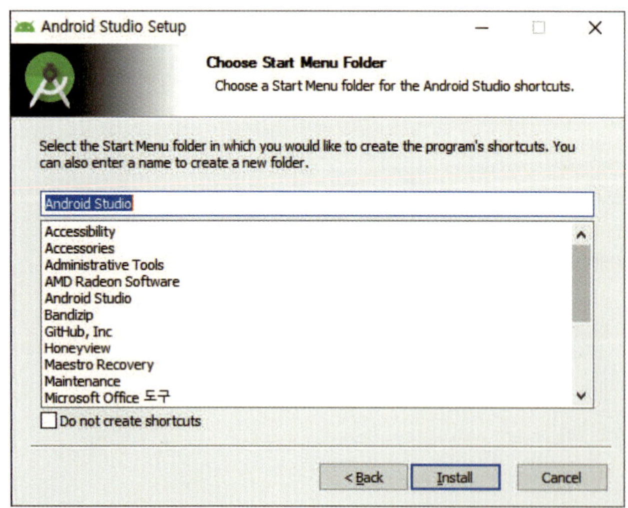


그림 1-6 바로가기 아이콘 추가

다음 그림처럼 필요 구성요소를 내려받으며 설치가 진행됩니다.

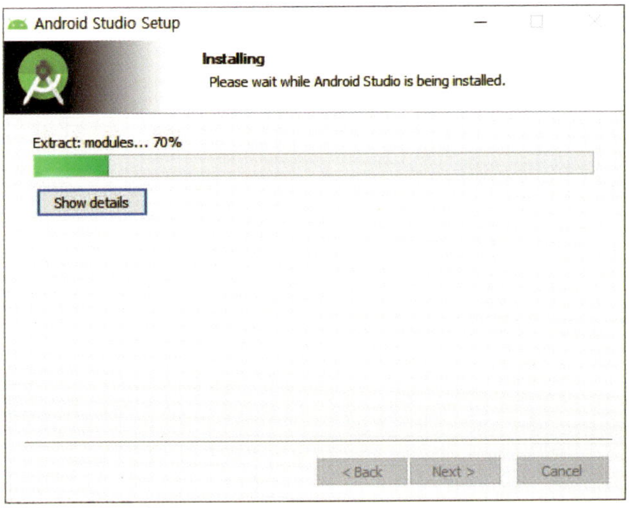

그림 1-7 설치 중

설치가 완료되면 'Start Android Studio'가 체크된 상태로 〈Finish〉를 눌러 안드로이드 스튜디오를 실행합니다.

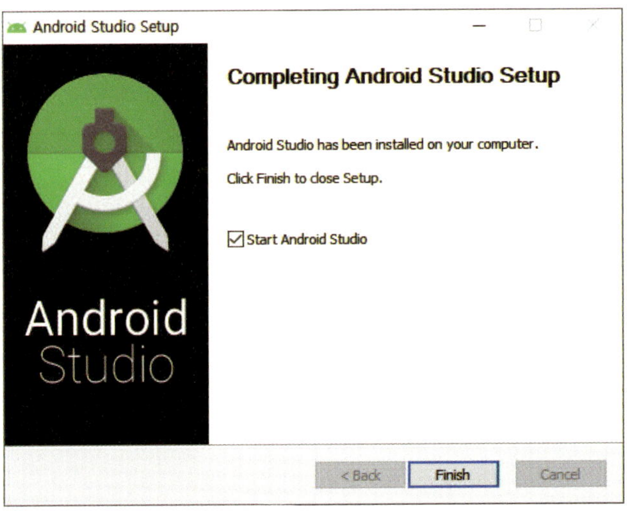


그림 1-8 설치 완료

안드로이드 스튜디오의 실행 파일(.exe)은 bin 디렉터리의 studio64.exe입니다. 이 파일을 클릭해 안드로이드 스튜디오를 실행시킵니다.

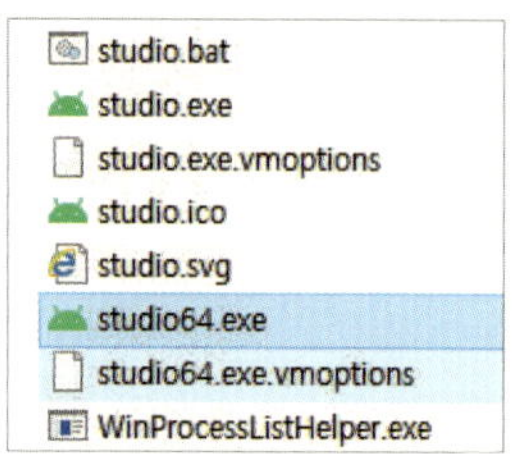


그림 1-9 안드로이드 스튜디오 실행 파일

## 1.1.2. 안드로이드 스튜디오 설정

안드로이드 스튜디오를 설치하고 처음 실행하면 다음처럼 설정을 불러오기(import) 위한 대화상자가 나타납니다. 여기서 말하는 설정이란, 안드로이드 SDK(Software Development Kit, 소프트웨어 개발 도구)와 개발환경을 검증하는 과정을 말합니다. 안드로이드 스튜디오를 처음 설치하거나 새로운 설정을 진행하고 싶다면 "Do not import settings"로 되어 있는 두 번째 라디오 버튼이 체크된 상태로 〈OK〉를 누릅니다. 그러면 설정 마법사가 실행됩니다.

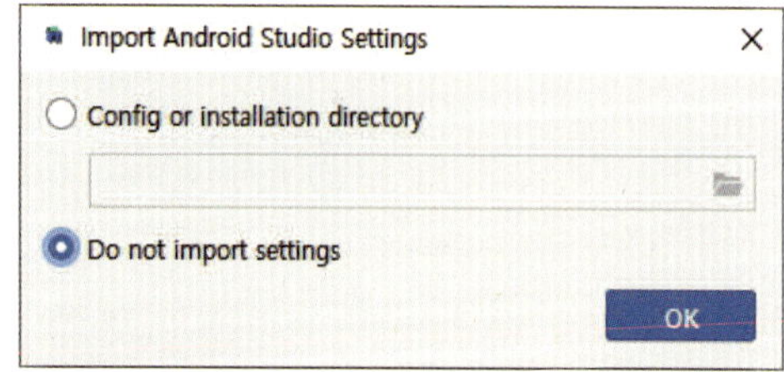


그림 1-10 설정 불러오기

만일 안드로이드 스튜디오를 이전에 설치하여 사용한 적이 있고, 해당 설정을 불러와서 이어서 사용하려면 첫 번째 라디오 버튼을 선택하고 설정 파일의 위치를 지정합니다.

### 설정 마법사

설정 마법사에서는 새 안드로이드 SDK를 내려받거나 이미 설치된 SDK를 사용할 수 있습니다. 다음처럼 Welcome 화면이 보이면 〈Next〉를 눌러 설정을 진행합니다.

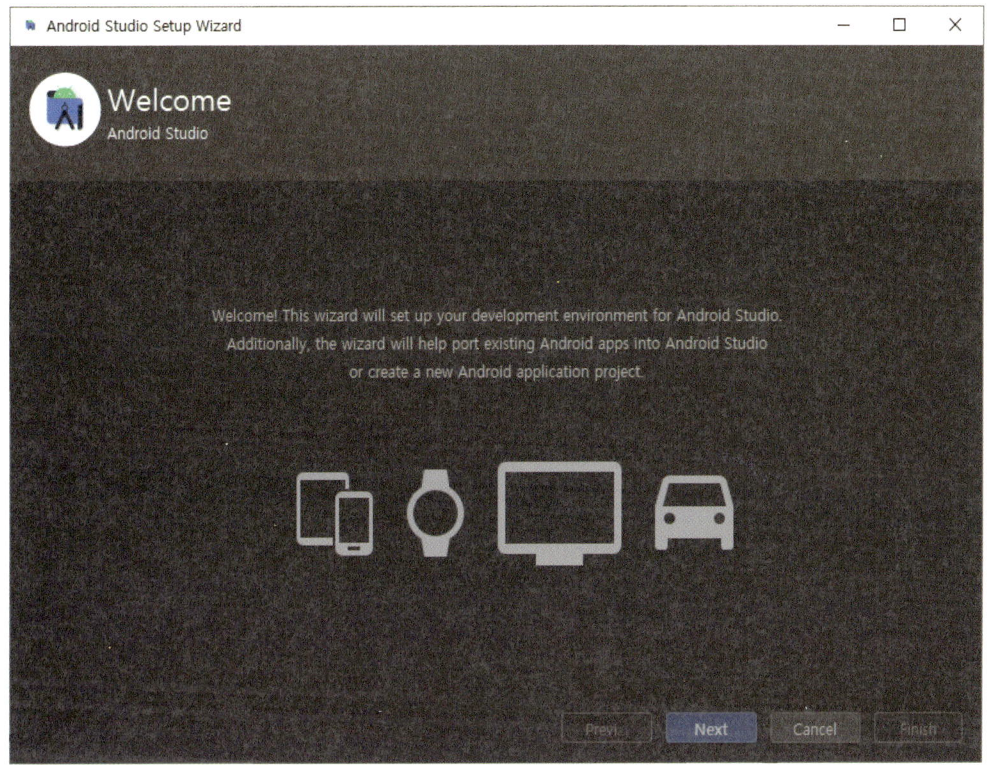


그림 1-11 Setup Welcome

## 설치 타입 선택

설치 타입(Install Type)은 'Standard'와 'Custom' 두 가지를 제공합니다. 처음 사용자는 'Standard'를 선택하고 〈Next〉를 누릅니다. 그러면 구글 개발자 사이트에서 안드로이드 SDK를 내려받고, 대부분 사용자가 이용하는 공통 설정과 옵션으로 개발환경 구축을 완료합니다.

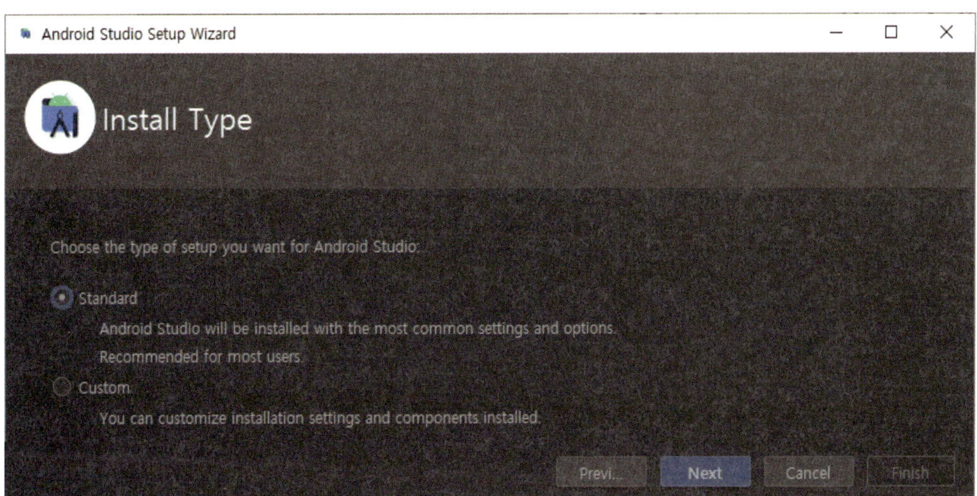


그림 1-12 설치 타입

만약 기존 안드로이드 SDK를 그대로 이용하는 등 설치 타입을 직접 지정하고 싶다면 'Custom'을 눌러 진행합니다.

### 테마 설정

안드로이드 스튜디오 테마를 선택합니다. Darcula와 IntelliJ 중 원하는 테마를 선택하고 〈Next〉를 누릅니다.

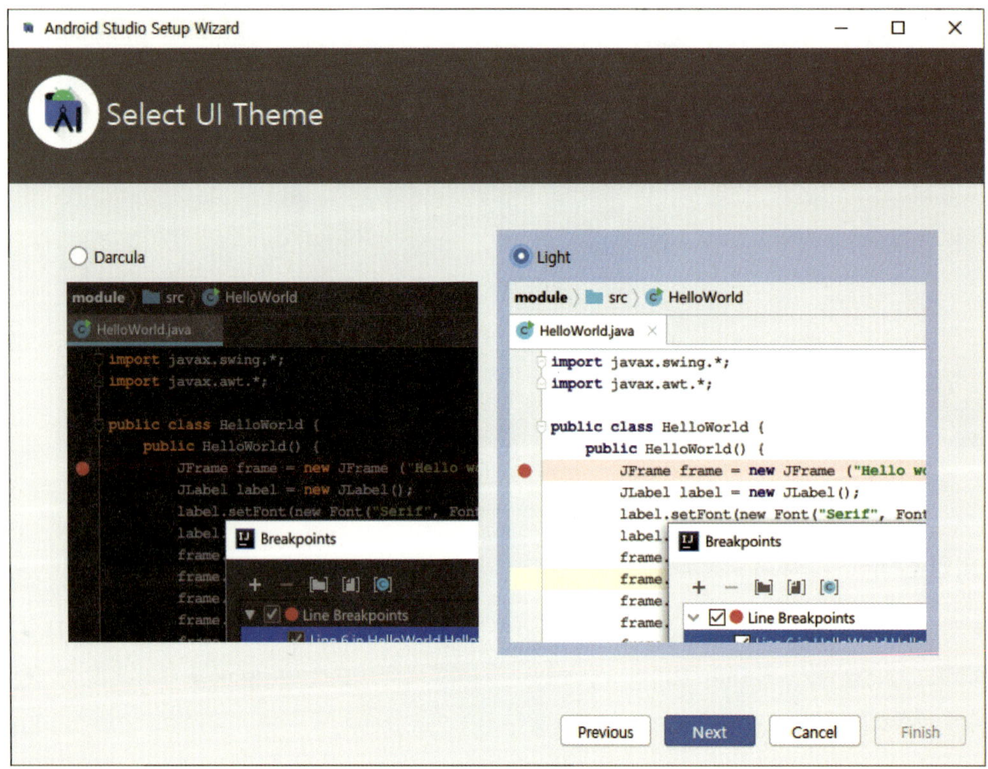


그림 1-13 테마 설정

### 설정 확인 및 마무리

다음은 지금까지 설정한 내용을 확인합니다. 〈Finish〉를 눌러 설정을 마무리합니다.

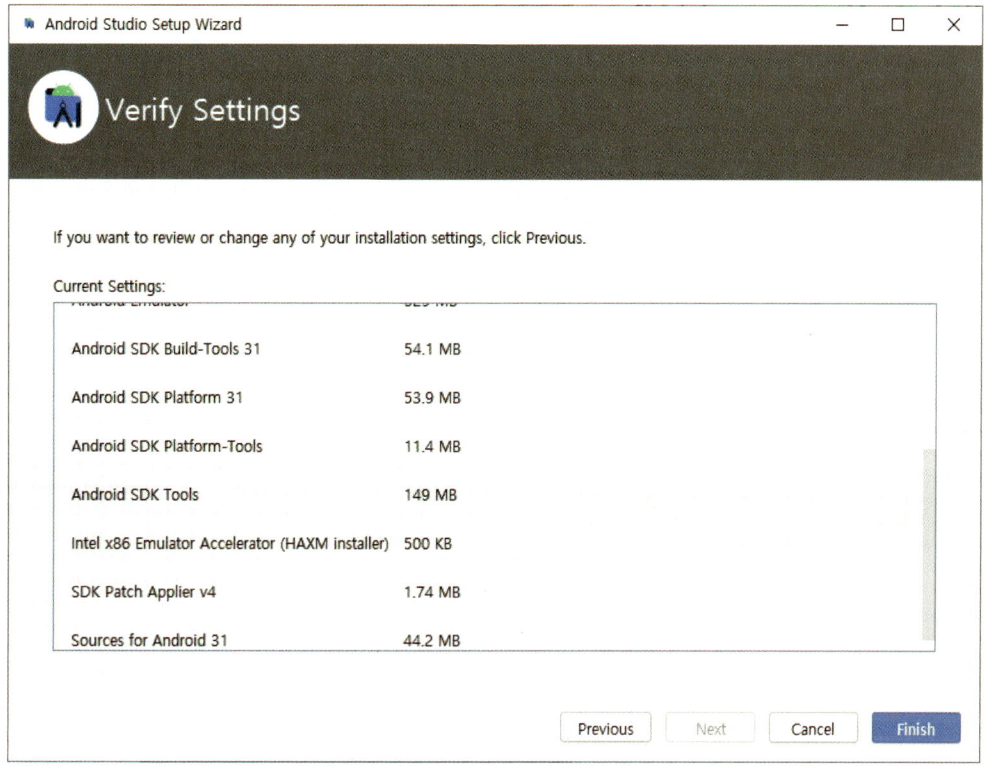


그림 1-14 설정 확인

설정대로 필요한 파일을 추가로 내려받습니다.

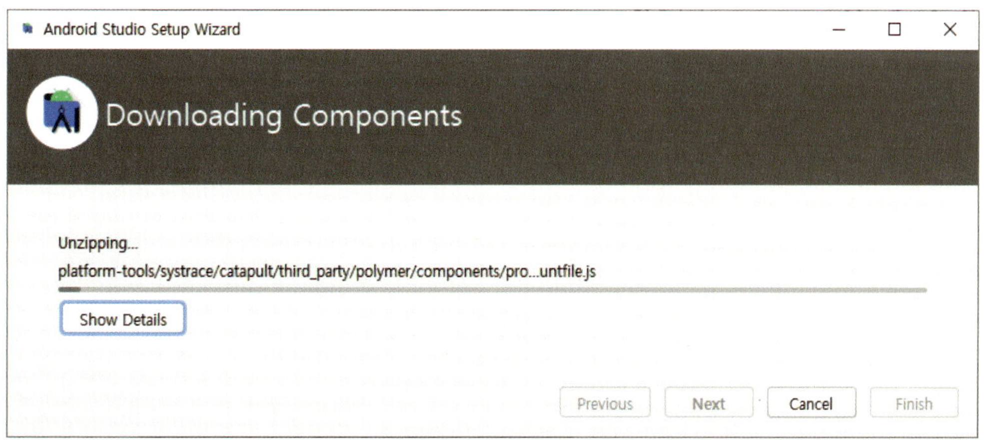


그림 1-15 컴포넌트 내려받기

지금까지 안드로이드 앱을 개발하는 기본 환경을 구축하였습니다. 조금 복잡할 수 있지만 잘 따라와 주셨습니다. 이제 방금 설치한 도구들을 이용하여 첫 번째 앱을 만들어 보겠습니다.

## 1.2. 첫 번째 앱 만들고 실행하기

이번에는 안드로이드 스튜디오에서 "Hello World!"를 출력하는 기본 앱을 만들어 보겠습니다. 앱을 만든 후 에뮬레이터와 실제 스마트폰에서 실행해보는 것까지 진행하겠습니다. 안드로이드 스튜디오에서 앱을 만들려면 가장 먼저 프로젝트를 생성해야 합니다. 프로젝트(Project)란, 일종의 작업공간(Workspace)을 의미합니다. 안드로이드 스튜디오에서 앱의 단위는 모듈(Module)이며, 여러 모듈을 묶어서 관리하고자 하는 개념이 프로젝트입니다.

### 1.2.1. 프로젝트 생성

안드로이드 스튜디오를 실행하면 다음과 같은 화면이 보입니다. 여기서 〈New Project〉를 클릭하면 새 프로젝트 마법사를 실행합니다.

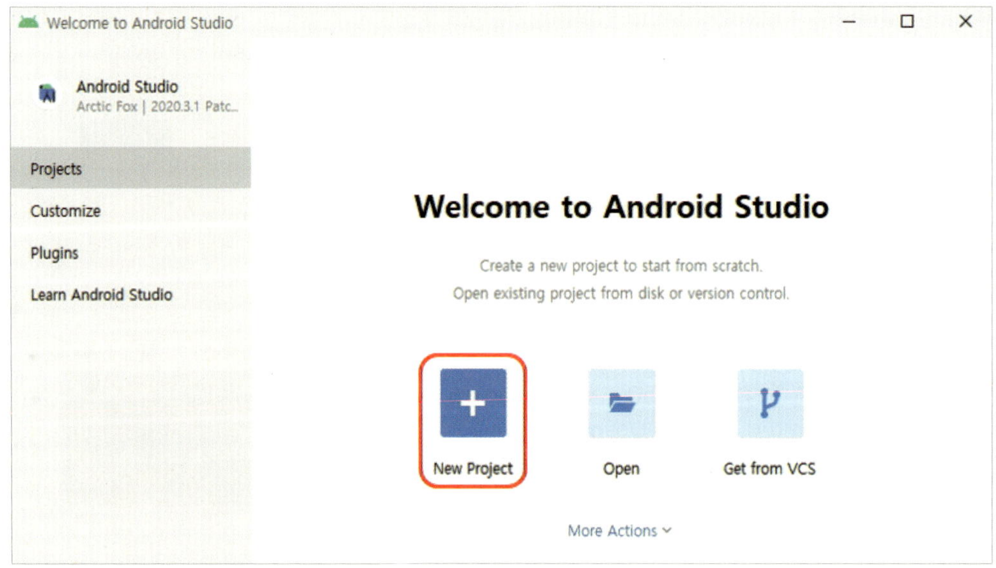


그림 1-16 안드로이드 스튜디오

새 프로젝트 마법사로 프로젝트를 생성하는 과정을 요약하면 다음과 같습니다.

1. 액티비티 선택: 액티비티 유형 선택
2. 프로젝트 구성: 앱의 이름, 패키지 이름, 프로젝트 위치 지정

### 액티비티 추가

기본으로 추가할 액티비티(Activity)를 정하는 단계입니다. 액티비티가 무엇인지에 대한 자세한 내용은 2장부터 살펴보도록 하고, 여기서는 그냥 "화면을 제공하는 안드로이드의 구성요소" 정도로 정리하고 넘어갑니다.

우리는 단순 화면을 제공하는 앱을 만들 것이므로 기본으로 선택된 'Empty Activity'를 확인하고 〈Next〉를 눌러 다음을 진행합니다.

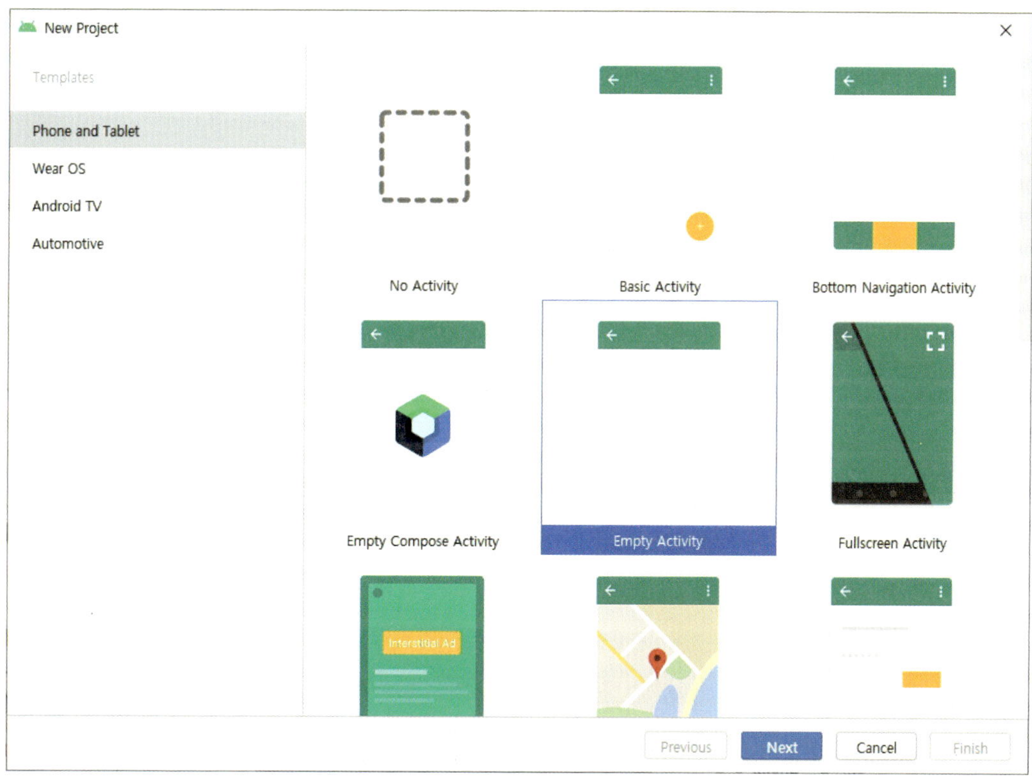


그림 1-17 액티비티 선택

### 프로젝트 구성

프로젝트명과 프로젝트 폴더 위치 그리고 지원하는 안드로이드 버전을 선택하는 단계입니다. 'Name' 부분에 적절한 이름의 프로젝트명을 입력합니다.

필자는 "AndroidLab"으로 입력했습니다.

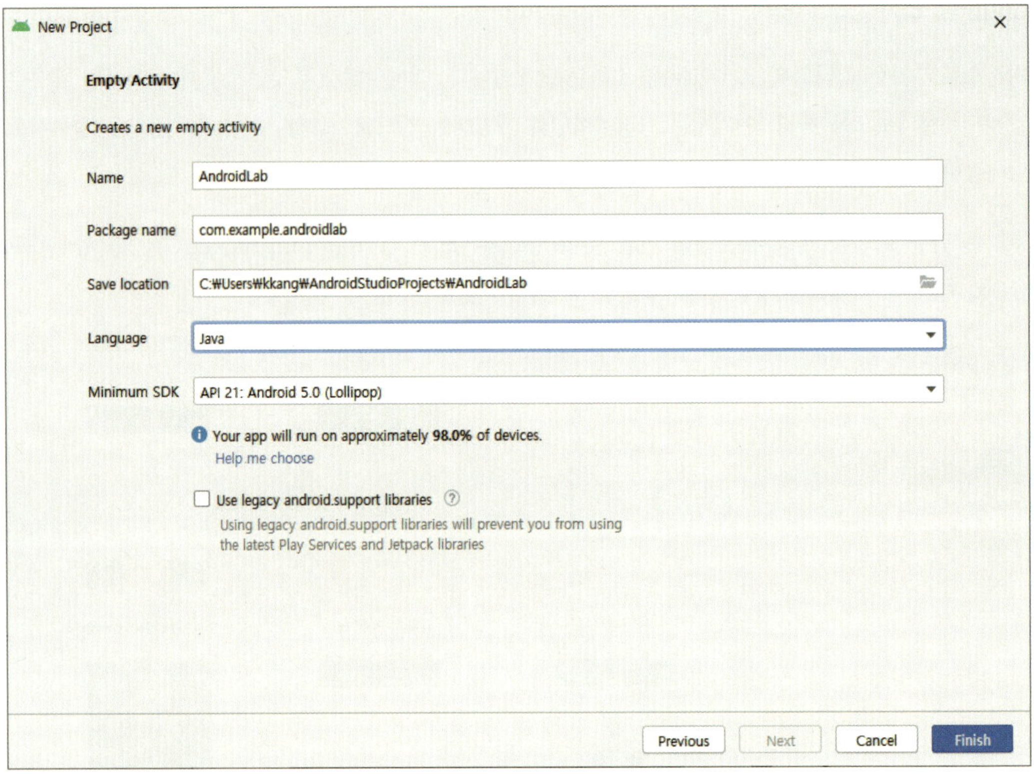

그림 1-18 프로젝트 구성

'Package name' 부분은 "com.example.androidlab"으로 지정되어 있는데요. 학습 목적의 테스트용 프로젝트라면 기본값을 그대로 이용해도 되지만, 만약 실전용 앱 개발이라면 이 부분에 유일성이 확보된 문자열을 입력해야 합니다. 이후에 설명하겠지만 안드로이드에서는 패키지 이름으로 앱을 식별하므로 고유한 값으로 지정해야 합니다. 보통은 회사 도메인을 거꾸로 해서 지정합니다. 물론 패키지 이름은 나중에 환경 파일에서 변경할 수 있습니다.

'Save location'은 프로젝트가 저장되는 위치이며, 기본 위치는 Users 폴더 하위입니다. 개발자가 임의로 프로젝트 폴더를 변경하여 사용해도 됩니다.

위의 그림에서 'Language'라는 콤보박스를 눈여겨 봐주세요. 안드로이드 스튜디오 3 버전부터는 공식적으로 코틀린으로 앱 개발을 지원합니다. 만약 프로젝트를 만들면서 코틀린으로 만든다면 이 'Java'가 아닌 'Kotlin'을 선택할 수 있습니다. 그러면 프로젝트 환경에 자동으로 코틀린을 개발하기 위한 설정이 추가됩니다. 이 책에서는 Java로 개발하는 방법을 다룰 것이므로 'Java'를 선택합니다.

그리고 위의 그림에서 'Minimum SDK'의 의미는 앱을 설치할 수 있는 최소 버전을 의미합니다. 'Minimum SDK'로 지정한 버전보다 낮은 버전의 안드로이드가 탑재된 기기에서는 이 앱을 설치할 수 없다는 의미입니다. 기본값이 권장사항이므로 그대로 이용할 수 있지만, 개발자가 조정할 수도 있습니다. 이 설정 역시 이후에 변경할 수 있습니다.

**깡쌤! 질문 있어요!**

**Minimum SDK를 가장 낮은 버전으로 지정하여 모든 스마트폰에 설치되게 하는 것이 좋아 보이는데요?**

그렇지는 않습니다. 너무 낮은 버전을 지정하면 개발자가 앱의 하위 호환성 문제로 개발이 불가능하거나 어려워집니다. 따라서 적절한 버전을 지정해야 하는데요, 판단 기준은 점유율입니다. 필자가 이 책을 쓰고 있는 시점에 기본값이 API Level 21로 설정되어 있습니다. 필자가 책을 쓰고 있는 시점에 21 버전 하위 사용자들이 2%이므로 2%의 사용자에게는 서비스를 제공하지 않겠다는 의미입니다. 즉, 2%의 사용자들에게는 이 앱이 설치되지 않습니다. Minimum SDK는 기본값을 따를 수도 있고 적절히 조정하여 설정할 수도 있습니다.

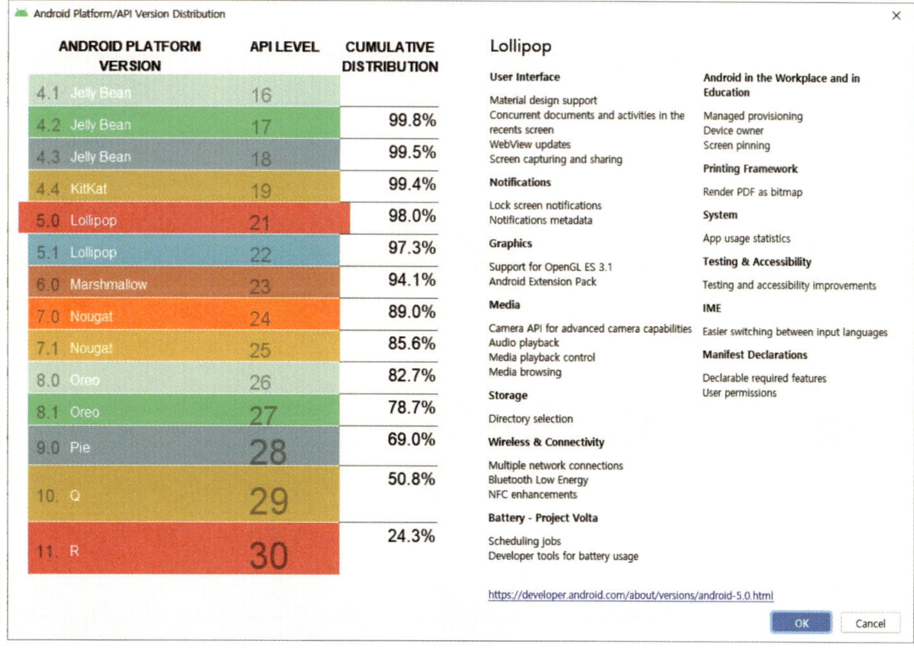


그림 1-19 안드로이드 버전별 점유율 현황

위 그림처럼 각 버전의 점유율을 확인하려면 그림 1-18과 같은 창에서 'Help me choose'를 누릅니다.

Minimum SDK와 안드로이드 버전과 관련된 내용은 2장에서 조금 더 다루어 보겠습니다.

프로젝트 구성을 위한 정보를 모두 입력하였다면 〈Finish〉를 누릅니다. 프로젝트 생성을 마치면 프로젝트에 대한 기본 구조가 생성되고 다음처럼 안드로이드 스튜디오가 열립니다.

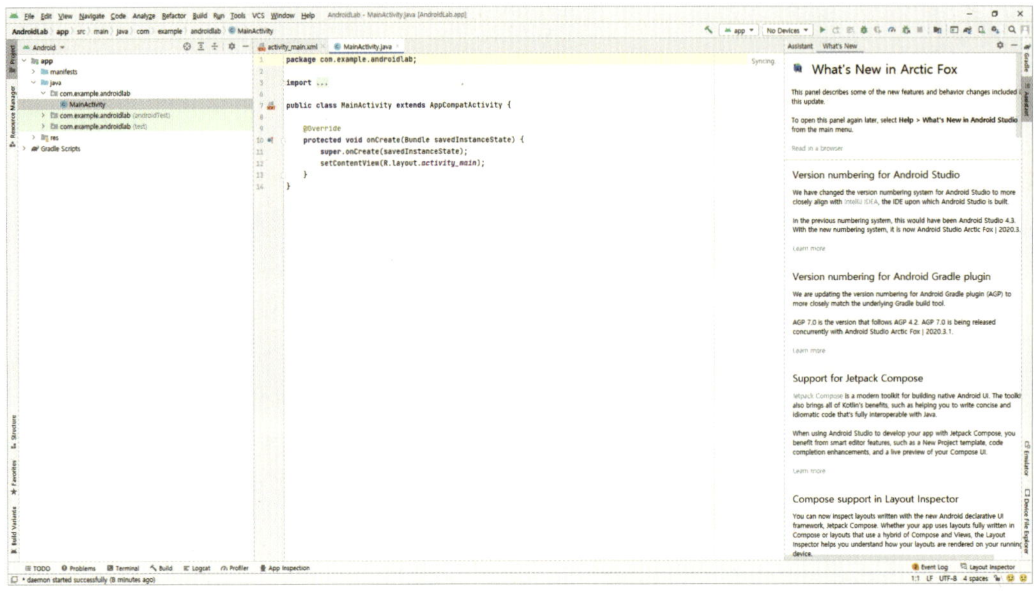

그림 1-20 프로젝트 생성 완료

왼쪽에 프로젝트 탐색 창을 보면 자동으로 "app"이라는 이름의 모듈이 만들어진 것을 확인할 수 있습니다. app 모듈에는 빈 화면에 "Hello World!"를 출력하는 앱의 구성요소가 모두 갖춰져 있습니다.

## 1.2.2. AVD 매니저

이제 앱을 AVD로 테스트하는 환경을 준비해 봅시다. AVD는 Android Virtual Device의 약어로 흔히 '에뮬레이터'라 불리는 것입니다. 테스트용 가상 기기 정도로 이해하면 됩니다. 안드로이드 스튜디오의 상단 툴바에서 AVD 매니저 버튼(◻)을 클릭해 AVD 매니저를 실행합니다.

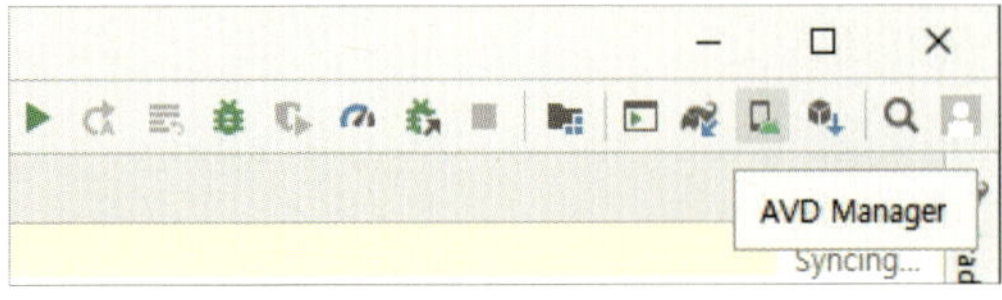


그림 1-21 AVD Manager 버튼

### AVD 생성 마법사

AVD 매니저를 이용하여 AVD를 설정한 적이 없다면, 다음의 화면처럼 새로운 가상 기기를 만들 수 있는 화면이 보입니다. 화면 중간의 〈Create Virtual Device〉를 누릅니다.

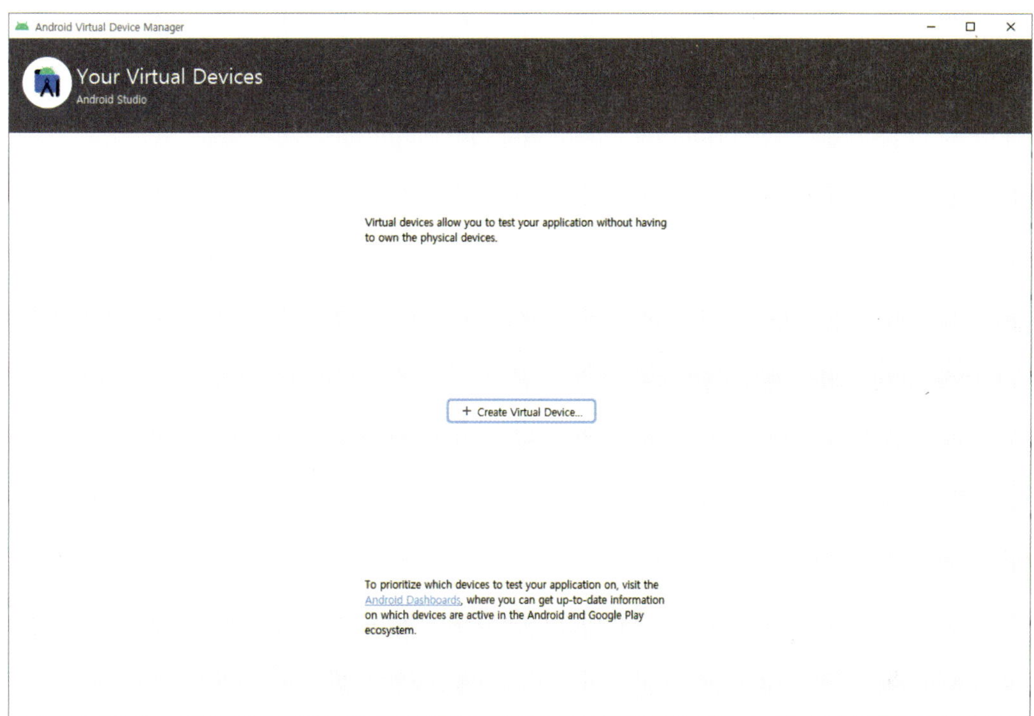


그림 1-22 가상 기기 생성

### 하드웨어 선택

다음은 AVD를 어떤 하드웨어로 만들 것인지에 대한 선택으로 일종의 AVD의 스킨이라고 보면 됩니다. 적절한 하드웨어를 선택하고 〈Next〉를 누릅니다.

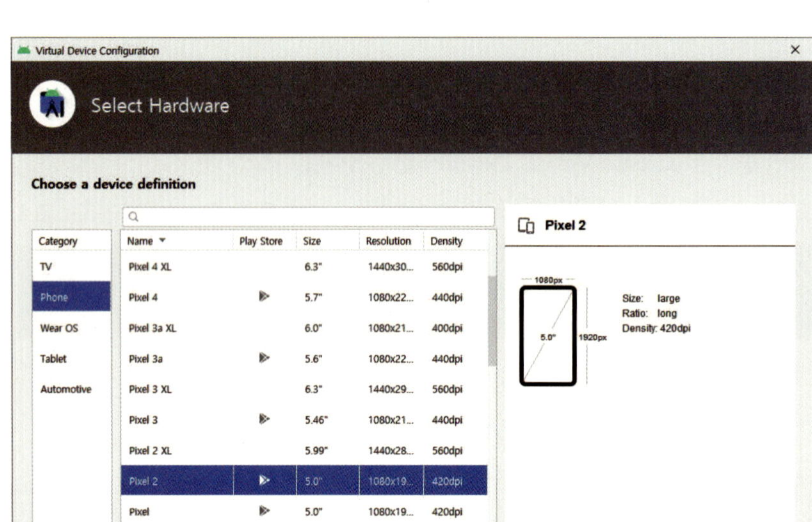


그림 1-23 하드웨어 선택

## 시스템 이미지 선택

다음은 AVD를 어느 버전의 플랫폼으로 만들 것인지를 설정합니다. AVD 설정에서 이 부분이 중요한데요. 예를 들어, 'S'를 선택하면 AVD를 안드로이드 12 버전의 기기로 만들겠다는 의미입니다.

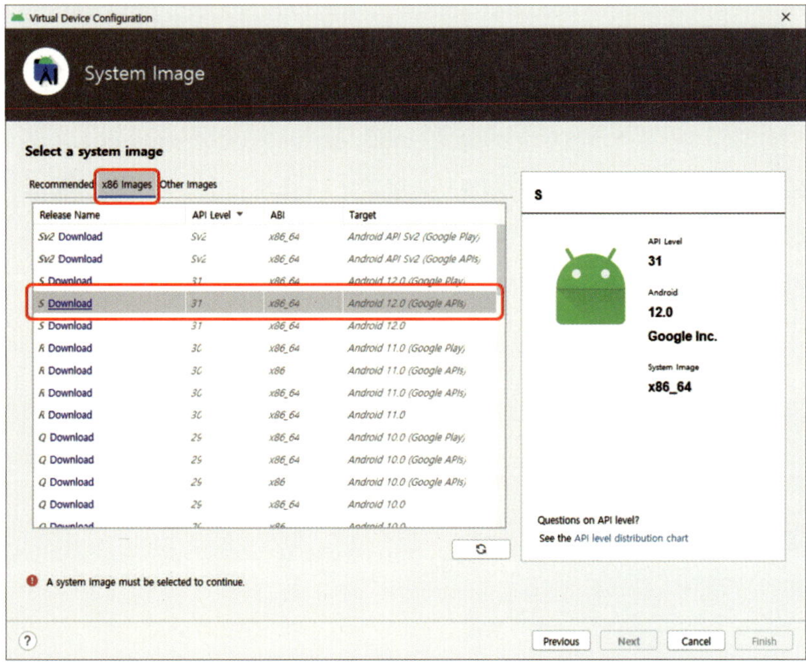


그림 1-24 시스템 이미지 다운로드

사용하려는 버전의 SDK가 설치되어 있지 않다면, 위의 그림처럼 Download 링크가 보입니다. 링크를 클릭해 해당 버전의 SDK를 내려받을 수 있습니다. 여기서는 안드로이드 12 버전의 AVD를 사용하기 위해, 위의 화면의 [x86 Images] 탭에서 'Target'이 'Android 12.0(Google APIs)'인 다운로드 링크를 클릭합니다. 다음은 SDK를 내려받기 전에 라이선스에 동의하는 화면입니다. 화면 아래의 'Accept'를 선택하고 〈Next〉를 누릅니다.

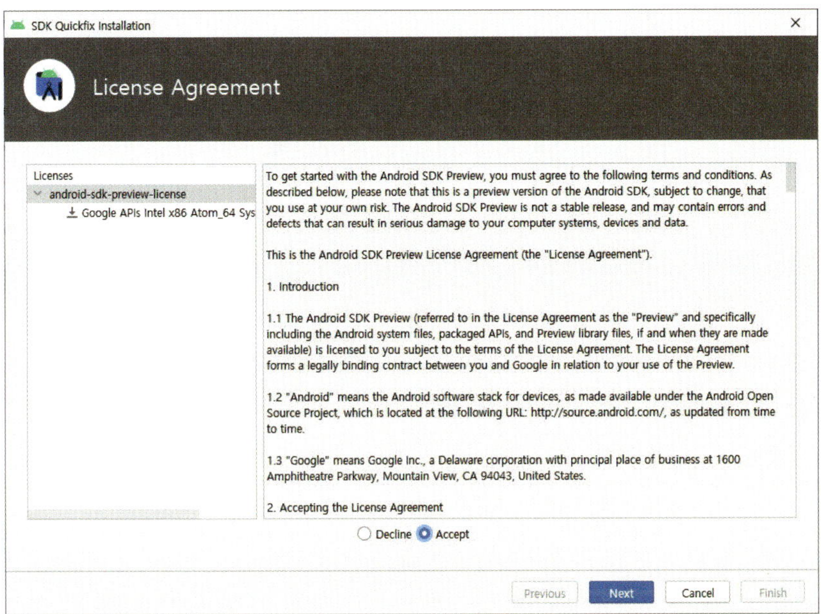


그림 1-25 안드로이드 SDK 라이선스 동의

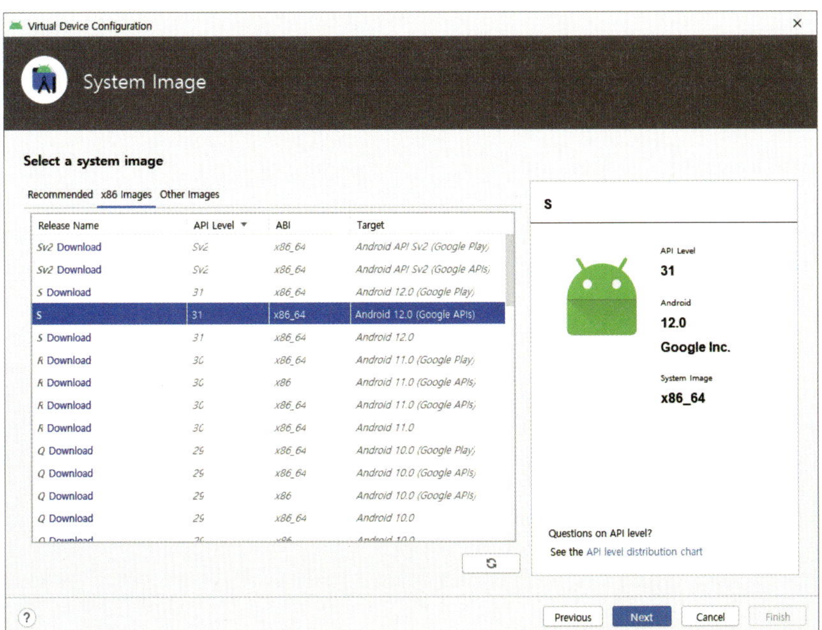


그림 1-26 시스템 이미지 선택

시스템 이미지를 내려받았다면 위의 그림처럼 선택이 가능합니다. 사용하고자 하는 버전의 AVD를 선택하고 〈Next〉를 누릅니다.

**깡쌤! 질문 있어요!**

**Q 시스템 이미지 선택 화면에서 탭 버튼이 있는데요. 각 의미와 'Download' 링크는 무엇인가요?**

**A** 시스템 이미지 선택 화면에는 탭 버튼이 3개 있습니다.

- Recommended: 추천하는 시스템 이미지
- x86 Images: 하드웨어 가속 기능을 이용하는 시스템 이미지
- Other Images: 하드웨어 가속 기능을 이용하지 않는 시스템 이미지

하드웨어 가속 기능은 AVD 구동을 빠르게 해주어 개발 시 편리한 점이 있습니다. 그런데 간혹 개발자 PC에 설치된 다른 무언가에 의해 하드웨어 가속기를 설치할 수 없을 때가 있습니다. 이때는 [Recommended], [x86 Images] 탭에 나오는 AVD는 사용할 수 없으며, [Other Images] 탭에 나오는 AVD만 사용할 수 있습니다. 물론, Other Images에 있는 AVD는 구동이 많이 느려서 개발이 좀 불편합니다.

각 버전 옆에 'Download'라는 링크는 SDK 매니저에 해당 버전의 시스템 이미지가 설치되지 않았다는 것을 의미합니다. 만약 'Download' 링크를 클릭하면 해당 버전의 AVD를 위한 시스템 이미지를 내려받습니다. 그런데 모든 AVD의 시스템 이미지를 내려받을 필요는 없습니다. 하나하나가 리눅스 시스템 이미지인 만큼 크기도 워낙 크며, 안드로이드는 스마트폰 테스트가 너무 쉬워서 많은 종류의 AVD가 필요 없습니다. 필요한 몇 가지만 설치되어 있으면 됩니다.

## AVD 설정 확인 및 추가 설정

다음은 AVD에 대한 설정을 확인하는 화면입니다. 확인만 하고 〈Finish〉를 눌러 AVD 설정을 끝낼 수도 있고, 〈Show Advanced Settings〉을 눌러 AVD와 관련된 다양한 설정을 추가할 수도 있습니다.

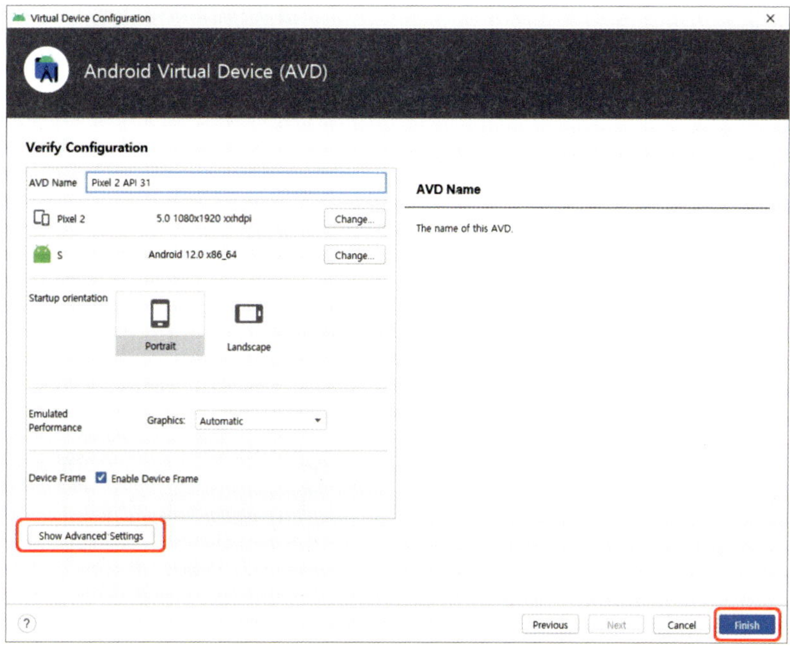


그림 1-27 가상 기기 설정 확인

〈Finish〉를 누르면 다음과 같은 가상 기기 목록이 나옵니다. 이 화면에서 오른쪽의 아이콘을 눌러 AVD를 구동하거나 설정을 변경 또는 삭제할 수 있습니다. 또한, 새로운 시스템 이미지로 AVD 설정을 하나 더 만들고 싶다면 화면 하단의 〈Create Virtual Device〉를 눌러 진행하면 됩니다. 다음의 화면에서 플레이 버튼을 클릭해 AVD를 구동합니다.

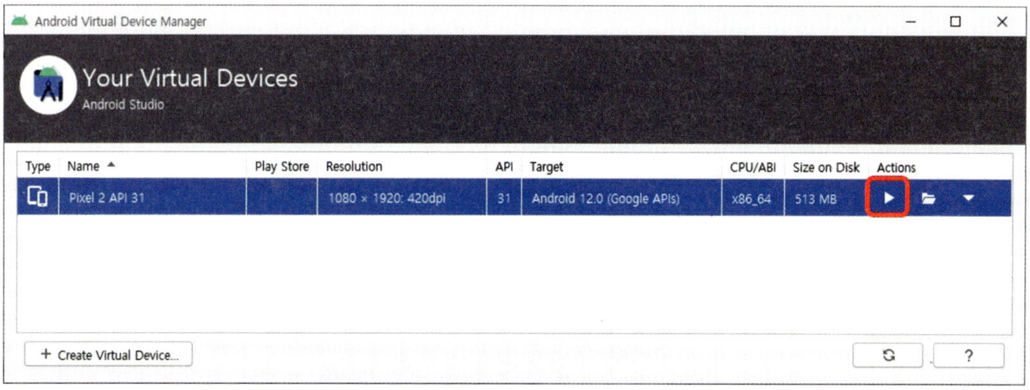

그림 1-28 AVD 설정 확인

AVD가 정상으로 구동되면 다음의 화면처럼 실행됩니다.

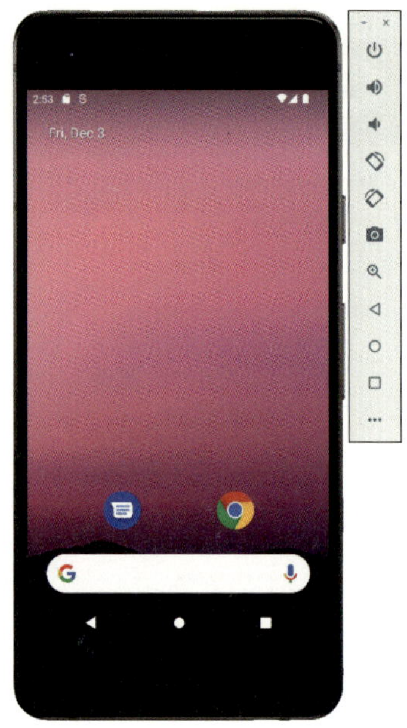


그림 1-29 AVD 구동

AVD가 안드로이드 스튜디오에 제대로 연결되었는지는 안드로이드 스튜디오의 로그캣(Logcat) 창에서 확인합니다.

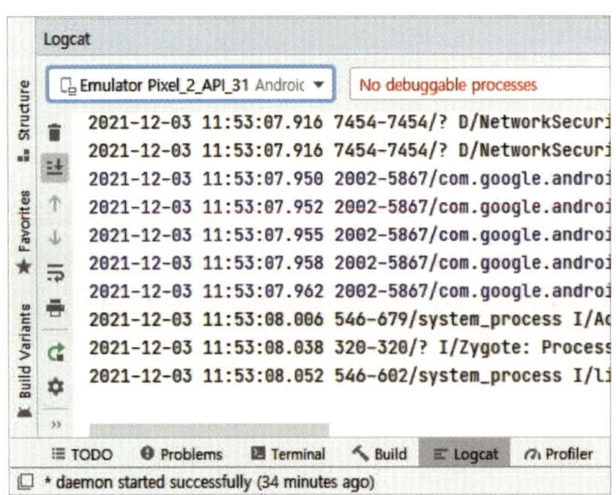


그림 1-30 로그캣 확인

안드로이드 스튜디오 화면 하단을 보면 'Logcat'이 보입니다. 이곳을 누르면 위의 그림처럼 로그캣 창을 볼 수 있습니다. 로그캣은 안드로이드 스튜디오에 연결된 장치 목록과 장치별 런타임 로그를 볼 수 있는 곳으로 앱을 개발하면서 많이 열어보는 창입니다.

깡쌤! 질문 있어요!

제 PC는 RAM이 2GB입니다. 쾌적한 환경에서 안드로이드 앱을 개발하려면 어느 정도 용량의 RAM이 적당할까요?

요즘 모든 소프트웨어 개발이 마찬가지지만, 필자의 경험으로 봤을 때 안드로이드를 적절하게 개발하려면 개발자 PC의 메모리 용량이 충분해야 합니다. 최소 2GB라고 이야기하지만 그리고 정말 극한의 설정으로 2GB 미만에서도 개발할 수는 있지만, 필자가 느끼기에는 최소 8GB 정도는 되어야 불편함 없이 개발할 수 있는 것 같습니다. 물론 16GB 등 그 이상이면 더할 나위 없이 좋습니다.

## 1.2.3. AVD에서 실행

앞서 프로젝트를 생성하면서 자동으로 만들어진 app 모듈이 있습니다. 이 모듈에는 이미 빈 액티비티에 "Hello World!"를 출력하는 내용이 있습니다. 그러므로 별도의 코드 작업 없이 바로 app 모듈을 실행하여 AVD에서 실행해 보겠습니다.

안드로이스 스튜디오 상단에 툴바를 보면 〈Run〉 버튼(▶)이 있고, 왼쪽에 모듈 선택 콤보박스와 디바이스 선택 콤보박스가 있습니다. 모듈 콤보박스에서 'app'을 선택하고 디바이스 선택 콤보박스에서 AVD를 지정한 후 〈Run〉 버튼을 누릅니다.

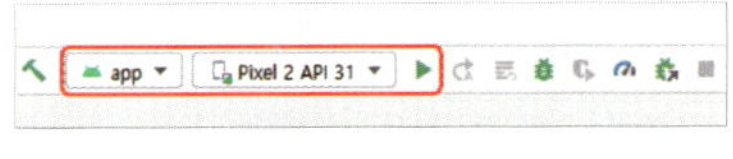


그림 1-31 앱 실행

빌드에 성공하면 선택한 AVD에 개발한 앱을 자동으로 인스톨하여 그림 1-32처럼 실행 결과를 확인할 수 있습니다. 자동으로 만들어진 app 모듈은 화면 중앙에 "Hello World!"라는 문자열을 출력하는 단순한 앱입니다.

축하드립니다. 첫 번째 앱 실행에 성공하셨습니다. 짝짝짝!

그림 1-32 AVD 테스트

## 1.2.4. 스마트폰에서 실행

앞에서 AVD를 이용한 앱 실행 방법을 알아보았는데요. AVD는 가상 기기이고 스마트폰이 없을 때 간단하게 테스트할 목적으로 사용됩니다. 안드로이드 스마트폰만 있다면 굳이 AVD에서 테스트할 필요는 없어 보이며, 당연한 이야기지만 최종 테스트는 실제 스마트폰에서 해야 합니다.

### 스마트폰 드라이버 설치

독자 여러분이 가지고 있는 실제 스마트폰에서 테스트하려면 PC에 대상 기기의 드라이버를 설치해야 합니다. 드라이버는 제조사마다 다르므로 각 제조사에서 공개한 드라이버를 구해 설치해야 합니다. 다양한 스마트폰 제조 업체의 드라이버는 웹에서 "android (제조사명) usb driver"로 검색해 내려받을 수도 있고, 안드로이드 개발자 사이트에서 확인할 수도 있습니다.

여기서는 삼성전자의 드라이버를 설치해보겠습니다.

- **안드로이드 개발자 사이트의 스마트폰 드라이버 다운로드 페이지:**
  https://developer.android.com/studio/run/oem-usb?hl=ko

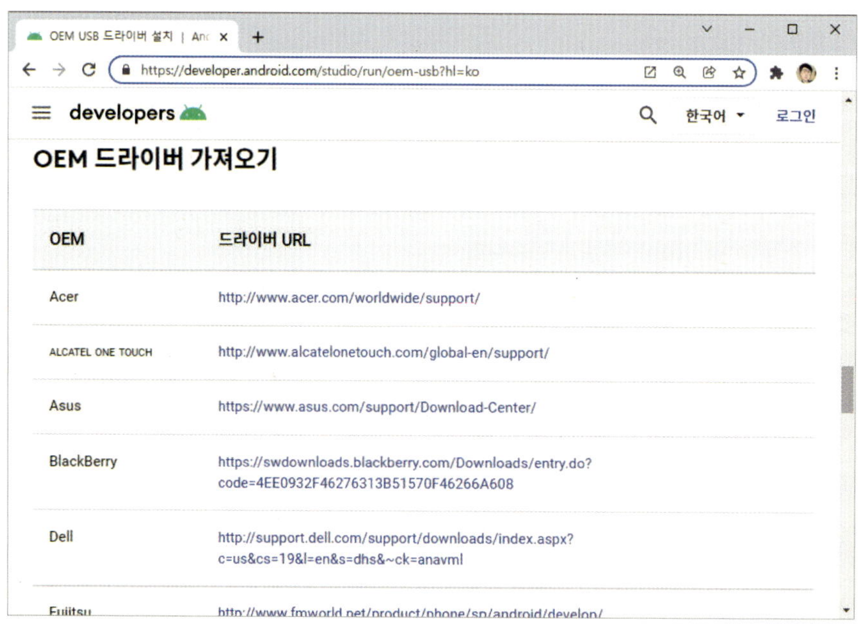


그림 1-33 OEM 드라이버

드라이버 설치는 〈다음〉을 눌러 별다른 설정 없이 기본 사항으로 쭉 설치하면 됩니다.

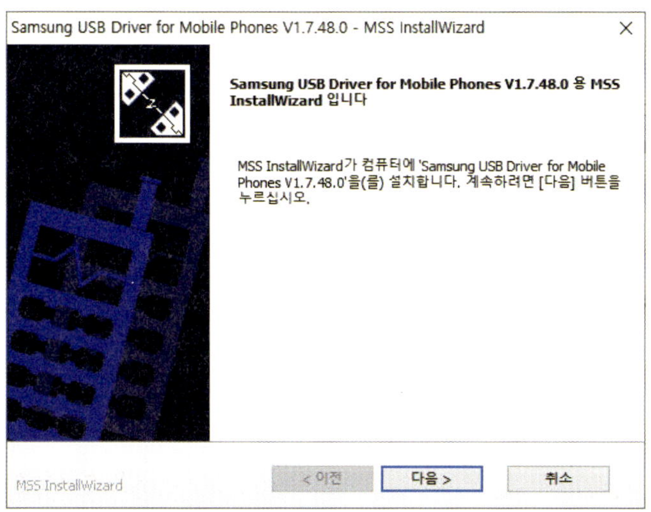


그림 1-34 드라이버 설치

## 개발자 옵션 및 USB 디버깅 설정

개발자 PC에 드라이버를 설치했으면 스마트폰에도 설정이 하나 필요합니다. 스마트폰의 환경설정(기기마다 환경설정의 메뉴 구성이 다릅니다)을 보면 소프트웨어 정보를 보여 주는 곳이 있습니다. 소프트웨어 정보 화면에 '빌드번호'가 있는데요. 이 항목을 6번 터치하면 개발자 옵션이 활성 상태가 됩니다.

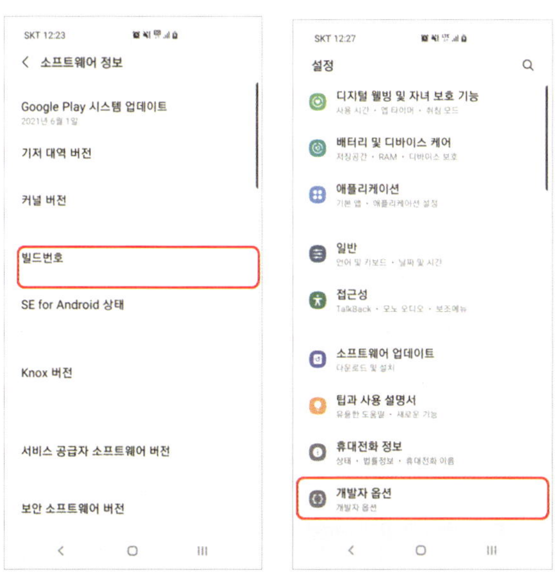


그림 1-35 스마트폰 설정(왼쪽)과 개발자 옵션(오른쪽)

개발자 옵션이 활성 상태가 되면 환경설정에서 '개발자 옵션' 메뉴를 확인할 수 있습니다. '개발자 옵션'을 선택하면 다음과 같은 화면이 나타나는데요. 이 화면에서 'USB 디버깅'이 활성 상태가 되어야지만 해당 스마트폰에서 테스트를 수행할 수 있습니다.

이처럼 개발자 PC에는 드라이버를 설치하고 스마트폰에는 USB 디버깅을 허용하면 실제 기기에서 테스트할 준비가 완료됩니다.

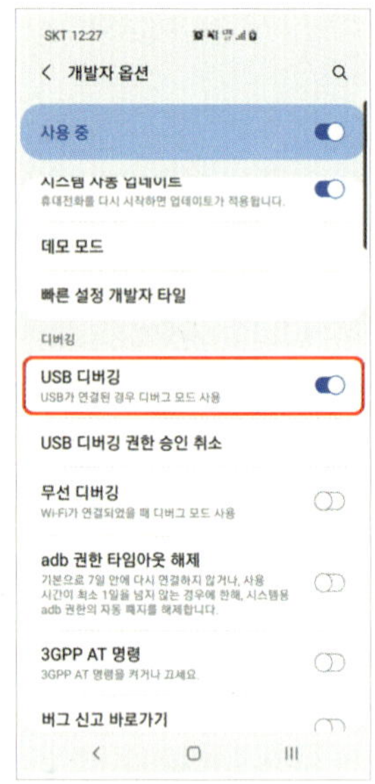

그림 1-36 USB 디버깅

## 스마트폰 연결 및 확인

이제 USB 데이터 케이블을 이용하여 PC에 스마트폰을 연결합니다. 그러면 안드로이드 스튜디오가 스마트폰을 인지하여 앱을 설치하고 실행할 수 있습니다. 안드로이드 스튜디오가 스마트폰을 인지하였는지를 알아보려면 '로그캣(Logcat)' 화면에서 확인합니다. 안드로이드 스튜디오 하단의 'Logcat'을 누릅니다.

로그캣 화면 상단의 콤보박스를 열어보면 안드로이드 스튜디오와 연결된 장치 목록이 보입니다. 그림은 AVD도 실행 상태이고, 스마트폰도 연결된 상태이므로 두 개가 보입니다.

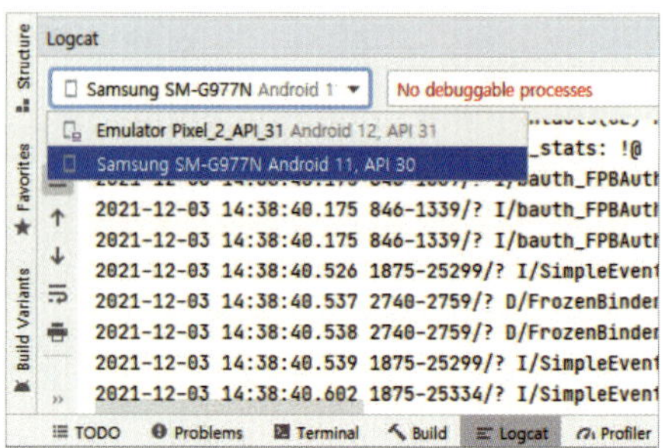

그림 1-37 연결된 기기 목록

그런데 연결된 기기 목록에 스마트폰이 보이기는 하는데 'OFFLINE'으로 나올 수 있습니다. 이는 안드로이드 스튜디오가 스마트폰의 정보를 못 받았기 때문인데요. 스마트폰을 PC에 연결할 때 스마트폰 화면에 나타나는 다이얼 로그에서 〈확인(혹은 OK)〉을 눌러 정보를 전달해 주어야 합니다.

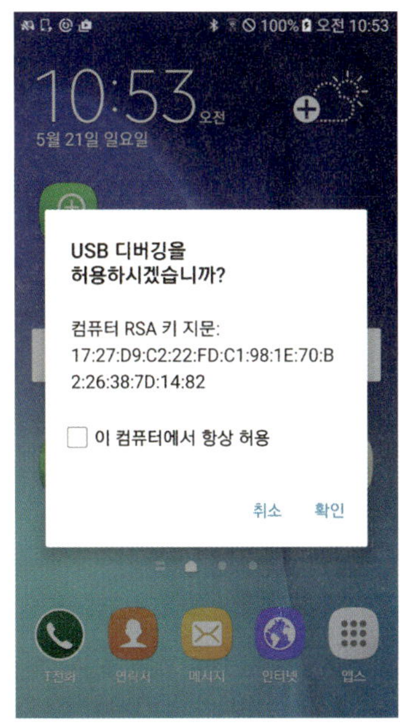

그림 1-38 USB 디버깅 허용

스마트폰에서 실행은 스마트폰만 안드로이드 스튜디오와 연결되었다면 AVD에서 실행하는 것과 차이가 없습니다. 툴바의 디바이스 목록에서 스마트폰을 선택하고 〈Run〉 버튼을 누릅니다.

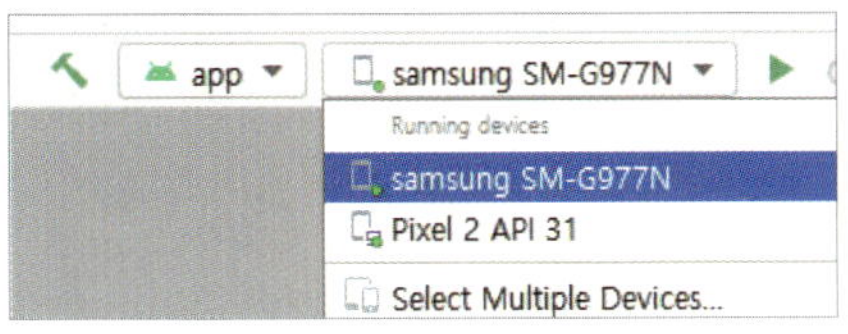

그림 1-39 장치 선택

〈Run〉을 누르면 앱이 빌드되고 실제 스마트폰에 설치되어 화면에 다음과 같은 결과가 나옵니다. 결과는 AVD에서 테스트했을 때와 같습니다.

그림 1-40 스마트폰 테스트 결과

## 1.2.5. 개발 편의를 위한 설정

### SDK 매니저 확인

SDK 매니저(manager)는 안드로이드 SDK에 어떤 것들이 설치되었는지와 각종 도구를 관리하는 메뉴로서 개발 시 자주 확인하므로 기억해 두면 유용합니다. 안드로이드 스튜디오의 툴바 오른쪽에 SDK 매니저를 실행하는 버튼(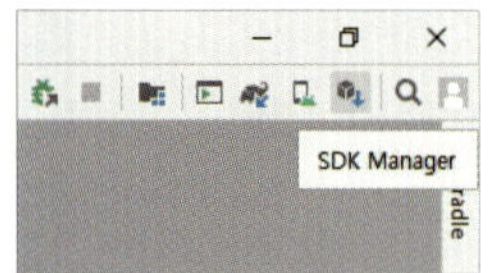)이 있습니다. 이 버튼을 눌러 SDK 매니저를 실행합니다.



그림 1-41 SDK Manager 버튼

SDK 매니저에서 안드로이드 SDK에 어떤 것이 설치되어 있는지 확인할 수 있으며, 추가 설치나 업데이트를 진행할 수 있습니다.

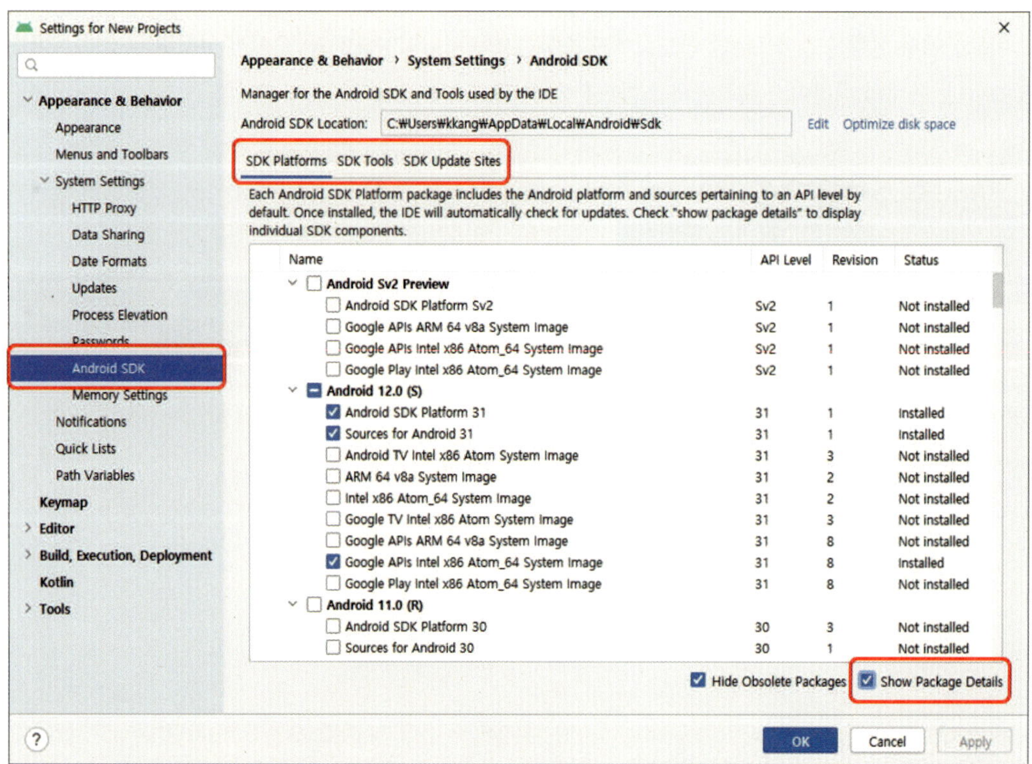


그림 1-42 SDK Manager 화면

SDK 매니저 화면에는 탭이 3개 있습니다. 첫 번째 탭인 [SDK Platforms]에서는 SDK에 설치된 안드로이드 플랫폼을 확인할 수 있습니다. 화면 아래에 'Show Package Details' 체크박스를 체크하면 상세한 정보를 볼 수 있습니다. 이 중 상태(Status) 열에 표시되는 내용은 'Inastalled(설치된 항목)', 'Not Installed(설치되지 않은 항목)', 'Update(업데이트할 수 있는 항목)'입니다. Not Installed나 Update가 표시된 항목을 체크하면 화면 아래에 〈Apply〉가 활성 상태가 되며, 이 버튼을 누르면 추가로 내려받아서 설치나 업데이트가 진행됩니다. 또한, 두 번째 탭인 [SDK Tools]에서는 안드로이드 개발을 위해 내려받은 각종 도구의 설치 상태를 확인할 수 있고, 추가 설치나 업데이트를 진행할 수 있습니다.

개발 초기 SDK 매니저에서 보이는 모든 것을 내려받을 필요는 없으며, 안드로이드 스튜디오를 설치하면서 함께 설치된 SDK를 이용하다가 개발 시 필요한 부분을 추가로 내려받거나 업데이트해서 사용하면 됩니다. SDK 매니저는 이후에도 이 책의 여러 곳에서 다시 언급하겠습니다.

### 자동 임포트 설정

안드로이드 스튜디오에서 앱을 개발하면서 유용하게 사용할 수 있는 '자동 임포트(auto import)'를 설정하겠습니다. 자동 임포트 설정은 자바 코드 개발 시 개발자가 코드에 추가한 클래스를 위한 import 구문을 자동으로 작성해주는 기능입니다. 이 설정은 필수는 아니지만, 해 놓으면 코드 개발 시 import 구문을 위한 단축키(Ctrl + Shift + O)를 누르지 않아도 되는 편리한 점이 있습니다.

안드로이드 스튜디오에서 [File → Settings] 메뉴를 눌러 설정 화면을 띄웁니다.

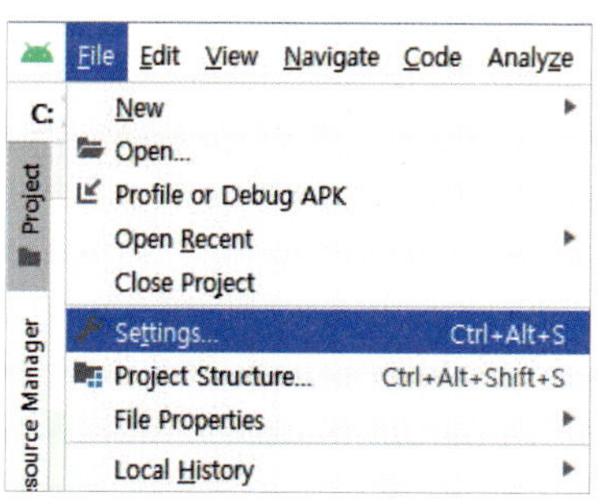


그림 1-43 Settings 메뉴

Settings는 안드로이드 스튜디오 전체 설정을 위한 화면으로 글자 크기부터 다양한 것을 설정할 수 있습니다. 이 화면에서 [Editor 〉 General 〉 Auto Import]를 선택하면 다음의 화면처럼 나오는데요. 이곳에서 'Optimize imports on the fly'와 'Add unambiguous imports on the fly' 체크박스에 체크해주면 자바 코드에서 자동 임포트 기능을 이용할 수 있습니다.

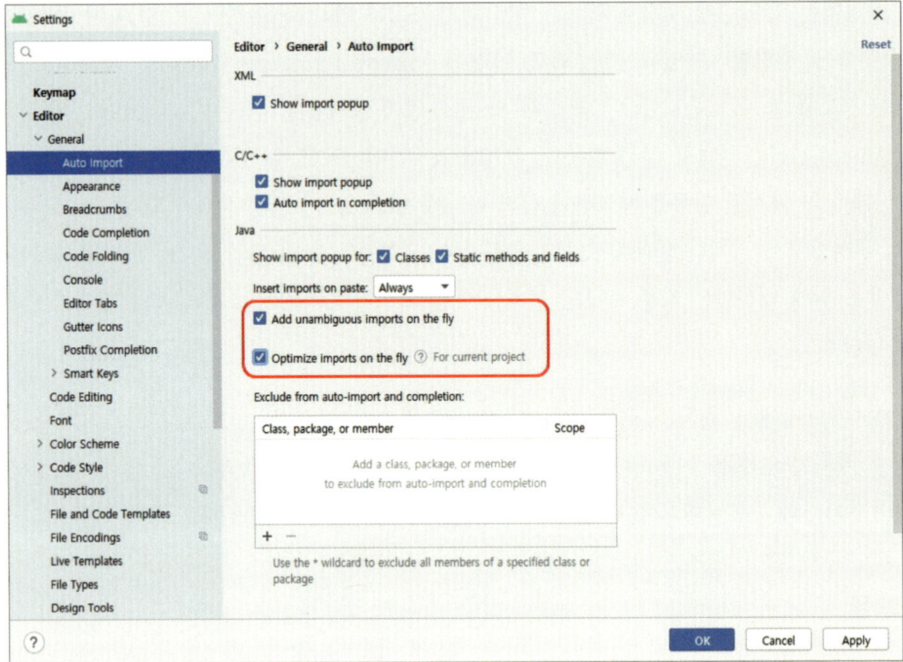

그림 1-44 자동 임포트 설정

## 로그캣 필터링

스마트폰이나 AVD로 테스트할 때 앱의 실행 로그를 분석하는 것이 중요한데요. 이 로그는 로그캣에서 제공합니다. 그런데 테스트하는 스마트폰에 따라 너무 많은 로그가 출력되어 우리가 분석해야 하는 로그를 찾기 힘들 때가 있습니다. 이럴 때 필터링 기능을 이용하면 좋습니다. 로그캣 창에서 다음 그림처럼 콤보박스를 확장해 로그의 종류를 필터링해서 볼 수도 있으며, 혹은 검색란에 입력한 단어가 들어간 로그만 볼 수도 있습니다.

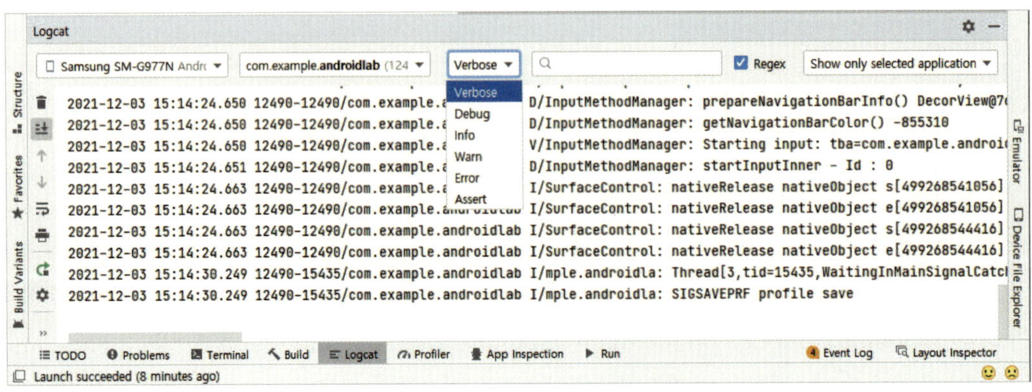

그림 1-45 로그캣 필터링 기능

# 1.3. 앱 배포

안드로이드 앱을 배포하는 방법은 APK 파일로 배포하는 방법과 안드로이드 앱 번들(Android App Bundle)로 배포하는 방법 두 가지가 있습니다. 원래는 APK 파일로만 배포할 수 있었지만, 2017년부터 안드로이드 앱 번들로 배포하는 방식을 추가로 지원하게 되었습니다. APK 파일로 배포할 것인지, AAB로 배포할 것인지는 [Build → Generate Signed Bundle / APK] 메뉴에서 선택합니다. AAB로 배포하는 것을 권장하기에 ABB로 배포하는 방법을 설명하도록 하겠습니다. 참고로 앱을 배포하는 것은 개발 이후의 단계이므로 당장 필요하지 않다면 이번 절을 생략해도 됩니다.

앱을 배포하려면 먼저 키(Key)를 준비하고 준비된 키로 앱을 서명해야 합니다. 숙련된 사용자라면 시스템의 명령 프롬프트에서 작업해도 되지만, 안드로이드 스튜디오에서 마우스 클릭으로 키 준비와 앱에 서명하는 것으로 배포 파일을 추출할 수 있습니다.

## 1.3.1. AAB 파일의 이해

안드로이드 앱 번들(Android App Bundle)은 새로운 앱 배포 방식입니다. APK 파일 배포도 여전히 잘 지원되지만, APK 배포 방식은 파일 크기가 크다는 문제가 있습니다. 이 문제를 해결하기 위해 2018년 구글 I/O에서 새롭게 제시한 방법입니다.

안드로이드 공식 매뉴얼에 있는 그림으로 안드로이드 앱 번들 방식을 이해해 보겠습니다.

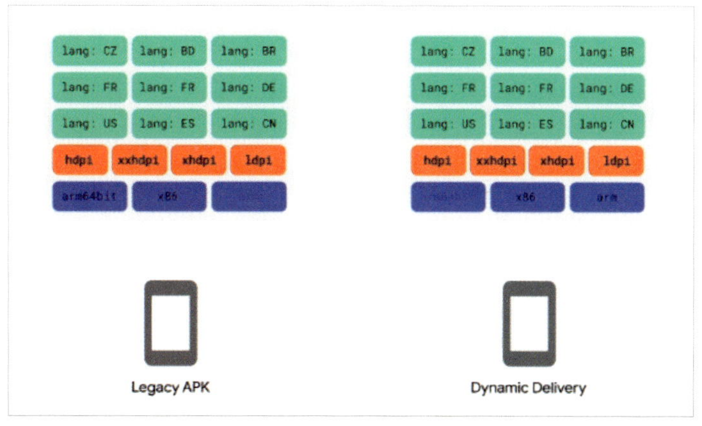


그림 1-46 개발 리소스 및 아키텍처(출처: https://developer.android.com)

위의 그림은 개발자가 임의의 기기를 대상으로 앱을 배포하고자 앱에 필요한 모든 리소스(언어와 화면 크기 등)와 하드웨어 아키텍처를 준비한 것입니다.

사용자가 앱을 사용하려면 당연히 개발자가 준비한 모든 리소스가 설치 파일에 포함되어야 할 것으로 생각하지만, 실제로 사용자의 단말에서는 모든 리소스가 필요하지는 않습니다. 예를 들어, 개발자가 글로벌 앱을 만들어 모든 언어와 관련된 리소스를 준비했다고 합시다. 그런데 실제 사용자가 한국어만 이용한다면 영어를 위한 리소스는 필요가 없습니다.

기존의 APK 파일은 이에 대해 동적으로 판단하지 않기 때문에 개발자가 준비한 모든 리소스가 APK 파일에 포함됩니다. 하지만 안드로이드 앱 번들 방식은 실제 개발자가 준비한 모든 리소스를 포함하는 것이 아니라, 사용자의 단말에 필요한 리소스만 동적으로 구성하여 제공합니다. 그렇게 함으로써 배포 파일의 크기를 줄입니다.

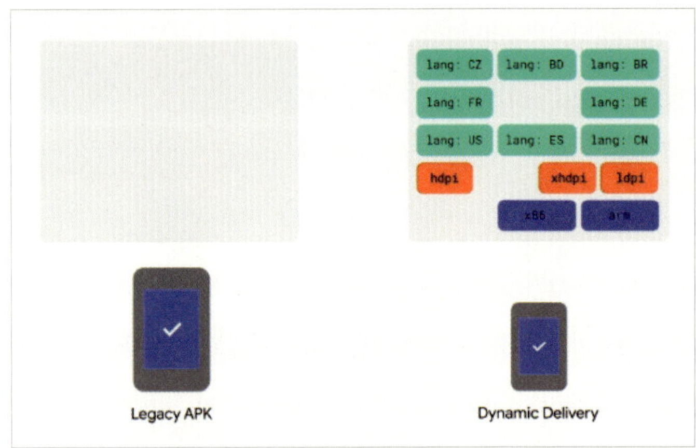


그림 1-47 배포 파일 구성(출처: https://developer.android.com)

왼쪽은 APK 파일입니다. 개발자가 준비한 모든 구성이 APK 파일에 포함됩니다. 하지만 오른쪽은 동적 전달(Dynamic Delivery) 기법을 이용하여 개발자가 준비한 구성 중에서 실제 사용자에게 필요한 구성요소만 포함시켜 배포합니다.

## 1.3.2. AAB 파일로 앱 빌드

이 책을 끝까지 학습하고 이번 절을 참고하면 문제없이 AAB 파일을 추출하고 Play 스토어에 앱을 배포할 수 있습니다. 그러나 안드로이드 앱을 개발해보기 전에 배포 방법부터 학습한다면 사전 준비 작업이 이해되지 않을 수 있습니다.

그중 대표적인 것이 앱의 패키지명을 유일성이 확보된 문자열로 지정해야 한다는 것입니다.

패키지명이 "com.example"이면 앱을 등록할 수 없다는 오류가 발생합니다. 패키지명에 관한 내용은 이후에 자세하게 설명하므로, 이곳에서는 먼저 해당 오류를 해결하고 AAB 파일로 앱을 배포하는 과정에 대해 설명하도록 하겠습니다.

안드로이드 스튜디오의 프로젝트 탐색 창에서 아래 그림처럼 'Gradle Scripts' 그룹을 확장하면 'build.gradle(Module: AndroidLab.app)'이라는 파일이 보입니다.

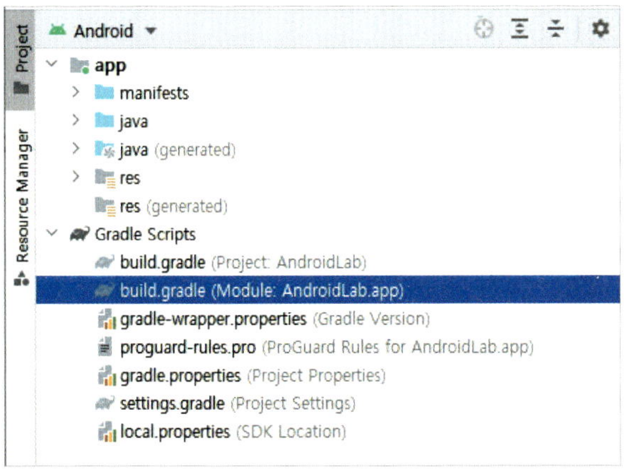


그림 1-48 build.gradle 파일

이 파일을 열어보면 다음과 같은 코드가 보입니다.

```
plugins {
    id 'com.android.application'
}

android {
    compileSdk 31

    defaultConfig {
        applicationId "com.xxx.xxx"
        minSdk 21
        targetSdk 31
        versionCode 1
        versionName "1.0"

        //..........
```

이 부분에서 applicationId 값에 "com.example"이라는 단어가 들어가면 앱을 배포할 수 없습니다. 이 부분을 고유한 이름으로 적절하게 변경해야 합니다. 여기까지 준비되었다면 이제 앱 배포를 진행하면 됩니다.

안드로이드 스튜디오에서 [Build → Generate Signed Bundle / APK] 메뉴를 선택합니다.

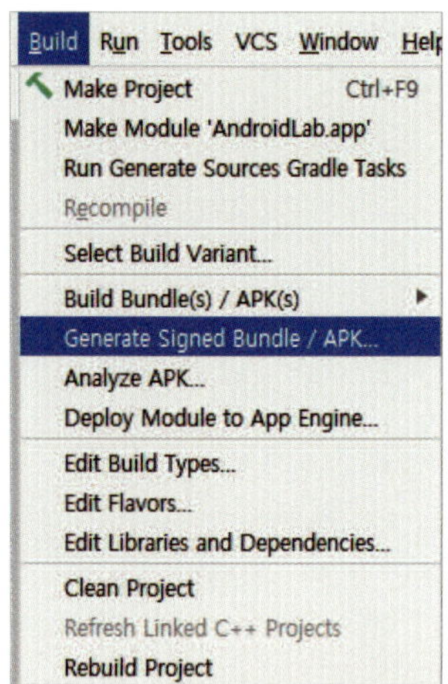


그림 1-49 Generate Signed Bundle/ APK 메뉴

다음 그림처럼 배포 방법을 선택하는 창이 나타납니다. 'Android App Bundle'과 'APK' 중 'Android App Bundle'이 선택된 상태에서 〈Next〉를 누릅니다.

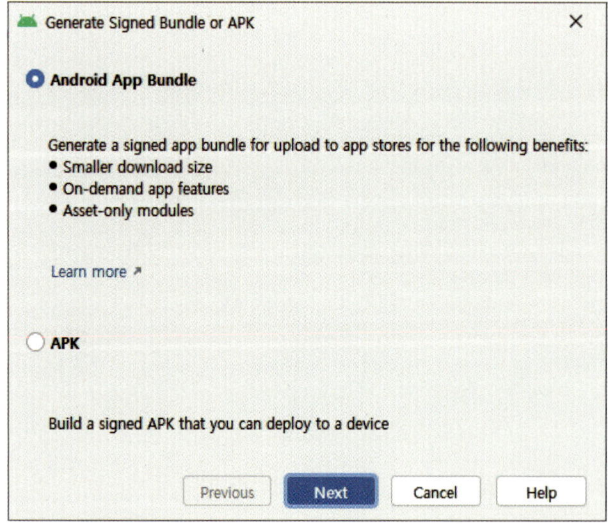


그림 1-50 Android App Bundle or APK 선택 화면

안드로이드 앱은 키(Key)로 서명해야 배포할 수 있습니다. 개발자가 지정한 패키지명으로 안드로이드 앱이 식별되기에, 여러 앱을 같은 키로 서명해도 됩니다. 한 회사에서 여러 개의 앱을 만든다면 앱마다 다른 키로 서명할 수도 있고, 같은 키로 서명하여 배포할 수도 있습니다.

다른 앱을 개발할 때 사용했던 키가 있으면 다음 화면에서 〈Choose existing〉을 눌러 키를 지정하고, 키가 없다면 〈Create new〉를 눌러 새로운 키를 만듭니다.

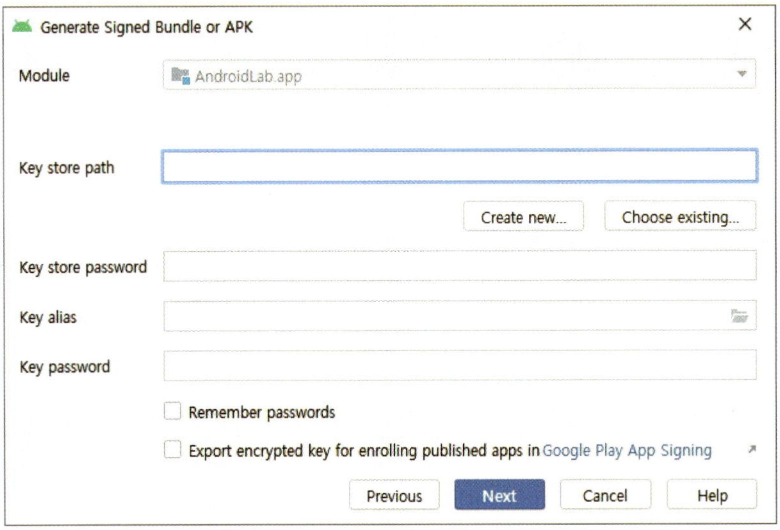

그림 1-51 키 선택

〈Create new〉를 누르면 다음 그림처럼 새로운 키 파일과 키를 만들 수 있는 창이 나타납니다. 이 창에서 'Key store path' 부분의 오른쪽에 있는 폴더 모양 아이콘을 누릅니다.

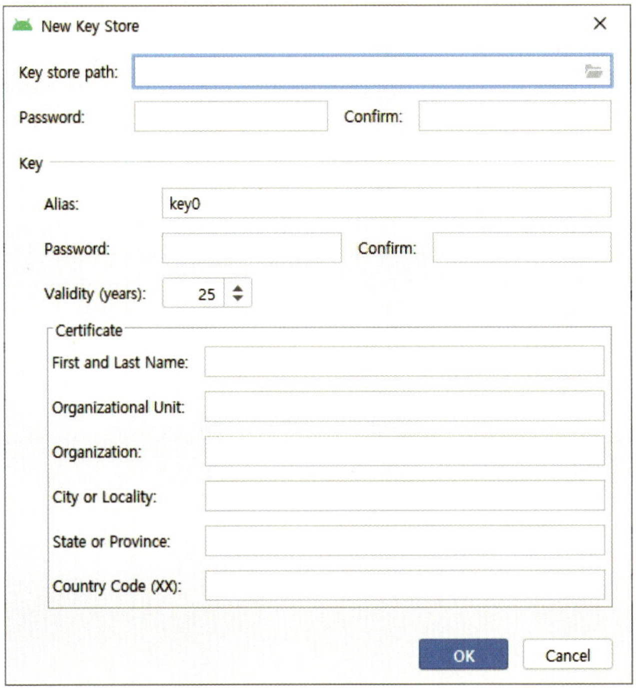

그림 1-52 새로운 키 생성

그러면 키 파일의 정보를 설정하는 창이 나타납니다. 키 파일을 저장한 디렉터리 위치와 파일명을 입력하고 〈OK〉를 누릅니다.

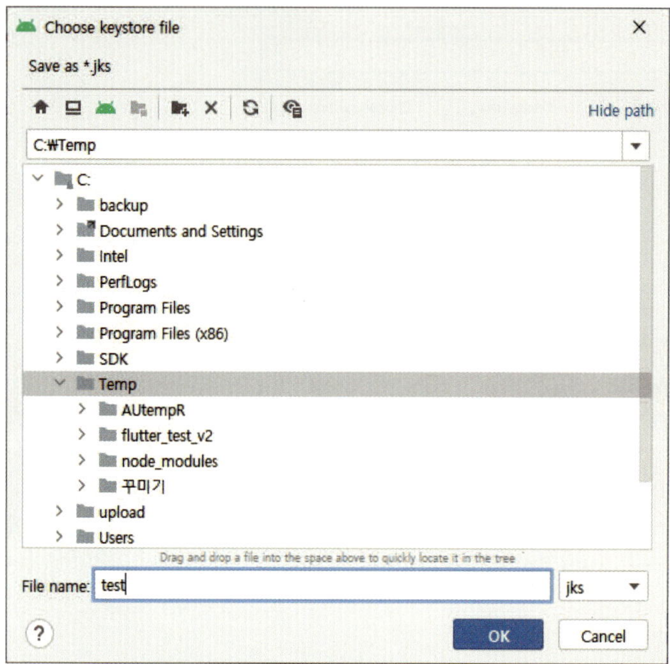


그림 1-53 키 파일 저장 위치 및 파일명 지정

다음은 만들어진 키 파일과 키에 대한 정보를 설정합니다. 윗부분은 키 파일에 대한 정보이며, 아랫부분은 키에 대한 정보입니다. 비밀번호(Password)는 모두 6자 이상이어야 하며, 그 밖에 키에 대한 다양한 정보를 설정할 수 있습니다. 적절한 정보를 입력하고 〈OK〉를 누릅니다.

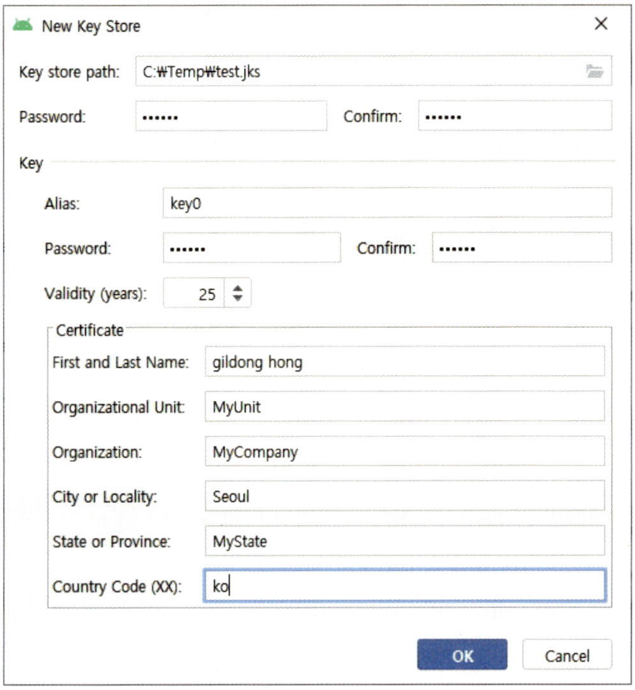

그림 1-54 키 정보 입력

다음은 만들어진 키 파일과 정보를 확인하는 창입니다. 〈Next〉를 눌러 다음을 진행합니다.

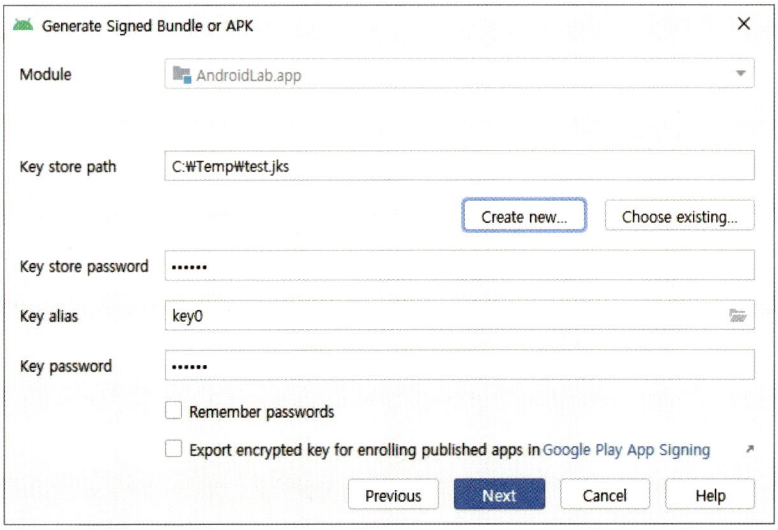

그림 1-55 키 확인

키가 생성되면 해당 키로 서명된 AAB 파일을 추출하는 과정이 진행됩니다. 'Destination Folder' 부분의 오른쪽에 있는 폴더 모양 아이콘을 눌러 AAB 파일을 저장할 위치를 지정합니다. 'Build

Variants'에서 'release'를 선택한 후, 〈Finish〉를 누르면 키로 서명된 AAB 파일이 만들어집니다. 이 AAB 파일을 배포하면 됩니다.

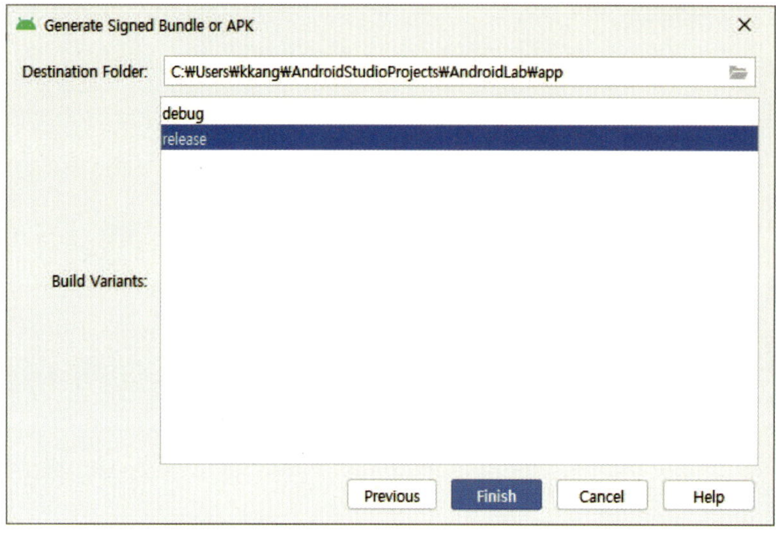


그림 1-56 AAB 파일 추출

빌드 작업이 진행된 후 AAB 파일이 성공적으로 추출되면, 안드로이드 스튜디오 화면 왼쪽 아래에 다음 그림처럼 "Generate Signed Bundle"이라는 메시지가 나타납니다.

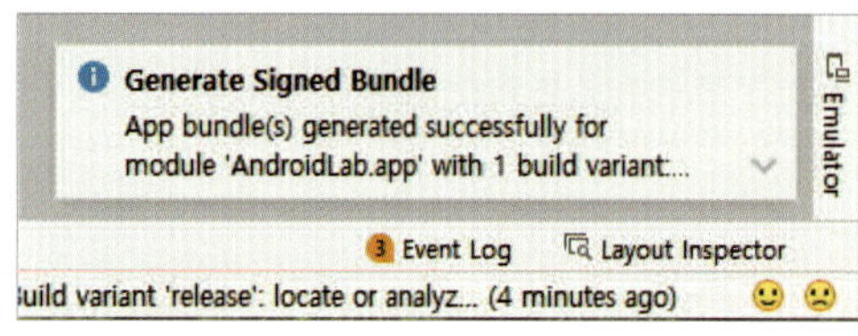


그림 1-57 AAB 파일 추출 확인

앞서 지정한 대상 폴더(Destination Folder)에 AAB 파일이 생성됩니다.

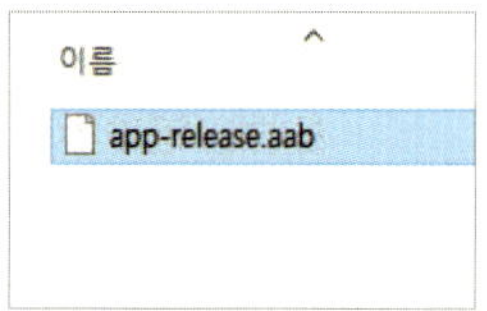


그림 1-58 추출된 AAB 파일

## 1.3.3. 구글 Play 스토어에 앱 배포

AAB 파일을 사용자에게 배포하는 방법은 다양합니다. 구글 Play 스토어를 이용할 수도 있고, 각 이동통신사에서 제공하는 마켓을 이용할 수도 있습니다. 또는 AAB 파일을 사용자에게 직접 배포할 수도 있습니다.

구글 Play 스토어나 이동통신사에서 제공하는 마켓을 이용하기 위해서는 각 마켓의 정책에 맞게 개발자 등록을 해야 합니다. 여기서는 가장 일반적으로 이용하는 구글 Play 스토어를 통해 앱을 배포하는 방법을 살펴보겠습니다.

구글 Play 스토어의 정책이 자주 변경되어, 앱을 등록할 때 요구되는 정보 또한 자주 바뀌었습니다. 그러나 구글 Play 스토어에서 안내하는 대로 차근차근 따라가면 별 어려움 없이 개발한 앱을 등록할 수 있습니다. 어떤 절차가 있고 어떤 정보를 등록해야 하는지에 대해 간단하게 살펴보도록 하겠습니다.

### 구글 Play 앱 서명

안드로이드 앱은 키로 서명되어 있어야 합니다. 앱에 서명하는 키를 관리하는 방법은 크게 2가지로 나뉩니다. 하나는 키를 개발자가 직접 생성해 관리하는 방법이고, 또 다른 하나는 구글 Play 스토어에서 관리하도록 하는 방법입니다.

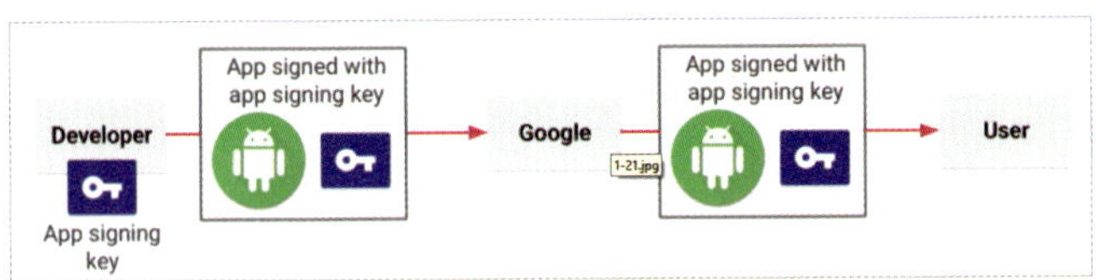


그림 1-59 개발자가 키를 직접 관리(출처: https://developer.android.com)

개발자가 키를 직접 관리하는 방법을 사용하면, 구글 Play 스토어에서는 서명된 파일을 사용자에게 배포하는 단계만 진행합니다. 개발자가 앱을 빌드할 때 키를 생성하여 앱에 서명하고, 서명된 앱을 구글 Play 스토어에 등록합니다. 그런데 이 방법은 키가 분실되거나 도용될 위험이 있습니다. 앱을 업데이트할 때마다 같은 키의 서명이 필요한데, 사용했던 키가 없다면 서명을 할 수 없습니다. 새로운 키를 만들어 서명하게 되면 앱을 업데이트하는 것이 아니라 완전히 새로운 앱을 만드는 것이 됩니다. 이러한 문제점을 해결하기 위해 'Play 앱 서명'이라는 방식이 추가된 것입니다.

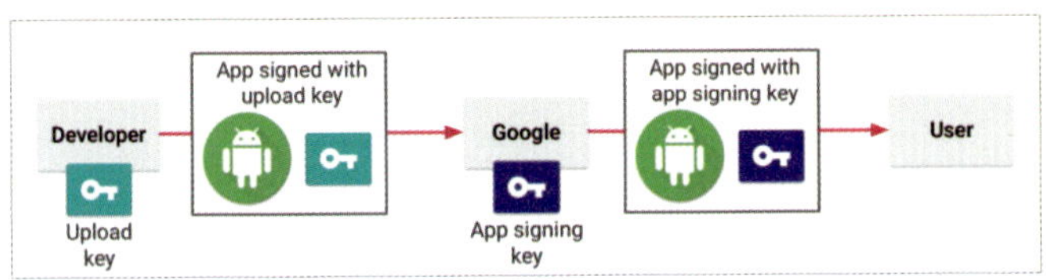


그림 1-60 구글 Play 앱 서명으로 앱 서명(출처: https://developer.android.com)

구글 Play 스토어에서 키를 관리하도록 하는 'Play 앱 서명 방식'에는 2가지의 키가 등장합니다. 개발자가 생성한 키(upload key)와 구글 Play 스토어에서 관리하는 키(app signing key)입니다. 개발자가 생성한 키는 구글 Play 스토어에 앱을 등록할 때만 사용합니다. 앱을 사용자에게 배포할 때는 구글 Play 스토어에서 자체적으로 만든 키를 사용해 서명합니다. 이 키는 구글 Play 스토어에서 관리하므로 개발자가 제어할 수 없습니다. 즉, 개발자가 생성한 키를 분실하여 새로 만든 키를 사용한다 해도, 최종적으로 앱이 배포될 때 사용되는 키는 구글 Play 스토어에서 관리하는 키이기 때문에 문제 될 것이 없습니다.

### 앱 배포 사전 준비 파일

구글 Play 스토어에 앱을 배포하기 위해 사전에 준비해야 하는 파일의 종류는 아래와 같습니다.

- **AAB 파일**: 키로 서명된 앱 배포 파일
- **앱 아이콘 이미지**: 구글 Play 스토어에 사용할 앱 이미지. 512×512px 크기의 1MB 미만 JPEG 또는 32비트 PNG 파일
- **그래픽 이미지**: 구글 Play 스토어에서 앱 프로모션에 사용할 이미지. 1024×500px 크기의 1MB 미만 JPEG 또는 24비트 PNG 파일
- **휴대전화 스크린샷**: 스마트폰에서 앱을 실행한 스크린샷. 320~3840px 크기, 16:9 또는 9:16 비율, 8MB 미만의 JPEG 또는 24비트 PNG 파일 2~8개
- **7인치 · 10인치 태블릿 스크린샷**: 7인치나 10인치 태블릿에서 앱을 실행한 스크린샷. 320~3840px 크기, 16:9 또는 9:16 비율, 8MB 미만의 JPEG 또는 24비트 PNG 파일 최대 8개

### 개발자 계정 만들기

앱을 배포하기 위해서는 구글 Play 스토어에 개발자로 등록되어 있어야 합니다. 개발자 등록은 아래 URL에 접속하여 진행할 수 있습니다.

- 구글 Play 스토어 개발자 등록 페이지: https://play.google.com/apps/publish

구글 계정으로 인증절차를 거쳐야 하므로 지메일(Gmail)에 가입해 계정을 준비해놓습니다. 해당구글 계정으로 로그인하고 구글 Play 스토어에서 '개발자 계정 만들기'를 진행합니다. 아래 화면에서 "개인" 혹은 "조직 또는 비즈니스" 아래의 '시작하기' 링크를 클릭합니다.

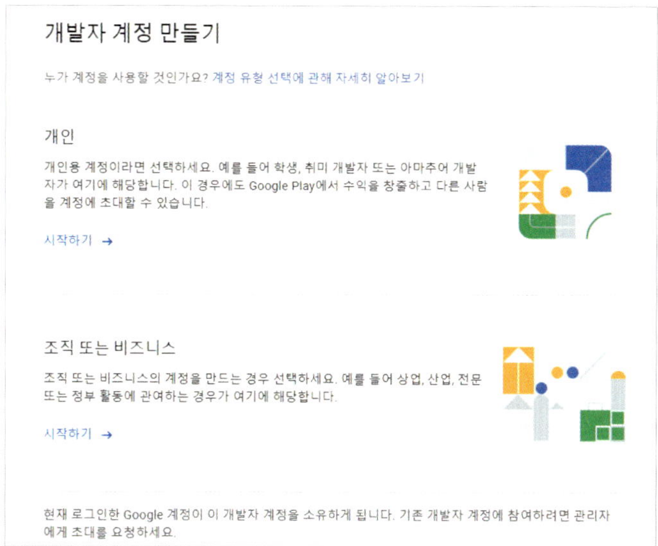


그림 1-61 개발자 계정 만들기

개발자 계정을 만들기 위해서는 몇 가지 정보를 입력해야 합니다. 이때, 전화번호는 국가 번호를 포함해 입력합니다. 내용을 작성한 후에 약관에 동의하고, 〈계정 생성 및 결제〉 버튼을 클릭합니다.

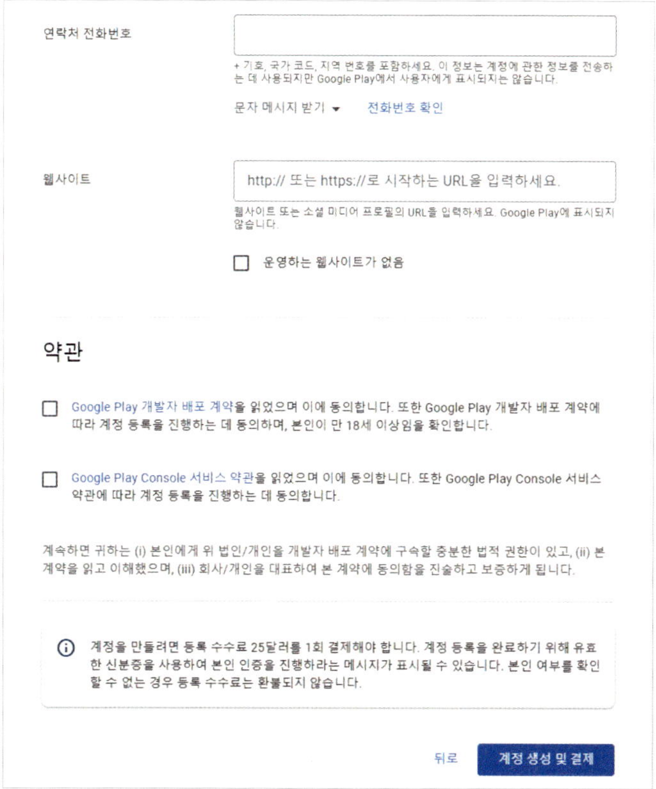

연락처 전화번호

+ 기호, 국가 코드, 지역 번호를 포함하세요. 이 정보는 계정에 관한 정보를 전송하는 데 사용되지만 Google Play에서 사용자에게 표시되지는 않습니다.

문자 메시지 받기 ▾ 전화번호 확인

웹사이트

http:// 또는 https://로 시작하는 URL을 입력하세요.

웹사이트 또는 소셜 미디어 프로필의 URL을 입력하세요. Google Play에 표시되지 않습니다.

☐ 운영하는 웹사이트가 없음

약관

☐ Google Play 개발자 배포 계약을 읽었으며 이에 동의합니다. 또한 Google Play 개발자 배포 계약에 따라 계정 등록을 진행하는 데 동의하며, 본인이 만 18세 이상임을 확인합니다.

☐ Google Play Console 서비스 약관을 읽었으며 이에 동의합니다. 또한 Google Play Console 서비스 약관에 따라 계정 등록을 진행하는 데 동의합니다.

계속하면 귀하는 (i) 본인에게 위 법인/개인을 개발자 배포 계약에 구속할 충분한 법적 권한이 있고, (ii) 본 계약을 읽고 이해했으며, (iii) 회사/개인을 대표하여 본 계약에 동의함을 진술하고 보증하게 됩니다.

ⓘ 계정을 만들려면 등록 수수료 25달러를 1회 결제해야 합니다. 계정 등록을 완료하기 위해 유효한 신분증을 사용하여 본인 인증을 진행하라는 메시지가 표시될 수 있습니다. 본인 여부를 확인할 수 없는 경우 등록 수수료는 환불되지 않습니다.

뒤로 계정 생성 및 결제

그림 1-62 개발자 계정 만들기

신용카드 정보를 입력하는 화면이 나오면 적절한 결제 정보를 입력합니다. 개발자 등록에 드는 비용은 25달러입니다.

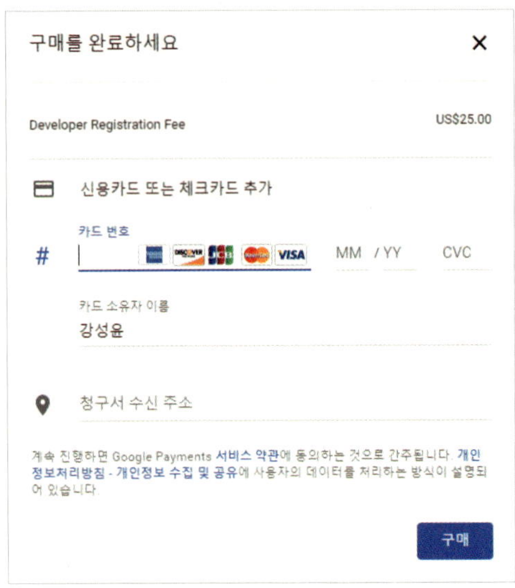


그림 1-63 구매 정보

## 앱 만들기

개발자로 등록이 끝나면 다음 그림처럼 구글 Play 콘솔에 접근할 수 있으며, 이곳에서 앱을 등록하거나 등록된 앱의 다양한 정보를 확인할 수 있습니다.

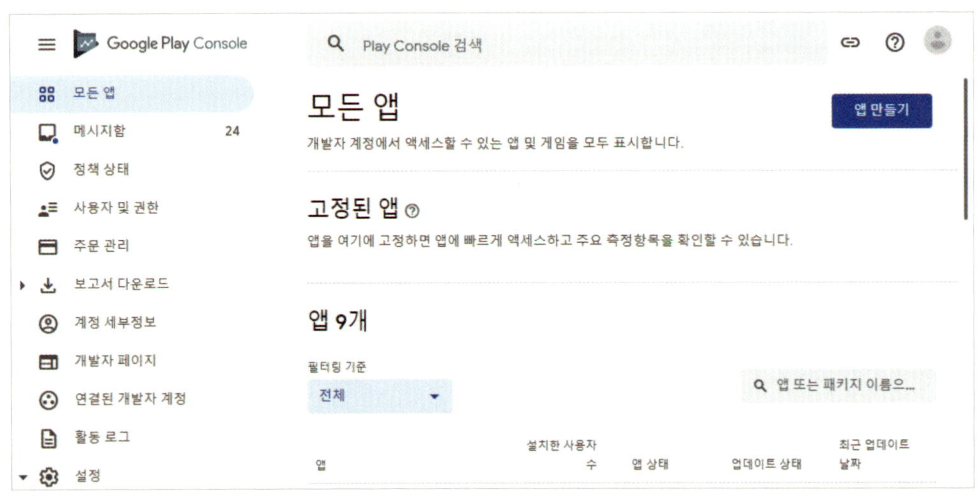


그림 1-64 Play 콘솔

앱 만들기 화면에서 앱 이름, 기본 언어, 앱 또는 게임, 유로 또는 무료 정보를 입력한 후에 약관에 동의하고 〈앱 만들기〉 버튼을 클릭합니다.

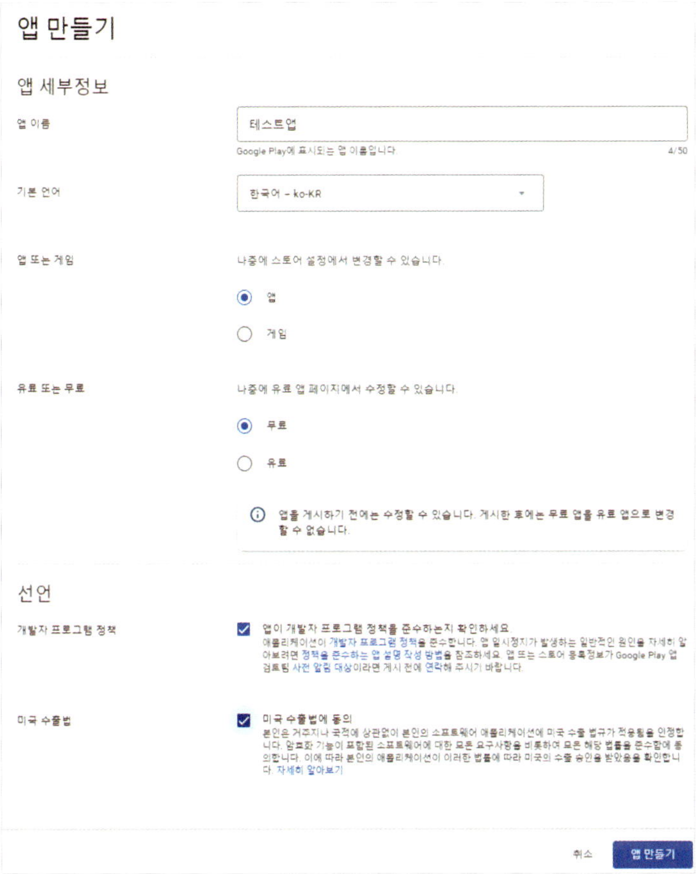

그림 1-65 앱 만들기

〈앱 만들기〉 버튼을 클릭하면 정보 설정 및 테스트하는 방법을 제공하는 대시보드 화면으로 이동합니다. 이 대시보드에서 '앱 설정'의 [앱에 관한 정보 제공 및 스토어 등록정보 설정]과 '앱 출시'의 [Google Play에 앱 게시] 내용을 입력해봅시다.

그림 1-66 대시보드

앱 설정의 '할 일 보기'를 클릭하면 등록해야 하는 정보의 목록을 볼 수 있습니다. 각 항목을 클릭해 필요한 정보를 입력합니다. 정보 등록이 완료된 항목에는 아래 그림처럼 초록색 체크 아이콘이 표시됩니다.

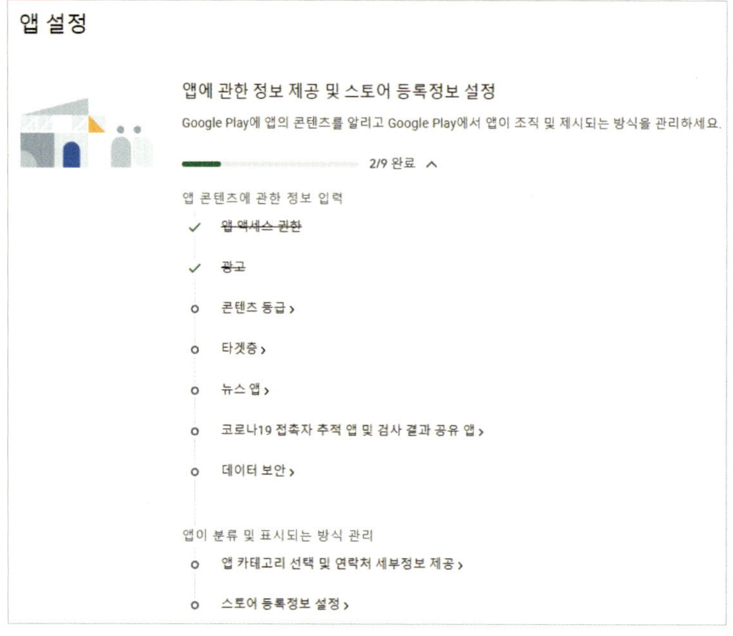


그림 1-67 앱 설정

각 항목에서 아래와 같은 내용을 등록합니다.

| 항목 | 내용 |
|---|---|
| 앱 액세스 권한 | 앱에 제한된 부분이 있다면 어떻게 접근해야 하는지 설정 |
| 광고 | 앱에 광고가 포함되어 있는지 선언 |
| 콘텐츠 등급 | 설문 응답으로 콘텐츠 등급 부여 |
| 타겟층 | 앱의 대상 연령 지정 |
| 뉴스 앱 | 뉴스 서비스를 하는지 선택 |
| 코로나 19 접촉자 추적 앱 및 검사 결과 공유 앱 | 코로나 19 와 관련된 앱인지 선택 |
| 데이터 보안 | 앱에서 어떤 데이터를 수집하는지 설정 |
| 앱 카테고리 선택 및 연락처 세부정보 제공 | 앱의 카테고리 및 연락처 세부정보 등록 |
| 스토어 등록정보 설정 | 앱의 상세 정보 설정 |

'스토어 등록정보 설정'에서 사전에 준비했던 이미지 파일을 등록합니다.

그림 1-68 기본 스토어 등록 정보

[앱에 관한 정보 제공 및 스토어 등록정보 설정]에서 정보 등록을 완료하면 [Google Play에 앱 게시]에서 앱을 출시할 수 있습니다.

그림 1-69 Google Play에 앱 게시

위의 화면에서 '새 버전 만들기'를 클릭해 AAB 파일을 등록해봅시다.

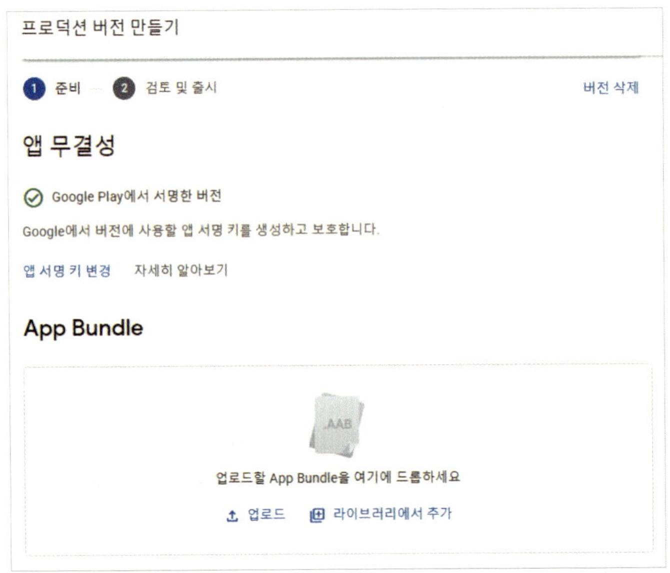


그림 1-70 프로덕션 버전 만들기

AAB 파일을 업로드하고 버전 세부정보와 출시 노트를 작성한 후, 〈저장〉 버튼을 누르면 〈버전 검토〉 버튼이 자동으로 활성화됩니다.

그림 1-71 버전 검토

이제 버전을 출시할 준비가 완료되었습니다. 마지막으로 아래 화면에서 〈프로덕션 트랙으로 출시 시작〉 버튼을 누릅니다. 이제 앱이 구글 Play 스토어의 심사를 거치게 됩니다. 심사 후 문제가 없으면 심사 기간 후 정상적으로 스토어에 출시됩니다.

그림 1-72 프로덕션 트랙으로 출시 시작

# 2장

# 안드로이드 프로젝트 이해

개발환경이 구축되었다면 이제 앱을 작성해야 합니다. 그런데 앱을 개발하는 많은 기법이나 API를 살펴보기 전에 안드로이드 앱 개발의 특징과 핵심 아키텍처를 살펴보겠습니다.

이론이 주를 이루다 보니 다른 장보다 지루할 수도 있겠지만, 필자는 이번 장의 내용이 무척 중요하다고 강조하고 싶습니다. 실제 앱을 개발하는 프로그래밍 이야기는 아니지만, 안드로이드를 처음 개발하는 개발자가 이번 장의 내용을 잘 정리해 두지 않으면, 이후 다른 부분을 볼 때 어렵게 느껴질 수도 있습니다.

이번 장에서 여러 가지 이야기를 할 텐데요. 안드로이드를 개발하려면 이 정도는 알고 시작해야 합니다. 실제 앱을 구현하는 방법을 설명하고자 하는 목적이 아니므로 안드로이드 개발과 관련된 큰 그림을 그린다고 생각하면서 학습하기를 바랍니다.

# 2.1. 안드로이드 앱 개발 특징

## 2.1.1. 안드로이드의 특징

안드로이드의 주요 특징은 다음과 같습니다.

- 안드로이드는 공개 운영체제인 리눅스 기반이다.
- 안드로이드 앱 개발은 자바(Java) 및 코틀린(Kotlin)을 이용해 개발한다.
- 안드로이드 플랫폼 기반의 스마트폰을 여러 제조업체에서 만들 수 있다.
- 개발자가 만든 앱은 구글 Play 스토어뿐만 아니라 다양한 방법으로 사용자에게 배포할 수 있다.

안드로이드의 주요 특징 중에 안드로이드 플랫폼 기반의 스마트폰을 여러 제조업체에서 만들 수 있다는 점이 있습니다. 이러한 특징은 장점이기도 하고 단점이기도 합니다. 같은 플랫폼을 기반으로 다양한 안드로이드 스마트폰이 출시되기 때문에, 소비자 입장에서는 선택의 폭이 넓다는 장점이 됩니다. 하지만 이는 기기의 파편화(fragmentation)를 유발하여 개발을 어렵게 하므로 개발자 입장에서는 단점이 됩니다.

스마트폰 제조사들이 스마트폰을 제작할 때 구글에서 만든 안드로이드 플랫폼을 그대로 탑재하는 것이 아니라, 이런저런 이유로 수정이나 추가해서 제작합니다. 따라서 표준 API로 개발된 코드가 특정 스마트폰에서 수행되지 않거나 에러가 발생할 수 있습니다. 예를 들어, 똑같이 Android 12 버전을 탑재한 스마트폰이라도 제조사에 따라 다를 수 있다는 이야기입니다.

결국, 이러한 기기의 파편화는 개발자를 괴롭힐 수 있는 요소가 되며, 이 때문에 테스트의 중요성이 더욱 커집니다. 개발된 앱을 테스트하는 것은 당연히 중요하지만, 안드로이드 앱은 스마트폰마다 다르게 동작할 수 있어서 유통되고 있는 대부분 스마트폰에서 모두 테스트하고 차이점을 발견하여 해결 방법 등을 연구해야 합니다.

또한 안드로이드 스마트폰은 다양한 업체에서 만들다 보니 크기가 다양하다는 특징이 있습니다. 하나의 UI 구성 프로그램으로 다양한 스마트폰 크기에 정상으로 출력되게 하는 부분은 의외로 개발자들이 신경 쓸 게 많습니다. 안드로이드 앱을 개발할 때 중요한 고려사항 중 하나입니다.

## 2.1.2. 안드로이드 플랫폼 아키텍처

### 안드로이드 아키텍처

앱 개발자 관점에서 안드로이드 플랫폼의 아키텍처를 자세히 이해하거나 응용할 필요는 없습니다. 하지만 안드로드 플랫폼이 어떻게 설계되었는지, 앱이 어떤 환경에서 수행되는지 등 상식 수준에서 알아두면 좋습니다.

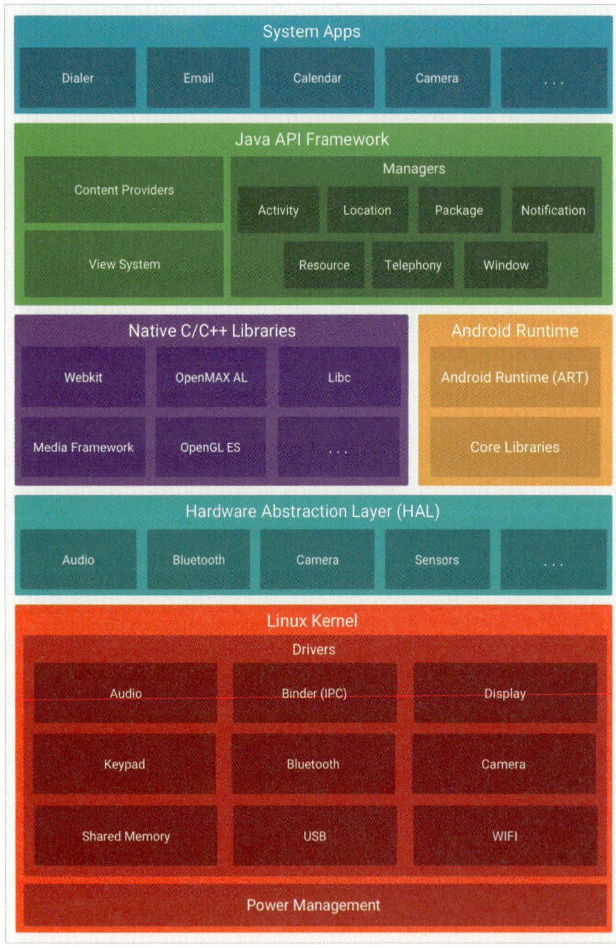


그림 2-1 안드로이드 소프트웨어 스택(출처: https://developer.android.com)

안드로이드 플랫폼은 리눅스 커널 기반입니다. HAL(Hardware Abstraction Layer)은 자바 API 프레임워크에 하드웨어 기능을 이용하는 표준 인터페이스를 제공합니다. 자바 API 프레임워크에서 하드웨어 기기(카메라, 블루투스 등)를 이용하기 위한 코드가 실행되면 내부적으로 HAL의 라이브러리 모듈이 로딩되어 처리합니다.

안드로이드 런타임(Android Runtime)은 ART 가상 머신을 이용하며 그 위에 일반 애플리케이션 개발 시 이용할 수 있는 자바 API 프레임워크를 제공합니다. 대부분 앱 개발자들은 이 자바 API 프레임워크에서 제공하는 다양한 클래스를 이용해 앱을 개발합니다.

### 안드로이드 런타임

안드로이드 앱 개발은 자바 언어를 이용합니다. 그래서 자바 개발자들이 안드로이드 앱 개발에 대한 접근이 쉽지요. 하지만 차이점도 있습니다. 자바로 개발된 다른 애플리케이션은 런타임 때 JVM(Java Virtual Machine)이 동작을 수행하지만, 안드로이드의 VM은 ART(Android Runtime)를 이용합니다. 참고로 ART는 API Level 21(Android 5.0)에서 새로 추가된 VM이며, 이전 버전의 VM은 Dalvik이었습니다.

ART는 앱을 실행할 때 DEX 파일을 실행합니다. 일반적으로 자바를 이용하여 개발하면 실행 시 JVM이 class 파일을 해석하는데, 안드로이드는 개발 언어만 자바를 이용한다고 보면 됩니다.

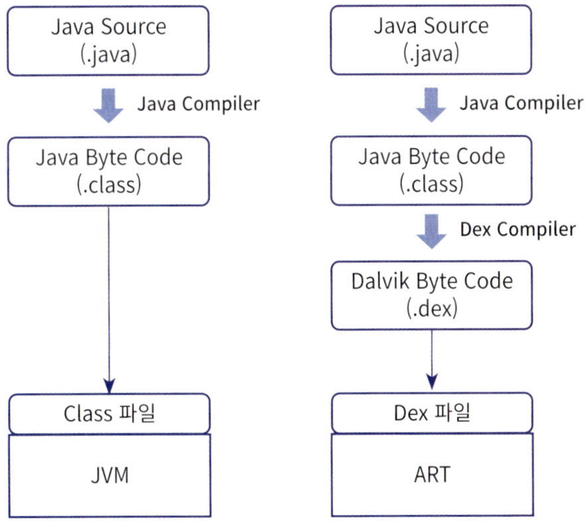


그림 2-2 JVM vs ART

자바로 개발된 개발자 코드는 컴파일러(compiler)가 자동으로 DEX 파일로 변경하며, 런타임 때 ART가 이 DEX 파일을 해석하여 수행하는 구조입니다.

### 자바 API 프레임워크

앱을 개발할 때 안드로이드 앱 개발자 관점에서 가장 중요한 요소는 '자바 API 프레임워크'입니다. 자바 API 프레임워크는 개발자가 안드로이드 앱을 만들 때 이용하는 표준 라이브러리라고 생각하면 됩니다. 자바 API 프레임워크에서 워낙 많은 기능의 라이브러리 클래스를 제공하지만, 대표적으로 UI를 구성할 수 있는 View 클래스부터 리소스 관리, 데이터 영속화 등의 기능을 제공합니다.

이 책의 주목적은 자바 API 프레임워크를 이해하고 이곳에서 제공하는 다양한 자바 API를 이용하여 앱을 작성하는 데 있습니다. 앱 개발자들은 하위의 커널이나 시스템 라이브러리를 직접 이용할 필요 없이, 자바 API 프레임워크에서 제공하는 클래스를 이용하여 앱의 모든 기능을 구현할 수 있습니다.

## 2.1.3. 컴포넌트 기반 개발

### 컴포넌트란?

이번 장에서 가장 중요한 내용이 컴포넌트(component)의 개념입니다. 안드로이드 앱의 아키텍처에서 가장 큰 특징은 컴포넌트 기반이라는 것입니다. 컴포넌트의 개념과 특징은 이해하는 데 조금 어려울 수 있지만, 이 개념을 잘 이해하면 이후 안드로이드 앱을 개발할 때 많은 도움이 됩니다. 컴포넌트에 대한 개념을 처음 접하는 분들을 위해 안드로이드 앱 개발에 필요한 핵심만 짚어서 컴포넌트가 무엇인지 설명해 보겠습니다.

### 컴포넌트는 앱의 구성 단위이며, 컴포넌트 여러 개를 조합하여 하나의 앱을 만든다

컴포넌트는 앱의 구성 단위입니다. 즉, 안드로이드 앱을 작성한다는 건 컴포넌트를 작성한다는 것이고, 개발자가 작성한 여러 컴포넌트를 조합하여 하나의 앱을 완성합니다.

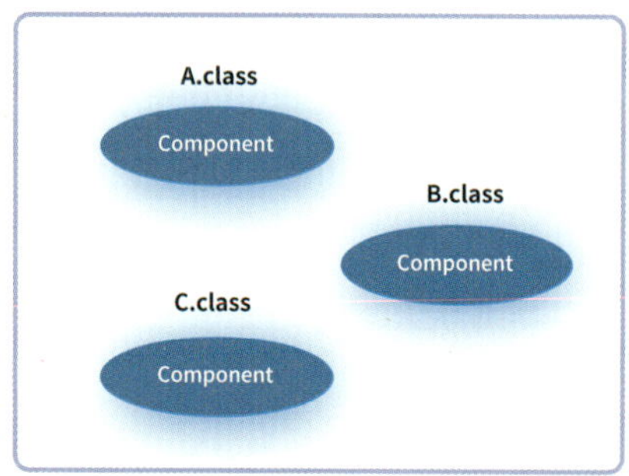


그림 2-3 앱의 구성요소

안드로이드 앱에서 컴포넌트의 물리적인 모습은 클래스입니다. 즉, 클래스 하나가 컴포넌트입니다. 위의 그림은 하나의 앱이 3개의 컴포넌트 클래스로 구성되었다고 볼 수 있습니다. 그런데 앱에서 만든 모든 클래스가 컴포넌트일까요? 그렇지는 않습니다. 모든 클래스가 컴포넌트는 아닙니다.

안드로이드에서 클래스는 컴포넌트와 일반 클래스로 나뉘는데, 이 둘의 차이는 클래스의 생명주기를 누가 관리하는지에 있습니다. 일반 클래스의 생명주기는 개발자 코드로 관리합니다. 즉, 필요한 순간 new 연산자로 생성해서 이용하고, 필요 없는 순간 null을 대입해서 소멸합니다. 이처럼 개발자 코드에서 직접 생명주기를 관리하는 클래스는 컴포넌트가 아닙니다. 안드로이드 컴포넌트는 똑같은 클래스라도 생명주기를 개발자 코드로 관리하지 않고, 안드로이드 시스템이 생성하여 관리하다가 소멸합니다.

### 컴포넌트는 앱 내에서 독립적인 실행 단위이다

컴포넌트도 클래스인데 일반 클래스와는 달리 생명주기를 시스템이 관리합니다. 그런데 컴포넌트의 생명주기를 시스템이 관리한다고 해도 결국 컴포넌트 역시 클래스이므로 앱을 만들 때는 다른 여러 클래스와 조합해야 합니다. 그렇다면 그냥 객체지향 프로그램이라고 부르면 되지, 왜 굳이 컴포넌트라고 할까요?

그 이유는 컴포넌트 클래스는 독립적인 수행 단위로 동작하기 때문입니다. 독립적인 수행 단위로 동작한다는 의미는 소프트웨어에서 흔히 이야기하는 '느슨한 결합도'와 관련이 있습니다. 이야기를 좀 더 풀어보겠습니다.

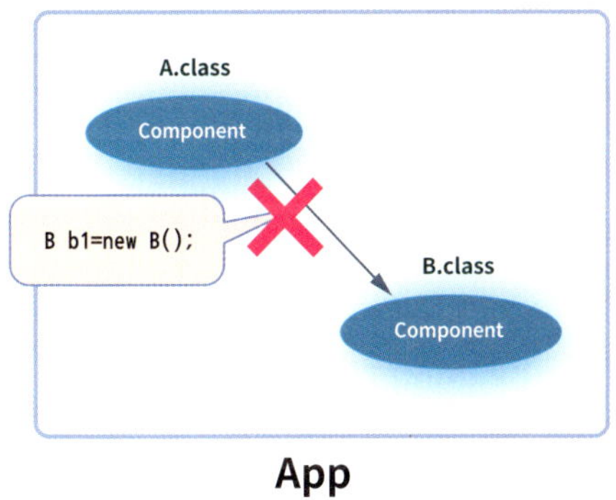


그림 2-4 결합 관계

예를 들어, A 클래스에서 B 클래스를 실행하려면 흔히 B b1 = new B(); 구문으로 객체를 생성해서 실행합니다. 이렇게 하면 A 클래스가 B 클래스에 직접 결합되었다고 표현합니다. 하지만 실행하고자 하는 B 클래스가 안드로이드 컴포넌트 클래스라면, 위의 그림처럼 직접 개발자 코드로 생성해서 실행할 수 없습니다.

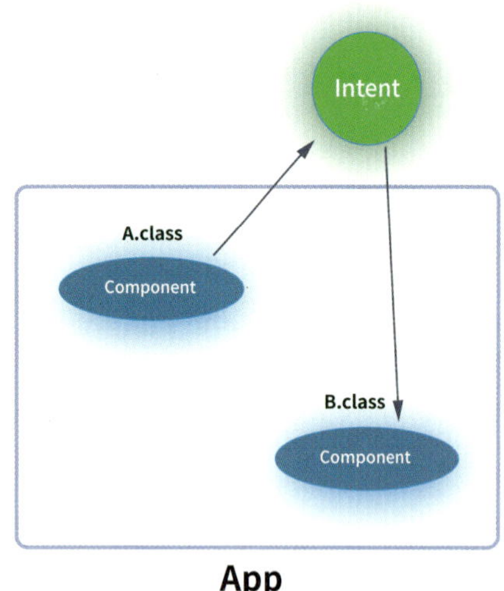


그림 2-5 컴포넌트 실행

A 컴포넌트가 B 컴포넌트를 실행할 때 개발자 코드로 직접 결합하여 실행하지 않고, 인텐트(Intent)라는 것을 매개로 하여 결합하지 않은 상태에서 독립적으로 실행하는 구조입니다. 인텐트는 이후 자세히 살펴보겠습니다. 이 구조에서 중요한 역할을 하는 것이 시스템입니다. A 컴포넌트는 B 컴포넌트 실행을 시스템에 의뢰하고 시스템에서 B 컴포넌트를 실행합니다. 따라서 서로 직접 결합이 발생하지 않는 구조입니다.

이처럼 안드로이드 앱이 컴포넌트 기반으로 설계되어 발생하는 부가적인 특징이 있습니다.

### main 함수 같은 앱의 진입 지점이 따로 없다

앱의 프로세스가 구동되어 최초로 실행되는 개발자 코드 부분을 흔히 main 함수라고 부르는데, 안드로이드에는 이런 개념이 없습니다. 즉, 앱의 수행 시점은 다양할 수 있습니다. 컴포넌트 클래스들은 모두 프로세스가 구동되었을 때 최초로 실행되는 수행 시점이 될 수 있습니다.

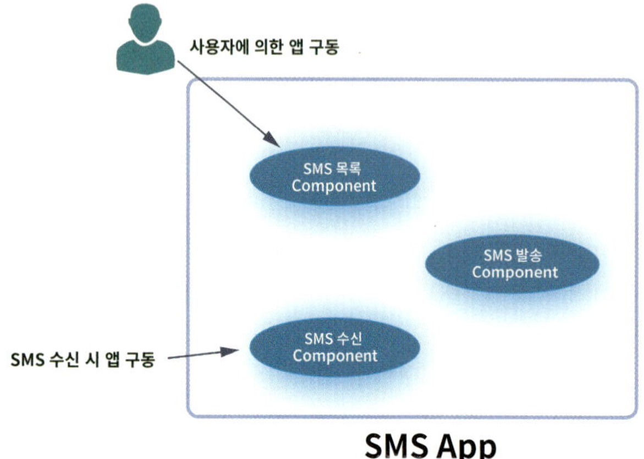


그림 2-6 SMS 앱의 구동 시점

예를 들어 위의 그림처럼 앱에서 SMS 목록을 보여주는 컴포넌트와 SMS 발송 컴포넌트, SMS 수신 컴포넌트가 있다고 가정해 봅시다. 흔히 생각하기에 앱의 프로세스가 최초로 살아서 움직이는 순간은 사용자가 앱의 아이콘을 누르는 순간이고, 이 순간 실행되는 SMS 목록 컴포넌트가 main 함수라고 생각하기 쉽습니다.

하지만 안드로이드 앱은 사용자가 아이콘을 누르지 않아도 실행됩니다. 앞의 설명대로 각 컴포넌트가 독립적인 수행 단위이므로 프로세스가 살아 있지 않은 상태에서 사용자가 아이콘을 누르지 않아도 특정 컴포넌트부터 실행되어 프로세스가 구동될 수 있습니다. 즉, 사용자가 실행하지 않아도 앱은 실행될 수 있다는 이야기입니다.

위의 그림에서 사용자가 SMS를 실행한 적이 없다고 가정해 보겠습니다. 그러면 당연히 앱의 프로세스는 구동되지 않은 상태입니다. 그런데 어느 순간 스마트폰에 SMS가 전달된다면 사용자가 앱을 실행하지 않아도 SMS 수신 기능을 하는 컴포넌트부터 실행되어 프로세스가 구동될 수 있습니다.

결국, 사용자가 아이콘으로 앱을 실행하면 SMS 목록 컴포넌트부터 실행되고, SMS가 수신되어 앱이 실행되면 SMS 수신 컴포넌트부터 실행됩니다. 이처럼 앱의 수행 시점은 다양할 수 있으며, 이런 이유로 main 함수가 없다고 표현합니다. 이 모든 것이 안드로이드 컴포넌트가 앱 내에서 각각 독립적인 단위로 수행될 수 있기 때문입니다.

### 애플리케이션 라이브러리 개념이 있다

또한 애플리케이션 라이브러리라는 개념이 있습니다. 예를 들어 다음 그림처럼 카카오톡 앱과 카메라 앱이 있다고 가정해 봅시다. 사용자가 카카오톡 앱을 실행했습니다. 이 카카오톡 앱의 컴포넌트 기능 중 하나가 카메라 앱의 화면을 띄우고, 그곳에서 사진을 촬영해서 메시지에 포함하는 기능입니다. 해당 기능으로 카카오톡 앱에서 카메라 앱을 실행할 수 있습니다.

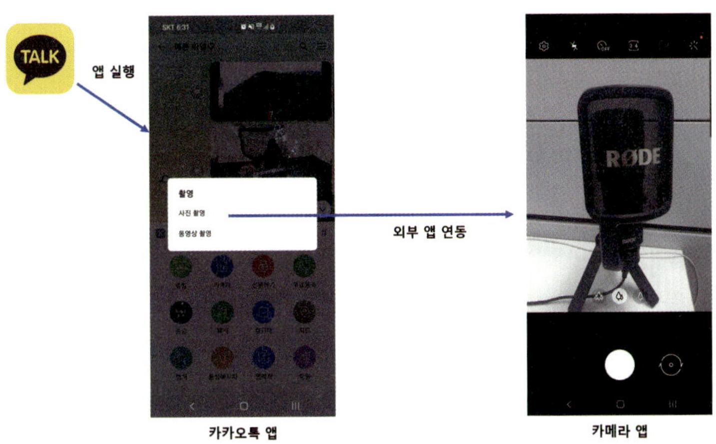


그림 2-7 애플리케이션 라이브러리 개념

이럴 때 카카오톡 앱에서 카메라 앱을 어떻게 실행할까요? 이건 안드로이드가 컴포넌트 기반이기 때문에 가능한 일입니다. 두 클래스가 직접 결합하여 실행된다면 자기 앱의 클래스가 아니어서 코드로 실행할 수 없습니다. 하지만 안드로이드 컴포넌트는 개발자 코드의 결합이 발생하지 않으므로 외부 앱의 컴포넌트도 실행할 수 있습니다. 또한, 위에서 살펴보았듯이 사용자가 아이콘을 눌러 앱을 실행하지 않아도 앱의 프로세스가 실행될 수 있어서 얼마든지 외부 앱과 연동할 수 있는 구조입니다.

카카오톡 앱에서 사진 촬영 화면을 구현한 게 아니라, 카메라 앱을 연동하여 사진 촬영 화면을 띄운 것처럼, 개발자가 만들지 않았는데 그 앱의 기능처럼 느껴진다면 그것은 라이브러리입니다. 내가 구현하지 않았는데 내가 구현한 것처럼 활용할 수 있다면, 그것은 라이브러리입니다. 따라서 개발자 관점으로 보면 안드로이드 스마트폰의 다른 앱들을 라이브러리로 생각할 수 있습니다. 이 개념 또한 안드로이드가 컴포넌트 기반이라서 가능한 것입니다.

안드로이드의 컴포넌트 개념에 대해 전체 구조적인 측면에서 이야기는 여기까지입니다. 구체적인 구현 방법과 동작 원리는 이후 다른 곳에서 자세히 다룹니다. 다만, 다음과 같은 특징은 기억하고 넘어가면 좋겠습니다.

- 안드로이드는 컴포넌트 기반의 개발이다.
- 각 컴포넌트는 개발자 코드 간의 결합이 발생하지 않는다.
- 컴포넌트의 생명주기는 시스템이 관리하므로 앱 수행 시점은 다양할 수 있다.
- 애플리케이션 라이브러리 개념이 생긴다.

**깡쌤! 질문 있어요!**

**Q. 앱의 수행 시점이 다양할 수 있다면 개발이 어려워지지 않나요?**

A. 그런 측면이 없지는 않습니다. 예를 들어, 앱이 최초로 실행되었을 때 수행해야 하는 코드가 있다고 가정합니다. main 함수 개념이 있어 항상 그곳부터 앱이 실행된다면 코드를 그곳에 담아 주기만 하면 됩니다. 하지만 안드로이드는 컴포넌트 기반의 개발이므로 각 컴포넌트가 실행되면서 앱이 최초로 실행될 수 있으므로 개발자 알고리즘으로 앱에서 최초로 실행된 것인지를 파악하여 처리해 주어야 합니다. 이러한 점이 개발자 관점에서는 단점으로 느껴질 수도 있습니다.

하지만 필요한 컴포넌트를 직접 실행하여 앱의 프로세스를 구동하는 방식이어서 생기는 이점도 많은 것 같습니다. 예를 들어, SMS 앱의 경우를 생각해 보면 SMS 수신 기능을 제공해야 하는데, SMS 수신이 언제 될지 모르는 상황입니다. 그렇다면 SMS를 수신하기 위해서 앱의 프로세스가 계속 구동 상태가 되어야 하는가의 문제가 있습니다. 만약 종일 한 건의 SMS도 수신되지 않는 경우라면 불필요한 프로세스가 스마트폰의 메모리만 점유한 상태에서 수행됩니다. 하지만 안드로이드에서는 프로세스가 구동된 상태가 아니더라도 SMS 수신이 가능합니다. SMS가 수신되면 이를 처리하는 컴포넌트를 바로 실행하여 SMS 앱의 프로세스를 구동할 수 있기 때문입니다.

또한, 앱과 앱 간의 연동에도 유용한 것 같습니다. 사용자가 앱을 실행하지 않아도 외부 앱에서 필요한 컴포넌트부터 실행하여 프로세스를 구동할 수 있기 때문입니다.

### 안드로이드 컴포넌트 종류

안드로이드 컴포넌트는 4가지 종류가 있습니다. 하나하나에 대해서는 이후에 자세히 살펴볼 것이므로 여기서는 종류만 소개하겠습니다.

- **액티비티(Activity):** UI를 구성하기 위한 컴포넌트
- **서비스(Service):** UI 없이 백그라운드에서 장시간 수행되는 컴포넌트
- **콘텐츠 프로바이더(ContentProvider):** 애플리케이션 간 데이터를 공유하기 위한 컴포넌트
- **브로드캐스트 리시버(BroadcastReceiver):** 이벤트 모델로 수행되는 컴포넌트

액티비티(Activity)는 사용자 화면을 제공하는 컴포넌트입니다. 안드로이드 앱은 클라이언트 측 애플리케이션이므로 화면 구성이 중요합니다. 따라서 가장 많이 작성하는 컴포넌트입니다.

서비스(Service)는 화면과 전혀 상관없이 사용자 눈에는 보이지 않지만, 백그라운드에서 장시간 무언가를 수행할 수 있는 컴포넌트라고 이해하면 됩니다. 채팅을 제공해주는 애플리케이션을 생각해보면 사용자가 화면에서 게임을 하고 있더라도 채팅 앱이 서버랑 계속 연결을 유지한 상태에서 데이터를 주고받아야 하는데 이럴 때 이용하는 컴포넌트가 서비스입니다.

콘텐츠 프로바이더(ContentProvider)는 앱 간의 데이터 공유 목적으로 사용하는 컴포넌트입니다. 안드로이드 스마트폰에는 여러 앱이 있고, 그 앱들 간의 데이터를 공유하기 위한 목적입니다. 예로 들자면 개발자가 작성한 앱에서 주소록 데이터가 필요하다면 주소록 앱의 데이터를 얻어야 합니다. 이때 필요한 컴포넌트가 콘텐츠 프로바이더입니다.

브로드캐스트 리시버(BroadcastReceiver)는 흔히 이벤트 모델로 수행되는 컴포넌트라고 이야기합니다. 안드로이드 개발 시 자주 이용하지만, 인텐트 원리를 이해하지 못하면 이해가 쉽지 않습니다. 여기서는 그냥 시스템에서 배터리가 부족하거나 시스템 부팅이 완료되는 등의 이벤트가 발생하였을 때, 이 이벤트를 받기 위해 작성하는 컴포넌트 정도로 이해하고 넘어가면 될 것 같습니다.

### 컴포넌트를 이용한 앱 구성

앞에서 살펴보았듯이 안드로이드 앱을 작성한다는 건 4가지 컴포넌트 클래스를 만들어서 앱을 작성하는 것입니다. 그런데 앱에 어떤 컴포넌트를 몇 개씩 만들어서 작성해야 할까요? 사실 이것에 대한 정답은 없습니다. 즉, 개발자 마음이라는 것입니다. 액티비티 하나로 앱을 개발할 수도 있고, 여러 액티비티를 서비스 하나로 조합해서 개발할 수도 있습니다.

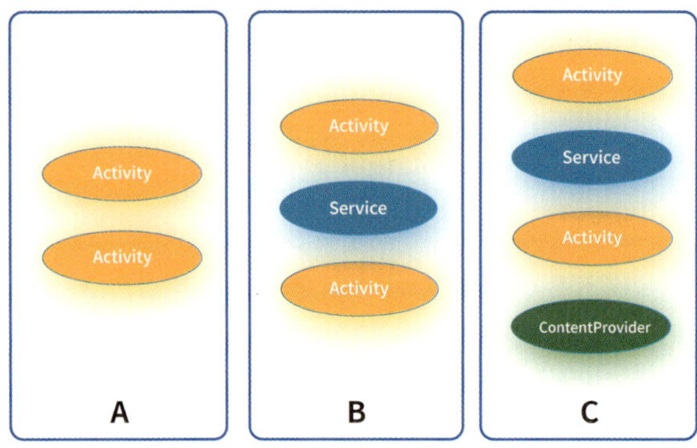


그림 2-8 컴포넌트 결합

위의 그림을 보면 A는 액티비티 2개로 구성되어 있는데요. 이렇게 하면 일반적으로 화면 2장 정도 제공하는 앱을 만들겠다는 의도입니다. 그리고 B를 보면 액티비티 2개와 서비스 1개로 구성되어 있는데, 이는 화면 2장 정도 제공하는 앱이며, 화면과 상관없이 백그라운드에서 계속 수행할 업무를 가지는 앱이라고 보면 됩니다. 그리고 C는 콘텐츠 프로바이더를 하나 가지고 있는데, 이는 자신이 가지고 있는 데이터를 다른 앱에 공개하려는 의도라고 보면 됩니다.

결국 개발자가 앱의 업무와 화면 설계에 따라 적절하게 컴포넌트를 결정하여 앱을 개발해야 합니다. 컴포넌트 설계는 마음대로 할 수 있지만, 앱에 최적화된 컴포넌트를 도출하는 게 앱의 효율성 측면에서 중요합니다. 이를 원활하게 하려면 이 책에서 이후에 살펴볼 각각의 컴포넌트에 대해 잘 이해해야 합니다.

## 2.1.4. 리소스를 이용한 개발

안드로이드 앱 개발의 또 하나의 큰 특징 중 하나가 리소스 외부화를 극대화해서 개발한다는 것입니다. 리소스 외부화란, 코드 영역에 누가 언제 실행하든 항상 같은 결과가 나오는 정적인(static) 콘텐츠를 코드에서 분리하여 개발하자는 개념입니다. 모든 개발 분야에서 리소스 외부화는 프로그램의 유지보수에 도움이 된다는 사실에 이견이 없습니다.

```
//...

textView.setText("안녕하세요. 이 곳을 읽고 계시는 분이라고 하면 " +
        "대부분의 경우 안드로이드 개발을 처음 하는 분이지 " +
        "않을까 싶습니다. 본 교재가 여러분들의 안드로이드 이해 및 " +
        "개발에 도움이 되길 바라며 지치지 마시고 끝까지 화이팅 하세요 ");

//...
```

그림 2-9 리소스 외부화 전 코드

예를 들어 위의 그림처럼 코드가 있는데, 코드 영역에 정적인 문자열이 작성되어 있습니다. 별문제 없이 코드가 실행되어 문자열이 이용된다 하더라도 코드 부분에 정적인 문자열이 나열되어 있으면, 코드가 길어지고 지저분해져 프로그램의 유지보수성이 떨어지는 문제가 있습니다. 자바 코드 영역은 정상적인 알고리즘의 코드만으로도 길게 작성되는 곳인데, 이곳에 정적인 부분이 작성되어 코드가 더욱 길어지는 걸 원하는 개발자는 없지 않을까 싶습니다.

결국, 정적인 부분은 별도의 리소스 파일로 작성하고, 코드에서는 리소스를 얻어서 사용함으로써 유지보수성을 높이자는 개념입니다.

```
//...

textView.setText(R.string.message);

//...
```

```
<resources>
    <string name="app_name">Rubypaper-Android</string>
    <string name="message">
      안녕하세요. 이 곳을 읽고 계시는 분이라고 하면
      대부분의 경우 안드로이드 개발을 처음 하는 분이지
      않을까 싶습니다. 본 교재가 여러분들의 안드로이드 이해 및
      개발에 도움이 되길 바라며 지치지 마시고 끝까지 화이팅 하세요
    </string>
</resources>
```



그림 2-10 리소스 외부화

정적인 문자열을 리소스 파일로 분리하면 코드 영역은 알고리즘 위주의 코드만 남게 되고, 그만큼 코드가 짧아져서 프로그램의 유지보수가 좋아진다는 개념입니다. 안드로이드에서 리소스 파일은 대부분 XML이며, 구체적인 구현 방법은 이후에 다룹니다.

그런데 위의 리소스 외부화 개념은 모든 소프트웨어 개발 분야에서 사용되는 개념인데, 왜 안드로이드의 특징이 되는 걸까요? 그건 안드로이드에서 이야기하는 리소스 외부화는 다른 프로그램에서 지원하는 문자열 리소스의 외부화만 지원하는 게 아니기 때문입니다. 안드로이드에서는 조금만 정적인 부분이라고 하면 자바 코드에서 개발하지 않고 외부 파일(대부분 XML 파일)로 분리해서 개발하는 특징이 있습니다.

필자가 안드로이드를 교육하면서 "안드로이드를 살짝 살펴봤을 때 느끼는 특징이 무엇인가요?"라고 질문해 보면, 많은 수강생들이 "안드로이드에서는 UI 프로그램을 XML로 작성하더라. 이 부분이 큰 특징처럼 느껴진다"라고 대답합니다. 이 대답이 잘못된 답은 아닙니다. 안드로이드는 대부분 XML을 이용하여 UI를 작성합니다. 하지만 정확하게 안드로이드를 이해한 답변은 아닙니다. 안드로이드에서 XML로 UI를 작성하는 것도 리소스 외부화 차원입니다.

예를 들어, UI를 그림 2-11처럼 구성해야 한다고 가정해 봅시다. 이 화면에서 채팅이 진행되면서 바뀌는 부분은 채팅 데이터이지 전체 UI 구성은 바뀌지 않습니다. 따라서 안드로이드에서는 정적인 화면 구성 역시 리소스 외부화 차원에서 XML로 작성할 수 있습니다.

이처럼 안드로이드에서는 모든 소프트웨어에서 지원하는 정적인 문자열의 리소스 외부화뿐만 아니라, 문자열, 크기, 색상, 레이아웃, 메뉴, 애니메이션 등 정적인 많은 부분을 리소스로 만들어 개발하는 특징이 있습니다. 따라서 안드로이드 개발을 하다 보면 자바 코드 못지않게 XML도 많이 작성하게 됩니다.

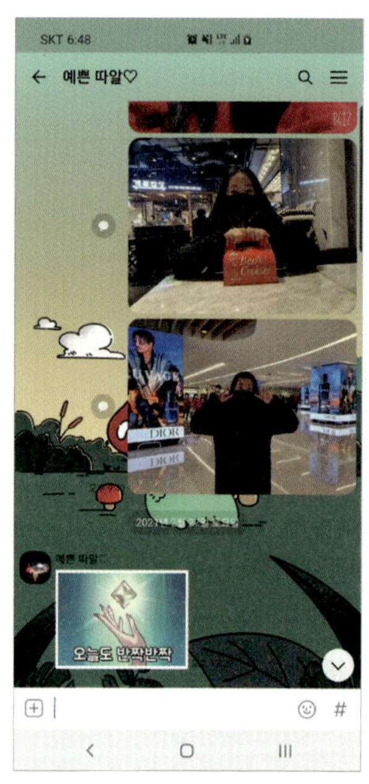

그림 2-11 화면 UI 구성

## 2.2. 개발 디렉터리와 파일 구조

### 2.2.1. 앱의 디렉터리와 파일

안드로이드 스튜디오에서 앱을 개발하면 실제 많은 디렉터리와 파일이 만들어집니다. 하지만 대부분은 개발자와 관련이 없으며, 안드로이드 스튜디오 내부에서 빌드 작업 등을 목적으로 사용됩니다. 이곳에서는 개발자가 알아야 하는 디렉터리와 파일을 소개해 보겠습니다.

안드로이드 스튜디오에서 모듈이 만들어지면 탐색 창에서 봤을 때 다음의 그림처럼 많은 디렉터리와 파일이 만들어집니다. 이 중 개발자와 관련된 것은 모듈의 src/main에 있는 파일입니다. 개발자는 이곳의 파일들을 이용하여 앱을 개발합니다.

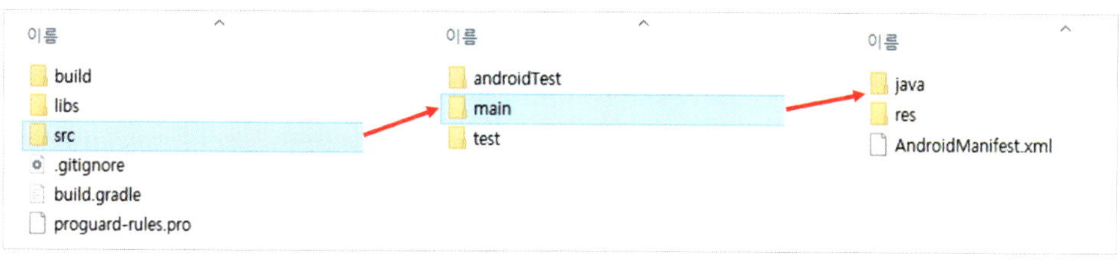

그림 2-12 윈도우 탐색 창 기준 디렉터리 구조

그림 2-13은 안드로이드 스튜디오의 탐색 창인데요. 그림 2-12의 탐색 창에서 보았던 디렉터리와 파일 중 개발자와 관련된 것만 보여줍니다. 안드로이드 앱을 개발하려면 이 디렉터리와 파일이 각각 어떤 역할을 하는지 이해해야 합니다.

- AndroidManifest.xml: 앱의 메인 환경 파일이다.
- java/MainActivity.java: 화면 구성을 위한 액티비티 컴포넌트로 실제 이 파일이 수행되어 화면에 UI가 출력된다.
- res: 앱의 모든 리소스 파일은 res 폴더 하위에 위치한다.
- res/drawable: 리소스 중 이미지 파일을 저장하기 위한 폴더이다.
- res/layout: 리소스 중 UI 구성을 위한 레이아웃 XML 파일을 위한 폴더이다.
- res/mipmap: 리소스 중 앱의 아이콘 이미지를 위한 폴더이다.
- res/values: 리소스 중 문자열 값 등을 위한 폴더이다.

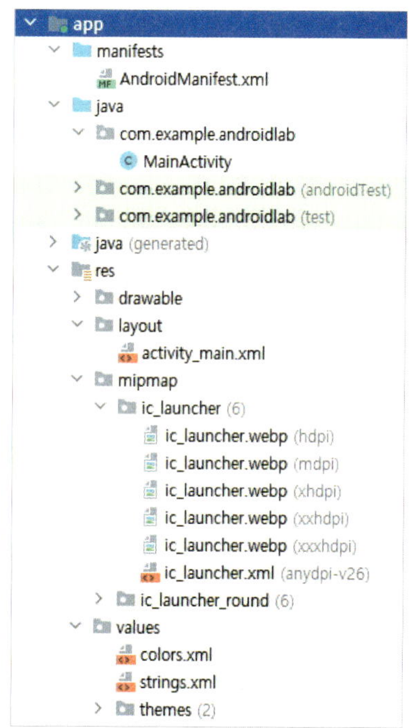

그림 2-13 안드로이드 스튜디오에서의 디렉터리 구조

앱의 메인 환경 파일은 AndroidManifest.xml이며, 이곳에 정의된 대로 앱이 실행됩니다. 개발자는 AndroidManifest.xml 파일을 열어 분석하거나 수정하면서 앱을 개발합니다. 또한, 개발자가 작성하는 모든 자바 파일(컴포넌트 자바 파일 포함)은 java 폴더에 위치하며, 모든 리소스 파일은 res 하위 폴더에 위치합니다.

### 2.2.2. R.java의 이해

안드로이드 앱을 작성하면서 많은 리소스 파일을 이용하는데요. 모든 리소스 파일은 res 폴더 하위에 있어야 합니다. res 하위의 폴더는 이름이 지정되어 있으며, 개발자가 임의로 이름을 추가할 수 없습니다. 즉, 이미지는 res/drawable, 레이아웃 XML 파일은 res/layout 폴더에 있어야 합니다. 또한, 각 폴더의 서브 폴더를 만들 수 없습니다. drawable에 이미지 파일이 수백 개라고 해서 하위에 서브 폴더를 만들어 파일을 옮기면 안 됩니다.

그런데 개발하다 보면 수백 개의 리소스가 만들어지는데, 코드 영역에서 이를 식별할 방법이 필요합니다. 이를 도와주기 위한 파일이 R.java입니다. R.java 파일은 툴이 자동으로 만들어주며, 이 파일 내에는 단순하게 int 형 변수만 선언되어 있습니다. 개발자가 만드는 파일도 아니고 개발자가 열어서 수정하는 것도 아니어서 개발 시 R.java 파일을 분석하지는 않습니다. 그러나 R.java 파일을 중심으로 리소스가 어떻게 관리되는지, 어떠한 역할을 하는지는 안드로이드 학습 초반에 정리해 두면 좋습니다.

아래 코드처럼 R.java 파일은 리소스를 식별하기 위한 int 형 변수가 선언되어 있는 파일이며, 개발자가 열어서 수정하는 파일이 아닙니다.

```
public final class R {
    public static final class anim {
        public static final int abc_fade_in=0x7f050000;
        public static final int abc_fade_out=0x7f050001;
        public static final int abc_grow_fade_in_from_bottom=0x7f050002;
        public static final int abc_popup_enter=0x7f050003;
        public static final int abc_popup_exit=0x7f050004;
        public static final int abc_shrink_fade_out_from_bottom=0x7f050005;
        public static final int abc_slide_in_bottom=0x7f050006;
        public static final int abc_slide_in_top=0x7f050007;
        public static final int abc_slide_out_bottom=0x7f050008;
        public static final int abc_slide_out_top=0x7f050009;
    }
    //...
}
```

개발자가 res 밑에 하나의 리소스 파일을 추가하면 해당 파일명으로 된 int 형 변수가 R.java에 자동으로 추가됩니다. 그리고 자바 코드에서 이 변수로 리소스를 지칭해서 사용하는 구조입니다.

R.java에서 각각의 리소스를 내부 클래스명인 string, drawable, layout 등으로 구분하고 있고, 각각의 변수는 대부분 파일명을 이용합니다. 이런 이유로 res 밑에 임의의 폴더를 생성하면 안 되며, 리소스 파일명도 자바 명명규칙을 위배할 수 없습니다. 또한, 자바 명명규칙상으로는 가능하지만, 리소스 파일명에 대문자를 사용할 수 없습니다.

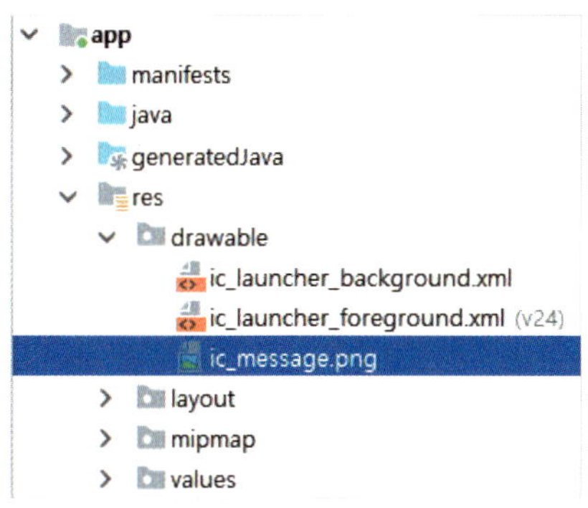


그림 2-14 새로운 리소스 추가 예

위의 그림처럼 res/drawable에 새로운 이미지 파일 하나를 ic_message.png 이름으로 추가해 보았습니다. 그러면 이 리소스를 식별하기 위한 변수가 R.java 파일에 다음처럼 자동으로 추가됩니다. 변수명은 리소스 파일명이 됩니다.

```
public static final class drawable {
    //...
    public static final int ic_message=0x7f020053;
    //...
}
```

리소스 파일을 추가하면 R.java 파일에 위의 코드처럼 해당 리소스 파일명으로 int 형 변수가 자동 추가되고, 자바 코드에서는 R.drawable.ic_message의 변수로 리소스를 식별해서 사용합니다.

## 2.3. 그레이들 파일

앱을 개발할 때 테스트를 진행하거나 개발이 완료된 후 사용자에게 배포하려면 빌드 작업이 필요합니다. 앱에 포함된 리소스와 자바 코드를 컴파일하고 준비된 키로 서명한 배포용 파일을 추출해야 합니다. 안드로이드 스튜디오에서는 이 모든 작업에 그레이들(gradle)이라는 도구를 이용합니다. 그레이들은 안드로이드의 빌드 도구 정도로 이해하면 됩니다.

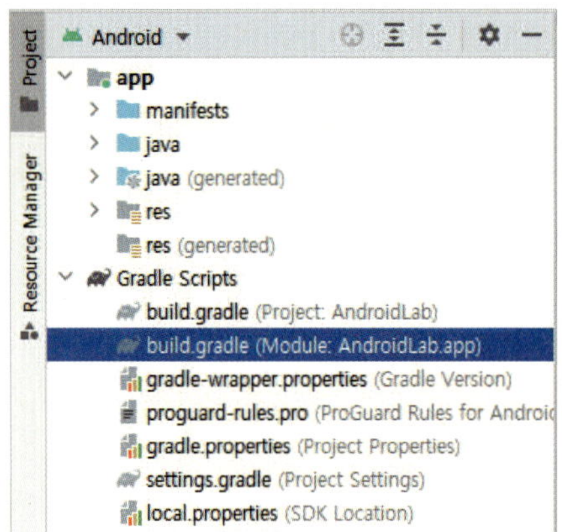


그림 2-15 gradle 파일

개발자는 build.gradle 파일에서 그레이들 관련 설정을 할 수 있는데, 그레이들 파일은 그림 2-15처럼 'Gradle Scripts' 영역에 있습니다. 그레이들 파일은 크게 프로젝트 수준과 모듈 수준으로 구분됩니다. 안드로이드 스튜디오에서는 앱이 모듈 단위이며, 여러 모듈을 묶어서 관리하기 위한 개념이 프로젝트입니다. 프로젝트 수준의 그레이들 파일은 전체 프로젝트를 위한 설정 파일이며, 모듈 수준의 그레이들 파일은 각 모듈을 위한 설정 파일입니다. 모듈 하나당 하나의 그레이들 파일이 만들어집니다.

## 2.3.1. settings.gradle

위의 그림에서 settings.gradle 파일이 보이는데요. 이 파일은 그레이들에 모듈을 포함하여 그레이들이 모듈을 관리하고 빌드하게 설정하는 파일입니다.

```
include ':app'
```

settings.gradle 파일을 열어보면 위의 코드처럼 그레이들이 관리하고 빌드해야 하는 모듈이 등록되어 있는데요. 위는 app이라는 모듈 하나만 등록된 예입니다. 프로젝트에 여러 모듈을 만들어 개발하면 모듈을 만들 때마다 모듈명이 자동으로 settings.gradle에 포함되므로 개발자가 직접 settings.gradle 파일을 조정하는 일은 많지 않습니다.

## 2.3.2. 프로젝트 수준의 그레이들

프로젝트 수준의 그레이들 파일은 안드로이드 탐색 창에서 'Gradle Scripts' 영역의 최상위에 있는 build.gradle로, 옆에 프로젝트명이 표시된 파일입니다. 이 파일은 모든 모듈을 위한 최상위 설정을 목적으로 합니다.

```
buildscript {
    repositories {
        google()
        mavenCentral()
    }
    dependencies {
        classpath "com.android.tools.build:gradle:7.0.3"
    }
}

task clean(type: Delete) {
    delete rootProject.buildDir
}
```

build.gradle은 위처럼 작성된 파일인데, 대부분 모듈 수준의 그레이들 파일 설정이 자주 이루어지며, 프로젝트 수준의 그레이들 파일 설정은 빈번하지 않습니다. 설정된다면 위의 코드에서 dependencies 부분에 라이브러리를 추가하는 정도일 수 있습니다. 이 책에서 이후 다루는 내용 중에 사용하려는 라이브러리를 프로젝트 수준의 그레이들 파일에 설정하는 예가 있습니다. 그때 이용해 보겠습니다.

### 2.3.3. 모듈 수준의 그레이들

개발자가 그레이들을 설정한다면 대부분은 모듈 수준의 그레이들 파일입니다.

```
plugins {
    id 'com.android.application'
}

android {
    compileSdk 31
    defaultConfig {
        applicationId "com.example.androidlab"
        minSdk 21
        targetSdk 31
        versionCode 1
        versionName "1.0"

        testInstrumentationRunner "androidx.test.runner.AndroidJUnitRunner"
    }

    buildTypes {
```

```
        release {
            minifyEnabled false
            proguardFiles getDefaultProguardFile('proguard-android-optimize.txt'), 'proguard-
rules.pro'
        }
    }

    compileOptions {
        sourceCompatibility JavaVersion.VERSION_1_8
        targetCompatibility JavaVersion.VERSION_1_8
    }
}

dependencies {
    implementation 'androidx.appcompat:appcompat:1.2.0'
    implementation 'com.google.android.material:material:1.3.0'
    implementation 'androidx.constraintlayout:constraintlayout:2.0.4'
    testImplementation 'junit:junit:4.+'
    androidTestImplementation 'androidx.test.ext:junit:1.1.2'
    androidTestImplementation 'androidx.test.espresso:espresso-core:3.3.0'
}
```

위의 파일은 모듈 수준의 그레이들 파일이며, 이곳의 설정은 모듈을 개발하고 빌드할 때 아주 중요한 역할을 합니다.

- **compileSdk:** 사용하는 컴파일러 버전

위의 설정은 빌드 시 이용되는 툴 버전 정보입니다. 모듈 생성 시 기본으로 설정된 값을 변경 없이 그대로 사용하지만, 때에 따라 외부에서 작성된 코드를 안드로이드 스튜디오에 불러와서(import) 사용하는 경우, 위의 정보가 맞지 않아 빌드가 안 될 때가 있습니다. 이럴 때는 그레이들 파일을 수정하여 안드로이드 스튜디오에 설치된 툴 버전을 명시하거나 SDK 매니저를 이용하여 맞는 버전의 툴을 추가 설치해야 합니다.

- **applicationId "com.example.androidlab":** 앱의 식별자
- **minSdk:** 최소 지원 범위
- **targetSdk:** 사용하고 있는 SDK 버전
- **versionCode:** 앱의 버전

위의 4가지 설정도 중요합니다. applicationId는 앱의 식별자 정보를 설정하는 곳입니다. 안드로이드 앱은 특정 키로 식별되지 않고, 개발자가 그레이들 파일에 applicationId 속성으로 지정한 문자열로 식별합니다. 개발자 임의의 문자열이지만, 앱의 식별자이므로 세상에서 유일무이한 단어로 주어야 합니다. 만약 이 식별자 값으로 선언된 다른 앱이 구글 Play 스토어에 이미 등록되어 있다면 우리의 앱은 등록되지 않습니다. 또한, 이 식별자 값으로 다른 앱이 사용자 스마트폰에 설치되어 있다면 우리의 앱은 설치되지 않습니다.

minSdk도 중요 정보입니다. 개발자가 이 앱을 어떤 버전의 스마트폰까지 지원할 것인지에 대한 설정입니다. 위의 예에서 21로 되어있는데, 이 값은 API Level 숫자 값이며 API Level과 안드로이드 버전은 이후에 다시 정리하겠습니다. 여기서는 간단하게 21로 지정하면 Android 5.0을 지칭하며, 앱이 이 버전까지 지원한다는 의미로 알아두면 됩니다. minSdk을 21로 지정하면 우리의 앱은 21 버전 하위 스마트폰에는 설치되지 않습니다. 결국, 앱이 지원하는 최소의 버전을 명시하는 것입니다.

targetSdk은 개발 시 이용하고 있는 라이브러리 버전입니다. 31로 지정되었다면 31 버전의 라이브러리로 개발하겠다는 의미입니다. 꼭 최신 버전이 아닐 수도 있지만, 대부분은 개발 시점의 최신 버전을 지정하여 사용합니다.

versionCode는 앱의 버전 정보입니다. 스마트폰 앱들은 수시로 버전이 업데이트되므로 앱을 사용자에게 서비스하는 도중 앱이 업데이트되면, 이 정보를 변경하여 다시 구글 Play 스토어에 등록하면 됩니다.

- **dependencies:** 앱을 위한 라이브러리 등록

그레이들 파일에서 개발자가 가장 많이 변경하는 부분이 dependencies입니다. 앱을 개발하다 보면 안드로이드 표준 라이브러리뿐만 아니라 다양한 외부 라이브러리를 이용하게 됩니다. 그런데 이런 다양한 라이브러리를 앱에서 이용하려면 꼭 그레이들 파일의 dependencies에 등록해 주어야 합니다. 그래야 그레이들이 참조할 수 있어서 정상으로 빌드합니다.

## 2.4. Hello World 앱 코드 분석

안드로이드 스튜디오에서 프로젝트를 만들면 기본으로 app이라는 모듈이 하나 만들어집니다. 이 app 모듈을 별도의 작업 없이 스마트폰이나 AVD에서 실행하면 화면에 "Hello World!" 문자열이 출력됩니다. app 모듈의 코드를 분석해서 안드로이드 앱이 어떻게 구성되고 어떻게 실행되는지에 대해 살펴보겠습니다.

### 2.4.1. AndroidManifest.xml

AndroidManifest.xml은 앱의 메인 환경 파일입니다. 개발자가 AndroidManifest.xml 파일을 열어 분석하고 수정하는 작업은 빈번하게 이뤄지며, 앱이 스마트폰에서 동작할 때도 이 파일에 정의된 대로 동작합니다.

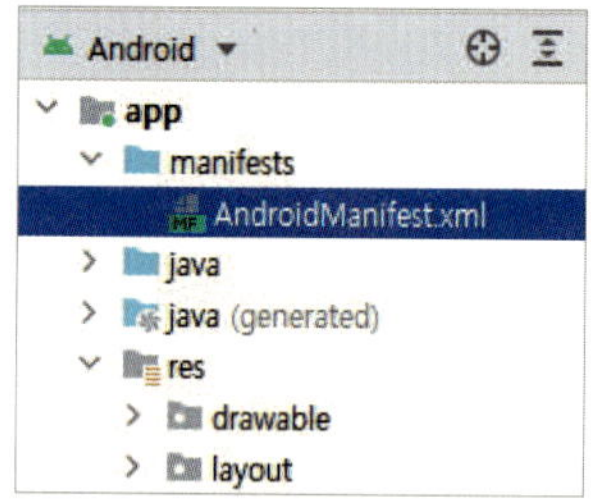


그림 2-16 AndroidManifest.xml

```
<?xml version="1.0" encoding="utf-8"?>
<manifest xmlns:android="http://schemas.android.com/apk/res/android"
    package="com.example.androidlab">

    <application
        android:allowBackup="true"
        android:icon="@mipmap/ic_launcher"
        android:label="@string/app_name"
        android:roundIcon="@mipmap/ic_launcher_round"
        android:supportsRtl="true"
        android:theme="@style/Theme.AndroidLab">
        <activity
            android:name=".MainActivity"
            android:exported="true">
            <intent-filter>
                <action android:name="android.intent.action.MAIN" />
                <category android:name="android.intent.category.LAUNCHER" />
            </intent-filter>
        </activity>
    </application>

</manifest>
```

AndroidManifest.xml 파일에서 각 구성요소의 의미를 살펴보겠습니다.

```
package="com.example.androidlab"
```

앱의 식별자 정보입니다. 이 정보로 앱을 식별합니다. 그레이들 파일에 설정된 applicationId의 값과 같습니다. 값은 유일무이해야 합니다.

```
<application>
```

앱의 구성요소를 등록하기 위한 태그입니다. 앞에서 살펴보았듯이 안드로이드 앱은 컴포넌트 기반의 개발입니다. 안드로이드 컴포넌트 클래스는 개발자 클래스이지만, 생명주기를 안드로이드 시스템이 관리합니다. 따라서 컴포넌트 클래스들은 AndroidManifest.xml에 등록해야 하며, <application> 태그의 하위 태그로 등록합니다.

```
android:icon="@mipmap/ic_launcher" , android:label="@string/app_name"
```

<application> 태그에 등록된 속성으로, 사용자 스마트폰에 앱이 설치되었을 때 앱의 아이콘 이미지와 앱의 이름을 명시하기 위한 속성입니다. 속성값이 @mipmap/ic_launcher로 등록되어 있는데, 이는 자바 코드로 이야기하면 R.mipmap.ic_launcher입니다. 즉, R.java 파일에 등록된 상수 변숫값을 XML에서는 @mipmap/ic_launcher 스타일로 등록해서 사용합니다. 결국 XML 속성값이 @로 지정되었다는 건 res 하위 폴더의 리소스들을 지칭합니다.

```
<activity android:name=".MainActivity">
```

앱에 액티비티 컴포넌트를 등록하기 위한 태그입니다. 위의 AndroidManifest.xml 파일에는 <activity> 태그가 하나만 등록되어 있으므로 이 앱은 하나의 액티비티로 구성된 앱입니다. 만약 앱에 액티비티가 3개라면 이곳에 <activity> 태그가 3개 정의되어야 합니다. 또한, 서비스, 프로바이더, 리시버 컴포넌트가 있다면 <service>, <provider>, <receiver> 태그로 등록해 주어야 합니다. <activity> 태그에 액티비티를 등록할 때 name 속성은 생략할 수 없습니다. name 속성은 등록하고자 하는 클래스명을 명시하기 위한 속성으로 위의 코드는 MainActivity라는 클래스를 액티비티로 등록하는 구문입니다.

```
<intent-filter>
```

<intent-filter>를 정확하게 이해하려면 이 책에서 이후에 나오는 내용을 살펴봐야 하므로, 이곳에서는 간단하게 사용자가 앱의 아이콘을 클릭했을 때 실행되는 액티비티를 설정하는 용도로 이해하고 넘어가면 됩니다. 즉, <intent-filter> 설정에 따라 사용자가 아이콘 클릭 시 MainActivity가 실행됩니다.

## 2.4.2. MainActivity.java

사용자가 앱을 클릭했을 때 실행되는 액티비티 클래스입니다. 즉, 화면 구성을 주목적으로 하는 클래스입니다.

```
public class MainActivity extends AppCompatActivity {

    @Override
    protected void onCreate(Bundle savedInstanceState) {
        super.onCreate(savedInstanceState);
        setContentView(R.layout.activity_main);
    }
}
```

액티비티 클래스들은 Activity를 상속받아 작성하는데요. 위의 코드는 AppCompatActivity를 상속받아 작성하고 있습니다. AppCompatActivity 관련 내용은 이후 다른 곳에서 자세히 다루겠습니다. 우선 이곳에서는 AppCompatActivity가 Activity의 서브 클래스라는 것만 알고 넘어가겠습니다.

액티비티가 실행되면 자동으로 onCreate() 함수가 호출되는데, 이 함수의 setContentView() 함수가 화면 출력 함수입니다. R.layout.activity_main을 매개변수로 지정하였으므로 res/layout/activity_main.xml의 구성대로 액티비티 화면이 출력됩니다.

## 2.4.3. activity_main.xml

```
<?xml version="1.0" encoding="utf-8"?>
<android.support.constraint.ConstraintLayout
        xmlns:android="http://schemas.android.com/apk/res/android"
        xmlns:app="http://schemas.android.com/apk/res-auto"
        xmlns:tools="http://schemas.android.com/tools"
        android:layout_width="match_parent"
        android:layout_height="match_parent"
        tools:context="com.example.user.androidlab.MainActivity">

    <TextView android:layout_width="wrap_content"
            android:layout_height="wrap_content"
            android:text="Hello World!"
            app:layout_constraintBottom_toBottomOf="parent"
            app:layout_constraintLeft_toLeftOf="parent"
```

```
            app:layout_constraintRight_toRightOf="parent"
            app:layout_constraintTop_toTopOf="parent" />

</android.support.constraint.ConstraintLayout>
```

액티비티 화면이 위의 XML에 정의된 대로 출력되는데, 여러 가지 태그가 등록되어 있습니다. 이 태그들의 의미와 다양한 UI 구성 방법은 이후에 살펴보도록 하고, 우선 간단하게 〈TextView〉라는 태그가 문자열을 출력하기 위한 설정이라는 정도만 알고 넘어갑니다. 〈TextView〉의 속성 중 text의 속성값인 "Hello World!"라는 문자열이 액티비티 화면에 출력됩니다.

## 2.5. 안드로이드 버전

안드로이드가 개발되기 시작한 건 2005년부터입니다. 이후 2008년 첫 Android SDK 1.0이 발표되었고, 2008년 HTC가 첫 안드로이드 폰인 G1을 발표하였습니다. 안드로이드 폰이 대중화하기 시작한 시점은 2009년~2010년부터이며, 이후 끊임없이 버전이 오르며 변화하고 있습니다. 각 버전별 코드네임과 API Level의 변화를 간략하게 정리해보면 다음과 같습니다.

표 2-1 안드로이드 버전 정보(참고: wikipedia.org)

| 버전 | 코드네임 | 배포 | API 레벨 |
|---|---|---|---|
| 1.0 | Apple Pie | 2008/9 | 1 |
| 1.1 | Banana Bread | 2009/2 | 2 |
| 1.5 | CupCake | 2009/4 | 3 |
| 1.6 | Donut | 2009/9 | 4 |
| 2.0.x | Eclair | 2009/10 | 5~6 |
| 2.1 | Eclair | 2010/1 | 7 |
| 2.2 | Froyo | 2010/5 | 8 |
| 2.3.x | Gingerbread | 2010/12 | 9~10 |
| 3.x | HoneyComb | 2011/2 | 11~13 |
| 4.0.x | Icecream Sandwich | 2011/11 | 14~15 |
| 4.1, 4.2, 4.3 | Jelly Bean | 2012/6~2013/10 | 16~18 |
| 4.4.x | KitKat | 2013/10 | 19~20 |
| 5.0, 5.1 | Lollipop | 2014/10 | 21~22 |
| 6.0 | @@Marshmallow | 2015/5 | 23 |

| 버전 | 코드네임 | 배포 | API 레벨 |
|---|---|---|---|
| 7.0, 7.1 | @@Nougat | 2016/9 | 24~25 |
| 8.0, 8.1 | Oreo | 2017/9 | 26~27 |
| 9.0 | Pie | 2018/8 | 28 |
| 10.0 | Q | 2019/9 | 29 |
| 11.0 | R | 2020/9 | 30 |
| 12.0 | S | 2021/10 | 31 |

안브로이드 버전별 코드네임과 API Level은 안드로이드의 역사를 설명한 것이지만, 개발자 관점에서 꼭 알고 있어야 하는 중요한 내용입니다. 일반인은 대부분 플랫폼 버전(Android 12 등)을 이야기하겠지만, 개발자라면 플랫폼 버전 못지않게 코드네임과 API Level로 많이 이야기합니다. 그러므로 플랫폼 버전별 코드네임과 API Level을 연결해서 정리해 두어야 합니다.

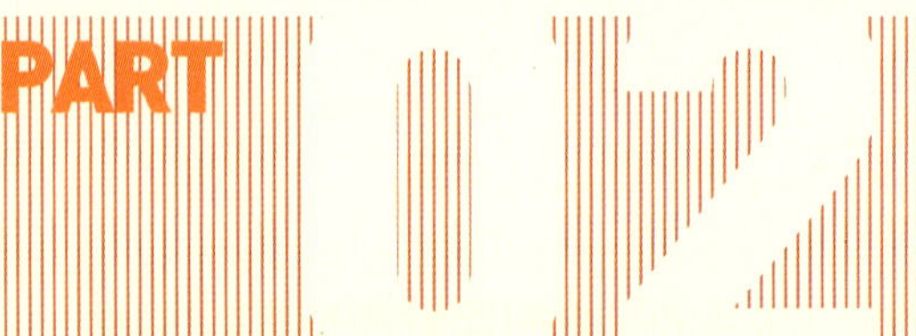

# 기본 앱을 만들어보자

### 이번 파트에서는...

클라이언트 측 애플리케이션을 개발할 때 적절한 사용자 인터페이스(UI, User Interface)를 제공하고 화면에서 발생하는 이벤트를 처리하는 일은 가장 기초적인 작업입니다. 많은 자바(Java) 개발자가 대부분 서버 측 웹 애플리케이션 개발 경력만 있다 보니, 클라이언트 측 애플리케이션의 UI 프로그램을 경시하는 면이 있습니다. 이는 웹 애플리케이션의 특성상 UI를 비언어 요소인 HTML 태그와 CSS로 작성하기 때문입니다. 하지만 안드로이드 UI는 개발자 코드로 작성해야 하며, 어느 정도 수준 높은 화면을 제공하는 일은 그리 쉽지 않습니다.

이 책에서는 파트 2와 파트 4에서 앱 개발을 위한 UI 프로그램을 다룹니다. 파트 2의 UI 프로그램은 기초적인 내용이지만, 이 내용을 이해해야 파트 4의 다양한 UI 프로그램을 이해할 수 있습니다. 이번 파트에서 다루는 내용은 다음과 같습니다.

1. 안드로이드 앱의 UI 프로그램 작성 방법을 알아보자
2. 앱에서 발생하는 다양한 사용자 이벤트 프로그램 작성 방법을 알아보자
3. 앱의 다양한 상황을 사용자에게 알리기 위한 알림 효과를 알아보자
4. 다양한 리소스를 활용하기 위한 Resource 이용 방법을 알아보자

# 3장

# 사용자 인터페이스

필자가 강의하면서 받은 질문 중 가장 많은 부분이 UI 구성과 관련된 질문이었습니다. 그런데 UI 관련 질문자 대부분이 어느 정도 앱을 개발해 보았던 분들이었습니다.

이러한 사실로 미루어 보면 앱에서 멋들어진 화면을 제공한다는 건 그리 쉬운 일이 아닌가 봅니다. 앱에서 제공하는 기능이나 구성에 따라 다를 수 있지만, UI는 안드로이드 API에서 가장 많이 차지하는 부분이며, 앱을 개발할 때 가장 많은 시간이 걸리는 만큼, 어떻게 보면 가장 어려울 수 있습니다. 이번 3장에서는 안드로이드 UI 프로그램을 위한 기초적인 구조와 방법에 대해 다룹니다.

지나고 나면 가장 기초적인 부분이지만, 3장에서 설명하는 UI의 기본 구조를 잘 이해해야지만 다양하고 복잡한 화면을 구성하는 프로그램을 이해할 수 있습니다.

자, 시작해 볼까요?

# 3.1. UI의 기본 구조

안드로이드 애플리케이션의 가장 기본적인 소프트웨어 아키텍처(architecture)는 컴포넌트(component) 기반의 개발이라는 겁니다. 안드로이드 앱을 작성하면서 컴포넌트 클래스를 하나도 안 만든다면 그건 앱이 아니며, 런타임(runtime) 때 앱 내의 컴포넌트 클래스가 실행되지 않는다는 건 앱 자체가 실행되지 않는다는 의미입니다.

이미 파트 1에서 알아본 바와 같이 안드로이드에서는 '액티비티', '서비스', '콘텐츠 프로바이더', '브로드캐스트 리시버' 등 4개의 컴포넌트를 취사선택해서 앱을 구성해야 하는데요. 이 중 화면을 출력하는 컴포넌트는 액티비티(Activity)뿐입니다. 결국, 안드로이드에서 화면을 출력하려면 액티비티를 만들어야 하고, 이 액티비티가 런타임 때 실행되어야 합니다.

## 3.1.1. 액티비티-뷰 구조

액티비티가 실행되었다고 화면에 무언가가 나오지는 않습니다. 액티비티 자체는 앱의 실행 단위인 컴포넌트이므로 액티비티만 실행하면 빈 화면만 보입니다. 따라서 액티비티에 버튼, 문자열, 이미지 등을 출력해주어야 하는데요. 이러한 클래스를 안드로이드에서는 뷰(View) 클래스라고 부릅니다. 결국, 안드로이드 UI 프로그램은 다양한 뷰를 화면에 출력하는 구조입니다.

그림 3-1은 페이스북 메신저 앱의 첫 화면입니다. 위 화면이 출력되었다는 건 액티비티가 실행되었다는 것이며, 액티비티 내에서 화면 구성을 위한 적절한 뷰 클래스를 출력한 것입니다. 즉, 하나의 액티비티 클래스에 5개의 뷰 클래스로 화면을 구성하여 출력한 결과입니다.

그렇다면 액티비티에서 어떻게 뷰를 출력할 수 있을까요? 이 기능을 제공하는 함수가 setContentView()입니다. 이 함수는 다음 두 가지 형태로 제공합니다.

- public void setContentView(View view)
- public void setContentView(int layoutResID)

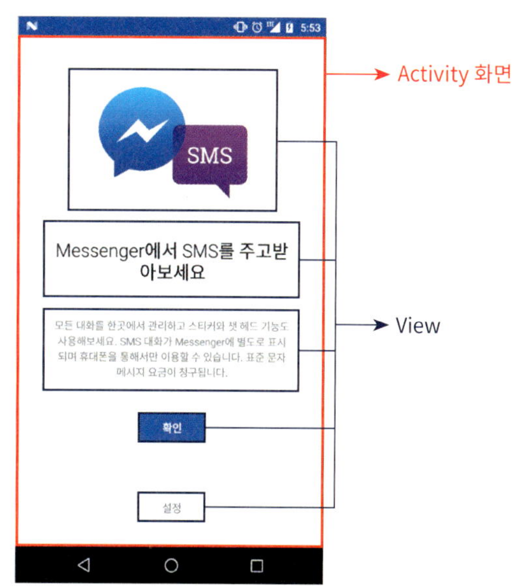

그림 3-1 액티비티-뷰 구조

만약 어떤 액티비티가 실행되었는데 액티비티 내에서 화면 출력을 위한 setContentView() 함수를 한 번도 실행하지 않았다면, 에러가 발생하지는 않지만 화면에 아무것도 나오지 않습니다. 액티비티가 화면이고, 액티비티 화면의 내용이 뷰라고 보면 됩니다.

**깡쌤! 질문 있어요!**

**하나의 화면을 여러 개의 액티비티로 구성하는 것은 불가능한가요?**

가능하기도 하고 불가능하기도 합니다. 개발자 코드에서는 불가능하고 사용자에 의해서는 가능합니다. 개발자 코드로 불가능하다는 것은 개발자가 하나의 앱을 만들면서 하나의 화면을 여러 액티비티로 조합해서 만들 수는 없습니다. 하나의 액티비티가 실행되면 화면 전체를 차지한다고 보면 됩니다. 일반적으로 정보를 보여주는 CRUD(목록화면–상세화면–신규작성화면–수정화면) 성격의 앱을 만든다면, 각각의 화면을 위한 액티비티를 4개 작성하고 각 액티비티가 실행되면서 화면이 교체된다고 보면 됩니다.

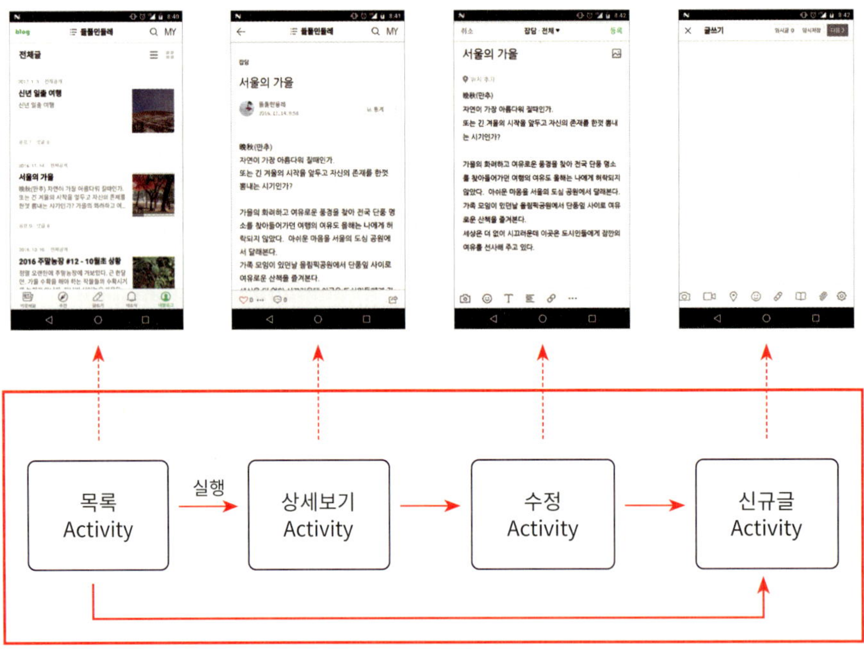


그림 3–2 화면 단위 액티비티

사용자에 의해 가능하다는 것은 Android 7.0(Nougat)에 추가된 다중 창 지원(multi–window support) 기능이며, 사용자가 스마트폰을 분할 화면 모드(split–screen mode)로 전환하면 한 화면에 두 개의 액티비티가 출력될 수는 있습니다.

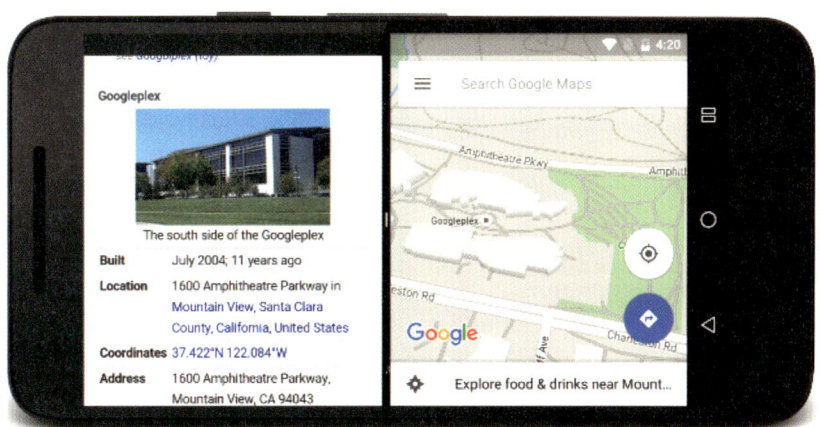

그림 3-3 분할 화면 모드(출처: https://developer.android.com)

## 3.1.2. UI 프로그램 작성 방법 : 자바 코드 VS 레이아웃 XML

안드로이드에서 UI를 작성하는 방법은 두 가지입니다. 액티비티의 자바 코드로 작성하는 방법과 자바 코드를 이용하지 않고 레이아웃 XML에서 작성하는 방법입니다. 두 가지 방법을 비교하여 알아보겠습니다.

### 자바 코드로 화면 구성

화면을 자바 코드로 구성하는 것은 레이아웃 XML 파일 자체를 만들지 않고 자바 코드로 모든 뷰를 직접 생성하며, 메서드를 이용하여 뷰 설정을 일일이 지정하는 방법입니다. 이렇게 준비한 뷰를 setContentView() 함수의 매개변수로 넘겨서 화면을 출력합니다.

#### [실습 3-1] 자바 코드로 화면 구성하기 Step by Step

간단하게 버튼 두 개를 화면에 출력하는 자바 코드를 작성해보겠습니다.

그림 3-4 결과 화면

## Step 1 _ 모듈 생성

이번 3장의 실습을 위해 "Part2_3"의 이름으로 새 모듈을 만듭니다. 안드로이드 스튜디오에서는 모듈이 앱의 단위이며 새로운 모듈을 만든다는 것은 새로운 앱을 작성한다는 의미입니다. 새 모듈을 추가하려면 메뉴에서 [File → New → New Module]을 선택합니다.

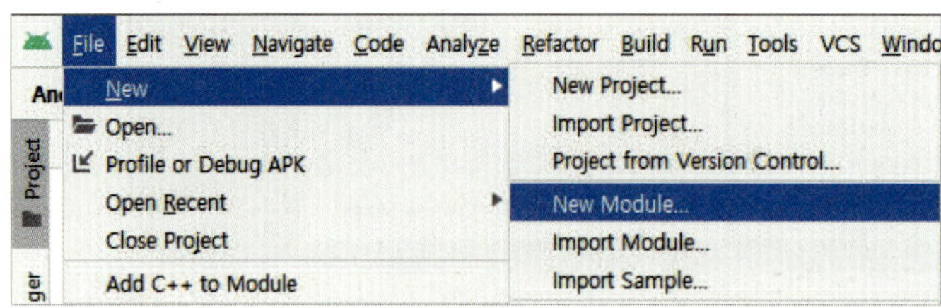


그림 3-5 모듈 생성

다음 화면에서 'Application/Library name' 부분에 "Part2_3"이라고 입력하고 〈Next〉를 클릭합니다.

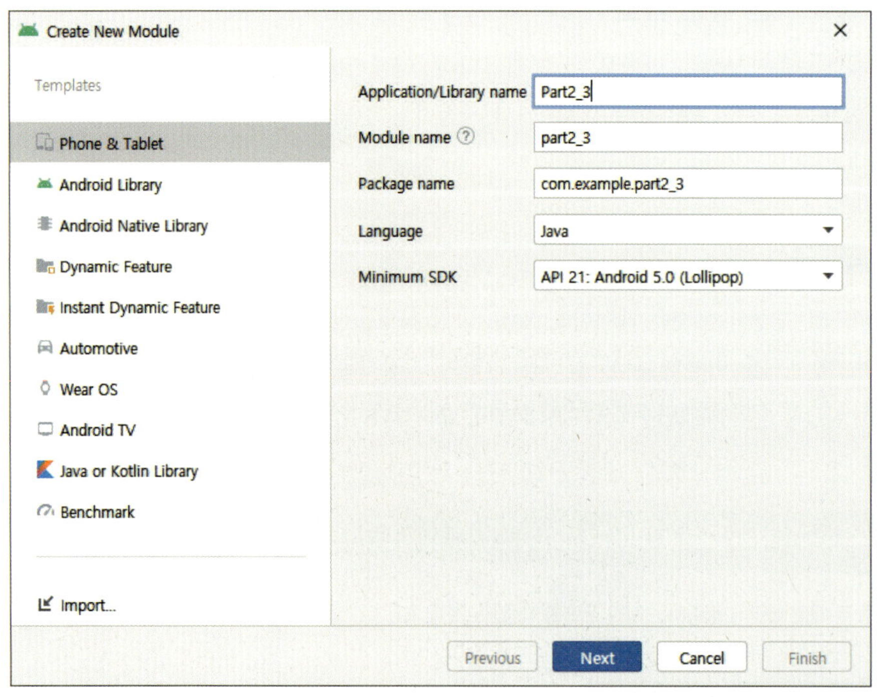


그림 3-6 Application Name

다음 화면에서 액티비티 타입을 'Empty Activity'로 선택하고 〈Next〉를 클릭합니다.

Create New Module
No Activity
Basic Activity
Bottom Navigation Activity
Empty Compose Activity
Empty Activity
Fullscreen Activity
Previous
Next
Cancel
Finish

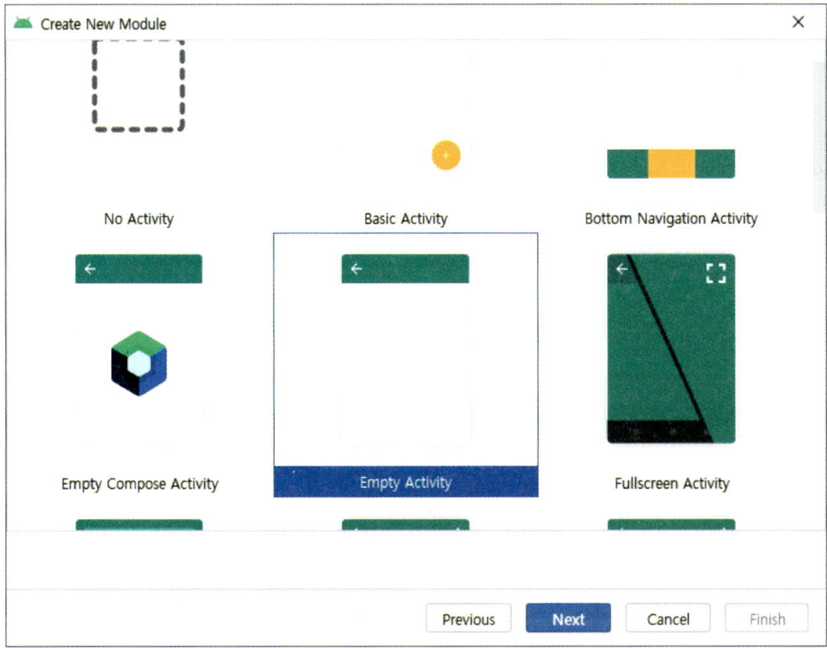

그림 3-7 Activity 선택

다음 화면은 액티비티와 액티비티를 위한 레이아웃 XML 파일명을 입력하는 곳입니다.

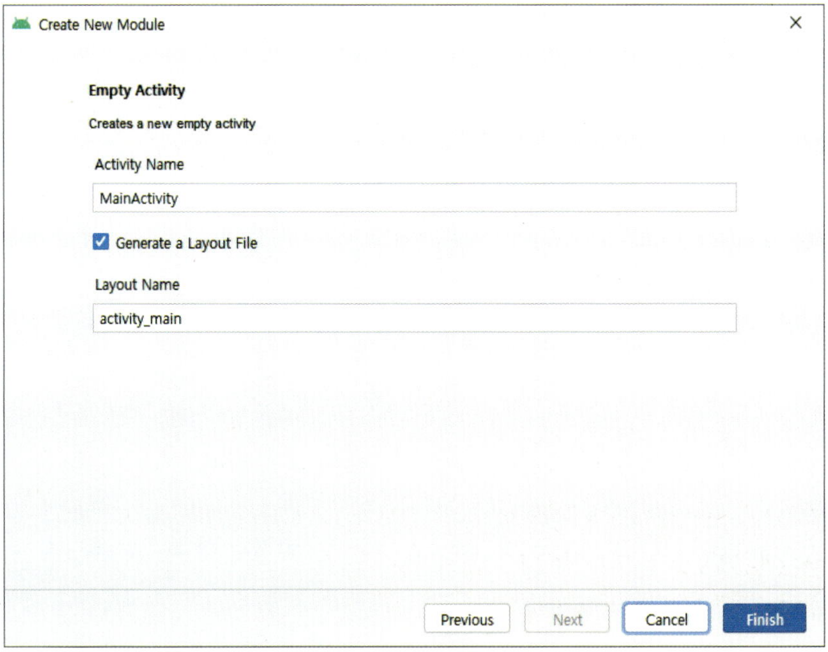

Create New Module
Empty Activity
Creates a new empty activity
Activity Name
MainActivity
Generate a Layout File
Layout Name
activity_main
Previous
Next
Cancel
Finish

그림 3-8 Activity Name

'Activity Name'과 'Layout Name'을 임의의 이름으로 지정할 수도 있지만 기본 설정값대로 유지하고 〈Finish〉를 눌러 모듈 생성을 완료합니다.

### Step 2 _ MainActivity.java 작성

방금 생성한 part2_3 모듈에 자동으로 만들어진 MainActivity.java 파일을 작성합니다. 다음의 코드에서 굵게 표시한 부분만 추가하면 되며, 1장에서 설명한 안드로이드 스튜디오의 자동 임포트(Auto Import)가 설정되어 있어야 합니다.

**MainActivity.java**

```
public class MainActivity extends AppCompatActivity {

    @Override
    protected void onCreate(Bundle savedInstanceState) {
        super.onCreate(savedInstanceState);

        LinearLayout linear=new LinearLayout(this);

        Button bt=new Button(this);
        bt.setText("Button 1");
        linear.addView(bt);

        Button bt2=new Button(this);
        bt2.setText("Button 2");
        linear.addView(bt2);

        setContentView(linear);

    }
}
```

위의 코드는 LinearLayout에 버튼 2개를 생성해서 추가한 다음, 화면에 출력하는 코드입니다. LinearLayout은 다음 장에서 자세하게 다루므로 여기서는 간단하게 버튼 2개를 포함하는 클래스 정도로 이해하면 됩니다. 버튼 2개가 LinearLayout에 포함되었으므로 setContentView( ) 함수에 linear만 전달해도 버튼 2개가 함께 출력됩니다.

### Step 3 _ 앱 실행

안드로이드 스튜디오 상단의 툴바에서 실행 대상 모듈을 'part2_3'으로 선택하고 〈Run〉을 눌러 실행합니다. 자세한 실행 방법은 1장에서 다루었습니다.

그림 3-9 결과 화면

이처럼 앱의 화면 구성을 자바 코드로 작성하면 레이아웃 XML 파일은 작성하지 않아도 됩니다.

## 레이아웃 XML로 화면 구성

자바 코드에서 UI를 구성하지 않고 레이아웃 XML 파일을 이용해 UI를 구성하는 방법입니다. 이용 방법을 실습을 통해 살펴보겠습니다.

### [실습 3-2] 레이아웃 XML로 화면 구성하기 Step by Step

[실습 3-1]에서 자바 코드로 구성했던 화면처럼 버튼 두 개를 출력하는 화면을 레이아웃 XML로 작성해보겠습니다.

그림 3-10 결과 화면

#### Step 1 _ 액티비티 추가

[실습 3-1]에서 이용했던 MainActivity를 이용할 수도 있지만, 이번 실습을 위한 새로운 액티비티를 추가해서 별도로 작성하여 실행해 보겠습니다. 새로운 액티비티를 추가하려면 Java 패키지(com.example.part2_3) 영역에 마우스 오른쪽을 누르고 [New → Activity → Empty Activity] 메뉴를 선택합니다.

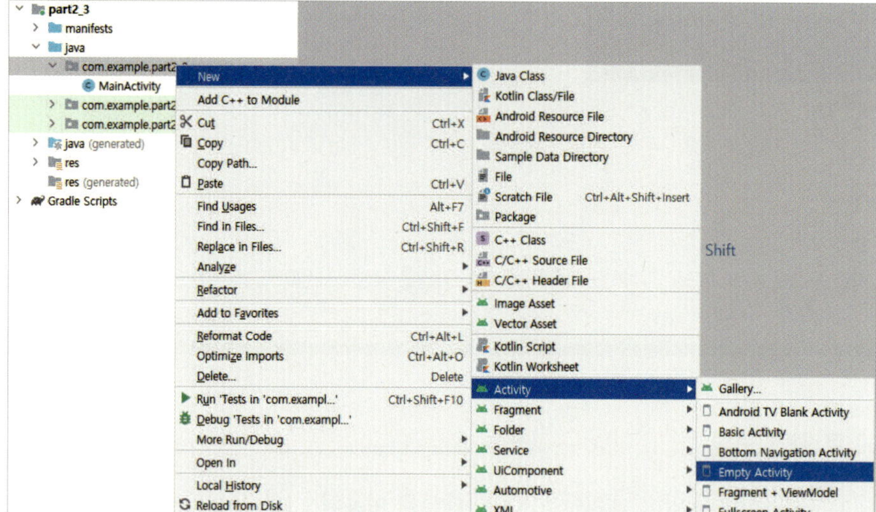


그림 3-11 Activity 생성

Activity Name에 "Lab3_2Activity"을 입력하고, 'Launcher Activity' 체크박스를 체크합니다. Launcher Activity를 체크하면 다른 액티비티와 상관없이 독립적으로 실행하여 테스트가 쉽습니다. 'Source Language'는 Java로 설정하고 〈Finish〉를 클릭하여 액티비티를 생성합니다.

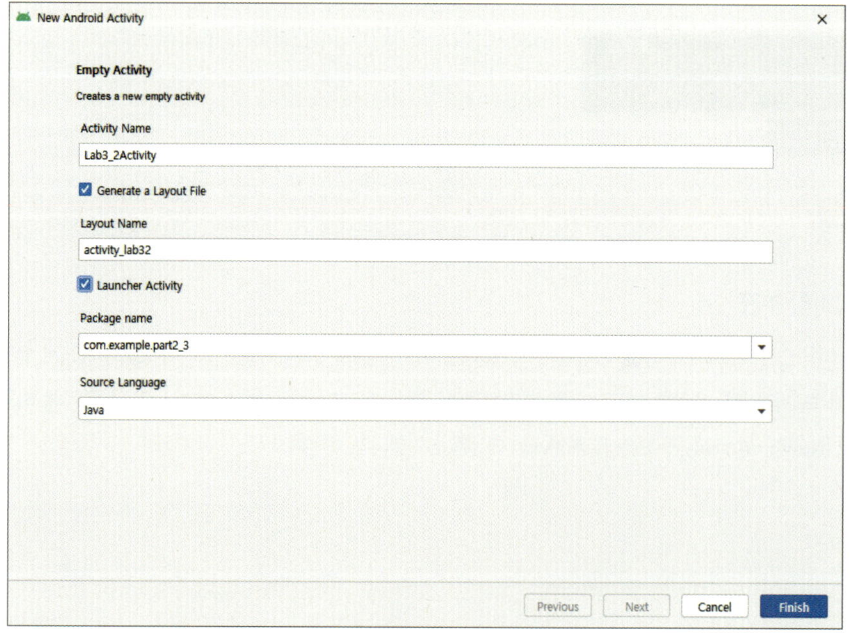


그림 3-12 Activity 이름 지정 및 Launcher Activity 체크

### Step 2 _ activity_lab32.xml 작성

액티비티를 만들 때 함께 만들어진 activity_lab32.xml 파일을 작성합니다. 안드로이드 스튜디오에서 레이아웃 XML 파일을 작성하는 방법에는 세 가지가 있습니다. 하나는 디자인(Design) 모드로 개발자가 필요한 뷰를 마우스로 끌어놓기(drag&drop)하는 방법이고, 또 하나는 코드(Code) 모드로 직접 XML 코드를 작성하는 방법입니다. 마지막으로 분할(Split) 모드로 디자인 모드의 화면과 코드 모드의 화면을 같이 보면서 XML 파일을 작성하는 방법이 있습니다.

그림 3-13에서 오른쪽 상단의 탭을 눌러 각 모드를 전환할 수 있습니다. 참고로 이 책에서는 레이아웃 XML 파일 내용을 코드 모드로 설명합니다.

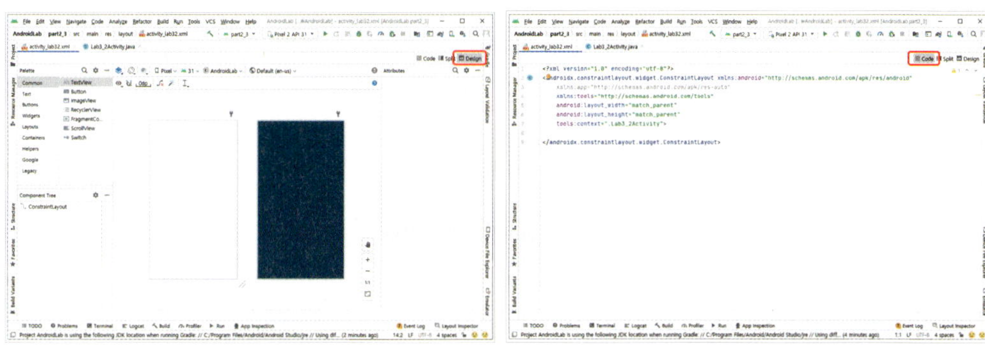

그림 3-13 디자인 모드와 코드 모드

앞에서 자바 코드로 작성했던 화면처럼 버튼 두 개를 출력하는 화면을 레이아웃 XML로 작성해보겠습니다. activity_lab32.xml 파일 내용 전체를 다음처럼 변경합니다.

**res/layout/activity_lab32.xml**

```
<?xml version="1.0" encoding="utf-8"?>
<LinearLayout xmlns:android="http://schemas.android.com/apk/res/android"
    android:layout_width="match_parent"
    android:layout_height="match_parent"
    android:orientation="horizontal">

    <Button
        android:layout_width="wrap_content"
        android:layout_height="wrap_content"
        android:text="Button 1" />

    <Button
        android:layout_width="wrap_content"
        android:layout_height="wrap_content"
        android:text="Button 2" />

</LinearLayout>
```

레이아웃 XML 파일에서 작성할 때는 뷰 클래스명을 XML의 태그명으로 작성하고, 필요한 속성을 XML attribute로 지정하여 작성하면 됩니다. 예로 들면 화면에 출력하려는 버튼의 클래스명이 Button이면 레이아웃 XML에서는 <Button /> 태그로 명시하면 됩니다.

### Step 3 _ 앱 실행

모듈에 액티비티가 하나 이상 있지만, 앞에서 신규 액티비티를 추가할 때 'Launcher Activity'의 체크박스를 체크해 두었으므로 바로 실행하면 됩니다. Lab3_2Activity 파일에서 마우스 오른쪽을 누르고, [Run 'Lab3_2Activity'] 메뉴를 선택하여 실행합니다.

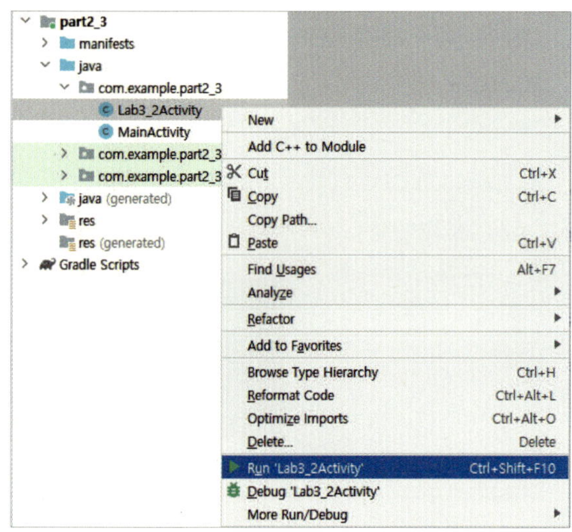


그림 3-14 액티비티 실행

앞서 자바 코드로 작성했을 때와 유사하게 두 개의 버튼이 화면에 출력되었습니다.

그림 3-15 결과 화면

**깡쌤! 질문 있어요!**

**안드로이드 스튜디오에서 레이아웃 XML을 작성할 때 디자인 모드로 작성하는 것이 더 편하지 않나요?**

개발자 취향이라고 생각합니다. 디자인 모드는 코드를 도구의 도움을 받아 작성하겠다는 것인데, 이 방법이 편한 개발자는 디자인 모드를 이용하면 되고, 직접 코드를 작성하는 게 편한 개발자는 텍스트 모드를 이용하면 됩니다. 단, 저자 개인적인 소견으로는 안드로이드 스튜디오에서 디자인 모드의 도구는 아이폰 앱 개발의 엑스코드(Xcode)나 MS의 비주얼스튜디오(Visual Studio)처럼 다른 통합개발환경보다 많이 부족하다는 느낌을 받습니다. 그리고 이 책의 학습 목적은 안드로이드 개발에 있으므로 항상 코드 모드로 설명하겠습니다.

**UI를 구성할 때 자바 코드로 구성하는 것과 레이아웃 XML을 이용하는 것 중 어느 방법이 더 좋은가요?**

이 부분도 개발자의 선택 사항입니다. 하지만 UI를 자바 코드로 구성하면, 코드가 너무 길어지는 문제가 있습니다. 자바 코드로 작성해야 하는 부분은 UI 구성 이외에도 사용자 이벤트 처리, 이벤트에 의한 서버 연동, 각종 데이터 핸들링 등 많습니다. 따라서 UI 구성 코드 때문에 코드가 더욱 길어지고, 이걸 반길 개발자는 없어 보입니다. 결국, UI를 레이아웃 XML로 작성하여 자바 코드 부분을 그만큼 줄여주는 게 효율성 면에서 더 좋다고 생각합니다.

만약, 화면에 뷰 하나 정도만 전체화면으로 출력하면 되는 상황이라면 자바 코드 한두 줄로 구현할 수 있습니다. 따라서 레이아웃 XML을 따로 만드는 게 더 불편할 수도 있습니다. 이럴 때는 자바 코드에서 직접 UI 프로그램을 작성할 수도 있습니다.

## 3.1.3. 뷰의 기초 속성

UI 구성을 레이아웃 XML로 작성할 때 뷰 태그에 다양한 속성을 추가할 수 있으며, 속성들은 뷰에 따라 다릅니다. 특정 뷰만을 위한 중요 속성은 이후 각 뷰를 소개할 때 설명하고, 이곳에서는 모든 뷰에 공통으로 지정할 수 있는 중요 속성들을 설명해 보겠습니다.

안드로이드에서 가장 많이 이용되는 뷰 중 하나는 TextView이며, 화면에 문자열을 출력하는 뷰입니다. TextView는 이후에 자세히 설명하므로 이곳에서는 레이아웃 XML에 TextView를 사용하는 예를 보여서 뷰의 중요 속성을 설명해 보겠습니다.

### id 속성

id 속성을 간단하게 이야기하면 뷰의 식별자 속성입니다. 필수 속성은 아니며 필요할 때 추가할 수 있습니다.

```
<TextView
    android:layout_width="wrap_content"
    android:layout_height="wrap_content"
    android:text="hello"/>
```

위처럼 레이아웃 XML 파일에 TextView를 이용하면 화면에 문자열을 출력할 수 있습니다. 이때 id 속성 없이도 뷰의 내용을 화면에 출력하는 데는 문제가 없습니다. 개발자가 직접 객체를 생성하지 않았지만, 레이아웃 XML 파일에 명시한 뷰가 화면에 보인다는 건, 내부적으로는 TextView 객체가 자동으로 생성되어 출력된 것입니다. 이처럼 화면에 뷰의 내용을 출력만 하는 목적이라면 id 속성을 생략해도 상관없습니다.

하지만 이렇게 하면 레이아웃 XML에 등록하여 자동으로 생성된 뷰 객체를 자바 코드에서 이용할 수 없습니다. 즉, 뷰 객체를 자바 코드에서 획득하여 속성 변경 등의 작업을 수행할 수 없습니다. 왜냐하면, 뷰 객체를 자바 코드로 직접 생성한 게 아니어서 객체명을 알 수 없기 때문입니다.

결국, 레이아웃 XML에 등록하여 자동으로 생성된 객체를 자바 코드에서 식별할 방법이 필요한데요. 이때 이용하는 속성이 id입니다.

```
<TextView
    android:id="@+id/myText"
    android:layout_width="wrap_content"
    android:layout_height="wrap_content"
    android:text="hello"/>
```

위의 코드처럼 android:id="@+id/myText"라고 설정하면 개발자가 임의의 이름으로 id 값을 하나 부여한 것이 됩니다. 이렇게 지정한 id 값은 해당 앱의 R.java 파일에 등록됩니다. id 값이 리소스는 아니지만, R.java에 등록되는 값이므로 개발자가 임의로 부여할 때 자바 명명규칙을 위배할 수 없습니다.

이제 자바 코드에서 뷰 객체를 획득해서 이용할 수 있습니다. 그러려면 자바 코드에서 findViewById() 함수를 사용합니다.

```
TextView myTextView=findViewById(R.id.myText);
```

정리하자면, 자바 코드에서 setContentView() 함수를 호출하면 레이아웃 XML 파일의 내용을 화면에 출력하고, XML에 정의한 객체가 자동으로 생성됩니다. 이렇게 생성된 객체는 R.java의 변수, 즉 XML에서 등록한 id 값을 매개변수로 하여 findViewById() 함수로 획득해서 사용할 수 있습니다.

### layout_width와 layout_height 속성

뷰를 화면에 표시할 때 반드시 뷰의 크기(size)를 지정해야 합니다. 뷰의 크기를 지정하기 위한 속성은 layout_width, layout_height입니다. 이 속성으로 뷰의 가로세로 크기가 결정되는데요. 선언하지 않으면 빌드할 때 에러가 발생합니다.

```
<TextView
    android:layout_width="wrap_content"
    android:layout_height="wrap_content"
    android:text="hello world"
    android:background="#FF0000"
    android:textColor="#FFFFFF"/>
```

위의 코드는 layout_width, layout_height 속성을 이용하여 "hello world"라는 문자열이 화면에 보일 때, 뷰가 화면에서 차지해야 하는 크기를 지정하는 예입니다. 크기 속성값은 다음의 세 가지로 지정할 수 있습니다.

- match_parent
- wrap_content
- 100px

match_parent의 의미는 해당 뷰의 크기를 부모 계층의 뷰가 지정한 크기에 꽉 들어차게 자동으로 결정하라는 의미입니다. 뷰의 계층구조는 이후 자세하게 다루며, 이곳에서는 TextView를 감싸는 다른 뷰 태그로 생각하면 됩니다.

wrap_content는 해당 뷰의 내용을 화면에 보이기 위한 적절한 크기를 계산해서 결정하라는 의미입니다. TextView가 출력하는 내용은 문자열이며, 결국 문자열을 출력하기 위한 적절한 크기를 계산합니다. 당연히 문자열 폰트 크기의 영향을 받습니다. 문자열 폰트 크기를 늘리면 그만큼 뷰의 크기도 늘어납니다.

또는 100px처럼 수치로 뷰의 크기를 직접 설정할 수도 있습니다.

```
<?xml version="1.0" encoding="utf-8"?>
<LinearLayout xmlns:android="http://schemas.android.com/apk/res/android"
    android:layout_width="match_parent"
    android:layout_height="match_parent"
    android:orientation="vertical"
    android:background="#F7FB08">

    <TextView
        android:layout_width="wrap_content"
        android:layout_height="wrap_content"
        android:text="hello"
        android:background="#FF0000"
        android:textColor="#FFFFFF"/>

    <TextView
        android:layout_width="match_parent"
        android:layout_height="wrap_content"
        android:text="world"
        android:background="#0000FF"
```

```
        android:textColor="#FFFFFF"/>

</LinearLayout>
```

위의 코드는 LinearLayout 하위에 TextView 두 개가 있습니다. 결과는 다음과 같습니다.

그림 3-16 뷰 크기 지정

결과를 쉽게 구별하고자 바탕색을 칠해 보았습니다. 전체 노란색 영역이 LinearLayout 영역으로 가로세로 크기가 match_parent로 지정되어 화면 전체를 차지했습니다. 붉은색 영역이 LinearLayout 하위의 첫 번째 TextView 영역으로 가로세로 크기를 wrap_content로 지정하여 "hello"라는 문자열을 출력할 정도의 크기만 확보되었습니다. 파란색 영역의 두 번째 TextView는 가로 크기를 match_parent로 지정하고, 세로 크기를 wrap_content로 지정하였는데, 가로 방향으로만 노란색 영역을 모두 차지하여 출력되었습니다.

**깡쌤! 질문 있어요!**

**layout_width와 layout_height 값을 수치로 직접 지정하면 되지, 왜 match_parent와 wrap_content라는 단어로 지정하나요?**

물론 수치를 직접 대입해서 크기를 지정해도 됩니다. 스마트폰의 크기가 일정하다면 직접 수치로 크기를 지정하는 게 가장 명료하고 작성도 쉽겠으나, 스마트폰의 크기가 다양하다 보니 수치로 크기를 지정하면 다양한 스마트폰 크기에 대응하는 화면을 개발할 수 없습니다. 결국, wrap_content, match_parent 등의 단어로 크기를 지정하여 뷰 내부적으로 스마트폰 크기에 대응하는 적절한 뷰 크기를 동적으로 계산하게 하는 방법을 사용합니다. 특별한 경우가 아닌 이상 뷰의 크기를 수치로 직접 대입하지 않는 것이 다양한 스마트폰 크기에 대응하기 위한 가장 기초적인 방법입니다.

### margin과 padding 속성

margin은 뷰와 뷰 사이의 간격을 지정하는 속성이며, padding은 뷰 내부에서 내용과 뷰의 테두리 간의 간격을 지정하는 속성입니다. 뷰의 기본 margin과 padding 값이 있는데, 이를 증감하고자 할 때 사용하는 속성입니다.

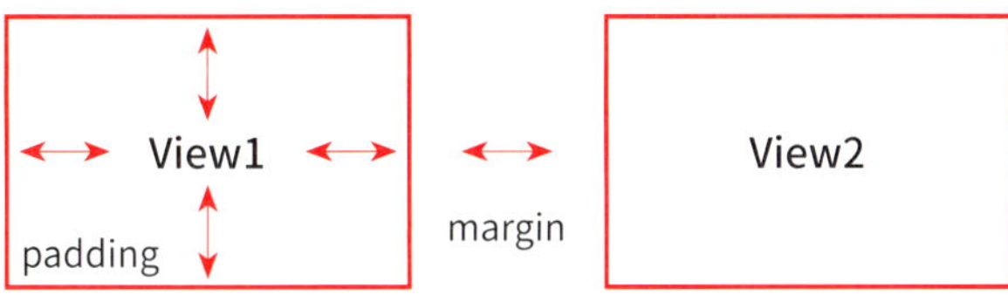

그림 3-17 margin과 padding

margin과 padding 속성을 이용하면 간격이 네 방향 모두 같은 크기로 설정되며, 단일 방향의 간격만 조정하고 싶다면 다음과 같은 속성을 이용합니다.

- **단일 방향 margin 속성**
  : layout_marginLeft, layout_marginRight, layout_marginTop, layout_marginBottom
- **단일 방향 padding 속성**
  : paddingLeft, paddingRight, paddingTop, paddingBottom

```
<Button
        android:layout_width="wrap_content"
        android:layout_height="wrap_content"
        android:text="Button1"
        android:padding="24dp"
        />
    <Button
        android:layout_width="wrap_content"
        android:layout_height="wrap_content"
        android:text="Button2"
        android:layout_marginLeft="16dp"
        />
```

첫 번째 버튼은 padding="24dp"로 설정하였으며, 두 번째 버튼은 layout_marginLeft="16dp"로 왼쪽 방향의 간격만 늘린 예입니다. 테스트해보면 결과는 다음처럼 나옵니다.

그림 3-18 margin, padding

두 버튼의 문자열 크기는 같은데, 첫 번째 버튼의 padding 값에 따라 전체 뷰 크기가 두 번째 버튼보다 크게 출력되었습니다.

### clickable 속성

안드로이드의 모든 뷰는 기본적으로 사용자의 클릭 이벤트나 롱클릭 이벤트에 반응합니다. 그리고 대표적인 사용자 이벤트 뷰인 버튼은 clickable 속성을 지정하지 않아도 기본으로 클릭이나 롱클릭 이벤트를 처리할 수 있습니다. 그런데 문자열을 출력하는 TextView나 이미지를 출력하는 ImageView는 clickable 속성을 명시적으로 지정(true)하지 않으면 이벤트에 반응하지 않습니다. 결국, clickable 속성은 TextView, ImageView 등에 클릭 이벤트가 발생하게 하는 속성입니다.

앱을 작성하다 보면 많은 버튼을 제공해야 하는데요. 이 버튼을 Button 클래스로만 작성하지 않고 다양한 이미지 버튼으로 제공할 수도 있습니다. 이때 이미지를 ImageView로 출력하고 clickable 속성으로 클릭 이벤트가 발생하게 하여 버튼 효과를 낼 때 유용하게 사용합니다.

### visibility 속성

visibility는 뷰를 화면에 출력할지를 지정하는 속성입니다. 기본값은 "true"이며, "invisible", "gone"으로 지정하면 화면에 안 보이게 할 수 있습니다.

```
<Button
    android:id="@+id/btn_visible_target"
    android:layout_width="match_parent"
    android:layout_height="wrap_content"
    android:text="hello world"
    android:visibility="gone"/>
```

gone과 invisible의 차이점은 둘 다 화면에 출력은 안 되지만, 크기를 확보하는가 확보하지 못하는가에 있습니다. "gone"으로 지정하면 크기를 확보하지 못하며, "invisible"로 지정하면 화면에 안 보이지만, 크기는 확보합니다.

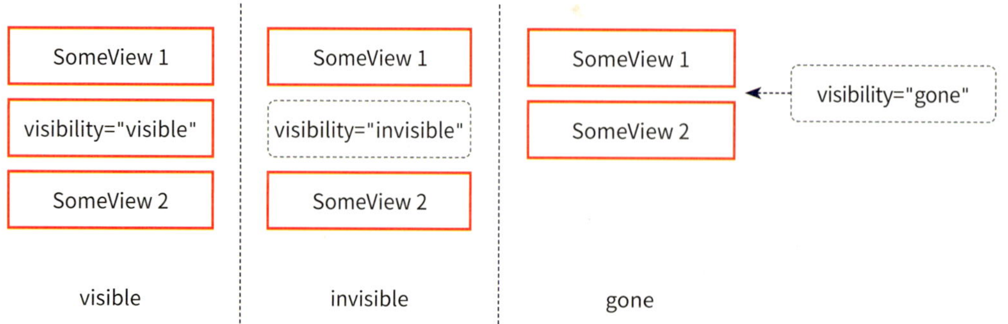


그림 3-19 visibility 속성

그림 3-19에서 왼쪽은 두 번째 뷰의 visibility 속성값을 "visible"로 지정하여 정상 출력하는 예입니다. visibility 속성의 기본값이 "visible"이므로 속성을 지정하지 않아도 이 예에 해당합니다. 가운데는 두 번째 뷰의 visibility 속성값을 "invisible"로 지정한 예이며, 이때 두 번째 뷰는 영역만 확보하고 화면에 출력되지는 않습니다. 즉, 해당 영역이 비어 있는 상태가 됩니다. 오른쪽은 두 번째 뷰의 visibility 값을 "gone"으로 지정한 예로 화면에 출력도 안 되고, 크기도 확보하지 못합니다. 물론 화면에 나온다면 SomeView1과 SomeView2 사이에 나타납니다.

visibility 속성은 액티비티 화면을 레이아웃 XML로 구성할 때 초기에 특정 뷰를 화면에 출력하지 않으려는 의도로 사용합니다. 그러다 특정 순간에 동적으로 화면을 출력할 수 있습니다. 이때 자바 코드에서는 setVisibility() 함수를 이용하여 뷰의 표시 상태를 조정합니다.

```
@Override
public void onClick(View v) {

    if(v==trueBtn){
        targetBtn.setVisibility(View.VISIBLE);
    }else if(v==fasleBtn){
        targetBtn.setVisibility(View.INVISIBLE);
    }
}
```

## [실습 3-3] 뷰 기초 속성 활용 Step by Step

앞에서 설명한 뷰의 기초 속성을 실습해보겠습니다.

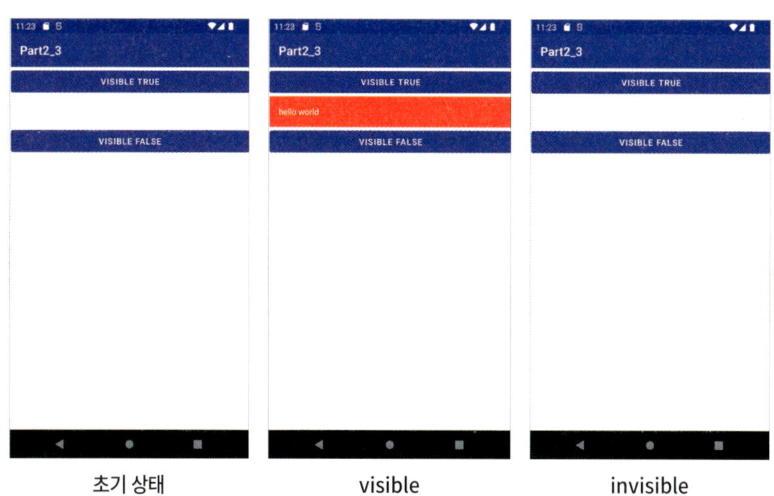


그림 3-20 결과 화면

## Step 1 _ 액티비티 추가

part2_3 모듈에 새로운 액티비티를 "Lab3_3Activity" 이름으로 추가합니다. 액티비티를 생성할 때 'Launcher Activity' 체크박스를 체크하고 'Source Language'는 Java로 설정합니다.

## Step 2 _ activity_lab33.xml 작성

UI 구성을 위해 activity_lab33.xml 파일을 다음처럼 작성합니다.

**res/layout/activity_lab33.xml**

```
<?xml version="1.0" encoding="utf-8"?>
<LinearLayout xmlns:android="http://schemas.android.com/apk/res/android"
    android:layout_width="match_parent"
    android:layout_height="match_parent"
    android:orientation="vertical">

    <Button
        android:id="@+id/btn_visible_true"
        android:layout_width="match_parent"
        android:layout_height="wrap_content"
        android:text="visible true"/>

    <TextView
        android:id="@+id/text_visible_target"
        android:layout_width="match_parent"
        android:layout_height="wrap_content"
        android:text="hello world"
        android:background="#FF0000"
        android:textColor="#FFFFFF"
        android:padding="16dp"
        android:visibility="invisible"/>

    <Button
        android:id="@+id/btn_visible_false"
        android:layout_width="match_parent"
        android:layout_height="wrap_content"
        android:text="visible false"/>

</LinearLayout>
```

간단하게 버튼 두 개를 넣고 가운데 TextView를 넣었습니다. 각 뷰에 layout_width, layout_height가 설정되어 있으며, TextView에는 background, textColor 속성으로 바탕색과 전경색을 설정하였습니다. 또 visibility 속성을 "invisible"로 지정하여 화면에 안 보이게 하였습니다.

### Step 3 _ Lab3_3Activity.java 작성

자바 코드에서 findViewById( ) 함수를 이용해 뷰를 획득한 다음, 버튼 클릭 시 이벤트 프로그램을 통해 TextView의 visibility 속성을 조정해보겠습니다. 실습을 위해 이벤트 프로그램이 작성되는데, 자세한 이벤트 프로그램 작성 방법은 이후에 다루겠습니다.

**Lab3_3Activity.java**

```
public class Lab3_3Activity extends AppCompatActivity implements View.OnClickListener{

    Button trueBtn;
    TextView targetTextView;
    Button fasleBtn;

    @Override
    protected void onCreate(Bundle savedInstanceState) {
        super.onCreate(savedInstanceState);
        setContentView(R.layout.activity_lab33);
        //View 객체 획득
        trueBtn=findViewById(R.id.btn_visible_true);
        targetTextView=findViewById(R.id.text_visible_target);
        fasleBtn=findViewById(R.id.btn_visible_false);
        //Button 이벤트 등록
        trueBtn.setOnClickListener(this);
        fasleBtn.setOnClickListener(this);
    }
    //버튼 이벤트 콜백함수
    @Override
    public void onClick(View v) {
        if(v==trueBtn){
            //trueBtn이 눌리면 targetTextView를 visible 상태로 변경
            targetTextView.setVisibility(View.VISIBLE);
        }else if(v==fasleBtn){
            //falseBtn 눌리면 targetTextView를 invisible 상태로 변경
            targetTextView.setVisibility(View.INVISIBLE);
        }
    }
}
```

### Step 4 _ 앱 실행

Lab3_3Activity 파일에서 마우스 오른쪽을 누르고, [Run 'Lab3_3Activity'] 메뉴를 선택하여 실행합니다.

〈VISIBLE TRUE〉 버튼을 클릭하면 TextView를 보이고, 〈VISIBLE FALSE〉 버튼을 클릭하면 TextView를 숨깁니다.

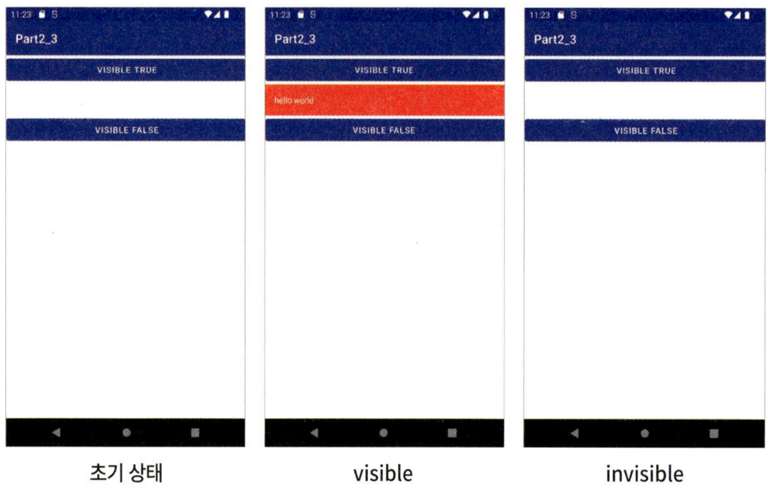


그림 3-21 결과 화면

## 3.2. 뷰 아키텍처

액티비티 화면을 구성하기 위해 다양한 뷰 클래스들을 이용합니다. 안드로이드 라이브러리에는 이미 많은 뷰 클래스가 준비되어 있습니다. 이후 자세히 살펴보겠지만, Button, TextView, EditText, ImageView, Spinner, ListView 등 다양한 종류의 뷰들이 라이브러리에 준비되어 있고, 안드로이드 버전이 변경되면서 계속 추가되고 있습니다. 이번 절에서는 안드로이드 뷰 클래스들이 어떤 구조로 설계되어 있는지에 대해 다룹니다. 구조를 이해하면 UI 프로그램 곳곳이 자연스럽게 이해되는 부분이 많습니다.

### 3.2.1. 뷰의 계층구조

뷰의 기본 구조는 뷰 객체 간의 계층으로 이루어져 있습니다. 소프트웨어 모델로 이야기하자면 DOM(Document Object Model)을 따르고 있고, 패턴(Pattern)으로 이야기하자면 Gof 디자인 패턴의 Composite 패턴이 적용된 구조입니다. 이러한 모델과 패턴을 잘 아는 개발자라면 이름만으로도 안드로이드 뷰 아키텍처를 이해할 수 있지 않을까 싶습니다. 그러나 이 책의 대부분 독자가 이러한 내용을 처음 접할 것으로 생각하여 간략하게 설명해보겠습니다.

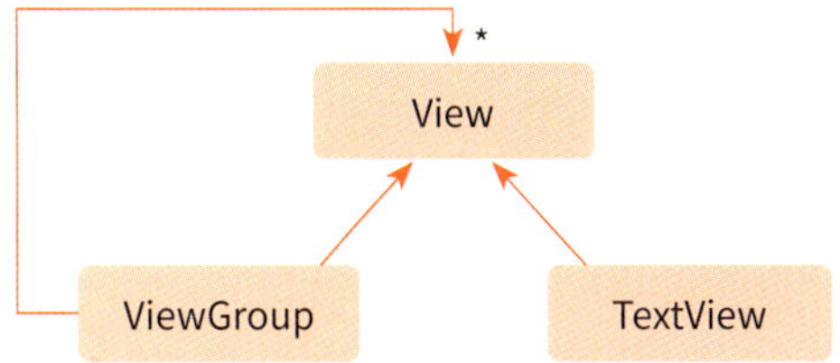


그림 3-22 뷰 계층구조

그림 3-22는 안드로이드 뷰 클래스의 기본 골격을 클래스 다이어그램(class diagram)으로 나타낸 모습입니다. 각 클래스에 대한 자세한 설명은 다음과 같습니다.

- **View**: 안드로이드 뷰 클래스의 최상위 클래스입니다. 최상위 클래스 명이 View여서 안드로이드에서는 Button 같은 UI 위젯 클래스를 뷰라고 부릅니다. 액티비티에 출력되는 클래스는 모두 이 View의 서브 클래스여야 합니다.
- **ViewGroup**: 뷰의 서브 클래스여서 화면에 출력되지만, 뷰그룹 자체만의 UI는 가지지 않습니다. 화면에 출력은 되지만, 아무것도 안 나온다는 이야기입니다. 그렇다면 필요 없는 것으로 생각하기 쉬운데, 뷰그룹의 역할은 UI 출력이 아니라 다른 뷰(Button 같은) 여러 개를 뷰그룹에 포함(add)하여 한꺼번에 제어하기 위한 목적으로, 일반적으로 컨테이너(container) 기능을 담당합니다. 실제 뷰그룹도 이용되지만, 뷰그룹의 서브 클래스들인 레이아웃 클래스들이 사용됩니다. 레이아웃 클래스들은 4장에서 자세히 다룹니다.
- **TextView**: 특정 UI를 출력할 목적으로 제공되는 클래스 중 대표적으로 TextView가 있습니다. TextView에 지정한 문자열을 출력하는 뷰입니다. TextView 이외에도 여러 가지 클래스가 있는데, 각각의 UI를 가지는 클래스입니다. 이후 다양한 뷰 클래스를 소개할 예정입니다.

뷰의 계층구조를 설명하였는데요. TextView 같은 객체를 뷰그룹 객체에 포함하여 출력하는 구조입니다. 만약 이것이 잘 이해가 안 되면 우리에게 너무 친숙한 윈도우 탐색 창의 파일과 디렉터리의 계층구조를 생각해보면 됩니다. 윈도우의 탐색 창도 여러 디렉터리와 여러 파일이 하나의 계층구조로 묶여 있는 모습이고, 이를 클래스 다이어그램으로 나타내 보면 그림 3-23과 같습니다.

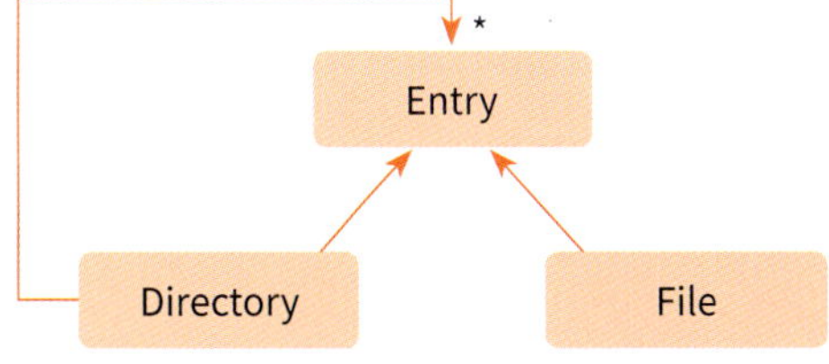


그림 3-23 디렉터리-파일 구조

결국, 앞에서 설명한 뷰의 계층구조와 동일한 구조임을 알 수 있습니다. 이처럼 파일 여러 개를 디렉터리에 포함하여 한꺼번에 제어하듯이, 안드로이드에서 뷰 객체의 계층구조 역시 TextView 같은 뷰 객체 여러 개를 뷰그룹에 포함하여 한꺼번에 출력하는 형태입니다.

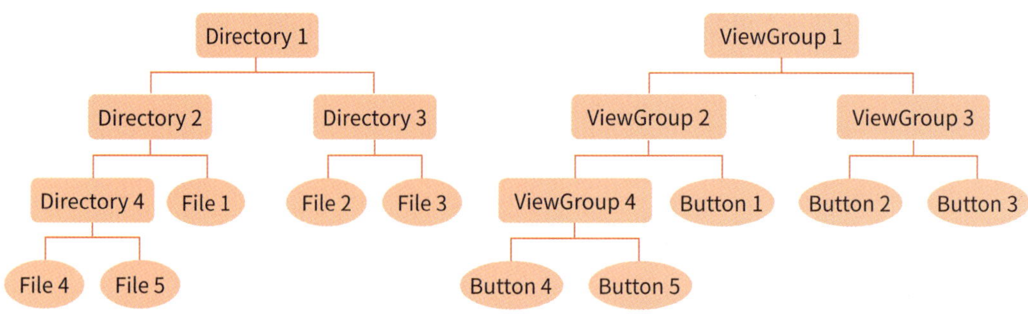

그림 3-24 디렉터리-파일(왼쪽), 뷰그룹-뷰(오른쪽) 계층구조

탐색 창의 경우 디렉터리 클래스와 파일 클래스가 정의되었다면, 각 클래스의 객체를 원하는 만큼 생성한 다음, 그림 3-24처럼 디렉터리 객체에 파일 객체를 포함하여 계층구조로 묶어서 사용합니다. 마찬가지로 안드로이드에서도 뷰 클래스의 객체들을 계층구조로 묶어서 사용합니다.

예를 들어, 다음과 같은 화면을 구성한다고 생각해봅시다.

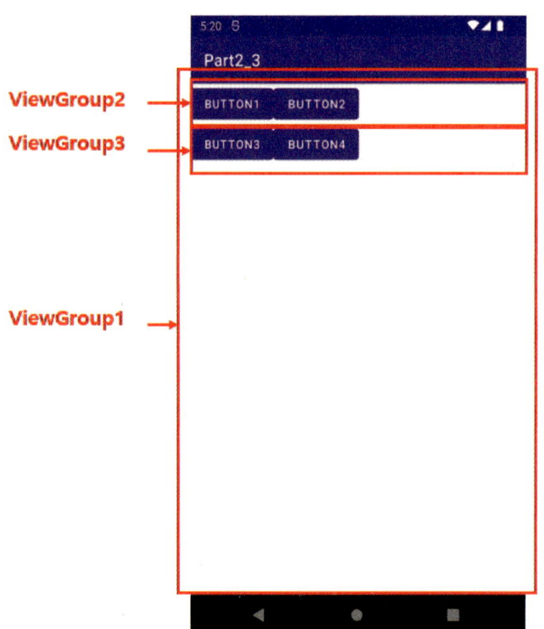

그림 3-25 안드로이드 뷰 계층구조

버튼이 위의 그림처럼 출력되기를 원한다고 가정합시다. 그러면 당연히 Button 객체는 총 4개 생성해야 합니다. 이 4개의 객체를 화면에 출력하려면 Button1과 Button2를 ViewGroup2에 포함하고, Button3과 Button4를 ViewGroup3에 포함한 다음, 다시 ViewGroup2와 ViewGroup3을 ViewGroup1에 포함하여 계층구조를 완성할 수 있습니다. 완성된 객체 간의 계층구조를 그림으로 나타내면 다음과 같습니다.

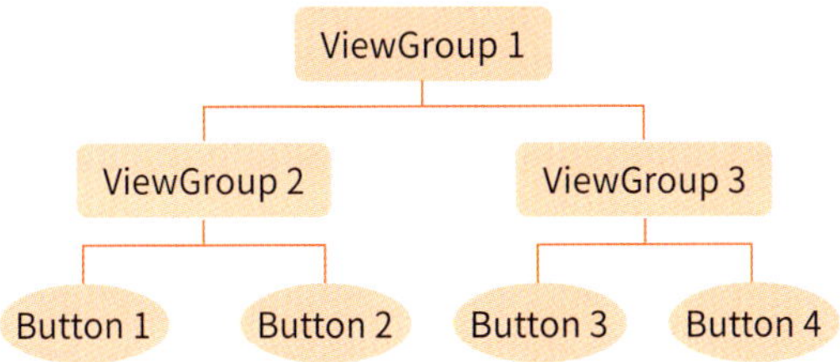


그림 3-26 뷰 객체의 계층구조

이렇게 완성된 계층의 최상위인 ViewGroup1을 화면에 출력하면 전체가 함께 출력됩니다.이처럼 뷰 객체들이 계층구조라는 것을 알면 UI 프로그램을 작성할 때 이해가 쉽습니다.

### 3.2.2. 뷰 계층구조 구현

그렇다면 뷰 객체를 뷰그룹에 포함하여 어떻게 계층구조로 만들까요?

#### ① 레이아웃 XML로 계층구조 구현

뷰의 계층구조를 레이아웃 XML로 구현하려면 태그의 상하 관계를 이용하면 됩니다. 서브 태그로 등록한 뷰 객체가 상위 태그 객체에 포함된다고 생각하면 됩니다.

```
<LinearLayout
    android:layout_width="match_parent"
    android:layout_height="wrap_content"
    android:orientation="horizontal">
    <Button
        android:layout_width="wrap_content"
        android:layout_height="wrap_content"
        android:text="Button 1"/>
    <Button
        android:layout_width="wrap_content"
        android:layout_height="wrap_content"
        android:text="Button 2"/>
</LinearLayout>
```

레이아웃 XML을 위와 같이 작성하면 LinearLayout(뷰그룹)에 Button(뷰)이 두 개 포함됩니다.

#### ② 자바 코드로 계층구조 구현

자바 코드에서 직접 뷰의 계층구조를 구현하려면 addView() 함수를 이용합니다.

```
public void addView(View child)
```

레이아웃 XML에서 작성한 것과 동일하게 Button 두 개를 LinearLayout에 포함하는 코드는 다음과 같습니다.

```
LinearLayout linearLayout=new LinearLayout(this);
Button bt1=new Button(this);
linearLayout.addView(bt1);
Button bt2=new Button(this);
linearLayout.addView(bt2);
```

**깡쌤! 질문 있어요!**

**안드로이드는 아주 독특한 아키텍처로 UI 구성 프로그램을 작성하는 거네요!?**

그렇지 않습니다. 서버 측 프로그램만 개발해본 개발자라면 생소한 구조일지 모르지만, 안드로이드 뷰 객체의 계층구조는 원래 DOM(Document Object Model)이나 OOP(Object Oriented Programming)에서 널리 사용되는 Gof 디자인 패턴의 Composite 패턴에 의한 설계로 클라이언트 측 애플리케이션의 UI 구성을 위해 자주 사용됩니다. 처음 접할 때는 다소 복잡해 보일 수 있지만, 이 구조로 화면을 작성하는 것이 가장 간단하면서 가장 복잡한 화면까지 쉽게 구성할 수 있는 방법입니다.

**Document Object Model, Composite Pattern?? 이 용어 중요한가요?**

이와 같은 용어를 몰라도 안드로이드 앱 개발에는 전혀 문제가 없습니다. 하지만 워낙 유명한 소프트웨어 모델이고 패턴이어서 용어를 기억해두면 이후 다른 소프트웨어를 학습하고 분석할 때 도움이 되지 않을까 싶습니다.

## 3.3. 기초 뷰 활용

안드로이드 라이브러리에서는 많은 뷰 클래스들을 제공합니다. 이 중 화면을 구성할 때 이용 빈도가 높은 기초적인 뷰 클래스 몇 개를 소개해보겠습니다.

## 3.3.1. TextView

TextView는 앱을 개발할 때 가장 많이 사용하는 뷰로, TextView에 대입된 문자열을 화면에 출력합니다. TextView의 속성 중 자주 이용하는 몇 가지를 살펴보겠습니다.

### text

화면에 출력할 문자열을 지정하는 속성입니다. 레이아웃 XML 파일에 직접 문자열을 명시할 수도 있고, 문자열 리소스를 이용할 수도 있습니다.

- android:text="hello world"
- android:text="@string/hello"

### textStyle

화면에 출력할 문자열 효과로 normal(default), bold, italic 중 하나를 입력하여 문자열을 굵은 글씨로 표현하거나 기울어진 이탤릭 형태로 표현할 수 있습니다.

### textColor

화면에 출력할 문자열의 색상을 #FF0000처럼 16진수 RGB 포맷으로 지정할 때 사용합니다.

### textSize

화면에 출력할 문자열의 폰트 크기를 지정할 때 사용합니다.

### autoLink

TextView의 문자열을 분석해 문자열 내에 autoLink 값에 해당하는 URL 문자열이 포함되었으면, 이 URL 문자열 부분을 자동 링크 형태로 출력해줍니다. 또한, 개발자 코드에서 이벤트를 처리하지 않아도 자동으로 사용자 클릭이 있을 때 다양한 화면으로 연결해줍니다.

```
<?xml version="1.0" encoding="utf-8"?>
<LinearLayout xmlns:android="http://schemas.android.com/apk/res/android"
    android:layout_width="match_parent"
    android:layout_height="match_parent"
    android:orientation="vertical">
    <TextView
        android:layout_width="match_parent"
```

```
        android:layout_height="wrap_content"
        android:text="가나다라 http://www.google.com 마바사 a@a.com 아자차카타 02-1234-5678"
        android:autoLink="web|email|phone"/>
</LinearLayout>
```

그림 3-27 autoLink 속성

위의 화면에서 각각의 링크를 사용자가 클릭하면 자동으로 브라우저, 이메일 앱, 전화 앱이 실행됩니다.

## maxLines

TextView에 긴 문자열을 대입하면 자동 개행하여 여러 줄로 출력되는데요. 만약 특정 줄만큼만 출력하려면 maxLines 속성으로 지정합니다.

```
<TextView
    android:layout_width="match_parent"
    android:layout_height="wrap_content"
    android:text="@string/long_text"/>

<TextView
    android:layout_width="match_parent"
    android:layout_height="wrap_content"
    android:text="@string/long_text"
    android:maxLines="3"/>
```

두 개의 TextView에 똑같이 긴 문자열을 출력한 예인데요. 모든 문자열이 출력되려면 6줄 정도가 필요합니다. 그런데 두 번째 TextView에는 maxLines 속성을 이용하여 최대 3줄까지만 출력되게 지정하였습니다.

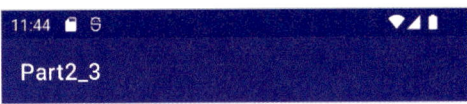


야 뽀로로다 노는게 제일 좋아. 친구들 모여라. 언제나 즐거워 개구쟁이 뽀로로. 눈덮힌 숲속 마을 꼬마펭귄 나가신다. 언제나 즐거워 오늘은 또 무슨일이 생길까. 뽀로로를 불러봐요. 뽀롱뽀롱 뽀로로 뽀롱뽀롱 뽀로로. 뽀롱뽀롱 뽀롱뽀롱 뽀롱뽀롱 뽀롱 뽀로로. 노는게 제일 좋아 친구들 모여라. 언제나 즐거워 뽀롱뽀롱 뽀롱뽀롱 뽀로로.

야 뽀로로다 노는게 제일 좋아. 친구들 모여라. 언제나 즐거워 개구쟁이 뽀로로. 눈덮힌 숲속 마을 꼬마펭귄 나가신다. 언제나 즐거워 오늘은 또 무슨일이 생길까. 뽀로로를 불러봐요. 뽀롱뽀롱 뽀로로 뽀롱뽀롱 뽀로로.

그림 3-28 maxLines 결과

결과 화면을 보면 첫 번째 TextView는 문자열을 모두 출력하였고, 두 번째 TextView는 3줄까지만 출력하였습니다. 이후 문자열은 출력되지 않습니다.

### ellipsize

maxLines로 지정한 줄만큼만 출력할 수 있는데, 이때 줄임 표시(...)를 하고 싶은 때가 있습니다. 이 문자열 줄임 표시를 자동화하는 속성이 ellipsize입니다. 속성값으로 end, start, middle 등을 지정하여 전체 문자열의 어느 부분을 줄임 표시로 표현할지를 명시해줍니다. end로 지정하면 maxLines로 지정한 줄만큼만 출력되고 뒷부분에 줄임 표시(...)를 자동으로 추가해줍니다.

```
<TextView
    android:layout_width="match_parent"
    android:layout_height="wrap_content"
    android:text="@string/long_text"
    android:ellipsize="end"
    android:maxLines="3"
    />
```

11:46

Part2_3

야 뽀로로다 노는게 제일 좋아. 친구들 모여라. 언제나 즐거워 개구쟁이 뽀로로. 눈덮힌 숲속 마을 꼬마펭귄 나가신다. 언제나 즐거워 오늘은 또 무슨일이 생길까. 뽀로로를 불러봐요. 뽀롱뽀롱 뽀로로 뽀롱뽀롱 뽀로로. 뽀롱뽀롱 뽀롱뽀롱 뽀롱뽀롱 뽀롱 뽀로로. 노는게 제일 좋아 친구들 모여라. 언제나 즐거워 뽀롱뽀롱 뽀롱뽀롱 뽀로로.

야 뽀로로다 노는게 제일 좋아. 친구들 모여라. 언제나 즐거워 개구쟁이 뽀로로. 눈덮힌 숲속 마을 꼬마펭귄 나가신다. 언제나 즐거워 오늘은 또 무슨일이 생길까. 뽀로로를 불러봐요. 뽀롱뽀롱 뽀로로 뽀롱뽀롱 뽀로로.

야 뽀로로다 노는게 제일 좋아. 친구들 모여라. 언제나 즐거워 개구쟁이 뽀로로. 눈덮힌 숲속 마을 꼬마펭귄 나가신다. 언제나 즐거워 오늘은 또 무슨일이 생길까. 뽀로로를 불러봐요. 뽀롱뽀롱 뽀로로 뽀롱뽀롱 뽀로...

그림 3-29 ellipsize 속성

두 번째와 세 번째 모두 maxLines로 3줄 출력을 명시한 예이며, 세 번째만 ellipsize="end"로 지정하여 테스트한 예입니다. 세 번째 TextView의 출력 문자열 맨 마지막 부분에 줄임 표시(...)가 자동으로 추가되었습니다.

## 3.3.2. ImageView

ImageView는 안드로이드에서 화면에 이미지를 출력하고자 할 때 사용하는 뷰입니다. ImageView와 관련된 중요 속성 몇 가지를 살펴보겠습니다.

### src

화면에 출력할 이미지를 지정하는 속성입니다.

### maxWidth와 maxHeight

화면에 출력할 이미지의 최대 크기를 지정하는 속성입니다. 리소스 이미지는 앱의 아이콘 이미지를 많이 이용하고, 이런 아이콘 이미지의 크기는 대부분 작습니다. 하지만 만약 서버에서 획득한 이미지나 스마트폰의 카메라로 찍은 이미지라면 원본 이미지의 크기가 무척 큽니다. 이처럼 큰 크기의 이미지를 출력할 때, 뷰의 크기 속성인 layout_width와 layout_height의 값을 "wrap_content"로 지정하거나 100dp처럼 수치로 지정하게 되면 안드로이드 버전에 따라 원하는 크기로 출력되지 않을 수 있습니다.

이럴 때는 뷰의 크기를 조정하는 게 아니라 이미지 자체의 출력 크기를 변경해야 하며, 이때 maxWidth 속성과 maxHeight 속성을 사용합니다. maxWidth 속성과 maxHeight 속성은 다음에 소개하는 adjustViewBounds라는 속성과 함께 사용해야 합니다.

### adjustViewBounds

이미지의 크기를 변경할 때 가로세로 비율을 유지할지를 boolean 값(true, false)으로 지정하는 속성입니다.

ImageView의 속성을 이용하여 같은 이미지를 3번 출력하는 코드입니다.

```
<ImageView
    android:layout_width="wrap_content"
    android:layout_height="wrap_content"
    android:src="@drawable/sample"/>

<ImageView
```

```
    android:layout_width="100dp"
    android:layout_height="100dp"
    android:src="@drawable/sample"/>

<ImageView
    android:layout_width="wrap_content"
    android:layout_height="wrap_content"
    android:src="@drawable/sample"
    android:maxWidth="100dp"
    android:maxHeight="100dp"
    android:adjustViewBounds="true"/>
```

첫 번째 ImageView는 src로 이미지를 지정하는 것 이외에 특별한 속성을 설정하지 않았으며, 두 번째 ImageView는 layout_width와 layout_height 값을 100dp로 설정한 예입니다. 그리고 세 번째 ImageView는 maxWidth, maxHeight, adjustViewBounds 속성까지 설정한 예입니다.

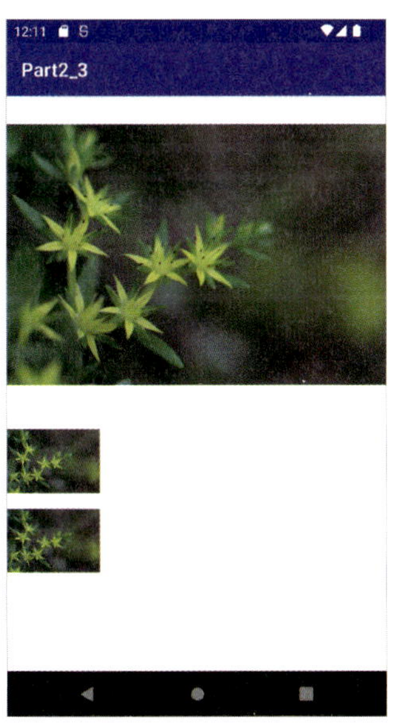


그림 3-30 ImageView

### 3.3.3. EditText

EditText는 사용자에게 데이터를 입력받을 때 사용하는 뷰입니다. EditText는 문자열이 출력된다는 면에서 TextView와 성격이 같으므로 TextView를 상속받아 작성되었습니다. 그러므로 TextView의 거의 대부분 속성을 EditText에도 지정할 수 있습니다.

```
<EditText
    android:layout_width="match_parent"
    android:layout_height="wrap_content" />
```

EditText 뷰는 layout_width, layout_height 정도의 속성 설정만으로도 이용할 수 있습니다. 이처럼 속성을 설정하여 화면에 출력해보면 다음처럼 한 줄 입력 창으로 나옵니다.

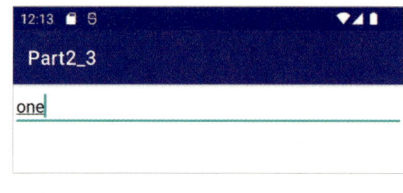


그림 3-31 EditText

그런데 한 줄 입력 창에서 사용자가 키보드의 엔터 키를 눌러 개행하면, 입력 창이 여러 줄로 자동으로 늘어납니다.

그림 3-32 EditText 여러 줄 입력

이처럼 EditText는 기본 한 줄로 보이다가 아래로 늘어나 여러 줄 입력으로 보이게 되며, 만약 한 줄 혹은 여러 줄로 고정하길 원한다면 속성으로 지정하여야 합니다. 중요 속성 몇 가지를 살펴보겠습니다.

### lines

처음 화면에 보일 때부터 특정 줄만큼 보이게 할 때 사용하는 속성입니다. 만약 lines="3"으로 지정하면, 처음부터 세로 방향 3줄 입력 크기로 출력되고 더는 늘거나 줄지 않습니다. 물론 화면에서 입력 창의 크기가 3줄로 고정된다는 것이지 3줄 내에서 스크롤 되어 여러 줄 입력은 가능합니다.

### maxLines

lines 속성과 차이가 있는데 maxLines="3"으로 지정하더라도 처음 화면에 보일 때는 한 줄 입력 크기로 보입니다. 사용자가 키보드에서 엔터를 입력하면 아래로 늘어나 최대 3줄까지 늘어나고 더는 늘어나지 않습니다. 물론 lines와 동일하게 EditText 내에서 스크롤 되어 여러 줄 입력은 가능합니다.

### inputType

아주 중요하고 자주 이용하는 속성입니다. inputType 속성은 크게 두 가지 목적으로 이용하는데요. 첫 번째 목적은 EditText에 글을 입력하기 위해 올라오는 키보드의 모드를 제어하는 데 있고, 두 번째 목적은 사용자에게 한 줄 혹은 여러 줄 입력을 강제하는 데 있습니다.

첫 번째, 키보드 모드를 제어하는 목적으로 사용하는 예를 살펴보겠습니다. 만약 전화번호를 입력받으려고 EditText를 제공하는 예를 생각해 봅시다.

그림 3-33은 글을 입력받으려고 키보드가 올라오기는 했는데 문자 키 우선 모드로 올라왔습니다. 물론 사용자가 키보드 모드를 전환하여 전화번호를 입력하면 됩니다. 하지만 사용자 입장에서는 귀찮을 수 있습니다. 어차피 전화번호만 입력받는 곳이라면 애초에 전화번호 입력 모드로 올라온다면 더 좋겠죠? 이처럼 사용자에게 입력받으려고 올라오는 키보드 모드를 제어하고자 할 때 inputType 속성을 사용합니다.

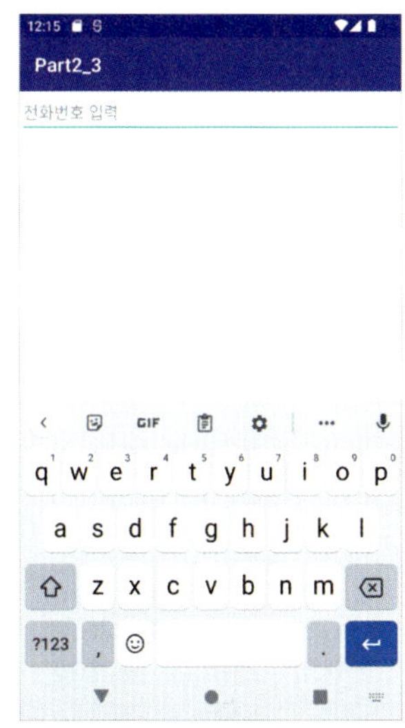


그림 3-33 inputType 미적용

```
<EditText
    android:layout_width="match_parent"
    android:layout_height="wrap_content"
    android:inputType="phone"
    android:hint="전화번호 입력"/>
```

위의 코드는 inputType 속성에 phone 값을 주어서 키보드가 전화번호 입력 모드로 올라오게 하였습니다. 결과는 다음과 같습니다.

이처럼 키보드의 모드를 지정하려고 할 때 inputType 속성을 사용하며, phone 이외에 number, textEmailAddress, textPassword 등 다양한 속성값이 제공됩니다.

그림 3-34 inputType="phone" 결과

inputType 속성을 사용하는 또 하나의 예는 한 줄 입력 혹은 여러 줄 입력을 강제하고자 할 때입니다. 예를 들어, 사용자에게 id를 입력받아야 하는 상황을 생각해 봅시다. id는 한 줄 입력만으로도 충분합니다. 생각하기에는 lines="1", maxLines="1"로 지정하여 한 줄 입력을 강제하면 될 것처럼 보이지만, 이 속성들은 화면에 EditText가 몇 줄로 표시되는지에 대한 속성이지, 사용자의 입력을 강제할 수는 없습니다. 결국 사용자가 한 줄만 입력하도록 제어해야 하는데요. 이때 사용되는 속성도 inputType입니다.

```
<EditText
    android:layout_width="match_parent"
    android:layout_height="wrap_content"
    android:inputType="text"
    android:hint="한줄 입력만 보장"/>
```

EditText에 inputType="text"로 지정하면 사용자가 한 줄만 입력할 수 있게 됩니다. 물론 값을 text로 주지 않고 phone, number, textEmailAddress 등으로 지정해도 한 줄만 입력할 수 있게 됩니다.

다음은 inputType 속성에 지정할 수 있는 값을 정리한 표입니다. 속성 여러 개를 동시에 지정할 때는 | 연산자를 이용하면 됩니다.

표 3-1 inputType의 속성값

| 속성값 | 설명 |
|---|---|
| none | inputType이 지정 안 된 상태. 모든 문자 입력 가능하며 줄 바꿈 가능 |
| text | none 속성과 동일. 단, 줄 바꿈만 불가능 |
| textCapCharacters | 키보드가 자동 대문자 입력 모드 |
| textCapWords | 각 단어의 첫 글자 입력 시 키보드가 자동 대문자 입력 모드 |
| textCapSentences | 각 문자의 첫 글자 입력 시 키보드가 자동 대문자 입력 모드 |
| textMultiLine | 여러 줄 입력 가능 |
| textNoSuggestions | 단어 입력 시 키보드의 추천 단어 보여주기 비활성 |
| textUri | 키보드의 URL 입력 모드 |
| textEmailAddress | 키보드의 이메일 주소 입력 모드 |
| textPassword | 비밀번호 입력용으로 입력된 문자가 점으로 표시. 키보드는 영문자와 숫자, 특수 키만 표시 |
| textVisiblePassword | textPassword와 동일. 단, 입력된 문자열 표시 |
| number | 키보드의 숫자 입력 모드 |
| numberSigned | number와 동일. 단, 부호 키인 – 입력 가능 |
| numberDecimal | number와 동일. 단, 소수점 입력 가능 |

| 속성값 | 설명 |
|---|---|
| numberPassword | 숫자 키만 입력 가능. 단, 입력된 문자는 점으로 표시 |
| phone | 전화번호 입력 모드 |
| datetime | 날짜와 시간을 입력하기 위한 /, : 키 제공 |
| date | 날짜를 입력하기 위한 / 키 제공 |
| time | 시간을 입력하기 위한 : 키 제공 |

### gravity

EditText에 입력할 글의 위치를 지정할 수 있습니다. 기본값은 left top이며 이를 center 혹은 right 등을 지정하여 위치를 조정합니다.

```
<EditText
    android:layout_width="match_parent"
    android:layout_height="wrap_content"
    android:gravity="center"/>
```

gravity 속성은 EditText만을 위한 속성은 아니며, 모든 뷰에서 내용이 정렬되는 위치를 지정할 때 사용됩니다. 레이아웃을 설명하는 곳에서 다시 다루겠습니다.

**깡쌤! 질문 있어요!**

**EditText에 이메일 주소를 여러 줄 입력해야 하는 경우는 어떻게 하나요?**

inputType="textEmailAddress"로 지정만 해도 한 줄 입력만 가능합니다. 그런데 이메일 발송 화면을 작성한다고 가정했을 때, 동시에 여러 명의 이메일 주소를 여러 줄로 입력해야 하는 상황이라면, 이때는 inputType 속성에 textEmailAddress와 textMultiLine을 함께 지정해주면 됩니다.

**제 스마트폰에서 테스트해보았는데 inputType 속성이 적용되지 않던데요?**

inputType은 대부분 사용자 입력을 위한 키보드 모드를 제어하는 목적으로 사용합니다. 그런데 EditText의 inputType을 설정했다고 해서 무조건 키보드가 해당 모드로 올라온다고 보장할 수 없습니다. 이유는 올라오는 키보드가 inputType 값을 무시해 버리면 적용되지 않습니다. 몇몇 설정값이 적용되지 않는 키보드도 있어서 inputType 설정이 무의미한 때도 있지만, 대부분 안드로이드 스마트폰의 키보드는 inputType의 설정값을 잘 반영해줍니다. 따라서 우리는 EditText에 열심히 inputType을 설정해주어야 하겠지요.

### 3.3.4. Button

Button은 화면에서 사용자의 이벤트를 처리하기 위한 가장 기본이 되는 뷰입니다. 물론 안드로이드에서는 사용자 클릭 이벤트 등이 Button에서만 발생하는 게 아니라서 모든 뷰에서 클릭 이벤트를 처리할 수 있지만, 가장 대표적인 뷰가 Button입니다. Button도 문자열을 출력한다는 의미에서 TextView의 서브 클래스로 만들어졌으며, 그래서 TextView에서 설정했던 대부분의 속성을 그대로 사용할 수 있습니다.

```
<Button
    android:layout_width="match_parent"
    android:layout_height="wrap_content"
    android:text="click me"/>
```

이벤트 처리를 위해 사용한다는 것 이외에 속성 설정은 TextView와 거의 같습니다. Button 하위 클래스로 CheckBox, RadioButton, ToggleButton 등이 있습니다.

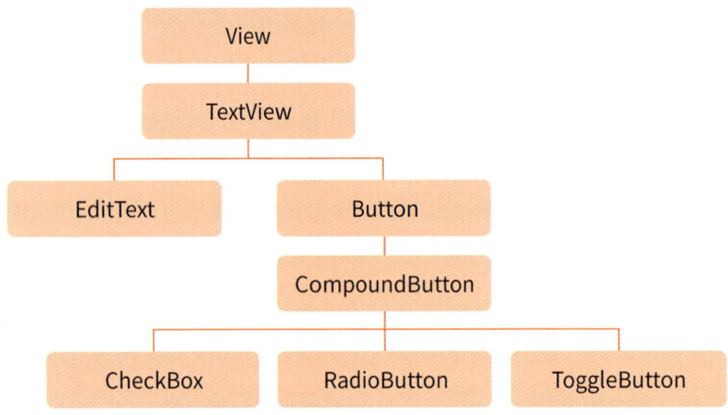


그림 3-35 Button 클래스 다이어그램

### 3.3.5. Checkbox와 RadioButton

#### Checkbox

Checkbox는 선택과 선택되지 않은 두 가지 상태를 표현하기 위한 뷰입니다. Checkbox는 TextView의 서브 클래스이므로 TextView에 설정하는 textColor, textSize 등의 문자열 속성을 그대로 적용할 수 있습니다.

```
<CheckBox
    android:id="@+id/checkbox"
    android:layout_width="wrap_content"
```

```
    android:layout_height="wrap_content"
    android:text="is unChecked"/>
```

레이아웃 XML 파일에 Checkbox를 하나 준비한 코드입니다. Checkbox 옆에 문자열로 "is unChecked"라는 문자열을 출력하였습니다. Checkbox는 사용자에게 글이 아니라, true, false 값을 입력받을 때 사용하므로 코드에서 Checkbox의 상태를 획득하거나 조정할 필요가 있습니다. 이때 다음의 함수를 이용합니다.

- **isChecked( ):** 해당 Checkbox가 체크된 상태인지를 반환합니다. true가 반환되면 체크된 상태이고 false가 반환되면 체크가 안 된 상태입니다.
- **setChecked( ):** Checkbox의 체크 상태를 바꾸기 위한 함수로 매개변수 값을 true로 지정하면 체크 상태로 바뀌고, false로 지정하면 체크가 안 된 상태로 바뀝니다.
- **toggle( ):** 이 함수를 이용하면 현재 Checkbox의 상태와 상관없이 반대로 바뀝니다. 체크된 상태면 체크가 안 된 상태로, 체크가 안 된 상태면 체크된 상태로 바뀝니다.

또한, 때에 따라 사용자가 체크 상태를 바꾼 순간의 이벤트 처리로 상태를 파악해야 하는 경우도 있습니다. 이때는 OnCheckedChangeListener를 이용합니다. 지금까지는 OnClickListener만 이용해왔는데, 새로운 이벤트가 나왔네요. 안드로이드에서의 사용자 이벤트 처리와 관련된 다양한 이야기는 이후 자세히 다룹니다.

```
checkBox=findViewById(R.id.checkbox);
checkBox.setOnCheckedChangeListener(new CompoundButton.OnCheckedChangeListener() {
    @Override
    public void onCheckedChanged(CompoundButton buttonView, boolean isChecked) {
        if(isChecked){
            checkBox.setText("is Checked");
        }else {
            checkBox.setText("is unChecked");
        }
    }
});
```

위의 코드는 체크 상태 변경 시 이벤트를 처리하는 코드입니다. 체크 상태가 바뀔 때마다 onChecked Changed() 함수가 자동으로 호출되며, 두 번째 매개변수인 boolean isChecked를 통해 체크 상태로 바뀐 건지, 체크가 안 된 상태로 바뀐 건지를 알려줍니다. true이면 체크된 상태이고, false이면 체크되지 않은 상태입니다. 체크 상태이면 Checkbox의 문자열을 "is Checked", 체크 되지 않은 상태이면 "is unChecked"라고 조정한 코드입니다.

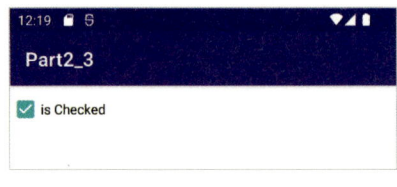


그림 3-36 CheckBox

## RadioButton

RadioButton은 Checkbox처럼 체크 상태를 표현하기 위한 뷰입니다. Checkbox와 다른 점은 여러 개 중 단일 선택을 표현한다는 점입니다. Checkbox는 화면에 여러 개가 함께 나오더라도 서로 영향을 미치지 못합니다. 하지만 RadioButton은 여러 개 중 하나만 선택할 수 있습니다. 따라서 단일 선택을 표현해주어야 합니다. 이를 위해 제공되는 클래스가 RadioGroup이며, 같은 RadioGroup으로 묶인 RadioButton 중 하나만 체크할 수 있습니다.

```
<RadioGroup
    android:id="@+id/radioGroud"
    android:layout_width="wrap_content"
    android:layout_height="wrap_content">
    <RadioButton
        android:id="@+id/radio1"
        android:layout_width="wrap_content"
        android:layout_height="wrap_content"
        android:text="radio 1"/>
    <RadioButton
        android:id="@+id/radio2"
        android:layout_width="wrap_content"
        android:layout_height="wrap_content"
        android:text="radio 2"/>
</RadioGroup>
```

RadioButton의 체크 상태를 파악하기 위해서 각각의 RadioButton에 id 값을 부여하였고, RadioButton 2개 중 단일 선택을 표현하기 위해 RadioGroup으로 묶었습니다. RadioGroup에서 제공하는 함수는 다음과 같습니다.

- **check( ):** 매개변수로 체크하고자 하는 RadioButton의 id 값을 주면 해당 RadioButton이 체크됩니다.
- **clearCheck( ):** RadioGroup의 RadioButton의 체크 상태를 해제합니다.
- **getCheckedRadioButtonId( ):** 체크된 RadioButton의 id 값을 획득합니다.

## 3.4. ViewBinding

ViewBinding 기법은 레이아웃 XML 파일에 선언된 뷰 객체를 코드에서 쉽게 이용할 수 있도록 합니다. 이미 살펴보았듯이 레이아웃 XML 파일에 선언된 뷰 객체를 코드에서 이용하기 위해서 뷰의 식별자를 id 속성으로 등록한 후에 코드에서 findViewById() 함수로 뷰 객체를 획득해 주어야 합니다. 그런데 실제로 앱을 개발해보면, 하나의 XML에 수십 개의 뷰가 선언됩니다. 따라서 코드에 수십 줄의 findViewById() 함수가 작성되어야 합니다. 이는 상당히 귀찮은 작업입니다.

findViewById() 함수를 반복적으로 사용하지 않고 코드에서 쉽게 레이아웃 XML 파일에 선언된 뷰 객체를 이용할 수는 없을까요? 이런 고민에 의해 다양한 방안이 고안되었습니다. 이곳에서 소개하고자 하는 ViewBinding 기법은 가장 최근에 나온 방식으로, 쉽게 코드에서 뷰 객체를 이용할 수 있도록 합니다. 이후 책에서 다루는 모든 코드에서 ViewBinding 기법으로 뷰 객체를 이용할 것입니다.

ViewBinding 기법으로 이용할 레이아웃 XML 파일이 아래와 같이 선언되어 있다고 가정해 보겠습니다.

```
<?xml version="1.0" encoding="utf-8"?>
<LinearLayout xmlns:android="http://schemas.android.com/apk/res/android"
    android:layout_width="match_parent"
    android:layout_height="match_parent"
    android:orientation="vertical">
    <Button
        android:id="@+id/visibleBtn"
        android:layout_width="match_parent"
        android:layout_height="wrap_content"
        android:text="visible"/>
    <TextView
        android:id="@+id/targetView"
        android:layout_width="match_parent"
        android:layout_height="wrap_content"
        android:text="hello world"
        android:background="#FF0000"
        android:textColor="#FFFFFF"
        android:padding="16dp"
        android:visibility="invisible"/>
    <Button
        android:id="@+id/invisibleBtn"
        android:layout_width="match_parent"
        android:layout_height="wrap_content"
```

```
        android:text="invisible"/>
</LinearLayout>
```

이전에 살펴보았던 레이아웃 XML 파일과 차이가 없습니다. id 속성값을 적절하게 설정하여 뷰를 선언하였습니다. 이처럼 ViewBinding 기법을 사용할 때, 레이아웃 XML 파일에는 수정해야 할 부분이 없습니다. 아래와 같이 ViewBinding 기법을 이용한다는 선언을 모듈 수준의 build.gradle 파일에 해주어야 합니다.

```
android {
    //생략.................
    viewBinding {
        enabled = true
    }
}
```

모듈 수준의 build.gradle 파일에 위의 내용을 선언하는 것만으로 ViewBinding 기법을 이용하기 위한 모든 설정이 끝나게 됩니다. 이렇게 하면, 빌더에 의해 레이아웃 XML 파일에 선언한 뷰 객체를 가지는 클래스가 자동으로 만들어지게 됩니다. 이 클래스의 이름은 레이아웃 XML 파일명이 변형되어 붙여집니다. 단어의 첫 글자가 대문자로 바뀌고 밑줄(_)은 제거되며, "Binding"이라는 문자가 추가된 상태로 클래스명이 지정됩니다. 레이아웃 XML 파일명과 ViewBinding 기법에 의해 자동으로 만들어지는 클래스명을 살펴봅시다.

- activity_main.xml → ActivityMainBinding
- item_main.xml → ItemMainBinding
- test.xml → TestBinding

이제 자동으로 만들어진 Binding 클래스를 코드에서 이용하기만 하면 됩니다. 아래의 코드는 activity_main.xml 파일을 이용하는 Activity 내의 코드입니다.

```
public class MainActivity extends AppCompatActivity {

    @Override
    protected void onCreate(Bundle savedInstanceState) {
        super.onCreate(savedInstanceState);
        //뷰바인딩 객체 획득
        ActivityMainBinding binding = ActivityMainBinding.inflate(getLayoutInflater());
        //액티비티 화면 출력
        setContentView(binding.getRoot());
        //뷰 객체 이용
```

```
        binding.visibleBtn.setOnClickListener(new View.OnClickListener(){
            @Override
            public void onClick(View v) {
                binding.targetView.setVisibility(View.VISIBLE);
            }
        });
        binding.invisibleBtn.setOnClickListener(new View.OnClickListener(){
            @Override
            public void onClick(View v) {
                binding.targetView.setVisibility(View.INVISIBLE);
            }
        });
    }
}
```

코드를 보면 뷰 객체를 선언하지도 않고 findViewById() 함수로 획득하지도 않았음에도 레이아웃 XML에 선언된 뷰를 이용하고 있습니다. 자동으로 만들어진 ActivityMainBinding 클래스 내에 이미 이용하고자 하는 뷰 객체가 선언되어 있고, 획득되어 있어서 코드에서는 뷰를 이용만 하면 됩니다.

ActivityMainBinding에 선언된 뷰 객체의 이름은 레이아웃 XML에 등록된 id 속성값으로 지정됩니다. Button 뷰의 id 속성값이 <Button android:id="@+id/visibleBtn" />으로 선언되었기 때문에, 코드에서 binding.targetBtn으로 해당 뷰를 사용할 수 있습니다.

## [실습 3-4] 다양한 뷰의 활용 Step by Step

앞에서 설명한 뷰를 사용하여 실습을 진행해보겠습니다.

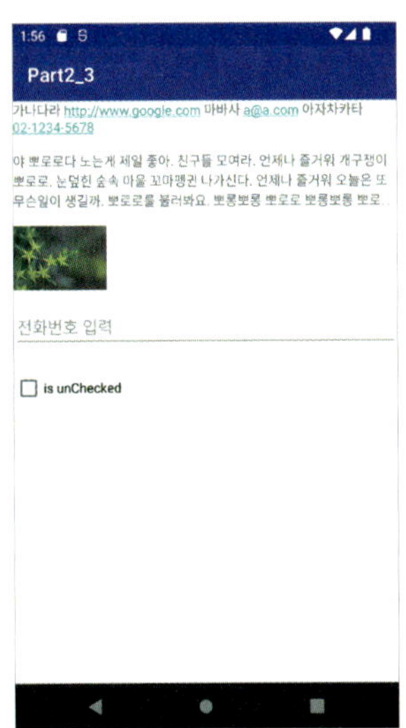


그림 3-37 결과 화면

## Step 1 _ 액티비티 추가

part2_3 모듈에 새로운 액티비티를 "Lab3_4Activity" 이름으로 추가합니다. 액티비티를 생성할 때 'Launcher Activity' 체크박스를 체크하고 'Source Language'는 Java로 설정합니다.

## Step 2 _ ViewBinding 설정

ViewBinding 기법을 이용하기 위해 모듈 수준의 build.gradle 파일을 수정해야 합니다.

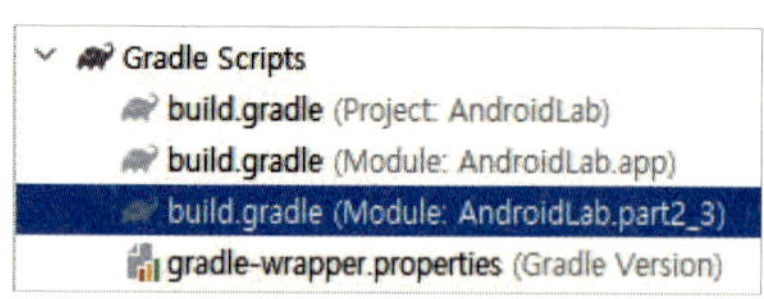


그림 3-38 모듈 수준의 build.gradle 파일

build.gradle 파일을 열고 android 영역내에 아래의 코드를 추가합니다.

**build.gradle**

```
android {
    //생략......
    viewBinding {
        enabled = true
    }
}
```

build.gradle 파일이 수정되면 변경사항을 적용해주어야 합니다. 안드로이드 우측 상단을 보면 아래의 그림처럼 〈Sync Now〉 링크가 보입니다. 이 링크를 클릭해 변경사항을 적용합니다.

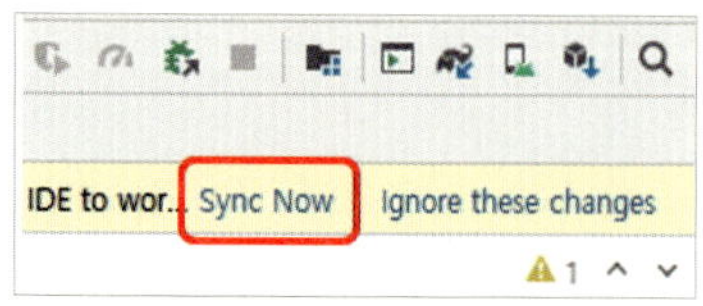


그림 3-39 Sync Now 링크

## Step 3 _ strings.xml 추가

TextView에 출력할 긴 문자열이 필요한데, 레이아웃 XML 파일에 직접 긴 문자열을 작성하지 않고, 문자열 리소스로 등록하여 이용하겠습니다. 문자열 리소스 등록은 res/values/strings.xml 파일을 이용합니다. 모듈을 만들 때 기본으로 만들어지는 파일입니다. 화면에 몇 줄 정도 나오는 긴 문자열을 하나 등록했다고 생각하면 됩니다.

**res/values/strings.xml**

```
<resources>
    <string name="app_name">Part2_3</string>
    <string name="long_text">
        야 뽀로로다 노는게 제일 좋아. 친구들 모여라. 언제나 즐거워 개구쟁이 뽀로로. 눈덮힌 숲속
마을 꼬마펭귄 나가신다. 언제나 즐거워 오늘은 또 무슨일이 생길까. 뽀로로를 불러봐요. 뽀롱뽀롱 뽀로로
뽀롱뽀롱 뽀로로. 뽀롱뽀롱 뽀롱뽀롱 뽀롱뽀롱 뽀롱 뽀로로. 노는게 제일 좋아 친구들 모여라. 언제나
즐거워 뽀롱뽀롱 뽀롱뽀롱 뽀로로.
    </string>
</resources>
```

## Step 4 _ 이미지 리소스 복사

화면에 출력할 이미지를 하나 준비해서 res/drawable 폴더에 복사해놓습니다. 필자가 제공하는 샘플 이미지(sample.png)를 이용해도 되고, 인터넷에서 구한 이미지를 이용해도 됩니다(단, 필자가 제공하는 코드에 맞추고자 이미지 파일명은 "sample"로 지정하기 바랍니다). 그리고 이미지 크기는 화면에 보일 정도의 작은 이미지를 이용합니다. 필자는 500x300 정도의 이미지를 이용했습니다.

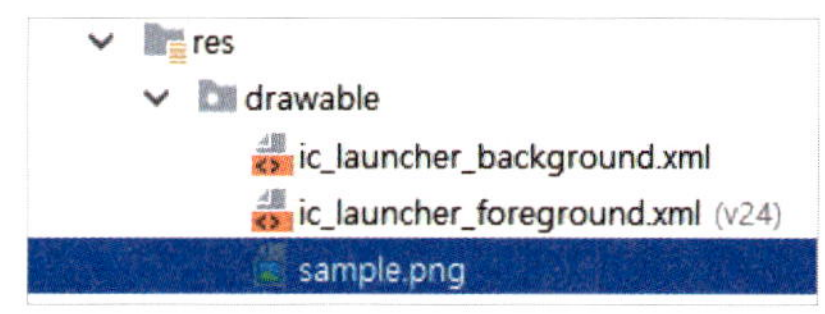


그림 3-40 이미지 리소스 복사

이미지를 drawable 폴더에 복사할 때 다음과 같은 창이 출력됩니다. 이 창에서 어느 폴더를 이용할지 선택해야 하는데, 이 중 drawable을 선택합니다. drawable-v24라는 폴더의 의미는 이후에 자세히 다룹니다.

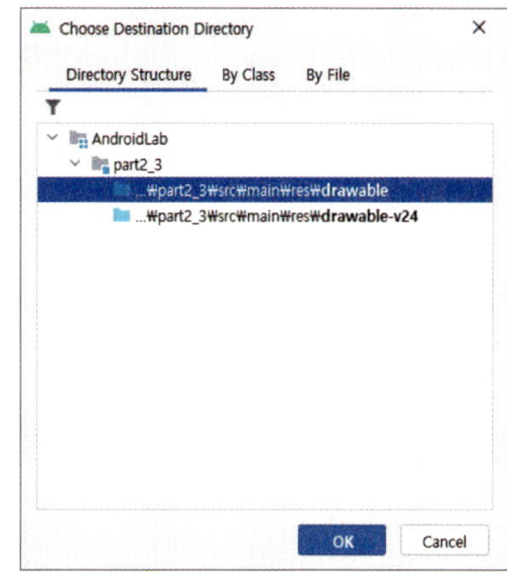


그림 3-41 이미지 폴더 선택

## Step 5 _ activity_lab34.xml 작성

activity_lab34.xml 파일을 열어서 소스를 다음과 같이 작성합니다.

**res/layout/activity_lab34.xml**

```
<?xml version="1.0" encoding="utf-8"?>
<LinearLayout xmlns:android="http://schemas.android.com/apk/res/android"
```

```
    android:layout_width="match_parent"
    android:layout_height="match_parent"
    android:orientation="vertical">
    <!-- autoLink Test-->
    <TextView
        android:layout_width="match_parent"
        android:layout_height="wrap_content"
        android:text="가나다라 http://www.google.com 마바사 a@a.com 아자차카타 02-1234-5678"
        android:autoLink="web|email|phone"/>
    <!-- maxLines, ellipsize Test-->
    <TextView
        android:layout_width="match_parent"
        android:layout_height="wrap_content"
        android:text="@string/long_text"
        android:layout_marginTop="16dp"
        android:ellipsize="end"
        android:maxLines="3"/>

    <!-- ImageView maxWidth, maxHeight Test-->
    <ImageView
        android:layout_width="wrap_content"
        android:layout_height="wrap_content"
        android:src="@drawable/sample"
        android:maxWidth="100dp"
        android:maxHeight="100dp"
        android:adjustViewBounds="true"
        android:layout_marginTop="16dp"/>
    <!-- inputType Test-->
    <EditText
        android:layout_width="match_parent"
        android:layout_height="wrap_content"
        android:inputType="phone"
        android:hint="전화번호 입력"
        android:layout_marginTop="16dp"/>
    <!-- CheckBox Test-->
    <CheckBox
        android:id="@+id/checkbox"
        android:layout_width="wrap_content"
        android:layout_height="wrap_content"
        android:text="is unChecked"
        android:layout_marginTop="16dp"/>
</LinearLayout>
```

## Step 6 _ Lab3_4Activity.java 작성

Lab3_4activity 파일을 열어서 소스를 다음과 같이 작성합니다.

**Lab3_4Activity.java**

```
public class Lab3_4Activity extends AppCompatActivity {

    @Override
    protected void onCreate(Bundle savedInstanceState) {
        super.onCreate(savedInstanceState);


        ActivityLab34Binding binding = ActivityLab34Binding.inflate(getLayoutInflater());
        setContentView(binding.getRoot());

        binding.checkbox.setOnCheckedChangeListener(new CompoundButton.OnCheckedChangeListener()
{
            @Override
            public void onCheckedChanged(CompoundButton buttonView, boolean isChecked) {
                if(isChecked){
                    binding.checkbox.setText("is Checked");
                }else {
                    binding.checkbox.setText("is unChecked");
                }
            }
        });
    }
}
```

## Step 7 _ Lab3_4Activity.java 실행

Lab3_4Activity.java 파일에 마우스 오른쪽을 누르고, [Run 'Lab3_4Activity] 메뉴로 실행합니다.

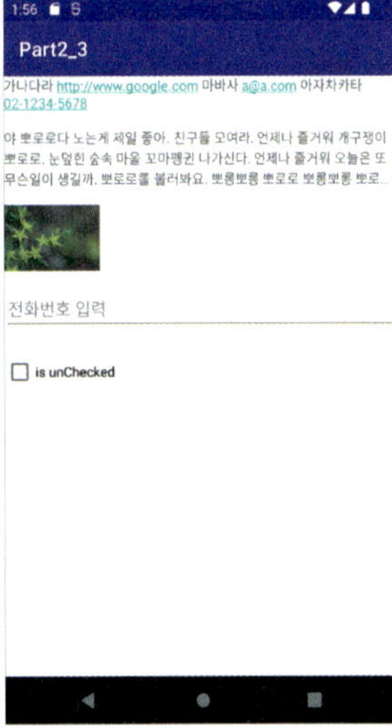


그림 3-42 결과 화면

# 4장

# 레이아웃을 활용한 다양한 뷰 배치

안드로이드 UI 프로그램에서 화면 구성을 위한 Button, TextView, ImageView 등의 뷰 클래스도 중요하지만, 해당 뷰들을 화면에 어떻게 배치할 것인가도 중요합니다. 이번 장에서는 뷰를 적절하게 배치하는 데 사용하는 레이아웃 클래스를 다룹니다. 레이아웃 클래스는 화면에 출력되는 대상이지만, 자체 UI는 가지지 않습니다. 레이아웃 클래스는 Button 같은 뷰들을 자신에게 포함(Add)하고 적절하게 배치하여 화면에 한꺼번에 출력합니다.

화면을 하나의 뷰로 구성하지 않고 다양한 뷰를 조합하여 구성하므로 뷰 배치는 UI 프로그램에서 중요한 부분입니다. 따라서 레이아웃 클래스를 얼마나 잘 이해하고 사용할 수 있는지가 UI 프로그램을 작성할 때 얼마나 쉽게 가느냐, 고생하면서 가느냐에 영향을 미치게 됩니다.

이번 장에서 다루는 레이아웃 클래스는 다음과 같습니다.

- LinearLayout
- RelativeLayout
- FrameLayout
- GridLayout
- ConstraintLayout

**깡쌤! 질문 있어요!**

**레이아웃 클래스가 여러 개 있는데, 어느 화면에 어떤 레이아웃 클래스를 이용해야 하나요?**

대부분 개발자 선택입니다. 안드로이드 스튜디오 버전이 변경되면서 기본으로 만들어지는 레이아웃 XML 파일의 레이아웃 클래스도 변경되고 있습니다. 초기에는 LinearLayout이 기본이었는데, RelativeLayout으로 변경되었고, 이 책을 집필하고 있는 현 시점에는 ConstraintLayout으로 변경된 상태입니다. 하지만 기본으로 레이아웃 XML 파일에 추가된 레이아웃 클래스를 꼭 사용해야 하는 건 아니며, 다양한 레이아웃 클래스로 변경하여 이용할 수 있습니다.

레이아웃 클래스마다 포함된 뷰의 정렬 규칙이 다른 것이지, 특정 화면을 특정 레이아웃으로만 구성할 수 있는 건 아닙니다. 화면을 작성할 때 무조건 특정 레이아웃을 사용해야 완성할 수 있는 경우도 대부분 개발자 선택입니다. 같은 화면이라도 개발자에 따라 선택하는 레이아웃이 다를 수 있습니다. 결국, 어떤 레이아웃을 이용해 뷰를 배치하는 것이 가장 편한지, 개발자가 선택해서 이용하면 됩니다.

## 4.1. LinearLayout

### 4.1.1. LinearLayout 소개

가장 많이 이용되는 레이아웃 중 하나가 LinearLayout입니다. LinearLayout은 해당 레이아웃에 포함된 뷰를 순서대로 가로나 세로 방향으로 나열합니다. 따라서 다른 레이아웃에는 없는, 방향을 지정하는 orientation 속성을 제공합니다.

```
<?xml version="1.0" encoding="utf-8"?>
<LinearLayout xmlns:android="http://schemas.android.com/apk/res/android"
    android:layout_width="match_parent"
```

```
    android:layout_height="match_parent"
    android:orientation="vertical">

    <Button
        android:layout_width="wrap_content"
        android:layout_height="wrap_content"
        android:text="Button 1"/>
    <Button
        android:layout_width="wrap_content"
        android:layout_height="wrap_content"
        android:text="Button 2"/>
</LinearLayout>
```

LinearLayout에 Button 두 개를 포함하였고, orientation 속성을 "vertical"로 지정하였으므로 두 버튼은 세로 방향으로 나열됩니다. 만일, orientation 속성을 "horizontal"로 바꾸어 테스트하면 버튼 두 개가 가로 방향으로 나열됩니다.

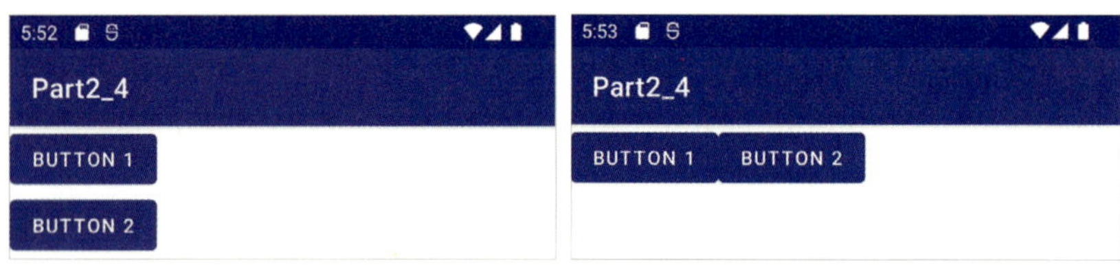


그림 4-1 orientation="vertical" 결과(왼쪽), orientation="horizontal" 결과(오른쪽)

## 4.1.2. 레이아웃 중첩

이번에는 너무 유명한 카카오톡의 채팅 목록 화면을 작성한다고 가정해보겠습니다.

카카오톡 목록 화면 전체를 구성하려면 이번 장의 내용만으로는 불가능하고, 이후 살펴볼 RecyclerView의 Adapter라는 기능을 추가로 알아야 합니다. 이 부분은 이후에 다루고, 이번에는 위의 목록 화면에서 채팅방 하나의 내용을 표현하는 화면 구성 방법을 살펴보겠습니다.

그림 4-2 카카오톡 목록 화면

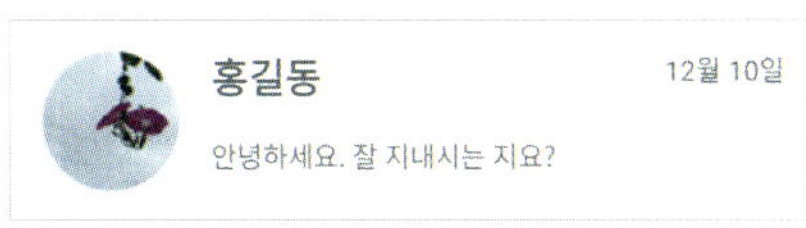


그림 4-3 항목 UI

그림처럼 항목을 구성해야 한다면 프로필 사진을 위한 ImageView와 이름, 내용, 날짜를 위한 TextView 3개가 필요합니다. 위 화면을 LinearLayout으로 구현할 수 있을까요? 여기서 중요한 것은 이름과 내용이 위아래로 나열되었다는 점입니다. 간단하게 생각하면 전체 뷰를 가로 방향으로 나열하고, 내용 TextView가 자동 개행되어 아래 방향으로 흐르면 될 것처럼 보입니다.

하지만 LinearLayout은 자동 개행을 제공하지 않습니다. 즉, 한번 가로 방향으로 지정하면 화면을 벗어나더라도 계속 가로로만 나열됩니다. 그렇다면 LinearLayout만으로는 위와 같은 화면을 구성할 수 없는 걸까요? LinearLayout을 하나만 사용하면 불가능하지만, 중첩하면 가능합니다. 즉, 레이아웃 클래스 하위에 다른 레이아웃 클래스를 배치하는 것입니다.

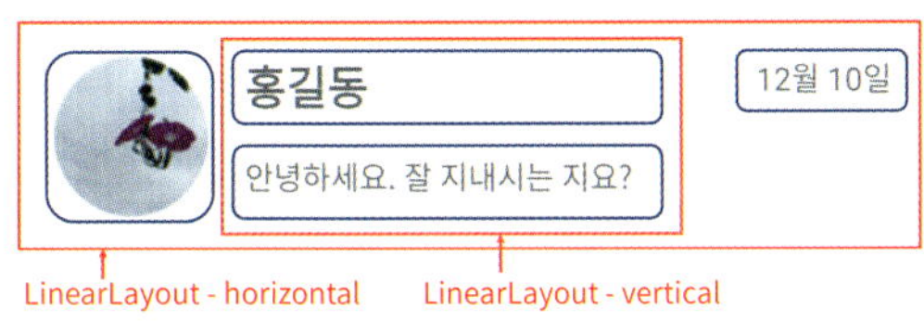


그림 4-4 화면 구성도 – LinearLayout

목록 화면을 구성하기 위해 전체 LinearLayout을 가로 방향으로 설정하고, 그 하위에 ImageView와 LinearLayout, TextView를 배치합니다. 그리고 하위 LinearLayout은 세로 방향으로 설정하여 TextView 두 개를 배치하면 됩니다. 이처럼 레이아웃 클래스에 레이아웃 클래스를 중첩하는 식으로 화면을 구성하면 위의 예보다 더 복잡한 화면도 구현할 수 있습니다.

생성되는 뷰 객체의 계층구조를 그려 보면 다음과 같습니다.

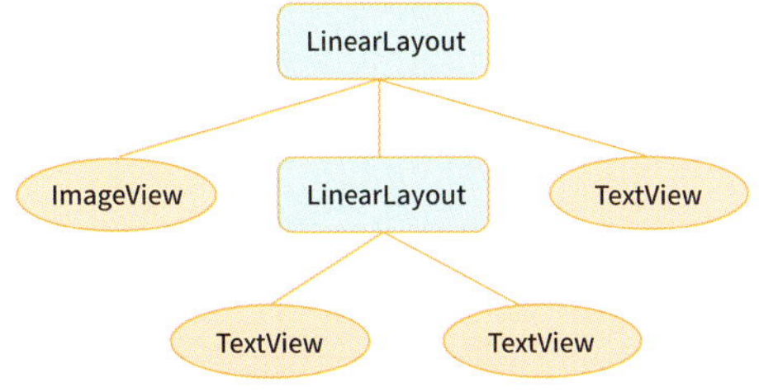


그림 4-5 목록 화면 뷰 계층구조

## 4.1.3. LinearLayout 속성

### gravity와 layout_gravity

LinearLayout을 이용할 때 뷰가 정렬되는 위치를 신경 써야 할 때가 있습니다. 기본적으로 레이아웃에서 뷰의 위치는 왼쪽 위(Left-Top)인데요. 만일, 버튼을 LinearLayout 영역의 오른쪽 아래에 나타내려면 어떻게 해야 할까요?

안드로이드에서 뷰의 정렬과 관련된 속성은 gravity와 layout_gravity 두 가지입니다. 두 속성 모두 left, right, top, bottom 속성값 등을 설정할 수 있지만, 적용되는 대상은 다릅니다. gravity 속성은 뷰의 내용(content)을 뷰 영역 내에서 어디에 나타낼지를 설정하고, layout_gravity 속성은 뷰를 LinearLayout 영역 내에서 어디에 나타낼지를 설정합니다.

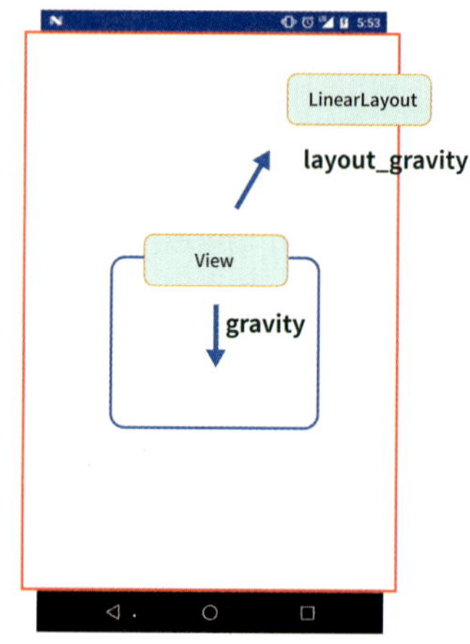


그림 4-6 gravity vs layout_gravity 비교

다음은 LinearLayout에 TextView를 하나 포함하고, 해당 뷰를 gravity와 layout_gravity 두 가지 방법으로 정렬한 예입니다.

```
<LinearLayout xmlns:android="http://schemas.android.com/apk/res/android"
    android:layout_width="match_parent"
    android:layout_height="match_parent"
    android:orientation="vertical">

    <TextView
        android:layout_width="150dp"
        android:layout_height="150dp"
        android:text="HelloWorld"
        android:background="#FF0000"
        android:textColor="#FFFFFF"
        android:layout_gravity="center_vertical|center_horizontal"
        android:gravity="bottom|right"/>
</LinearLayout>
```

그림 4-7 gravity 속성과 layout_gravity 속성

그림을 보면 gravity="bottom|right" 속성에 따라 TextView 영역 내에서 문자열이 오른쪽 아래에 잘 나옵니다. 그런데 layout_gravity="center_vertical|center_horizontal" 코드는 원하는 대로 정렬되지 않았습니다. 즉, TextView가 LinearLayout 영역 내에서 가로 방향으로는 가운데 정렬되었지만, 세로 방향으로는 가운데 정렬되지 않았습니다.

이유는 LinearLayout은 방향에 따라 포함된 뷰를 차례로 나열하므로 orientation 속성이 "vertical"이면, 세로 방향으로는 뷰가 포함된 순서대로 나열되어 세로 방향의 layout_gravity가 적용되지 않기 때문입니다. 반대로 orientation 속성이 "horizontal"이면 가로 방향의 layout _gravity가 적용되지 않습니다.

그렇다면 위의 예에서 LinearLayout을 사용하면서 TextView를 화면 중앙에 나오게는 못할까요? 물론 이후 살펴볼 RelativeLayout으로 배치하는 게 가장 편하지만, LinearLayout으로도 가능합니다. TextView의 layout_gravity 속성을 이용하지 않고 LinearLayout의 gravity 속성을 이용하면 됩니다. gravity 속성은 뷰 내부에서 내용(content)을 정렬하는 목적으로 사용되는데, LinearLayout에 적용하면 레이아웃에 포함된 뷰가 내용이 됩니다.

```
<?xml version="1.0" encoding="utf-8"?>
<LinearLayout xmlns:android="http://schemas.android.com/apk/res/android"
    android:layout_width="match_parent"
    android:layout_height="match_parent"
    android:orientation="vertical"
    android:gravity="center">
```

```
    <!--중략-->

</LinearLayout>
```

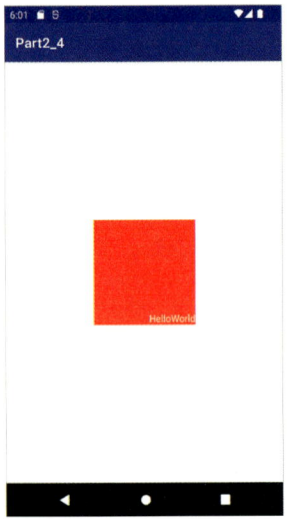


그림 4-8 LinearLayout gravity 속성

### weight

LinearLayout에서 중요 속성이며 이용빈도도 높습니다. weight 속성은 여백과 관련이 있습니다. 레이아웃에 뷰를 배치하다 보면 가로나 세로 방향으로 여백이 발생할 수 있습니다. 이 여백을 화면에 배치된 뷰들이 확장해서 차지하게 할 때 이용됩니다.

```
<?xml version="1.0" encoding="utf-8"?>
<LinearLayout xmlns:android="http://schemas.android.com/apk/res/android"
    android:layout_width="match_parent"
    android:layout_height="match_parent"
    android:orientation="vertical">

    <TextView
        android:layout_width="match_parent"
        android:layout_height="0dp"
        android:layout_weight="1"
        android:background="#FF0000"/>
    <TextView
        android:layout_width="match_parent"
        android:layout_height="0dp"
        android:layout_weight="2"
```

```
        android:background="#00FF00"/>
    <TextView
        android:layout_width="match_parent"
        android:layout_height="0dp"
        android:layout_weight="1"
        android:background="#0000FF"/>
</LinearLayout>
```

위의 코드는 LinearLayout에 세로 방향으로 TextView 세 개를 나타낸 예입니다. 그런데 각 TextView의 layout_height를 보면 모두 0dp로 지정하였습니다. 크기를 0으로 지정하면 뷰는 영역을 차지하지 못하여 화면에서 안 보입니다. 결국, 모두 0dp로 지정하였으므로 화면 전체가 여백이 됩니다. 그런데 세 개의 TextView 모두 layout_weight를 설정하여 여백 확장 기법을 명시하였습니다.

그림 4-9 weight 속성 결과

각 뷰의 layout_weight 값을 1, 2, 1로 지정하였는데, layout_weight 값은 절대적 수치가 아닌 상대적으로 계산되는 값입니다. 모든 weight 값을 더해서 등분으로 계산됩니다. 즉, 1, 2, 1로 지정하였으므로 전체를 더하면 4가 되고, 첫 번째 TextView가 1/4, 두 번째 TextView가 2/4, 세 번째 TextView가 1/4의 여백을 차지하게 됩니다.

## [실습 4-1] 목록 화면 구성 : LinearLayout

Step by Step

앞에서 설명한 목록 화면을 몇 가지 LinearLayout의 속성을 적용해서 작성해보겠습니다.

그림 4-10 실행 결과

### Step 1 _ 모듈 생성

이번 4장의 실습을 위해 모듈을 새로 만듭니다. 모듈 이름을 "Part2_4"로 지정하고 액티비티 설정에서 'Source Language' 부분을 Java로 지정합니다. 나머지 항목은 기본으로 만듭니다.

### Step 2 _ 이미지 리소스 파일 복사

화면에 출력할 프로필 사진을 res/drawable 폴더에 복사합니다. 필자가 제공하는 이미지를 이용해도 되고, 임의의 이미지를 사용해도 됩니다. 책에서는 70x70 크기의 둥근 이미지를 이용했습니다.

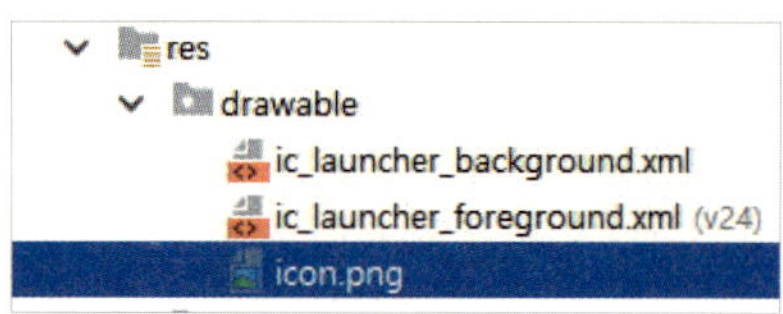


그림 4-11 리소스 이미지 복사

### Step 3 _ activity_main.xml 파일 작성

모듈이 만들어지면서 함께 만들어진 activity_main.xml 파일을 다음처럼 작성합니다.

res/layout/activity_main.xml

```
<?xml version="1.0" encoding="utf-8"?>
<LinearLayout xmlns:android="http://schemas.android.com/apk/res/android"
    android:layout_width="match_parent"
    android:layout_height="match_parent"
    android:padding="16dp"
    android:orientation="horizontal">

    <ImageView
        android:layout_width="wrap_content"
        android:layout_height="wrap_content"
        android:src="@drawable/icon"/>

    <!-- date TextView를 화면 오른쪽으로 밀기 위해서
        LinearLayout에 weight 속성 부여-->
    <LinearLayout
        android:layout_width="wrap_content"
        android:layout_height="wrap_content"
        android:orientation="vertical"
        android:layout_weight="1">
        <TextView
            android:layout_width="wrap_content"
            android:layout_height="wrap_content"
            android:text="홍길동"
            android:textSize="20dp"
            android:textStyle="bold"
```

```
            android:layout_marginLeft="16dp"/>
        <TextView
            android:layout_width="wrap_content"
            android:layout_height="wrap_content"
            android:text="안녕하세요. 잘 지내시는 지요?"
            android:layout_marginTop="16dp"
            android:layout_marginLeft="16dp"/>
    </LinearLayout>

    <TextView
        android:layout_width="wrap_content"
        android:layout_height="wrap_content"
        android:text="12월 10일"
        android:layout_marginLeft="16dp"/>
</LinearLayout>
```

LinearLayout에 weight 속성을 1로 부여했습니다. 이렇게 하면 LinearLayout 옆에 나오는 날짜 출력 TextView가 화면 오른쪽으로 밀리게 됩니다. weight 속성이 여백 확장 기법인데, 위의 경우는 LinearLayout만 weight가 1로 선언되었으므로 가로 방향 여백을 모두 LinearLayout이 차지하게 됩니다. 그러므로 TextView는 화면 오른쪽으로 밀려서 출력될 수밖에 없습니다.

### Step 4 _ 실행

part2_4 모듈을 실행하여 결과를 확인합니다.

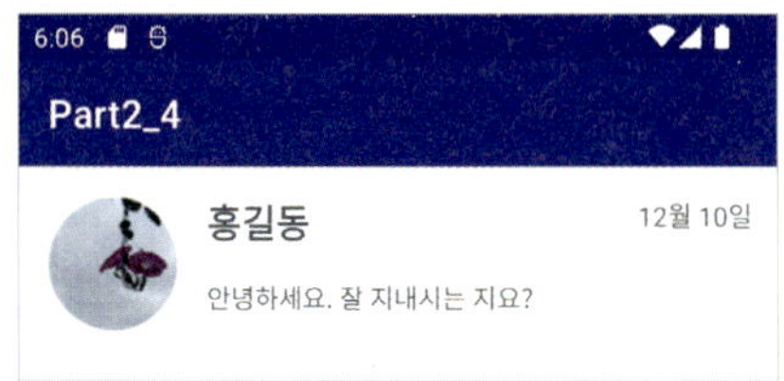


그림 4-12 실행 결과

**깡쌤! 질문 있어요!**

**Q. 뷰를 배치할 때 여백을 그냥 비워둬도 되지 않나요?**

A. 물론, 그냥 빈 상태로 두어도 상관은 없습니다. 그런데 모바일은 데스크톱보다 화면 크기가 작습니다. 여백이 없다면 어쩔 수 없지만, 여백이 있다면 다른 뷰의 크기를 키워서 사용자에게 더 크게 보여주는 게 좋습니다. 그렇게 함으로써 버튼을 조금 더 누르기 편하게 제공하거나 문자열, 이미지 등의 내용을 조금 더 편하게 볼 수 있게 화면을 구성하는 것이 좋습니다.

**Q. 웹페이지를 디자인할 때 CSS로 크기 지정 시 %를 사용할 수 있는데, 안드로이드에서는 어떻게 하나요?**

A. 일단, 안드로이드에서는 %를 사용하는 크기 지정을 제공하지 않습니다. 하지만 위에 설명한 weight가 일종의 % 개념이라고 보면 될 것 같습니다. 두 뷰가 가로 방향으로 나열되는데, 모두 width 값을 0dp로 설정한 후 weight="1"로 지정하면, 정확하게 50%씩 화면 크기를 차지하게 됩니다.

## 4.2. RelativeLayout

### 4.2.1. RelativeLayout 소개

RelativeLayout은 화면에 이미 배치된 뷰를 기준으로 다른 뷰의 위치를 지정하는 레이아웃입니다. RelativeLayout에 Button을 포함한 후 다른 Button을 포함하면, 이전 Button 위에 덮어쓰듯이 올라가게 됩니다. 이때 가로세로 방향의 orientation을 생각할 수 있는데, orientation 속성은 LinearLayout에만 지정할 수 있는 속성입니다. RelativeLayout은 뷰의 상대 위치를 지정하여 배치하며, 자동으로 가로나 세로로 나열하지는 않습니다.

RelativeLayout에서 상대 위치를 지정하는 속성은 다음처럼 4개를 제공합니다.

- **android:layout_above**: 기준 뷰의 윗부분에 배치
- **android:layout_below**: 기준 뷰의 아랫부분에 배치
- **android:layout_toLeftOf**: 기준 뷰의 왼쪽에 배치
- **android:layout_toRightOf**: 기준 뷰의 오른쪽에 배치

위 4가지 속성값은 기준 뷰의 id입니다. RelativeLayout의 이해를 돕기 위해서 LinearLayout에서 만든 목록 화면을 예로 들어 보겠습니다.

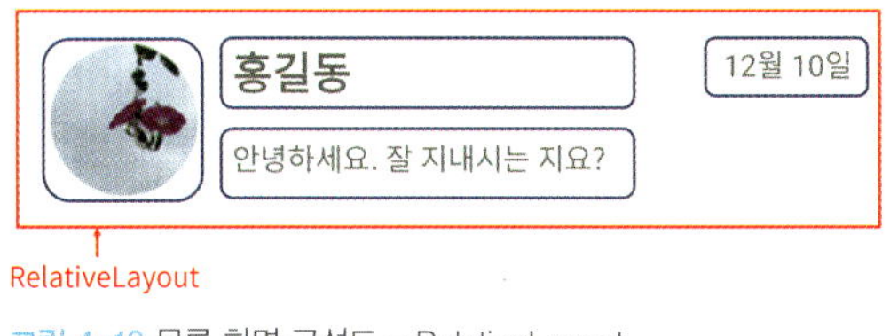


그림 4-13 목록 화면 구성도 – RelativeLayout

RelativeLayout에 직접 뷰 4개를 상대 위치로 배치해보겠습니다.

```
<?xml version="1.0" encoding="utf-8"?>
<RelativeLayout xmlns:android="http://schemas.android.com/apk/res/android">
    <ImageView
        android:id="@+id/icon"/>

    <TextView
        android:id="@+id/name"
        android:layout_toRightOf="@id/icon"/>

    <TextView
        android:id="@+id/content"
        android:layout_below="@id/name"/>

    <TextView
        android:id="@+id/date"
        android:layout_toRightOf="@id/name"/>
</RelativeLayout>
```

먼저, RelativeLayout에 프로필 사진을 위한 ImageView를 표시한 다음, 사진 오른쪽에 이름을 표시하고자 첫 번째 TextView에 layout_toRightOf="@id/icon"으로 설정하였습니다. 그리고 이름 아래에 내용을 표시하고자 두 번째 TextView에 layout_below="@id/name"을 설정하였습니다. 마지막으로 날짜를 이름 오른쪽에 표시하고자 세 번째 TextView에 layout_toRightOf="@id/name"을 설정하였습니다. 그리고 기준이 되는 상대 뷰를 지칭하고자 모든 뷰에 id 속성을 지정하였습니다

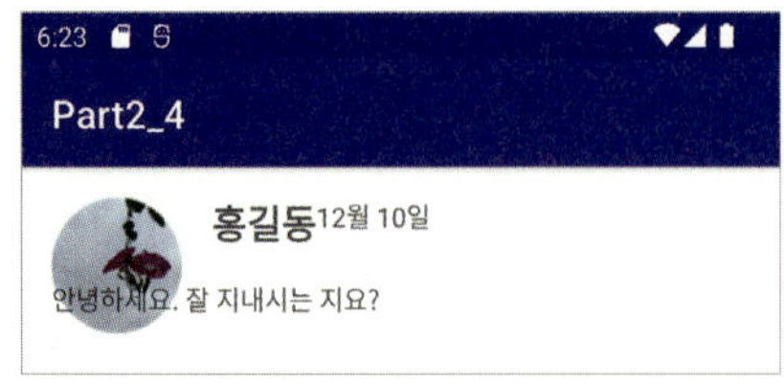


그림 4-14 RelativeLayout

RelativeLayout을 사용한 결과를 보면 전체 배치는 되었는데 화면이 이상합니다. 사람 이름 하위에 내용 문자열이 배치되긴 했지만, 화면 왼쪽으로 밀려 프로필 사진에 겹쳐 있습니다. 다음 절에서 이 문제를 해결해보겠습니다.

## 4.2.2. align 속성

RelativeLayout에서 뷰를 배치할 때 layout_above , layout_below, layout_toLeftOf, layout_toRightOf 속성도 중요하지만, 기준이 되는 뷰와 왼쪽 변을 맞추거나 윗변을 맞추는 등의 작업도 중요합니다. 이름과 내용이 위아래로 배치되었지만, 이름과 내용의 왼쪽 변을 맞추어 정렬해야 합니다. 또 이름과 날짜가 옆 방향으로 잘 배치되었지만, 날짜의 폰트 크기가 이름보다 작습니다. 이때 대부분 문자열 하단을 맞추는 게 일반적입니다. 이 부분을 지원하기 위한 속성이 align입니다.

- **android:layout_alignTop**: 기준 뷰와 윗부분을 정렬
- **android:layout_alignBottom**: 기준 뷰와 아랫부분을 정렬
- **android:layout_alignLeft**: 기준 뷰와 왼쪽을 정렬
- **android:layout_alignRight**: 기준 뷰와 오른쪽을 정렬
- **android:layout_alignBaseline**: 기준 뷰와 텍스트 기준선을 정렬

align 속성값은 기준이 되는 뷰의 id 값입니다. 다음은 content와 date, 이 두 TextView에 align 속성을 지정한 예입니다.

```
<TextView
    android:id="@+id/content"
    android:layout_below="@id/name"
    android:layout_alignLeft="@id/name"/>

<TextView
    android:id="@+id/date"
    android:layout_toRightOf="@id/name"
    android:layout_alignBaseline="@id/name"/>
```

content는 name과 왼쪽 변(layout_alignLeft)을 맞추도록 설정하였으며, date는 name과 문자열 기준선(layout_alignBaseline)을 맞추도록 설정하였습니다.

그림 4-15 align 속성 지정

### 4.2.3. alignParentXXX 속성

앞서 align 속성 지정 결과를 보면 name과 content가 왼쪽 정렬되었고, name과 date가 기준선 정렬되었습니다. 여기에 하나를 더 추가해 보겠습니다. date의 경우 name 오른쪽에 잘 배치되었고 name과 기준선을 맞추었지만, 궁극적으로 원했던 건 date가 화면 오른쪽에 딱 달라붙는 것이었습니다.

이는 layout_marginLeft 값으로 name과 간격을 주어 오른쪽으로 밀면 되지 않나 싶지만, 안드로이드 스마트폰의 크기는 다양해서 어떤 스마트폰에서는 화면에서 안 보일 수도 있고, 어떤 스마트폰에서는 화면 오른쪽이 너무 많이 남을 수 있는 문제가 있습니다. RelativeLayout으로 뷰를 배치할 때 특정 뷰를 RelativeLayout 영역의 상하좌우로 밀 수 있는 속성이 alignParentXXX입니다.

- **android:layout_alignParentTop**: 부모의 윗부분에 뷰의 상단을 위치
- **android:layout_alignParentBottom**: 부모의 아랫부분에 뷰의 하단을 위치
- **android:layout_alignParentLeft**: 부모의 왼쪽에 뷰의 왼쪽을 위치
- **android:layout_alignParentRight**: 부모의 오른쪽에 뷰의 오른쪽을 위치
- **android:layout_centerHorizontal**: 부모의 가로 방향 중앙에 뷰를 위치
- **android:layout_centerVertical**: 부모의 세로 방향 중앙에 뷰를 위치
- **android:layout_centerInParent**: 부모의 가로세로 중앙에 뷰를 위치

영역 어디에 뷰를 정렬할 것인가를 지정하는 속성이므로 값은 "true"로 설정합니다.

```
<TextView
    android:id="@+id/date"
    android:layout_alignBaseline="@id/name"
    android:layout_alignParentRight="true"/>
```

날짜 출력 TextView에 layout_toRightOf 속성을 제거하였고 layout_alignParentRight="true" 속성만 추가한 예입니다.

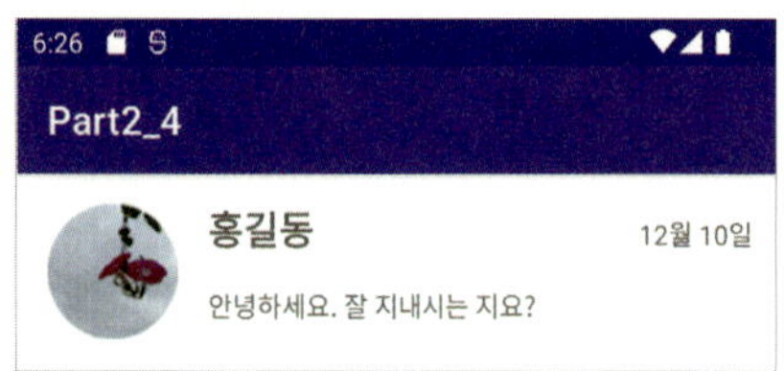


그림 4-16 alignParent 속성 지정

## [실습 4-2] 목록 화면 구성 : RelativeLayout

Step by Step

앞에서 설명한 목록 화면을 RelativeLayout을 이용해 작성해 보겠습니다.

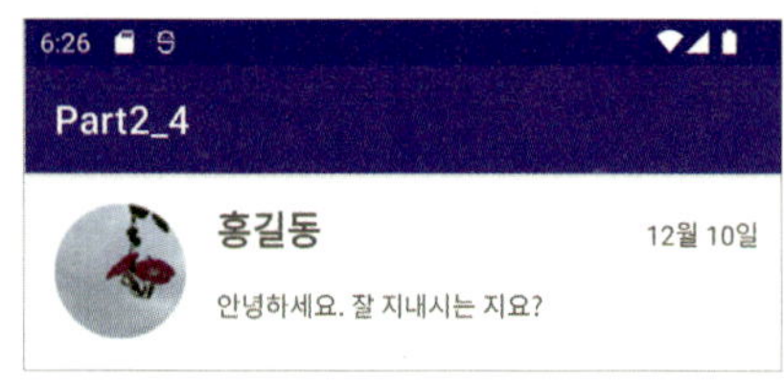


그림 4-17 실행 결과

### Step 1 _ Activity 생성

part2_4 모듈에 "Lab4_2Activity"의 이름으로 새로운 액티비티를 추가합니다. 실습 편의를 위해 액티비티를 만들 때 'Launcher Activity' 체크박스를 체크하고 'Source Language'는 Java로 설정합니다.

### Step 2 _ activity_lab42.xml 작성

**activity_lab42.xml**

```
<?xml version="1.0" encoding="utf-8"?>
<RelativeLayout xmlns:android="http://schemas.android.com/apk/res/android"
    android:layout_width="match_parent"
    android:layout_height="match_parent"
    android:padding="16dp">

    <ImageView
        android:id="@+id/icon"
        android:layout_width="wrap_content"
        android:layout_height="wrap_content"
```

```
        android:src="@drawable/icon" />

    <TextView
        android:id="@+id/name"
        android:layout_width="wrap_content"
        android:layout_height="wrap_content"
        android:layout_marginLeft="16dp"
        android:text="홍길동"
        android:textSize="20dp"
        android:textStyle="bold"
        android:layout_toRightOf="@id/icon"/>

    <TextView
        android:id="@+id/content"
        android:layout_width="wrap_content"
        android:layout_height="wrap_content"
        android:layout_marginTop="16dp"
        android:text="안녕하세요. 잘 지내시는 지요?"
        android:layout_below="@id/name"
        android:layout_alignLeft="@id/name"/>

    <TextView
        android:id="@+id/date"
        android:layout_width="wrap_content"
        android:layout_height="wrap_content"
        android:text="19.1.26"
        android:layout_alignBaseline="@id/name"
        android:layout_alignParentRight="true"/>
</RelativeLayout>
```

### Step 3 _ Lab4_2Activity.java 실행

Lab4_2Activity.java 파일에 마우스 오른쪽을 누르고, [Run 'Lab4_2Activity'] 메뉴로 실행합니다.

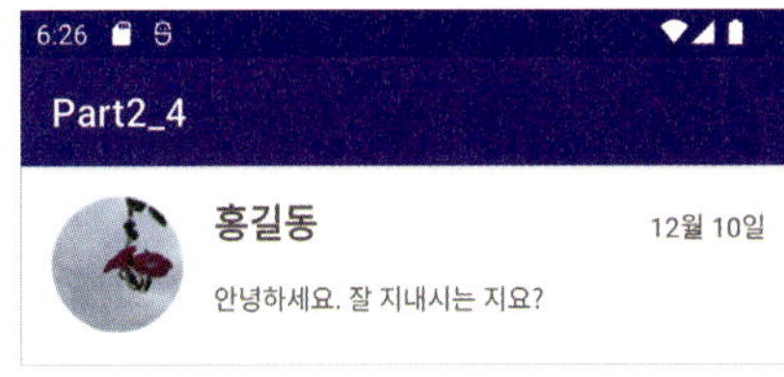


그림 4-18 실행 결과

깡쌤! 질문 있어요!

Q LinearLayout과 RelativeLayout의 예제로 같은 화면을 잡았는데, 어떤 레이아웃을 사용하는 게 더 좋은가요?

A 물론 이 질문의 답도 개발자 선택이라고 말할 수 있을 것 같습니다. 두 레이아웃 모두 워낙 이용빈도가 높은데요. 저자 개인적인 생각으로는 두 레이아웃 모두 이용할 수 있는 상황이라면 RelativeLayout을 선호합니다. 그 이유는 RelativeLayout은 속성으로 위치 및 정렬을 하나하나 설정해야 하므로 직관적이어서 코드 분석이 쉽다고 생각합니다. 또 성능상 RelativeLayout이 더 좋아 보입니다. 위의 예제들을 보면 LinearLayout으로 구성하는 경우 레이아웃을 중첩하여 구성하므로 RelativeLayout보다 뷰 객체가 하나 더 생성됩니다.

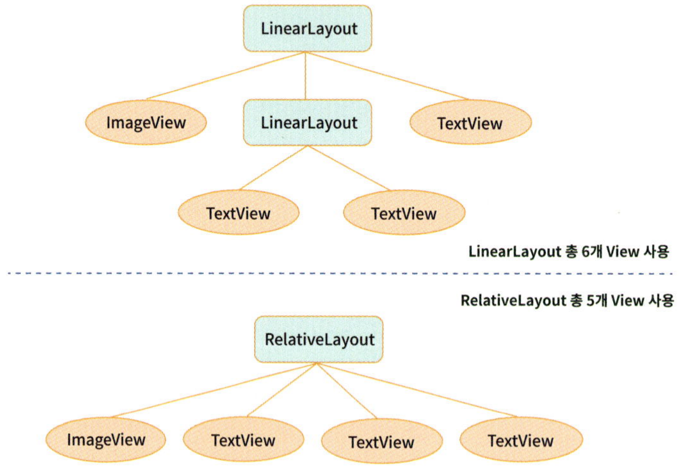


그림 4-19 생성된 뷰 객체 개수

LinearLayout으로 화면을 구성할 때는 총 6개의 뷰를 이용했고, RelativeLayout은 총 5개의 뷰를 이용했습니다. 결과적으로 RelativeLayout을 이용하면 LinearLayout보다 레이아웃 중첩이 적어서 전체 생성되는 뷰 객체가 적다고 말할 수 있습니다. 결국 생성되는 객체가 적다는 건 성능에 도움이 된다는 이야기입니다.

물론, 겨우 하나 더 생성되는 것 가지고 성능을 논하는 건 너무 과하다고 생각할 수도 있지만, 위의 예제는 학습을 목적으로 하는 간단한 예이고, 실전에서 화면을 개발하다 보면 무수히 많은 뷰를 사용합니다. 따라서 뷰 객체 생성에 따른 성능에 신경을 써야 합니다. 객체지향 프로그래밍에서 너무 유명한 말입니다만, 객체 생성은 공짜가 아닙니다. 객체 생성을 줄일 수 있다면 줄여 주는 게 애플리케이션의 성능 향상에 도움이 됩니다.

## 4.3. FrameLayout

FrameLayout은 레이아웃에 포함된 뷰들을 같은 영역에 겹쳐서 배치할 때 사용합니다. 레이아웃 자체의 특별한 속성은 없습니다.

```
<?xml version="1.0" encoding="utf-8"?>
<FrameLayout xmlns:android="http://schemas.android.com/apk/res/android"
    android:layout_width="match_parent"
    android:layout_height="match_parent">

    <TextView
        android:layout_width="300dp"
        android:layout_height="300dp"
        android:background="#FF0000"/>
    <TextView
        android:layout_width="200dp"
        android:layout_height="200dp"
        android:background="#00FF00"/>
    <TextView
        android:layout_width="100dp"
        android:layout_height="100dp"
        android:background="#0000FF"/>
</FrameLayout>
```

위의 코드는 전체 3개의 TextView를 FrameLayout에 포함하는 예입니다. FrameLayout과 뷰에 특별한 설정은 없으며, 화면에서 각 TextView를 구분하고자 배경색만 변경하였습니다.

결과를 보면 같은 영역에 3개의 뷰가 겹쳐서 배치되었습니다. 뷰가 포함된 순서대로 배치되어 맨 마지막에 포함한 뷰가 가장 위에 보입니다. 물론 맨 마지막에 포함한 뷰의 크기가 가장 크다면 전체를 가려서 마지막 뷰만 화면에 보입니다.

FrameLayout을 이용하는 목적은 대부분 같은 영역에 여러 뷰를 겹치게 한 다음, 한 순간에 하나의 뷰만 보이기 위함입니다. 이를 위해 이전 장에서 살펴본 뷰의 visibility 속성으로 특정 순간에 뷰가 보이거나 안 보이게 제어하면 됩니다.

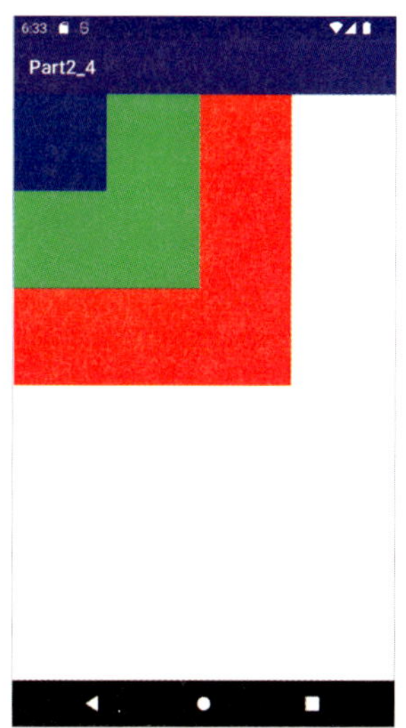


그림 4-20 FrameLayout

## 4.4. GridLayout

### 4.4.1. GridLayout 소개

GridLayout을 사용하는 최종 목적은 테이블 구조의 화면을 구성하는 데 있습니다. GridLayout은 뷰를 레이아웃에 포함된 순서대로 나열한다는 점에서 LinearLayout과 유사합니다. 그런데 LinearLayout에 없는 자동 개행 기능이 있어서, 뷰를 화면에 테이블 구조로 보여줍니다. 레이아웃에 뷰를 순서대로 포함만 하면 GridLayout이 알아서 개행하여 행을 자동으로 표현해줍니다. 대표적인 예가 갤러리 앱의 이미지 목록 화면입니다.

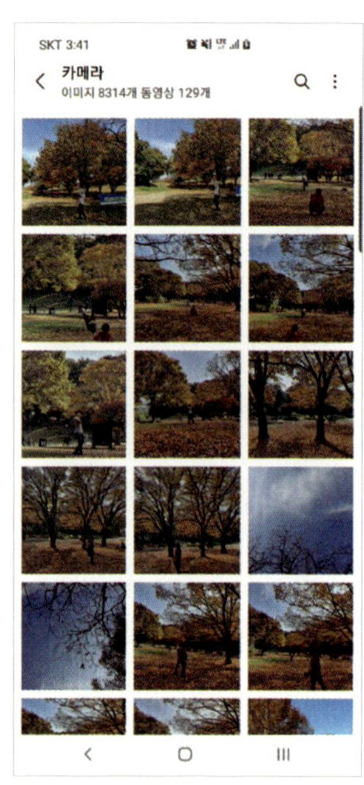


그림 4-21 갤러리 앱

레이아웃을 위의 그림대로 구성하려면 ImageView를 사용하여 각 이미지를 테이블 구조로 나타내야 합니다. 사용자의 갤러리 앱에 사진이 한 장도 없을 수도 있고, 10장이 있을 수도, 100장이 있을 수도 있습니다. 결국, 셀의 개수는 동적입니다. 하지만 GridLayout을 사용하면, 셀의 개수가 몇 개인지 신경 쓸 필요 없이 방향만 지정하여 이미지 개수만큼 ImageView를 포함해주면 됩니다.

GridLayout의 사용 방법을 간단한 예로 살펴보겠습니다.

```
<?xml version="1.0" encoding="utf-8"?>
<GridLayout xmlns:android="http://schemas.android.com/apk/res/android"
    android:layout_width="match_parent"
    android:layout_height="match_parent"
    android:orientation="horizontal"
    android:columnCount="5">
    <Button android:text="1"/>
    <Button android:text="2"/>
    <Button android:text="3"/>
    <Button android:text="4"/>
    <Button android:text="5"/>
    <Button android:text="6"/>
    <Button android:text="7"/>
    <Button android:text="8"/>
    <Button android:text="9"/>
    <Button android:text="0"/>

</GridLayout>
```

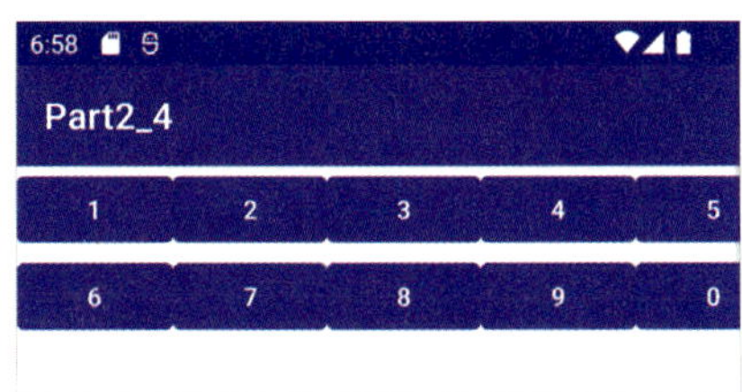

그림 4-22 GridLayout – horizontal

orientation 속성을 "horizontal"로 지정한 다음, columnCount 속성에 "5" 값을 대입했습니다. 이렇게 하면 가로 방향으로 5개의 셀을 배치하고 5개 모두가 포함되면 알아서 그다음 줄로 개행합니다.

다음은 orientation 속성을 "vertical"로 지정하고 rowCount 속성을 "5"로 지정해 테스트한 예입니다.

```
<GridLayout xmlns:android="http://schemas.android.com/apk/res/android"
    android:layout_width="match_parent"
    android:layout_height="match_parent"
    android:orientation="vertical"
    android:rowCount="5">
```

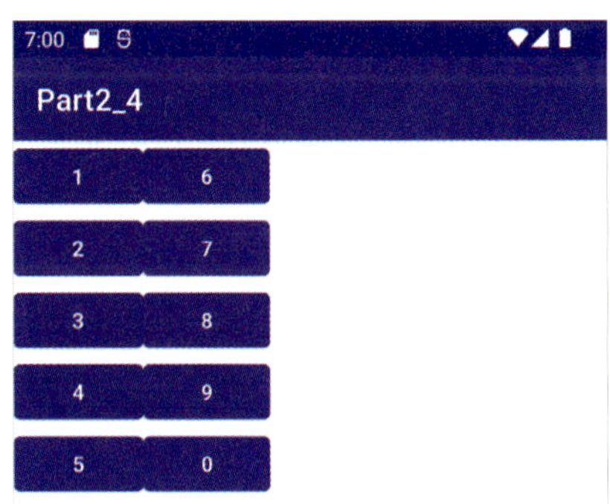

그림 4-23 GridLayout – vertical

방향을 vertical로 설정하고 rowCount 수를 주면 뷰가 세로 방향으로 순서대로 나열되다가 자동으로 옆 줄로 개행합니다.

### 4.4.2. GridLayout 속성

GridLayout에 지정할 수 있는 속성은 다음과 같습니다.

- **orientation**: 뷰의 배치 방향을 지정. 기본값은 가로 방향
- **columnCount**: 가로 방향일 때 한 줄에 몇 개의 뷰를 나열할 것인지 지정
- **rowCount**: 세로 방향일 때 한 줄에 몇 개의 뷰를 나열할 것인지 지정

orientation이 "horizontal"이면 columnCount만 의미가 있고 rowCount는 적용되지 않으며, orientation이 "vertical"이면 rowCount만 의미가 있고 columnCount는 적용되지 않습니다. 또한, GridLayout에 뷰를 포함할 때 다음의 속성을 지정하여 다양하게 꾸밀 수 있습니다.

- **layout_column**: 뷰가 위치할 열 인덱스 지정
- **layout_row**: 뷰가 위치할 행 인덱스 지정
- **layout_columnSpan**: 가로 방향으로 여러 열을 하나의 뷰가 차지하고자 할 때
- **layout_rowSpan**: 세로 방향으로 여러 행을 하나의 뷰가 차지하고자 할 때
- **layout_gravity**: 하나의 열 내에서 뷰의 정렬 위치 지정

뷰의 위치를 지정하는 속성에 대해 살펴보겠습니다. 다음은 두 개의 뷰에 layout_row와 layout_column을 이용하여 셀의 위치를 지정한 예입니다. 특정 셀의 위치가 지정되면 그다음 포함되는 뷰는 그 셀 다음부터 차례로 나열됩니다.

```
<Button android:text="5"
    android:layout_row="1"
    android:layout_column="1"/>
<Button android:text="6"/>
<Button android:text="7"
    android:layout_row="2"
    android:layout_column="0"/>
```

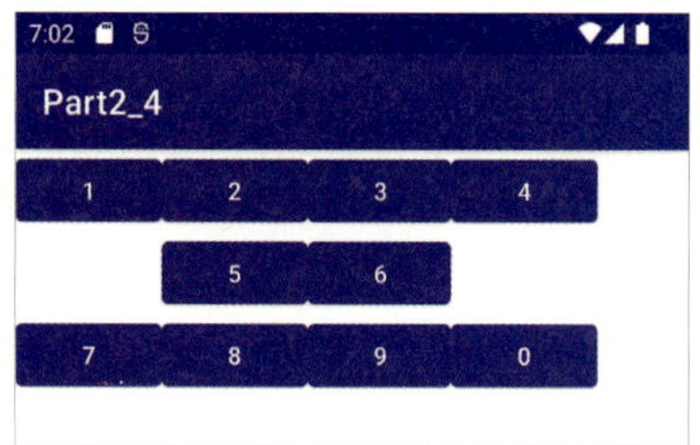


그림 4-24 셀 위치 지정

이번에는 span 속성에 대해 살펴보겠습니다. 첫 번째 뷰에 layout_rowSpan과 layout_ columnSpan을 이용하여 가로세로 두 칸씩 차지하게 설정하였습니다.

```
<Button android:text="1"
    android:layout_rowSpan="2"
    android:layout_columnSpan="2"/>
```

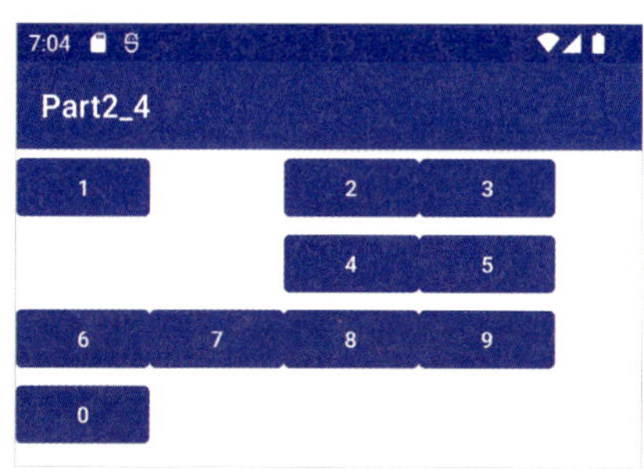


그림 4-25 span

첫 번째 뷰에 span 값을 주어 가로세로 방향 두 칸씩 차지했습니다. 하지만 뷰의 layout_width, layout_height가 wrap_content 설정되어 있어서 원래 크기대로만 화면에 출력되고, 셀 전체 영역을 꽉 들어차게 나오지는 않습니다.

만약, span으로 확장된 영역 전체를 차지하여 나오게 하려면 layout_gravity 속성을 이용합니다.

```
<Button android:text="1"
    android:layout_rowSpan="2"
    android:layout_columnSpan="2"
    android:layout_gravity="fill"/>
```

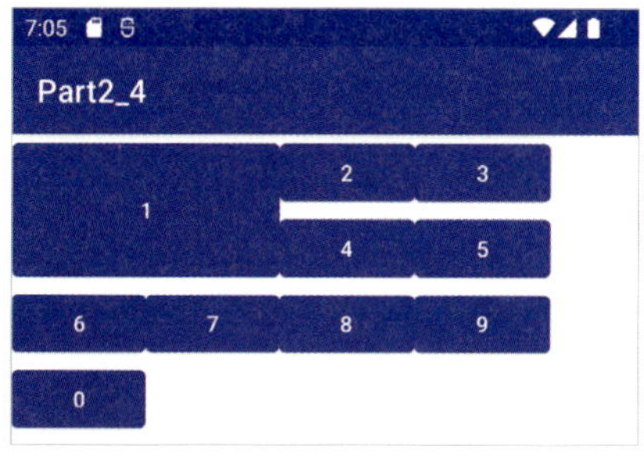


그림 4-26 layout_gravity 설정

## [실습 4-3] GridLayout 활용 Step by Step

앞에서 설명한 계산기 앱의 화면을 약간 변형해서 작성해보겠습니다. 레이아웃 학습을 목적으로 하는 실습이므로 화면만 구현할 것이며, 실제 계산기로 동작하게 하는 알고리즘을 추가하지는 않겠습니다.

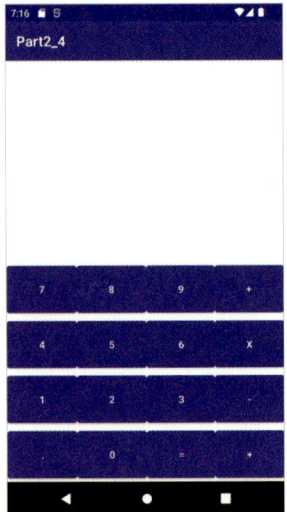


그림 4-27 실행 결과

### Step 1 _ 액티비티 추가

part2_4 모듈에 새로운 액티비티를 "Lab4_3Activity" 이름으로 추가합니다. 액티비티를 생성할 때 'Launcher Activity' 체크박스를 체크하고 'Source Language'는 Java로 설정합니다.

### Step 2 _ activity_lab43.xml 작성

**activity_lab43.xml**

```
<?xml version="1.0" encoding="utf-8"?>
<LinearLayout xmlns:android="http://schemas.android.com/apk/res/android"
    android:layout_width="match_parent"
    android:layout_height="match_parent"
    android:orientation="vertical">

    <View
        android:layout_width="match_parent"
        android:layout_height="0dp"
        android:layout_weight="1"/>

    <GridLayout
```

```
android:layout_width="match_parent"
android:layout_height="wrap_content"
android:orientation="horizontal"
android:columnCount="4">
<Button
    android:layout_width="0dp"
    android:layout_columnWeight="1"
    android:text="7"
    android:paddingTop="24dp"
    android:paddingBottom="24dp"/>
<Button
    android:layout_width="0dp"
    android:layout_columnWeight="1"
    android:text="8"
    android:paddingTop="24dp"
    android:paddingBottom="24dp"/>
<Button
    android:layout_width="0dp"
    android:layout_columnWeight="1"
    android:text="9"
    android:paddingTop="24dp"
    android:paddingBottom="24dp"/>
<Button
    android:layout_width="0dp"
    android:layout_columnWeight="1"
    android:text="+"
    android:paddingTop="24dp"
    android:paddingBottom="24dp"/>
<Button
    android:layout_width="0dp"
    android:layout_columnWeight="1"
    android:text="4"
    android:paddingTop="24dp"
    android:paddingBottom="24dp"/>
<Button
    android:layout_width="0dp"
    android:layout_columnWeight="1"
    android:text="5"
    android:paddingTop="24dp"
    android:paddingBottom="24dp"/>
<Button
    android:layout_width="0dp"
    android:layout_columnWeight="1"
```

```
        android:text="6"
        android:paddingTop="24dp"
        android:paddingBottom="24dp"/>
    <Button
        android:layout_width="0dp"
        android:layout_columnWeight="1"
        android:text="x"
        android:paddingTop="24dp"
        android:paddingBottom="24dp"/>
    <Button
        android:layout_width="0dp"
        android:layout_columnWeight="1"
        android:text="1"
        android:paddingTop="24dp"
        android:paddingBottom="24dp"/>
    <Button
        android:layout_width="0dp"
        android:layout_columnWeight="1"
        android:text="2"
        android:paddingTop="24dp"
        android:paddingBottom="24dp"/>
    <Button
        android:layout_width="0dp"
        android:layout_columnWeight="1"
        android:text="3"
        android:paddingTop="24dp"
        android:paddingBottom="24dp"/>
    <Button
        android:layout_width="0dp"
        android:layout_columnWeight="1"
        android:text="-"
        android:paddingTop="24dp"
        android:paddingBottom="24dp"/>
    <Button
        android:layout_width="0dp"
        android:layout_columnWeight="1"
        android:text="."
        android:paddingTop="24dp"
        android:paddingBottom="24dp"/>
    <Button
        android:layout_width="0dp"
        android:layout_columnWeight="1"
        android:text="0"
```

```
            android:paddingTop="24dp"
            android:paddingBottom="24dp"/>
        <Button
            android:layout_width="0dp"
            android:layout_columnWeight="1"
            android:text="="
            android:paddingTop="24dp"
            android:paddingBottom="24dp"/>
        <Button
            android:layout_width="0dp"
            android:layout_columnWeight="1"
            android:text="+"
            android:paddingTop="24dp"
            android:paddingBottom="24dp"/>
    </GridLayout>
</LinearLayout>
```

GridLayout에 추가된 뷰의 layout_width와 layout_height 값은 기본 wrap_content로 지정됩니다. 그래서 설정하지 않아도 되지만, 스마트폰의 가로 크기 호환성을 위해서 layout_width을 모두 0dp로 주고, layout_weight에 따라 화면에 나오게 처리했습니다.

### Step 3 _ Lab4_3Activity.java 실행

Lab4_3Activity.java 파일에 마우스 오른쪽을 누르고, [Run 'Lab4_3Activity'] 메뉴로 실행합니다.

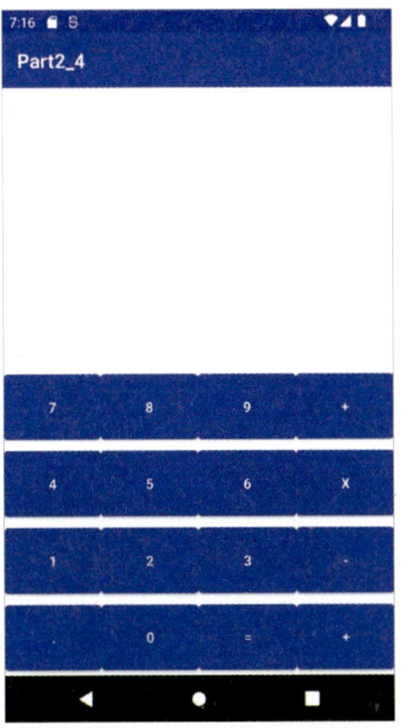


그림 4-28 실행 결과

## 4.5. ConstraintLayout

ConstraintLayout은 2016년도에 Google I/O 행사에서 발표되었으며, androidx에서 제공하는 레이아웃입니다. androidx와 관련된 내용은 이후에 자세히 살펴볼 것이며, 여기서는 ConstraintLayout을 이용하는 방법을 알아보겠습니다. ConstraintLayout을 이용하기 위해서는 build.gradle에 아래와 같은 dependencies가 선언되어 있어야 합니다. 프로젝트를 만들 때 자동으로 추가되므로 확인만 해주면 됩니다.

```
implementation 'androidx.constraintlayout:constraintlayout:2.1.2'
```

ConstraintLayout은 뷰를 상대 위치로 배치하는 RelativeLayout과 비슷하지만, 더 많은 속성을 제공합니다. 다양한 속성을 XML 파일에 직접 작성하기는 부담스럽기 때문에, 마우스 클릭만으로 레이아웃을 구성할 수 있도록 디자인 모드를 활용해야 합니다. 따라서 여기에서는 ConstraintLayout을 코드가 아닌 레이아웃 편집기로 이용하는 방법에 대해 살펴보겠습니다.

안드로이드 스튜디오에서 레이아웃 XML 파일을 디자인 모드로 열면, 레이아웃 편집기가 실행되며 레이아웃 편집기는 다음과 같은 7개의 요소로 구성됩니다.

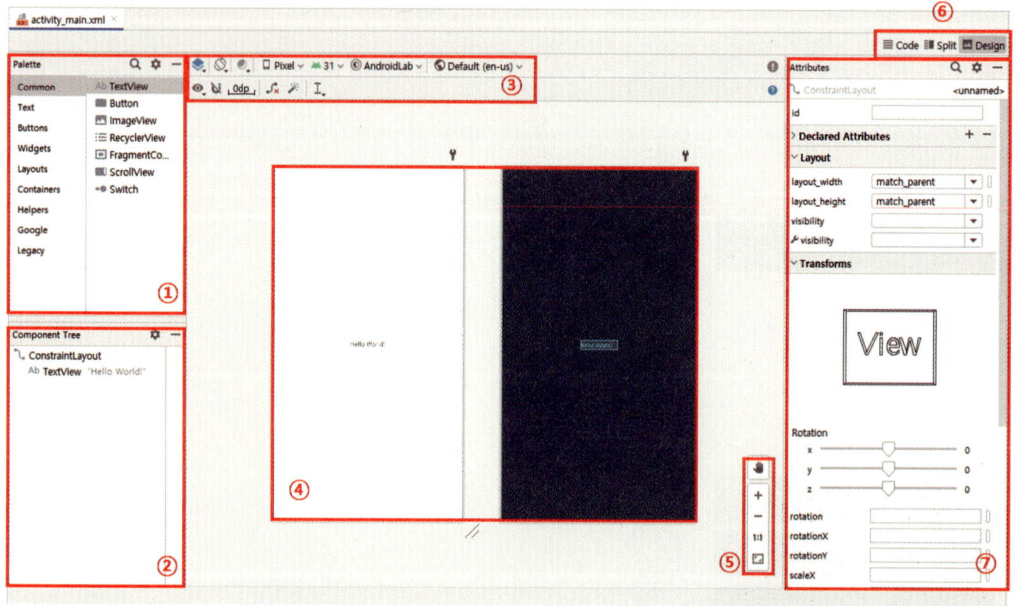


그림 4-29 레이아웃 편집기

① 팔레트(Palette): 사용할 수 있는 뷰와 뷰 그룹

② 컴포넌트 트리(Component Tree): 레이아웃 내 뷰의 계층 구조 표시

③ 툴바(Toolbar): 레이아웃 속성 설정 버튼

④ 디자인 편집기(Design Editor): 레이아웃 수정 작업 영역

⑤ 줌 컨트롤(Zoom Control): 미리보기의 크기와 위치 조정

⑥ 뷰 모드(View Mode): 코드, 디자인, 분할 모드 버튼

⑦ 속성(Attributes): 선택한 뷰의 속성

## [실습 4-4] ConstraintLayout 활용 Step by Step

레이아웃 편집기에서 ConstraintLayout을 사용해보겠습니다. 구현하고자 하는 화면은 이전 실습에서 LinearLayout과 RelativeLayout을 이용해 구성했던 카카오톡의 채팅 목록 화면입니다. 실습을 진행하기 위해서는 이미지가 하나 필요하므로 LinearLayout과 RelativeLayout,그리고 실습에서 사용했던 이미지를 그대로 사용하겠습니다.

그림 4-30 실행 결과

### Step 1 _ 액티비티 추가

part2_4 모듈에 새로운 액티비티를 "Lab4_4Activity" 이름으로 추가합니다. 액티비티를 생성할 때 'Launcher Activity' 체크박스를 체크하고 'Source Language'는 Java로 설정합니다.

### Step 2 _ 이미지 추가

먼저, 화면 좌측에 이미지를 추가해봅시다. 팔레트 영역에서 ImageView를 마우스로 끌어 디자인 편집기 영역에 놓습니다.

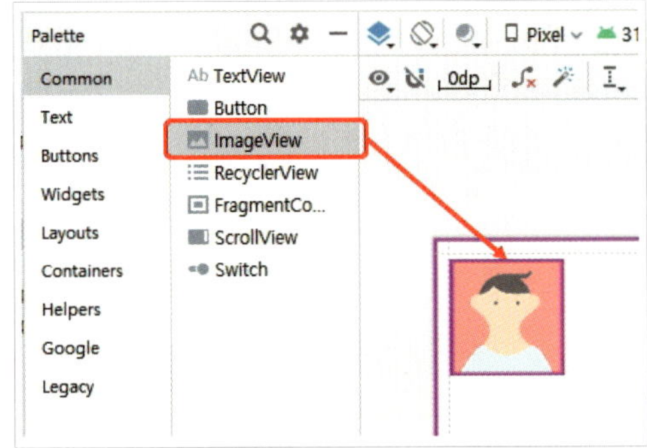


그림 4-31 ImageView 추가

ImageView를 디자인 편집기 영역으로 끌어놓으면, 이미지를 선택하기 위한 다이얼로그가 자동으로 열립니다. 이 다이얼로그에서 추가하고자 하는 이미지를 선택한 후 〈OK〉 버튼을 클릭합니다. 여기에서는 실습을 위해 drawable에 복사한 이미지를 선택하였습니다.

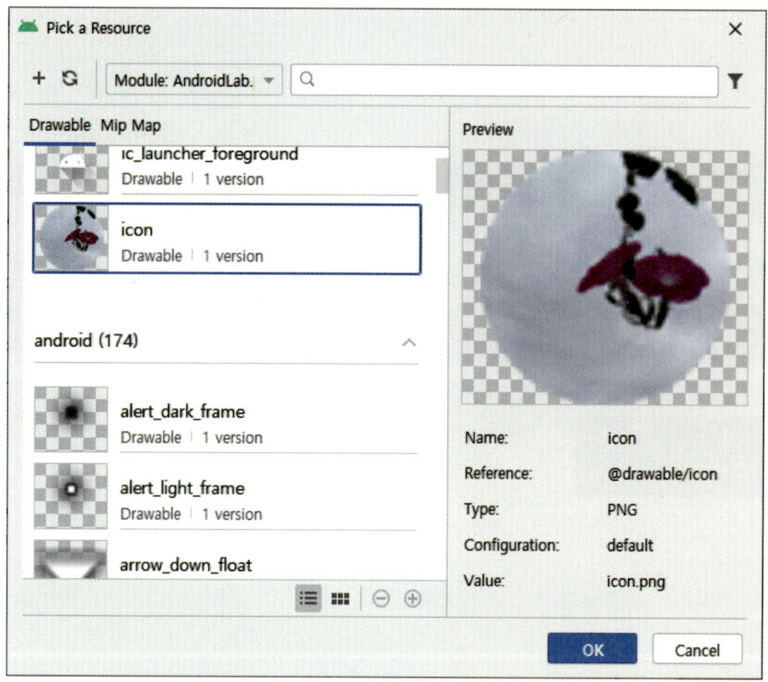

그림 4-32 이미지 선택

이미지를 추가한 후, 속성 영역에서 layout_width와 layout_height의 값을 50dp로 지정합니다.

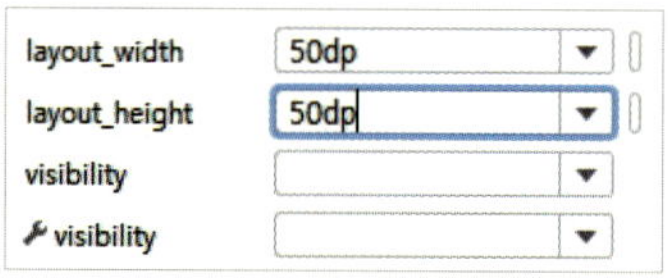

| | |
|---|---|
| layout_width | 50dp |
| layout_height | 50dp |
| visibility | |
| visibility | |

그림 4-33 이미지 사이즈 지정

ConstraintLayout에 추가되는 뷰는 사이즈 이외에 위치를 지정해주어야 합니다. 아래의 그림처럼 속성 영역의 사각형 모양 위젯 왼쪽과 위의 더하기 아이콘을 클릭하여 16으로 지정해줍니다. 이렇게 지정하면 해당 뷰가 ConstraintLayout 영역의 왼쪽에서부터 16dp, 위에서부터 16dp 떨어져서 위치하게 됩니다.

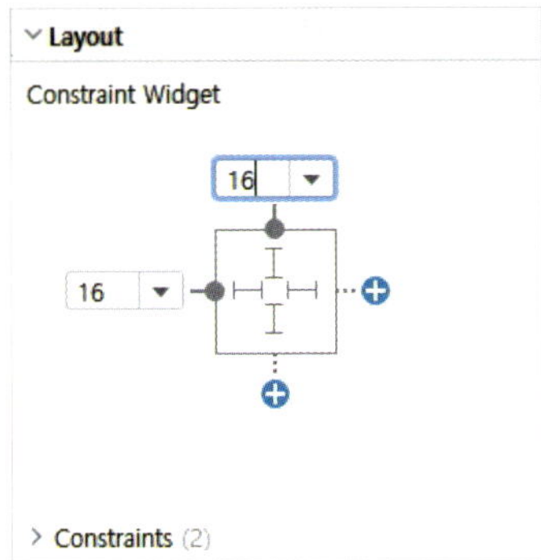


그림 4-34 Constraint 지정

## Step 3 _ 이름 추가

이름을 출력하기 위해 팔레트 영역에서 TextView를 마우스로 끌어 디자인 편집기 영역에 추가합니다.

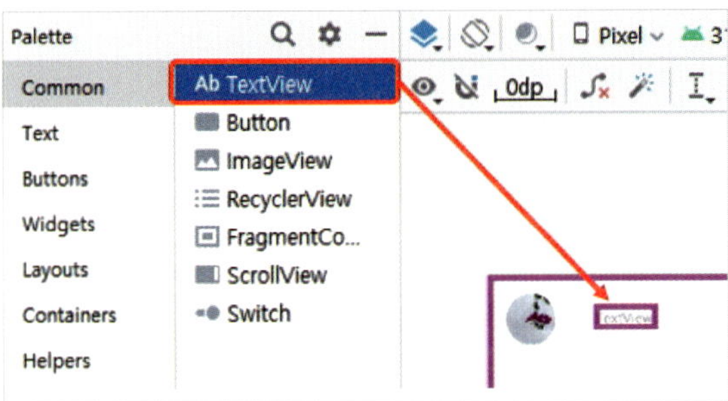


그림 4-35 이름 출력 TextView 추가

TextView를 추가한 후 text 속성에 "홍길동"을 입력해줍니다.

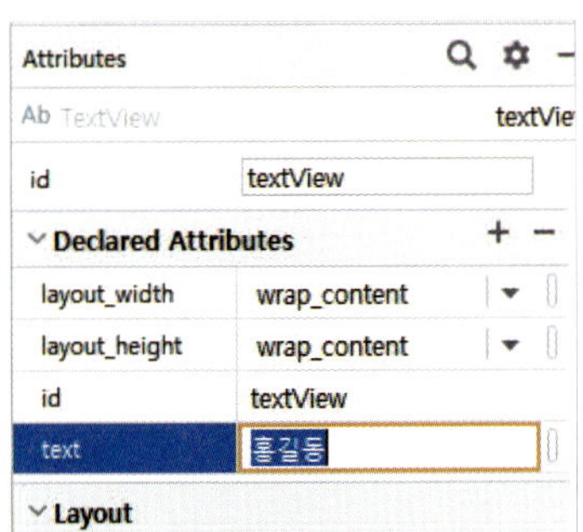


그림 4-36 text 속성 추가

이제 TextView가 어디에 위치해야 하는지를 지정해주어야 합니다. 우선, 먼저 위치를 지정한 ImageView를 기준으로 오른쪽에 16dp의 여백을 두도록 지정하겠습니다. 디자인 편집기 영역에서 TextView를 클릭하면 뷰의 4방향에 동그라미가 나타납니다. 이 중, 왼쪽의 동그라미를 마우스로 끌어 ImageView에 놓습니다.

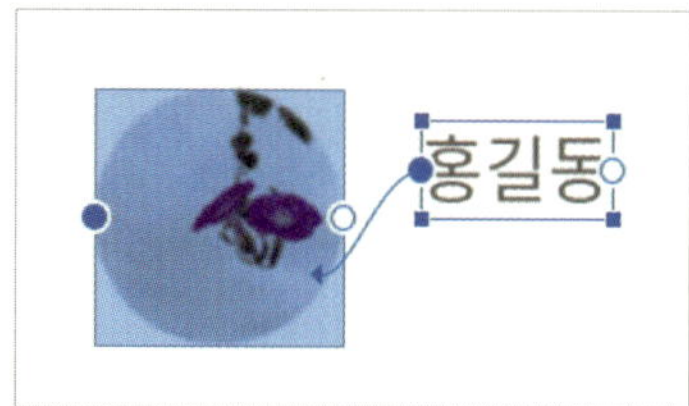


그림 4-37 상대 위치 설정

상대 뷰인 ImageView를 기준으로 어느 방향에 여백을 둘지를 지정하기 위해 아래의 그림처럼 메뉴가 나옵니다. ImageView를 기준으로 오른쪽에 TextView를 놓을 것이므로 [Start to ImageView end] 메뉴를 선택합니다.

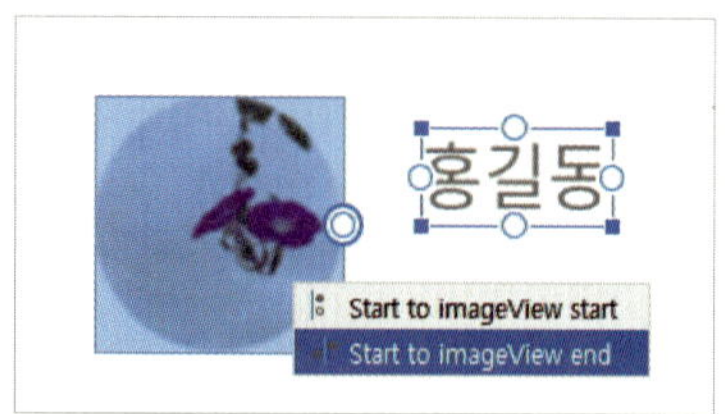


그림 4-38 상대 위치 방향 선택

[Start to ImageView end] 메뉴를 클릭하면, 아래의 그림처럼 속성 영역에 여백을 지정할 수 있도록 위젯이 나타납니다. 이곳에 16을 입력해줍니다. 이렇게 하면 TextView가 ImageView의 오른쪽에 16dp의 여백을 두고 위치하게 됩니다.

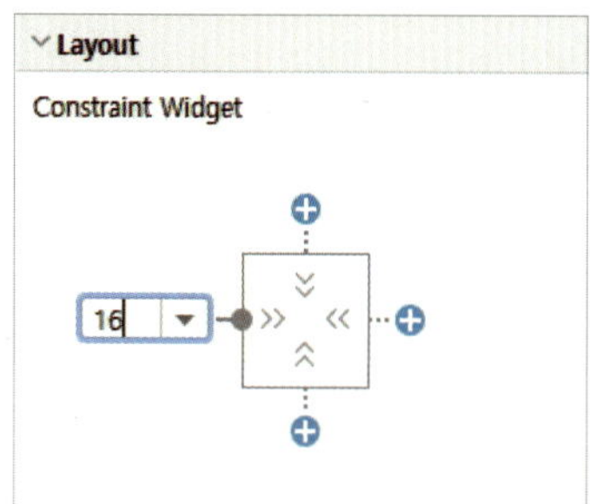


그림 4-39 여백 설정

이번에는 TextView가 ImageView와 윗변이 정렬되게 지정해주고자 합니다. TextView의 위쪽의 동그라미를 마우스로 끌어서 ImageView의 위쪽 동그라미에 놓습니다. 그리고 속성 영역의 위젯 위쪽 값을 0으로 지정해줍니다.

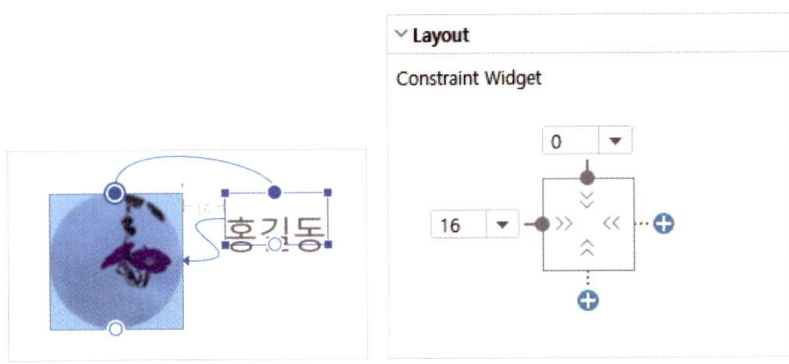


그림 4-40 TextView 위치 지정

## Step 4 _ 메시지 추가

비슷한 방법으로 메시지를 출력하기 위한 TextView를 팔레트 영역에서 디자인 편집기 영역으로 끌어 추가한 후, text 속성에 "안녕하세요"를 입력합니다. 그리고 ImageView를 기준으로 오른쪽에 16dp의 여백을 두도록 설정하고, ImageView와 아랫변이 정렬되게 지정합니다.

그림 4-41 메시지 출력 TextView 추가

## Step 5 _ 날짜 추가

마지막으로 날짜를 출력하기 위한 TextView를 디자인 편집기 영역에 끌어놓은 후, text 속성에 "12월 10일"을 입력합니다. 그리고 속성 영역의 위젯 위쪽, 오른쪽 값을 16으로 지정해줍니다.

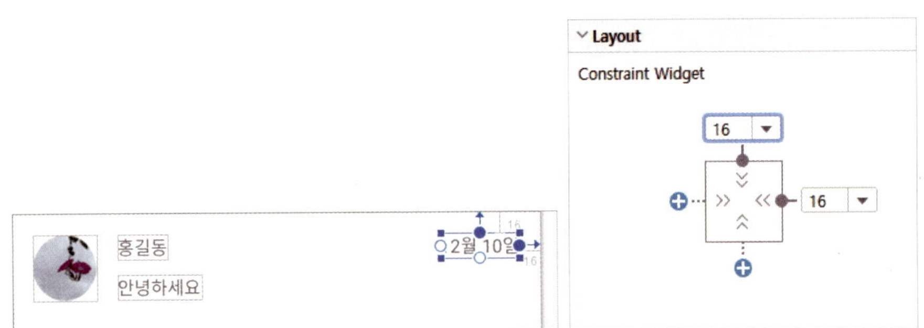


그림 4-42 날짜 출력 TextView 추가

### Step 6 _ Lab4_4Activity.java 실행

Lab4_4Activity.java 파일에 마우스 오른쪽을 누르고, [Run 'Lab4_4Activity'] 메뉴로 실행합니다.

그림 4-43 실행 결과

# 5장

# 사용자 이벤트 처리

클라이언트 측 애플리케이션에서 사용자 이벤트 처리는 앱에 생명을 달아준다고 표현할 정도로 중요한 부분입니다. 사용자 이벤트는 워낙 기본이 되는 프로그램으로 이전 실습에서도 사용했었는데요. 이 이벤트 프로그램 부분을 이번 장에서 체계적으로 정리해보겠습니다.

사용자 이벤트 처리는 안드로이드 화면을 제공하는 뷰에서 발생하는 이벤트를 처리하는 방법과 액티비티 화면에서 사용자의 터치 이벤트, 그리고 키 이벤트를 처리하는 방법 두 가지로 나누어 살펴보겠습니다. 자, 시작해 볼까요?

## 5.1. 뷰 이벤트

스마트폰 화면에서 발생하는 사용자 이벤트는 크게 두 가지로 나뉩니다. 뷰 이벤트와 터치 혹은 키 이벤트입니다. 우선 뷰 이벤트에 대해 설명해보겠습니다.

### 5.1.1. 이벤트 프로그램 구조

뷰 이벤트 모델은 이벤트 소스와 이벤트 핸들러를 리스너(Listener)로 연결하여 처리하는 구조입니다.

그림 5-1 뷰 이벤트 모델

- **이벤트 소스(Event Source):** 이벤트가 발생한 뷰 객체
- **이벤트 핸들러(Event Handler):** 이벤트 처리 내용을 가지는 객체
- **리스너(Listener):** 이벤트 소스와 이벤트 핸들러를 연결하는 작업

뷰 이벤트 모델의 기본 구조는 이벤트 소스와 이벤트 핸들러를 리스너로 연결하여 처리하는 구조입니다. 그런데 화면에 보이는 뷰에서 사용자의 이벤트가 발생했다는 건 뷰에 대한 터치가 발생했다는 것이고, 그렇다면 터치 이벤트로 처리할 수 있을 텐데 왜 이런 구조로 처리하는 걸까요? 물론, 모든 뷰의 이벤트는 터치 이벤트로 처리할 수 있습니다. 그런데도 이러한 구조로 처리하는 이유는 이벤트를 조금 더 명료하게 처리하기 위해서입니다. 객체지향 프로그래밍에서의 명료성은 중요한 목적 중 하나입니다. 다음의 예로 설명해보겠습니다.

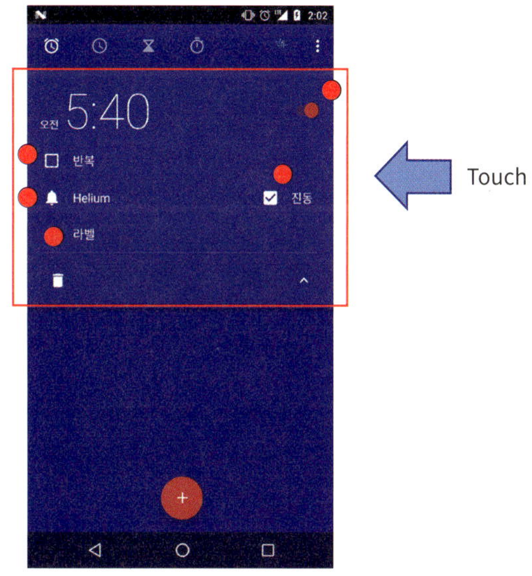


그림 5-2 액티비티 터치 이벤트(알람 앱)

위의 화면을 어떤 알람 앱의 알람 시간 등록 화면이라고 가정해봅시다. 위에서 붉은색 네모 박스 부분만 살펴보면 많은 뷰로 구성되었는데, 이 중 총 5개의 뷰에서 사용자 이벤트가 발생합니다. 그림에서 붉은색 원으로 표시한 부분입니다. 모두 사용자가 터치했을 때 이벤트가 발생하므로 액티비티의 터치 이벤트로 처리할 수 있는데요. 문제는 이렇게 하면 5개의 뷰 중 어느 뷰가 터치된 건지 명료하지

않습니다. 개발자가 직접 알고리즘으로 해결하는 수밖에 없습니다. 또한, 터치 이벤트라도 터치한 목적은 제각각일 텐데, 모두 뭉뚱그려 터치 이벤트로 부르는 것보다는 명료하게 ClickEvent, CheckedChangeEvent로 명명하는 게 더 좋을 것 같습니다.

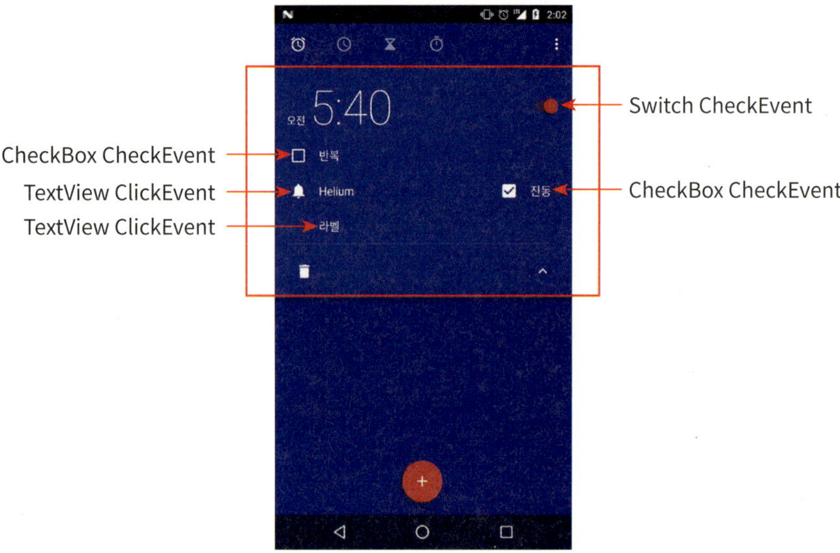


그림 5-3 뷰별 이벤트 등록

위의 그림처럼 모두 액티비티의 터치 이벤트로 처리하지 말고, 이벤트가 발생하는 뷰를 직접 지칭하여 각 이벤트의 성격별로 이벤트 이름을 다르게 처리하면 훨씬 더 명료해집니다. 이처럼 뷰 이벤트 모델은 이벤트가 발생한 객체를 명료하게 지칭하고자 이벤트 소스를 사용하고, 이벤트 성격을 명료하게 지칭하고자 리스너를 사용합니다.

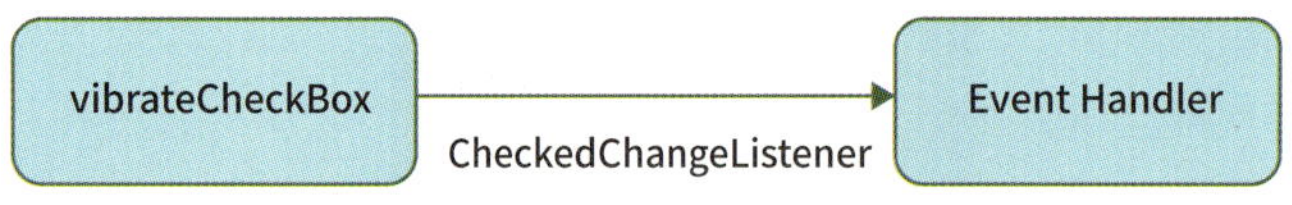


그림 5-4 뷰 이벤트 모델

위의 그림처럼 vibrateCheckBox 객체에서 CheckedChangeEvent가 발생하면 어느 객체에서 이벤트가 처리된다는 것을 명료하게 연결하여 처리할 수 있습니다. 길게 설명했는데 작성하는 코드를 보겠습니다.

```
vibrateCheckView.setOnCheckedChangeListener(new MyEventHandler());
```

안드로이드 프로그램을 작성하다 보면 "setOnXXXListener()"와 같은 구문을 많이 보게 되는데요. 이 부분이 이벤트 소스와 이벤트 핸들러를 리스너로 연결하는 부분입니다. 코드를 해석하자면

vibrateCheckView 객체에서 CheckedChangeEvent가 발생하면 MyEventHandler라는 클래스 객체을 실행하여 이벤트를 처리하라는 의미입니다. 이때 이벤트 핸들러로 지정한 MyEventHandler는 개발자가 만든 클래스인데, 이벤트 핸들러 클래스는 꼭 지정된 인터페이스를 구현해야 합니다.

```
class MyEventHandler implements CompoundButton.OnCheckedChangeListener{
    @Override
    public void onCheckedChanged(CompoundButton buttonView, boolean isChecked) {

    }
}
```

OnCheckedChangeListener 인터페이스를 구현하고, 추상 함수를 재정의(override)하여 이벤트 처리 로직을 작성해 놓으면 실제 이벤트가 발생할 때 해당 함수가 실행됩니다.

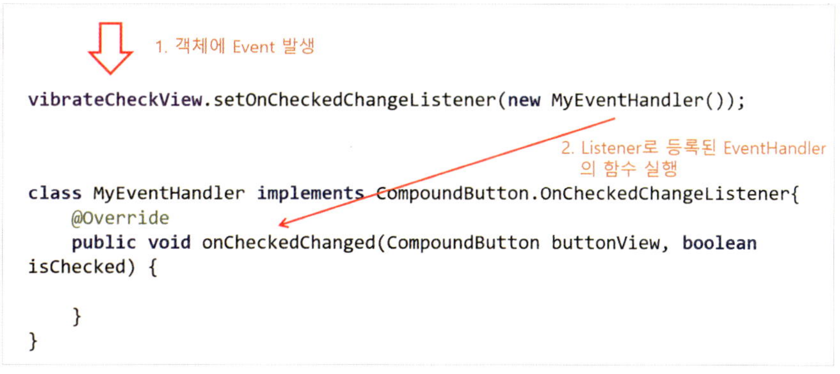


그림 5-5 이벤트 처리 흐름

## 깡쌤! 질문 있어요!

**안드로이드 이벤트 코드를 보다 보면, 다음과 같은 형태가 많은데 이해가 안 됩니다.**

```
btn.setOnClickListener(new View.OnClickListener() {
    @Override
    public void onClick(View v) {
        //...
    }
});
```

&

자바 프로그래밍에 경험이 있는 분들은 알고 있는 코드일 텐데요. EventHandler 클래스를 자바의 '이름 없는 하위 클래스(anonymous inner class)'로 작성한 형태입니다. 잠깐 자바 이야기를 해봅시다.

```
A1 a=new A1();
```

이런 구문이 있다면 A1 클래스의 객체를 생성하는 구문입니다.

```
A1 a=new A1(){
  void a(){   }
};
```

위의 구문은 뭘까요? 쉽게 A1 클래스의 객체를 생성한 것처럼 보이지만 그렇지 않습니다. A1이 클래스면 A1을 상속받은 이름 없는 하위 클래스를 선언하고, A1이 인터페이스이면 인터페이스를 구현한 이름 없는 클래스를 선언하고, 선언하자마자 객체를 생성한 코드입니다. 결국, 질문에 나오는 코드를 보면 OnClickListener를 생성한 게 아니라 OnClickListener를 구현한 이름 없는 하위 클래스를 선언하고 생성해서 리스너로 연결한 코드입니다. 의미상 다음의 코드랑 같습니다.

```
btn.setOnClickListener(new MyHandler());

class MyHandler implements View.OnClickListener{
    @Override
    public void onClick(View v) {

    }
}
```

어렵게 생각하지 말고 위의 코드를 축약해서 작성했다고 생각하면 됩니다. 자바 개발자 분들에게는 지겨운 이야기겠네요.

## 5.1.2. 다양한 이벤트 처리

이 책에서 지금까지는 클릭 이벤트를 이용하였지만, 안드로이드에서는 클릭 이벤트 이외에 다양한 이벤트를 제공하며 이벤트 소스인 뷰에 따라 다른 이벤트를 제공하기도 합니다. 다음의 표는 자주 사용하는 이벤트 몇 가지만 정리한 것이고, 이보다도 훨씬 더 많으며 앞으로 안드로이드 버전이 올라가면서 신규로 추가되는 뷰가 있다면 그 뷰에 맞는 이벤트가 더 추가될 수 있습니다.

표 5-1 주요 이벤트

| Event | 설명 |
|---|---|
| OnClickListener | 뷰 클릭 시 발생하는 이벤트 |
| OnLongClickListener | 뷰를 오래 클릭했을 때 발생하는 이벤트 |
| OnCheckedChangeListener | CheckBox의 상태 변경 이벤트 |
| OnDateSetListener | DatePicker의 날짜 선택 이벤트 |
| OnTimeSetListener | TimePicker의 시간 선택 이벤트 |

그런데 아무리 뷰가 많고 이벤트 종류가 많다고 하더라도 뷰 이벤트 모델만 이해하면, 이벤트를 처리하는 구조는 모두 같습니다. 이벤트 소스와 이벤트 핸들러를 setOnXXXListener() 함수로 연결하고, 이벤트 핸들러는 OnXXXListener를 구현해서 작성합니다.

OnClickListener는 모든 뷰에 적용할 수 있는 이벤트입니다. 대표적인 뷰가 Button이며 Button 이외에 TextView, ImageView 등 모든 뷰에 등록할 수 있습니다.

```
btn.setOnClickListener(new View.OnClickListener(){
    @Override
    public void onClick(View v) {

    }
});
```

OnLongClickListener 이벤트 역시 클릭 이벤트와 더불어 모든 뷰에 등록할 수 있습니다. 뷰를 오랫동안 눌렀을 때 발생하는 이벤트입니다 롱 클릭 이벤트를 뷰에 적용하려면 setOnLongClick Listener()라는 메서드를 이용합니다.

```
btn.setOnLongClickListener(new View.OnLongClickListener(){
    @Override
    public boolean onLongClick(View v) {
        return false;
    }
});
```

OnCheckedChangeListener는 안드로이드 뷰의 이벤트 중 자주 이용되는 체크박스나 라디오버튼의 체크 상태를 변경할 때 발생하는 이벤트입니다.

```
checkBox.setOnCheckedChangeListener(new CompoundButton.OnCheckedChangeListener() {
    @Override
    public void onCheckedChanged(CompoundButton buttonView, boolean isChecked) {

    }
});
```

## [실습 5-1] 뷰 이벤트 Step by Step

앞에서 설명한 신규 알람 등록 화면을 구성하며 이벤트를 처리해보는 실습을 진행해보겠습니다. 실제 알람 앱에서 제공하는 기능은 구현하지 않고, 단순하게 토스트 문자열을 확인하는 정도로 이벤트 처리를 하겠습니다. 토스트 문자열을 띄우는 자세한 내용은 이후에 살펴볼 것이며, 이번 실습에서는 이벤트 결과를 확인하는 용도로 간략하게 사용하겠습니다.

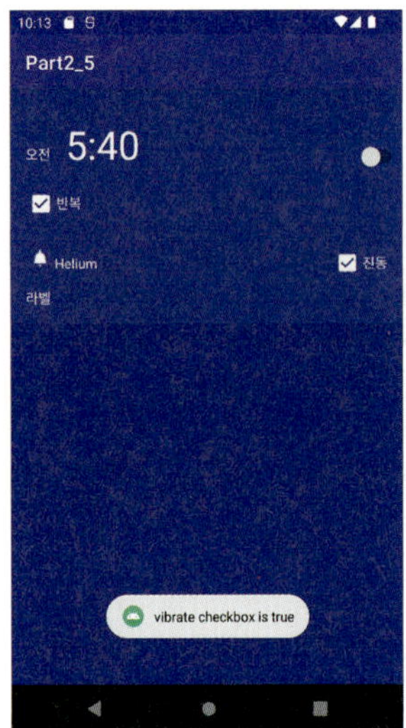


그림 5-6 결과 화면

### Step 1 _ 모듈 생성

이번 5장의 실습을 위해 모듈 이름을 "Part2_5"으로 지정하고 액티비티 설정에서 'Source Language' 부분을 Java로 설정하여 모듈을 새로 만듭니다.

### Step 2 _ ViewBinding 설정

모듈 수준의 build.gradle에 ViewBinding 설정을 하고 〈Sync Now〉를 클릭해 변경사항을 적용합니다.

**build.gradle**

```
android {
    //생략.......
    viewBinding {
        enabled = true
    }
}
```

## Step 3 _ 파일 복사

이번 실습에서의 기초 UI 구성과 UI와 관련된 기초 자바 코드는 일일이 작성하지 않고, 필자가 제공한 파일을 복사해 추가 개발하는 형식으로 진행하겠습니다. 만들어진 모듈에 다음의 파일을 복사합니다.

bell.png 파일을 drawable 폴더에 복사, activity_main.xml 파일을 layout 폴더에 복사(덮어쓰기), MainActivity.java 파일을 소스 영역에 복사(덮어쓰기)합니다.

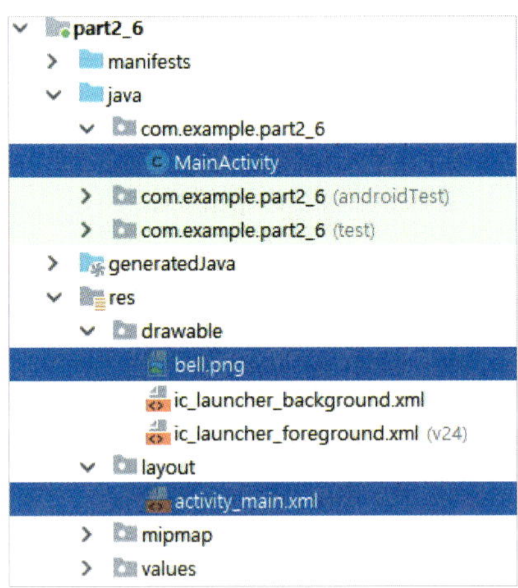


그림 5-7 파일 복사

## Step 4 _ 이벤트 리스너 인터페이스 선언

액티비티 클래스 자체를 이벤트 핸들러로 만들기 위해 다음 두 개의 인터페이스를 클래스 선언 부분에 상속받고 인터페이스의 추상 함수를 재정의합니다.

**MainActivity.java**

```
public class MainActivity extends AppCompatActivity
        implements View.OnClickListener, CompoundButton.OnCheckedChangeListener{

    //...

    @Override
    protected void onCreate(Bundle savedInstanceState) {
        //...
    }

    private void showToast(String message){
        //...
    }
```

```
    @Override
    public void onClick(View v) {
    }

    @Override
    public void onCheckedChanged(CompoundButton buttonView, boolean isChecked) {

    }
}
```

### Step 5 _ onClick( ) 함수 구현

클릭 이벤트의 콜백 함수인 onClick( ) 부분을 다음처럼 구현합니다.

MainActivity.java

```
@Override
public void onClick(View v) {
    if(v==binding.bellName){
        showToast("bell text click event...");
    }else if(v==binding.label){
        showToast("label text click event...");
    }
}
```

### Step 6 _ onCheckedChanged 함수 구현

CheckBox와 Switch의 상태 변경 이벤트 시 호출되는 onCheckedChanged( ) 함수를 다음처럼 구현합니다.

MainActivity.java

```
@Override
public void onCheckedChanged(CompoundButton buttonView, boolean isChecked) {
    if(buttonView==binding.repeatCheck){
        showToast("repeat checkbox is "+isChecked);
    }else if(buttonView==binding.vibrate){
        showToast("vibrate checkbox is "+isChecked);
    }else if(buttonView==binding.onOff){
        showToast("switch is "+isChecked);
    }
}
```

마지막으로 onCreate( ) 함수에 이벤트를 등록합니다.

**MainActivity.java**

```
binding.bellName.setOnClickListener(this);
binding.label.setOnClickListener(this);
binding.repeatCheck.setOnCheckedChangeListener(this);
binding.vibrate.setOnCheckedChangeListener(this);
binding.onOff.setOnCheckedChangeListener(this);
```

### Step 7 _ 실행

part2_5 모듈을 실행하여 결과를 확인합니다. 화면의 각 뷰를 클릭했을 때 토스트가 제대로 뜨는지 테스트해보세요.

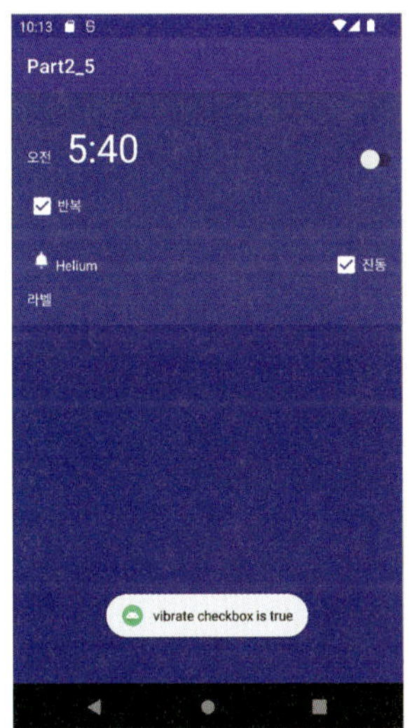


그림 5-8 결과 화면

## 5.2. 터치 이벤트와 키 이벤트

이번에는 키 이벤트와 터치 이벤트를 살펴보겠습니다. 화면이 뷰로 구성되다 보니 대부분의 이벤트를 뷰 이벤트로 처리하지만, 직접 터치 이벤트와 키 이벤트로 처리해야 할 때도 있습니다.

해야 하는 경우가 있습니다.

터치 이벤트와 키 이벤트는 이벤트 소스와 이벤트 핸들러를 리스너로 연결하여 처리하는 구조가 아닙니다. 만약 액티비티에서 터치 이벤트와 키 이벤트를 직접 처리하고 싶다면, 이벤트 발생할 때 자동으로 호출되는 함수만 액티비티 내에 재정의하면 됩니다.

### 5.2.1. 터치 이벤트

액티비티에 보이는 내용을 사용자가 손가락으로 조작하는 일은 터치 이벤트로 처리하여 구현합니다. 또는 액티비티 화면을 터치해서 손가락으로 상하좌우 어떤 방향으로 밀었는지를 알아낼 때도 터치 이벤트로 처리합니다.

터치 이벤트가 발생할 때 콜백 함수를 액티비티 내에 정의하는 것만으로 이벤트 처리가 가능합니다.

```
@Override
public boolean onTouchEvent(MotionEvent event) {
    return super.onTouchEvent(event);
}
```

onTouchEvent 메서드가 호출되는 터치 이벤트는 3가지 타입이 있으며, 이 메서드의 매개변수로 식별해서 사용할 수 있습니다.

- **ACTION_DOWN**: 화면에 터치된 순간의 이벤트
- **ACTION_UP**: 터치를 떼는 순간의 이벤트
- **ACTION_MOVE**: 터치한 후 이동하는 순간의 이벤트

또한, 터치 이벤트가 발생한 지점의 x, y 좌푯값을 얻을 수도 있습니다.

- getX()
- getY()
- getRawX()
- getRawY()

위의 함수 모두 터치 이벤트가 발생한 지점의 x, y 좌푯값을 얻는 데 사용합니다. 이 중 getX(), getY() 함수는 이벤트가 발생한 뷰 내에서의 좌푯값을 반환하며, getRawX(), getRawY() 함수는 화면에서의 좌푯값을 반환합니다.

```
@Override
public boolean onTouchEvent(MotionEvent event) {
    if(event.getAction()==MotionEvent.ACTION_DOWN){
        initX=event.getRawX();
    }
    return true;
}
```

### 5.2.2. 키 이벤트

사용자가 안드로이드 스마트폰의 키를 눌렀을 때 이벤트 처리가 필요한 경우가 있습니다. 흔히 키 이벤트(key event)라고 하면 키보드에서 키를 누른 순간의 이벤트 처리라고 생각하기 쉬운데요. 안드로이드의 소프트 키보드는 키 이벤트로 처리할 수 없습니다.

그림 5-9는 안드로이드 화면에서 키보드가 올라오고 키를 눌러 글을 입력하는 화면인데요. 그림에 보이는 키보드가 '소프트 키보드(soft keyboard)'입니다. 소프트 키보드는 키 이벤트로 처리할 수 없습니다. 만일 소프트 키보드가 아닌 하드웨어 키보드가 제공되는 스마트폰이라면 해당 하드웨어 키보드의 키가 눌렸을 때 키 이벤트로 처리할 수는 있습니다.

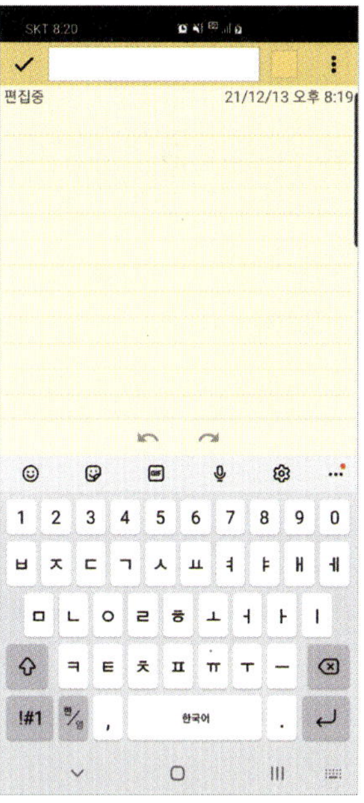

그림 5-9 소프트 키보드

그러나 안드로이드 스마트폰 대부분은 소프트 키보드를 사용하고 있습니다. 그렇다면 키 이벤트 처리는 필요 없지 않을까 싶지만, 키보드 이외의 키 이벤트를 처리하기 위해 자주 이용됩니다.

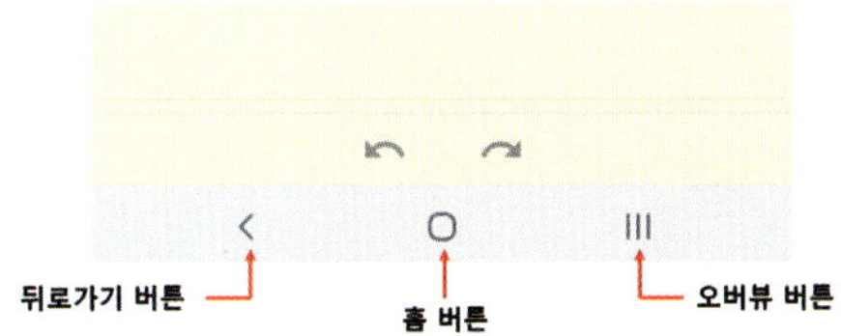


그림 5-10 안드로이드 스마트폰의 시스템 버튼

그림에서 보는 것처럼 키보드가 아니라도 시스템 수준에서 제공하는 버튼들이 있는데, 이 버튼을 누른 순간의 이벤트 처리를 위해 키 이벤트를 이용합니다. 홈, 뒤로가기 버튼은 기본으로 제공되고, 기종에 따라 메뉴, 검색, 오버뷰(overview, ▥) 버튼 등이 제공될 수 있습니다. 키 이벤트는 이러한 버튼을 누른 순간의 이벤트를 처리할 수 있습니다. 다만, 홈과 전원, 오버뷰 버튼은 일반 애플리케이션에서 이벤트 처리로 제어할 수 없습니다.

따라서 앱에서 키 이벤트 처리는 뒤로가기 버튼 처리가 대부분입니다. 뒤로가기 버튼은 기본적으로 이전 액티비티로 화면을 전환하는 버튼인데요. 개발자가 이벤트 처리를 통해 다르게 작동시키고 싶을 때 키 이벤트를 이용합니다. 예를 들어, 뒤로가기 버튼을 눌렀을 때, "정말 종료하시겠습니까?" 또는 "종료하려면 한 번 더 누르세요."라는 메시지를 띄우는 작업은 키 이벤트를 처리해서 작성합니다.

액티비티 내에서 키 이벤트를 처리하려면 키 이벤트가 발생할 때 호출되는 이벤트 함수를 액티비티 내에 정의만 하면 됩니다.

- **onKeyDown**: 키가 눌린 순간의 이벤트
- **onKeyUp**: 키를 떼는 순간의 이벤트
- **onKeyLongPress**: 키를 오래 누르는 순간의 이벤트

```
@Override
public boolean onKeyDown(int keyCode, KeyEvent event) {
    return super.onKeyDown(keyCode, event);
}
```

매개변수로 keyCode 값이 전달되어 어느 버튼을 누른 건지 식별할 수 있습니다.

```
@Override
public boolean onKeyDown(int keyCode, KeyEvent event) {
    if(keyCode==KeyEvent.KEYCODE_BACK){

    }
    return super.onKeyDown(keyCode, event);
}
```

onKeyDown() 메서드 이외에 뒤로가기 버튼 이벤트를 처리할 수 있는 메서드가 하나 더 있는데요. onBackPressed() 메서드를 이용해서 처리할 수도 있습니다. onBackPressed() 함수는 뒤로가기 버튼 제어만을 목적으로 만들어졌으므로 다른 키 이벤트는 처리할 수 없습니다.

```
@Override
public void onBackPressed() {
    super.onBackPressed();
}
```

## [실습 5-2] 터치, 키 이벤트 Step by Step

대부분의 앱에서 제공하는 "종료하려면 한 번 더 누르세요." 메시지를 토스트로 뿌려주는 실습을 진행해보겠습니다. 여기에 추가해서 사용자가 화면을 오른쪽으로 밀었는지 왼쪽으로 밀었는지를 판단해 간단하게 토스트로 출력하는 기능도 작성해보겠습니다.

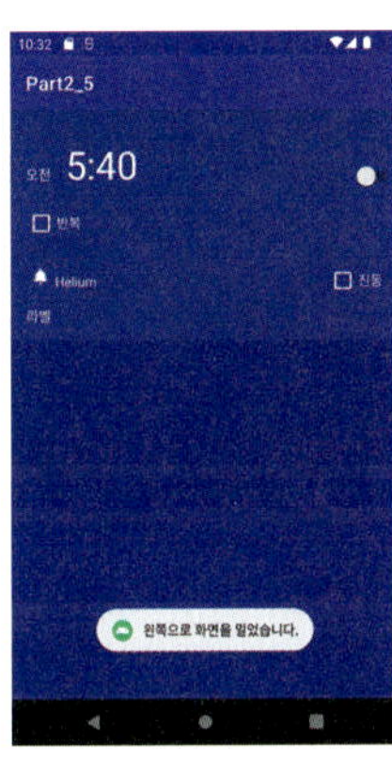


화면을 왼쪽으로 민 경우

뒤로가기 버튼 누른 경우

그림 5-11 실행 결과

이번 실습은 새로운 액티비티를 만들지 않고 [실습 5-1]에서 이용한 MainActivity에 추가해서 개발하겠습니다.

### Step 1 _ onTouchEvent( ) 함수 추가

MainActivity에 onTouchEvent( ) 함수를 추가하고 화면을 왼쪽, 오른쪽으로 밀었는지 확인하는 코드를 작성합니다.

**MainActivity.java**

```
public class MainActivity extends AppCompatActivity
                    implements View.OnClickListener, CompoundButton.OnCheckedChangeListener{

    //...

    float initX;
    @Override
    public boolean onTouchEvent(MotionEvent event) {
```

```
            if(event.getAction()==MotionEvent.ACTION_DOWN){
                initX=event.getRawX();
            }else if(event.getAction()==MotionEvent.ACTION_UP){
                float diffX=initX-event.getRawX();
                if(diffX>30){
                    showToast("왼쪽으로 화면을 밀었습니다.");
                }else if(diffX<-30){
                    showToast("오른쪽으로 화면을 밀었습니다.");
                }
            }
            return true;
        }
    }
```

### Step 2 _ onKeyDown( ) 함수 추가

MainActivity에 onKeyDown( ) 함수를 추가해 뒤로가기 버튼을 두 번 누르면 종료하는 로직을 작성합니다.

**MainActivity.java**

```
public class MainActivity extends AppCompatActivity
                             implements View.OnClickListener, CompoundButton.OnCheckedChangeListener{

    //...

    long initTime;
    @Override
    public boolean onKeyDown(int keyCode, KeyEvent event) {
        if(keyCode==KeyEvent.KEYCODE_BACK){
            if(System.currentTimeMillis() - initTime > 3000){
                //back button을 누른 지 3초가 지난 거라면..
                showToast("종료하려면 한 번 더 누르세요.");
                //현재 시간 저장
                initTime= System.currentTimeMillis();
            }else {
                //3초 이내에 Back button이 두 번 눌린 경우. Activity 종료
                finish();
            }
            return true;
        }
```

```
        return super.onKeyDown(keyCode, event);
    }
}
```

### Step 3 _ 결과 실행

Part2_5 모듈을 실행하여 결과가 정상으로 나오는지 확인하세요.

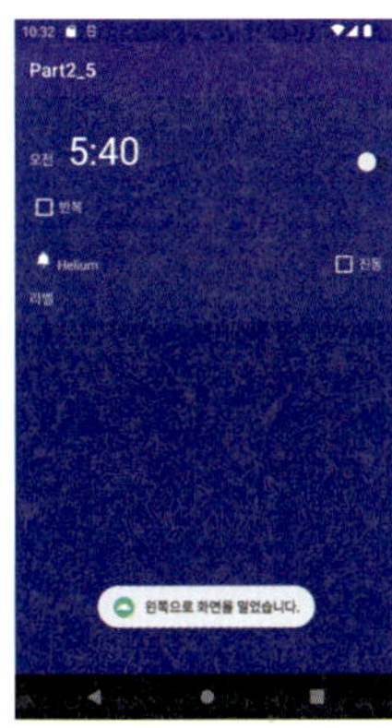


화면을 왼쪽으로 민 경우

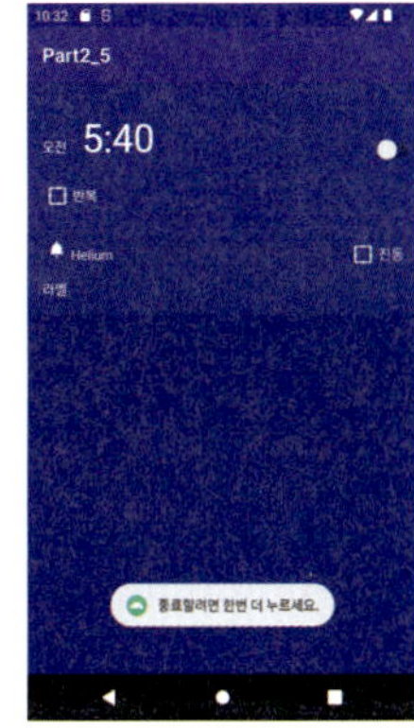


뒤로가기 버튼 누른 경우

그림 5-12 결과 화면

**깡쌤! 질문 있어요!**

**소프트 키보드의 키 이벤트 처리가 안 된다면 사용자가 소프트 키보드로 한 글자씩 누를 때마다 추천 단어를 제공하는 기능은 어떻게 구현하나요?**

&

소프트 키보드는 키 이벤트 처리가 안 됩니다. 하지만 질문의 경우는 사용자 글 입력을 위해 화면에 EditText가 제공될 것이고, EditText의 addTextChangedListener로 등록하여 뷰 이벤트 모델로 처리할 수 있습니다. 물론, 이 경우는 키 이벤트가 아니라 EditText의 value change 이벤트가 됩니다. 또한, 라이브러리에서 추천 단어를 제공하는 AutoCompleteTextView라는 클래스를 제공하고 있습니다. 이 기능은 이후 살펴볼 것입니다.

# 6장

# 리소스 활용 및 스마트폰 크기 호환성

이번 장에서는 안드로이드의 리소스 활용법과 다양한 스마트폰 크기에 대응하여 안드로이드 프로그램을 작성하는 방법에 대해 살펴보겠습니다. 안드로이드에서 리소스 활용은 중요한 개념입니다. 지금까지 사용했던 이미지, 레이아웃, 문자열 이외에 다양한 리소스를 살펴보겠습니다. 또한, 안드로이드 스마트폰은 종류가 다양한 만큼 화면 크기도 다양한데요. 스마트폰의 다양한 화면 크기에 호환하는 개발 방법에 대해 살펴보겠습니다.

## 6.1. 안드로이드 리소스

이 책에서 지금까지는 레이아웃, 이미지, 그리고 문자열 등의 리소스(resource)를 이용해보았는데요. 안드로이드에서 제공하는 리소스는 이 이외에도 많습니다. 안드로이드 프로그램을 작성하면서 리소스를 이용하면 개발 생산성과 유지보수에 도움을 줍니다. 이번 절에서는 values 리소스와 XML 파일 형태의 다양한 리소스를 살펴보겠습니다.

### 6.1.1. 리소스 종류

안드로이드 앱의 리소스들은 모두 res 폴더 하위에 있어야 하며, 개발자가 임의로 폴더를 정의하는 것이 아니라 리소스별 폴더명이 지정되어 있습니다.

- **drawable**: 이미지, 이미지와 관련된 XML, 그림을 표현한 XML
- **layout**: 화면 UI를 정의한 레이아웃 XML
- **values**: 문자열, 색상, 크기 등 여러 가지 값
- **menu**: 액티비티의 메뉴를 구성하기 위한 XML
- **xml**: 특정 폴더가 지정되어 있지 않은 기타 XML
- **anim**: 애니메이션을 위한 XML
- **raw**: 바이트 단위로 직접 이용되는 이진 파일
- **mipmap**: 앱 아이콘 이미지

이처럼 리소스 폴더명은 고정되어 있어서 개발자가 임의로 정의할 수 없으며, 리소스 폴더 하위에 서브 폴더를 작성할 수도 없습니다. 그리고 각 폴더에 리소스 파일을 추가하는 순간, 추가한 리소스를 식별하기 위한 int 형 변수가 R.java 파일에 추가됩니다. 이때 파일명을 변수명으로 사용하므로 리소스 파일명은 자바 명명규칙을 위배할 수 없습니다. 또한, 리소스 파일명에는 대문자를 사용할 수 없습니다.

### 6.1.2. 다양한 리소스 활용

#### 크기 리소스와 색상 리소스

안드로이드 리소스 중 문자열, 배열, 색상, 크기 등 흔히 값이라고 표현되는 리소스는 values 폴더 하위에 위치합니다. 이러한 리소스들은 다른 리소스와 다르게 파일명으로 직접 식별되는 것이 아니라, 각 XML 파일의 태그 이름값으로 식별되어 사용됩니다. values 하위에는 문자열, 색상, 스타일, 배열 정보, 크기 정보 등이 들어갈 수 있는데, 권장 파일명은 다음과 같습니다.

- **strings.xml**: 문자열 리소스 여러 개를 담는 파일. 파일 내에 <string> 태그로 각 리소스 등록
- **colors.xml**: 색상 리소스 여러 개를 담는 파일. 파일 내에 <color> 태그로 각 리소스 등록
- **styles.xml**: 스타일을 여러 개 담는 파일. 파일 내에 <style> 태그로 각 리소스 등록
- **arrays.xml**: 배열 리소스 여러 개를 담는 파일. 파일 내에 <string-array>, <integer-array> 태그로 각 리소스 등록
- **dimens.xml**: 크기 리소스를 담는 파일. 파일 내의 <dimen> 태그로 각 리소스 등록

크기 값을 등록하려면 dimens.xml 파일 내에 〈dimen〉 태그를 이용하여 등록할 수 있습니다.

```
<resources>
    <dimen name="my_margin">16dp</dimen>
    <dimen name="my_padding">16dp</dimen>
</resources>
```

이렇게 등록한 크기 리소스는 R.java 파일에 등록된 dimen 변수를 이용하여 사용합니다. 다음의 코드는 xml 파일 내에서 속성값으로 dimen 리소스를 사용한 것이며, 이를 자바 코드에서 이용하려면 R.dimen.my_padding처럼 사용하면 됩니다.

```
<Button
    android:layout_width="wrap_content"
    android:layout_height="wrap_content"
    android:text="Button1"
    android:padding="@dimen/my_padding"
    android:layout_margin="@dimen/my_margin" />
```

색상 리소스는 values 밑에 colors.xml 파일 내에 〈color〉 태그를 이용하여 등록합니다.

```
<resources>
    <color name="my_background">#FFFF0000</color>
    <color name="my_textColor">#FF00FFFF</color>
</resources>
```

이렇게 등록한 색상 리소스는 R.java 파일에 등록된 color 변수를 이용하여 사용합니다. 다음의 코드는 xml 파일 내에서 속성값으로 color 리소스를 사용한 것이며, 이를 자바 코드에서 이용하려면 R.color.background처럼 사용하면 됩니다.

```
<Button
    android:layout_width="wrap_content"
    android:layout_height="wrap_content"
```

```
    android:text="Button1"
    android:background="@color/my_background"
    android:textColor="@color/my_textColor" />
```

### 스타일 리소스

안드로이드에서 액티비티를 이용하여 화면을 구성할 때 주로 레이아웃 XML 파일을 이용하여 구성하는데, 여러 뷰를 레이아웃 XML에 명시하다 보면 같은 속성이 계속 반복되는 경우가 있습니다. 예로 들면 앱 개발 시 TextView를 워낙 많이 이용하는데, 모든 TextView에 textSize, textColor, textStyle이 같은 값으로 적용되어야 하는 경우입니다. 이처럼 같은 속성이 계속 중복될 때 스타일 리소스를 이용하면 중복을 피할 수 있습니다.

스타일 리소스는 여러 속성을 하나의 스타일로 묶어 필요한 곳에 적용하기 위해 사용됩니다. values 폴더의 styles.xml 파일을 이용합니다. 다음의 코드는 3개의 속성을 묶는 "myStyle"이라는 이름의 새로운 스타일을 정의하였습니다.

```
<style name="myStyle">
    <item name="android:textColor">#FF0000FF</item>
    <item name="android:textSize">20dp</item>
    <item name="android:textStyle">bold</item>
</style>
```

정의한 스타일을 레이아웃 XML 파일에서 style 속성을 이용하여 지정해주면 3개의 속성이 한꺼번에 적용된 효과가 납니다.

```
<TextView
    android:layout_width="match_parent"
    android:layout_height="wrap_content"
    android:text="First"
    style="@style/myStyle"
    />
```

스타일을 정의할 때 다른 스타일을 상속받아 재정의하는 방법도 제공합니다.

```
<style name="myStyle">
    <item name="android:textColor">#FF0000FF</item>
    <item name="android:textSize">20dp</item>
    <item name="android:textStyle">bold</item>
</style>
```

```
<style name="mySubStyle" parent="myStyle">
    <item name="android:textStyle">italic</item>
</style>
```

"myStyle"을 하나 정의하고, 그 아래에 "mySubStyle"을 정의하였는데, mySubStyle은 parent 속성을 이용하여 myStyle을 상속받아 정의하였습니다. 이렇게 하면 mySubStyle에는 myStyle의 내용이 그대로 계승되며, mySubStyle에 새로운 내용을 추가하거나 기존의 것을 바꾸어 사용할 수 있습니다. 위의 코드대로 설명하면 mySubStyle에는 textColor, textSize, textStyle을 정의하였는데, textColor, textSize는 myStyle 내용을 그대로 계승하고, textStyle만 italic으로 바꾼 예입니다.

### 테마 리소스

위에서 살펴본 스타일은 뷰를 위한 스타일입니다. 그런데 액티비티 전체 혹은 앱 전체를 위한 스타일이 있습니다. 이를 흔히 테마(theme)라고 부르는데요.

안드로이드 모듈을 만들면, 기본으로 테마가 등록된 themes.xml 파일이 생성됩니다. 파일명은 themes.xml이지만 〈style〉 태그로 정의합니다.

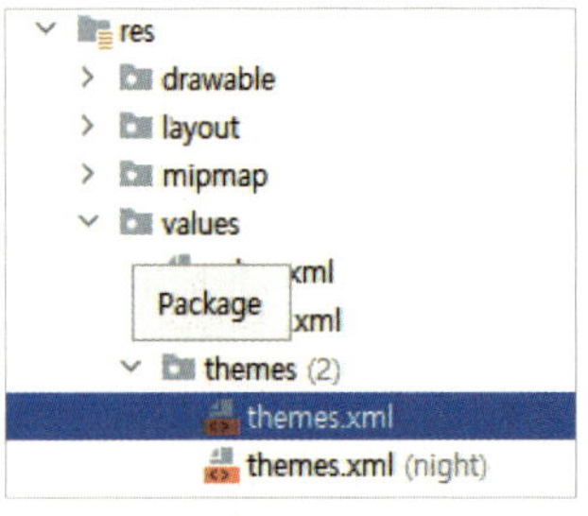

그림 6-1 themes.xml 파일

테마 설정의 대표적인 예로 툴바(toolbar)를 생각해 볼 수 있습니다. 툴바와 관련된 자세한 이야기는 이후에 하고, 여기서는 툴바의 스타일만 생각해 보겠습니다.

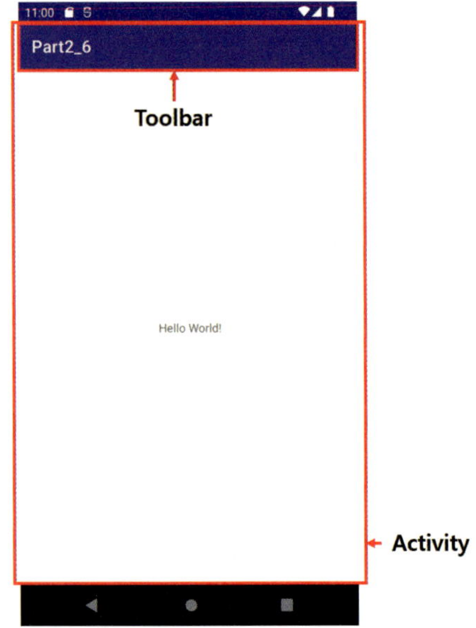

그림 6-2 툴바

그림 6-2는 액티비티를 띄웠을 때의 기본 화면입니다. 액티비티 전체 영역에서 윗부분이 툴바입니다. 툴바의 색상이 보라색 계열이 나왔고 문자열이 흰색으로 표현되었습니다. 이 색상이 적용된 것은 기본 테마가 적용되었기 때문입니다. 모듈을 만들 때 기본으로 만들어지는 themes.xml 파일을 보면 다음과 같은 설정이 있습니다.

```
<style name="Theme.AndroidLab" parent="Theme.MaterialComponents.DayNight.DarkActionBar">
    <item name="colorPrimary">@color/purple_500</item>
    <item name="colorPrimaryVariant">@color/purple_700</item>
    <item name="colorOnPrimary">@color/white</item>
    <item name="colorSecondary">@color/teal_200</item>
    <item name="colorSecondaryVariant">@color/teal_700</item>
    <item name="colorOnSecondary">@color/black</item>
    <item name="android:statusBarColor" tools:targetApi="l">?attr/colorPrimaryVariant</item>
    <!-- Customize your theme here. -->
</style>
```

라이브러리에서 제공하는 테마를 상속받아 "Theme.AndroidLab"라는 이름의 스타일이 하나 정의되어 있고, 이 테마가 액티비티에 적용되어 있습니다. 테마 적용은 뷰를 위한 스타일이 아니므로 레이아웃 XML 파일에 적용하는 게 아니라, 액티비티가 등록되는 AndroidManifest.xml에 설정합니다.

```
<application
    android:allowBackup="true"
    android:icon="@mipmap/ic_launcher"
    android:label="@string/app_name"
    android:roundIcon="@mipmap/ic_launcher_round"
    android:supportsRtl="true"
    android:theme="@style/Theme.AndroidLab">
    <!--중략-->
</application>
```

액티비티의 <application> 태그에 theme 설정이 themes.xml에 선언한 "Theme.AndroidLab"로 되어 있어서, 애플리케이션의 모든 액티비티의 툴바 색상이 Theme.AndroidLab에서 지정한 색상으로 나오게 됩니다.

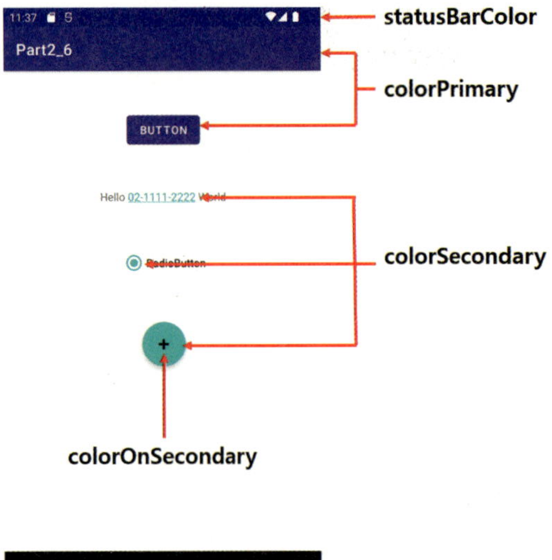


그림 6-3 액티비티 테마 색상

화면을 여러 개의 영역으로 구분해 색상을 부여하기 위해, 영역마다 이름이 지정되어 있습니다. colorPrimary와 colorSecondary는 앱의 브랜드를 표현하기 위한 색상입니다. colorPrimary는 툴바와 버튼의 백그라운드 색상으로 적용되며 colorSecondary는 체크박스, 라디오버튼, 스위치 등의 활성 상태 색상입니다. 그리고 statusBarColor는 상태바의 백그라운드 색상으로 사용됩니다.

또한 colorOnPrimary와 colorOnSecondary는 colorPrimary와 colorSecondary가 적용되는 곳의 포그라운드 색상으로 적용됩니다. 그리고 colorPrimaryVariant와 colorSecondaryVariant는 그림자 색상으로 사용합니다.

해당 값을 변경하는 것만으로 액티비티의 색상을 지정할 수 있습니다. 다음은 기본으로 제공되는 Theme.AndroidLab의 색상만 바꾼 예입니다.

```
<style name="Theme.AndroidLab" parent="Theme.MaterialComponents.DayNight.DarkActionBar">
    <item name="colorPrimary">#FF0000</item>
    <item name="colorPrimaryVariant">@color/purple_700</item>
    <item name="colorOnPrimary">@color/white</item>
    <item name="colorSecondary">#00FF00</item>
    <item name="colorSecondaryVariant">@color/teal_700</item>
    <item name="colorOnSecondary">#FFFFFF</item>
    <item name="android:statusBarColor" tools:targetApi="l">#0000FF</item>
    <!-- Customize your theme here. -->
</style>
```

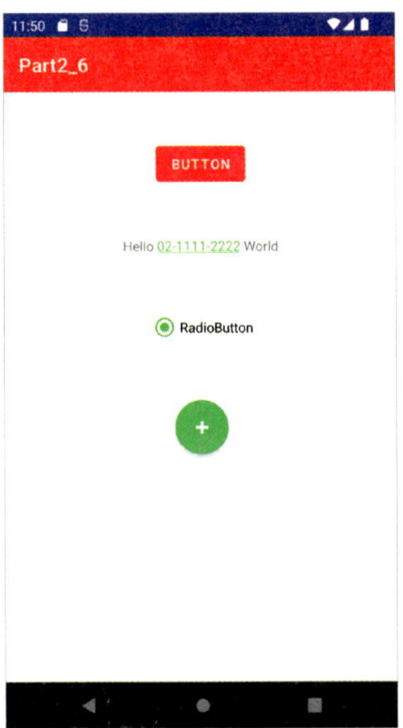


그림 6-4 테마 조정

이렇게 정의한 테마를 <application> 태그에 적용하면 애플리케이션 내의 모든 액티비티에 같은 테마가 적용됩니다. 애플리케이션 내에 액티비티가 여러 개 있을 때, 이 중 하나의 액티비티에만 적용해야 하는 테마도 있겠지요. 이럴 때는 테마를 <activity> 태그에 설정하면 됩니다.

```
<activity
    android:name=".MainActivity"
    android:exported="true"
    android:theme="@style/Theme.AndroidLab">
```

테마를 액티비티에 설정하면 툴바의 색상 값뿐 아니라 툴바 자체가 화면에 안 나오게 할 수도 있습니다. NoActionBar를 상속받아 아래처럼 설정하면 테마가 적용된 액티비티의 툴바 영역이 안 보이게 됩니다.

```
<style name="Theme.AndroidLab" parent="Theme.MaterialComponents.DayNight.NoActionBar">
    <!-- 생략 -->
</style>
```

그림 6-5 NoActionBar 설정

깡쌤! 질문 있어요!

**테마 설정으로 툴바를 안 보이게 했는데요. 스마트폰의 맨 윗줄까지 안 나오게 하려면 어떻게 해야 하나요?**

스마트폰의 맨 윗줄에 시간이 출력되는 부분을 안드로이드에서는 상태바(status bar)라고 부릅니다. 이 영역을 안 보이게 하려면 화면에 뜨는 액티비티를 이 영역까지 차지하게 하면 됩니다.

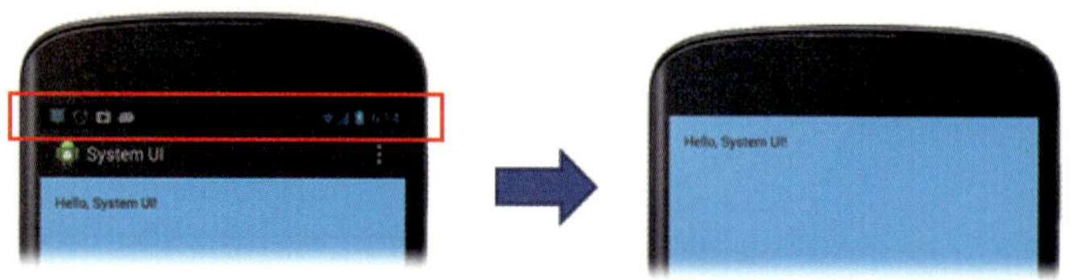


그림 6-6 상태바 조정(출처: developer.android.com)

이는 테마 설정으로 간단하게 적용할 수 있습니다.

```
<style name="Theme.AndroidLab" parent="Theme.MaterialComponents.DayNight.NoActionBar">
    <!-- 생략 -->
    <item name="android:windowFullscreen">true</item>
</style>
```

**액티비티 설정 이야기가 나와서 그런데요, 액티비티를 가로세로 방향으로 고정하려면 어떻게 하나요?**

액티비티의 방향 고정은 AndroidManifest.xml 파일의 <activity> 태그에 속성 설정으로 간단하게 할 수 있습니다. android:screenOrientation="landscape"로 지정하면 가로 방향으로 고정되고, android:screenOrientation="portrait"로 지정하면 세로 방향으로 고정됩니다. 이처럼 액티비티의 방향을 고정하면 사용자가 방향을 전환할 수 없습니다.

## 6.2. 스마트폰 크기 호환성

안드로이드 앱을 개발할 때 개발자들이 어려워하는 부분 중 하나가 다양한 기기에 호환되는 앱을 어떻게 만들까 하는 점입니다. 특히, 안드로이드 스마트폰의 크기가 너무 다양해서 화면이 일관되게 출력되게 하는 방법은 의외로 개발자를 괴롭힐 수 있습니다. 안드로이드 API에는 이 문제를 도와주는 기능이 있지만 개발자가 코드에서 직접 신경 써야 하는 부분도 있습니다.

### 6.2.1. 리소스 폴더명 조건 명시법

안드로이드는 구글에서 만든 플랫폼이지만, 실제 스마트폰을 만드는 제조 업체는 다양합니다. 스마트폰에 따라 화면 크기도 워낙 다양하고 입력장치의 종류도 다양합니다. 또한, 화면의 방향에 따른 지원사항이 달라질 수도 있고, 전 세계인을 대상으로 하는 앱이라면 여러 언어도 제공해야 합니다. 이런 부분을 고려하면서 개발해야 하는데, 코드에서 스마트폰의 크기나 입력장치, 언어, 화면 방향 등을 고려해서 조건문으로 각 기기에 맞게 무언가를 설정해주는 작업은 정말 귀찮은 일이거나 불가능할 정도로 코드 크기가 길게 나열될 수밖에 없습니다.

그런데 기기의 환경에 맞게 리소스를 적용하는 부분을 코드에서 하지 않고 누군가 대신해준다면 개발자 입장에서 그만큼 고마운 것도 없을 것 같습니다. 안드로이드 리소스에서 이 부분을 도와주고 있는데요. 개발자가 리소스 폴더명만 적절한 규칙에 따라 작성해 놓으면 시스템에서 어떤 환경의 기기에 어떤 리소스를 적용할 것인지 스스로 결정해 줍니다.

가장 대표적인 것이 각 스마트폰의 화면 해상도(DPI)에 따라 앱 아이콘 이미지를 달리 보여주는 부분입니다. 우리가 이제껏 만들었던 모듈의 res 폴더를 보면 mipmap 폴더의 구조는 다른 리소스 폴더와 다릅니다.

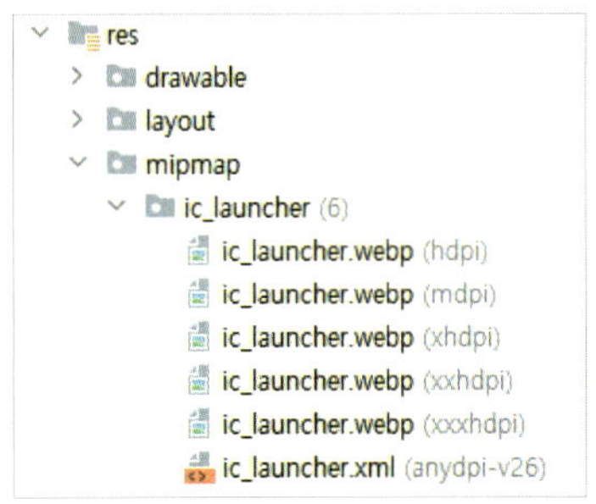

그림 6-7 안드로이드 스튜디오에서 mipmap 폴더 구조

다른 리소스 폴더에는 각 폴더 하위에 파일이 하나씩 있는데 mipmap 폴더를 보면 ic_launcher.png 파일 옆에 (6)이라는 숫자가 보이고, 여섯 개의 파일이 보이며 각 파일명 옆에 (hdpi) 같은 단어가 보입니다. 안드로이드 스튜디오에서 보이는 폴더의 구조는 실제 윈도우 탐색 창에서 보이는 폴더랑 다릅니다.

실제로는 mipmap 폴더가 6개 있으며 "mipmap"에 대시(-)가 추가되어 그 뒤에 "hdpi", "mdpi" 등이 덧붙여진 폴더명이 보입니다. 폴더명의 대시(-) 뒤 단어는 기기 환경에 대한 조건입니다. 프로젝트를 만들 때 자동으로 만들어진 폴더지만, 이렇게 폴더가 준비되어 있다는 건 대시(-) 뒤의 폴더명을 조건으로, 시스템에서 기기 환경에 맞는 리소스를 어느 폴더의 리소스로 사용할 것인지 스스로 결정한다는 의미입니다.

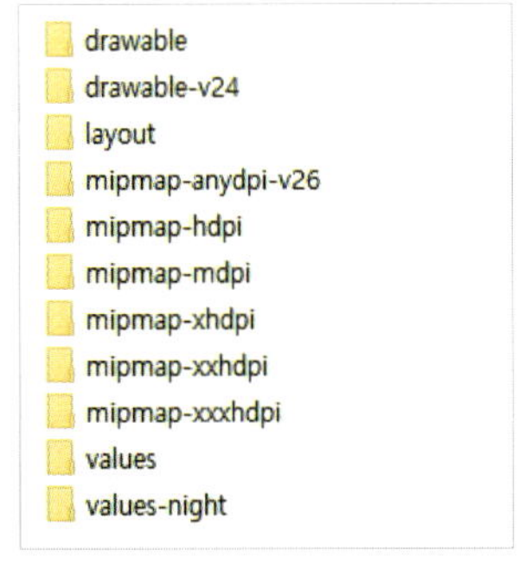

그림 6-8 윈도우 탐색 창의 res 폴더 구조

mipmap은 앱의 아이콘 이미지가 들어가는 폴더입니다. 만약 아이콘 이미지를 하나만 준비해서 적용한다면 모든 스마트폰에 잘 나오기는 하겠지만, 큰 스마트폰에서는 약간 확장되어 나올 것이고 작은 스마트폰에서는 작게 나올 것입니다. 앱의 얼굴이라고 할 수 있는 아이콘 이미지가 이처럼 확장, 축소되어 선명하지 않게 나오는 걸 원하는 개발자는 없을 것입니다. 결국, 각 기기의 크기에 맞게 이미지를 따로 여러 개 준비하여 이미지의 축소나 확대 없이 선명하게 나오게 해야 하는데, 이 부분을 개발자 코드에서 하지 않아도 된다는 점입니다.

각 mipmap 폴더에 같은 이름의 리소스 파일이 있습니다. 이름은 같지만 크기는 각각 다른 파일입니다. 이름이 같아서 R.java 파일에는 리소스 식별자 변수가 하나로 등록됩니다. 따라서 코드에서는 R.drawable.ic_launcher라고 지정만 해주면 됩니다. 코드에서 신경 쓸 필요가 없고, 시스템에서 알아서 hdpi 스마트폰에서는 mipmap-hdpi 폴더 밑의 파일을 적용해주고, xhdpi 스마트폰에서는 mipmap-xhdpi 폴더의 파일을 적용해줍니다. 즉, 대시(-) 뒤 단어인 hdpi는 기기의 조건을 의미하는 것입니다.

이처럼 리소스 폴더명에 대시(-)로 기기의 조건를 주면 이에 따른 리소스 적용을 시스템에서 알아서 적용해주는 구조인데, 폴더명에 지정할 수 있는 조건은 크기 이외에도 많습니다.

- **MCC, MNC:** 모바일 국가 코드, 모바일 네트워크 코드 조건. ex) mcc310(미국), mcc310-mnc004(미국 버라이즌)
- **Language, region:** 언어 및 지역 조건. 언어는 ISO 639-1의 두 글자, 지역은 ISO 3166-1-alpha-2 코드의 두 글자로 r(소문자)로 시작. ex) en, en-rUS, fr-rFR
- **Layout Direction:** 레이아웃 방향 조건. 아랍어 혹은 히브리어 등을 위한 오른쪽에서 왼쪽 형태의 레이아웃을 적용 시 유용하게 이용. ldrtl은 오른쪽에서 왼쪽, ldltr은 왼쪽에서 오른쪽
- **smallestWidth:** 화면 크기에 대한 조건 중 smallestWidth에 대한 조건. smallestWidth는 화면의 높이와 너비의 짧은 쪽에 대한 조건을 의미하며, 화면 방향과는 관계없음. ex) sw320dp이면 너비든 높이든 화면 방향과 상관없이 작은 쪽의 치수가 320인 경우
- **Available width:** 화면의 너비에 대한 조건. ex) w720dp
- **Available height:** 화면의 높이에 대한 조건. ex) h720dp
- **Screen size:** 화면 크기를 small, normal, large, xlarge 등으로 나누어 조건 명시. small은 320x426, normal은 320x470, large는 480x640, xlarge는 720x960 정도의 크기
- **Screen aspect:** 화면의 종횡비 조건. long은 WQVGA, WVGA, FWVGA 같은 긴 화면, notlong은 QVGA, HVGA, VGA 같은 길지 않은 화면
- **Screen orientation:** 화면 방향 조건. port는 세로 방향, land는 가로 방향
- **UI mode:** 기기가 독(dock)에서 추가되거나 제거될 때 대응할 수 있는 방법의 조건. car는 자동차, desk는 데스크, television은 텔레비전, appliance는 표시되지 않은 제품

- **Night mode**: 야간 모드에 대응할 수 있는 조건. night는 야간, nonight는 주간
- **Screen pixel density(dpi)**: 화면 밀도에 대한 조건. ldpi는 ~120dpi, mdpi는 ~160dpi, hdpi는 ~240dpi, xhdpi는 ~320dpi, xxhdpi는 ~480dpi, xxxhdpi는 ~640dpi
- **Touchscreen type**: 터치스크린 지원 여부 조건. notouch는 터치스크린을 지원하지 않는 기기, finger는 터치스크린 지원하는 기기
- **Keyboard availability**: 키보드에 대한 조건. keysexposed는 키보드가 노출된 경우, keyshidden은 키보드가 비활성화 상태, keyssoft는 소프트 키보드 활성 상태
- **Primary text input method**: 키보드 타입에 대한 조건. nokey는 하드웨어 키가 없는 기기, qwerty는 하드웨어 쿼티 키보드를 가지는 기기, 12key는 12키 하드웨어 키보드를 가지는 기기
- **Navigation key availability**: UI 탐색 키 사용 유무에 대한 조건. navexposed는 탐색 키를 사용할 수 있는 상황, navhidden은 탐색 키를 사용할 수 없는 상황
- **Primary non-touch navigation method**: 탐색 키를 지원하는지에 대한 조건. nonav는 터치 스크린 이외 다른 내비게이션 기능이 없는 경우, dpad는 탐색을 위한 방향 패드가 있는 경우, trackball은 탐색을 위한 트랙볼이 있는 경우, wheel은 탐색을 위한 방향 휠이 있는 경우
- **Platform Version(API Level)**: 기기의 API 레벨에 대한 조건. v7은 API 레벨 7 이상의 기기

실제 개발 시 자주 이용되는 조건도 있고 자주 이용되지 않는 조건도 있습니다. 위의 조건들을 폴더명에 대시를 이용해 명시할 때 지켜야 할 규칙도 있는데요. 다음의 규칙에 맞게 명시해야 합니다.

- 대시로 구분하여 하나의 폴더에 여러 조건을 명시할 수 있습니다. 예로 들면, drawable-en-rUS-land처럼 하나의 폴더에 여러 개의 조건을 명시하는 것도 가능합니다. 이렇게 여러 개의 조건을 하나의 폴더에 명시하면 여러 조건을 모두 만족할 때 해당 폴더의 리소스가 적용됩니다. 즉, And 연산으로 적용되며 Or 연산은 제공하지 않습니다.
- 대시로 구분하여 하나의 폴더에 여러 조건을 명시할 때 조건의 순서가 있습니다. 위에서 설명한 순서가 조건이 나열되는 순서입니다. 예로 들면, dpi와 화면 방향을 같이 명시하고 싶으면 dpi가 먼저 명시되어야 합니다. drawable-hdpi-port는 가능하지만, drawable-port-hdpi는 불가능합니다.
- 폴더에 서브 폴더로 조건을 세분화하는 건 불가능합니다. 예로 들면, res/drawable/drawable-en 같은 형태의 폴더 세분화는 불가능합니다.
- 조건에 대한 대소문자는 구분하지 않습니다. 대문자는 가독성을 위한 것일 뿐입니다.
- 하나의 폴더에는 각 조건마다 하나의 값만 명시할 수 있습니다. 예로 들면, 언어에 대한 조건을 스페인어와 프랑스어에 대한 조건을 주고 싶을 때 폴더를 두 개 만들어야지, 하나의 폴더에 같은 조건인 언어에 대한 조건을 두 개 줄 수 없습니다. 즉, drawable-rES-rFR은 불가능한 표현입니다. drawable-rES와 drawable-rFR이라는 두 개의 폴더를 만들어야 합니다.

위에서 설명한 리소스 폴더명으로 조건을 지정하는 방법 중 자주 이용되는 몇 가지를 살펴보겠습니다. 앱이 여러 국가의 사용자들을 대상으로 만들었다면 여러 언어를 지원해야 합니다. 이 부분을 흔히 국제화 표현이라고 하는데 안드로이드에서 국제화 표현도 리소스 폴더명 조건으로 해결합니다.

그림 6-9 Locale 리소스

values 폴더 하위에 strings.xml 파일이 있고 values-ko-rKR 폴더 하위에도 strings.xml 파일이 있습니다. 우선 values/strings.xml 파일에 다음처럼 입력합니다.

```
<string name="hello">Hello!!</string>
```

그리고 이번에는 values-ko-rKR/strings.xml 파일에 같은 이름으로 한국어를 입력합니다.

```
<string name="hello">안녕하세요!!</string>
```

이렇게 등록하고 자바 코드나 레이아웃 XML 파일에서 R 파일에 등록된 int 변수를 이용하면, 시스템이 알아서 어느 폴더의 리소스를 이용할지 결정하게 됩니다.

이번에는 사용자 스마트폰의 방향이 세로일 때와 가로일 때 레이아웃을 교체해서 보여주는 상황을 가정해 보겠습니다. 가로세로 방향에서 레이아웃 XML을 교체해서 적용해야 하는 상황인데요. 이때도 layout 폴더에 대시(-)를 이용해 방향에 대한 조건을 명시해줍니다.

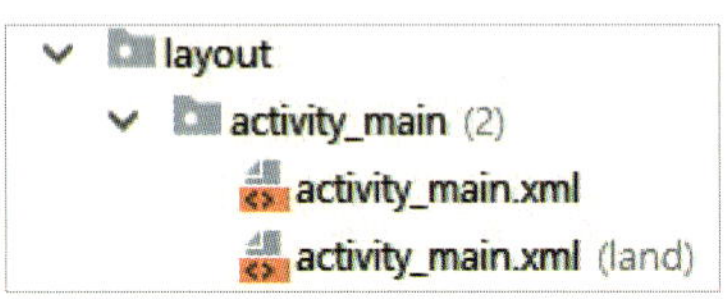


그림 6-10 orientation 리소스

layout 폴더와 layout-land 폴더가 있습니다. 그리고 두 폴더에 같은 이름의 activity_main.xml 파일을 두었습니다. 이렇게 정의해 놓으면 세로 방향에서는 layout/activity_main.xml 파일이 적용되고, 가로 방향에서는 layout-land/activity_main.xml 파일이 적용됩니다.

### 6.2.2. WindowMetrics

스마트폰의 사이즈를 개발자가 직접 코드로 획득해야 할 때도 있습니다. 이때, 코드로 스마트폰의 사이즈 정보를 획득하는 방법은 API Level 30 버전과 이전 버전에 차이가 있습니다. 30 이전 버전에서 이용하던 DisplayMetrics 객체의 많은 기능을 30 버전부터 지원하고 있지 않기 때문입니다. 30 버전부터는 WindowMetrics 객체를 이용할 것을 권장하고 있습니다. 그러므로 앱이 동작하는 기기의 버전을 아래처럼 30 버전 이전과 이후로 구분해 프로그램을 작성해야 합니다.

아래의 코드는 버전을 고려하여 스마트폰의 가로세로 크기를 획득하는 코드입니다.

```
if (Build.VERSION.SDK_INT >= Build.VERSION_CODES.R) {
    val windowMetrics: WindowMetrics = windowManager.currentWindowMetrics
    binding.textView.text = "width : ${windowMetrics.bounds.width()}, height :
${windowMetrics.bounds.height()}"
} else {
    val display = windowManager.defaultDisplay
    val displayMetrics = DisplayMetrics()
    display?.getRealMetrics(displayMetrics)
    binding.textView.text = "width : ${displayMetrics.widthPixels}, height :
${displayMetrics.heightPixels}"
}
```

Build.VERSION.SDK_INT는 앱이 실행되는 기기의 버전 정보이며, Build.VERSION_CODES.R은 안드로이드 11 버전, 즉 API Level 30 버전을 의미합니다.

## 6.2.3. 논리적 단위로 스마트폰 크기 호환성 확보

안드로이드 스마트폰의 화면 크기가 다양하다 보니, 여러 크기에 호환하는 UI를 작성하려면 리소스 폴더명에 대한 조건으로 여러 환경에 대응하는 앱을 만들 수도 있고, 개발자가 직접 화면 정보를 추출해서 여러 환경에 대응하게 작성할 수도 있습니다. 또 크기를 명시할 때 논리적인 단위를 이용하여 스마트폰 크기의 다양성에 대응해야 합니다. 앱을 개발할 때 화면에 출력되는 뷰들의 크기와 문자열 크기를 직접 명시해야 하는 경우가 있는데, 이때 크기는 px, dp, sp, in, mm 등 다양한 단위로 사용할 수 있습니다.

- **dp(dip)**: Density-Independent Pixels. 스크린의 물리적 밀도에 기초한 단위. 160dpi(dots per inch)에 상대적 수치
- **sp(sip)**: Scale-Independent Pixels. dp와 유사하며 폰트 크기에 적용
- **pt**: Points. 화면 크기의 1/72를 1pt
- **px**: 픽셀
- **mm**: 밀리미터
- **in**: 인치

위와 같은 단위를 이용하여 크기를 지정할 수 있는데요. 안드로이드에서는 dp를 권장하며 문자열 폰트의 크기는 sp를 권장합니다. 이유는 px로 물리적인 크기를 부여하는 반면, dp 혹은 sp로는 시스템에서 스마트폰의 화면 dpi에 따라 논리적인 크기를 계산해서 적용하므로 다양한 화면 크기에 호환하는 프로그램을 작성할 수 있기 때문입니다.

dp 단위를 사용했을 때 시스템에서 120dpi를 ldpi 스마트폰으로 식별하고, 160dpi = mdpi, 240dpi = hdpi, 320dpi = xhdpi, 480dpi = xxhdpi, 640dpi = xxxhdpi로 식별하여 크기를 적절하게 줄이거나 늘려줍니다. 계산 로직은 mdpi를 기준으로 합니다. mdpi 스마트폰에서는 1dp가 1px을 차지합니다. ldpi 스마트폰에서는 1dp는 0.75를 곱해서 크기가 감소하며, hdpi 스마트폰에서는 1dp에 1.5를 곱하므로 크게 적용되며, xhdpi 스마트폰에서는 1dp로 주면 2.0을 곱해서 적용합니다.

**깡쌤! 질문 있어요!**

**안드로이드 앱 개발에서 논리 단위가 중요한 것 같은데요. 자바 코드 영역에서 크기를 지정할 때는 논리 단위가 적용되지 않지요?**

당연합니다. dp라는 논리 단위로 스마트폰 크기 호환성에 도움을 받을 수 있지만, 이는 레이아웃 XML 파일에서 크기를 명시할 때 사용할 수 있는 단위이지, 자바 코드에서 크기가 명시되는 경우는 무조건 px 단위로만 지정할 수 있습니다. 이때 스마트폰 크기 호환성이 문제될 수 있는데요. 개발자가 WindowMetrics 혹은 DisplayMetrics 클래스로 스마트폰의 dpi를 판단한 후 직접 계산해주어 hdpi에서는 조금 크게, ldpi에서는 조금 작게 나오게 조정해 주어야 합니다. 그런데 만약 이 부분이 귀찮다면 dimen 리소스를 이용하면 됩니다 dimen 리소스 XML 파일에는 dp 단위로 주고 개발자 코드에서 getDimension( ) 함수로 획득하면 알아서 스마트폰의 dpi 값에 따른 px로 환산된 결괏값이 넘어와서 편하게 이용할 수 있습니다.

## [실습 6-1] 리소스 폴더명 조건 활용하기 Step by Step

앞에서 설명한 리소스 폴더명 조건에 대한 테스트를 진행해 보겠습니다.

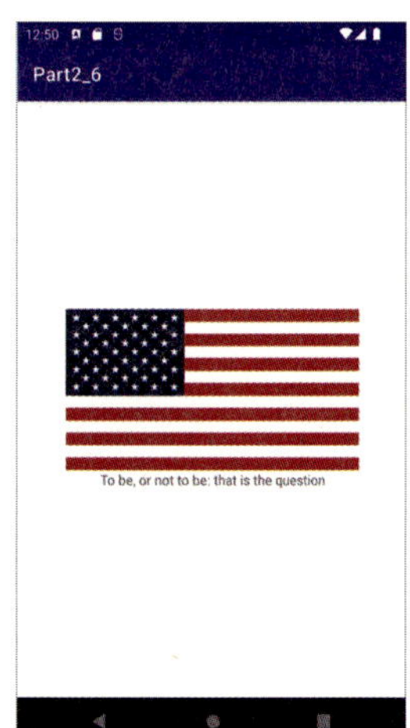


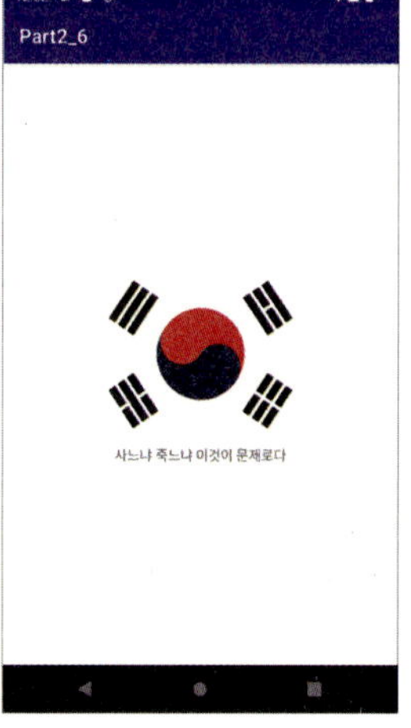


그림 6-11 Locale en 결과(왼쪽)와 Locale ko 결과(오른쪽)

### Step 1 _ 모듈 생성

이번 6장의 실습을 위해 이름을 "Part2_6"로 하는 새 모듈을 만듭니다. 액티비티 설정에서 'Source Language' 부분을 Java로 지정합니다.

### Step 2 _ 문자열 리소스 등록

res/values/strings.xml에 다음처럼 문자열 리소스를 등록합니다.

**res/values/strings.xml**

```
<resources>
    <string name="app_name">Part2_6</string>
    <string name="note">To be, or not to be: that is the question</string>
</resources>
```

### Step 3 _ 한국어 문자열 리소스 파일 생성

한국어를 등록하기 위한 strings.xml 파일을 만듭니다. values 폴더를 마우스 오른쪽으로 선택하고, [New → Values resource file] 메뉴로 새로운 파일을 만듭니다.

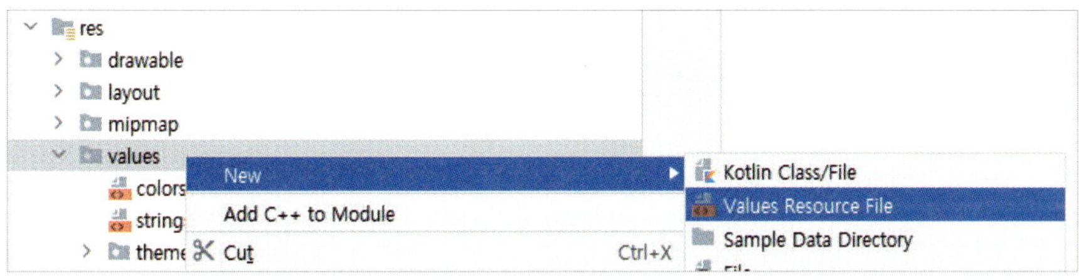


그림 6-12 새로운 리소스 파일

새 리소스 파일을 만드는 창에서 'File name'에 "strings"을 입력합니다. 그리고 왼쪽 항목 상자에서 'Locale'을 선택하고, 중간의 》 버튼을 클릭합니다.

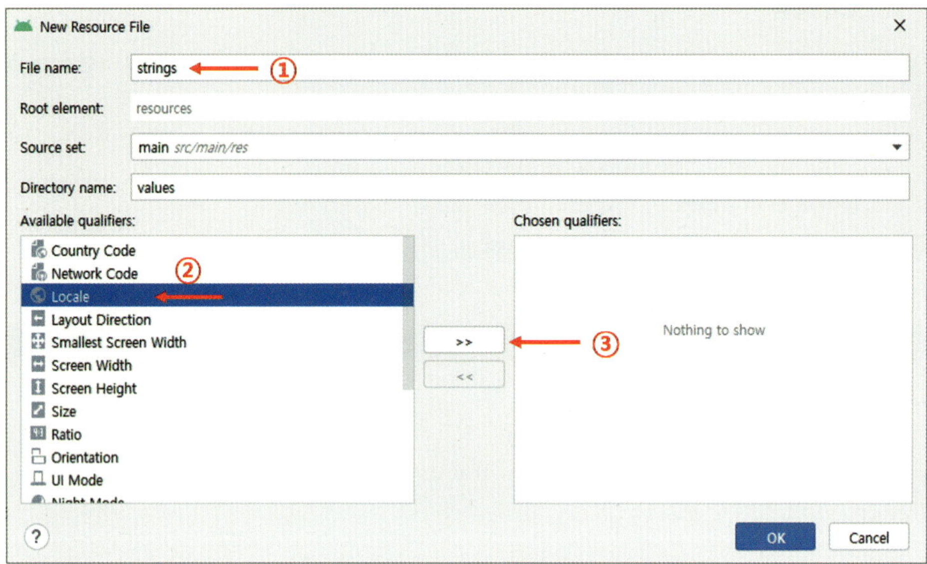


그림 6-13 Locale 조건 명시

그다음 언어와 지역 등을 추가해 줍니다. Language 상자에서 'ko: Korean'을 선택하고, 오른쪽 상자에서 'KR: South Korea'를 선택합니다. 이렇게 strings.xml 파일을 만들면서 폴더명 조건을 추가해 주었습니다.

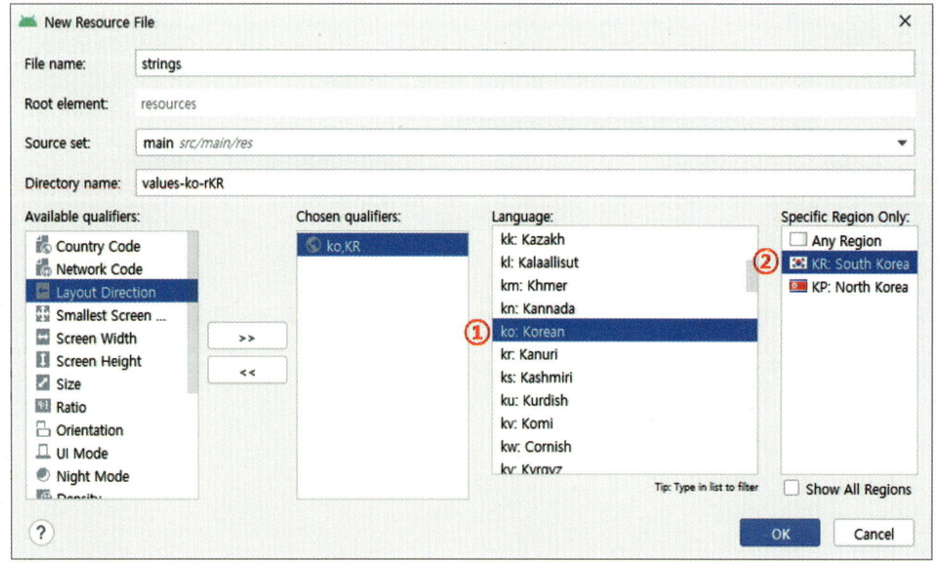


그림 6-14 ko-rKR 추가

## Step 4 _ 한글 문자열 리소스 등록

<Step 3>에서 추가한 strings.xml (ko-rKR) 파일에 다음의 코드를 추가합니다.

**res/values/strings(2)/strings.xml (ko-rKR)**

```
<?xml version="1.0" encoding="utf-8"?>
<resources>
    <string name="app_name">Part2_6</string>
    <string name="note">사느냐 죽느냐 이것이 문제로다</string>
</resources>
```

## Step 5 _ 이미지 리소스 복사

drawable 폴더에 이미지 파일을 복사합니다. 여기서는 성조기와 태극기 이미지를 복사하며 태극기 이미지는 drawable-ko-rKR 폴더에 추가하겠습니다. 두 이미지 모두 파일명이 "flag.jpg"으로 같습니다. res 폴더를 마우스 오른쪽으로 선택하고, [New → Android resource directory] 메뉴를 선택합니다.

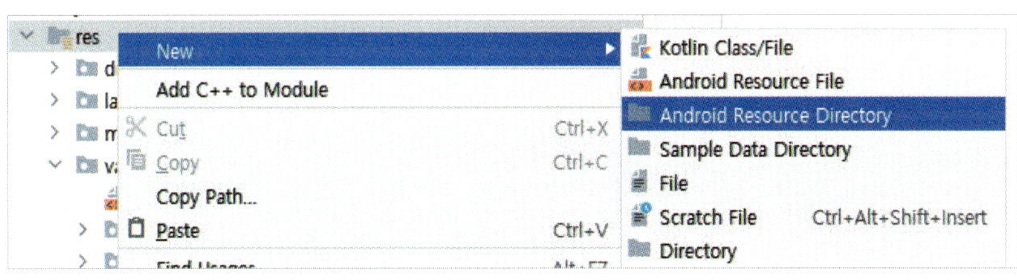


그림 6-15 새로운 리소스 폴더 생성

<Step 3>에서 했던 방식과 동일하게 drawable 폴더를 만듭니다. 'Resource type'에서 drawable을 선택하고 Locale을 추가한 후 ko-rKR을 선택합니다.

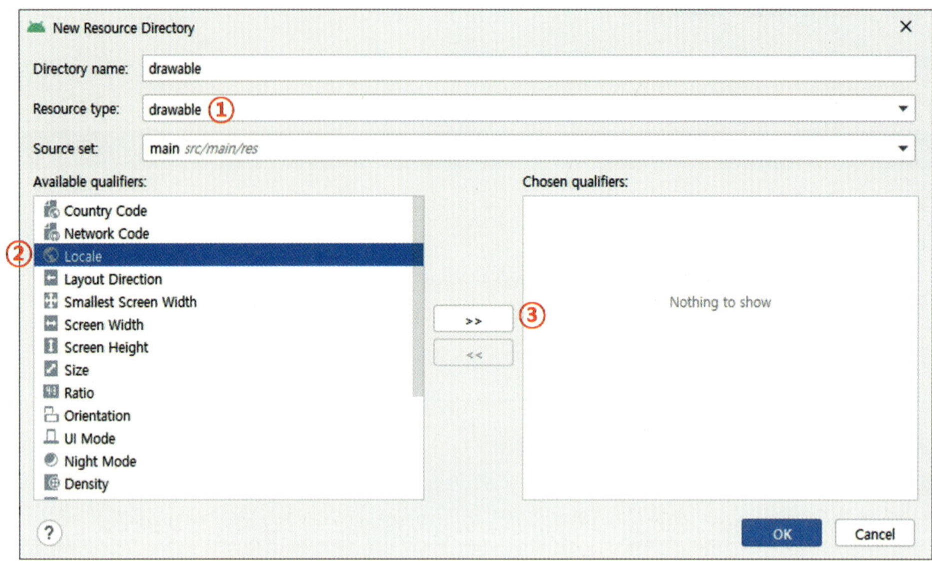


그림 6-16 drawable 폴더 조건 명시

그런데 이렇게 해도 폴더만 만들어진 것이지, 아직 파일이 복사되지 않아서 안드로이드 스튜디오상에서는 표시되지 않습니다. 걱정하지 말고 일단 파일을 복사해보세요. 그러면 어디에 복사할 것인지 물어봅니다.

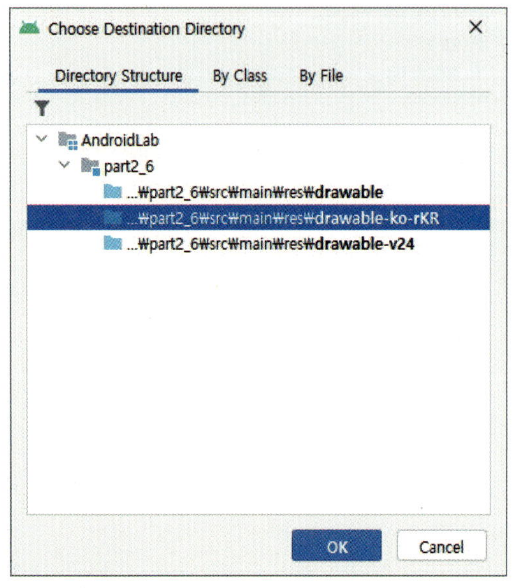


그림 6-17 drawable 폴더 선택

성조기 이미지는 drawable, 태극기 이미지는 drawable-ko에 복사합니다.

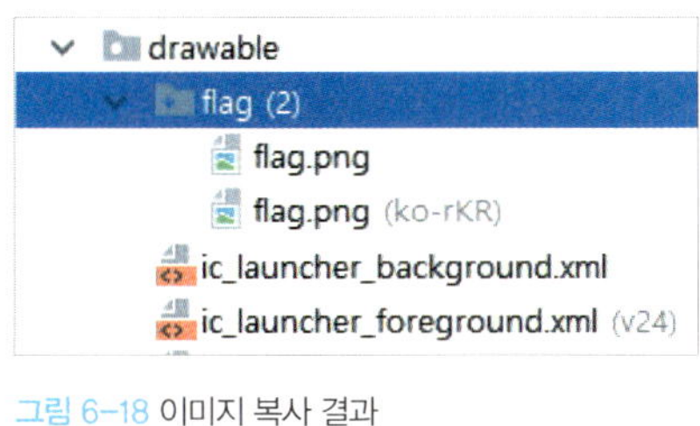


그림 6-18 이미지 복사 결과

## Step 6 _ activity_main.xml

간단한 레이아웃 XML을 작성하여 resource 폴더명 조건에 맞게 화면이 나오는지 테스트합니다.

**activity_main.xml**

```
<?xml version="1.0" encoding="utf-8"?>
<LinearLayout xmlns:android="http://schemas.android.com/apk/res/android"
    android:layout_width="match_parent"
    android:layout_height="match_parent"
    android:orientation="vertical"
    android:gravity="center">

    <ImageView
        android:layout_width="wrap_content"
        android:layout_height="wrap_content"
        android:src="@drawable/flag"/>

    <TextView
        android:layout_width="wrap_content"
        android:layout_height="wrap_content"
        android:text="@string/note"/>

</LinearLayout>
```

## Step 7 _ 실행

part2-6 모듈을 실행하여 결과를 확인합니다. 스마트폰의 로케일(locale)이 'ko'이면 태극기와 한국어를 출력하며, 'en'이면 성조기와 영어로 출력합니다.

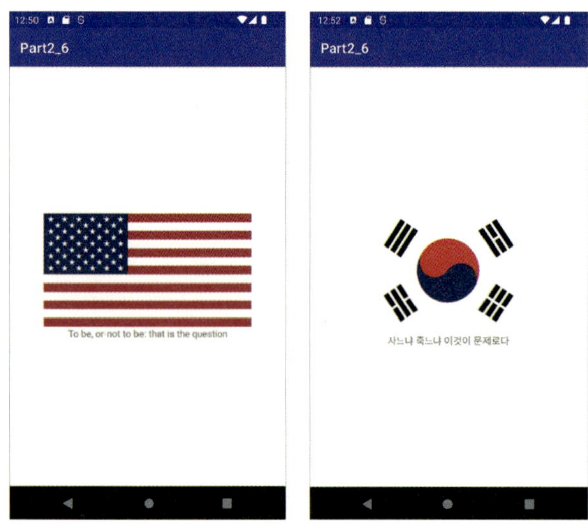


그림 6-19 Locale en 결과(왼쪽)와 Locale ko 결과(오른쪽)

# 7장

# 다양한 사용자 알림 효과

앱이 실행될 때 다양한 상황이 발생하며 이를 사용자에게 적절하게 알려주는 것은 앱의 필수 구성요소입니다. 이번 장에서는 진동, 소리, 토스트, 다이얼로그 등 다양한 사용자 알림 효과에 대해 다룹니다.

# 7.1. 퍼미션

이번 장에서는 사용자 알림에 대해 살펴보겠습니다. 먼저, 진동 알림을 다룰 때 필요한 퍼미션(permission)이란 개념을 알아봅시다. 퍼미션 설정은 진동 알림뿐만 아니라 안드로이드 전역의 다양한 기능을 구현할 때 필요합니다.

## 7.1.1. 퍼미션이란?

퍼미션(permission)이란, 개발자 코드의 알고리즘이 아니라 AndroidManifest.xml에 들어가는 설정입니다. 안드로이드는 컴포넌트를 이용한 앱과 앱 사이의 연동이 빈번한데요. 이러한 연동에서 어떤 앱이 〈permission〉을 부여했다면, 그 앱을 이용하는 앱은 〈uses-permission〉을 선언해야 합니다. 이는 앱과 앱 간의 문제일 수도 있고, 시스템에서 특정 기능에 퍼미션을 부여한 경우일 수도 있습니다. 그러면 그 기능을 이용하는 앱은 〈uses-permission〉을 선언해야 합니다. 안드로이드 시스템의 정책적인 측면이므로 처음 보는 분들은 이해하는 데 좀 난해할 수 있을 것 같습니다. 최대한 쉽게 풀어서 설명해 보겠습니다.

### 〈permission〉

〈permission〉은 자신의 앱이 외부에서 이용될 때 권한을 부여하여 해당 권한을 가지고 들어올 때만 실행되게 하기 위한 설정입니다. 〈uses-permission〉은 〈permission〉이 선언된 앱을 이용하는 앱에 선언되는 설정입니다. 〈permission〉으로 선언된 앱을 이용하는 앱이 〈uses-permission〉을 선언하지 않으면 실행 시 에러가 발생합니다.

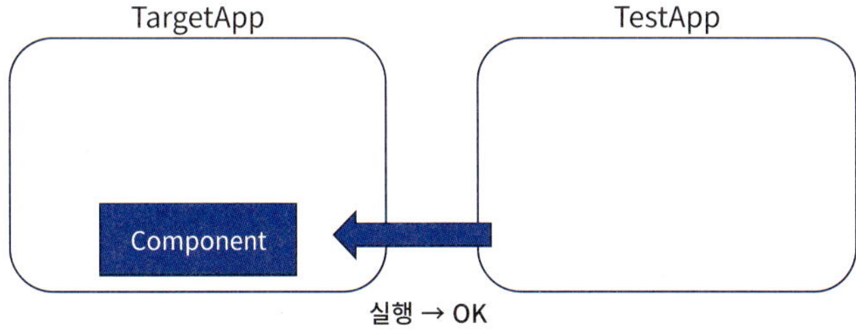


그림 7-1 퍼미션 설정이 안 된 상태의 연동

그림에는 두 개의 앱이 있습니다. TargetApp 앱은 컴포넌트를 가지고 있고 TestApp은 TargetApp의 컴포넌트를 실행하는 앱입니다. 여기서 컴포넌트는 액티비티일 수도 있고, 서비스나 콘텐트 프로바이더일 수도 있습니다. 위의 그림은 퍼미션 설정이 안 된 상태입니다. 따라서 두 앱 사이의 연동은 잘 수행됩니다. 그런데 TargetApp이 퍼미션을 설정하면 문제가 발생합니다.

다음 그림은 그림 7-1과 같은 구조인데 실행 대상이 되는 TargetApp의 AndroidManifest.xml 파일에 〈permission〉이 선언되어 컴포넌트가 보호되고 있습니다.

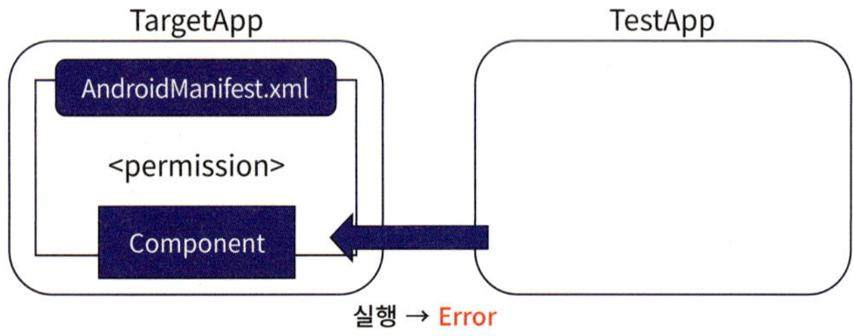


그림 7-2 〈permission〉 선언

이때 TestApp을 실행하면 에러가 발생합니다. TestApp이 〈permission〉이 선언된 앱의 컴포넌트를 실행했는데 자신에게 〈uses-permission〉을 선언하지 않았기 때문입니다.

이번에는 TestApp의 AndroidManifest.xml 파일에 〈uses-permission〉이 선언된 예입니다. 이렇게 선언만 하면 잘 실행됩니다.

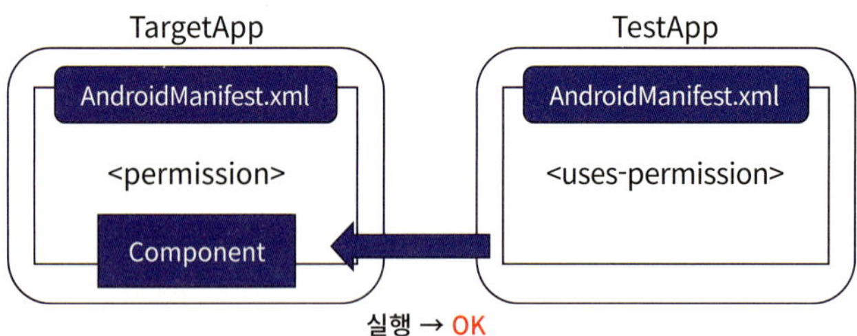


그림 7-3 uses-permission 선언

정리해 보면 앱의 컴포넌트를 보호하고 싶을 때 〈permission〉을 선언하고, 그렇게 선언된 앱을 이용하려면 〈uses-permission〉을 선언하는 구조입니다.

예를 들어, 다음과 같은 액티비티를 외부에서 이용한다면 자바 코드에서 인텐트(이후에 자세히 다룹니다)를 발생시키면 됩니다.

```
<activity
    android:name=".SomeActivity"
    android:exported="false" >
    <intent-filter>
        <action android:name="AAA"/>
        <category android:name="android.intent.category.DEFAULT"/>
    </intent-filter>
</activity>
```

잘 실행되겠지요. 그런데 이 액티비티를 퍼미션으로 보호하고 싶다면 AndroidManifest.xml에 <permission> 태그를 추가합니다.

```
<permission android:name="com.test.permission.SOME_PERMISSION"
    android:label="SOME Permission"
    android:description="@string/permission"
    android:protectionLevel="normal"/>
```

위의 코드는 AndroidManifest.xml에 새로운 퍼미션을 선언합니다.

- **name**: 퍼미션의 이름
- **label, description**: 퍼미션에 대한 설명(사용자에게 보이는 문자열)
- **protectionLevel**: 보호 수준

label과 description은 사용자를 위한 문자열로 앱의 권한 인증 화면에 출력됩니다. 또한, protectionLevel을 이용해 보호 수준을 명시할 수 있습니다.

- **normal**: 낮은 수준의 보호. 사용자에게 권한 부여 요청이 필요 없는 경우
- **dangerous**: 높은 수준의 보호. 사용자에게 권한 부여 요청이 필요한 경우
- **signature**: 동일한 키로 서명된 앱만 실행
- **signatureOrSystem**: 안드로이드 시스템 앱이거나 동일 키로 서명된 앱만 실행

이렇게 선언한다고 컴포넌트가 퍼미션에 의해 보호되는 것은 아닙니다. 앱에 컴포넌트가 여러 개 있고, 그중 특정 컴포넌트만 보호하고 싶은 경우도 있습니다. 결국, 컴포넌트에 퍼미션을 적용해야 보호됩니다.

```
<activity android:name=".SomeActivity"
    android:permission="com.test.permission.SOME_PERMISSION">
    <intent-filter>
        <action android:name="AAA"/>
        <category android:name="android.intent.category.DEFAULT"/>
    </intent-filter>
</activity>
```

위의 코드는 <activity> 태그에 android:permisison 속성을 이용해 선언한 퍼미션을 적용한 예입니다. 이렇게 보호된 컴포넌트를 이용하는 앱은 AndroidManifest.xml에 <uses-permission>이 등록되어 있어야 합니다.

```
<manifest xmlns:android="http://schemas.android.com/apk/res/android"
    package="com.example.test">

    <uses-permission android:name="com.test.permission.SOME_PERMISSION"/>
    <!--중략-->
</manifest>
```

### protectionLevel 속성

퍼미션을 선언할 때 protectionLevel 속성을 선언하는데, 보통 "normal", "dangerous", "signature" 중 하나의 값으로 설정합니다. 어떤 값으로 선언하는지에 따라 동작이 달라지는데요. "normal"로 선언하면 퍼미션으로 보호되는 기능이 사용자에게 위험 부담이 적다는 의미입니다. 즉, 〈uses-permission〉은 요구하지만 사용자에게 퍼미션 부여를 요구하지는 않습니다. "dangerous"로 선언하면 퍼미션으로 보호되는 기능이 사용자에게 위험 부담이 크다는 의미입니다. 〈uses-permission〉도 요구하고 사용자에게 퍼미션 부여도 요구합니다. "signature"는 외부 앱이 같은 키로 서명되어 있어야 실행됩니다.

사용자에게 퍼미션 부여를 요구한다? 이 말의 의미는 무엇일까요? Android 6.0(API Level 23) 버전 이상의 스마트폰을 보면 쉽게 이해할 수 있습니다. 만약 다음처럼 〈uses-permission〉이 부여된 앱이 있다고 가정합시다.

```
<uses-permission android:name="android.permission.ACCESS_NETWORK_STATE"/>
<uses-permission android:name="android.permission.ACCESS_FINE_LOCATION"/>
```

두 개의 〈uses-permission〉이 부여되었습니다. 위의 퍼미션은 모두 시스템에서 부여한 것입니다. android.permission.ACCESS_NETWORK_STATE는 스마트폰의 네트워크 정보에 접근할 때 필요한 퍼미션으로, protectionLevel이 "normal"로 선언되어 있습니다. android.permission.ACCESS_FINE_LOCATION은 사용자 위치를 추적할 때 필요한 퍼미션으로, protectionLevel이 "dangerous"로 선언되어 있습니다. 하나는 "normal"이고 하나는 "dangerous"입니다. 이 〈uses-permission〉이 부여된 앱을 스마트폰의 환경설정 권한 화면에서 확인해 보면 다음과 같습니다.

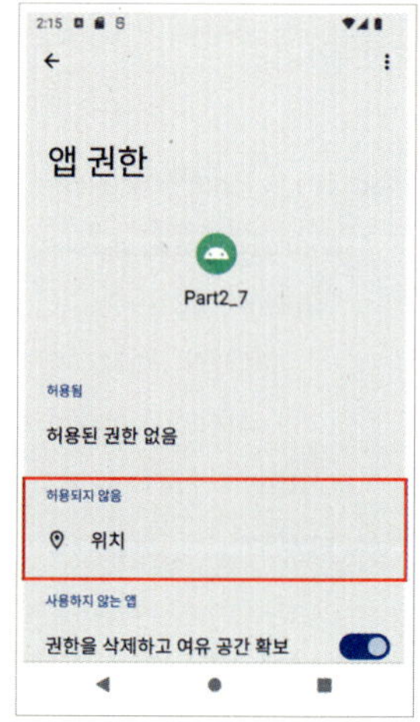


그림 7-4 앱의 권한

"normal"로 선언된 퍼미션은 위의 권한 화면에 출력되지 않습니다. 그러나 "dangerous"로 선언된 퍼미션은 권한 설정 화면에서 사용자에게 권한을 부여할지를 물어봅니다. 이는 사용자에게 위험이 큰 퍼미션이기 때문입니다.

### 시스템의 퍼미션

퍼미션이 앱과 앱 사이의 문제일 수도 있지만, 어떤 퍼미션은 시스템에서 선언한 것도 있습니다. 다른 앱을 연동하는 것도 아닌데 특정 기능을 시스템에서 보호하고 있어서 앱에서 그 기능을 이용할 때 〈uses-permission〉을 선언하지 않으면 에러가 발생합니다.

대표적인 예가 다음에 나올 진동 알림을 위한 퍼미션입니다. 앱에서 진동 알림을 울릴 때 외부 앱과 연동하지 않지만, 해당 기능을 시스템 자체에서 퍼미션으로 보호하고 있어서 〈uses-permission〉을 선언해 주어야 합니다.

안드로이드에서는 퍼미션을 개별로 나누어 관리하는 게 아니라, 관련된 퍼미션을 묶어서 관리하고 사용자에게 알려줄 때는 그룹 단위로 알려줍니다. 예를 들어, 위치를 추적하기 위한 퍼미션은 ACCESS_COARSE_LOCATION과 ACCESS_FINE_LOCATION으로 구분되어 있습니다. 하지만 사용자 권한 화면에서는 2가지의 퍼미션을 따로 보여주지 않고, LOCATION 그룹으로 묶어 하나로 알려줍니다.

표 7-1 퍼미션 그룹

| 퍼미션 그룹 | 퍼미션 |
|---|---|
| CALENDAR | READ_CALENDAR |
| | WRITE_CALENDAR |
| CAMERA | CAMERA |
| CONTACTS | READ_CONTACTS |
| | WRITE_CONTACTS |
| | GET_ACCOUNTS |
| LOCATION | ACCESS_FINE_LOCATION |
| | ACCESS_COARSE_LOCATION |
| MICROPHONE | RECORD_AUDIO |

| 퍼미션 그룹 | 퍼미션 |
|---|---|
| PHONE | READ_PHONE_STATE |
| | CALL_PHONE |
| | READ_CALL_LOG |
| | WRITE_CALL_LOG |
| | ADD_VOICEMAIL |
| | USE_SIP |
| | PROCESS_OUTGOING_CALLS |
| SENSORS | BODY_SENSORS |
| SMS | SEND_SMS |
| | RECEIVE_SMS |
| | READ_SMS |
| | RECEIVE_WAP_PUSH |
| | RECEIVE_MMS |
| STORAGE | READ_EXTERNAL_STORAGE |
| | WRITE_EXTERNAL_STORAGE |

시스템의 퍼미션 중 이용빈도가 높은 퍼미션 몇 가지를 소개해 보겠습니다. 더 자세한 내용은 개발자 사이트 Reference 문서의 Manifest.permission에서 확인할 수 있습니다.

- **ACCESS_FINE_LOCATION**: 정확한 위치 정보 액세스
- **ACCESS_NETWORK_STATE**: 네트워크에 대한 정보 액세스
- **ACCESS_WIFI_STATE**: 와이파이 네트워크에 대한 정보 액세스
- **BATTERY_STATS**: 배터리 통계 수집
- **BLUETOOTH**: 연결된 블루투스 장치에 연결
- **BLUETOOTH_ADMIN**: 블루투스 장치를 검색하고 페어링
- **CAMERA**: 카메라 장치에 액세스
- **INTERNET**: 네트워크 연결
- **READ_EXTERNAL_STORAGE**: 외부 저장소에서 파일 읽기
- **READ_PHONE_STATE**: 장치의 전화번호, 네트워크 정보, 진행 중인 통화 상태 등 전화 상태에 대한 읽기
- **READ_SMS**: SMS 메시지 읽기
- **RECEIVE_BOOT_COMPLETED**: 부팅 완료 시 수행

- **RECEIVE_SMS**: SMS 메시지 수신
- **SEND_SMS**: SMS 메시지 발신
- **VIBRATE**: 진동 울리기
- **WRITE_EXTERNAL_STORAGE**: 외부 저장소에 파일 쓰기

**깡쌤! 질문 있어요!**

**외부 앱 연동 시 보안 문제로 퍼미션이 설정될 수 있지만, 시스템에서는 앱 연동 문제도 아닌데 왜 퍼미션을 선언하여 꼭 <uses-permission>을 선언할 수밖에 없게 만드나요?**

이유는 간단합니다. 보안 문제가 아니더라도 시스템에서 퍼미션을 선언하면 그 기능을 이용하는 앱은 <uses-permisison>을 선언할 수밖에 없고, 그렇게 되면 권한 화면에서 사용자에게 이 앱이 어떤 기능을 이용하는지 알려주는 효과를 낼 수도 있습니다. 시스템에서 퍼미션으로 보호하는 기능들은 대부분 사용자에게 위험 부담이 있는 기능인데요. 대표적인 게 사용자 위치 추적 기능입니다. 시스템에서 보호하고 있어서 이 기능을 구현할 앱에는 <uses-permission>이 선언되어야 합니다. 그러면 앱의 권한 화면에서 "이 앱이 당신의 위치를 추적할 수도 있습니다."라는 문자열 등으로 사용자에게 알려줍니다. 보안 문제는 아니지만, 사용자의 사생활 보호 차원입니다.

## 7.1.2. 퍼미션 허용

앞에서 살펴본 퍼미션과 관련된 내용은 API Level 1부터 제공되었던 내용이고 지금도 유효합니다. <permission>으로 보호된 기능을 이용하는 곳에서는 <uses-permission>을 선언해야 실행할 때 에러가 발생하지 않습니다. 그런데 퍼미션 내용이 안드로이드 6.0 (API Level 23)부터 변화가 생겼습니다. 6.0 이전까지 퍼미션은 일종의 개발자 신고제였습니다. 사용자에게 위험 부담이 큰 퍼미션이라도 개발자가 AndroidManifest.xml 파일에 <uses-permission>으로 등록만 하면 실행하는 데 문제가 없었습니다. 즉, <uses-permission>을 이용하여 사용자에게 이 앱이 어떤 기능을 이용하는지 알려줄 수 있지만, 사용자가 거부할 수 없는 상황이었습니다.

예로 사용자가 간단한 메모장 앱을 설치했다고 가정해 봅시다. 메모장 앱에서 사용자 위치를 추적하고 있습니다. 그런데 사용자 관점에서는 메모장 앱이 왜 내 위치를 추적하는 거지? 이해가 안 될 수도 있습니다. 위치와 관련된 어떤 서비스도 제공하지 않으면서 메모장 앱이 자신의 위치를 추적하는 게 기분 나쁠 수도 있습니다. 그래서 사용자는 메모장 앱에서의 위치 추적을 못 하게 막고 싶습니다.

그런데 6.0 이전 스마트폰에서는 사용자가 이 퍼미션을 거부할 수 없었습니다. 개발자가 자신의 코드에 〈uses-permission〉으로 부여하면 그냥 실행되는 일종의 신고제였기 때문입니다. 그런데 안드로이드 6.0부터는 사용자가 퍼미션을 거부할 수 있게 변경되었습니다.

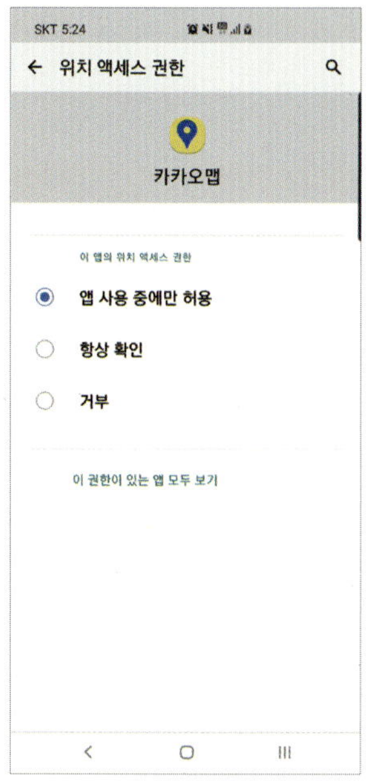


그림 7-5 권한 조정

그림은 카카오맵의 권한 화면입니다. 사용자가 앱의 퍼미션을 확인하는 것뿐 아니라, 직접 조정할 수도 있습니다. 문제는 사용자가 위 화면에서 퍼미션을 거부해버리면 AndroidManifest.xml 파일에 〈uses-permission〉이 선언 안 된 것처럼 된다는 점입니다. 아무리 개발자가 〈uses-permission〉을 추가했더라도 사용자가 거부하면 위치 추적이 안 됩니다. 그러므로 AndroidManifest.xml 파일의 〈uses-permission〉 선언은 당연하고, 앱 설치 후 사용자가 퍼미션을 거부하는 상황을 고려해야 합니다.

사용자가 퍼미션을 거부하는 상황을 고려해서 프로그램을 작성한다면, 가장 먼저 현시점에 퍼미션 상태를 확인하는 코드가 들어가야 합니다. checkSelfPermission() 함수를 이용하면 퍼미션의 상태를 확인할 수 있습니다.

```
int checkSelfPermission (Context context, String permission)
```

두 번째 매개변수가 퍼미션의 이름이며, 이 함수의 반환값은 둘 중 하나입니다.

- **PERMISSION_GRANTED**: 퍼미션이 부여된 상태
- **PERMISSION_DENIED**: 퍼미션이 부여되지 않은 상태

checkSelfPermission() 함수가 PERMISSION_GRANTED 값을 반환한다면, 퍼미션이 부여된 것이므로 관련 기능을 실행하면 됩니다.

```
if(ContextCompat.checkSelfPermission(this,
        Manifest.permission.READ_EXTERNAL_STORAGE) == PackageManager.PERMISSION_GRANTED){
            //...
}
```

만일 퍼미션이 부여되지 않았다면 기능 수행 시 에러가 발생합니다. 그래서 사용자에게 퍼미션 허용을 요청해야 합니다. 그런데 사용자가 퍼미션을 허용하려고 환경설정의 권한 화면으로 가는 건 앱을 벗어나야 해서 상당히 귀찮을 수 있습니다. 따라서 앱 안에서 퍼미션 허용 여부를 묻는 대화상자(Dialog)를 띄워주는 게 좋습니다.

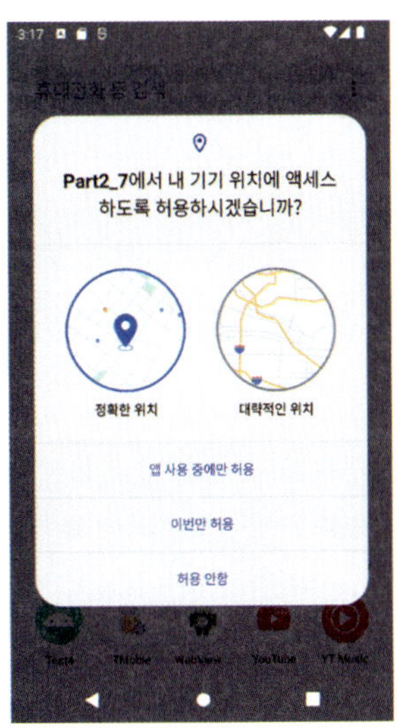

그림 7-6 퍼미션 부여 대화상자

위 그림은 앱에서 위치 정보 액세스 퍼미션을 부여하지 않은 상태에서 실행한 화면입니다. 이처럼 퍼미션이 부여되지 않았다면 앱 내부에서 대화상자를 띄워 퍼미션 허용을 요청해야 합니다. 코드로 직접 퍼미션을 부여할 수는 없습니다. 코드에서는 대화상자를 띄우는 일밖에 못 합니다.

퍼미션 허용 여부를 묻는 대화상자는 시스템 다이얼로그이고, 사용자가 이곳에서 거부 혹은 허용을 선택하게 됩니다. 사용자로부터 결과를 되돌려 받을 때 사용하는 ActivityResultLauncher로 퍼미션 허용을 요청합니다. ActivityResultLauncher는 이후 인텐트를 다룰 때 다시 한번 설명하도록 하겠습니다.

우선, ActivityResultLauncher는 registerForActivityResult() 함수에 의해서 만들어집니다.

```
public final <I, O> ActivityResultLauncher<I> registerForActivityResult(
        @NonNull ActivityResultContract<I, O> contract,
        @NonNull ActivityResultCallback<O> callback)
```

registerForActivityResult() 함수는 2개의 매개변수를 갖습니다. 첫 번째 매개변수는 ActivityResultContract 타입의 객체로, 어떤 요청인지를 표현하기 위해서 사용됩니다. 다양한 요청을 표현하는 서브 클래스가 있으며, 퍼미션을 요청할 때는 RequestPermission을 사용합니다. 두 번째 매개변수는 결과를 받았을 때 호출하는 콜백입니다.

```
ActivityResultLauncher<String> permissionLauncher
        = registerForActivityResult( new ActivityResultContracts.RequestPermission(), isGranted -> {
            if (isGranted) {
                Log.d("kkang","granted...");
            } else {
                Log.d("kkang","denied...");
            }
        });
```

ActivityResultLauncher 객체를 생성하면, launch() 함수를 호출하여 필요한 요청을 할 수 있습니다.

```
permissionLauncher.launch("android.permission.ACCESS_FINE_LOCATION");
```

요청의 결과가 registerForActivityResult() 함수의 두 번째 매개변수에 등록된 콜백이 호출되면서 전달됩니다.

**깡쌤! 질문 있어요!**

**Q 실제 사용자들이 환경설정까지 가서 거부하는 비율은 거의 없지 않나요?**

**A** 그렇게 생각하면 안 됩니다. 사용자가 꼭 거부하지 않더라도 앱을 설치하고 초기 상태는 모두 퍼미션 거부 상태입니다. 따라서 앱의 기능이 제대로 작동하지 않을 수 있습니다.

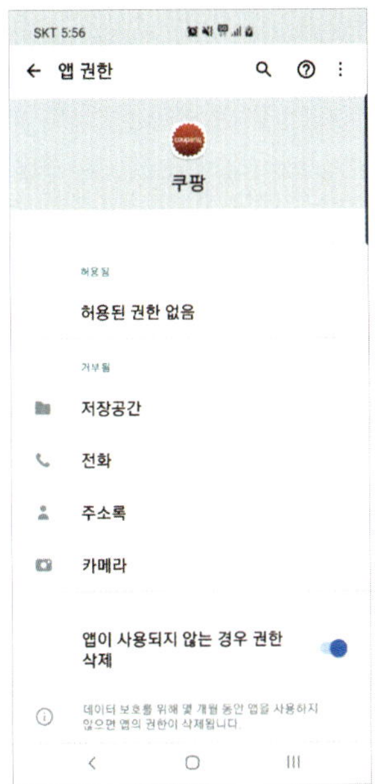


그림 7-7 앱 설치 초기 상태

위 그림은 필자의 스마트폰에 새로운 앱을 설치한 상황입니다. 설치하자마자 권한 화면으로 가 보면 모든 퍼미션이 비활성 상태입니다. 그러므로 개발자는 퍼미션 허용 여부를 꼭 확인해야 합니다.

## 7.2. 진동과 소리

### 7.2.1. 진동 울리기

대부분 앱에서 사용자가 스마트폰 화면을 보고 있지 않을 때 진동이나 소리를 울려서 앱의 상황을 알립니다. 먼저, 안드로이드에서 진동이 울리게 하려면 퍼미션(permission)이 설정되어 있어야 합니다.

```
<uses-permission android:name="android.permission.VIBRATE"/>
```

진동을 울리기 위해 Vibrator라는 SystemService를 이용해야 합니다. 그런데 Vibrator 객체를 사용하는 방법이 API Level 31에서 변경되었습니다. Vibrator 객체를 획득할 때 31 이전 버전에서는 VIBRATOR_SERVICE로 식별되는 SystemService를 이용했지만 deprecated 되었으며, 31 버전부터는 VIBRATOR_MANAGER_SERVICE로 식별되는 VibratorManager를 이용합니다.

```
Vibrator vibrator;
if(Build.VERSION.SDK_INT >= Build.VERSION_CODES.S){
    VibratorManager manager = (VibratorManager) getSystemService(VIBRATOR_MANAGER_SERVICE);
    vibrator = manager.getDefaultVibrator();
}else {
    vibrator = (Vibrator) getSystemService(VIBRATOR_SERVICE);
}
```

진동을 울리기 위해서는 vibrate() 함수를 이용합니다.

```
vibrator.vibrate(1000);
```

vibrate() 함수의 매개변수는 진동이 울리는 시간입니다. 1000으로 설정하면 1초 동안 진동이 울립니다. 진동을 여러 번 반복해서 울려야 할 때는 매개변수가 2개인 아래 함수를 사용합니다.

- public void vibrate(long[] pattern, int repeat)

위 함수의 첫 번째 매개변수는 long 형 배열입니다. 배열 값의 홀수 번째 값이 대기 시간, 짝수 번째 값은 진동 시간을 의미합니다.

두 번째 매개변수로는 진동을 이 패턴으로 얼마나 반복할 것인지를 설정합니다. 두 번째 매개변수에 0을 대입하면 진동을 무한으로 반복하겠다는 의미로, 코드에서 cancel() 함수로 취소해야 멈출 수 있습니다. 두 번째 매개변수를 −1로 지정하면 반복하지 않겠다는 의미로, 패턴대로 진동 알림이 한 번만 울리게 됩니다.

```
vibrator.vibrate(new long[]{500,1000,500,1000},-1);
```

예를 들어, 위와 같이 4개의 값 '500, 1000, 500, 1000'으로 이루어진 배열을 첫 번째 매개변수로 전달하면 진동 알림이 0.5초 쉬고 1초 울리고 0.5초 쉬고 2초 울리게 됩니다. 그리고 이 패턴의 반복 여부가 −1로 설정되어 있으므로 진동 알림은 한 번만 울리게 됩니다.

그런데 위에서 소개한 vibrator() 함수는 API Level 26 버전에서 deprecated 되었습니다. 26 버전에서 새롭게 제시한 진동을 울리는 방식도 vibrator() 함수를 이용하지만, 함수의 매개변수가 VibrationEffect 객체입니다.

- public void vibrate(android.os.VibrationEffect vibe)

VibrationEffect 객체는 createOneShot() 혹은 createWaveform() 함수로 만듭니다.

- public static VibrationEffect createOneShot(long milliseconds, int amplitude)
- public static VibrationEffect createWaveform(long[ ] timings, int[ ] amplitudes, int repeat)

createOneShot() 함수로 만든 VibrationEffect 객체는 한 번만 울리는 진동을 생성합니다. createOneShot() 함수의 첫 번째 매개변수는 진동 시간이며 두 번째 매개변수는 진동 세기입니다. 진동의 세기는 0~255 사이의 정수로 표현합니다. 0으로 설정하면 진동이 울리지 않고, 255로 지정하면 스마트폰에서 지원하는 가장 강한 세기로 진동이 울리게 됩니다. 두 번째 매개변수는 VibrationEffect.DEFAULT_AMPLITUDE와 같은 상수로 지정하기도 합니다. 해당 상수를 사용하면 스마트폰의 기본 세기로 진동이 울립니다.

createWaveform() 함수로 만든 VibrationEffect 객체로는 반복되는 진동을 생성합니다. createWaveform() 함수의 첫 번째 매개변수는 진동이 울리는 시간의 패턴이며, 두 번째 매개변수는 진동의 세기 패턴입니다. 그리고 세 번째 매개변수는 이 패턴의 반복 횟수입니다.

아래와 같이 코드를 작성하면, 사용자의 스마트폰 버전을 고려하여 진동을 한 번만 울리게 합니다.

```
if(Build.VERSION.SDK_INT >= Build.VERSION_CODES.O){
    vibrator.vibrate(VibrationEffect.createOneShot(1000, VibrationEffect.DEFAULT_AMPLITUDE));
}else {
    vibrator.vibrate(1000);
}
```

**깡쌤! 질문 있어요!**

**SystemService라는 개념이 나왔는데 뭔가요? Service인가요?**

이 책에서 처음 SystemService 이용이 나왔는데요. 잠깐 설명해 보겠습니다. SystemService는 시스템 레벨에서 제공하는 서비스입니다. 안드로이드에서 서비스는 이후 자세히 살펴보겠지만, 개발자가 직접 만들고 코드에서 직접 시작(start)해주어야 합니다. 하지만 SystemService는 일반 애플리케이션 서비스가 아닌 시스템에서 다양한 기능을 제공하기 위해 만들어 놓은 서비스라고 생각하면 됩니다.

이 SystemService를 애플리케이션에서 이용할 때는 시작 작업 없이 getSystemService( )라는 함수로 획득하여 이용하면 됩니다. 진동을 울리는 Vibrator가 대표적이며 이외에도 LayoutInflater, LocationManager, TelephonyManager 등의 다양한 SystemService를 제공합니다. 이러한 기능은 이후에 많이 다룹니다.

## 7.2.2. 소리 울리기

### 시스템 효과음

사용자 알림 효과로 진동 못지않게 많이 사용하는 방법이 소리(beep) 울리기입니다. 또는 진동과 소리를 같이 울리기도 합니다. beep는 '짧은 알림음', '경적' 등을 나타내는 용어이며, 카카오톡 같은 앱에서는 새로운 메시지가 왔을 때 직접 녹음한 효과음을 이용하고 있습니다. 하지만 많은 앱에서 독자적인 효과음을 이용하지 않고, 안드로이드 스마트폰에 내장된 기본 효과음을 이용하고 있습니다. 스마트폰에 등록되어 있는 효과음을 이용하는 방법에 대해 살펴보겠습니다.

```
Uri notification = RingtoneManager.getDefaultUri(RingtoneManager.TYPE_NOTIFICATION);
Ringtone ringtone = RingtoneManager.getRingtone(getApplicationContext(), notification);
ringtone.play();
```

안드로이드 시스템에는 여러 가지 효과음이 등록되어 있습니다. 여기에는 간단한 알림, 알람, 전화 수신음 등이 있습니다. 이 중 울리고자 하는 효과음을 선택해야 하는데요. 스마트폰에 등록된 효과음의 식별자를 Uri 타입으로 획득합니다. 효과음은 RingtonManager의 getDefaultUri() 함수를 이용하여 획득하며 ALARM, NOTIFICATION, RINGTON 등이 있습니다. Uri 값으로 식별되는 효과음을 재생할 수 있는 Ringtone을 얻어 play() 함수로 재생합니다.

### 개발자 임의의 효과음

안드로이드 시스템에 등록된 효과음을 이용하는 경우가 대부분이지만, 직접 녹음한 효과음을 이용하는 때도 있습니다. 이럴 때는 녹음한 효과음을 리소스로 만들어서 사용합니다. 효과음을 리소스로 만들 때는 res 하위의 raw 폴더를 이용합니다. 이렇게 등록한 효과음은 MediaPlayer를 이용해 간단하게 재생할 수 있습니다.

```
MediaPlayer player=MediaPlayer.create(this, R.raw.fallbackring);
player.start();
```

## [실습 7-1] 진동과 효과음 울리기 Step by Step

앞에서 설명한 진동과 효과음을 재생하는 프로그램을 작성해보겠습니다.

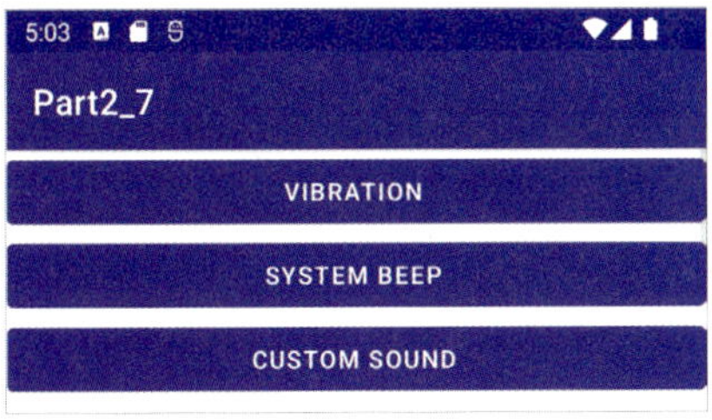

5:03

Part2_7

VIBRATION

SYSTEM BEEP

CUSTOM SOUND

그림 7-8 결과 화면

### Step 1 _ 모듈 생성

이번 7장의 실습을 위해 모듈 이름을 "Part2_7"로 지정하고 액티비티 설정에서 'Source Language' 부분을 Java로 설정하여 모듈을 새로 만듭니다.

### Step 2 _ ViewBinding 설정

모듈 수준의 build.gradle에 ViewBinding을 설정하고, 〈Sync Now〉을 클릭해 변경사항을 적용합니다.

**build.gradle**

```
android {
    //생략......
    viewBinding {
        enabled = true
    }
}
```

### Step 3 _ raw 폴더 생성

짧은 효과음을 직접 녹음해 리소스로 만들어 사용한다고 가정해보겠습니다. 효과음은 별도로 준비해도 되고, 필자가 제공하는 파일을 이용해도 됩니다. 우선 음원 파일을 리소스로 만들려면 res 밑에 raw 폴더가 있어야 하는데, 기본으로 만들어지지 않으므로 raw 폴더부터 만듭니다.

res 폴더를 마우스 오른쪽으로 선택한 다음, [New → Android Resource Directory] 메뉴를 선택합니다.

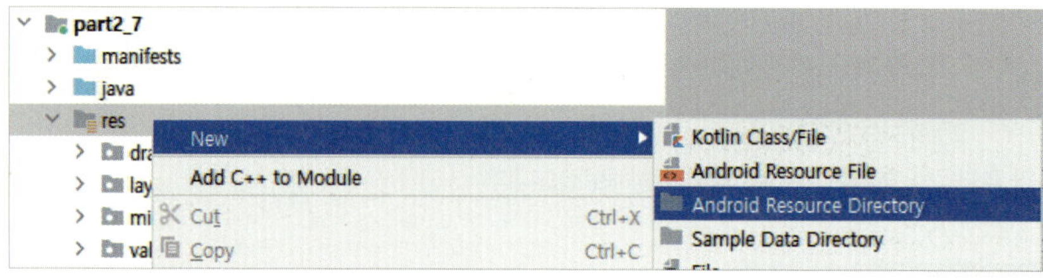


그림 7-9 리소스 폴더 생성

리소스 폴더명은 지정되어 있으므로 개발자가 직접 입력할 필요 없이 다음의 그림처럼 두 번째 콤보박스에서 추가하려는 리소스 타입만 지정합니다. 이곳에서 raw 타입을 선택하면 폴더명이 자동으로 "raw"가 됩니다.

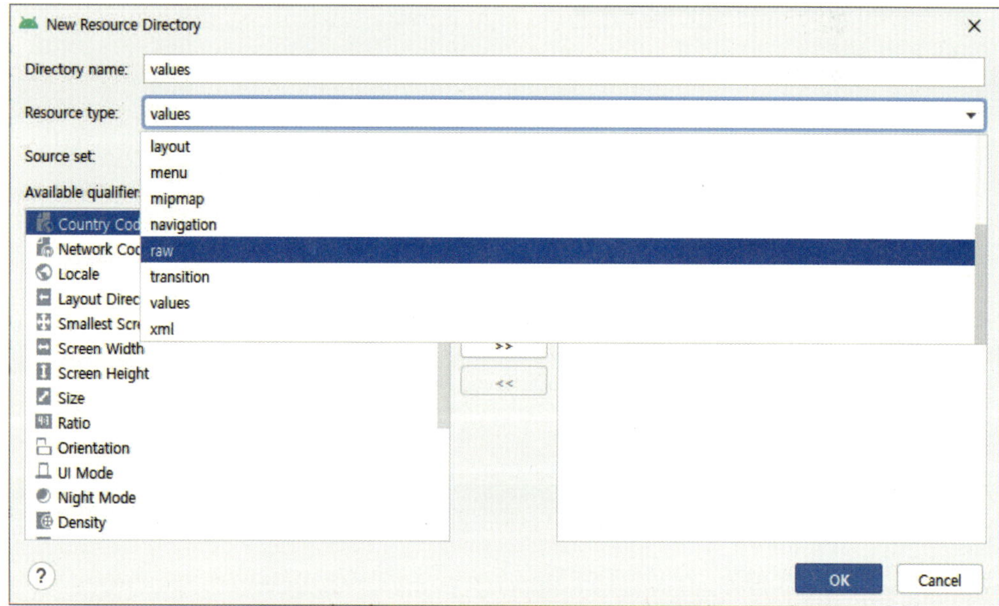


그림 7-10 New Resource Directory 창

## Step 4 _ 음원 파일 복사

준비한 음원 파일을 raw 폴더에 복사합니다.

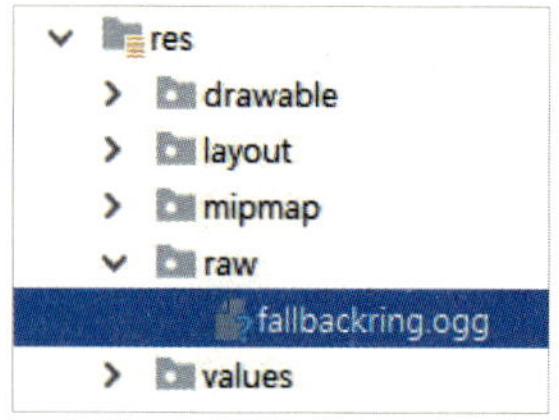


그림 7-11 음원 파일 복사

## Step 5 _ 퍼미션 설정

진동을 울리기 위해 AndroidManifest.xml 파일에 퍼미션을 설정합니다.

**manifests/AndroidManifest.xml**

```
<?xml version="1.0" encoding="utf-8"?>
<manifest xmlns:android="http://schemas.android.com/apk/res/android"
package="com.example.part2_7">

<uses-permission android:name="android.permission.VIBRATE"/>

<application android:allowBackup="true" android:icon="@mipmap/ic_launcher"
android:label="@string/app_name" android:roundIcon"@mipmap/ic_launcher"_round"
android:supportsRtl="true" android:theme="@style/Theme.AndroidLab">
<!-- 중략-->
</application>
</manifest>
```

## Step 6 _ activity_main.xml 파일 작성

모듈을 만들면서 같이 만들어진 activity_main.xml 파일에 간단한 테스트를 위한 버튼을 준비합니다. 각각의 버튼이 클릭된 순간, 진동과 효과음을 테스트할 목적입니다.

**res/layout/activity_main.xml**

```
<?xml version="1.0" encoding="utf-8"?>
<LinearLayout xmlns:android="http://schemas.android.com/apk/res/android"
    android:layout_width="match_parent"
    android:layout_height="match_parent"
    android:orientation="vertical">
    <Button
        android:id="@+id/vibrationButton"
        android:layout_width="match_parent"
        android:layout_height="wrap_content"
        android:text="Vibration" />
    <Button
        android:id="@+id/systemBeepButton"
        android:layout_width="match_parent"
        android:layout_height="wrap_content"
        android:text="system beep" />
    <Button
```

```
        android:id="@+id/customBeepButton"
        android:layout_width="match_parent"
        android:layout_height="wrap_content"
        android:text="custom sound" />
</LinearLayout>
```

## Step 7 _ MainActivity 작성

각 버튼이 눌렸을 때 진동, 효과음을 재생해보겠습니다.

**MainActivity.java**

```
public class MainActivity extends AppCompatActivity {
    ActivityMainBinding binding;
    @Override
    protected void onCreate(Bundle savedInstanceState) {
        super.onCreate(savedInstanceState);
        binding = ActivityMainBinding.inflate(getLayoutInflater());
        setContentView(binding.getRoot());

        binding.vibrationButton.setOnClickListener(view -> {
            Vibrator vibrator;
            if(Build.VERSION.SDK_INT >= Build.VERSION_CODES.S){
                VibratorManager manager = (VibratorManager)
getSystemService(VIBRATOR_MANAGER_SERVICE);
                vibrator = manager.getDefaultVibrator();
            }else {
                vibrator = (Vibrator) getSystemService(VIBRATOR_SERVICE);
            }

            if(Build.VERSION.SDK_INT >= Build.VERSION_CODES.O){
                vibrator.vibrate(VibrationEffect.createOneShot(1000,
VibrationEffect.DEFAULT_AMPLITUDE));
            }else {
                vibrator.vibrate(1000);
            }
        });
        binding.systemBeepButton.setOnClickListener(view -> {
            Uri notification = RingtoneManager
                    .getDefaultUri(RingtoneManager.TYPE_NOTIFICATION);
            Ringtone ringtone =
```

```
                RingtoneManager.getRingtone(getApplicationContext(), notification);
            ringtone.play();
        });
        binding.customBeepButton.setOnClickListener(view -> {
            MediaPlayer player=MediaPlayer.create(this, R.raw.fallbackring);
            player.start();
        });
    }
}
```

### Step 8 _ 실행

part2_7 모듈을 실행하여 결과를 확인합니다. 화면은 단순 버튼으로 출력되었습니다. 각 버튼 클릭 시 진동, 시스템 효과음, 개발자 임의 효과음이 잘 나오는지 테스트해보세요.

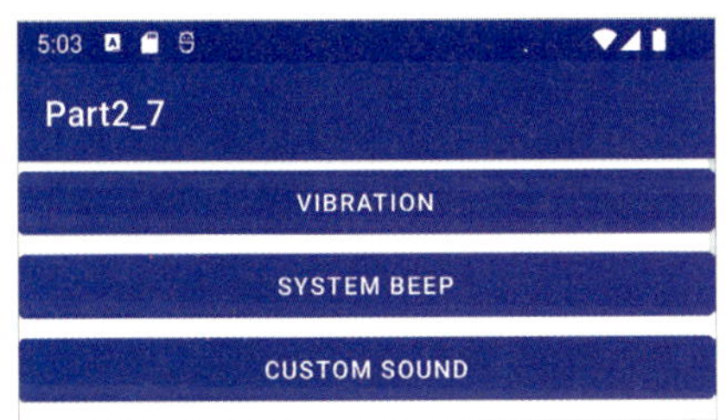


그림 7-12 결과 화면

## 7.3. 다이얼로그

사용자가 스마트폰에서 앱을 이용하고 있을 때 다양한 상황을 알리기 위해서 다이얼로그(dialog)를 이용합니다. 흔히 애플리케이션에서 다이얼로그는 크게 모달(modal)과 모달리스(modeless)로 구분하는데요. 모달은 다이얼로그를 닫기 전까지 원래의 창(해당 다이얼로그를 호출한 창)을 사용자가 이용할 수 없으며, 반면에 모달리스는 다이얼로그가 화면에 떠 있더라도 사용자가 원래의 창을 계속 이용할 수 있습니다.

## 7.3.1. 토스트 메시지

안드로이드에서 이용 빈도가 가장 높은 다이얼로그는 토스트(Toast)입니다. 토스트는 화면 하단에 검정 바탕의 흰색 글이 잠깐 보이다가 사라지는 다이얼로그를 말하는데요. 모달리스 형식으로 실행되는 다이얼로그입니다. 따라서 사용자에게 메시지를 알리면서 사용자 행동을 전혀 방해하지 않습니다. 그러나 토스트는 시간이 지나면 자동으로 사라지므로 사용자가 메시지를 확인하지 못할 수도 있습니다. 따라서 사용자 확인이 꼭 있어야 하는 메시지는 일반 다이얼로그로 띄워야 합니다.

그림 7-13 토스트 화면

토스트는 사용자 입장에서 스쳐 지나가는 메시지입니다. 다이얼로그와 같은 UI는 제공되지 않지만, 액티비티 화면 위에 띄울 수 있다는 측면에서 다이얼로그의 일종으로 취급합니다.

- makeText(Context context, int resId, int duration)
- makeText(Context context, CharSequence text, int duration)

토스트는 위의 makeText() 함수를 이용하여 생성합니다. 이 함수의 두 번째 매개변수가 토스트로 띄울 메시지입니다. 문자열이나 문자열 리소스를 지정합니다. 세 번째 매개변수는 토스트로 보이는 메시지의 유지 시간을 LENGTH_SHORT이나 LENGTH_LONG과 같은 상수로 지정합니다. LENGTH_SHORT의 실제 시간은 3초이며 LENGTH_LONG은 5초입니다. 단, 이 값을 임의의 숫자값으로 지정할 수는 없습니다.

```
Toast t=Toast.makeText(this, " 종료할려면 한번더 누르세요" , Toast.LENGTH_SHORT);
t.show();
```

토스트는 일반적으로 문자열만 잠깐 보였다가 사라지게 할 때 사용하므로 위의 코드처럼 간단하게 구현하지만, 원한다면 다음의 함수를 이용하여 추가로 설정할 수도 있습니다.

- setDuration(int duration)
- setText(int resId)
- setView(View view)
- setGravity(int gravity, int xOffset, int yOffset)
- setMargin(float horizontalMargin, float verticalMargin)

setDuration(), setText() 함수는 문자열과 화면에 보이는 시간을 설정할 수 있으며, setView() 함수는 임의의 뷰를 토스트로 띄울 수 있습니다. 또한, setGravity()나 setMargin() 함수는 토스트가 뜨는 위치를 조정할 수 있습니다.

만약 토스트가 뜨는 순간 혹은 사라지는 순간에 특정 로직을 실행시켜야 한다면 콜백을 등록해야 합니다. 이 콜백 기능은 API Level 30에서 추가되었습니다.

콜백을 등록하기 위해서는 Toast.Callback 객체를 addCallback() 함수로 생성해야 합니다. 그러면 토스트가 화면에 보이는 순간에 onToastShown() 함수가, 사라지는 순간에는 onToastHidden() 함수가 자동으로 호출됩니다.

```
Toast toast = Toast.makeText(this, "toast...", Toast.LENGTH_SHORT);
if(Build.VERSION.SDK_INT >= Build.VERSION_CODES.R) {
    toast.addCallback(new Toast.Callback() {
        @Override
        public void onToastShown() {
            super.onToastShown();
            Log.d("kkang", "toast show..");
        }

        @Override
        public void onToastHidden() {
            super.onToastHidden();
            Log.d("kkang", "toast hide..");
        }
    });
}
toast.show();
```

## 7.3.2. 알림 창

사용자에게 다이얼로그 형식으로 메시지를 알리고 싶을 때, 토스트는 시간이 지나면 자동으로 사라져서 사용자가 메시지를 확인하지 못할 수도 있다는 단점이 있습니다. 반면에 알림 창을 띄우면 사용자에게 메시지 확인을 강제할 수 있습니다.

안드로이드 다이얼로그의 가장 기본은 AlertDialog입니다. AlertDialog는 간단한 메시지 출력뿐 아니라 다양한 화면 구성이 가능해서 복잡한 화면도 띄울 수 있습니다. 안드로이드 라이브러리에서 몇몇 다이얼로그를 제공하는데 이들 모두가 AlertDialog의 서브 클래스입니다.

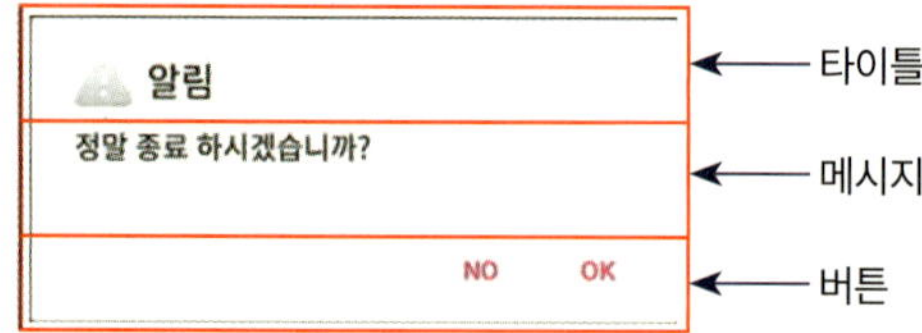


그림 7-14 알림 창 구성

알림 창에는 세 가지 영역이 있습니다. 맨 윗줄은 타이틀(Title) 영역으로, 아이콘 이미지와 문자열이 위치합니다. 타이틀 영역 아랫부분은 다이얼로그의 본문에 해당하는 영역으로, 문자열을 비롯하여 다양하게 구성할 수 있습니다. 가장 아래는 버튼 영역입니다. 알림 창을 구성할 때 타이틀과 버튼에 대한 정보를 지정하지 않으면 두 영역은 출력되지 않습니다.

알림 창은 코드에서 직접 new 연산자로 생성하지 못하고 Builder 클래스로 생성해야 합니다.

```
AlertDialog.Builder builder=new AlertDialog.Builder(this);
```

위의 코드는 알림 창을 생성하는 코드가 아니라, 알림 창을 만들어 주는 Builder 클래스의 객체를 생성한 것입니다. Builder 객체의 여러 setter 메서드를 이용하여 다이얼로그 구성을 설정하면 Builder 객체가 알림 창을 생성해주는 구조입니다.

- **setIcon(int iconId)**: 타이틀 영역의 아이콘 지정
- **setMessage(CharSequence message)**: 본문을 단순 문자열로 구성
- **setTitle(CharSequence title)**: 타이틀 문자열 지정

알림 창에 버튼을 추가하려면 다음의 함수를 이용합니다.

- setPositiveButton(CharSequence text, DialogInterface.OnClickListener listener)
- setNegativeButton(CharSequence text, DialogInterface.OnClickListener listener)
- setNeutralButton(CharSequence text, DialogInterface.OnClickListener listener)

다이얼로그 화면 하단에 들어가는 버튼은 최대 3개까지 지정할 수 있습니다. 그리고 버튼은 각각 positive button, negative button, neutral button으로 구분합니다. 몇 개를 추가할 것인지는 개발자 마음이지만, 같은 성격의 버튼을 두 개 추가할 수는 없습니다. 즉, setPositiveButton() 함수를 두 번 호출하면 같은 성격의 버튼이 중복되어 하나밖에 안 보이게 됩니다. 2개를 추가하고자 한다면 setPositiveButton()과 setNegativeButton() 함수를 호출해 버튼을 두 개 추가해주어야 합니다.

이처럼 버튼을 추가하는 함수를 구분하는 이유는 버튼의 UI 측면이 아니라, 어떤 성격의 버튼인지를 구분하여 버튼 클릭 이벤트 처리를 다르게 하는 데 목적이 있습니다.

```
builder.setIcon(android.R.drawable.ic_dialog_alert);
builder.setTitle("알림");
builder.setMessage("정말 종료 하시겠습니까?");
builder.setPositiveButton("OK", null);
builder.setNegativeButton("NO", null);
```

Builder에 설정한 내용대로 알림 창을 생성하려면 create() 함수를 이용하고, 생성된 다이얼로그를 show() 함수를 이용하여 화면에 출력합니다.

```
alertDialog=builder.create();
alertDialog.show();
```

알림 창 하단의 버튼, 또는 스마트폰의 뒤로가기 버튼을 누르거나 알림 창 밖의 화면을 터치했을때 알림 창이 닫힙니다. 뒤로가기 버튼을 눌렀을 때 다이얼로그 창이 닫히지 않게 하려면 setCancelable() 함수를 이용합니다.

```
setCancelable(boolean cancelable)
```

Builder 클래스의 함수로 이 함수의 값을 false로 지정하면 뒤로가기 버튼에 의해 다이얼로그 창이 닫히는 것을 막을 수 있습니다. 이 함수를 이용하면 뒤로가기 버튼뿐 아니라 다이얼로그 창밖을 터치해도 닫히지 않습니다. 아래의 함수는 다이얼로그 창밖을 터치했을 때 다이얼로그가 닫히는지에 대한 설정입니다.

```
setCanceledOnTouchOutside(boolean cancel)
```

사용자가 다이얼로그 창 하단의 버튼을 누르면 기본으로 창이 닫힙니다. 그런데 닫히는 순간 추가 이벤트 처리가 필요한 경우도 있습니다. 다이얼로그 버튼의 이벤트 처리는 setPositiveButton()과 setNegativeButton() 함수의 두 번째 매개변수에 이벤트 핸들러 클래스를 등록해주면 됩니다.

```
builder.setPositiveButton("OK", dialogListener);
```

setPositiveButton() 함수의 두 번째 매개변수를 dialogListener 객체로 지정하였는데요. 이 객체는 개발자가 이벤트 처리를 위해 DialogInterface.OnClickListener를 구현한 클래스입니다. 이 객체의 onClick() 함수가 이벤트 발생 시 자동으로 호출됩니다.

```
DialogInterface.OnClickListener dialogListener=new DialogInterface.OnClickListener() {
    @Override
    public void onClick(DialogInterface dialog, int which) {
        //...
    }
};
```

onClick() 함수의 첫 번째 매개변수가 이벤트가 발생한 다이얼로그 객체입니다. 그리고 두 번째 매개변수는 버튼의 종류입니다.

깡쌤! 질문 있어요!

자바 질문인 것 같은데, 왜 AlertDialog라는 클래스를 new 연산자로 생성하지 못하게 하고 Builder 클래스를 이용해서 생성하는 건가요?

안드로이드에서 몇몇 클래스는 꼭 Builder로 생성하게 강제하고 있는데요. 대부분 복잡한 설정으로 다양하게 생성하는 클래스들입니다. 항상 똑같이 생성해야 한다면 new로 하겠지만, 여러 가지 설정을 어떻게 하느냐에 따라 결과가 달라지는 객체라면, Builder 클래스를 이용해서 생성합니다. AlertDialog도 개발자가 어떻게 설정하느냐에 따라 버튼이나 타이틀이 보일 수 있고, 내용이 다양하게 나올 수 있습니다. 이처럼 다양한 설정에 따라 객체 생성을 대행하기 위해 Builder를 이용합니다. 이러한 방식을 디자인 패턴에서는 '빌더 패턴(Builder Pattern)'이라고 합니다.

### 7.3.3. 목록 다이얼로그

사용자 화면에 다이얼로그를 띄울 때 간단한 메시지를 출력하는 경우도 있지만, 목록 형식의 다이얼로그를 띄워야 하는 경우도 많습니다. 목록 다이얼로그도 AlertDialog에서 기본으로 제공해 줍니다. AlertDialog의 본문 영역을 문자열로 지정하지 않고 목록을 구성하기 위한 문자열 배열을 주면 알아서 목록 다이얼로그 형태로 만들어 줍니다.

그림 7-15 목록 다이얼로그

- setItems(int itemsId, DialogInterface.OnClickListener listener)
- setItems(CharSequence[] items, DialogInterface.OnClickListener listener)

두 함수 모두 목록을 구성할 수 있는데, 첫 번째 함수는 목록을 구성하기 위한 문자열을 배열 리소스로 만들어 사용하고 두 번째 함수는 코드에서 직접 만든 배열을 매개변수로 지정하여 사용합니다. 목록 다이얼로그 내에서의 사용자 항목 선택 이벤트는 setItems() 함수의 두 번째 매개변수를 이용하여 구현할 수 있습니다.

```
builder.setItems(R.array.dialog_array, dialogListener);
```

setItem() 함수를 이용해 목록 다이얼로그를 만들면서 두 번째 매개변수로 항목 선택 이벤트 핸들러 객체를 등록하였습니다.

```
DialogInterface.OnClickListener dialogListener=new DialogInterface.OnClickListener() {
    @Override
    public void onClick(DialogInterface dialog, int which) {

    }
};
```

항목 선택 이벤트가 발생했을 때 호출되는 onClick() 함수의 두 번째 매개변수는 선택한 항목의 인덱스값입니다. AlertDialog를 이용하여 목록 다이얼로그를 만들 때 각 항목 옆에 체크박스나 라디오버튼이 나와야 하는 경우가 있습니다. 이를 위해 다음의 함수를 제공합니다.

- setMultiChoiceItems(CharSequence[] items, boolean[] checkedItems,
  DialogInterface.OnMultiChoiceClickListener listener)
- setMultiChoiceItems(int itemsId, boolean[] checkedItems,
  DialogInterface.OnMultiChoiceClickListener listener)

위의 함수를 사용하면 항목 옆에 체크박스가 나옵니다. 함수의 첫 번째 매개변수로 항목 구성을 위한 배열 값이나 배열 리소스를 지정할 수 있으며, 두 번째 매개변수는 선택되어 있어야 할 체크박스의 체크 상태 값입니다. 이 값을 주어서 체크박스가 선택된 상태로 다이얼로그를 띄울 수 있습니다. 세 번째 매개변수는 항목 선택 이벤트 핸들러입니다.

- setSingleChoiceItems(CharSequence[] items, int checkedItem,
  DialogInterface.OnClickListener listener)
- setSingleChoiceItems(int itemsId, int checkedItem,
  DialogInterface.OnClickListener listener)

위의 함수를 사용하면 항목 옆에 라디오버튼이 나옵니다. 두 번째 매개변수는 초기 선택 항목의 인덱스 값입니다.

```
builder.setSingleChoiceItems(R.array.dialog_array, 0, dialogListener);
```

배열 정보로 라디오버튼이 나오는 목록 다이얼로그를 띄우는 코드입니다. 두 번째 매개변수를 0으로 지정하였으므로 처음 다이얼로그가 열릴 때 첫 번째 라디오버튼이 체크된 상태로 열립니다.

### 7.3.4. 날짜 선택 다이얼로그

사용자가 다이얼로그 창에서 날짜를 선택할 수 있도록 DatePickerDialog를 제공합니다.

```
DatePickerDialog dateDialog=new DatePickerDialog(this, null, year, month, day);
```

두 번째 매개변수는 사용자가 날짜를 선택할 때 발생하는 이벤트 처리 핸들러이며, 이후 숫자 3개가 다이얼로그에서 기본으로 보여야 할 날짜의 연, 월, 일입니다.

그림 7-16 날짜 선택 다이얼로그

사용자가 날짜를 조정할 때 발생하는 이벤트를 처리하려면 생성자의 매개변수에 이벤트 핸들러를 등록합니다.

```
DatePickerDialog dateDialog=new DatePickerDialog(this, new DatePickerDialog.OnDateSetListener() {
    @Override
    public void onDateSet(DatePicker view, int year, int monthOfYear, int dayOfMonth) {
    }
}, year, month, day);
```

이벤트가 발생하면 onDateSet() 함수가 호출되어 매개변수로 사용자가 선택한 연, 월, 일을 받을 수 있습니다.

### 7.3.5. 시간 선택 다이얼로그

DatePickerDialog와 마찬가지로 사용자가 시간을 선택할 수 있도록 TimePickerDialog도 제공합니다.

```
TimePickerDialog timeDialog=new TimePickerDialog(this, null, hour, minute, true);
```

위의 코드처럼 TimePickerDialog를 생성하며 매개변수로 시, 분을 입력하면 다음처럼 초기 시간이 화면에 나옵니다.

그림 7-17 TimePickerDialog: 24시간

TimePickerDialog 생성자의 세 번째 매개변수는 24시간 체계로 나타낼지를 설정하는 논릿값인데요. 이 값을 true로 지정하면 24시간 체계로 위의 화면처럼 나오고, false로 지정하면 12시간 체계로 다음처럼 오전, 오후를 선택할 수 있는 버튼이 나옵니다.

그림 7-18 TimePickerDialog: 12시간

시간 조정 이벤트는 생성자의 매개변수에 이벤트 핸들러를 등록하여 처리합니다.

```
TimePickerDialog timeDialog=new TimePickerDialog(this, new TimePickerDialog.OnTimeSetListener() {
    @Override
    public void onTimeSet(TimePicker view, int hourOfDay, int minute) {
    }
}, hour, minute, false);
```

### 7.3.6. 커스텀 다이얼로그

다이얼로그로 화면을 구성하다 보면, 라이브러리에서 제공하는 화면 이외에 개발자가 원하는 임의의 화면을 다이얼로그 창에 띄워야 하는 경우도 있습니다. 이처럼 개발자가 직접 구성하는 다이얼로그도 AlertDialog를 이용하여 만들 수 있습니다.

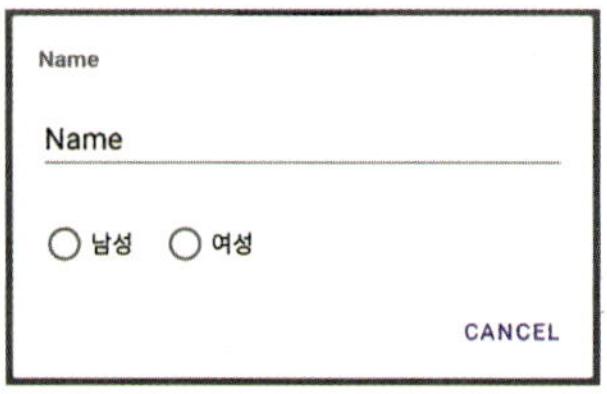

그림 7-19 커스텀 다이얼로그

작성 방법은 우선 다이얼로그 화면을 구성하는 레이아웃 XML 파일을 만듭니다.

```
LayoutInflater inflater=(LayoutInflater)getSystemService(LAYOUT_INFLATER_SERVICE);
View view=inflater.inflate(R.layout.dialog_custom, null);
builder.setView(view);
```

먼저 LayoutInflater 클래스를 이용하여 레이아웃 XML 파일을 초기화합니다. LayoutInflater 클래스에 대한 자세한 설명은 이후 진행하겠습니다. 그리고 초기화된 뷰를 Builder의 setView() 함수를 이용하여 AlertDialog의 본문에 지정하면 됩니다. 즉 커스텀 다이얼로그는 AlertDialog와 구현 방법은 같지만, 개발자가 직접 구성한 뷰를 setView() 함수를 통해 다이얼로그 본문으로 지정하는 과정이 필요합니다.

## [실습 7-2] 다이얼로그 띄우기 Step by Step

앞에서 설명한 다양한 다이얼로그를 작성해보겠습니다.

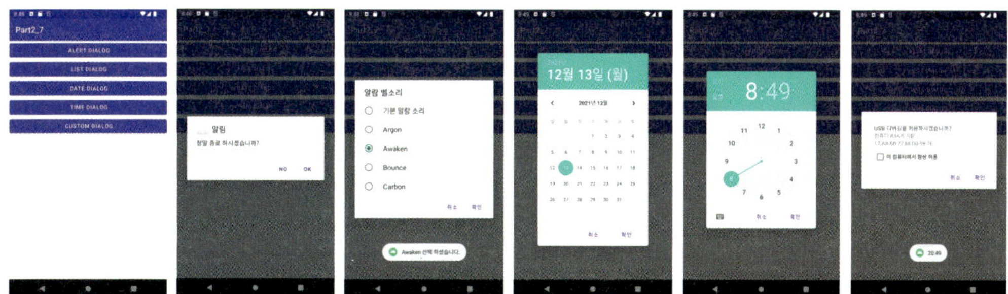


그림 7-20 결과 화면

### Step 1 _ 액티비티 생성

part2_7 모듈에 "Lab7_2Activity" 이름으로 새로운 액티비티를 만듭니다. 실습 편의를 위해 액티비티를 만들 때 'Launcher Activity' 체크박스를 체크하고 'Source Language'는 Java로 설정합니다.

### Step 2 _ 커스텀 다이얼로그 레이아웃 XML 작성

커스텀 다이얼로그 화면을 위한 새로운 레이아웃 XML 파일을 "dialog_layout.xml" 이름으로 생성합니다. 새 레이아웃 XML 파일은 res/layout 폴더를 마우스 오른쪽으로 선택하고 [New → Layout Resource File] 메뉴를 이용하여 생성합니다.

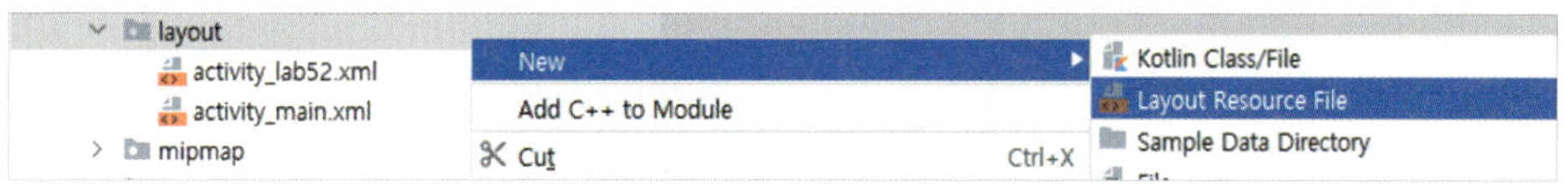


그림 7-21 리소스 파일 추가

### Step 3 _ dialog_layout.xml 작성

스마트폰을 연결할 때 USB 디버깅 허용을 묻는 다이얼로그 화면을 그대로 만들어 보기 위해 dialog_layout.xml 파일을 다음처럼 작성합니다.

**res/layout/dialog_layout.xml**

```
<?xml version="1.0" encoding="utf-8"?>
<RelativeLayout xmlns:android="http://schemas.android.com/apk/res/android"
    android:layout_width="match_parent"
```

```
    android:layout_height="match_parent">
    <TextView
        android:id="@+id/text1"
        android:layout_width="wrap_content"
        android:layout_height="wrap_content"
        android:text="USB 디버깅을 허용하시겠습니까?"
        android:textStyle="bold"
        android:textSize="15dp"
        android:layout_marginLeft="32dp"
        android:layout_marginTop="32dp"/>
    <TextView
        android:id="@+id/text2"
        android:layout_width="wrap_content"
        android:layout_height="wrap_content"
        android:text="컴퓨터 RSA키 지문 : "
        android:layout_below="@id/text1"
        android:layout_alignLeft="@id/text1"/>
    <TextView
        android:id="@+id/text3"
        android:layout_width="wrap_content"
        android:layout_height="wrap_content"
        android:text="17:AA:BB:77:88:DD:98:7E"
        android:layout_below="@id/text2"
        android:layout_alignLeft="@id/text2"/>
    <CheckBox
        android:layout_width="wrap_content"
        android:layout_height="wrap_content"
        android:text="이 컴퓨터에서 항상 허용"
        android:layout_below="@id/text3"
        android:layout_alignLeft="@id/text3"/>
</RelativeLayout>
```

### Step 4 _ activity_lab72.xml 작성

테스트를 위해 각 다이얼로그를 띄우는 버튼으로 구성된 레이아웃 XML을 작성합니다.

**activity_lab72.xml**

```
<?xml version="1.0" encoding="utf-8"?>
<LinearLayout xmlns:android="http://schemas.android.com/apk/res/android"
    android:layout_width="match_parent"
    android:layout_height="match_parent"
```

```
    android:orientation="vertical">
    <Button
        android:id="@+id/alertButton"
        android:layout_width="match_parent"
        android:layout_height="wrap_content"
        android:text="alert dialog" />
    <Button
        android:id="@+id/listButton"
        android:layout_width="match_parent"
        android:layout_height="wrap_content"
        android:text="list dialog" />
    <Button
        android:id="@+id/dateButton"
        android:layout_width="match_parent"
        android:layout_height="wrap_content"
        android:text="date dialog" />
    <Button
        android:id="@+id/timeButton"
        android:layout_width="match_parent"
        android:layout_height="wrap_content"
        android:text="time dialog" />
    <Button
        android:id="@+id/customButton"
        android:layout_width="match_parent"
        android:layout_height="wrap_content"
        android:text="custom dialog" />
</LinearLayout>
```

## Step 5 _ arrays.xml 파일 생성

목록 다이얼로그를 구성하기 위한 문자열 여러 개를 리소스로 등록해서 사용하겠습니다. values 폴더 하위에 arrays.xml 파일을 만듭니다. values 폴더를 마우스 오른쪽으로 선택하고, [New → Values Resource File] 메뉴를 이용하여 "arrays"라는 이름으로 새로운 XML을 만듭니다.

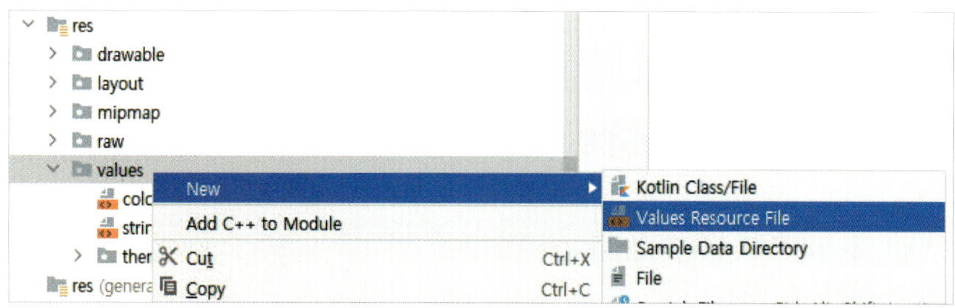


그림 7-22 values 리소스 파일

### Step 6 _ arrays.xml 작성

목록의 문자열을 arrays.xml에 작성합니다.

**arrays.xml**

```
<?xml version="1.0" encoding="utf-8"?>
<resources>
    <string-array name="dialog_array">
        <item>기본 알람 소리</item>
        <item>Argon</item>
        <item>Awaken</item>
        <item>Bounce</item>
        <item>Carbon</item>
    </string-array>
</resources>
```

### Step 7 _ Lab7_2Activity.java 작성

버튼 이벤트 프로그램을 통해 각 다이얼로그를 띄우는 자바 코드를 작성합니다. 코드가 조금 길어 내용별로 따로 정리해 보겠습니다. Lab7_2Activity.java 파일을 다음처럼 작성합니다.

**Lab7_2Activity.java**

```
package com.example.part2_7;

import android.app.AlertDialog;
import android.app.DatePickerDialog;
import android.app.TimePickerDialog;
import android.content.DialogInterface;
import android.os.Bundle;
import android.view.LayoutInflater;
import android.view.View;
import android.widget.DatePicker;
import android.widget.TimePicker;
import android.widget.Toast;
import androidx.appcompat.app.AppCompatActivity;
import com.example.part2_7.databinding.ActivityLab72Binding;
import java.util.Calendar;

public class Lab7_2Activity extends AppCompatActivity {
    ActivityLab72Binding binding;
```

```
//이벤트 처리를 위해 다이얼로그 객체를 멤버변수로 선언
AlertDialog customDialog;
AlertDialog listDialog;
AlertDialog alertDialog;

//매개변수의 문자열을 Toast로 띄우는 개발자 함수
private void showToast(String message){
    Toast toast=Toast.makeText(this, message, Toast.LENGTH_SHORT);
    toast.show();
}

//Dialog 버튼 이벤트 처리
DialogInterface.OnClickListener dialogListener=new DialogInterface.OnClickListener() {
    @Override
    public void onClick(DialogInterface dialog, int which) {
        if(dialog==customDialog && which==DialogInterface.BUTTON_POSITIVE){
            showToast("custom dialog 확인 click.....");
        }else if(dialog==listDialog){
            //목록 다이얼로그의 항목이 선택되었을 때 항목 문자열 획득
            String[] datas=getResources().getStringArray(R.array.dialog_array);
            showToast(datas[which]+" 선택 하셨습니다.");
        }else if (dialog==alertDialog && which==DialogInterface.BUTTON_POSITIVE){
            showToast("alert dialog ok click.....");
        }
    }
};

@Override
protected void onCreate(Bundle savedInstanceState) {
    super.onCreate(savedInstanceState);
    binding = ActivityLab72Binding.inflate(getLayoutInflater());
    setContentView(binding.getRoot());

    binding.alertButton.setOnClickListener(view -> {
        //AlertDialog 띄우기
        AlertDialog.Builder builder=new AlertDialog.Builder(this);
        builder.setIcon(android.R.drawable.ic_dialog_alert);
        builder.setTitle("알림");
        builder.setMessage("정말 종료 하시겠습니까?");
        builder.setPositiveButton("OK", dialogListener);
        builder.setNegativeButton("NO", null);
        alertDialog=builder.create();
```

```
        alertDialog.show();
    });
    binding.listButton.setOnClickListener(view -> {
        //목록 다이얼로그 띄우기
        AlertDialog.Builder builder=new AlertDialog.Builder(this);
        builder.setTitle("알람 벨소리");
        builder.setSingleChoiceItems(R.array.dialog_array, 0, dialogListener);
        builder.setPositiveButton("확인", null);
        builder.setNegativeButton("취소", null);
        listDialog=builder.create();
        listDialog.show();
    });
    binding.dateButton.setOnClickListener(view -> {
        //현재 날짜로 다이얼로그를 띄우기 위해 날짜를 구함
        Calendar c = Calendar.getInstance();
        int year = c.get(Calendar.YEAR);
        int month = c.get(Calendar.MONTH);
        int day=c.get(Calendar.DAY_OF_MONTH);
        DatePickerDialog dateDialog=new DatePickerDialog(this,
                new DatePickerDialog.OnDateSetListener() {
                    @Override
                    public void onDateSet(DatePicker view, int year, int monthOfYear,
                                          int dayOfMonth) {
                        showToast(year+":"+(monthOfYear+1)+":"+dayOfMonth);
                    }
                }, year, month, day);
        dateDialog.show();
    });
    binding.timeButton.setOnClickListener(view -> {
        //현재 시간으로 다이얼로그를 띄우기 위해 시간을 구함
        Calendar c = Calendar.getInstance();
        int hour = c.get(Calendar.HOUR_OF_DAY);
        int minute = c.get(Calendar.MINUTE);
        TimePickerDialog timeDialog=new TimePickerDialog(this,
                new TimePickerDialog.OnTimeSetListener() {
                    @Override
                    public void onTimeSet(TimePicker view, int hourOfDay, int minute) {
                        showToast(hourOfDay+":"+minute);
                    }
                }, hour, minute, false);
        timeDialog.show();
    });
```

```
        binding.customButton.setOnClickListener(view -> {
            AlertDialog.Builder builder=new AlertDialog.Builder(this);
            //custom dialog를 위한 레이아웃 XML 초기화
            LayoutInflater inflater=(LayoutInflater)getSystemService(LAYOUT_INFLATER_SERVICE);
            View dialogView=inflater.inflate(R.layout.dialog_layout, null);
            builder.setView(dialogView);
            builder.setPositiveButton("확인", dialogListener);
            builder.setNegativeButton("취소", null);
            customDialog=builder.create();
            customDialog.show();
        });

    }


}
```

참고로 Calendar는 java.util, AlertDialog는 android.app 패키지의 클래스를 이용하면 됩니다.

### Step 8 _ Lab7_2Activity.java 실행

Lab7_2Activity.java 파일에 마우스 오른쪽을 누르고, [Run 'Lab7_2Activity'] 메뉴를 눌러 실행합니다.

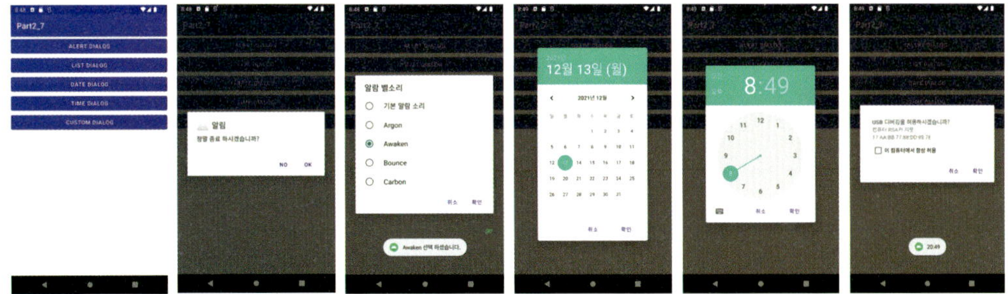

그림 7-23 결과 화면

# 7.4. 알림

## 7.4.1. 알림의 기본 구성

알림(notification)은 앱의 각종 상황을 사용자에게 알릴 목적으로 이용하는 기능입니다.

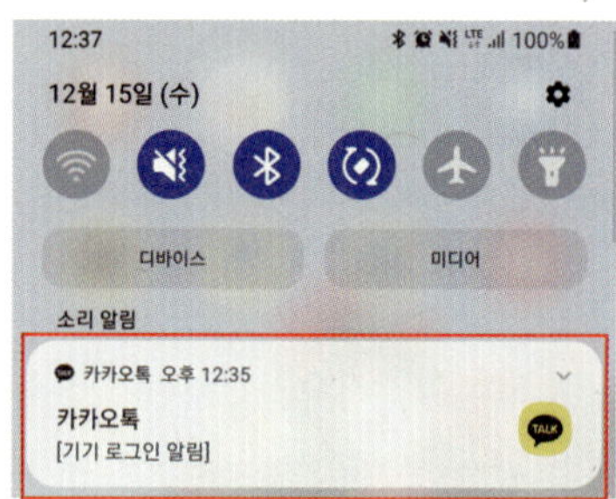


그림 7-24 알림

그림은 카카오톡의 알림 화면입니다. 왼쪽은 알림이 스마트폰의 상태바에 아이콘 이미지로 표시된 것이며, 오른쪽은 사용자가 알림을 확장한 모습입니다.

알림은 API Level 1부터 제공되었던 기능으로, 안드로이드의 새로운 버전이 계속해서 출시되며 크고 작은 내용이 변경되었습니다. API Level 26(Android 8)에서는 NotificationChannel이라는 개념이 필수 구성요소로 추가되었습니다. 또한, API Level 28(Android 9)에서 Person이 추가되어 MessageStyle의 Notification을 띄우는 작업이 한결 쉬워졌습니다. 알림을 띄우기 위한 기본 클래스는 NotificationManager와 Notification입니다.

- **NotificationManager**: 알림을 시스템에 발생시키는 SystemService
- **Notification**: 알림 구성 정보를 가지는 객체
- **NotificationCompat.Builder**: 알림을 다양한 정보로 생성
- **NotificationChannel**: 알림의 관리 단위(Android Oreo에서 추가)

결국 Notification 객체에 각종 정보를 담고 이 객체를 NotificationManager로 시스템에 등록하는 구조입니다. 우선 NotificationManager을 getSystemService() 함수를 이용해 얻습니다.

```
NotificationManager manager=(NotificationManager)getSystemService(NOTIFICATION_SERVICE);
```

## 7.4.2. NotificationChannel

Notification 객체는 직접 생성되지 않으며 NoficationCompat.Builder로 생성합니다. 그런데 API Level 26(Android Oreo)부터는 Builder를 만드는 방법이 변경되었습니다. Notification Channel이라는 개념이 추가되었으며 NotificationChannel에 의해서 Builder가 생성됩니다. 따라서 API Level 26 이상의 스마트폰을 목적으로 앱을 개발한다면 NotificationChannel을 적용해 주어야 합니다.

NotificationChannel은 일종의 알림에 대한 관리 단위로 생각하면 됩니다. 사용자는 환경설정에서 앱이 제공하는 알림을 받지 않게 설정할 수 있습니다. 앱의 알림을 받지 않도록 설정하면 해당 앱의 모든 알림이 뜨지 않게 됩니다. 이 기능은 NotificationChannel이 추가되기 전에도 제공됐습니다. NotificationChannel이라는 개념은 앱에서 띄우는 알림을 구분할 때 사용합니다. NotificationChannel을 적용하면 하나의 앱에서 띄우는 알림을 채널 단위로 구분하여, 사용자가 각각 따로 설정할 수 있게 합니다.

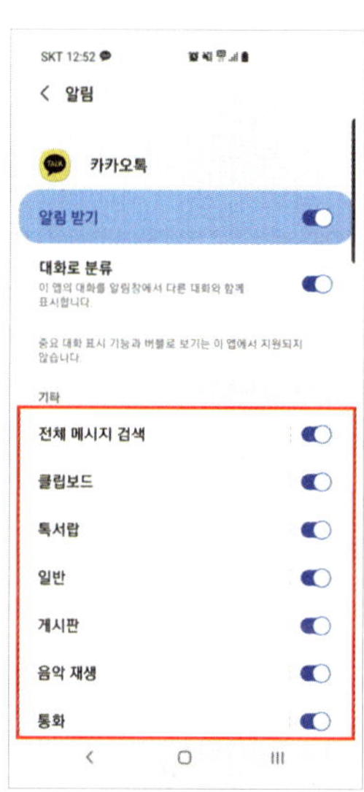

그림 7-25 카카오톡의 알림 설정

그림 7-25는 환경설정에서 카카오톡의 알림을 설정하는 화면입니다. 모든 종류의 알림에 대해 한 번에 설정하는 것이 아니라, 알림의 종류에 따라 각각 따로 설정할 수 있습니다. 이처럼 앱을 개발할 때 NotificationChannel로 여러 개의 채널을 만들어 알림에 적용하면, 사용자가 앱의 다양한 알림을 구분할 수 있습니다.

이제 채널을 적용해 알림을 발생시키는 방법에 대해 살펴보겠습니다. NotificationChannel은 API Level 26부터 제공되므로 하위 버전에서 실행되지 않게 Build.VERSION.SDK_INT를 이용하여 버전 분기 프로그램을 작성해야 합니다.

```
NotificationCompat.Builder builder;
if (Build.VERSION.SDK_INT >= Build.VERSION_CODES.O) {
    //채널 생성
    String channelId = "one-channel";
    String channelName = "My Channel One";
    String channelDescription = "My Channel One Description";
    NotificationChannel channel = new NotificationChannel(channelId, channelName,
            NotificationManager.IMPORTANCE_DEFAULT);
    channel.setDescription(channelDescription);
    //각종 채널에 대한 설정
    channel.enableLights(true);
```

```
    channel.setLightColor(Color.RED);
    channel.enableVibration(true);
    channel.setVibrationPattern(new long[]{100, 200, 300});
    manager.createNotificationChannel(channel);
    //채널이 등록된 builder
    builder = new NotificationCompat.Builder(this, channelId);
} else {
    builder = new NotificationCompat.Builder(this);
}
```

Builder를 이용하여 Notification을 만들고 NotificationManager로 알림을 발생시키는 구조는 동일한데 API Level 26 이상의 폰을 목적으로 한다면 Builder 생성 시 NotificationChannel을 등록해 주어야 합니다. builder = new NotificationCompat.Builder(this, channelId);에 의해 Builder가 만들어지므로 Builder 생성 이전에 위의 코드처럼 NotificationChannel을 준비하여 적용해 주면 됩니다.

## 7.4.3. 기본적인 알림 구성

Builder의 각종 setter 함수를 이용하여 알림의 구성 정보를 명시해줍니다. 다양한 정보를 담을 수 있는데, 우선 가장 기본적인 형태의 알림을 위한 구성을 보겠습니다.

- **setSmallIcon**: 작은 아이콘 이미지 지정
- **setWhen**: 시간
- **setContentTitle**: 확장 내용의 타이틀 문자열
- **setContentText**: 확장 내용의 본문 문자열
- **setAutoCancel**: 터치 시 자동 삭제 여부, true 값이 지정되면 터치 시 삭제됨
- **setOngoing**: 진행표시 여부, true 값이 설정되면 사용자가 손가락으로 밀어서 삭제 불가

```
builder.setSmallIcon(android.R.drawable.ic_notification_overlay);
builder.setWhen(System.currentTimeMillis());
builder.setContentTitle("Content Title");
builder.setContentText("Content Massage");
builder.setAutoCancel(true);
```

이렇게 Builder의 setter() 함수를 이용하여 알림 내용을 구성하였다면, 이제 NotificationManager로 만들어진 알림을 상태바에 등록하면 됩니다.

```
manager.notify(222, builder.build());
```

Builder의 build() 함수로 Notification 객체를 만들고 notify() 함수로 알림을 등록하는 구조입니다. 이때 첫 번째 매개변수는 등록할 알림의 식별자 값입니다. 이 값은 개발자가 임의의 숫자로 지정하며 코드로 알림을 취소할 때 사용됩니다. 사용자가 알림을 클릭하거나 손으로 밀어서 사라지게 만들 수 있지만, 때로는 자바 코드에서 취소해야 할 때도 있습니다. 이때는 cancel() 함수를 이용합니다.

```
manager.cancel(222);
```

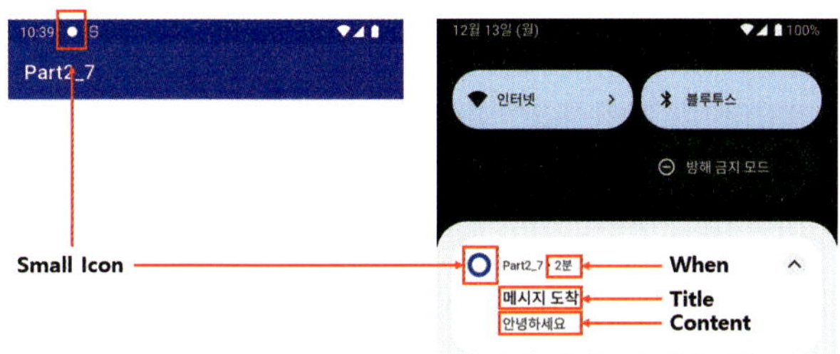


그림 7-26 알림

알림은 그림 7-26의 왼쪽처럼 화면에 나오는 것만을 목적으로 생성할 수도 있습니다. 하지만 오른쪽처럼 알림의 확장된 부분을 터치했을 때, 사용자 이벤트로 처리하여 앱의 특정 액티비티를 실행해야 하는 경우가 많습니다. 이를 위해서는 사용자 이벤트를 등록해야 합니다. 알림은 우리 앱에서 구성하지만, 알림이 보이는 곳은 우리 앱의 액티비티가 아니라 시스템이 제어하는 상태바입니다. 결국, 개발자가 자바 코드로 직접 이벤트를 처리할 수 없습니다.

알림의 사용자 터치 이벤트는 시스템 화면에서 발생하는 것이므로 시스템에 이벤트가 발생하면 어떻게 처리해달라고 의뢰하는 방식입니다. 이벤트가 발생하면 우리 앱의 액티비티(또는 서비스, 브로드캐스트 리시버)가 실행되어야 합니다. 결국, 이벤트 발생 시 시스템이 우리 앱의 액티비티를 실행해야 하며 이렇게 하는 방법은 인텐트밖에 없습니다. 알림이 터치될 때 발생시킬 인텐트를 준비하여 시스템에 등록하면, 실제 사용자의 터치 이벤트가 발생하는 순간에 시스템에서 인텐트를 실행하는 구조입니다.

우선 알림 터치 시 사용할 인텐트를 하나 준비합니다.

```
Intent intent=new Intent(this, MainActivity.class);
```

보통은 인텐트 객체가 준비되면 개발자 코드에서 startActivity() 등의 함수로 직접 발생시키면 됩니다. 하지만 인텐트를 발생시키는 곳은 시스템이므로 준비된 인텐트 발생을 시스템에 의뢰해야 합니다. 인텐트 발생 의뢰는 인텐트 객체 이외에 부가 정보가 더 설정되어야 하는데, 이 정보들을 표현하는 클래스가 PendingIntent입니다. PendingIntent 클래스는 알림에서만 사용되지 않으며 인텐트 발생을 누군가에게 의뢰해야 하는 여러 곳에서 사용합니다.

```
PendingIntent pIntent = PendingIntent.getActivity( this, 10, intent , PendingIntent.FLAG_IMMUTABLE);
```

PendingIntent는 PendingIntent.getActivity() 혹은 getBroadcast(), getService() 함수로 만들며, 함수의 매개변수로 의뢰 정보를 설정합니다. 두 번째 매개변수는 requestCode 값으로 의뢰를 식별하기 위해 사용되며, 코드에서 의뢰를 취소할 때 사용됩니다. 세 번째 매개변수는 의뢰하고자 하는 인텐트 객체이며, 네 번째 매개변수는 flag 값입니다. Android 12 버전 이상에서는 flag 값을 FLAG_MUTABLE 혹은 FLAG_IMMUTABLE 상수 변수로 지정합니다.

PendingIntent로 사용자 터치 시 인텐트 발생 의뢰를 위한 객체가 준비되었다면, Builder의 setContentIntent() 함수의 매개변수에 지정해 주면 됩니다.

```
builder.setContentIntent(pIntent);
```

## 7.4.4. 알림의 다양한 구성

### 간단한 이벤트 처리 : Action

알림 자체는 일종의 메시지이며 사용자가 알림을 터치할 때 상세보기 화면 등을 실행하여 다양한 서비스를 제공하는 구조입니다. 그런데 때로는 화면 전환 없이 알림 내에서 간단한 터치 이벤트를 처리하기도 합니다.

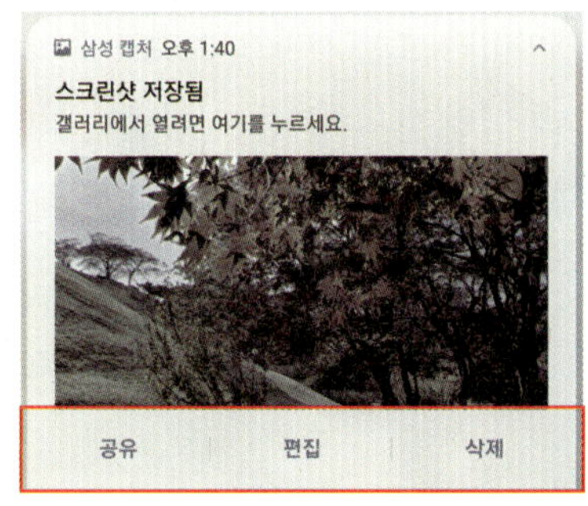


그림 7-27 Action 추가

위의 그림은 캡처했을 때 뜨는 알림 화면입니다. 스크린샷을 공유하고 싶거나 편집하고자 한다면 갤러리 앱에서 작업을 하면 됩니다. 그런데 갤러리 앱을 실행시키지 않고 알림에서 간단하게 공유나 편집을 할 수 있다면 편리할 것입니다. 이처럼 사용자의 추가 이벤트를 처리하는 액션(action)을 알림에서 제공할 수 있습니다.

```
builder.addAction(new NotificationCompat.Action.Builder
                (android.R.drawable.ic_menu_share, "ACTION1", pIntent1).build());
```

추가 이벤트는 addAction() 함수로 설정하며 내용 구성은 NotificationCompat.Action.Builder로 만듭니다. 아이콘과 문자열 그리고 액션 클릭 시 인텐트 발생을 의뢰할 PendingIntent 정보로 구성됩니다.

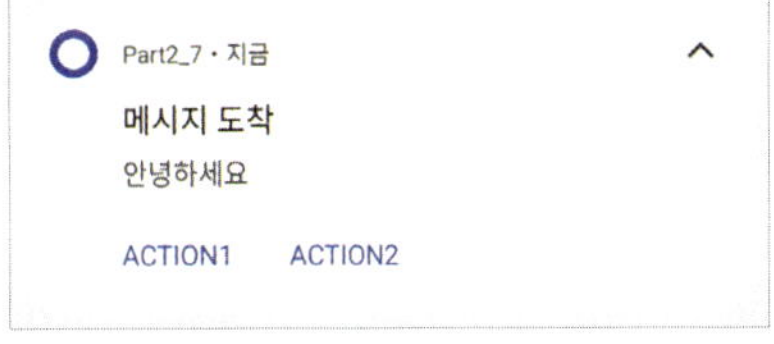

그림 7-28 Action

## 큰 아이콘 : setLargeIcon

알림 화면에 보이는 작은 아이콘 이외에 setLargeIcon() 함수로 큰 아이콘을 설정할 수도 있습니다.

```
Bitmap largeIcon= BitmapFactory.decodeResource(getResources(), R.drawable.noti_large);
builder.setLargeIcon(largeIcon);
```

그림 7-29 LargeIcon

## 큰 이미지 : BigPictureStyle

알림 화면에서 ContentTitle, ContentText을 이용한 문자열 이외에도 다양한 콘텐츠로 구성할 수 있습니다. 이를 지원하기 위한 것이 스타일(Style)이며 여러 스타일을 제공합니다. 그중 BigPicutreStyle은 알림에 큰 크기의 이미지를 출력하기 위한 스타일입니다.

```
NotificationCompat.BigPictureStyle bigStyle = new NotificationCompat.BigPictureStyle(builder);
bigStyle.bigPicture(bigPicture);
builder.setStyle(bigStyle);
```

NotificationCompat.BigPictureStyle의 bigPicture() 함수의 매개변수로 준비한 Bitmap 객체를 설정하고 다시 Builder의 setStyle() 함수로 준비한 스타일을 적용하는 구조입니다.

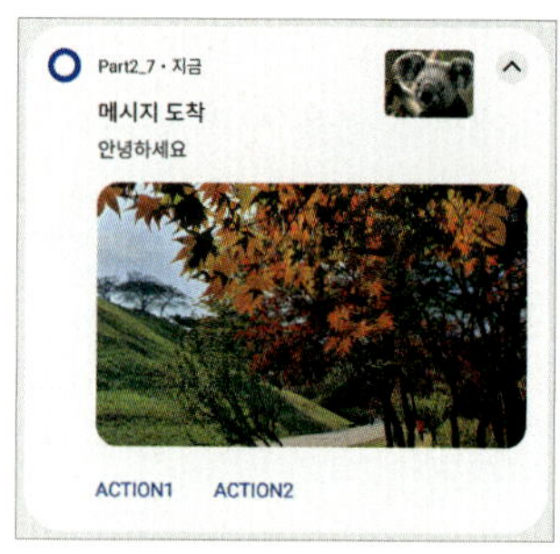

그림 7-30 BigPictureStyle

### 긴 문자열 : BigTextStyle

알림에서 액티비티로 화면을 전환하지 않고도 긴 문자열을 출력할 수 있습니다. 이를 지원하기 위한 스타일이 BigTextStyle입니다.

```
NotificationCompat.BigTextStyle bigTextStyle = new NotificationCompat.BigTextStyle(builder);
bigTextStyle.setSummaryText("BigText Summary");
bigTextStyle.setBigContentTitle("BigText Title");
bigTextStyle.bigText(getResources().getText(R.string.big_text));
builder.setStyle(bigTextStyle);
```

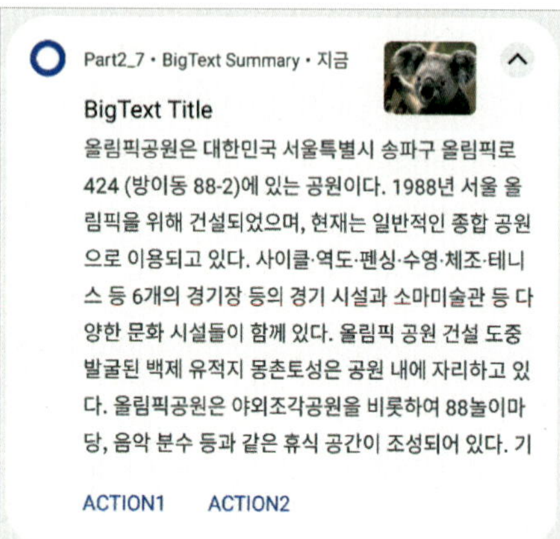

그림 7-31 BigTextStyle

### 목록 : InboxStyle

알림에 여러 데이터를 목록 형태로 제공해야 할 때도 있는데 이를 지원하기 위한 스타일이 InboxStyle입니다.

```
NotificationCompat.InboxStyle style = new NotificationCompat.InboxStyle(builder);
style.addLine("Activity");
```

```
style.addLine("BroadcastReceiver");
style.addLine("Service");
style.addLine("ContentProvider");
style.setSummaryText("Android Component");
builder.setStyle(style);
```

InboxStyle에 addLine() 함수로 항목을 설정하여 사용합니다.

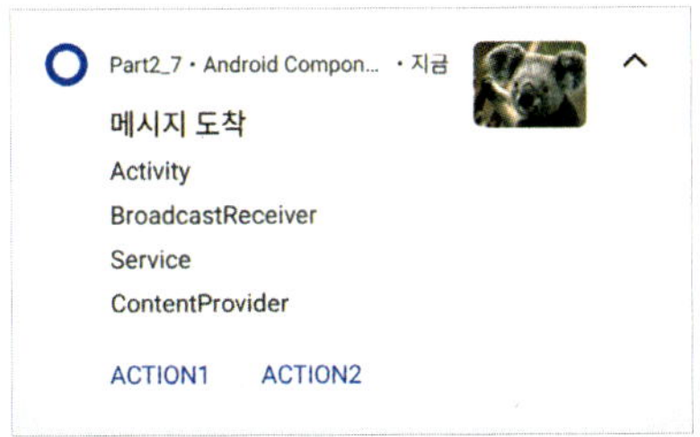


그림 7-32 InboxStyle

## 프로그레스 : Progress

때로는 알림에 프로그레스바로 작업의 진행 사항을 표시해야 할 때도 있습니다. 프로그레스바는 특별한 스타일로 제공되지 않고, Builder의 setProgress() 함수로 progress 값을 대입해 주면 자동으로 나타납니다. 파일을 내려받거나 음악 재생 등을 표시할 때 자주 이용됩니다. 보통 프로그레스바를 알림에 표현하면 setAutoCancel() 함수를 false로, setOngoing() 함수를 true로 설정하여 사용자가 알림을 없애지 못하게 하며 코드에서 cancel() 함수로 제거합니다.

```
Thread t=new Thread(() -> {
    for(int i=1 ;i<=10 ;i++){
        builder.setAutoCancel(false);
        builder.setOngoing(true);
        builder.setProgress(10, i, false);
        manager.notify(222, builder.build());
        if(i>=10){
            manager.cancel(222);
        }
        SystemClock.sleep(1000);
    }
});
t.start();
```

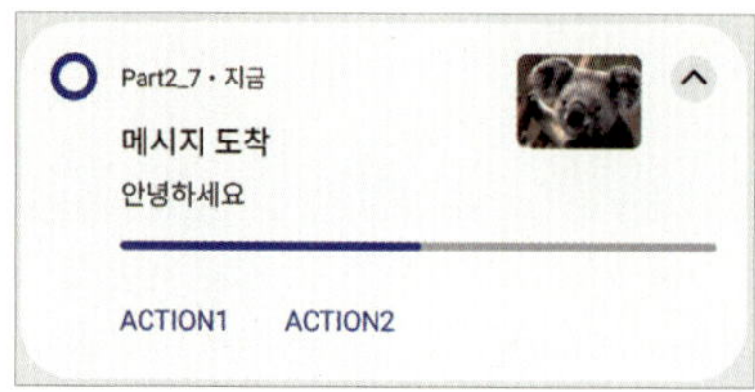


그림 7-33 Progress

### 메시지 스타일 : Message Style

메시지 스타일 알림은 여러 사람이 주고받은 메시지를 구분해서 출력할 때 사용합니다. Message 객체로 생성되며, 3가지 정보를 보여줍니다.

- Message(CharSequence text, long timestamp, Person person)

첫 번째 매개변수는 메시지 내용이며, 두 번째 매개변수는 메시지가 발생한 시각입니다. 메시지 스타일 알림은 어떤 사람이 보냈는지에 대한 정보가 필요합니다. 이를 세 번째 매개변수인 Person 객체로 설정합니다. Person은 메시지 스타일 알림에 출력될 한 사람의 정보를 담는 클래스입니다.

```
Person sender1 = new Person.Builder()
        .setName("kkang")
        .setIcon(IconCompat.createWithResource(this, R.drawable.person1))
        .build();
Person sender2 = new Person.Builder()
        .setName("kim")
        .setIcon(IconCompat.createWithResource(this, R.drawable.person2))
        .build();
```

위의 코드에서는 두 명에 대한 정보를 함께 표현하고자 Person 객체를 두 개 생성했습니다. 각 Person 객체에 이름, 아이콘 등을 설정할 수 있습니다.

이제 이 Person 객체를 MessageStyle을 이용해 알림에 출력할 수 있습니다.

```
NotificationCompat.MessagingStyle.Message message = new NotificationCompat.MessagingStyle.
        Message("hello", System.currentTimeMillis(), sender2);

NotificationCompat.MessagingStyle style = new NotificationCompat.MessagingStyle(sender1)
        .addMessage("world", System.currentTimeMillis(), sender1)
        .addMessage(message);

builder.setStyle(style);
```

위처럼 작성하면 아래 그림처럼 각 Person의 정보가 메시지 스타일로 보입니다.

그림 7-34 메시지 스타일 알림

## 원격입력 : RemoteInput

원격입력이란 알림에 글을 직접 입력할 수 있도록 하는 기능입니다.

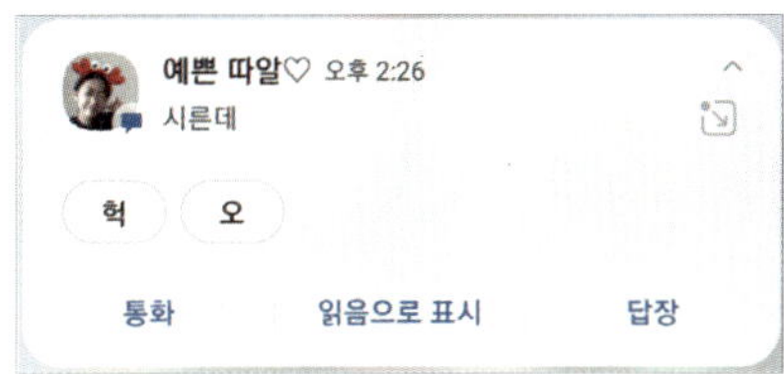


그림 7-35 메시지 앱의 알림

위의 그림은 메시지 앱의 알림입니다. 사용자가 답장을 할 때 메시지 앱을 실행시켜서 할 수 있습니다. 그런데 알림에서 바로 글을 입력할 수 있다면 편리할 것입니다. 이를 지원하는 것이 액션의 일종인 원격입력입니다. 위의 화면에서 답장을 누르면 아래와 같이 사용자에게 글을 입력받는 공간이 생깁니다.

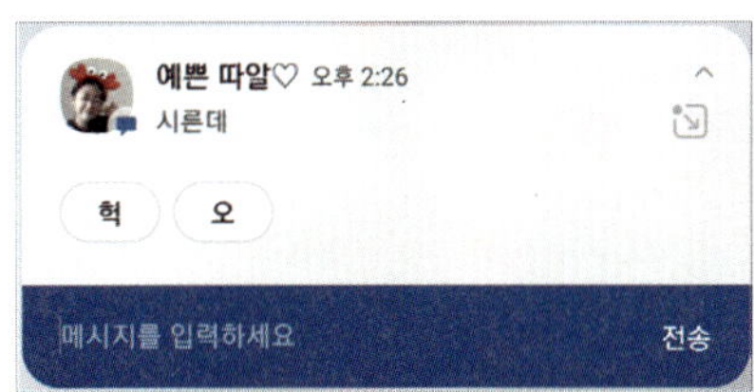


그림 7-36 원격 입력

원격 입력을 구현하기 위해서는 RemoteInput을 이용합니다. RemoteInput에 사용자에게 입력받을 정보를 설정한 후에 액션에 추가하는 구조입니다.

```
String replyKey = "message";
String replyLabel = "답장";
RemoteInput.Builder remoteBuilder = new RemoteInput.Builder(replyKey);
remoteBuilder.setLabel(replyLabel);
RemoteInput remoteInput = remoteBuilder.build();
```

위와 같이 RemoteInput.Builder에 정보를 설정한 후, RemoteInput 객체를 생성합니다. 이때 버전호환성을 위해 androidx.core.app.RemoteInput을 이용합니다.

RemoteInput.Builder 생성자의 매개변수는 사용자 입력을 식별하는 값입니다. 이 식별자 값은 임의의 문자열로 지정할 수 있습니다. setLabel() 함수로 설정하는 값은 입력 화면에 출력되는 힌트 문자열입니다.

RemoteInput도 액션의 일종이므로 터치 이벤트를 처리하는 PendingIntent가 준비되어야 합니다. 이때 사용하는 PendingIntent 생성자의 세 번째 매개변수 값은 FLAG_MUTABLE 상수로 지정합니다.

```
Intent remoteIntent = new Intent(this, MyReceiver.class);
PendingIntent remotePendingIntent = PendingIntent.getBroadcast(this, 20, remoteIntent,
PendingIntent.FLAG_MUTABLE);
```

PendingIntent로 액티비티, 서비스, 브로드캐스트 리시버 등을 실행할 수 있습니다. 그런데 대부분 사용자 입력을 화면 전환 없이 처리할 때 원격입력을 사용하므로, 브로드캐스트 리시버에 많이 적용됩니다. 브로드캐스트 리시버에 대해서는 이후에 자세히 알아보도록 하겠습니다.

이제 액션에 RemoteInput을 적용하면 됩니다.

```
NotificationCompat.Action.Builder remoteActionBuilder = new NotificationCompat.Action.Builder(
        android.R.drawable.stat_notify_chat,
        "답장",
        remotePendingIntent
);
remoteActionBuilder.addRemoteInput(remoteInput);
NotificationCompat.Action remoteAction = remoteActionBuilder.build();

builder.addAction(remoteAction);
```

RemoteInput에 의해 아래의 코드로 입력된 문자열을 획득할 수 있습니다. 아래 코드는 브로드캐스트 리시버가 실행되었다는 가정하에 작성되었습니다.

```
public class MyReceiver extends BroadcastReceiver {

    @Override
    public void onReceive(Context context, Intent intent) {
        String replyTxt =
```

```
RemoteInput.getResultsFromIntent(intent).getCharSequence("message").toString();

        Log.d("kkang","receiver...."+replyTxt);

        NotificationManager manager
= (NotificationManager)context.getSystemService(Context.NOTIFICATION_SERVICE);
        manager.cancel(222);
    }
}
```

getCharSequence() 함수의 매개변수는 RemoteInput을 등록할 때 지정했었던 식별자 문자열입니다. 문자열을 획득한 후에는 NotificationManager로 cancel() 혹은 notify() 함수를 호출해 신호를 잘 받았다고 알려줘야 합니다. 이때 cancel() 함수의 매개변수는 알림의 식별자로, RemoteInput을 이용한 곳에서 알림을 띄울 때 사용했던 식별자와 같아야 합니다.

## [실습 7-3] 알림

Step by Step

앞에서 설명한 다양한 알림을 테스트해 보겠습니다.

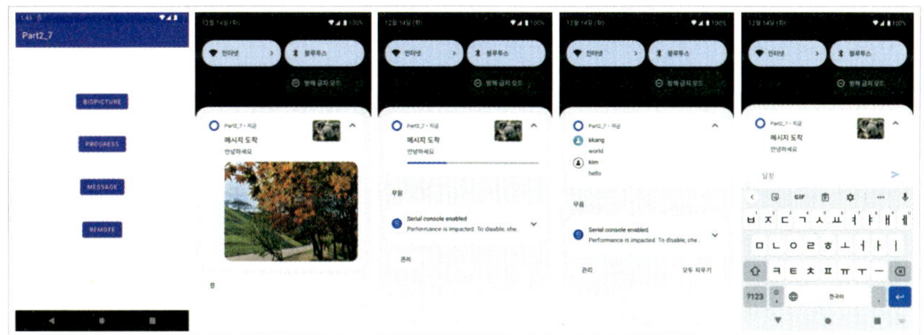

그림 7-37 결과 화면

### Step 1 _ 액티비티 생성

part2_7 모듈에 "Lab7_3Activity"의 이름으로 새 액티비티를 만듭니다. 편의를 위해 액티비티를 만들 때 'Launcher Activity' 체크박스를 체크하고 'Source Language'는 Java로 설정합니다.

### Step 2 _ NotiReceiver 작성

원격 입력을 테스트하기 위해서 브로드캐스트 리시버를 만들겠습니다. 브로드캐스트 리시버에 대한 자세한 내용은 이후에 살펴보겠습니다.

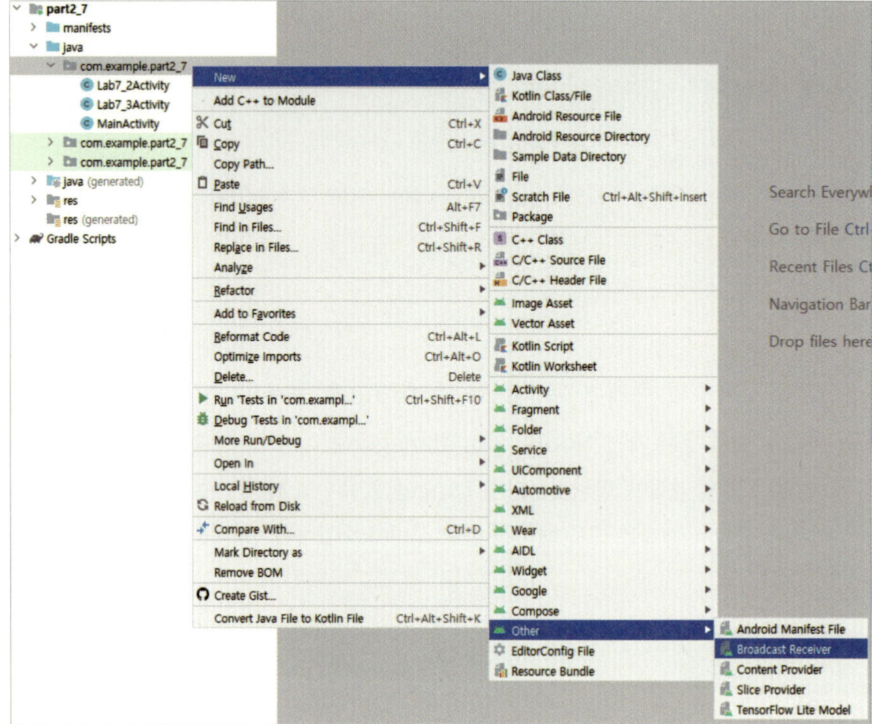

그림 7-38 Broadcast Receiver 생성

코드 영역에서 [New → Other → Broadcast Receiver] 메뉴를 선택합니다.

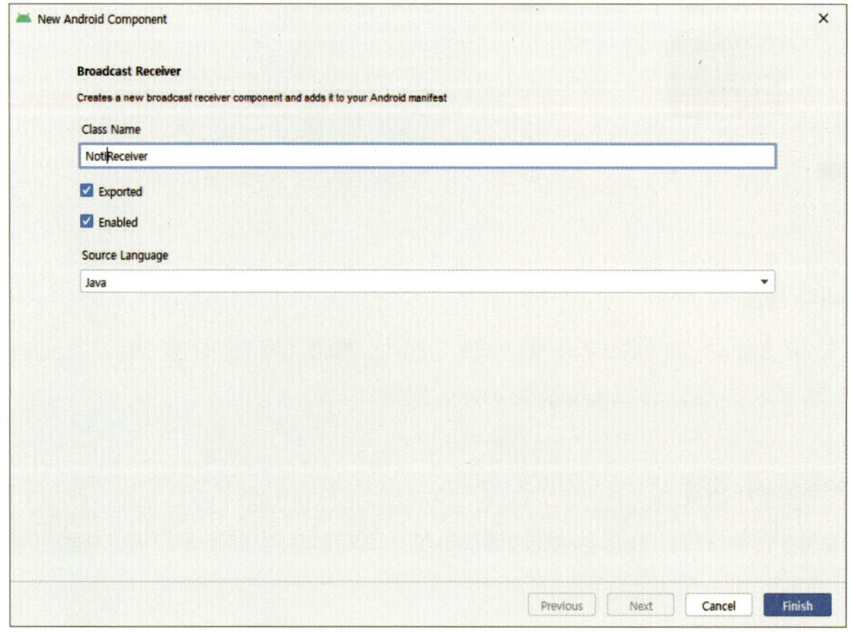

그림 7-39 New Android Component

'Class Name'에 "NotiReceiver"를 입력하고 〈Finish〉 버튼을 클릭해줍니다.

만들어진 NofiReceiver에 아래 내용을 추가합니다.

```
package com.example.part2_7;

import android.app.NotificationManager;
import android.content.BroadcastReceiver;
import android.content.Context;
import android.content.Intent;
import android.util.Log;

import androidx.core.app.RemoteInput;

public class NotiReceiver extends BroadcastReceiver {

    @Override
    public void onReceive(Context context, Intent intent) {
        String replyTxt =
RemoteInput.getResultsFromIntent(intent).getCharSequence("message").toString();

        Log.d("kkang","receiver...."+replyTxt);

        NotificationManager manager
=(NotificationManager)context.getSystemService(Context.NOTIFICATION_SERVICE);
        manager.cancel(222);
    }
}
```

### Step 3 _ 파일 복사

실습을 위해 필자가 제공한 파일 중 noti_big.jpg, noti_large.png, person1.png, person2.png 파일을 res/drawable 폴더에 복사하고, activity_lab73.xml을 res/layout 폴더에 복사합니다.

### Step 4 _ Lab7_3Activity 작성

버튼이 클릭될 때 다양한 알림을 띄우기 위해 Lab7_3Activity를 다음처럼 작성합니다.

**Lab7_3Activity.java**

```
public class Lab7_3Activity extends AppCompatActivity implements View.OnClickListener{
    ActivityLab73Binding binding;

    NotificationManager manager;
    NotificationCompat.Builder builder;

    @Override
    protected void onCreate(Bundle savedInstanceState) {
        super.onCreate(savedInstanceState);
        binding = ActivityLab73Binding.inflate(getLayoutInflater());
        setContentView(binding.getRoot());

        binding.bigPictureButton.setOnClickListener(this);
        binding.progressButton.setOnClickListener(this);
        binding.messageButton.setOnClickListener(this);
        binding.remoteButton.setOnClickListener(this);

    }

    @Override
    public void onClick(View v) {
        manager=(NotificationManager)getSystemService(NOTIFICATION_SERVICE);

        if (Build.VERSION.SDK_INT >= Build.VERSION_CODES.O) {
            //채널 생성
            String channelId = "one-channel";
            String channelName = "My Channel One";
            String channelDescription = "My Channel One Description";
            NotificationChannel channel = new NotificationChannel(channelId, channelName,
                    NotificationManager.IMPORTANCE_DEFAULT);
            channel.setDescription(channelDescription);
            //각종 채널에 대한 설정
            channel.enableLights(true);
            channel.setLightColor(Color.RED);
            channel.enableVibration(true);
            channel.setVibrationPattern(new long[]{100, 200, 300});
            manager.createNotificationChannel(channel);
            //채널이 등록된 builder
            builder = new NotificationCompat.Builder(this, channelId);
        } else {
            builder = new NotificationCompat.Builder(this);
```

```
        }

        builder.setSmallIcon(android.R.drawable.ic_notification_overlay);
        builder.setWhen(System.currentTimeMillis());
        builder.setContentTitle("메시지 도착");
        builder.setContentText("안녕하세요");
        builder.setAutoCancel(true);
        Bitmap largeIcon= BitmapFactory.decodeResource(getResources(), R.drawable.noti_large);
        builder.setLargeIcon(largeIcon);

        if(v == binding.bigPictureButton){
            //BigPictureStyle
            Bitmap bigPicture= BitmapFactory.decodeResource(getResources(), R.drawable.noti_big);
            NotificationCompat.BigPictureStyle bigStyle = new
NotificationCompat.BigPictureStyle(builder);
            bigStyle.bigPicture(bigPicture);
            builder.setStyle(bigStyle);
        }else if(v == binding.progressButton){
            //Progress 알림
            Thread t=new Thread(() -> {
                for(int i=1 ;i<=10 ;i++){
                    builder.setAutoCancel(false);
                    builder.setOngoing(true);
                    builder.setProgress(10, i, false);
                    manager.notify(222, builder.build());
                    if(i>=10){
                        manager.cancel(222);
                    }
                    SystemClock.sleep(1000);
                }
            });
            t.start();
        }else if(v == binding.messageButton){
            //MessageStyle
            //androidx.core.app.Person 이용
            Person sender1 = new Person.Builder()
                    .setName("kkang")
                    .setIcon(IconCompat.createWithResource(this, R.drawable.person1))
                    .build();
            Person sender2 = new Person.Builder()
                    .setName("kim")
                    .setIcon(IconCompat.createWithResource(this, R.drawable.person2))
```

```
                .build();

        NotificationCompat.MessagingStyle.Message message = new
NotificationCompat.MessagingStyle.
                Message("hello", System.currentTimeMillis(), sender2);
        NotificationCompat.MessagingStyle style = new
NotificationCompat.MessagingStyle(sender1)
                .addMessage("world", System.currentTimeMillis(), sender1)
                .addMessage(message);
        builder.setStyle(style);
    }else if(v == binding.remoteButton){
        //RemoteInput
        String replyKey = "message";
        String replyLabel = "답장";
        //androidx.core.app.RemoteInput 이용
        RemoteInput.Builder remoteBuilder = new RemoteInput.Builder(replyKey);
        remoteBuilder.setLabel(replyLabel);
        RemoteInput remoteInput = remoteBuilder.build();

        Intent remoteIntent = new Intent(this, NotiReceiver.class);
        PendingIntent remotePendingIntent = PendingIntent.getBroadcast(this, 20,
remoteIntent, PendingIntent.FLAG_MUTABLE);

        NotificationCompat.Action.Builder remoteActionBuilder = new
NotificationCompat.Action.Builder(
                android.R.drawable.stat_notify_chat,
                "답장",
                remotePendingIntent
        );
        remoteActionBuilder.addRemoteInput(remoteInput);
        NotificationCompat.Action remoteAction = remoteActionBuilder.build();

        builder.addAction(remoteAction);
    }
    manager.notify(222, builder.build());
  }
}
```

### Step 5 _ Lab7_3Activity.java 실행

Lab7_3Activity.java 파일에 마우스 오른쪽을 누르고 [Run 'Lab7_3Activity'] 메뉴로 실행합니다.

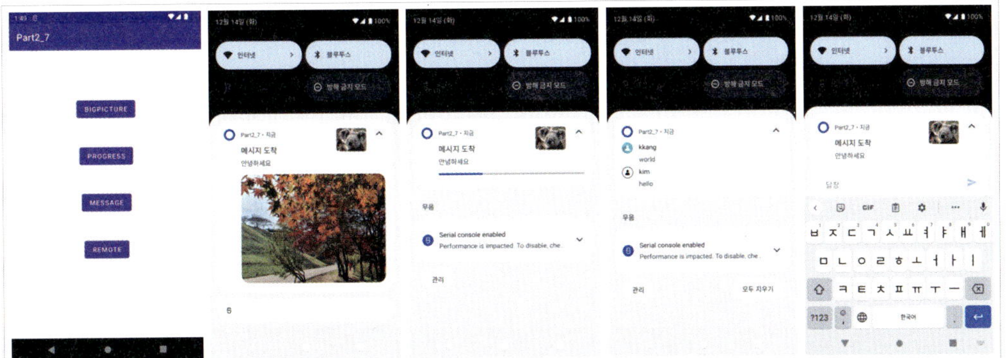


그림 7-40 결과 화면

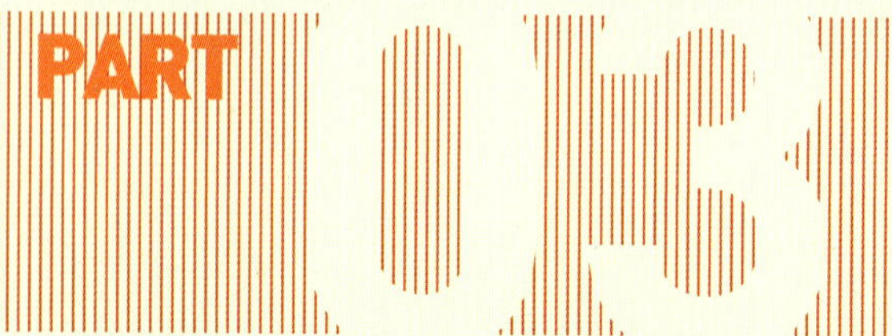

# 상용 앱 수준의 화면을 구성하자

## 이번 파트에서는...

현재 스마트폰 앱의 화면은 초창기 때와 비교도 안 될 정도로 차이가 납니다. 시간이 지날수록 앱의 화면은 복잡해지고 다양한 기능을 제공하고 있습니다. 이런 화면을 단순한 TextView, ImageView, ListView, Button 등의 기초 뷰만을 이용해서 구현할 수는 없습니다.

구글에서 제공하는 androidx 라이브러리에는 다양한 뷰들이 있으며 대부분 상용 앱에서는 androidx 라이브러리의 뷰를 이용해 화면을 구성하고 있습니다. 이번 파트에서 살펴보려는 내용은 상용 앱에서 대부분 이용하고 있는 androidx 라이브러리를 이용한 화면 구성입니다.

1. 구글의 다양한 androidx 라이브러리를 이용한 화면 구성에 대해 알아보자
2. 머티리얼 디자인을 구현하기 위한 Material Design 라이브러리에 대해 알아보자

# 8장

# JetPack의 뷰

초기 스마트폰의 앱들은 문자열과 이미지 데이터를 간단한 구조로 출력하는 정도의 화면을 제공했습니다. 하지만 시간이 지나면서 다양한 UI/UX를 제공함으로써 화면이 복잡해지고 있습니다. 이런 화면을 구성하려면 표준 라이브러리의 뷰도 중요하지만, 구글에서 제공하는 다양한 JetPack 라이브러리의 뷰를 활용하는 것도 중요합니다. 이번 장에서는 JetPack 라이브러리의 뷰 중에서 이용빈도가 높은 ActionBar, Fragment, ViewPager2, RecyclerView에 대해 살펴보겠습니다.

# 8.1. JetPack의 라이브러리

## 8.1.1. JetPack이란

JetPack은 2018년도 구글 I/O 행사에서 발표된 패키지 묶음입니다. 앱 개발에 도움을 주고자 기존에 구글에서 제공하던 서포트 라이브러리와 아키텍처 컴포넌트를 모아 놓았다고 이해하면 됩니다. 아래 페이지에서 관련 내용을 확인할 수 있습니다.

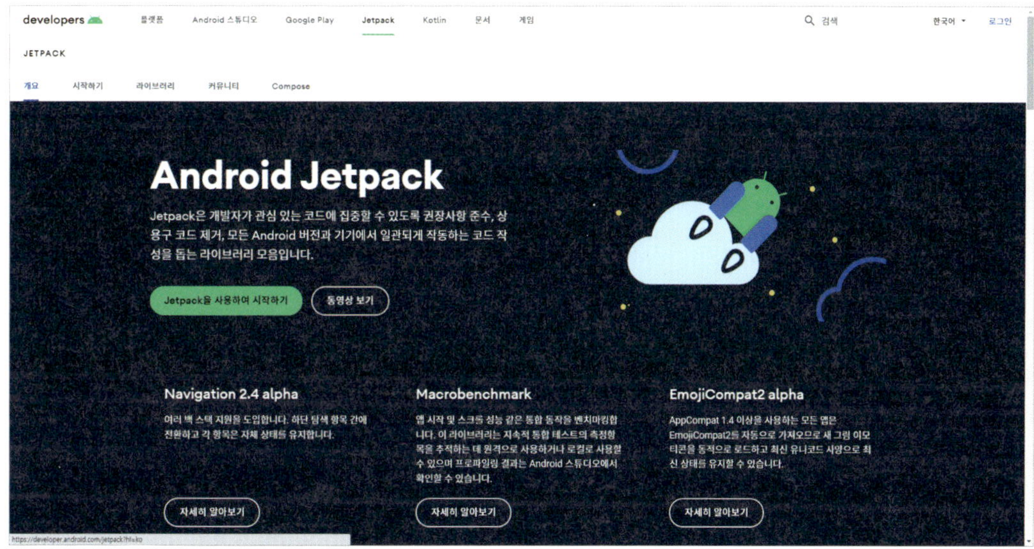


그림 8-1 JetPack(출처: https://developer.android.com/jetpack/)

JetPack에서 제공하는 아키텍처 구성요소(Android Architecture Component, AAC)를 간단하게 소개해보겠습니다. 일반적으로 안드로이드 앱을 개발하다 보면, 특정 부분에서 코드가 복잡해지기 마련입니다. 이때 특정한 패턴이나 소프트웨어 모델을 적용하여 코드를 깔끔하게 구조화할 수 있습니다. 이에 대한 안드로이드의 지원이 없을 때는 개발자가 외부 소프트웨어 모델을 임의로 사용할 수밖에 없었습니다.

예를 들어 액티비티 클래스가 복잡하고 길게 작성되는 것을 피하고자 어떤 개발자는 Model-View-ViewModel(MVVM)을 적용하고, 또 어떤 개발자는 Model-View-Presenter(MVP)를 적용하기도 하였습니다. 이처럼 안드로이드 내에 코드를 구조화하는 데 도움을 주는 라이브러리가 없다 보니 개발자가 모델을 선택해야하는 부담이 있었습니다.

이런 문제를 해결하고자 구글에서 제시한 것이 바로 AAC입니다. AAC로 여러 가지 기법을 제공할 테니, 내부에 구축되어 있는 기술을 이용하라고 대안을 제시한 것입니다. JetPack이 제공하는 라이브러리는 플랫폼 API 외에 따로 추가된 라이브러리입니다.

안드로이드 플랫폼 API에서 제공되는 클래스는 android 혹은 java로 시작하는 패키지명을 갖습니다. 즉, 우리가 지금까지 이 책에서 살펴본 대부분의 클래스가 대부분 플랫폼 API입니다. java.lang.String, java.util.Date 등의 자바 클래스와 android.app.Activity, android.widget.TextView 등의 안드로이드 클래스는 모두 플랫폼 API입니다. 하지만 실제로 앱을 개발할 때는 플랫폼 API에서 제공하는 것 이상의 다양한 기능과 화면을 구현해야 합니다. 이에 도움을 주기 위해 JetPack으로 묶어서, androidx로 시작하는 패키지명을 갖는 다양한 라이브러리를 제공한 것입니다. 대표적인 androidx 라이브러리는 아래와 같습니다.

- androidx.appcompat: API 레벨 호환성 해결
- androidx.recyclerview: 목록 화면 구성
- androidx.viewpager2: 스와이프 화면 구성
- androidx.fragment: 액티비티처럼 동작하는 뷰 제공
- androidx.drawerlayout: 서랍처럼 열리는 화면 구성

### 8.1.2. 안드로이드 API Level과 하위 호환성

앞에서 ActionBar를 설명하였습니다. 그런데 AcitonBar는 API Level 11부터 제공하는 클래스로 하위 호환성 문제가 발생할 수 있습니다. API 하위 호환성과 관련된 문제는 ActionBar만의 문제가 아니므로 잘 정리해야 할 필요가 있습니다.

minSdk라는 개념이 있습니다. 개발환경 설정 부분에서 잠깐 다루었던 주제인데요. 이 설정은 아주 중요합니다. minSdk로 설정된 하위 버전의 스마트폰에는 우리의 앱이 설치되지 않습니다. 예를 들어, minSdk를 21로 지정하였다면 지금 개발하는 앱이 21 버전까지만 지원한다는 의미이고, 21 하위 버전의 스마트폰에는 앱 자체가 설치되지 않는다는 이야기입니다.

minSdk를 21로 설정하면 21 버전의 스마트폰에 우리의 앱이 설치됩니다. 그렇기 때문에 어떻게든 21 버전까지는 에러가 발생하지 않게 신경 써 주어야 합니다. 이 부분이 하위 호환성입니다. 우리가 앱을 개발할 때 표준 라이브러리의 API를 이용하면, 전체 버전의 스마트폰에서 에러 없이 잘 실행될 거로 생각하기 쉽지만, 사실은 그렇지 않습니다. 예를 들어 보겠습니다.

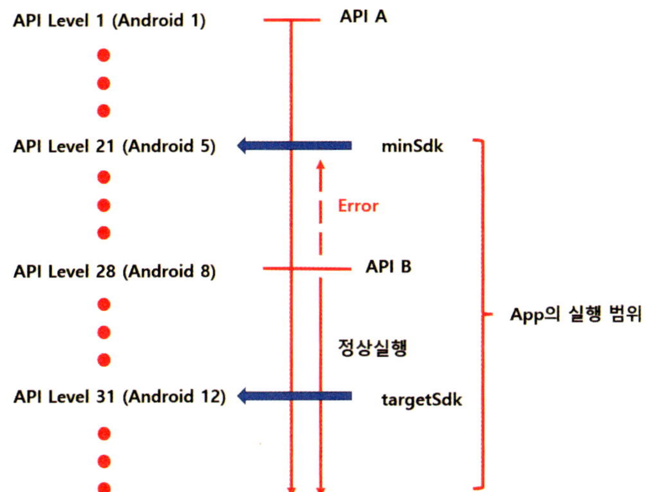


그림 8-2 하위 호환성

그림 8-2에서 targetSdk는 개발자가 앱을 개발할 때 이용하는 라이브러리의 버전입니다. 그림에서는 31 버전의 라이브러리를 이용해 앱을 만들고 있습니다. 그런데 앱의 minSdk는 21입니다. 이 앱이 API Level 21까지는 설치된다는 이야기입니다. 그러므로 해당 앱은 21 버전의 기기에서도 에러 없이 실행되어야 합니다.

만약, 이 앱을 만드는 데 사용된 모든 클래스나 함수가 minSdk보다 하위 버전에서 제공된다면 아무 문제가 없습니다. 예를 들어, 그림 8-2의 A라는 API는 minSdk보다 하위인 1 버전부터 제공되므로 우리가 지원하려는 모든 버전의 스마트폰에서 아무 문제 없이 잘 실행됩니다. 그러나 B처럼 API Level 28부터 제공되는 API라면, 28 버전 아래의 스마트폰에서는 B라는 AIP가 지원되지 않으므로 실행할 때 에러가 발생합니다.

결국, 프로그램을 작성하면서 minSdk보다 상위 버전에서 제공하는 API를 사용한다면, 그보다 하위 버전에서 발생하는 에러를 신경 쓰면서 개발해야 합니다.

**깡쌤! 질문 있어요!**

**Q 하위 호환성에 걸리는 API를 사용하지 않으면 되는 거 아닌가요?**

A 그럴 수도 있습니다. 하위 호환성에 걸리는 API는 이용하지 않고 작성하면 하위 호환성은 신경 쓰지 않아도 되겠지요. 그런데 낮은 버전에서 제공하기 시작한 API만 가지고 프로그램을 작성한다면 시대에 뒤떨어진 앱이 될 겁니다. 경쟁사 앱은 최신 API를 이용해서 화면부터 트랜드에 맞게 디자인하였고 최신 기능을 포함해서 다양한

서비스를 제공하는데, 우리 앱은 예전 기능밖에 제공하지 못한다면 어떨까요? 그리고 개발하다 보면 최신 API를 사용하지 않으면 안 되는 경우도 발생합니다.

자! 그렇다면 하위 호환성에 걸리는 API를 사용했을 때 어떻게 하위 버전에서 에러가 발생하지 않게 개발할 수 있을까요? 크게 세 가지 방법이 있습니다.

- 구글 라이브러리의 도움을 받는다.
- 오픈소스 라이브러리의 도움을 받는다.
- 개발자 코드에서 버전을 직접 식별해서 처리한다.

오픈소스 라이브러리란, 인터넷상에서 무료로 구할 수 있는 다양한 라이브러리입니다. 인터넷상에 워낙 많은 라이브러리가 있어서 개발자의 검색 능력이므로 여기서 논하지 않겠습니다. 여기서는 구글의 Support 라이브러리에 대한 소개와 개발자 코드에서 버전을 식별하는 방법을 소개하겠습니다.

### 구글의 라이브러리 이용

구글에서 워낙 많은 라이브러리를 제공하며, 이는 이후에도 계속 소개됩니다. 구글의 라이브러리지만, 표준 라이브러리는 아닙니다. 구글이라는 벤더가 개발자를 위해 제공해 주는 라이브러리라는 개념입니다. 이 라이브러리의 목적 중 하나가 하위 호환성 지원입니다.

이번 파트에서 살펴보고자 하는 ActionBar와 Fragment 등은 플랫폼 API로, 하위 호환성 문제가 발생할 수 있습니다. 이후에 자세한 이용방법을 살펴보겠지만 android.app.ActionBar를 사용하면 하위 호환성 문제로 에러가 발생할 수 있다는 이야기입니다. 이러한 하위 호환성을 해결하기 위해 androidx의 appcompat 라이브러리를 사용합니다.

안드로이드 스튜디오에서 플랫폼 API 이외의 라이브러리를 이용하려면 그레이들 파일에서 dependencies로 연결해야 합니다. 앱의 그레이들 파일을 보면 다음과 같이 dependencies 부분이 있습니다.

```
dependencies {

    implementation 'androidx.appcompat:appcompat:1.4.0'
    //생략......
}
```

추가하지도 않아도 라이브러리 dependencies 부분에 appcompat 라이브러리가 있습니다. 이 라이브러리에서 앱의 기초적인 API 하위 호환성을 제공합니다.

```
public class MainActivity extends AppCompatActivity {
    //생략......
}
```

우리가 지금까지 만들었던 모든 액티비티의 선언 부분입니다. 원래 액티비티는 Activity라는 안드로이드 표준 라이브러리에서 제공하는 클래스를 상속받아 만들어집니다. 그런데 우리가 상속받지도 않았는데 자동으로 AppCompatActivity가 추가되어 있습니다. AppCompatActivity는 Activity의 서브 클래스이며 appcompat 라이브러리에서 제공하는 클래스입니다. AppCompat Activity가 액티비티의 ActionBar, Fragment 등의 하위 호환성을 처리해 준다고 보면 됩니다.

**깡쌤! 질문 있어요!**

**appcompat 라이브러리가 dependencies에 자동 추가되었는데 제거해도 되나요?**

물론 사용하지 않는다면 제거해도 됩니다. 안드로이드 스튜디오에서 프로젝트를 만들면 appcompat 이외에도 material과 constraintlayout 등의 라이브러리가 자동으로 그레이들 파일에 선언되어 있습니다. 이런 라이브러리를 사용하지 않는다면 제거해도 됩니다. 하지만 자동으로 추가된 라이브러리들이 기초적이고 유용한 API를 제공해주기 때문에 도움을 받는 것이 좋습니다.

또한 플랫폼 API에서 제공하지만 androidx에서도 제공하는 API 가 있다면, androidx 라이브러리의 API를 이용하는 것을 권장합니다. 대표적인 API가 우리가 살펴볼 ActionBar와 Fragment입니다.

### 개발자 코드로 버전 확인

앞에서 설명한 androidx 라이브러리를 이용해 하위 호환성을 해결할 수 있다면 개발자 관점에서는 상당히 편합니다. 하지만 androidx 라이브러리가 모든 하위 호환성을 제공한다고 볼 수는 없습니다. 때로는 개발자 코드에서 직접 API Level을 체크해서 분기문으로 작성해야 합니다. 다음은 하위 호환성에 걸리는 API를 하위 버전에서 실행되지 않게 개발자가 직접 제어한 예입니다.

```
if(Build.VERSION.SDK_INT >= Build.VERSION_CODES.S){
    //......
}else {
    //......
}
```

## 8.2. ActionBar와 메뉴

### 8.2.1. ActionBar

ActionBar는 액티비티 화면에서 중요한 구성요소입니다. 우선 이곳에서 기본으로 제공되는 ActionBar를 먼저 살펴보고, 이후에 발전된 형태의 ToolBar와 AppBar를 알아보도록 하겠습니다.

액티비티에는 기본으로 ActionBar가 포함되는데, 개발자가 따로 구성하지 않으면 타이틀 바처럼 타이틀 문자열이 출력됩니다. 하지만 단순한 타이틀 바가 아닙니다. 이곳에 다양한 요소를 추가할 수 있습니다.

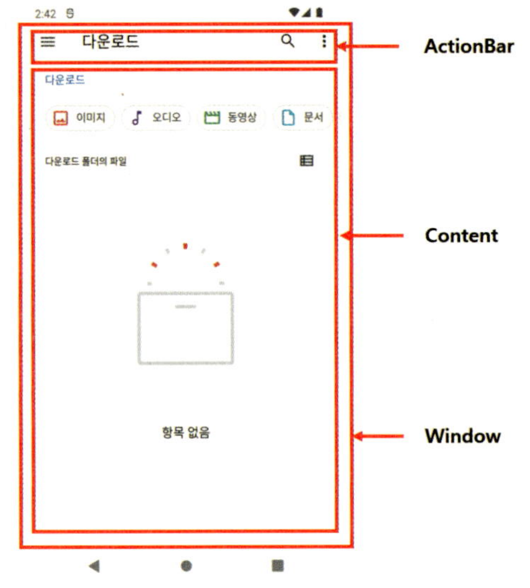


그림 8-3 ActionBar

액티비티가 출력되는 전체 창을 Window라 부르며, Window는 크게 Content 영역과 ActionBar 영역으로 나누어 집니다. Content 영역은 액티비티 내에서 setContentView() 함수로 작성한 내용이 나오는 곳이고, ActionBar는 Window의 상단에 출력됩니다. ActionBar 구성을 개발자가 특별하게 하지 않으면 기본 타이틀 문자열이 나옵니다. 하지만 Navigation Icon, Title 문자열, Action Button, Overflow Menu 등이 출력되도록 구성할 수도 있습니다.

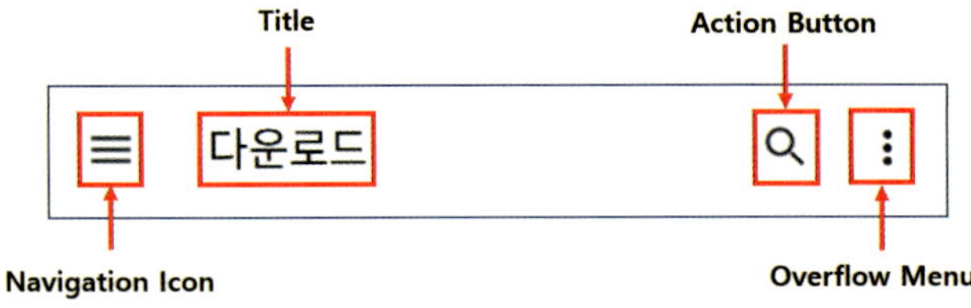


그림 8-4 ActionBar 구성

위의 그림에서 Action Button과 Overflow Menu는 모두 메뉴입니다. 이후 소개될 메뉴 부분을 학습하면 쉽게 이용할 수 있을 것입니다.

### Overlay 모드로 ActionBar 출력하기

ActionBar는 액티비티가 출력되면 자동으로 Window 영역 상단에 출력됩니다. 하지만 ActionBar 영역이 필요 없는 액티비티도 있습니다. 이때, 액티비티에 ActionBar가 출력되지 않게 하는 기법은 이미 Theme 리소스 부분에서 살펴보았습니다.

그런데 ActionBar를 Content 영역 위에 떠 있는 듯하게 출력(Overlay 모드)해야 할 때도 있습니다. 예를 들어, 아래 그림처럼 이미지로 전체 화면을 구성하고 ActionBar를 그 위에 출력하고자 할 때입니다.

그림 8-5 ActionBar Overlay

이 또한, Theme를 정의하는 XML 설정으로 간단하게 구현할 수 있습니다. Theme를 정의한 XML에 windowActionBarOverlay 속성을 추가해 이 값을 true로 설정하면 됩니다.

```
<style name="Theme.AndroidLab" parent="Theme.MaterialComponents.DayNight.DarkActionBar">
    <item name="colorPrimary">#00000000</item>
    <!-- 생략 -->
    <item name="windowActionBarOverlay">true</item>
</style>
```

위와 같이 XML을 작성하여, ActionBar를 Content 영역 위에 표시할 수 있습니다. ActionBar 자체의 백그라운드 색상 때문에 Content의 일부분이 완전히 가려지므로, colorPrimary 속성값을 투명하게 지정합니다.

### ActionBar 출력 동적 제어

앱이 실행되는 도중에 ActionBar가 사라지도록, 혹은 다시 나타나게 구현해야 할 때도 있습니다. 이때, 코드에서 ActionBar 객체를 획득해야 합니다. ActionBar 객체는 getSupportActionBar() 함수로 획득합니다. ActionBar는 플랫폼 API에서도 android.app.ActionBar로 제공되지만, 레벨 호환성을 고려해 androidx.appcompat.app.ActionBar 사용을 권장하고 있습니다. ActionBar 객체의 show(), hide() 함수를 이용해 원하는 순간에 ActionBar가 사라지거나 다시 나타나도록 구현합니다.

```
//androidx.appcompat.app.ActionBar
ActionBar actionBar = getSupportActionBar();

binding.showButton.setOnClickListener(view -> {
    actionBar.show();
});
binding.hideButton.setOnClickListener(view -> {
    actionBar.hide();
});
```

### Up 버튼 설정

출력되는 액티비티가 첫 화면이 아니라면, 사용자가 Back 버튼을 눌러 이전 화면으로 되돌아갈 수 있습니다. 그런데 많은 앱에서 ActionBar에 Up 버튼을 제공하여, 사용자가 이 Up 버튼을 클릭하여도 이전 화면으로 되돌아갈 수 있도록 하고 있습니다.

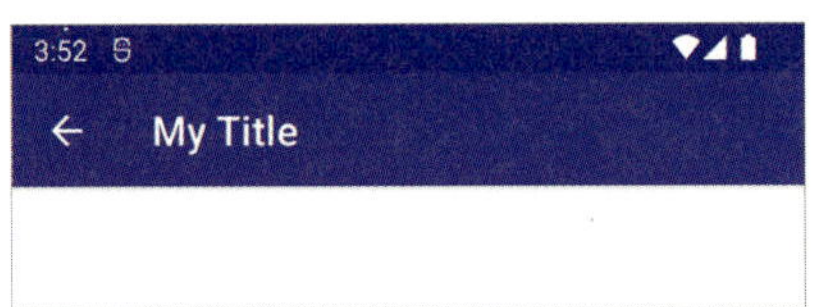


그림 8-6 Up Button

XML 파일 설정만으로도 ActionBar에 Up 버튼을 제공할 수 있지만, 코드로 작성하는 방법도 있습니다.

우선 XML 파일에서 설정하는 방법을 살펴봅시다. AndroidManifest.xml 파일에 아래와 같이 <activity> 태그 내에 parentActivityName 속성을 지정해 주면 자동으로 Up 버튼이 출력되며, 사용자가 클릭할 때 parentActivityName 속성에 지정한 액티비티로 화면이 전환됩니다.

```
<activity
    android:name=".DetailActivity"
    android:exported="false"
    android:parentActivityName=".MainActivity"/>
```

코드로 Up 버튼을 제공하려면, setDisplayHomeAsUpEnabled() 함수를 사용합니다. 그런데 setDisplayHomeAsUpEnabled() 함수는 Up 버튼을 출력하는 기능만 합니다. 사용자가 Up 버튼을 클릭해도 아무런 반응이 없습니다. 사용자가 Up 버튼을 클릭했을 때 특정 로직이 실행되도록 하려면 onSupportNavigateUp() 함수를 오버라이드해야 합니다.

```
@Override
protected void onCreate(Bundle savedInstanceState) {
    //생략...
    ActionBar actionBar = getSupportActionBar();
    actionBar.setDisplayHomeAsUpEnabled(true);
}

@Override
public boolean onSupportNavigateUp() {
    onBackPressed();
    return super.onSupportNavigateUp();
}
```

## 8.2.2. 메뉴

메뉴는 액티비티의 구성요소입니다. 필수 구성요소는 아니며 개발자가 액티비티를 개발할 때 선택적으로 추가할 수 있습니다. 액티비티에 메뉴를 추가하더라도 Activity Content 영역에 표시되지 않고 ActionBar에 포함되어 표시됩니다.

그림 8-7 메뉴와 액티비티

### 메뉴 작성 방법

메뉴를 추가하는 방법은 자바 코드로 작성하는 방법과 리소스 XML 파일을 이용하는 두 가지 방법이 있습니다. 우선 자바 코드로 작성하는 방법을 살펴보겠습니다. 메뉴를 추가하려면 메뉴를 구성하는 함수를 재정의해야 합니다. 메뉴 구성을 위한 함수는 onCreateOptionsMenu()입니다.

```
@Override
public boolean onCreateOptionsMenu(Menu menu) {
    MenuItem item1=menu.add(0,0,0,"슬라이드쇼");
    MenuItem item2=menu.add(0,1,0,"앨범에추가");
    return true;
}
```

onCreateOptionsMenu() 함수를 정의하면 매개변 수로 Menu 객체가 넘어오고 이 객체에 메뉴를 넣으면 됩니다. 이때 다음과 같은 add() 함수를 사용합니다.

- add(CharSequence title)
- add(int groupId, int itemId, int order, int titleRes)
- add(int groupId, int itemId, int order, CharSequence title)

add() 함수의 매개변수 중 itemId 값은 메뉴의 식별자로 사용자의 메뉴 선택 이벤트를 처리할 때 어느 메뉴가 눌렸는지 확인할 수 있습니다. title 매개변수는 메뉴에 표시할 문자열입니다. add() 함수는 추가된 메뉴 하나를 지칭하는 MenuItem 객체를 반환합니다.

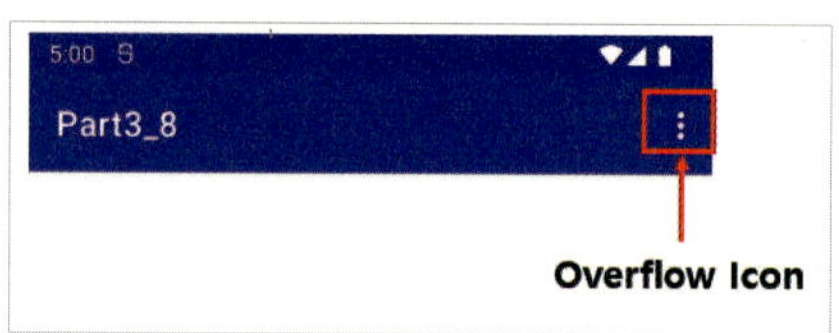

그림 8-8 오버플로 아이콘

액티비티에 메뉴를 추가하면 그림 8-8처럼 ActionBar의 오른쪽에 메뉴가 있다는 표시로 오버플로(Overflow) 아이콘이 나타납니다. 사용자가 이 아이콘을 클릭하면 메뉴가 확장됩니다. 액티비티에 추가된 메뉴가 오른쪽 그림처럼 나타나는 것을 오버플로 메뉴(Overflow Menu)라고 부릅니다.

다음은 MenuItem의 메뉴 구성을 위한 함수들입니다.

- setIcon(int iconRes)
- setTitle(CharSequence title)
- setVisible(boolean visible)
- setEnabled(boolean enabled)

위 함수를 이용하여 메뉴를 다양하게 구성할 수 있습니다. 아이콘 이미지, 문자열, 화면에 보이는 상태와 활성 상태 등을 조정할 수 있습니다.

메뉴는 사용자 이벤트를 목적으로 합니다. 사용자가 메뉴를 클릭했을 때 이벤트 처리는 onOptions ItemSelected() 함수에서 처리합니다.

```
@Override
public boolean onOptionsItemSelected(MenuItem item) {
    if(item.getItemId()==0){
```

```
        //...
    }else if(item.getItemId()==1){
        //...
    }
    return super.onContextItemSelected(item);
}
```

onOptionsItemSelected() 함수는 화면에서 메뉴가 선택된 순간 자동 호출되며 매개변수로 선택한 메뉴 객체가 전달됩니다. MenuItem의 getItemId() 함수로 이벤트가 발생한 메뉴의 id 값을 추출하여 이벤트 로직을 작성하면 됩니다.

### MenuInflater 활용

onCreateOptionsMenu() 함수 내에서 자바 코드를 이용해 다양한 메뉴를 구성할 수 있습니다. 그런데 액티비티가 실행될 때마다 항상 똑같다면 코드에서 작업하지 않고 리소스 XML을 이용하여 메뉴를 구현하는 방법도 있습니다. XML을 만들고 리소스화해서 메뉴를 구현하는 방법입니다. 메뉴 XML 파일이 저장될 위치는 res 폴더 하위의 menu 폴더입니다.

```
<menu xmlns:android="http://schemas.android.com/apk/res/android">
    <item
        android:id="@+id/menu1"
        android:icon="@drawable/ic_menu_1"
        android:title="선택..." />
    <item
        android:id="@+id/menu2"
        android:icon="@drawable/ic_menu_2"
        android:title="레이아웃" />
</menu>
```

자바 코드로 구현했던 메뉴 구성을 XML로 작성하였습니다. 이렇게 XML 파일에 구성한 메뉴를 액티비티에 적용하기 위해서, 자바 코드에서 MenuInflater를 이용합니다.

```
@Override
public boolean onCreateOptionsMenu(Menu menu) {
    MenuInflater inflater=getMenuInflater();
    inflater.inflate(R.menu.menu_main, menu);
    return true;
}
```

이처럼 XML로 정의하면 각 <item> 태그에 메뉴를 식별하기 위한 id 값을 R 파일에 등록하게 되며, 자바 코드에서 메뉴를 식별할 때 R 파일의 int 변수로 이벤트를 처리하면 됩니다.

```
@Override
public boolean onOptionsItemSelected(MenuItem item) {
    if(item.getItemId()==R.id.menu1){
        //...
    }else if(item.getItemId()==R.id.menu2){
        //...
    }
    return super.onContextItemSelected(item);
}
```

**깡쌤! 질문 있어요!**

**메뉴도 버튼처럼 사용자에게 이벤트를 받기 위해 사용되는 것 같은데, 그냥 화면에서 버튼으로 처리하면 안 되나요?**

물론 그렇게 구성할 수도 있습니다. 하지만 스마트폰의 화면은 데스크톱보다 작습니다. 그러다 보니 문자열, 이미지 위주의 데이터를 보여주기에도 화면이 부족합니다. 거기에 사용자의 이벤트를 받기 위해 버튼을 몇 개씩 나열한다고 생각해보세요. 가능하긴 하겠으나 메인 데이터가 보여지는 부분은 더욱 작아질 것이고 화면도 좀 복잡하게 느껴질 것 같습니다. 그래서 화면을 문자열 이미지 등의 메인 데이터로 구성하고, 화면에서의 이벤트를 위한 버튼을 메뉴를 이용해 별도로 제공하기 위해 많이 사용됩니다. 특히, 이후에 나오겠지만 구글의 머티리얼 디자인(Material Design) 철학에서도 강조하는 부분입니다.

### 액션 버튼

안드로이드 메뉴 중 액션 버튼(action button, 액션 메뉴라고도 불립니다)이 있습니다. 앞서 살펴보았던 메뉴는 오버플로 아이콘을 클릭해야 화면에 나타납니다. 그런데 오버플로 메뉴 중 사용자 관점에서 빈번하게 사용되는 메뉴가 있습니다. 이 메뉴를 사용자가 선택하려면 오버플로 아이콘을 클릭하고 다시 메뉴를 클릭해야 하는 두 번의 행위가 발생합니다. 그런데 자주 이용되는 메뉴라면 ActionBar에 아이콘으로 올려서 바로 사용자가 클릭할 수 있게 할 수 있습니다. 사용자 행위를 줄이는 측면에서 자주 이용되는 메뉴입니다.

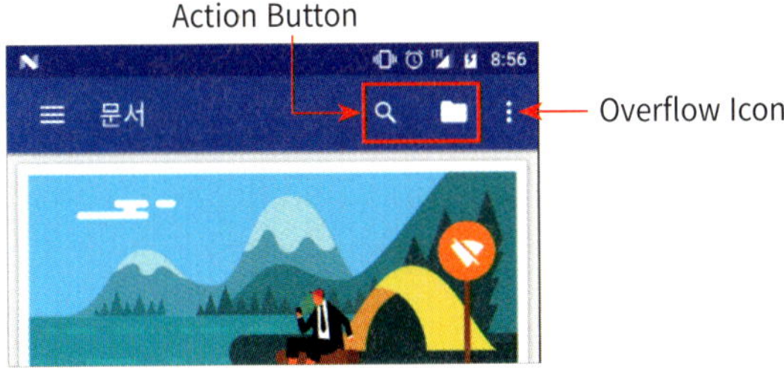


그림 8-9 액션 버튼

액션 버튼도 메뉴처럼 〈item〉 태그로 추가합니다. 그런데 일반적인 메뉴 구성과 차이는 〈item〉 태그의 app:showAsAction 속성입니다. 이 속성값으로 오버플로 메뉴로 나올지 액션 버튼으로 나올지가 결정됩니다.

```
<menu xmlns:android="http://schemas.android.com/apk/res/android"
    xmlns:app="http://schemas.android.com/apk/res-auto">

    <!--중략-->
    <item
        android:id="@+id/menu4"
        android:icon="@android:drawable/ic_menu_send"
        android:title="Actions"
        app:showAsAction="always"/>
</menu>
```

- **never**: 기본값이며 showAsAction을 선언하지 않은 경우. 항상 오버플로 메뉴로 구성
- **always**: 항상 액션 버튼으로 구성
- **ifRoom**: ActionBar에 아이콘이 올라갈 공간이 있으면 액션 버튼으로 나타내고, 그렇지 않으면 오버플로 메뉴로 나타냄. 자동 판단

## ActionView

안드로이드 메뉴로 구성할 수 있는 것 중 유용하게 사용할 수 있는 ActionView가 있습니다. ActionView는 ActionBar에 제공되는 뷰입니다. 개발자가 직접 준비하지 않고 ActionBar에서 제공하는 뷰를 그대로 이용할 수 있어서 편리한 측면이 있습니다. 대표적인 ActionView에는 SearchView가 있으며 사용자 검색을 제공할 때 유용하게 사용됩니다. ActionView는 메뉴 기법이 이용됩니다.

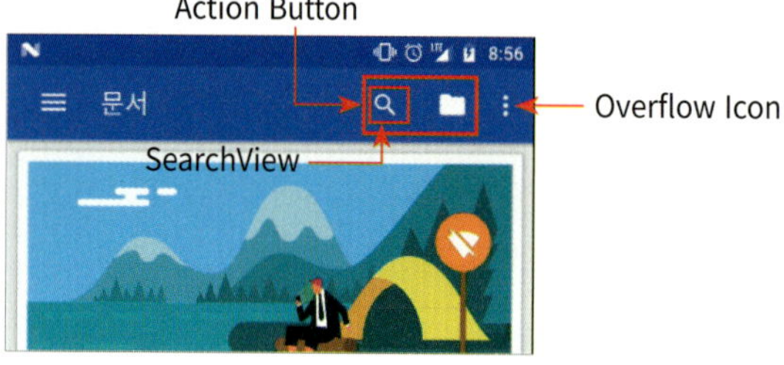


그림 8-10 SearchView

SearchView는 위의 그림처럼 ActionBar에 돋보기 아이콘으로 나와서 일반적인 액션 버튼처럼 보입니다. 그런데 아이콘을 클릭하면 글을 입력하기 위한 뷰가 ActionBar 영역에 확장됩니다. 글 입력을 위한 SearchView가 ActionBar 영역에 출력되는 거죠. SearchView를 사용하려면 메뉴 XML 파일에 다음처럼 〈item〉 태그를 하나 준비합니다.

```
<item
    android:id="@+id/menu_search"
    android:title="search"
    android:icon="@android:drawable/ic_menu_search"
    app:showAsAction="always"
    app:actionViewClass="androidx.appcompat.widget.SearchView"/>
```

나머지는 액션 버튼을 등록할 때와 같습니다. 단지, SearchView를 등록할 때 app:actionViewClass="androidx.appcompat.widget.SearchView"를 이용하는 부분이 다릅니다.

이 메뉴 설정만으로 ActionBar의 SearchView를 이용할 수 있습니다. 기본 검색 아이콘으로 출력되었다가 사용자 클릭으로 검색어 입력을 위한 SearchView가 나타납니다.

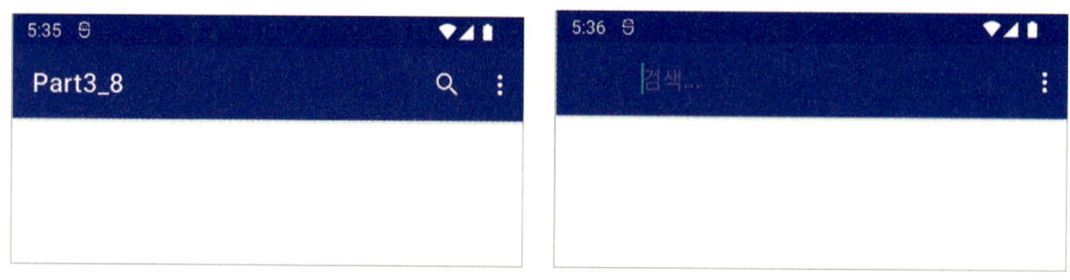


그림 8-11 아이콘 상태(왼쪽)와 확장 상태(오른쪽)

화면은 준비되었으므로 이제 검색 작업을 진행하려면, 이 SearchView 객체를 자바 코드에서 획득해야 합니다.

```
@Override
public boolean onCreateOptionsMenu(Menu menu) {
```

```
    getMenuInflater().inflate(R.menu.menu_main, menu);
    //id 값으로 MenuItem 객체 획득
    MenuItem menuItem=menu.findItem(R.id.menu_search);
    //MenuItem에 포함된 SearchView 객체 획득
    //androidx.appcompat.widget.SearchView
    searchView=(SearchView) menuItem.getActionView();
    //검색 힌트 문자열 지정
    searchView.setQueryHint(getResources().getString(R.string.query_hint));
    //사용자 검색어 입력 이벤트 등록
    searchView.setOnQueryTextListener(queryTextListener);
    return super.onCreateOptionsMenu(menu);
}
```

SearchView는 메뉴 기법으로 이용하므로, 자바 코드에서 획득하려면 먼저 SearchView가 등록된 MenuItem 객체를 얻어야 합니다. 그리고 그 MenuItem에 등록된 SearchView 객체를 획득하는 방법을 이용합니다. 위의 코드는 SearchView 객체 획득 후 검색 힌트 문자열 지정과 사용자의 검색어 입력 이벤트 핸들러를 등록한 예입니다. 이제 사용자의 검색 입력 이벤트 처리를 위해 OnQueryTextListener를 구현한 클래스를 준비합니다.

```
//사용자 검색 이벤트 핸들러
private SearchView.OnQueryTextListener queryTextListener = new SearchView.OnQueryTextListener() {
    //키보드에서 검색 버튼이 눌린 순간의 이벤트
    @Override
    public boolean onQueryTextSubmit(String query) {
        //......
        return false;
    }
    //검색 글이 한 자 한 자 입력되는 순간마다
    @Override
    public boolean onQueryTextChange(String newText) {
        return false;
    }
};
```

사용자가 검색어를 입력할 때 이 객체의 함수가 자동으로 호출됩니다. onQueryTextChange() 함수는 사용자가 검색어를 한 자 한 자 입력 때마다 반복해서 호출되며 입력한 검색어가 매개변수로 전달됩니다. 사용자가 검색어를 모두 입력 후 검색을 위해 키보드에서 제공하는 검색 버튼을 누른 순간에 호출됩니다. 최종 검색어는 매개변수로 전달되므로 이 데이터로 다양한 검색 작업을 진행하면 됩니다.

## [실습 8-1] Menu

Step by Step

앞에서 설명한 메뉴들을 테스트해 보겠습니다. 메뉴 구성을 목적으로 실습이 진행되며 메뉴 이벤트 처리는 단순 토스트 메시지로 처리하겠습니다.

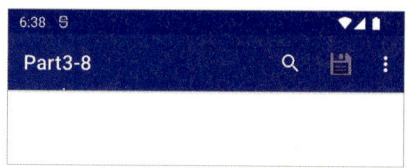


그림 8-12 실행 결과

### Step 1 _ 모듈 생성

이번 8장의 실습을 위해 모듈 이름을 "Part3_8"로 지정하고, 액티비티 설정에서 'Source Language' 부분을 Java로 설정하여 모듈을 새로 만듭니다.

### Step 2 _ 파일 복사

실습을 위해 필자가 제공한 검색 힌트 문자열을 등록한 **strings.xml** 파일을 res/values 폴더에 복사합니다.

### Step 3 _ menu 폴더 생성

메뉴를 XML로 작성하기 위해 res 폴더 아래에 "menu"라는 이름의 폴더를 만듭니다. res 폴더에 마우스 오른쪽을 누르고 [**New → Android resource directory**]를 선택합니다.

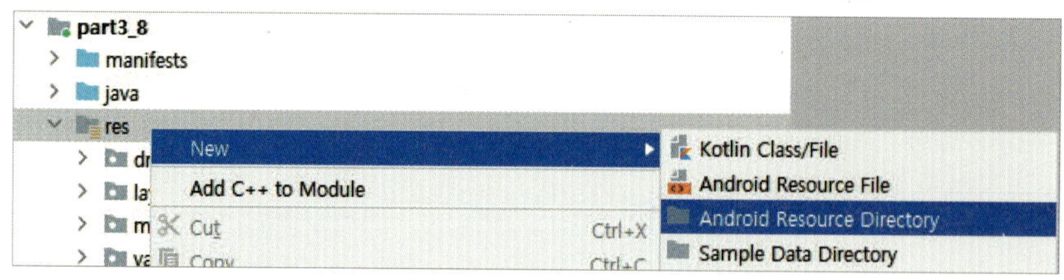


그림 8-13 resource 폴더 생성

다음과 같은 창이 열리면 두 번째 Resource type에서 '**menu**'를 선택하여 menu 폴더를 만듭니다.

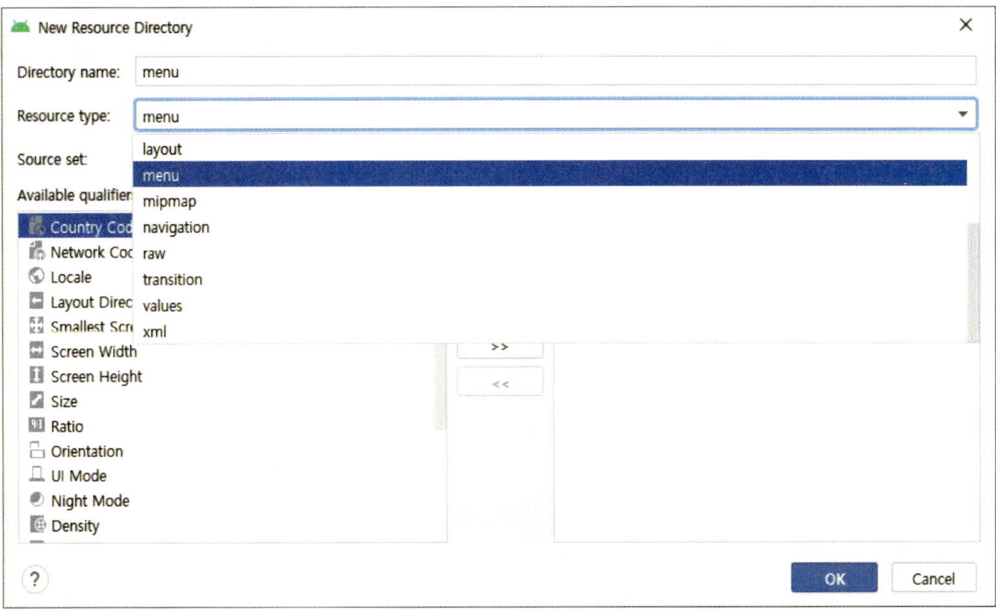


그림 8-14 menu 선택

## Step 4 _ menu 파일 생성

만들어진 menu 폴더에 메뉴를 구현하기 위한 XML 파일을 만듭니다. menu 폴더에 마우스 오른쪽을 누르고 [New → Menu Resource File]을 선택하고, 파일명으로 "menu_main"를 입력합니다.

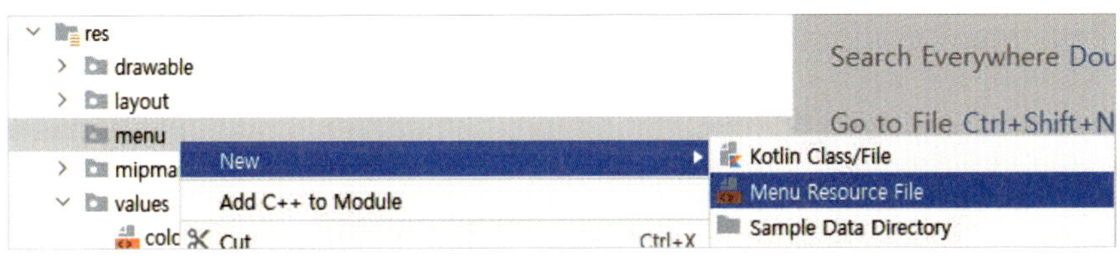


그림 8-15 메뉴 파일 생성

## Step 5 _ menu_main.xml 파일 작성

만들어진 menu_main.xml 파일을 다음처럼 작성하여 메뉴를 구성합니다.

**res/menu/menu_main.xml**

```
<?xml version="1.0" encoding="utf-8"?>
<menu xmlns:android="http://schemas.android.com/apk/res/android"
    xmlns:app="http://schemas.android.com/apk/res-auto">
    <item
        android:id="@+id/menu_search"
        android:title="search"
        android:icon="@android:drawable/ic_menu_search"
```

```
        app:showAsAction="always"
        app:actionViewClass="androidx.appcompat.widget.SearchView"/>
    <item
        android:id="@+id/menu_save"
        android:title="save"
        android:icon="@android:drawable/ic_menu_save"
        app:showAsAction="always"/>
    <item
        android:id="@+id/menu_setting"
        android:title="setting"/>

</menu>
```

## Step 6 _ MainActivity 작성

만들어진 MainActivity를 다음처럼 작성합니다. 참고로 소스코드에서 SearchView는 androidx.appcompat.widget.SearchView를 사용합니다.

**MainActivity.java**

```
public class MainActivity extends AppCompatActivity {
    SearchView searchView;
    @Override
    protected void onCreate(Bundle savedInstanceState) {
        super.onCreate(savedInstanceState);
        setContentView(R.layout.activity_main);
    }

    @Override
    public boolean onCreateOptionsMenu(Menu menu) {
        getMenuInflater().inflate(R.menu.menu_main, menu);
        MenuItem menuItem=menu.findItem(R.id.menu_search);
        searchView=(SearchView) menuItem.getActionView();
        searchView.setQueryHint(getResources().getString(R.string.query_hint));
        searchView.setOnQueryTextListener(queryTextListener);
        return super.onCreateOptionsMenu(menu);
    }

    SearchView.OnQueryTextListener queryTextListener=new SearchView.OnQueryTextListener() {
        @Override
        public boolean onQueryTextSubmit(String query) {
```

```
            searchView.setQuery("", false);
            searchView.setIconified(true);
            Toast t=Toast.makeText(MainActivity.this, query, Toast.LENGTH_SHORT);
            t.show();
            return false;
        }
        @Override
        public boolean onQueryTextChange(String newText) {
            return false;
        }
    };

    @Override
    public boolean onOptionsItemSelected(@NonNull MenuItem item) {
        if(item.getItemId() == R.id.menu_save){
            Toast t=Toast.makeText(this, "save click", Toast.LENGTH_SHORT);
            t.show();
        }else if(item.getItemId() == R.id.menu_setting){
            Toast t=Toast.makeText(this, "settings click", Toast.LENGTH_SHORT);
            t.show();
        }
        return super.onOptionsItemSelected(item);
    }
}
```

## Step 7 _ 실행

part3_8 모듈을 실행해 결과를 확인합니다.

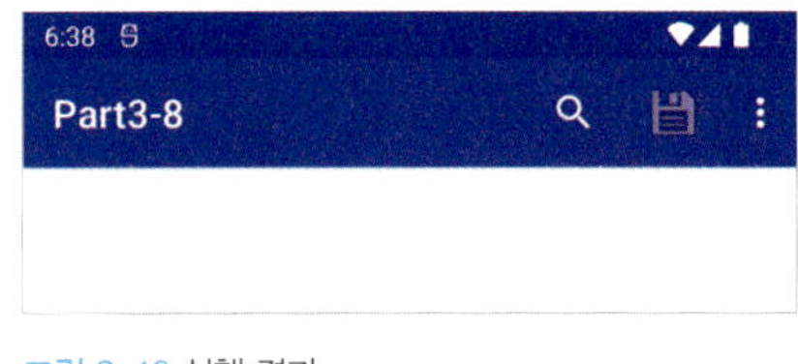


그림 8-16 실행 결과

### 8.2.3. Toolbar

Toolbar는 API Level 21(Android 5.0)부터 표준 라이브러리에서 제공하는 뷰입니다. 하지만 하위 호환성 문제로 대부분 플랫폼 라이브러리의 클래스를 사용하지 않고 androidx 라이브러리에서 제공하는 같은 이름의 클래스를 이용합니다. Toolbar는 우리가 이미 살펴보았던 ActionBar입니다. 다른 점은 ActionBar는 액티비티를 위한 창 출력 시 자동으로 제공되지만, Toolbar는 개발자 뷰입니다. 즉, 개발자가 창의 content 영역에 일반 뷰를 이용하여 화면을 구성하듯이 직접 뷰로 이용할 수 있는 ActionBar입니다.

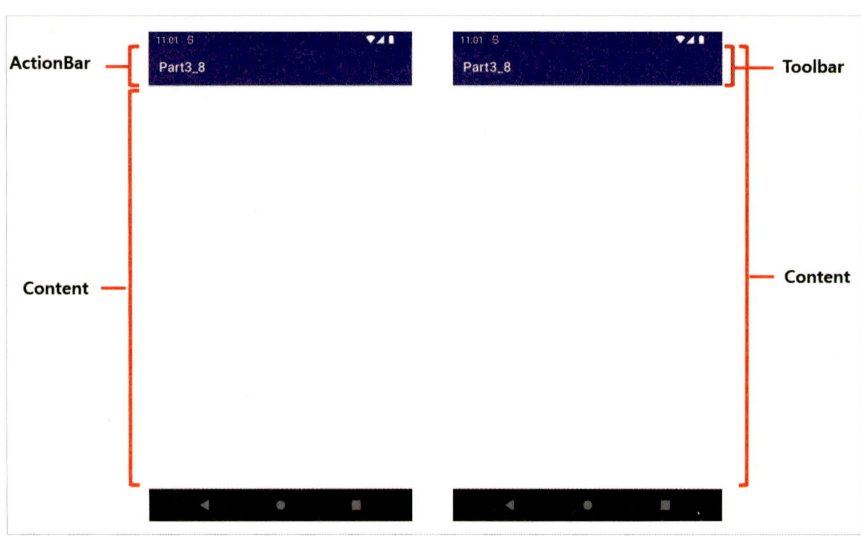


그림 8-17 ActionBar vs Toolbar

그림 8-17에서 두 화면은 같지만, 구성에 차이가 있습니다. 왼쪽은 액티비티의 ActionBar로 출력하였고, 오른쪽은 Toolbar로 출력하였습니다. 결과적으로 같은 화면을 제공하지만, ActionBar는 액티비티의 창이 출력되면서 자동으로 출력되고, Toolbar는 개발자가 레이아웃 XML 파일에 명시해야 출력되는 뷰입니다.

**깡쌤! 질문 있어요!**

**Toolbar가 뷰라고 하더라도 ActionBar와 화면 및 역할이 동일한 것 같은데 굳이 Toolbar를 사용할 필요가 있나요?**

Toolbar는 개발자 뷰라서 레이아웃 XML 파일에 명시해야 합니다. 그런데 ActionBar는 우리가 작업하지 않아도 자동으로 액티비티 화면이 출력될 때 함께 출력되지요. 따라서 어떻게 보면 Toolbar를 사용하는 게 더 귀찮아 보일 수 있습니다.

그런데도 Toolbar를 제공하는 이유는 개발자가 일반 뷰처럼 제어하면 훨씬 더 다양한 화면을 구성할 수 있기 때문입니다. ActionBar는 개발자가 뷰로 준비한 게 아니라서 직접 제어가 힘듭니다. Toolbar의 가치는 이후에 나오는 AppBar와 함께 사용할 때 "확실히 뷰로 직접 제어하는 게 훨씬 더 다양한 화면을 구성할 수 있구나!" 하고 느낄 수 있을 겁니다.

Toolbar를 사용하려면 액티비티가 창을 준비할 때 ActionBar를 출력하지 않게 해야 합니다.

```
<style name="Theme.Toolbar" parent="Theme.MaterialComponents.DayNight.NoActionBar">
    <!-- 생략 -->
</style>
```

styles.xml 파일에 적용한 액티비티의 Theme 설정 부분으로 위처럼 간단하게 액티비티의 ActionBar가 나오지 않게 할 수 있습니다. 이제 액티비티를 위한 레이아웃 XML 파일에 Toolbar를 등록합니다.

```
<androidx.appcompat.widget.Toolbar
    android:id="@+id/toolbar"
    android:layout_width="match_parent"
    android:layout_height="wrap_content"
    style="@style/Widget.MaterialComponents.Toolbar.Primary"/>
```

이렇게 명시한 Toolbar를 자바 코드에서 획득해 ActionBar에 적용할 메뉴, 타이틀 문자열들이 그대로 Toolbar에 적용되게 합니다.

```
setSupportActionBar(binding.toolbar);
```

## 8.3. Fragment

### 8.3.1. Fragment 이해

Fragment는 API Level 11(Android 3.0)에서 추가된 뷰이며 표준 라이브러리에서 제공합니다. 하지만 androidx에서도 같은 클래스명으로 제공하는데, 대부분 개발자가 API 하위 호환성 문제로 androidx의 클래스를 이용해왔습니다. 그러므로 이곳에서 androidx.fragment.app.Fragment를 이용하는 방법에 대해 살펴 보겠습니다.

Fragment를 한마디로 정의하면 "액티비티처럼 이용할 수 있는 뷰"로 정의할 수 있습니다. Fragment는 API Level 11(Android 3.0)부터 제공되었는데, 11 버전은 태블릿 PC를 목적으로 만들어진 버전입니다. 태블릿 PC용 앱은 스마트폰보다 화면이 넓어서 좀 더 복잡하게 작성되는 경우가 많습니다. 그래서 액티비티 클래스가 너무 복잡하게 작성된다는 문제가 있습니다.

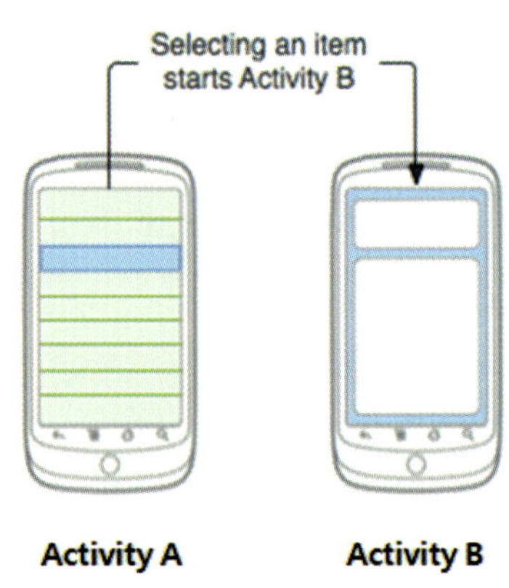


그림 8-18 스마트폰에서의 화면 전환
(출처: developer.android.com)

예를 들어, 스마트폰 앱을 작성한다고 가정해 보겠습니다. 액티비티 A에서 데이터 목록을 보여주고 사용자가 항목을 선택하여 이벤트가 발생하면, 액티비티 B를 실행해 상세보기 내용을 제공한다는 가정입니다. 이 앱은 액티비티 2개를 만들어 구현할 수 있습니다.

그런데 이 앱을 태블릿 PC에서 실행한다면 결과는 스마트폰과 같겠지만, 태블릿 PC는 화면이 넓은 기기이므로 화면 전환 없이 한 화면에서 두 가지 내용을 동시에 보여줄 수도 있습니다. 즉, 그림 8-19처럼 하나의 액티비티 화면에서 왼쪽에 목록을 출력하고 항목 선택 시 오른쪽에 상세내용이 출력되도록 구현할 수 있습니다.

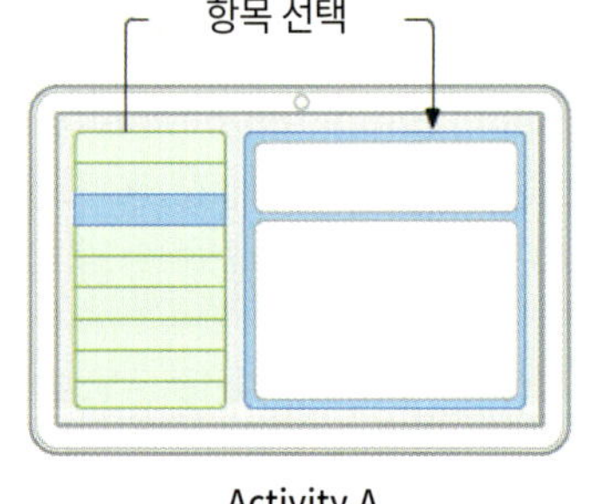


그림 8-19 태블릿 PC(출처: developer.android.com)

그림 8-18처럼 구현한다면 각각의 화면과 화면에서 발생하는 사용자 이벤트, 그리고 이벤트에 따른 업무 로직을 하나의 액티비티 클래스로 추상화하여 두 개의 클래스로 작성할 수 있습니다. 그런데 8-19처럼 개발하려면 모든 내용을 하나의 액티비티 클래스 내에 작성해야 하므로 액티비티 클래스의 코드가 길어지며 로직도 복잡해집니다. 화면이 위의 예보다 더 복잡하다면 액티비티 클래스는 더욱 길어집니다. 결국, 하나의 클래스를 길고 복잡하게 작성하는 건 개발 생산성과 유지보수 문제와 관련이 있으므로 이를 원하는 개발자는 없을 것입니다.

그렇다면 액티비티의 내용 일부를 뷰 클래스로 개발하면 액티비티가 복잡해지는 것을 피할 수 있지 않을까요? 예를 들어, 그림 8-20처럼 액티비티에 작성된 화면 출력과 업무 로직을 각각 하나의 뷰 클래스로 추상화하면 액티비티가 너무 길게 장성되는 것을 피할 수 있을 것 같습니다.

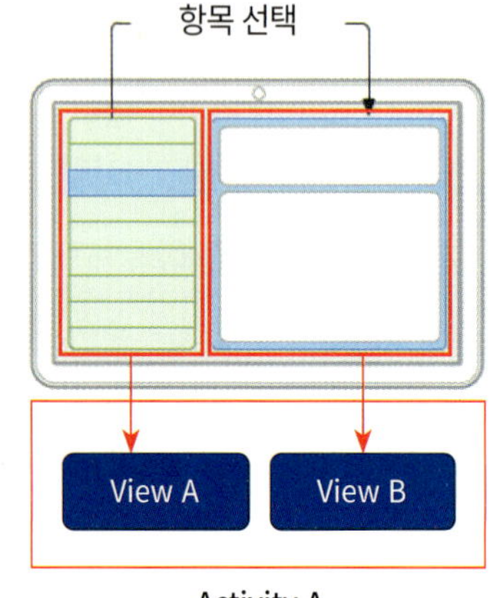


그림 8-20 뷰로 추상화 개발

하지만 이 방법은 문제가 많습니다. 뷰는 화면 출력만을 위해 설계된 클래스입니다. 따라서 화면 출력과 화면에서의 사용자 이벤트를 처리할 수 있지만, 액티비티에 작성된 모든 코드를 뷰 클래스 내부에 작성할 수 없습니다. 왜냐하면, 액티비티 내의 다양한 로직을 제대로 처리하려면 액티비티의 생명주기 등을 이용해야 하는데, 뷰에서 액티비티의 생명주기를 이용할 수 없기 때문입니다. 결국, 액티비티의 모든 코드를 뷰로 추상화하기 힘들다는 문제가 있습니다.

정리하자면 액티비티 클래스가 길고 복잡하게 작성되는 것을 피하려면 일부분을 개발자 클래스로 추상화해야 하며, 그 클래스는 액티비티에서 활용되어야 하므로 뷰 클래스여야 합니다. 그런데 우리가 지금까지 보아왔던 뷰 클래스들의 생명주기는 액티비티의 생명주기와 달라서 액티비티에 작성된 코드를 추상화할 수 없습니다.

결국, 뷰 중에 액티비티와 생명주기가 같은 클래스가 필요하며 이런 클래스만 제공된다면 액티비티 내용을 얼마든지 분리해서 개발할 수 있게 됩니다. 이러한 목적으로 제공되는 클래스가 Fragment입니다. 즉, 태블릿 PC용 앱의 화면을 구현할 때 액티비티가 복잡하게 작성되는 문제를 해결하기 위해 Fragment 클래스가 제공된다고 이해하면 됩니다.

Fragment는 분명 뷰입니다. 그런데 다른 뷰와 다르게 액티비티의 생명주기를 그대로 따르는 뷰입니다. 그러므로 액티비티에서 작정했던 코드를 Fragment 클래스 내에서 작성할 수 있습니다. 이런 이유로 Fragment를 "액티비티처럼 이용할 수 있는 뷰"라고 표현하는 것입니다.

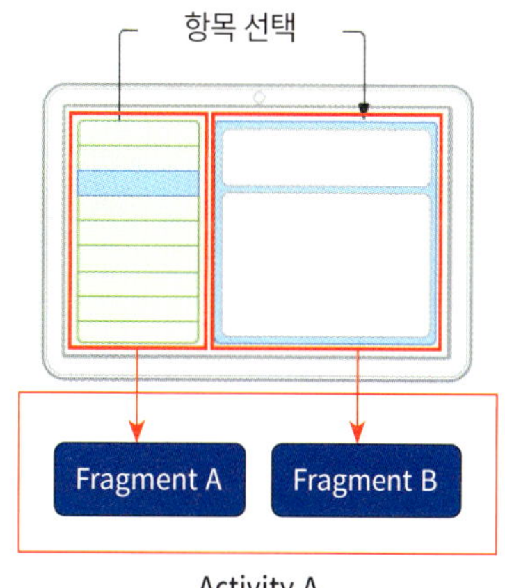

그림 8-21 Fragment

액티비티에서 구현해야 하는 화면과 업무 로직 등을 Fragment 클래스로 추상화하여 작성하고, 액티비티에서는 이렇게 만들어진 Fragment를 다른 뷰처럼 화면에 출력하는 구조입니다.

**깡쌤! 질문 있어요!**

**Q** 그렇다면 Fragment는 정말 태블릿처럼 넓은 화면을 위한 액티비티를 개발할 때나 필요하고, 스마트폰용 앱을 만들 때는 필요 없겠네요?

**A** 개발자 선택의 문제입니다만 그렇다 하더라도 Fragment는 자주 이용됩니다. 탭 화면이나 이후 살펴볼 ViewPager 같은 화면을 구성할 때 액티비티가 너무 길고 복잡하게 작성되는 경우가 많기 때문입니다.

그림 8-22는 페이스북의 화면입니다. 상단에 6개의 탭 버튼이 있고, 각각의 탭 화면에는 서로 다른 화면과 로직이 구현되어 있습니다.

만일, 액티비티 하나에 6개의 탭 화면을 모두 구현하면 액티비티가 무척 길어지겠지요? 결국, 태블릿 PC처럼 넓은 화면을 목적으로 하지 않더라도 하나의 액티비티가 길어지는 상황은 많습니다. 각각의 내용을 Fragment로 추상화하여 개발하고, 액티비티에서 Fragment를 조합해서 화면을 구성하는 게 구조상 더 좋겠지요.

그림 8-22 페이스북의 탭 화면

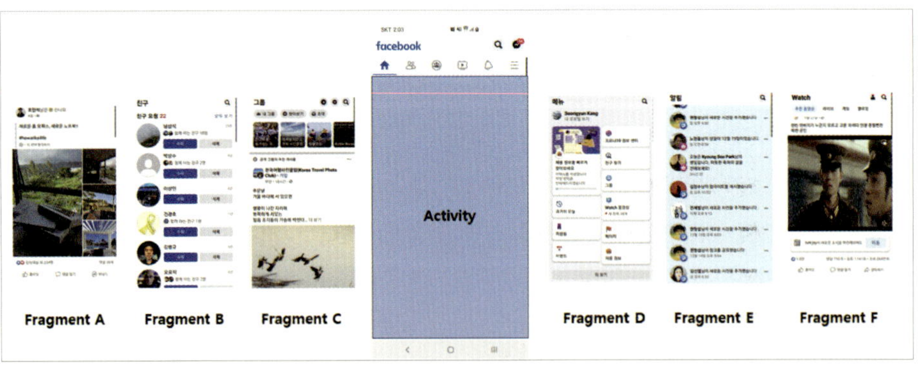


그림 8-23 Fragment 활용

## 8.3.2. Fragment 작성법

Fragment를 이용하기 위해 Fragment의 화면을 위한 레이아웃 XML 파일을 만듭니다. Fragment를 위한 레이아웃도 액티비티의 레이아웃 구성과 차이가 없습니다.

```
<LinearLayout xmlns:android="http://schemas.android.com/apk/res/android"
    android:layout_width="match_parent"
    android:layout_height="match_parent"
    android:orientation="vertical">
    <TextView
        android:layout_width="match_parent"
        android:layout_height="match_parent"
        android:text="One Fragment!!"
        android:textStyle="bold"
        android:textSize="30dp"
        android:gravity="center" />
</LinearLayout>
```

이제 이 XML 파일을 화면에 출력해주는 Fragment 클래스를 하나 만들어 줍니다.

```
public class OneFragment extends Fragment {

    FragmentOneBinding binding;

    public View onCreateView(LayoutInflater inflater, ViewGroup container,
                             Bundle savedInstanceState) {
        binding = FragmentOneBinding.inflate(inflater, container, false);
        return binding.getRoot();
    }
}
```

Fragment를 상속받아 클래스를 정의하며 이 Fragment에서 간단하게 화면만 출력하고자 한다면 onCreateView() 함수를 재정의합니다. onCreateView() 함수에서 리턴한 뷰 객체가 Fragment 화면에 출력됩니다. 이렇게 Fragment를 작성하였다면 이제 액티비티가 만들어진 Fragment를 화면에 출력해 주어야 합니다.

액티비티의 레이아웃 XML 파일에서 Fragment는 <fragment> 태그로 등록하여 사용합니다.

```
<fragment
    android:id="@+id/fragment_one"
    class="com.example.test3_8.OneFragment"
    android:layout_width="match_parent"
    android:layout_height="wrap_content"
    android:layout_weight="1" />
```

Fragment도 액티비티 관점에서는 뷰이므로 다른 뷰처럼 화면 구성이 가능합니다. 〈fragment〉 태그 내에서 class 이름으로 등록하려는 Fragment 클래스를 지정해 주면 됩니다.

그런데 위의 방법은 액티비티의 레이아웃 XML 파일에 〈fragment〉 태그로 Fragment를 등록하여 이용한 예이며, 자바 코드에서 동적으로 액티비티 화면에 Fragment를 출력하는 경우도 많습니다. 이를 위해 FragmentManager와 FragmentTransaction 클래스를 이용합니다.

우선 액티비티의 레이아웃 XML에서 자바 코드로 출력하는 Fragment가 나올 위치를 하나 준비합니다. 다음은 Fragment를 포함할 LinearLayout을 준비하는 코드입니다.

```
<LinearLayout
    android:id="@+id/main_container"
    android:layout_width="match_parent"
    android:layout_height="match_parent"
    android:orientation="vertical">

</LinearLayout>
```

그리고 액티비티 코드 내에서 FragmentManager 클래스로 FragmentTransaction 클래스를 획득하여 Fragment를 위의 LinearLayout에 포함합니다. 필요한 Fragment 클래스를 직접 생성해서 FragmentTransaction의 add() 함수를 이용하여 화면에 추가하는 자바 코드입니다. add() 함수를 호출할 때 Fragment가 추가될 위치를 R.id.main_container로 지정해 주었습니다.

```
OneFragment oneFragment=new OneFragment();
//ndroidx.fragment.app.FragmentManager
FragmentManager manager = getSupportFragmentManager();
//androidx.fragment.app.FragmentTransaction
FragmentTransaction ft=manager.beginTransaction();
ft.add(R.id.main_container, oneFragment);
ft.commit();
```

이렇게 FragmentTransaction을 이용하여 다양하게 액티비티 내에서 Fragment를 제어할 수 있습니다. 이때 사용하는 함수는 다음과 같습니다.

- **add(int containerViewId, Fragment fragment)**: 새로운 Fragment를 화면에 추가. id 영역에 추가
- **add(int containerViewId, Fragment fragment, String tag)**: id 영역에 Fragment 추가하며 추가한 Fragment의 구분자를 태그명으로 설정
- **replace(int containerViewId, Fragment fragment)**: id 영역에 추가된 Fragment를 대체

- `replace(int containerViewId, Fragment fragment, String tag)`: id 영역에 추가된 Fragment를 대체하면서 tag 이름 설정
- `remove(Fragment fragment)`: 추가된 Fragment 제거
- `commit()`: 화면 적용

### 8.3.3. Fragment 생명주기

Fragment는 액티비티의 생명주기를 그대로 따르는 뷰입니다. Fragment의 생명주기는 액티비티 생명주기에 Fragment만을 위한 생명주기 함수가 추가된 구조입니다. 이러한 Fragment의 생명주기를 이해하려면 Fragment의 BackStack이라는 개념을 먼저 알아야 합니다.

BackStack은 화면에 보이지 않게 된 Fragment를 제거하지 않고 저장했다가 다시 이용할 수 있게 하는 기능입니다. 개발자가 코드로 뒤로가기 버튼을 제어하지 않아도, 스마트폰의 뒤로가기 버튼에 의해 BackStack에 저장된 Fragment가 다시 나오게 됩니다. 이 기능을 사용할 것인지는 개발자가 결정할 수 있으며, BackStack을 이용할 때와 이용하지 않을 때 Fragment의 생명주기가 달라집니다.

Fragment를 BackStack에 추가하려면 addToBackStack() 함수를 이용합니다.

```
ft.addToBackStack(null);
```

이제 Fragment의 생명주기를 자세히 살펴보겠습니다.

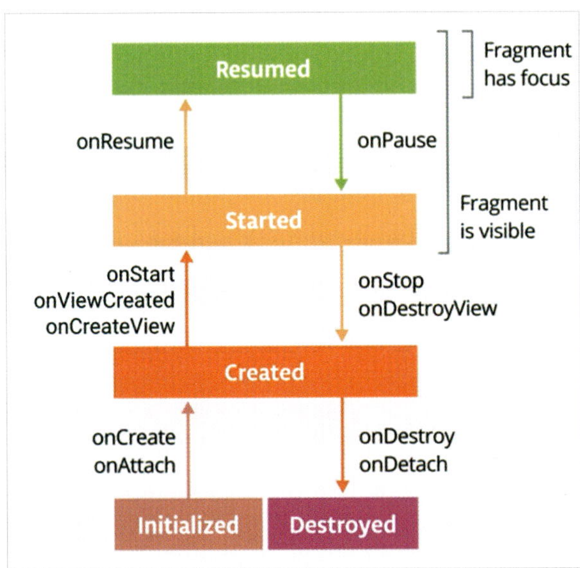


그림 8-24 Fragment 생명주기(출처: developer.android.com)

Fragment 생명주기는 크게 5단계로 나뉩니다. Initialized, Created, Started, Resumed, Destroyed 단계로 구분이 되며, 각 단계가 진행되면서 자동으로 호출되는 함수는 위의 그림과 같습니다.

Initialized 단계는 뷰가 준비되지 않은 상태로, Fragment를 초기화합니다. Initialized 단계가 진행되면서 onAttach 함수와 onCreate 함수가 호출되며, 이 두 함수는 뷰 객체와 상관없이 Fragment의 초기화 로직만을 담기 위해 사용됩니다.

Created 단계에서는 Fragment의 화면을 구성하기 위한 뷰를 준비합니다. onCreateView, onViewCreated, onStart 함수가 자동으로 호출되는데, 특히 onCreateView 함수의 매개변수로 LayoutInflater 객체가 전달되므로 대부분 onCreateView 함수에서 뷰 객체를 생성합니다.

Started 단계에서 Fragment 화면이 사용자에게 출력되며, Resumed 단계에서 포커스를 가지고 사용자의 이벤트 처리를 진행합니다.

최초로 Fragment가 준비되어 화면에 출력되면, onAttach → onCreate → onCreateView → onViewCreated → onStart → onResume 함수가 순서대로 호출됩니다. 이후 다른 Fragment로 교체되면 BackStack을 사용하는지에 따라 생명주기가 달라집니다.

BackStack을 사용하지 않으면, Fragment가 교체될 때 onDestory 함수까지 호출되고 기존의 Fragment는 제거됩니다. 그런데 BackStack을 사용하면, onDestoryView 함수까지만 호출되어 기존의 Fragment가 제거되지 않습니다. 즉, BackStack을 사용하면, onPause → onStop → onDestoryView 함수까지만 자동 호출됩니다. onDestoryView 함수까지 호출된 Fragment가 다시 준비되어 화면에 출력되면 onCreateView → onViewCreated → onStart → onResume 함수가 순차적으로 호출됩니다.

## [실습 8-2] Fragment

Step by Step

앞에서 설명한 Fragment를 테스트해 보겠습니다. 2개의 Fragment를 각각 OneFragment와 TwoFragment로 작성하겠습니다. 액티비티가 화면에 나올 때 OneFragment를 출력하여 OneFragment에서 버튼을 클릭하면 TwoFragment 화면이 나오도록 제어하겠습니다. 그리고 TwoFragment 화면에서 사용자가 뒤로가기 버튼을 누르면 다시 OneFragment 화면이 출력되게 하겠습니다.

이번 실습에서 Fragment 관련 클래스는 모두 androidx에서 제공하는 클래스를 사용합니다.

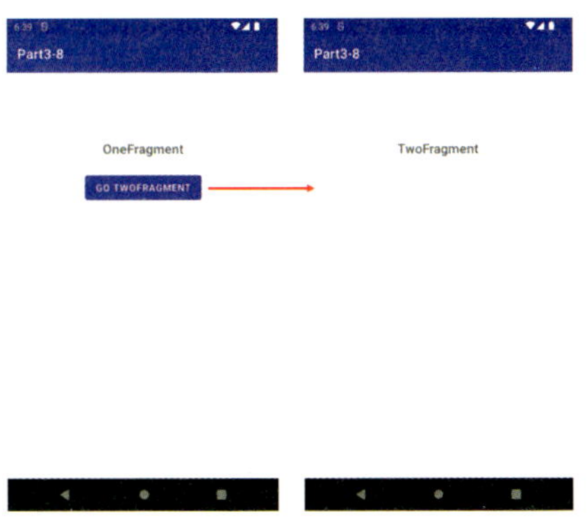


그림 8-25 결과 화면

## Step 1 _ 액티비티 생성

part3_8 모듈에 "Lab8_2Activity"라는 이름의 새 액티비티를 만듭니다. 액티비티를 만들 때 'Launcher Activity' 체크박스를 체크하고 'Source Language'는 Java로 설정합니다.

## Step 2 _ 파일 복사

실습을 위해 필자가 제공한 파일 중 activity_lab82.xml, fragment_one.xml, fragment_two.xml 파일을 res/layout 폴더에 복사합니다.

## Step 3 _ ViewBinding 설정

모듈 수준의 build.gradle에 ViewBinding 설정을 하고 〈Sync Now〉를 클릭해 변경사항을 적용합니다.

**build.gradle**

```
android {
    //생략......
    viewBinding {
        enabled = true
    }
}
```

## Step 4 _ OneFragment 작성

자바 소스 영역에 "OneFragment" 이름의 클래스를 하나 만들고 다음처럼 작성합니다.

**OneFragment.java**

```
public class OneFragment extends Fragment {

    @Override
    public View onCreateView(LayoutInflater inflater, ViewGroup container,
                             Bundle savedInstanceState) {
        FragmentOneBinding binding = FragmentOneBinding.inflate(inflater, container, false);

        binding.button.setOnClickListener(view -> {
            //Fragment 내에서 getActivity() 함수로 Activity 객체 획득
            FragmentManager manager = getActivity().getSupportFragmentManager();
            FragmentTransaction ft=manager.beginTransaction();
            TwoFragment twoFragment = new TwoFragment();
            ft.replace(R.id.main_content, twoFragment);

            ft.addToBackStack(null);
            ft.commit();
        });
        return binding.getRoot();
    }
}
```

## Step 5 _ TwoFragment 작성

자바 소스 영역에 "TwoFragment" 이름의 클래스를 하나 만들고 다음처럼 작성합니다.

**TwoFragment.java**

```
public class TwoFragment extends Fragment {
    @Override
    public View onCreateView(LayoutInflater inflater, ViewGroup container,
                             Bundle savedInstanceState) {
        return inflater.inflate(R.layout.fragment_two, container, false);
    }
}
```

### Step 6 _ Lab8_2Activity 작성

Fragment 테스트를 위해 Lab8_2Activity를 다음처럼 작성합니다.

**Lab8_2Activity.java**

```
public class Lab8_2Activity extends AppCompatActivity {

    @Override
    protected void onCreate(Bundle savedInstanceState) {
        super.onCreate(savedInstanceState);
        setContentView(R.layout.activity_lab82);

        OneFragment oneFragment=new OneFragment();
        //ndroidx.fragment.app.FragmentManager
        FragmentManager manager = getSupportFragmentManager();
        //androidx.fragment.app.FragmentTransaction
        FragmentTransaction ft=manager.beginTransaction();
        ft.add(R.id.main_content, oneFragment);
        ft.commit();
    }
}
```

### Step 7 _ Lab8_2Activity.java 실행

Lab8_2Activity.java 파일에 마우스 오른쪽을 누르고, [Run 'Lab8_2Activity'] 메뉴로 실행합니다.

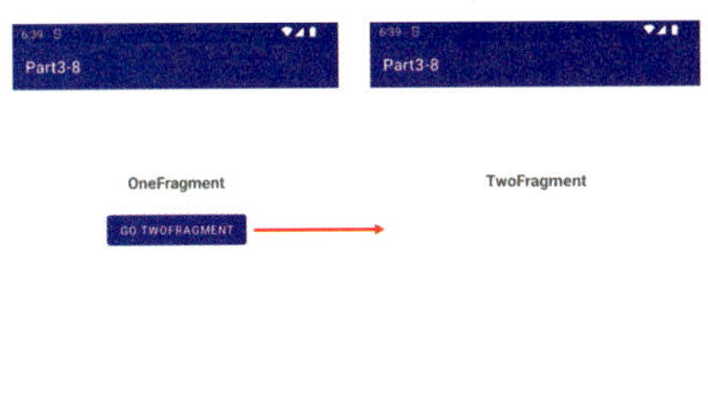


그림 8-26 결과 화면

# 8.4. RecyclerView

## 8.4.1. RecyclerView 소개

RecyclerView는 목록 화면 구성을 위해 제공되는 뷰입니다. 대부분의 앱에서 목록 화면을 RecyclerView로 만들고 있습니다.

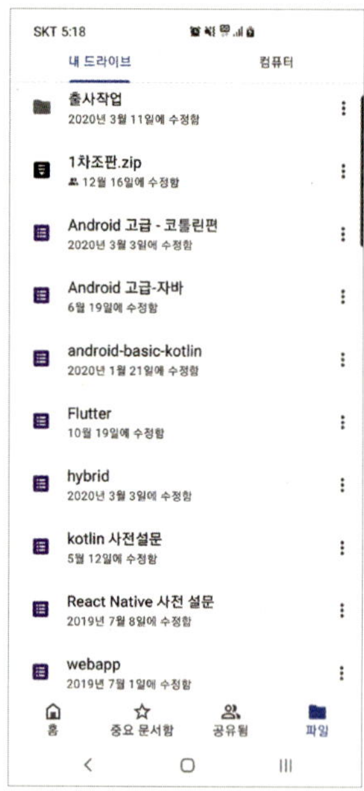


그림 8-27 RecyclerView 화면

**깡쌤! 질문 있어요!**

**안드로이드에서 목록 화면을 ListView로 만들지 않나요?**

ListView로도 목록 화면을 만들 수 있습니다. ListView는 플랫폼 API에서 제공하는 뷰입니다. 그런데 RecyclerView가 제공되기 시작하면서, 많은 개발자들이 목록 화면을 만들 때 RecyclerView를 사용하게 되었습니다. 그 이유는 RecyclerView가 ListView에 비해 더 다양한 목록 화면을 제공하기 때문입니다.

우선 RecyclerView를 이해하기 위해 구조를 먼저 살펴보겠습니다.

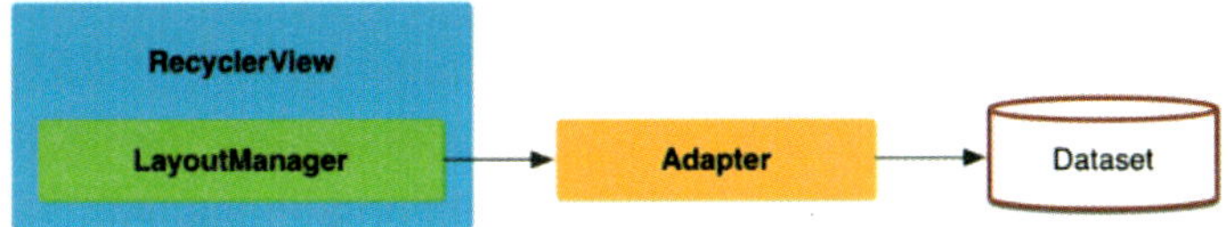


그림 8-28 RecyclerView 구조(출처: developer.android.com)

RecyclerView는 구성요소가 많습니다. 우선 Adapter가 필요하고, Adapter 이외에도 LayoutManager, ViewHolder, ItemDecoration, ItemAnimation 클래스 등을 활용하여 화면을 만드는 구조입니다.

- **Adapter**: RecyclerView 항목 구성
- **ViewHolder**: 각 항목 구성 뷰의 재활용을 목적으로 View Holder 역할
- **LayoutManager**: 항목의 배치
- **ItemDecoration**: 항목 꾸미기
- **ItemAnimation**: 아이템이 추가, 제거, 정렬될 때의 애니메이션 처리

앱에서 항목을 나열하는 뷰는 RecyclerView 이외에도 Spinner, AutoCompleteTextView, ViewPager2, ListView 등 다양합니다. 이를 사용하려면 항목을 나열하는 뷰를 만들어주는 Adapter라는 클래스를 이용해야 합니다.

화면을 출력하기 위해서는 우선 액티비티가 실행되어야 합니다. Button과 같은 뷰는 액티비티에서 바로 만들고 화면에 출력합니다. 하지만 RecyclerView처럼 항목을 나열하는 뷰는 Adapter를 사용해 항목을 만든 후에 그 항목을 뷰로 출력합니다. 그렇기 때문에 항목을 나열하는 뷰는 Adapter 클래스가 꼭 필요합니다.

RecyclerView를 이용하여 화면을 구성할 때 Adapter, ViewHolder, LayoutManager 클래스는 필수 구성요소이며, ItemDecoration, ItemAnimation 클래스는 추가 구성요소입니다.

## 8.4.2. Adapter와 ViewHolder

우선 Adapter와 ViewHolder를 이용한 RecyclerView의 기본 이용 방법을 살펴보겠습니다. RecyclerView 화면을 구성하기 위해 액티비티의 레이아웃 XML 파일에 RecyclerView를 하나 준비합니다.

```
<androidx.recyclerview.widget.RecyclerView
    xmlns:android="http://schemas.android.com/apk/res/android"
```

```
    android:id="@+id/recyclerView"
    android:layout_width="match_parent"
    android:layout_height="match_parent"/>
```

액티비티의 레이아웃 XML 파일만으로는 화면에 아무것도 나오지 않으며 Adapter를 적용해야 항목이 구성됩니다. 그런데 RecyclerView는 Adapter에 ViewHolder의 적용이 강제되어 있습니다. 따라서 ViewHolder 클래스를 먼저 정의해 주어야 합니다. ViewHolder의 역할은 항목을 구성하기 위한 뷰들을 findViewById 해주는 역할을 합니다. ViewHolder를 따로 구성하게 강제하는 이유는 이 ViewHolder 객체를 Adapter 내부의 메모리에 유지하여, ViewHolder로 최초에 한 번만 findViewById를 사용하기 위해서입니다. 이로써 findViewById에 의한 성능 이슈를 해결할 수 있습니다.

```
class MyViewHolder extends RecyclerView.ViewHolder {
    ItemBinding binding;
    MyViewHolder(ItemBinding binding){
        super(binding.getRoot());
        this.binding = binding;
    }
}
```

ViewHolder 클래스를 상속받아 작성하며 내부 구현은 특별한 규칙이 없습니다. 이곳에서 항목을 구성하기 위한 뷰를 한 번만 findViewById 할 수 있게 알고리즘을 구현하면 됩니다. 그런데 ViewBinding 기법을 이용하면, ViewHolder를 더욱 간단하게 만들 수 있습니다. 위의 코드는 ViewBinding 기법을 이용해 만든 ViewHolder 코드입니다. 바인딩 객체에 이미 뷰가 등록되어 있으므로 이를 유지해주면 됩니다.

ViewHolder가 정의되었다면 ViewHolder를 내부적으로 이용하는 Adapter를 하나 만들어 주어야 합니다.

```
class MyRecyclerAdapter extends RecyclerView.Adapter<MyViewHolder> {
    //항목 구성 데이터
    private List<String> list;
    public MyRecyclerAdapter(List<String> list) {
        this.list = list;
    }
    //ViewHolder 객체 반환
    @Override
    public MyViewHolder onCreateViewHolder(ViewGroup viewGroup, int i) {
```

```
        ItemBinding binding = ItemBinding.inflate(LayoutInflater.from(viewGroup.getContext()),
viewGroup, false);
        return new MyViewHolder(binding);
    }
    //각 항목을 구성하기 위해서 호출
    @Override
    public void onBindViewHolder(MyViewHolder viewHolder, int position) {
        String text = list.get(position);
        viewHolder.binding.itemTextView.setText(text);
    }
    //항목 개수
    @Override
    public int getItemCount() {
        return list.size();
    }
}
```

위의 코드에서 onCreateViewHolder() 함수가 레이아웃 XML 파일의 inflate을 담당합니다. 항목을 구성하기 위한 레이아웃 XML 파일의 바인딩 객체를 ViewHolder의 생성자로 넘겨주며, 만들어진 ViewHolder 객체를 onCreateViewHolder() 함수에서 반환하면 내부적으로 메모리에 유지했다가 onBindViewHolder() 호출 시 매개변수로 전달하는 구조입니다.

이렇게 만들어 놓은 Adapter를 RecyclerView에 적용하여 최종 RecyclerView를 완성하게 됩니다.

```
binding.recyclerView.setLayoutManager(new LinearLayoutManager(this));
binding.recyclerView.setAdapter(new MyRecyclerAdapter(list));
```



그림 8-29 ViewHolder, Adapter 적용 결과

RecyclerView에 Adapter를 적용하면서 setLayoutManager() 함수로 LayoutManager를 설정하였는데, 이 LayoutManager는 바로 뒤에서 설명하도록 하고, 이렇게 ViewHolder와 Adapter를 만들어서 적용하면 RecyclerView에 의해 항목이 나열되는 화면을 구성할 수 있습니다.

### 8.4.3. LayoutManager

앞에서 설명한 ViewHolder와 Adapter를 적용하는 것만으로도 목록 화면이 나오지만, LayoutManager를 사용하면 보다 더 다양한 항목 나열 화면을 만들 수 있습니다. LayoutManager는 RecyclerView를 사용하면서 반드시 지정해 주어야 하는 필수 구성요소이며 각 항목을 어떻게 배치할 것인가를 결정합니다.

- **LinearLayoutManager**: 수평, 수직으로 배치
- **GridLayoutManager**: 그리드 화면으로 배치
- **StaggeredGridLayoutManager**: 높이가 불규칙한 그리드 화면으로 배치

우선 LinearLayoutManager에 대해 살펴보겠습니다. 앞에서 만든 목록 화면은 LinearLayoutManager를 이용하였으며, 방향을 지정하지 않아 기본 세로 방향이 적용되었습니다. 그런데 LinearLayout Manager의 방향을 가로로 지정하여 각 항목이 가로로 나열되게 구성할 수 있습니다.

```
LinearLayoutManager linearManager = new LinearLayoutManager(this);
linearManager.setOrientation(LinearLayoutManager.HORIZONTAL);
binding.recyclerView.setLayoutManager(linearManager);
```

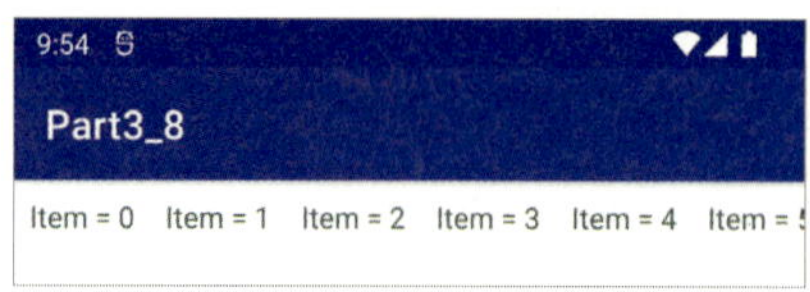


그림 8-30 LinearLayoutManager – HORIZONTAL

방향 지정만으로 쉽게 항목이 가로로 나열되었습니다. 이번에는 GridLayoutManager를 이용해 쉽게 그리드(grid) 화면을 만들어봅시다.

```
GridLayoutManager gridManager=new GridLayoutManager(this, 2);
binding.recyclerView.setLayoutManager(gridManager);
```

GridLayoutManager의 두 번째 매개변수는 열의 개수이며 위의 경우는 2개로 지정한 예입니다.

9:56

Part3_8

| Item = 0 | Item = 1 |
| --- | --- |
| Item = 2 | Item = 3 |
| Item = 4 | Item = 5 |
| Item = 6 | Item = 7 |
| Item = 8 | Item = 9 |

그림 8-31 GridLayoutManager

GridLayoutManager를 조금 더 다양하게 이용할 수 있는데 생성자 정보로 열의 개수 이외에 방향 지정도 가능합니다.

```
GridLayoutManager gridManager=new GridLayoutManager(this, 2, GridLayoutManager.HORIZONTAL, false);
```

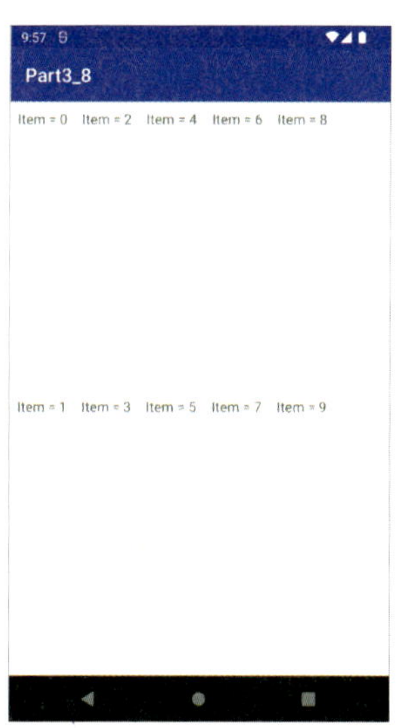


그림 8-32 GridLayoutManager – HORIZONTAL

GridLayoutManager에 방향을 가로로 지정하면, 항목이 그림 8-32처럼 세로로 2칸씩 차지하면서 가로로 나열됩니다. 또한, GridLayoutManager은 항목이 위부터 나열되는 게 아니라 아래부터 나열되게 할 수 있습니다.

```
GridLayoutManager gridManager=new GridLayoutManager(this, 2, GridLayoutManager.VERTICAL, true);
```

세로로 나열한 구조로 마지막 매개변수 값을 true로 지정한 예입니다.

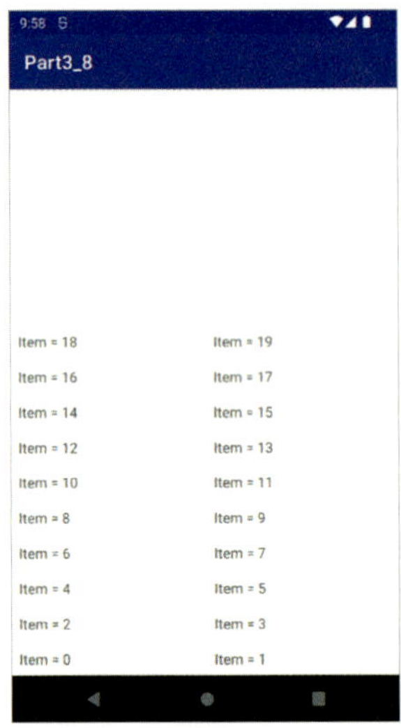


그림 8-33 GridLayoutManager - VERTICAL - true

매개변수 값을 true로 지정하여 항목이 아래부터 윗쪽으로 나열되게 구성한 예입니다. 또한, GridLayoutManager를 변형한 StaggeredGridLayoutManager가 제공되는데, 이 클래스를 이용하면 각 항목의 크기를 다양하게 배치할 수 있습니다.

```
StaggeredGridLayoutManager sgManager=
        new StaggeredGridLayoutManager(2, StaggeredGridLayoutManager.VERTICAL);
```

세로 2열로 지정하여 나열한 예인데 StaggeredGridLayoutManager을 이용하였습니다. 이렇게 되면 각 항목의 데이터가 차지하는 면적이 다를 때 그림 8-34처럼 나열됩니다.

StaggeredGridLayoutManager를 이용하면 각 항목이 그리드 구조로 나열되지만, 한 항목이 길 때는 그 옆에 여러 항목이 배치됩니다. 그림 8-34를 보면 1이 찍히는 항목과 2가 찍히는 항목은 가로로 나열되었지만, 2가 찍히는 항목의 문자열이 길다 보니 3과 4, 5가 찍히는 항목이 왼쪽 영역을 함께 차지했습니다.

이처럼 RecyclerView의 LayoutManager를 이용해 항목을 다양하게 배치할 수 있습니다.

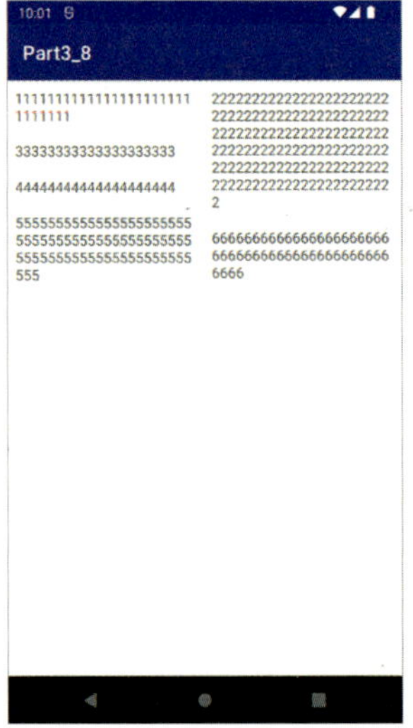


그림 8-34 StaggeredGridLayoutManager

### 8.4.4. ItemDecoration

RecyclerView를 이용하면서 유용하게 사용할 수 있는 구성요소가 ItemDecoration입니다. ItemDecoration은 필수 구성요소는 아니지만, 잘만 이용한다면 각 항목을 다양하게 꾸밀 수 있습니다. ItemDecoration에서는 3개의 함수를 제공하므로 필요할 때 각 함수를 재정의해서 작성하면 됩니다.

- **onDraw**: 항목을 배치하기 전에 호출
- **onDrawOver**: 모든 항목이 배치된 후에 호출
- **getItemOffsets**: 각 항목을 배치할 때 호출

우선 getItemOffsets에 대해 먼저 살펴보겠습니다.

```
class MyItemDecoration extends RecyclerView.ItemDecoration {

    @Override
    public void getItemOffsets(Rect outRect, View view, RecyclerView parent,
                               RecyclerView.State state) {
        super.getItemOffsets(outRect, view, parent, state);
        //항목의 index 값 획득
        int index=parent.getChildAdapterPosition(view)+1;

        if(index % 3 == 0)
            //left, top, right, bottom
            outRect.set(20, 20, 20, 60 );
        else
            outRect.set(20, 20, 20, 20 );

        view.setBackgroundColor(0xFFECE9E9);
        ViewCompat.setElevation(view, 20.0f);
    }
}
```

ItemDecoration을 이용하려면 ItemDecoration을 상속받는 개발자 클래스를 정의합니다. 그곳에 getItemOffsets() 함수를 재정의합니다. 이 함수는 각 항목이 구성될 때마다 호출되며 첫 번째 매개변수로 항목을 구성하기 위한 사각형 정보가, 두 번째 매개변수로 항목을 구성하기 위한 뷰가 전달됩니다. 이 두 매개변수를 이용하여 항목을 다양하게 구성할 수 있습니다.

위의 예에서는 각 항목의 네 방향에 20픽셀로 여백을 두었습니다. 그리고 index 값으로 계산하여 항목을 3개씩 묶어, 그다음 3개 항목이 나올 때의 세로 방향 여백을 60으로 지정해 좀 더 떨어져 있도록

구성하였습니다. 또한, 각 항목에 바탕색을 지정하였으며 위에 떠 있는 듯한 효과를 주었습니다. 항목을 대단하게 구성한 건 아니지만 이 정도의 구성만으로도 기존 항목 배열보다는 좀 더 다양한 효과를 낼 수 있습니다.

이렇게 구성한 ItemDecoration을 RecyclerView에 적용해 주어야 합니다.

```
recyclerView.addItemDecoration(new MyItemDecoration());
```

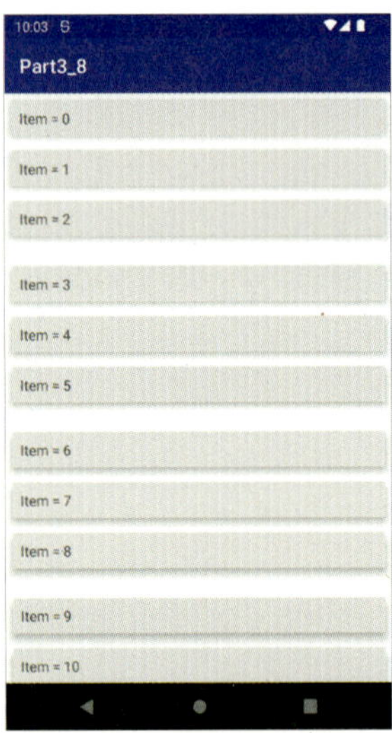


그림 8-35 getItemOffsets 적용

onDraw() 함수를 이용하여 항목이 출력되기 전 RecyclerView에 그림을 그릴 수 있습니다.

```
@Override
public void onDraw(Canvas c, RecyclerView parent, RecyclerView.State state) {
    super.onDraw(c, parent, state);
    //RecyclerView의 사이즈 계산
    int width=parent.getWidth();
    int height=parent.getHeight();

    Paint paint=new Paint();
    paint.setColor(Color.RED);
    c.drawRect(0, 0, width/3, height, paint );
    paint.setColor(Color.BLUE);
    c.drawRect(width/3, 0, width/3*2, height, paint);
    paint.setColor(Color.GREEN);
    c.drawRect(width/3*2, 0, width, height, paint);
}
```

RecyclerView에 항목이 추가되기 전에 사각형 3개를 각각의 색상으로 채웠으며, 이후 항목이 추가되어 onDraw() 함수에서 그린 그림 위에 항목이 위치하게 됩니다.

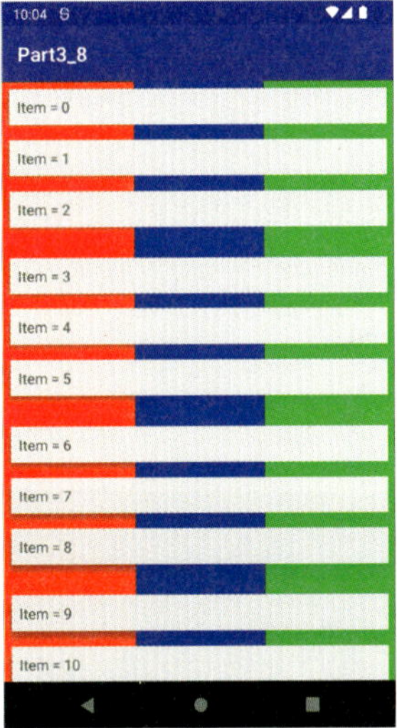


그림 8-36 onDraw 적용

onDrawOver()는 RecyclerView에 항목이 모두 추가된 후에 그림을 그리기 위한 함수입니다.

```
@Override
public void onDrawOver(Canvas c, RecyclerView parent, RecyclerView.State state) {
    super.onDrawOver(c, parent, state);
    //RecyclerView의 사이즈 계산
    int width=parent.getWidth();
    int height=parent.getHeight();
    //이미지 사이즈 계산
    Drawable dr= ResourcesCompat.getDrawable(getResources(), R.drawable.android, null);
    int drWidth=dr.getIntrinsicWidth();
    int drHeight=dr.getIntrinsicHeight();

    int left=width/2 - drWidth/2;
    int top=height/2 - drHeight/2;
    c.drawBitmap(BitmapFactory.decodeResource(getResources(), R.drawable.android), left,top,null);
}
```

onDrawOver() 함수를 이용하여 항목이 추가된 후 항목 위에 반투명 이미지를 그린 예입니다.

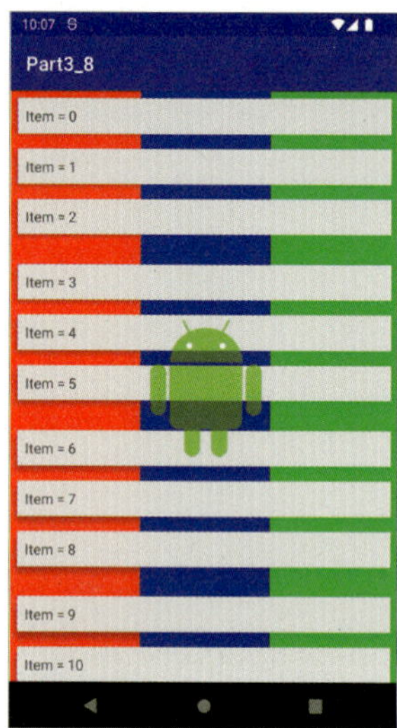


그림 8-37 onDrawOver 적용

## [실습 8-3] RecyclerView Step by Step

앞에서 설명한 RecyclerView를 테스트해 보겠습니다.

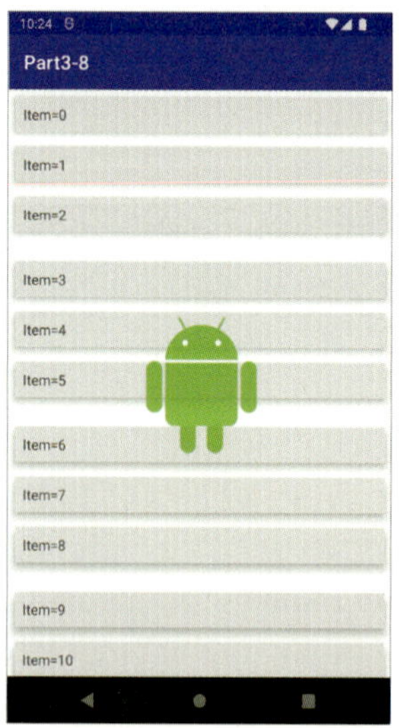


그림 8-38 결과 화면

## Step 1 _ 액티비티 생성

part3_8 모듈에 "Lab8_3Activity"의 이름으로 새로운 액티비티를 만듭니다. 편의를 위해 액티비티를 만들 때 'Launcher Activity' 체크박스를 체크하고 'Source Language'는 Java로 설정합니다.

## Step 2 _ 파일 복사

실습을 위해 필자가 제공한 파일을 복사합니다. android.png 파일을 res/drawable 폴더에, item.xml 파일은 res/layout 폴더에 복사합니다.

## Step 3 _ activity_lab83.xml 작성

액티비티를 만들면서 같이 만들어진 activity_lab83.xml 파일에 RecyclerView를 다음처럼 준비합니다.

**layout/activity_lab83.xml**

```
<?xml version="1.0" encoding="utf-8"?>
<androidx.recyclerview.widget.RecyclerView
    xmlns:android="http://schemas.android.com/apk/res/android"
    android:id="@+id/recyclerView"
    android:layout_width="match_parent"
    android:layout_height="match_parent"/>
```

## Step 4 _ Lab8_3Activity 작성

RecyclerView 테스트를 위해 Lab8_3Activity를 다음처럼 작성합니다.

**Lab8_3Activity.java**

```
public class Lab8_3Activity extends AppCompatActivity {
    @Override
    protected void onCreate(Bundle savedInstanceState) {
        super.onCreate(savedInstanceState);
        ActivityLab83Binding binding = ActivityLab83Binding.inflate(getLayoutInflater());
        setContentView(binding.getRoot());

        List<String> list = new ArrayList<>();
        for (int i = 0; i < 20; i++) {
            list.add("Item=" + i);
        }
        binding.recyclerView.setLayoutManager(new LinearLayoutManager(this));
        binding.recyclerView.setAdapter(new MyAdapter(list));
```

```
        binding.recyclerView.addItemDecoration(new MyItemDecoration());
    }

    private class MyAdapter extends RecyclerView.Adapter<MyViewHolder> {
        private List<String> list;
        public MyAdapter(List<String> list) {
            this.list = list;
        }
        @Override
        public MyViewHolder onCreateViewHolder(ViewGroup viewGroup, int i) {
            ItemBinding binding =
ItemBinding.inflate(LayoutInflater.from(viewGroup.getContext()), viewGroup, false);
            return new MyViewHolder(binding);
        }
        @Override
        public void onBindViewHolder(MyViewHolder viewHolder, int position) {
            String text = list.get(position);
            viewHolder.binding.itemTextView.setText(text);
        }
        @Override
        public int getItemCount() {
            return list.size();
        }
    }
    private class MyViewHolder extends RecyclerView.ViewHolder {
        ItemBinding binding;
        public MyViewHolder(ItemBinding binding) {
            super(binding.getRoot());
            this.binding = binding;
        }
    }
    class MyItemDecoration extends RecyclerView.ItemDecoration {
        @Override
        public void getItemOffsets(Rect outRect, View view, RecyclerView parent,
                                   RecyclerView.State state) {
            super.getItemOffsets(outRect, view, parent, state);
            int index=parent.getChildAdapterPosition(view)+1;
            if(index % 3 == 0)
                outRect.set(20, 20, 20, 60 );
            else
                outRect.set(20, 20, 20, 20 );
            view.setBackgroundColor(0xFFECE9E9);
```

```
            ViewCompat.setElevation(view, 20.0f);
        }
        @Override
        public void onDrawOver(Canvas c, RecyclerView parent, RecyclerView.State state) {
            super.onDrawOver(c, parent, state);
            int width=parent.getWidth();
            int height=parent.getHeight();
            Drawable dr= ResourcesCompat.getDrawable(getResources(), R.drawable.android, null);
            int drWidth=dr.getIntrinsicWidth();
            int drHeight=dr.getIntrinsicHeight();
            int left=width/2 - drWidth/2;
            int top=height/2 - drHeight/2;
            c.drawBitmap(BitmapFactory.decodeResource(getResources(),
                    R.drawable.android), left,top,null);
        }
    }
}
```

### Step 5 _ Lab8_3Activity.java 실행

Lab8_3Activity.java 파일에 마우스 오른쪽을 누르고 [Run 'Lab8_3Activity'] 메뉴로 실행합니다.

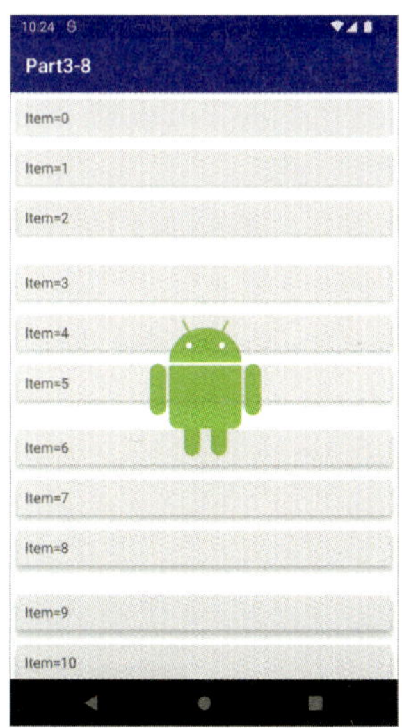


그림 8-39 결과 화면

## 8.5. ViewPager2

스마트폰의 앱을 보면 사용자 손가락을 따라가며 순서대로 좌우 화면이 슬라이드되어 나타나는 구성이 빈번합니다. 안드로이드에서 이 부분을 개발하려면 ViewPager2 클래스를 이용합니다.

ViewPager는 androidx 라이브러리로 제공되며 2종류로 나뉩니다. 오랫동안 이용되었던 ViewPager와 2019년부터 제공되기 시작한 ViewPager2입니다. ViewPager2 라이브러리가 ViewPager보다 기능이 더 다양하므로, 이곳에서는 ViewPager2를 사용해보겠습니다.

그림 8-40 페이스북 ViewPager2 활용

ViewPager를 이용하기 위해 레이아웃 XML 파일에 등록합니다.

```
<androidx.viewpager2.widget.ViewPager2
    xmlns:android="http://schemas.android.com/apk/res/android"
    android:id="@+id/viewpager"
    android:layout_width="match_parent"
    android:layout_height="match_parent" />
```

ViewPager2를 구현할 때 중요한 부분은 ViewPager2도 AdapterView라는 점입니다. RecyclerView와 마찬가지로 항목을 나열하기 위한 뷰입니다. 단, ViewPager2는 하나의 화면을 항목 하나로 보며 추가한 순서대로 사용자 제어에 따라 좌우로 화면이 바뀌는 뷰입니다. 결국, AdapterView의 일종이므로 Adapter를 만들어 적용해야지만 화면에 내용이 나옵니다.

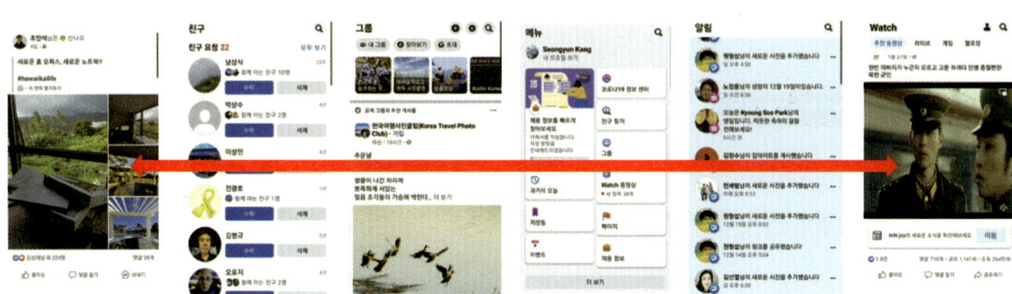


그림 8-41 페이스북의 ViewPager

페이스북 앱을 예로 들면 Adapter를 이용해서 항목(화면)을 6개 추가한 경우입니다. 이렇게 추가된 항목은 사용자의 제어에 따라 ViewPager2 영역에 출력됩니다. 결국, Adapter를 어떻게 만드냐가 중요한 부분입니다.

ViewPagere2에 사용할 수 있는 Adapter는 2가지입니다. RecyclerView에서 살펴보았던 RecyclerView.Adapter를 이용할 수도 있고, FragmentStateAdapter를 이용할 수도 있습니다. RecyclerView.Adapter를 사용하는 방법은 RecyclerView와 같습니다. RecyclerView.Adapter에 의해 만들어지는 항목을 ViewPager2에 적용하면 하나의 화면으로 출력된다는 차이만 있습니다.

ViewPager2에 의해 전환되는 각각의 화면이 간단하다면 RecyclerView.Adapter를 이용해도 되지만 대부분 복잡합니다. 그러므로 Fragment를 사용하며, 이 Fragment를 항목으로 구성하는 Adapter가 바로 FragmentStateAdapter입니다.

```
public class MyAdapter extends FragmentStateAdapter {
    List<Fragment> fragments;
    MyAdapter(FragmentActivity activity){
        super(activity);
        fragments = new ArrayList<>();
        fragments.add(new RedFragment());
        fragments.add(new GreenFragment());
        fragments.add(new BlueFragment());
    }

    @Override
    public int getItemCount() {
        return fragments.size();
    }

    @NonNull
    @Override
    public Fragment createFragment(int position) {
        return fragments.get(position);
    }
}
```

FragmentStateAdapter를 상속받아 Adapter를 작성하며, getItemCount() 함수와 createFragment() 함수를 오버라이드합니다. getItemCount() 함수는 항목의 개수를 판단하기 위해 자동으로 호출되며, createFragment() 함수는 항목을 구성하는 Fragment 객체를 획득하기 위해서 자동 호출됩니다.

이렇게 만들어진 Adapter를 ViewPager2 객체에 적용하면 Adapter에 의해 만들어진 항목이 각각의 화면에 나오게 됩니다.

```
binding.viewpager.setAdapter(new MyAdapter(this));
```

## [실습 8-4] ViewPager2

Step by Step

앞에서 설명한 ViewPager2를 테스트해 보겠습니다.

그림 8-42 결과 화면

### Step 1 _ 액티비티 생성

part3_8 모듈에 "Lab8_4Activity"의 이름으로 새로운 액티비티를 만듭니다. 편의를 위해 액티비티를 만들 때 'Launcher Activity' 체크박스를 체크하고 'Source Language'는 Java로 설정합니다.

### Step 2 _ 파일 복사

실습을 위해 필자가 제공한 파일 중 fragment_blue.xml, fragment_green.xml, fragment_red.xml 파일을 res/layout 폴더에 복사합니다. 그리고 BlueActivity.java, GreenFragment.java, RedFragment.java 파일을 소스 영역에 복사합니다.

### Step 3 _ activity_lab84.xml 작성

액티비티를 만들면서 같이 만들어진 activity_lab84.xml 파일에 ViewPager를 다음처럼 등록합니다.

**layout/activity_lab84.xml**

```
<?xml version="1.0" encoding="utf-8"?>
<androidx.viewpager2.widget.ViewPager2
    xmlns:android="http://schemas.android.com/apk/res/android"
    android:id="@+id/viewpager"
    android:layout_width="match_parent"
    android:layout_height="match_parent" />
```

### Step 4 _ Lab8_4Activity 작성

액티비티에서 Adapter를 만들어 ViewPager2 화면을 완성합니다.

**Lab8_4Activity.java**

```
public class Lab8_4Activity extends AppCompatActivity {

    @Override
    protected void onCreate(Bundle savedInstanceState) {
        super.onCreate(savedInstanceState);
        ActivityLab84Binding binding = ActivityLab84Binding.inflate(getLayoutInflater());
        setContentView(binding.getRoot());

        binding.viewpager.setAdapter(new MyPagerAdapter(this));
    }

    class MyPagerAdapter extends FragmentStateAdapter {
        List<Fragment> fragments;
        MyPagerAdapter(FragmentActivity activity){
            super(activity);
            fragments = new ArrayList<>();
            fragments.add(new RedFragment());
            fragments.add(new GreenFragment());
            fragments.add(new BlueFragment());
        }

        @Override
        public int getItemCount() {
            return fragments.size();
        }

        @NonNull
```

```
        @Override
        public Fragment createFragment(int position) {
            return fragments.get(position);
        }
    }

}
```

### Step 5 _ Lab8_4Activity.java 실행

Lab8_4Activity.java 파일에 마우스 오른쪽을 누르고 [Run 'Lab8_4Activity'] 메뉴로 실행합니다.

그림 8-43 결과 화면

# 9장

# 머티리얼 디자인의 뷰

머티리얼 디자인(Material Design)은 구글에서 제시한 디자인 철학입니다. 단어 뜻 그대로 컴퓨터에서 수행되는 소프트웨어의 디자인도 실제 사물처럼 느껴지도록 해야 한다는 개념입니다. 구글은 모바일뿐 아니라 데스크톱 등 모든 구글의 기술이 적용되는 분야에 머티리얼 디자인을 활용할 것이라고 이야기했습니다.

안드로이드에서는 머티리얼 디자인을 적용하여 개발할 수 있도록 라이브러리를 제공하고 있습니다. 이 라이브러리에는 앱을 개발할 때 무시할 수 없는 유용한 뷰 클래스들이 포함되어 있습니다. 이번 장에서 안드로이드에서 제공하는 라이브러리를 이용하여 머티리얼 디자인을 적용하는 방법에 대해 살펴보겠습니다.

# 9.1. DrawerLayout과 NavigationView

## 9.1.1. DrawerLayout

머티리얼 디자인이 제공되는 뷰를 이용하기 위해서는 material 라이브러리가 build.gradle 파일의 dependencies에 선언되어 있어야 합니다.

```
implementation 'com.google.android.material:material:1.4.0'
```

많이 사용되는 라이브러리이기 때문에 개발자가 별도로 선언하지 않아도 안드로이드 스튜디오에서 프로젝트를 만들면 build.gradle 파일에 material 라이브러리가 자동으로 선언됩니다.

DrawerLayout은 androidx에서 제공하는 클래스입니다. DrawerLayout 클래스는 material 라이브러리가 나오기 전부터 제공되었습니다. 하지만 material 라이브러리의 DrawerLayout과 대부분 함께 사용되므로 이곳에서 살펴보겠습니다.

그림 9-1은 Gmail 앱의 DrawerLayout 화면입니다. Gmail 앱뿐 아니라 대부분 앱에서 DrawerLayout을 제공하고 있습니다.

DrawerLayout은 액티비티 화면의 구성요소지만 초기 화면에 출력되지 않다가 사용자 손가락 이동이나 툴바의 아이콘 클릭(ActionBarDrawerToggle)에 의해 왼쪽이나 오른쪽에서 밀려 들어오는 화면을 지칭합니다. DrawerLayout의 내용은 다양하게 구성할 수 있지만, 대부분 메뉴를 제공하는 역할을 합니다.

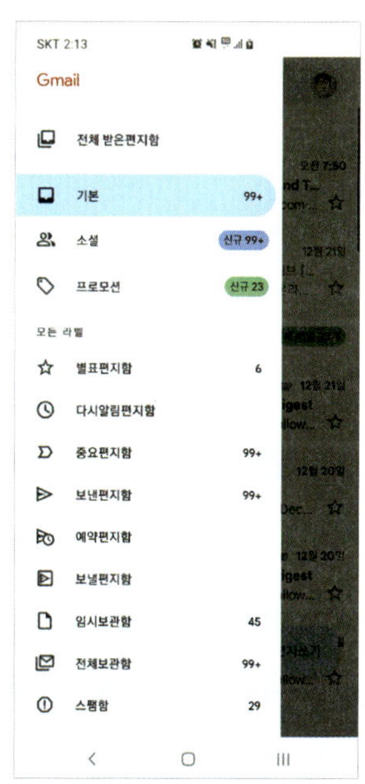

그림 9-1 DrawerLayout

액티비티에서 DrawerLayout을 제공하려면 레이아웃 XML 파일의 구성이 중요합니다.

```
<androidx.drawerlayout.widget.DrawerLayout>

    <LinearLayout>
        <!-- 중략 -->
    </LinearLayout>
    <TextView
        android:layout_gravity="start"/>

</androidx.drawerlayout.widget.DrawerLayout>
```

전체 레이아웃 XML 파일은 DrawerLayout으로 감싸져야 하며 하위에 두 개의 뷰가 추가되어야 합니다. 여기서 뷰가 추가된 순서가 중요한데요. 첫 번째로 추가된 뷰가 액티비티 화면에 기본으로 보이며, 두 번째로 추가된 뷰가 DrawerLayout에 의해 화면에 나타납니다.

그림 9-2는 DrawerLayout 부분을 붉은 바탕색의 TextView로 만든 예입니다. TextView가 아닌 다른 뷰로도 만들 수 있습니다.

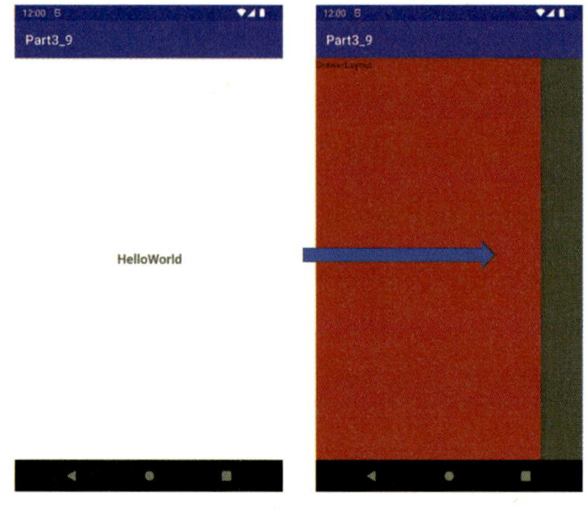

그림 9-2 DrawerLayout

DrawerLayout으로 사용할 뷰의 layout_gravity 속성이 중요한데요. DrawerLayout이 화면에 나타나는 방향을 지정하는 데 사용합니다. 값을 left, right로 지정할 수 있으며 start로 지정하면 시스템의 언어 설정에 따라 left, right가 알아서 선택됩니다. 한국어처럼 왼쪽에서 오른쪽으로 쓰는 언어는 left, 아랍어는 right가 자동으로 선택됩니다.

DrawerLayout은 사용자가 손가락으로 화면을 좌우로 밀어 열리거나 닫히는데 구글의 머티리얼 디자인 가이드를 보면 DrawerLayout을 열거나 닫기 위한 아이콘을 툴바 왼쪽에 제공하여 이를 통해서도 열리거나 닫히게 제공하길 권장하고 있습니다. 이를 ActionBar DrawerToggle이라고 부릅니다. ActionBarDrawerToggle을 제공하려면 자바 코드로 작업해 주어야 합니다.

```
ActionBarDrawerToggle toggle = new ActionBarDrawerToggle(this, binding.drawerLayout, R.string.open,
R.string.close);
getSupportActionBar().setDisplayHomeAsUpEnabled(true);
toggle.syncState();
```

ActionBarDrawerToggle을 생성하면서 세네 번째 매개변수로 문자열 리소스를 지정해 주었는데요. 이 문자열은 화면 출력 문자열과 관련이 없습니다. DrawerLayout이 열린 상태, 닫힌 상태를 표현하기 위한 문자열이며 개발자 임의의 문자열을 지정할 수 있습니다.

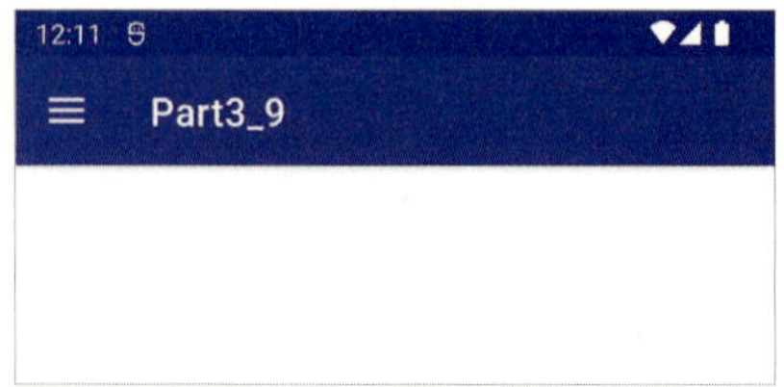

그림 9-3 ActionBarDrawerToggle

ActionBarDrawerToggle을 정의할 때 이벤트를 추가할 수 있습니다.

```
ActionBarDrawerToggle toggle = new ActionBarDrawerToggle(this, binding.drawerLayout, R.string.open,
R.string.close){
    @Override
    public void onDrawerOpened(View drawerView) {
        super.onDrawerOpened(drawerView);
        //......
    }
    @Override
    public void onDrawerClosed(View drawerView) {
        super.onDrawerClosed(drawerView);
        //…...
    }
};
binding.drawerLayout.addDrawerListener(toggle);
```

ActionBarDrawerToggle를 상속받는 서브 클래스를 만들며 그 안에 onDrawerOpened() 함수와 onDrawerClosed() 함수를 정의해 놓으면 DrawerLayout이 열리거나 닫히는 순간 이 함수들이 호출되어 이벤트를 처리할 수 있습니다. 이렇게 만든 이벤트 핸들러를 DrawerLayout 객체에 addDrawerListener() 함수로 등록하여 사용합니다.

그런데 위의 코드로 툴바에 ActionBarDrawerToggle 아이콘이 나오기는 하지만, 실제 아이콘 클릭 시 DrawerLayout이 열리거나 닫히지는 않습니다. 메뉴 이벤트 함수를 정의하여 다음처럼 작성해야 실제 열리거나 닫히게 됩니다.

```
@Override
public boolean onOptionsItemSelected(MenuItem item) {
    if (toggle.onOptionsItemSelected(item)) {
        return true;
    }
    return super.onOptionsItemSelected(item);
}
```

onOptionsItemSelected()는 Menu 부분에서 보았던 함수로 메뉴 클릭 이벤트를 처리합니다. ActionBarDrawerToggle을 위해 메뉴 이벤트 함수가 사용되는 이유는 내부적으로 ActionBar DrawerToggle 아이콘 클릭이 메뉴 이벤트로 처리되기 때문입니다. onOptionsItemSelected() 함수 내의 이벤트가 토글에서 발생한 거라면 반환해서 메뉴 이벤트 로직에서 벗어나게 해주어야 합니다.

## 9.1.2. NavigationView

앞에서 살펴본 DrawerLayout을 어떻게 구성할지는 개발자 선택이지만, 대부분 액티비티 화면에서 다양한 메뉴를 제공하려는 목적으로 이용합니다. 따라서 그림 9-4처럼 메뉴를 리스트 형식으로 제공하는 게 일반적입니다. 이러한 화면은 안드로이드 UI 프로그래밍을 해본 개발자라면 어렵지 않게 구현할 수 있지만, 처리할 내용이 적지 않습니다. RecyclerView를 중심으로 Adapter를 처리해야 하고 항목 선택 이벤트 등을 제공해야 합니다.

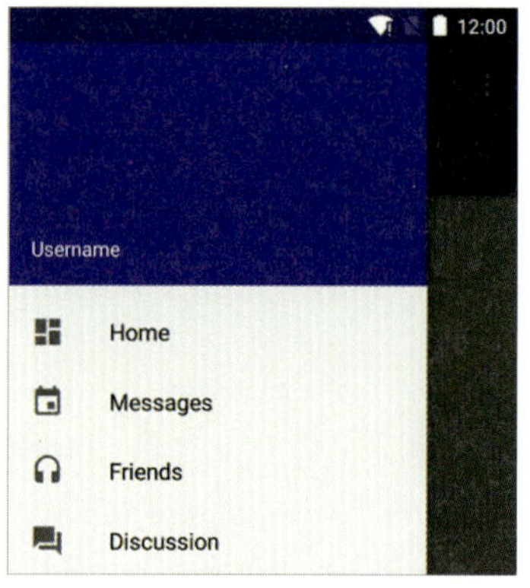


그림 9-4 NavigationView(출처: android-developers.googleblog.com)

여기서 소개할 NavigationView는 material 라이브러리에 추가된 뷰로서, DrawerLayout으로 구현하는 화면을 더 쉽게 구성할 수 있도록 합니다. 메뉴 기법을 이용하여 화면을 쉽게 구성하고 사용자 이벤트를 처리할 수 있습니다.

```
<androidx.drawerlayout.widget.DrawerLayout>

    <LinearLayout>
        <!-- 중략 -->
    </LinearLayout>

    <com.google.android.material.navigation.NavigationView
        android:layout_width="match_parent"
        android:layout_height="match_parent"
        android:layout_gravity="start"
        app:headerLayout="@layout/navigation_header"
        app:menu="@menu/menu_drawer"/>

</androidx.drawerlayout.widget.DrawerLayout>
```

DrawerLayout을 구성하기 위한 레이아웃 XML 파일에서 DrawerLayout 하위 태그의 두 번째가 DrawerLayout의 내용입니다. 이 부분에 Navigation View를 등록하며 NavigationView의 화면 구성을 위한 속성이 두 개 추가되어야 합니다. app:headerLayout 속성은 NavigationView의 윗부분을 구성하기 위한 레이아웃 XML 파일이며 app:menu는 NavigationView의 메뉴 목록을 구성하기 위한 메뉴 XML 파일입니다.

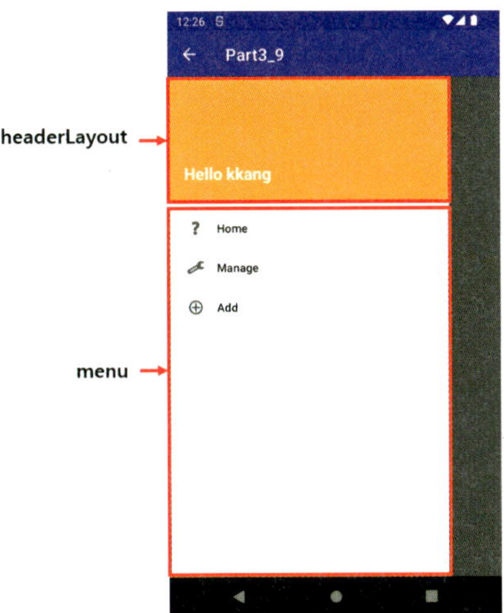


그림 9-5 NavigationView 구조

NavigationView에서의 사용자 항목 선택 이벤트 처리는 OnNavigationItemSelectedListener을 구현한 이벤트 핸들러를 등록하여 처리할 수 있습니다.

```
binding.navigationView.setNavigationItemSelectedListener(menuItem -> {
    int id = menuItem.getItemId();
    //......
    return true;
});
```

## [실습 9-1] NavigationView

Step by Step

앞에서 설명한 DrawerLayout과 NavigationView를 테스트해 보겠습니다.

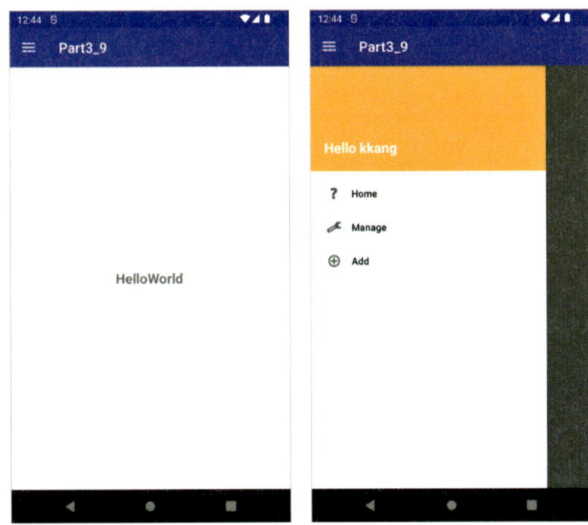


그림 9-6 결과 화면

### Step 1 _ 모듈 생성

이번 9장의 실습을 위해 모듈 이름을 "Part3_9"로 지정하고 액티비티 설정에서 'Source Language' 부분을 Java로 설정하여 모듈을 새로 만듭니다.

### Step 2 _ ViewBinding 설정

모듈 수준의 build.gradle에 ViewBinding 설정을 하고 〈Sync Now〉를 클릭해 변경사항을 적용합니다.

**build.gradle**

```
android {
    //생략......
    viewBinding {
        enabled = true
    }
}
```

### Step 3 _ 파일 복사

실습을 위해 필자가 제공한 파일 중 navigation_header.xml 파일을 res/layout 폴더에 복사하고, menu_drawer.xml 파일을 res 하위에 menu 폴더를 만든 후 그곳에 복사합니다.

### Step 4 _ activity_main.xml 작성

NavigationDrawer와 NavigationView를 구성하기 위해 activity_main.xml 파일을 다음처럼 작성합니다. 액티비티 본문은 이 테스트의 주목적이 아니므로 문자열로 간단하게 처리하겠습니다.

**layout/activity_main.xml**

```
<?xml version="1.0" encoding="utf-8"?>
<androidx.drawerlayout.widget.DrawerLayout xmlns:android="http://schemas.android.com/apk/res/
android"
    android:layout_width="match_parent"
    android:layout_height="match_parent"
    xmlns:app="http://schemas.android.com/apk/res-auto"
    android:id="@+id/drawerLayout">

    <LinearLayout
        android:layout_width="match_parent"
        android:layout_height="match_parent"
```

```
        android:orientation="vertical">
        <TextView
            android:layout_width="match_parent"
            android:layout_height="match_parent"
            android:gravity="center"
            android:text="HelloWorld"
            android:textSize="20dp"
            android:textStyle="bold"/>
    </LinearLayout>
    <com.google.android.material.navigation.NavigationView
        android:id="@+id/navigationView"
        android:layout_width="match_parent"
        android:layout_height="match_parent"
        android:layout_gravity="start"
        app:headerLayout="@layout/navigation_header"
        app:menu="@menu/menu_drawer"/>

</androidx.drawerlayout.widget.DrawerLayout>
```

## Step 5 _ strings.xml 작성

ActionBarDrawerToggle 생성 시 생성자에 명시할 문자열 리소스를 res/values/strings.xml 파일에 다음처럼 추가해 줍니다.

**res/values/strings.xml**

```
<resources>
    <string name="app_name">Part3_9</string>
    <string name="drawer_open">Open navigation drawer</string>
    <string name="drawer_close">Close navigation drawer</string>
</resources>
```

## Step 6 _ MainActivity 작성

DrawerLayout을 위한 MainActivity를 다음처럼 작성합니다.

**MainActivity.java**

```
public class MainActivity extends AppCompatActivity {
    ActionBarDrawerToggle toggle;
```

```
    @Override
    protected void onCreate(Bundle savedInstanceState) {
        super.onCreate(savedInstanceState);
        ActivityMainBinding binding = ActivityMainBinding.inflate(getLayoutInflater());
        setContentView(binding.getRoot());

        getSupportActionBar().setDisplayHomeAsUpEnabled(true);
        toggle = new ActionBarDrawerToggle(this, binding.drawerLayout, R.string.drawer_open,
R.string. drawer_close);
        toggle.syncState();

        binding.navigationView.setNavigationItemSelectedListener(menuItem -> {
            int id=menuItem.getItemId();
            if(id==R.id.menu_drawer_home){
                showToast("NavigationDrawer...home..");
            }else if(id==R.id.menu_drawer_manage){
                showToast("NavigationDrawer...message..");
            }else if(id==R.id.menu_drawer_add){
                showToast("NavigationDrawer...add..");
            }
            return false;
        });

    }

    private void showToast(String message){
        Toast toast=Toast.makeText(this, message, Toast.LENGTH_SHORT);
        toast.show();
    }

    @Override
    public boolean onOptionsItemSelected(MenuItem item) {
        if (toggle.onOptionsItemSelected(item)) {
            return true;
        }
        return super.onOptionsItemSelected(item);
    }
}
```

### Step 7 _ 실행

part3_9 모듈을 실행하여 결과를 확인합니다.

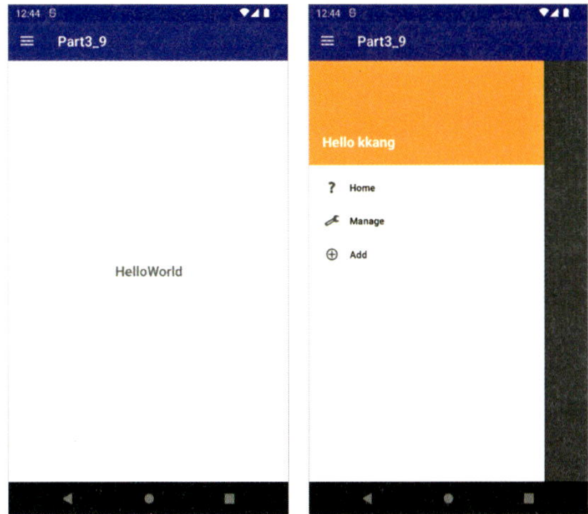


그림 9-7 결과 화면

## 9.2. ExtendedFloatingActionButton

ExtendedFloatingActionButton은 화면에 떠 있는 듯한 버튼을 제공하는 뷰입니다. 초기 material 라이브러리에서 제공하던 FloatingActionButton도 있지만 ExtendedFloatingActionButton이 더 다양한 기능을 구현할 수 있기에 대부분 ExtendedFloatingActionButton을 이용합니다.

```
<com.google.android.material.floatingactionbutton.ExtendedFloatingActionButton
    ...............
    app:icon="@android:drawable/ic_input_add"
    android:text="add"/>
```

ExtendedFloatingActionButton은 icon 속성으로 버튼에 출력될 이미지를, text 속성으로 버튼에 출력될 문자열을 지정합니다. text 속성을 지정하지 않으면 버튼에 동그란 이미지만 출력되며, icon 속성을 추가하지 않으면 버튼에 문자열만 나타납니다.

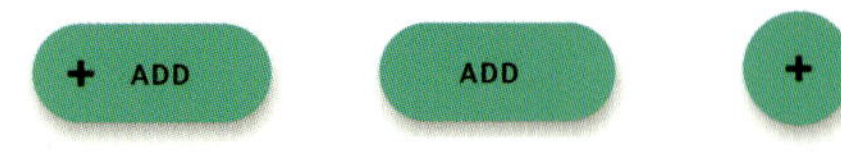


그림 9-8 ExtendedFloatingActionButton

Button 뷰와 마찬가지로, ExtendedFloatingActionButton에서는 ClickEvent를 이용하여 이벤트를 등록합니다. 그리고 버튼의 이미지와 문자열을 같이 출력할 때, 코드에서 축소하거나 확대할 수 있습니다.

```
binding.fab.setOnClickListener(view -> {
    if(binding.fab.isExtended()){
        //확장되어 있다면
        binding.fab.shrink();
    }else {
        //축소되어 있다면
        binding.fab.extend();
    }
});
```

## 9.3. TabLayout

앱 화면을 구현할 때, 탭의 이용 비율이 높습니다. material 라이브러리가 제공되기 전에는 TabHost라는 클래스를 이용하여 탭 화면을 만들었습니다. 복잡한 앱이 개발되기 시작하면서 더 다양한 기능을 처리하는 탭 화면이 필요해졌고, 이를 지원하기 위해 TabLayout 뷰가 제공되었습니다.

즉, TabLayout은 탭 화면에서 탭 버튼을 다양하게 구성하기 위한 뷰입니다. 단순히 탭 버튼을 동일한 간격으로 나열하는 것뿐만 아니라, 탭 버튼이 많을 때는 스크롤을 이용할 수도 있고 다양한 방식으로 정렬할 수 있습니다. 또한 TabLayout과 ViewPager2를 연동할 수도 있습니다.

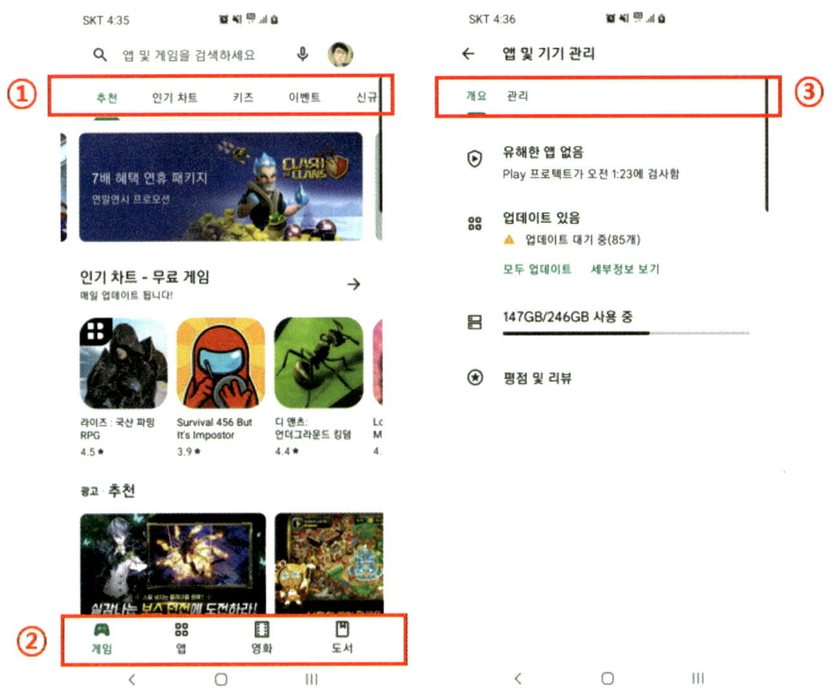


그림 9-9 Play 스토어 앱 화면의 탭 영역

위의 그림은 Play 스토어 앱의 화면입니다. TabLayout으로 탭 화면을 구현한 영역이 3군데 있습니다. 1번 영역의 탭 화면은 가로 방향으로 스크롤이 됩니다. 2번 영역의 탭 버튼은 가로 방향으로 배치되었습니다. 또한 3번 영역의 탭 버튼은 화면을 모두 차지하지 않고 왼쪽 정렬되어 있습니다. 이처럼 TabLayout 뷰는 탭 화면을 다양하게 구성할 수 있도록 합니다.

```
<androidx.constraintlayout.widget.ConstraintLayout >

    <com.google.android.material.tabs.TabLayout />

    <FrameLayout>

    </FrameLayout>
</androidx.constraintlayout.widget.ConstraintLayout>
```

위의 레이아웃 XML에서 TabLayout과 FrameLayout을 위아래로 배치하였습니다. 탭 화면은 TabLayout으로 구성하였으며, 탭 버튼을 클릭했을 때 출력할 화면은 FrameLayout을 사용하였습니다.

TabLayout의 탭 버튼이 클릭이 되었을 때 나오는 화면은 FrameLayout 이외에 어떤 뷰를 이용해도 상관없습니다. 하지만 탭 화면의 특성상, 탭 버튼이 나올 때 하나의 뷰만 출력하는 것이 일반적이므로 대부분 FrameLayout을 이용합니다.

이처럼, TabLayout은 탭 버튼이 들어가는 부분의 레이아웃입니다. 해당 영역의 버튼 구성은 레이아웃 XML에서 할 수도 있고, 코드에서 할 수도 있습니다. 먼저 코드로 탭 버튼을 구성하는 방법에 대해 살펴보겠습니다.

```
TabLayout.Tab tab1 = binding.tabLayout.newTab();
tab1.setText("tab1");
binding.tabLayout.addTab(tab1);

TabLayout.Tab tab2 = binding.tabLayout.newTab();
tab2.setText("tab2");
binding.tabLayout.addTab(tab2);

TabLayout.Tab tab3 = binding.tabLayout.newTab();
tab1.setText("tab3");
binding.tabLayout.addTab(tab3);
```

Tab은 TabLayout에 들어갈 탭 버튼 하나를 지칭하는 클래스이며, newTab() 함수로 만듭니다. Tab 객체에 setText(), setIcon() 함수로 버튼을 구성하는 문자열과 이미지를 지정합니다. 이렇게 만들어진 Tab 객체를 addTab() 함수의 매개변수로 전달하면, 탭 버튼이 TabLayout에 추가됩니다.

TabLayout에 출력할 탭 버튼을 동적으로 구성할 때는 이처럼 코드에서 구현하면 됩니다. 하지만 대부분의 탭 버튼은 정적으로 구성됩니다. 탭 버튼의 개수, 문자열 등을 정적으로 구성한다면, 레이아웃 XML 파일에서 구현하는 것이 더 간편합니다. 레이아웃 XML 파일에서 탭 버튼을 명시할 때는 TabLayout 하위에 TabItem만 구성하면 됩니다.

```
<com.google.android.material.tabs.TabLayout
    android:id="@+id/tabLayout"
    android:layout_width="409dp"
    android:layout_height="wrap_content"
    app:layout_constraintEnd_toEndOf="parent"
    app:layout_constraintStart_toStartOf="parent"
    app:layout_constraintTop_toTopOf="parent" >
    <com.google.android.material.tabs.TabItem
        android:layout_width="wrap_content"
        android:layout_height="wrap_content"
```

```
        android:text="tab1" />

    <com.google.android.material.tabs.TabItem
        android:layout_width="wrap_content"
        android:layout_height="wrap_content"
        android:text="tab2" />

    <com.google.android.material.tabs.TabItem
        android:layout_width="wrap_content"
        android:layout_height="wrap_content"
        android:text="tab3" />
</com.google.android.material.tabs.TabLayout>
```

TabLayout은 탭 버튼 부분을 위한 레이아웃입니다. 각 탭 버튼을 클릭했을 때 이벤트 프로그램을 통해 원하는 화면이 나오게 제어해주어야 합니다. 이를 위해 OnTabSelectedListener가 제공됩니다.

```
binding.tabLayout.addOnTabSelectedListener(new TabLayout.OnTabSelectedListener() {
    // 탭 버튼을 선택할 때 이벤트
    @Override
    public void onTabSelected(TabLayout.Tab tab) {
        FragmentTransaction transaction = getSupportFragmentManager().beginTransaction();
        if(tab.getPosition() == 0){
            transaction.replace(R.id.contentLayout, oneFragment);
        }else if(tab.getPosition() == 1){
            transaction.replace(R.id.contentLayout, twoFragment);
        }else if(tab.getPosition() == 2){
            transaction.replace(R.id.contentLayout, threeFragment);
        }
        transaction.commit();
    }
// 다른 탭 버튼을 눌러 선택된 탭 버튼이 해제될 때 이벤트
    @Override
    public void onTabUnselected(TabLayout.Tab tab) {

    }
    // 선택된 탭 버튼을 다시 선택할 때 이벤트
    @Override
    public void onTabReselected(TabLayout.Tab tab) {

    }
});
```

탭 버튼이 많을 때는 스크롤을 사용할 수 있어야 합니다. tabMode 속성이 스크롤 기능을 지원합니다.

```
<com.google.android.material.tabs.TabLayout
    ............
    app:tabMode="scrollable">
```

tabMode 속성의 기본 값은 스크롤을 지원하지 않는다는 의미의 fixed입니다. 스크롤을 지원하고자 한다면 tabMode 속성의 값을 scrollable로 지정합니다. scrollable로 지정하면 탭 버튼이 왼쪽부터 배치되며, 탭 버튼이 많아 화면을 벗어나면 자동으로 스크롤을 사용해 탭 화면을 움직일 수 있도록 해줍니다.

또한 tabGravity 속성으로 정렬 위치를 지정할 수 있습니다.

```
<com.google.android.material.tabs.TabLayout
    .............
    app:tabGravity="center">
```

기본값은 fill이며, 탭 화면을 동일한 간격으로 나누어 가로 방향으로 꽉 들어차게 탭 버튼을 배치합니다. fill 이외에도 center, start로 tabGravity 값을 지정할 수 있습니다.

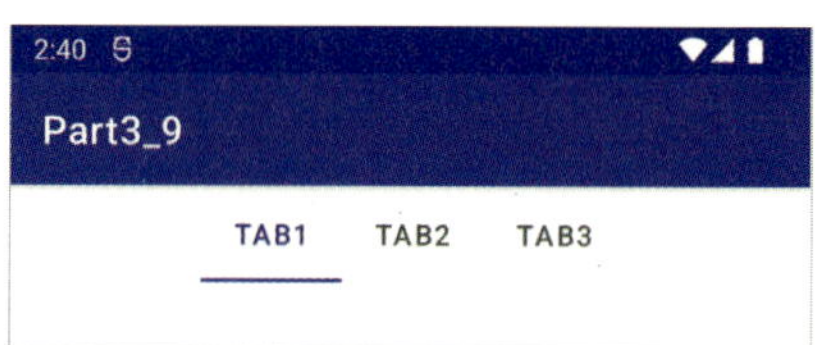

그림 9-10 tabGravity 값이 center로 지정된 경우

## [실습 9-2] TabLayout, FloatingActionButton, Snackbar

Step by Step

앞에서 설명한 TabLayout을 테스트해보겠습니다. TabLayout에 의해 나오는 화면은 간단한 문자열을 출력하는 Fragment로 구성하겠습니다.

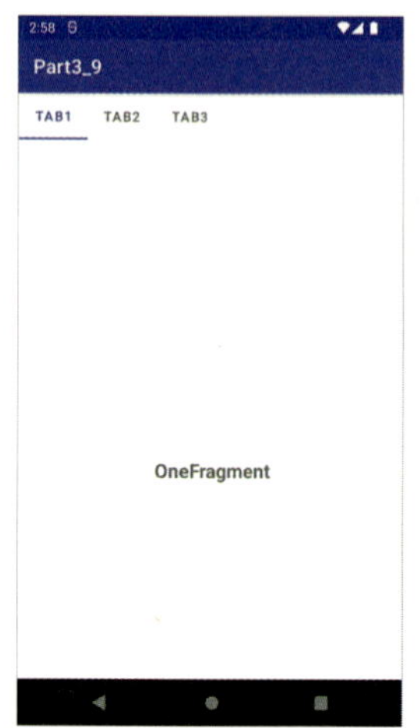

그림 9-11 결과 화면

## Step 1 _ 액티비티 생성

part3_9 모듈에 "Lab9_2Activity"의 이름으로 새로운 액티비티를 만듭니다. 편의를 위해 액티비티를 만들 때 'Launcher Activity' 체크박스를 체크하고 'Source Language'는 Java로 설정합니다.

## Step 2 _ 파일 복사

테스트를 위해 필자가 제공한 파일 중 Fragment의 화면을 구성하기 위한 fragment_one.xml, fragment_two.xml, fragment_three.xml 파일을 res/layout 폴더에, Fragment를 위한 OneFragment.java, TwoFragment.java, ThreeFragment.java 파일을 자바 코드 영역에 복사합니다.

## Step 3 _ activity_lab92.xml 작성

액티비티를 만들면서 같이 만들어진 activity_lab92.xml 파일에 TabLayout을 다음처럼 등록합니다.

**activity_lab92.xml**

```
<?xml version="1.0" encoding="utf-8"?>
<androidx.constraintlayout.widget.ConstraintLayout xmlns:android="http://schemas.android.com/
apk/res/android"
    xmlns:app="http://schemas.android.com/apk/res-auto"
    android:layout_width="match_parent"
    android:layout_height="match_parent">

    <com.google.android.material.tabs.TabLayout
        android:id="@+id/tabLayout"
        android:layout_width="409dp"
        android:layout_height="wrap_content"
        app:layout_constraintEnd_toEndOf="parent"
        app:layout_constraintStart_toStartOf="parent"
        app:layout_constraintTop_toTopOf="parent"
        app:tabMode="scrollable">
        <com.google.android.material.tabs.TabItem
            android:layout_width="wrap_content"
            android:layout_height="wrap_content"
            android:text="tab1" />

        <com.google.android.material.tabs.TabItem
            android:layout_width="wrap_content"
            android:layout_height="wrap_content"
            android:text="tab2" />

        <com.google.android.material.tabs.TabItem
```

```
            android:layout_width="wrap_content"
            android:layout_height="wrap_content"
            android:text="tab3" />
    </com.google.android.material.tabs.TabLayout>

    <FrameLayout
        android:id="@+id/contentLayout"
        android:layout_width="409dp"
        android:layout_height="681dp"
        app:layout_constraintEnd_toEndOf="parent"
        app:layout_constraintStart_toStartOf="parent"
        app:layout_constraintTop_toBottomOf="@+id/tabLayout">

    </FrameLayout>
</androidx.constraintlayout.widget.ConstraintLayout>
```

## Step 4 _ Lab9_2Activity 작성

액티비티에서 TabLayout을 이용해 탭 화면을 구성하는 코드를 다음처럼 작성합니다.

**Lab9_2Activity**

```
public class Lab9_2Activity extends AppCompatActivity {

    @Override
    protected void onCreate(Bundle savedInstanceState) {
        super.onCreate(savedInstanceState);
        ActivityLab92Binding binding = ActivityLab92Binding.inflate(getLayoutInflater());
        setContentView(binding.getRoot());

        OneFragment oneFragment = new OneFragment();
        TwoFragment twoFragment = new TwoFragment();
        ThreeFragment threeFragment = new ThreeFragment();

        FragmentTransaction transaction = getSupportFragmentManager().beginTransaction();
        transaction.add(R.id.contentLayout, oneFragment);
        transaction.commit();

        binding.tabLayout.addOnTabSelectedListener(new TabLayout.OnTabSelectedListener() {
            // 탭 버튼을 선택할 때 이벤트
            @Override
            public void onTabSelected(TabLayout.Tab tab) {
```

```
            FragmentTransaction transaction = getSupportFragmentManager().beginTransaction();
            if(tab.getPosition() == 0){
                transaction.replace(R.id.contentLayout, oneFragment);
            }else if(tab.getPosition() == 1){
                transaction.replace(R.id.contentLayout, twoFragment);
            }else if(tab.getPosition() == 2){
                transaction.replace(R.id.contentLayout, threeFragment);
            }
            transaction.commit();
        }
        // 선택된 탭 버튼을 다시 선택할 때 이벤트
        @Override
        public void onTabUnselected(TabLayout.Tab tab) {

        }
        // 다른 탭 버튼을 눌러 선택된 탭 버튼이 해제될 때 이벤트
        @Override
        public void onTabReselected(TabLayout.Tab tab) {

        }
    });
  }
}
```

## Step 5 _ Lab9_2Activity.java 실행

Lab9_2Activity.java 파일에 마우스 오른쪽을 누르고 [Run 'Lab9_2Activity'] 메뉴로 실행합니다.

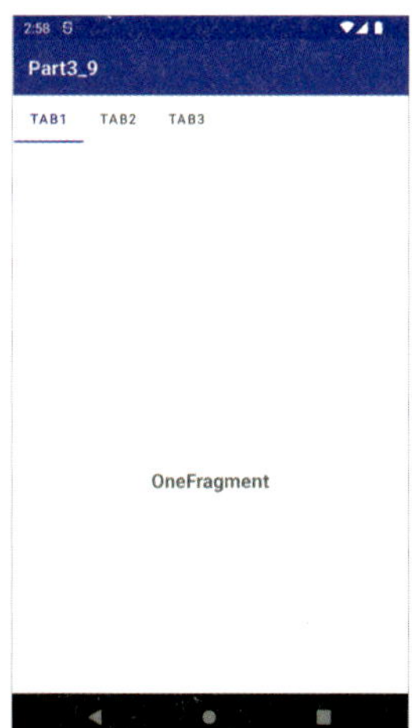


그림 9-12 결과 화면

## 9.4. AppBarLayout

material 라이브러리에서 제공하는 AppBarLayout은 Toolbar를 포함하는 개념으로 액티비티 화면의 상단을 다양하게 꾸미기 위한 레이아웃입니다. 액티비티의 상단은 창에서 기본으로 제공하는 ActionBar 혹은 Toolbar로 구성합니다. Toolbar는 타이틀 문자열, 앱 아이콘 이미지, 메뉴 등을 구성하는 것이 주목적입니다. AppBarLayout은 이 Toolbar를 포함하여 Toolbar 이외에 액티비티 상단을 조금 더 넓게 구성하거나 이미지를 포함하거나 TabLayout을 포함하는 등 다양하게 구성할 수 있습니다.

AppBarLayout도 개발자 뷰이므로 사용하려면 레이아웃 XML 파일에 명시해야 합니다. 간단하게 AppBarLayout 안에 Toolbar만 포함해서 사용할 수도 있으며, Toolbar를 포함하여 AppBar 자체의 크기를 크게 출력할 수도 있습니다.

```
<com.google.android.material.appbar.AppBarLayout
    android:id="@+id/appbar"
    android:layout_height="192dp"
    android:layout_width="match_parent">

        <androidx.appcompat.widget.Toolbar
            android:id="@+id/toolbar"
            android:layout_height="?attr/actionBarSize"
            android:layout_width="match_parent">
</androidx.appcompat.widget.Toolbar>
</com.google.android.material.appbar.AppBarLayout>
```

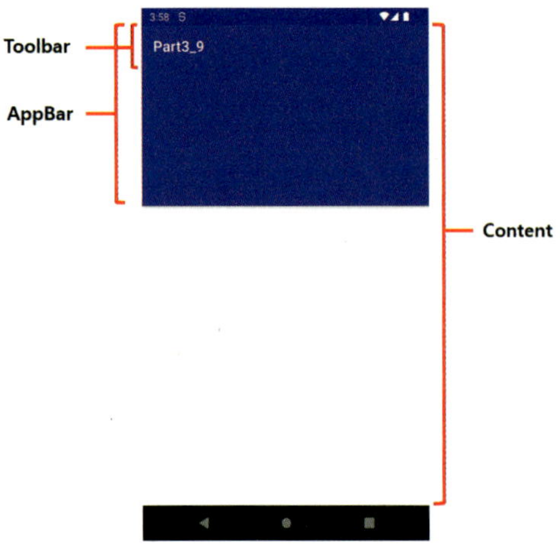


그림 9-13 AppBar

그림 9-13은 Toolbar를 포함하여 AppBar의 세로 방향 크기만 크게 출력한 형태입니다. 이뿐 아니라 AppBar에 다양한 뷰 설정이 가능합니다. 대표적으로 ImageView나 TabLayout, CollapsingToolbarLayout을 포함하여 작성할 수 있습니다. CollapsingToolbarLayout은 AppBarLayout 하위에 사용되어 이후에 살펴볼 CoordinatorLayout에 의한 화면 스크롤 시 AppBar 부분이 어떻게 접힐 것인지를 명시하기 위해 사용됩니다. CollapsingToolbarLayout의 스크롤 정책은 이후 CoordinatorLayout에서 살펴보겠습니다.

```
<com.google.android.material.appbar.AppBarLayout
    android:id="@+id/appbar"
    android:layout_height="192dp"
    android:layout_width="match_parent">

    <com.google.android.material.appbar.CollapsingToolbarLayout
        android:id="@+id/collapsing"
        android:layout_width="match_parent"
        android:layout_height="match_parent"
        app:toolbarId="@+id/toolbar"
        app:expandedTitleMarginBottom="48dp"
        app:expandedTitleMarginStart="48dp"
        app:title="Hello Kkang!!">

        <ImageView />

        <androidx.appcompat.widget.Toolbar />

    </com.google.android.material.appbar.CollapsingToolbarLayout>
</com.google.android.material.appbar.AppBarLayout>
```

AppBarLayout 안에 CollapsingToolbarLayout을 포함하고 그 하위에 ImageView, Toolbar 등을 포함하였습니다. CollapsingToolbarLayout의 app:expandedTitleMarginBottom="48dp", app:expandedTitleMarginStart="48dp" 속성은 AppBar에 보일 타이틀 문자열의 위치를 조정하기 위한 속성입니다. 기본으로 AppBar 영역의 왼쪽 아래에 출력되는데, Margin 값을 설정하여 위치를 조정하였습니다.

그림 9-14 AppBarLayout

## 9.5. CoordinatorLayout

CoordinatorLayout은 뷰 간의 상호 작용을 목적으로 만든 레이아웃입니다. 대표적인 사용 예는 화면에 함께 보이는 여러 뷰 가운데 하나의 뷰가 드래그될 때 다른 뷰가 함께 드래그되는 경우입니다. 안드로이드에서 제공하는 모든 뷰의 상호 연동을 지원하는 건 아니고, 주로 NestedScrollView와 AppBar의 상호 연동, AppBar와 RecyclerView의 상호 연동 부분에 이용됩니다.

CoordinatorLayout을 이용하여 AppBar와 RecyclerView도 연동할 수 있습니다. 앱이 AppBar를 제공하면 툴바를 포함하여 화면 상단을 더 다양하게 꾸밀 수 있지만, 그만큼 RecyclerView의 데이터가 보이는 부분이 줄어들게 됩니다. 그러므로 사용자가 RecyclerView를 위아래로 스크롤 할 때 AppBar도 함께 스크롤 되도록 하여, 사용자가 RecyclerView 내용을 조금 더 넓게 볼 수 있게 해주어야 합니다. 이를 CoordinatorLayout에서 지원합니다.

RecyclerView와 AppBar의 연동을 CoordinatorLayout으로 구현하려면 구조를 다음처럼 구성해야 합니다. 전체를 CoordinatorLayout으로 감싸야 하며, 그 하위에 AppBarLayout과 RecyclerView를 포함해야 합니다.

```
<androidx.coordinatorlayout.widget.CoordinatorLayout >

    <com.google.android.material.appbar.AppBarLayout >

        <com.google.android.material.appbar.CollapsingToolbarLayout
.........
            app:contentScrim="?attr/colorPrimary"
            app:layout_scrollFlags="scroll|exitUntilCollapsed">

            <ImageView
                .........
                app:layout_collapseMode="parallax"/>

            <androidx.appcompat.widget.Toolbar
.........
                app:layout_collapseMode="pin"/>

        </com.google.android.material.appbar.CollapsingToolbarLayout>
    </com.google.android.material.appbar.AppBarLayout>

    <androidx.recyclerview.widget.RecyclerView
        .........
```

```
        app:layout_behavior="@string/appbar_scrolling_view_behavior"/>

</androidx.coordinatorlayout.widget.CoordinatorLayout>
```

사용자의 화면 스크롤은 RecyclerView에서 발생하므로, 이 RecyclerView의 스크롤 정보가 AppBarLayout에 전달되어야 AppBar가 함께 스크롤 됩니다. 이 역할은 RecyclerView의 layout_behavior 속성에서 설정한 behavior에 의해서 이루어집니다. 문자열 리소스로 값을 지정하였지만 일반 문자열이 아니라 다음과 같은 클래스명입니다.

```
com.google.android.material.appbar.AppBarLayout$ScrollingViewBehavior
```

결국, 스크롤 정보가 ScrollingViewBehavior에 전달되어 ScrollingViewBehavior에 의해 AppBarLayout이 조정되기 때문에 RecyclerView와 AppBarLayout이 함께 스크롤 됩니다. ScrollingViewBehavior는 Behavior 클래스의 일종으로 이해하면 되며 Behavior 클래스는 특정 뷰에 의존하여 다른 어떤 행동에 따라 뷰를 변경하는 것을 주목적으로 하는 클래스입니다.

AppBarLayout이 스크롤 될 때 CollapsingToolbarLayout을 이용하여 AppBar가 어떻게 스크롤 되어야 하는지 설정할 수 있습니다. CollapsingToolbarLayout의 layout_scrollFlags 속성이 중요하며 이 속성으로 AppBar의 스크롤 여부와 방식을 지정합니다.

- **scroll**: 스크롤 되게 지정
- **exitUntilCollapsed**: minHeight(Toolbar의 세로 크기)까지만 스크롤 되게 지정
- **enterAlwaysCollapsed**: 스크롤 되어 전체가 사라지게 지정

RecyclerView가 스크롤 될 때 AppBarLayout 부분이 함께 스크롤 되게 하려면 CollapsingToolbarLayout의 layout_scrollFlags 값을 "scroll"로 지정해야 합니다. scroll 값과 exitUntilCollapsed 혹은 enterAlwaysCollapsed를 함께 지정하여 어떻게 스크롤 되어야 하는지를 설정할 수 있습니다.

- layout_scrollFlags="scroll|exitUntilCollapsed"
  → 스크롤 되다 Toolbar 정도의 크기만 남으면 더는 스크롤 되지 않음
- layout_scrollFlags="scroll|enterAlwaysCollapsed"
  → 전체가 스크롤 되어 사라짐

CollapsingToolbarLayout의 contentScrim 속성도 중요한데요. AppBarLayout의 구성에 ImageView가 있으면 스크롤 때문에 이미지가 사라지기 시작합니다. 계속 스크롤 되어 크기가

줄면서 이미지가 정상으로 나오지 않을 때, 이미지의 일부분만 보이게 하지 않고 전체 AppBar를 contentScrim 속성에서 지정한 색으로 채울 수 있습니다.

CollapsingToolbarLayout 하위에 있는 Toolbar와 ImageView의 속성 중 layout_collapseMode는 각 뷰가 스크롤 될 때 어떻게 움직여야 하는지를 지정하는 속성입니다.

- **parallax**: 초기 스크롤부터 함께 스크롤 되게 지정
- **pin**: 초기 고정 상태로 스크롤 되지 않게 지정

## [실습 9-3] CoordinatorLayout – AppBarLayout  Step by Step

앞에서 설명한 CoordinatorLayout – AppBarLayout의 상호 연동 부분을 테스트해 보겠습니다.

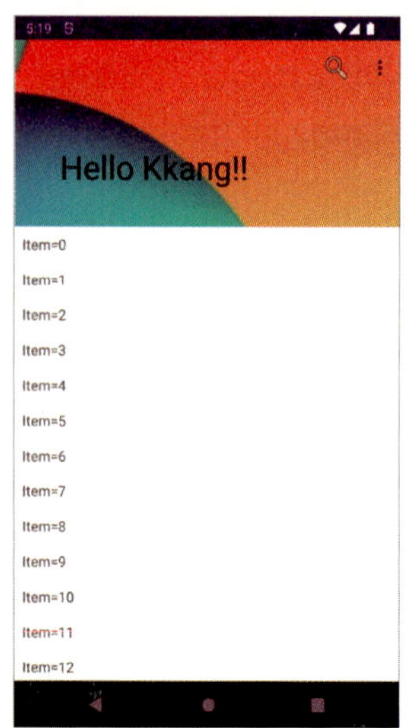


그림 9-15 결과 화면

### Step 1 _ 액티비티 생성

part3_9 모듈에 "Lab9_3Activity"의 이름으로 새로운 액티비티를 만듭니다. 편의를 위해 액티비티를 만들 때 'Launcher Activity' 체크박스를 체크하고 'Source Language'는 Java로 설정합니다.

### Step 2 _ 파일 복사

실습을 위해 필자가 제공한 파일을 복사합니다. appbar_image.jpg 파일을 res/drawable 폴더에 복사하고, menu_appbar.xml 파일을 res/menu 폴더에 복사합니다. 그리고 item.xml 파일을 res/layout 폴더에 복사합니다. 또한 이번 실습은 레이아웃 XML 파일의 구성이 중요하며 자바 코드는 이전에 살펴보았던 내용이므로, 전체 내용이 작성되어 있는 Lab9_3Activity.java 파일 또한 그대로 복사해서 이용하겠습니다.

## Step 3 _ 스타일 정의

Toolbar를 사용하기 위해, 액티비티 창의 ActionBar가 화면에 나오지 않도록 res/values/themes.xml 파일에 다음처럼 "Lab3Theme"라는 이름의 새로운 스타일을 지정합니다.

**res/values/themes.xml**

```
<style name="Lab3Theme" parent="Theme.MaterialComponents.DayNight.NoActionBar">

</style>
```

지정한 스타일을 AndroidManifest.xml 파일의 Lab9_3Activity에 테마로 지정합니다.

**AndroidManifest.xml**

```
<activity
    android:name=".Lab9_3Activity"
    android:exported="true"
    android:theme="@style/Lab3Theme">
    <intent-filter>
        <action android:name="android.intent.action.MAIN" />

        <category android:name="android.intent.category.LAUNCHER" />
    </intent-filter>
</activity>
```

## Step 4 _ activity_lab93.xml 작성

액티비티를 만들면서 같이 만들어진 activity_lab93.xml 파일에 CoordinatorLayout, Toolbar, AppBarLayout, CollapsingToolbarLayout을 다음처럼 준비합니다.

**layout/activity_lab93.xml**

```
<?xml version="1.0" encoding="utf-8"?>
<androidx.coordinatorlayout.widget.CoordinatorLayout xmlns:android="http://schemas.android.com/
apk/res/android"
    xmlns:tools="http://schemas.android.com/tools"
    xmlns:app="http://schemas.android.com/apk/res-auto"
    android:layout_width="match_parent"
    android:layout_height="match_parent">
```

```
<com.google.android.material.appbar.AppBarLayout
    android:id="@+id/appbar"
    android:layout_height="192dp"
    android:layout_width="match_parent">

    <com.google.android.material.appbar.CollapsingToolbarLayout
        android:id="@+id/collapsing"
        android:layout_width="match_parent"
        android:layout_height="match_parent"
        app:contentScrim="?attr/colorPrimary"
        app:layout_scrollFlags="scroll|exitUntilCollapsed"
        app:expandedTitleMarginBottom="48dp"
        app:expandedTitleMarginStart="48dp"
        app:title="Hello Kkang!!">

        <ImageView
            android:id="@+id/app_bar_image"
            android:layout_width="match_parent"
            android:layout_height="match_parent"
            app:layout_collapseMode="parallax"
            android:src="@drawable/appbar_image"
            android:scaleType="centerCrop" />

        <androidx.appcompat.widget.Toolbar
            android:id="@+id/toolbar"
            android:layout_height="?attr/actionBarSize"
            android:layout_width="match_parent"
            app:layout_collapseMode="pin"/>

    </com.google.android.material.appbar.CollapsingToolbarLayout>
</com.google.android.material.appbar.AppBarLayout>

<androidx.recyclerview.widget.RecyclerView
    android:id="@+id/recyclerView"
    android:layout_width="match_parent"
    android:layout_height="match_parent"
    app:layout_behavior="@string/appbar_scrolling_view_behavior"/>

</androidx.coordinatorlayout.widget.CoordinatorLayout>
```

### Step 5 _ Lab9_3Activity.java 실행

Lab9_3Activity.java 파일에 마우스 오른쪽을 누르고 [Run 'Lab9_3Activity'] 메뉴로 실행합니다.

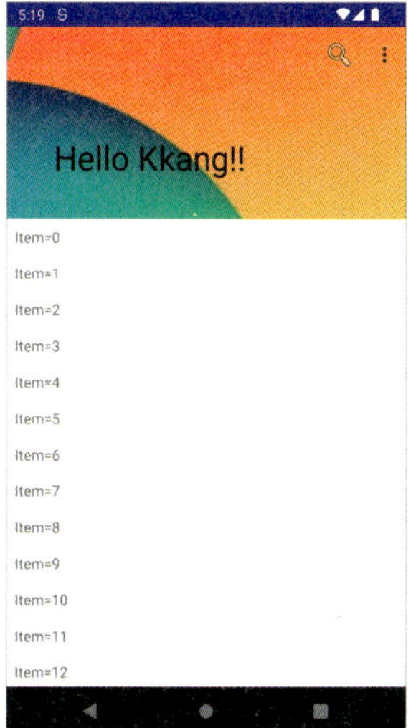


그림 9-16 결과 화면

PART 04

# 컴포넌트를 제대로 이해하자

## 이번 파트에서는...

이번 파트에서는 안드로이드 시스템에서 앱을 어떻게 실행하는지에 대한 내부 수행 원리를 다룹니다. 모든 파트의 내용이 다 중요하지만, 특히 이번 파트의 내용을 잘 알고 있어야 앱을 개발할 수 있습니다. 안드로이드의 핵심이라고 할 수 있는 인텐트(Intent)와 액티비티의 동작 원리를 알아봅시다. 그리고 액티비티 외의 안드로이드 컴포넌트인 서비스와 브로드캐스트 리시버, 콘텐츠 프로바이더에 대해 살펴보겠습니다. 이와 같은 컴포넌트 클래스는 작성 방법을 아는 것도 중요하지만, 내부 수행 원리를 이해하는 것이 꼭 필요합니다.

1. 인텐트와 액티비티의 동작 원리에 대해 알아보자
2. 서비스와 브로드캐스트 리시버의 동작 원리에 대해 알아보자.
3. 콘텐츠 프로바이더와 구글 기본 앱을 연동하는 방법에 대해 알아보자.

# 10장

# 액티비티

액티비티로 화면을 구성하기 위해 이미 이 책의 여러 곳에서 다양한 뷰를 이용하는 방법을 알아보았습니다. 이번 장에서도 여전히 액티비티를 다루지만, 계속해서 살펴보았던 주제와는 다르게 액티비티 자체가 어떤 원리로 수행되는지 살펴보려고 합니다.

먼저, 컴포넌트 기반의 앱을 완성해주는 클래스인 인텐트의 동작 원리를 살펴보겠습니다. 또한 액티비티를 실행하는 주체인 안드로이드 시스템에서 액티비티의 생명주기를 어떻게 관리하는지, 그때 개발자가 코드에서 신경 써야 하는 부분은 무엇인지 알아볼 것입니다. 더불어 액티비티의 Application Not Responding(ANR)을 처리하는 방법에 대해 살펴보고 실습해봅시다.

# 10.1. 인텐트

안드로이드 앱은 컴포넌트 기반의 구조인데, 이 개념을 완성시켜 주는 것이 인텐트입니다. 코드로 보면 몇 줄 안되지만, 인텐트에 의한 안드로이드 앱의 동작 원리를 이해하고 있어야 여러 상황에 대처하는 프로그램을 개발할 수 있습니다.

깡쌤! 질문 있어요!

**인텐트는 화면 전환에 사용되는 간단한 클래스 아닌가요?**

안드로이드를 살짝 맛본 분들께 많이 받았던 질문입니다. Intent 클래스 자체가 그리 복잡하지는 않습니다. 하지만 Intent는 클래스 자체의 API가 중요한 게 아니라, Intent에 의한 여러 가지 안드로이드 앱의 내부 수행 규칙이 중요합니다. 화면 전환뿐 아니라 다양한 곳에서 이용됩니다. 액티비티뿐 아니라 이후 살펴보게 될 Service, BroadcastReceiver를 제대로 이해하고 개발하는 데도 Intent는 중요합니다.

## 10.1.1. 인텐트의 기본 개념

인텐트를 이해하기 위해 안드로이드의 컴포넌트 구조에 대해 다시 한번 살펴보겠습니다. 안드로이드 앱은 화면을 출력하는 '액티비티', 백그라운드 작업을 위한 '서비스', 앱 간의 데이터 공유를 돕는 '콘텐츠 프로바이더', 그리고 이벤트 모델로 수행되는 '브로드캐스트 리시버', 이렇게 4개의 컴포넌트로 구성됩니다.

그런데 이 컴포넌트들은 개발자가 만드는 자바 클래스입니다. 자바 클래스를 왜 굳이 컴포넌트라고 부를까요? 이유는 컴포넌트 클래스들이 개발자가 작성하는 자바 코드로 서로 결합하여 수행되지 않기 때문입니다.

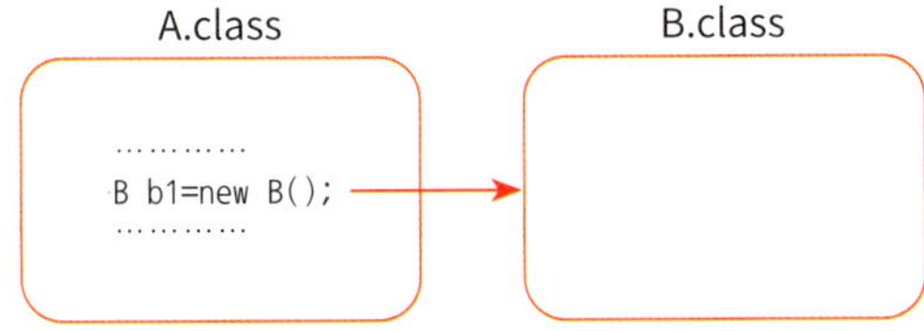


그림 10-1 클래스 간 결합 관계

일반적인 OOP 프로그램을 가정해 보겠습니다. 위의 그림처럼 앱 내에 A.class와 B.class라는 두 개의 클래스가 있다고 가정합시다. A 클래스가 실행되다가 B 클래스를 실행해야 한다고 가정할 때 A 클래스에서 B 클래스를 위의 그림처럼 직접 new 연산자로 생성해서 이용합니다. 이를 A와 B가 개발자 코드로 직접 결합되어 있다고 표현합니다.

안드로이드의 컴포넌트는 똑같이 클래스로 작성되었더라도 각 클래스가 독립적으로 실행되어 직접 결합이 발생하지 않는 구조입니다.

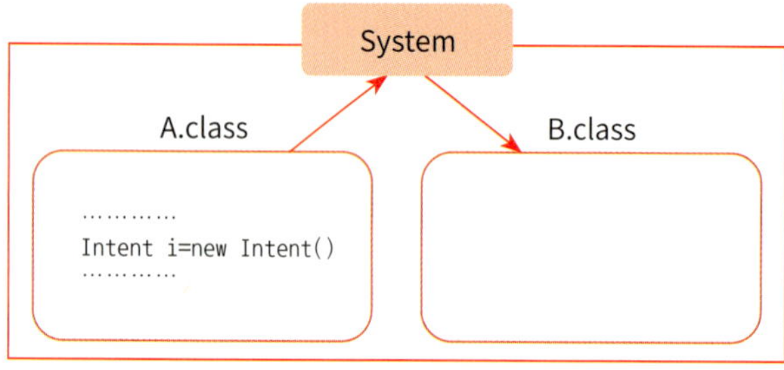


그림 10-2 컴포넌트

예를 들어 A와 B가 안드로이드의 액티비티라고 가정해 봅시다. A에서 B를 실행할 때, 두 클래스는 직접 결합되지 않습니다. 자바 코드에서 직접 실행하지 않아도 된다는 것은 누군가가 대행해주어서 가능한 이야기인데요. 그 대행자가 안드로이드 시스템입니다. 결국 A 액티비티는 시스템에 의뢰만 하는 거고 시스템이 이 의뢰를 받아 B 액티비티를 실행하는 구조입니다. 이런 구조로 동작하므로 A와 B는 직접 결합되지 않았다는 표현을 쓰는 겁니다. 그리고 컴포넌트 클래스의 생명주기를 시스템이 관리하므로 컴포넌트라고 부르는 것입니다.

그렇다면 컴퍼넌트 실행을 안드로이드 시스템에 어떻게 의뢰할까요? 그 방법은 우리가 이번 장에서 살펴보고자 하는 인텐트를 이용합니다. 인텐트를 한 마디로 표현하면 "컴포넌트를 실행하기 위해 시스템에 넘기는 정보"라고 표현할 수 있습니다. 즉, 컴포넌트를 직접 자바 코드로 생성해서 실행하지 못하고 실행하고자 하는 컴포넌트 정보를 담은 인텐트를 구성해서 시스템에 넘기면 시스템에서 인텐트 정보를 분석해 맞는 컴포넌트를 실행해주는 구조입니다.

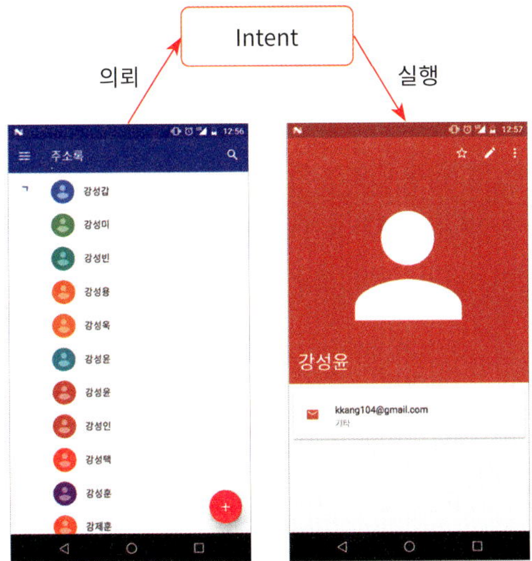


그림 10-3 인텐트

그림 10-3은 주소록 목록 화면에서 한 명을 선택해 상세보기 화면으로 전환하는 예입니다. 왼쪽의 목록 화면과 오른쪽의 상세보기 화면을 위한 두 개의 Activity 클래스가 있어야 합니다. 그런데 액티비티는 컴포넌트이므로 목록 액티비티가 상세보기 액티비티를 실행할 때 직접 자바 코드로 객체를 생성해서 실행하지 않고, 인텐트로 시스템에 의뢰하여 시스템에서 상세보기 액티비티를 실행하게 됩니다.

이처럼 컴포넌트 간의 실행 시 두 클래스가 직접 결합하지 않고, 인텐트를 매개로 해서 실행되므로 같은 앱 내의 컴포넌트를 실행하든 다른 앱의 컴포넌트를 실행하든 개발자는 인텐트를 시스템에 의뢰하기만 하면 됩니다. 즉, 같은 코드로 같은 앱이나 외부 앱의 컴포넌트를 실행할 수 있습니다.

그림 10-4 인텐트

그림 10-4는 왼쪽이 주소록 앱이며 목록 액티비티와 상세보기 액티비티가 있습니다. 그리고 오른쪽 앱이 이메일 앱이며, 이곳에 이메일 발송 액티비티가 있습니다. 주소록 앱의 목록 액티비티에서 같은 앱의 상세보기 액티비티를 인텐트로 의뢰하여 실행합니다. 이 구조는 다른 앱의 액티비티를 실행할 때도 동일하게 적용됩니다. 마찬가지로 주소록 앱의 상세보기 액티비티에서 이메일 앱의 액티비티를 실행하기 위해 인텐트로 의뢰하여 실행합니다. 결국 인텐트에 의해 두 컴포넌트 간에 직접 결합이 발생하지 않는 구조가 되므로, 같은 앱의 컴포넌트든 다른 앱의 컴포넌트든 모두 같은 코드로 실행됩니다.

**깡쌤! 질문 있어요!**

**액티비티가 안드로이드 컴포넌트라고 하더라도 개발자 클래스이므로 인텐트를 사용하지 않고 직접 객체를 생성해서 사용하면 안 되나요?**

불가합니다. 만약 액티비티 클래스가 DetailActivity라고 가정했을 때 개발자 클래스로 만든 것이므로 자바 코드에서 new DetailActivity( );로 생성해서 사용하면 이 클래스는 더 이상 안드로이드의 컴포넌트 클래스가 아닙니다. 컴포넌트로서의 능력을 가지지 못하게 됩니다. 액티비티라면 화면 출력을 해야 하고, 서비스라면 백그라운드에서 실행되어야 하는데, 그러한 능력을 갖추지 못합니다. 결국, 컴포넌트 클래스를 직접 생성해서 사용하면 일개 개발자 유틸리티 클래스밖에 안 됩니다.

## 10.1.2. 명시적 인텐트와 암시적 인텐트

인텐트에 의해 다른 컴포넌트를 실행할 때, 인텐트에 어떤 정보를 담는지에 따라 크게 명시적 인텐트와 암시적 인텐트로 구분됩니다. 명시적 인텐트는 실행하고자 하는 컴포넌트의 클래스명을 인텐트에 담는 방법입니다. 주로 같은 앱의 컴포넌트를 실행할 때 이용합니다.

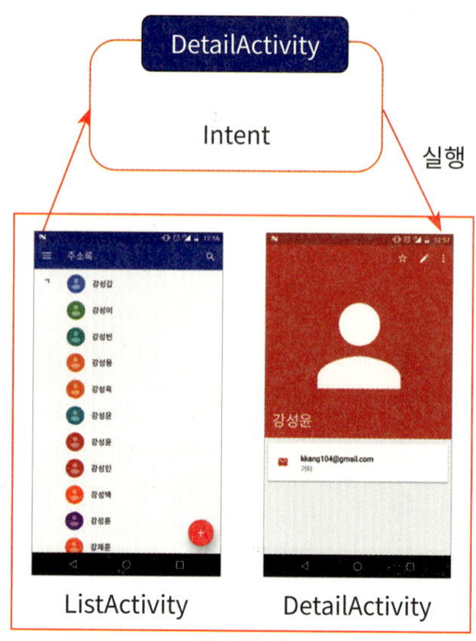


그림 10-5 명시적 인텐트

주소록 앱의 목록 액티비티의 클래스명이 ListActivity, 상세보기는 DetailActivity로 되어 있다고 가정해 보겠습니다. ListActivity에서 DetailActivity를 실행하기 위해 인텐트에 클래스명을 담고 시스템에서는 인텐트에 있는 클래스명을 참조해서 DetailActivity 클래스를 실행하는 방법이 명시적 인텐트입니다.

```
Intent intent=new Intent(this, DetailActivity.class);
startActivity(intent);
```

액티비티를 실행하기 위해서 인텐트를 시스템에 의뢰하는 함수는 startActivity()입니다. 이 함수의 매개변수로 실행하고자 하는 컴포넌트의 정보를 담은 Intent 객체를 주면 됩니다. 위의 코드에서 Intent 객체의 생성자에 클래스명을 담았습니다. 즉, 명시적 인텐트로 실행한 예입니다.

암시적 인텐트는 클래스명이 아닌 Intent Filter 정보를 활용합니다. 주로 클래스명을 알 수 없는 외부 앱의 컴포넌트를 실행할 때 이용됩니다.

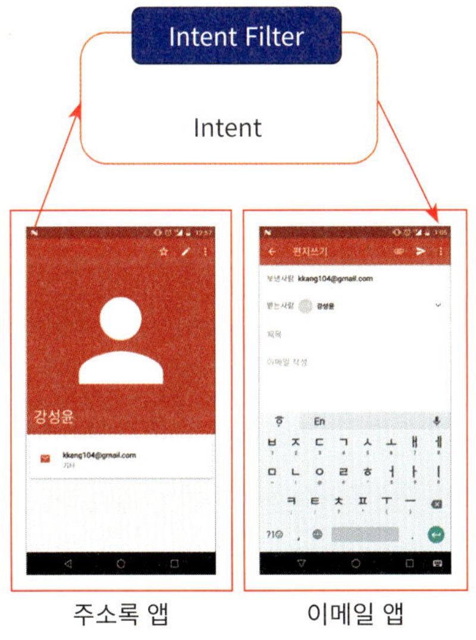


그림 10-6 암시적 인텐트

주소록 앱의 상세보기 액티비티에서 이메일 앱의 발송 액티비티를 실행한다고 가정했을 때, 두 앱은 다른 앱이므로 외부 앱 연동이 됩니다. 외부 앱 연동 시 다른 앱의 컴포넌트 클래스명을 알 수도 없고, 자바 코드에서 클래스명을 명시할 수도 없습니다. 그래서 클래스명 대신 Intent Filter 정보를 담아 실행하면 시스템에서 Intent Filter 정보를 해석해서 컴포넌트를 실행하는 것이 암시적 인텐트입니다.

그렇다면 Intent Filter란 무엇일까요? 그건 AndroidManifext.xml 파일에 등록된 컴포넌트 정보입니다. 예를 들어, 위의 DetailActivity가 AndroidManifest.xml에 다음처럼 등록되어 있다고 가정해 보겠습니다.

```
<activity android:name=".DetailActivity"></activity>
```

AndroidManifest.xml 파일은 시스템에서 해석해 이 파일에 담겨져 있는 정보대로 앱을 실행해 줍니다. 액티비티가 위와 같이 등록되어 있으면 시스템에서 알고 있는 이 액티비티에 대한 정보는 클래스명밖에 없습니다. 그러므로 다른 곳에서 이 액티비티를 실행하려면 시스템에 등록된 정보와 맞는 정보를 주어야 하는데, 시스템은 클래스명밖에 안 가지고 있으므로 명시적 인텐트를 이용해야 합니다.

이번에는 DetailActivity가 다음처럼 등록되어 있다고 가정해 보겠습니다.

```
<activity
    android:name=".SomeActivity"
    android:exported="true" >
    <intent-filter>
        <action android:name="com.some.ACTION_VIEW"/>
        <category android:name="android.intent.category.DEFAULT"/>
    </intent-filter>
</activity>
```

위처럼 선언하면 시스템에서는 이 액티비티를 위해 클래스명과 intent-filter 정보를 가지게 됩니다. 클래스명으로 인텐트를 만들어 실행하는 명시적 인텐트도 가능하지만, 클래스명을 명시하지 않고 intent-filter에 등록된 정보를 이용하는 암시적 인텐트도 가능합니다.

```
Intent intent=new Intent();
intent.setAction("com.example.ACTION_VIEW");
startActivity(intent);
```

인텐트 객체에 클래스명을 대입하지 않고 Action 정보를 주었습니다. 클래스명은 모르겠지만, Action 문자열이 com.example.ACTION_VIEW로 등록된 액티비티를 실행해 달라는 의미입니다. 결국, 실행하려는 컴포넌트의 AndroidManifest.xml 파일에 정의된 intent-filter 정보와 동일한 값을 주어서 실행하는 것이 암시적 인텐트입니다.

**깡쌤! 질문 있어요!**

**Q 암시적 인텐트 방법을 이용하면 같은 앱에서든 외부 앱에서든 모두 실행할 수 있으므로 편하겠네요?**

**A** AndroidManifest.xml에 컴포넌트를 등록할 때 intent-filter를 설정해 주면 이 컴포넌트는 같은 앱 내에서든, 외부 앱에서든 암시적 인텐트에 의해 실행됩니다. 편하다고 생각할 수 있겠지요. 그런데 권장사항은 아닙니다.

intent-filter를 달아 주었더라도 클래스명 정보도 설정되므로 명시적 인텐트에 의해서도 실행됩니다. 결국, 같은 앱 내에서 클래스명을 모른다는 게 말이 안 되므로 intent-filter가 설정되든 안 되는 같은 앱의 컴포넌트는 명시적 인텐트에 의해 실행하는 게 권장사항입니다. 결국, 암시적 인텐트는 주로 외부 앱 연동 때 이용된다고 생각하면 됩니다.

## 10.1.3. 인텐트 필터

AndroidManifest.xml에 컴포넌트 하위 태그로 <intent-filter> 태그가 등록되는데요. 형태는 다음과 같습니다.

```
<activity
    android:name=".SomeActivity"
    android:exported="true" >
    <intent-filter>
        <action android:name="com.some.ACTION_VIEW"/>
        <category android:name="android.intent.category.DEFAULT"/>
        <data android:scheme="http"/>
    </intent-filter>
</activity>
```

<intent-filter> 부분에 <action>, <category>, <data>가 등록되어 있는데요. 이 3가지를 모두 등록할 필요는 없으며, 개발자가 원하는 태그만 사용하면 됩니다. 대부분은 <action>만 등록하거나 <action>과 <data> 등록을 많이 합니다.

- **action**: 컴포넌트가 어떤 능력을 갖추고 있는지에 대한 문자열입니다. 개발자가 임의로 지정하는 단어도 가능하며, 라이브러리에서 지정한 문자열을 이용해도 됩니다. 예를 들어, android.intent.action.VIEW라고 선언되어 있다면 컴포넌트가 데이터를 보여주는 능력을 갖추고 있다고 선언한 것이며, android.intent.action.EDIT라고 선언되어 있다면 이 컴포넌트가 데이터를 편집하는 능력을 갖추고 있다는 의미로 선언한 것입니다.
- **category**: 컴포넌트에 대한 추가 정보로 어느 범주의 컴포넌트인지를 표현하는 데 사용됩니다. 개발자가 임의로 지정하기도 하지만, 거의 대부분 라이브러리 내에서 준비된 단어를 사용합니다. 예를 들어 android.intent.category.LAUNCHER라고 선언되어 있으면 컴포넌트가 런처에 의해 처리될 범주에 포함하겠다는 의미이고, android.intent.category.BROWSABLE이라고 선언되어 있으면 컴포넌트가 브라우저에 의해 처리될 범주에 포함하겠다는 의미입니다.
- **data**: data는 컴포넌트를 실행하기 위해 필요한 데이터에 대한 상세 정보를 명시하기 위해 사용됩니다. data는 URL 형식으로 표현되어 action이나 category처럼 문자열 하나로 선언하지 않고 android:scheme, android:host, android:port, android:mimeType 등으로 선언하게 됩니다.

만약 어떤 액티비티가 다음처럼 AndroidManifest.xml 파일에 등록되었다고 가정해 보겠습니다.

```
<activity
    android:name=".SomeActivity"
    android:exported="true" >
    <intent-filter>
        <action android:name="com.some.ACTION_VIEW"/>
        <category android:name="android.intent.category.DEFAULT"/>
    </intent-filter>
</activity>
```

SomeActivity 클래스를 〈activity〉 태그로 등록하는데, intent-filter을 추가하여 암시적 인텐트에 의해 동작할 수 있게 선언하였습니다. 위와 같이 선언된 액티비티는 다음과 같은 코드로 실행할 수 있습니다.

```
Intent intent=new Intent();
intent.setAction("com.some.ACTION_VIEW");
startActivity(intent);
```

intent-filter의 action 정보를 동일하게 주어 실행한 예인데요. 별도의 category 정보를 주지 않았습니다. startActivity() 함수가 인텐트를 발생시킬 때 자동으로 android.intent.category.DEFAULT를 추가하게 되어 있습니다.

이번에는 category를 개발자가 임의의 문자열로 선언한 예를 살펴보겠습니다.

```
<activity
    android:name=".SomeActivity"
    android:exported="true" >
    <intent-filter>
        <action android:name="com.some.ACTION_VIEW"/>
        <category android:name="android.intent.category.DEFAULT"/>
        <category android:name="com.some.category.MYCATEGORY"/>
    </intent-filter>
</activity>
```

위 코드는 개발자가 임의의 문자열로 com.some.category.MYCATEGORY라는 이름의 category를 설정한 예입니다. 여기서 주의할 점은 개발자가 지정한 문자열의 category가 등록되더라도 android.intent.category.DEFAULT는 꼭 선언해 주어야 합니다.

개발자가 지정한 문자열로 category를 등록한 액티비티를 실행하는 코드를 보겠습니다.

```
Intent intent=new Intent();
intent.setAction("com.some.ACTION_VIEW");
startActivity(intent);
```

위의 코드는 com.some.category.MYCATEGORY를 등록하지 않은 예입니다. 에러가 날 것처럼 보이지만, 아무 문제 없이 잘 실행됩니다.

```
Intent intent=new Intent();
intent.setAction("com.some.ACTION_VIEW");
intent.addCategory("com.some.category.MYCATEGORY");
startActivity(intent);
```

이번에는 com.some.category.MYCATEGORY로 category 정보를 설정하여 실행한 예입니다. 이 경우도 잘 실행됩니다. 앞의 두 코드가 모두 정상으로 실행되는 이유는 인텐트에 담긴 category 정보가 〈intent-filter〉에 있기 때문입니다.

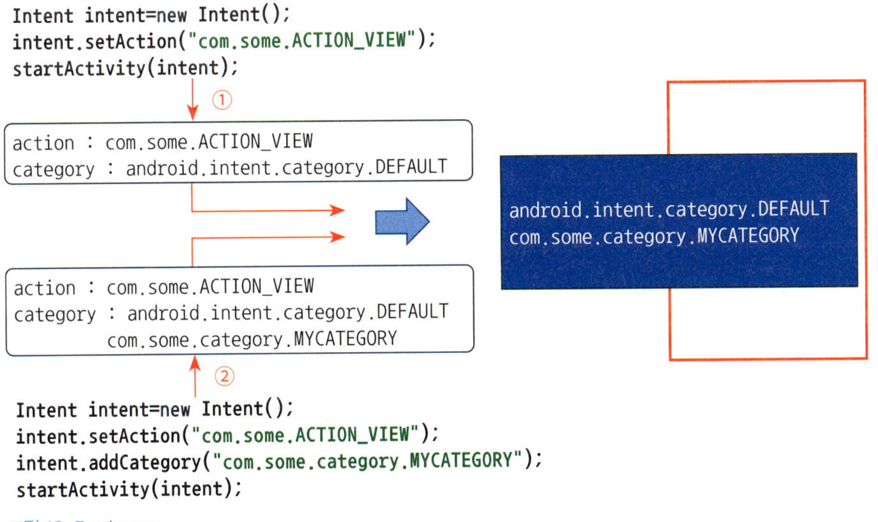


그림 10-7 category

그림에서 1번의 흐름을 보면 자바 코드에서 category 정보를 추가하지는 않았습니다. 하지만 startActivity() 함수가 android.intent.category.DEFAULT를 자동으로 추가하여 인텐트에는 action 문자열과 category 정보가 하나씩 담기게 됩니다. 인텐트에 담긴 android.intent.category.DEFAULT 이름의 category가 intent-filter에 선언되어 있으므로 실행이 됩니다.

2번의 흐름을 보면 자바 코드에서 addCategory() 함수를 이용해서 com.some.category.MYCATEGORY를 추가해 주었습니다. 이렇게 되면 인텐트에는 android.intent.category.DEFAULT와 com.some.category.MYCATEGORY 두 개의 category 정보가 담기게 되고, 이 두 개가 모두 <intent-filter>에 선언되어 있으므로 실행이 됩니다. 당연한 이야기겠지만 인텐트에 담긴 category 정보를 <intent-filter>에 선언하지 않으면 실행되지 않습니다.

category를 개발자가 지정한 문자열로 등록하는 부분을 살펴보았는데요. 사실 그렇게 많이 이용되지는 않습니다. 안드로이드 개발자 사이트의 문서에도 그렇고 몇 개 라이브러리 내에서 범용으로 선언한 CATEGORY_BROWSABLE, CATEGORY_LAUNCHER 이외에 개발자가 지정한 이름으로 추가해서 사용해야 할 일은 많지 않을 것 같습니다.

이번에는 data가 선언되어 있는 예를 보겠습니다.

```
<activity
    android:name=".SomeActivity"
    android:exported="true" >
    <intent-filter>
        <action android:name="com.some.ACTION_VIEW"/>
        <category android:name="android.intent.category.DEFAULT"/>
        <data android:scheme="geo"/>
    </intent-filter>
</activity>
```

<intent-filter>에 data를 선언하고 scheme 정보로 "geo" 문자열을 등록한 예입니다. data 정보에는 scheme 이외에 host, port, path가 함께 선언될 수 있습니다. 이렇게 선언된 컴포넌트를 실행하려면 인텐트 정보에 data 정보를 맞춰 주어야 합니다.

```
Intent intent=new Intent();
intent.setAction("com.some.ACTION_VIEW");
intent.setData(Uri.parse("geo:"));
startActivity(intent);
```

data 정보는 URL 문자열을 나타내며, Uri 객체로 표현됩니다. intent-filter의 data 부분에 scheme이라고 선언되어 있는데요. 이는 URL의 프로토콜을 지칭합니다. 그래서 코드에서 데이터 값을 줄 때 geo라고 프로토콜명을 맞추었습니다.

**깡쌤! 질문 있어요!**

**암시적 인텐트 방법을 이용하면 클래스명을 사용하지 않으므로 인텐트에 반응할 컴포넌트가 없을 때도 있을 것 같은데, 그렇게 되면 어떻게 되나요?**

그건 액티비티인지 서비스 또는 브로드캐스트 리시버인지에 따라 다르게 동작합니다. 서비스와 브로드캐스트 리시버는 이후 살펴보고, 우선 액티비티만 보면 얼마든지 인텐트에 반응할 액티비티가 없을 때가 있을 수 있습니다. 액티비티 인텐트는 시스템에 반응할 액티비티가 없으면 에러가 발생합니다. 결국 인텐트를 실행할 때 맞는 정보를 잘 주어야 합니다. 만약 인텐트에 반응할 액티비티가 여러 개 있으면, 그중 사용자가 선택한 하나만 실행됩니다. 즉, 시스템에서 자동으로 띄우는 화면에서 사용자가 선택한 액티비티가 실행됩니다.

## 10.1.4. Extra 데이터

인텐트를 이용하여 컴포넌트를 실행할 수 있습니다. 그런데 컴포넌트를 실행하면서 데이터를 전달해야 하는 때가 있습니다. 예를 들어, 목록 화면에서 상세보기 화면의 액티비티를 실행할 때 글 번호를 넘겨줘야 해당 번호에 맞는 글을 상세보기에서 출력할 수 있습니다. 이처럼 인텐트에 의해 컴포넌트를 실행할 때 어떻게 데이터를 넘길 수 있는지에 대해 살펴보겠습니다.

ListActivity와 DetailActivity가 있다고 가정해보면 ListActivity에서 DetailActivity를 실행하기 위해서는 인텐트를 발생시켜야 합니다.

```
Intent intent=new Intent(this, DetailActivity.class);
startActivity(intent);
```

두 줄의 코드로 간단하게 DetailActivity 를 실행할 수 있는데요. 만약 ListActivity가 가지고 있는 데이터를 DetailActivity에 넘기면서 실행해야 한다면, DetailActivity를 실행하기 위한 인텐트에 데이터를 담아 전달하는 방식을 이용합니다. 이 데이터를 흔히 Extra 데이터라고 부릅니다.

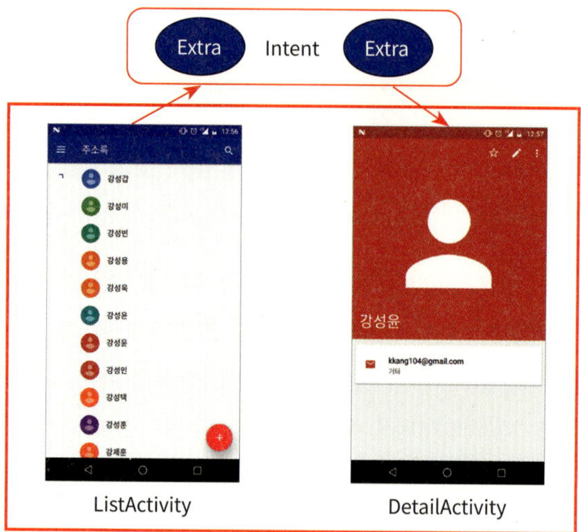


그림 10-8 Extra data

```
Intent intent=new Intent(this, DetailActivity.class);
intent.putExtra("data1", "hello");
intent.putExtra("data2", 100);
startActivity(intent);
```

인텐트가 발생하기 전에 putExtra() 함수를 이용하여 데이터를 인텐트 객체에 담아주면 됩니다. Extra 데이터는 key, value 성격으로 담아주면 되고, 문자열, 숫자, boolean, 객체 등 모든 타입의 데이터를 넘길 수 있습니다. 이렇게 인텐트로 데이터를 넘기면 DetailActivity에서는 자신을 실행했던 인텐트를 얻어서 그 인텐트 객체에 담긴 데이터를 얻는 구조입니다. 다음은 DetailActivity의 코드입니다.

```
Intent intent=getIntent();
String data1=intent.getStringExtra("data1");
int data2=intent.getIntExtra("data2", 0);
```

getIntent() 함수를 이용하여 자신을 실행하였던 인텐트 객체를 얻고, 그 안에 담긴 Extra 데이터를 getXXXExtra() 함수를 이용하여 얻습니다.

깡쌤! 질문 있어요!

**실행되는 컴포넌트의 함수를 호출해서 매개변수로 데이터를 직접 넘기면 되지 않나요? 꼭 인텐트의 Extra 데이터를 이용해야 하는 건가요?**

꼭 그렇게 해야 합니다. 이유는 컴포넌트 클래스의 객체를 우리가 생성하지 않았기 때문입니다. 안드로이드 컴포넌트는 우리가 만든 클래스더라도 생명주기 관리를 시스템이 하므로 우리가 직접 생성하지 않습니다. 따라서 우리가 생성하지 않은 객체의 함수를 호출할 수는 없습니다.

### 10.1.5. 결과 되돌리기 – startActivityForResult()

액티비티는 화면 출력을 주목적으로 하는 컴포넌트이므로 인텐트가 발생하면 화면이 전환됩니다. 이때 사용자가 뒤로가기 버튼을 누르면 화면이 되돌아오겠지만, 사용자가 뒤로가기 버튼을 누르지 않고도 자바 코드에서 자동으로 화면이 되돌아오게 처리해야 할 때가 있습니다.

예를 들어, 그림 10-9의 1번 흐름처럼 채팅방에서 사용자가 카메라 촬영 버튼을 눌렀을 때 카메라 앱의 촬영 액티비티가 인텐트로 실행됩니다. 그러면 사용자는 카메라 앱에서 사진을 촬영하게 되는데, 이때 2번 흐름처럼 사용자가 카메라 앱 화면에서 스마트폰의 뒤로가기 버튼을 누르지 않아도 자동으로 이전 화면으로 되돌아와 찍은 사진을 채팅방에 자동으로 출력해 주어야 합니다.

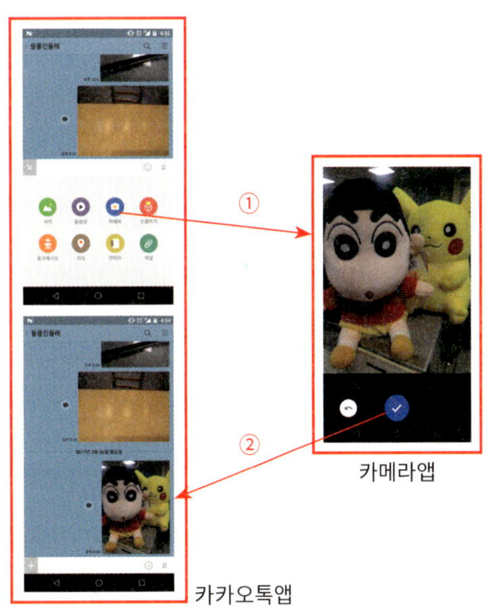


그림 10-9 카카오톡 채팅방 사진 등록

이처럼 화면을 자동으로 되돌려 결과를 받기 위해 startActivityForResult() 함수 또는ActivityResult Launcher를 이용합니다. startActivityForResult() 함수로 인텐트를 발생시키는 방법은 안드로이드 초기 버전부터 오랫동안 사용되었으며, Android 11 버전이 나온 이후에는 androidx의 ActivityResultLauncher를 사용하는 것을 권장하고 있습니다. 하지만 startActivityForResult() 함수를 사용하는 방식이 워낙 오랫동안 사용되었기에 2가지 모두 소개해 보겠습니다. 먼저 startActivityForResult() 함수를 사용하는 방법입니다.

```
Intent intent=new Intent(this, DetailActivity.class);
startActivityForResult(intent, 10);
```

startActivityForResult() 함수의 두 번째 매개변수는 requestCode 값으로 개발자가 0 이상의 숫자를 지정하며 결과를 되돌려받았을 때 어느 요청이 되돌아온 것인지를 구분하기 위해 사용됩니다. startActivityForResult() 함수로 수행된 액티비티에서 결과를 되돌리고 싶으면 자신의 액티비티를 종료하면 됩니다.

```
Intent intent=getIntent();
intent.putExtra("location", textView.getText().toString());
setResult(RESULT_OK,intent );
finish();
```

종료하기 전에 인텐트 객체에 Extra 데이터로 결과를 담을 수 있으며, 자신의 상태를 setResult() 함수를 이용해 지정할 수 있습니다. 여기서는 RESULT_OK로 지정하여 정상으로 처리되어 되돌린 것임을 명시한 예입니다. 그리고 finish() 함수를 호출하여 자신을 종료합니다.

액티비티가 종료되면 이전 화면으로 되돌아가며, 이전 액티비티의 onActivityResult() 함수가 자동으로 호출됩니다.

```
@Override
protected void onActivityResult(int requestCode, int resultCode, Intent data) {
    if(requestCode==10 && resultCode==RESULT_OK){
        //...
    }
}
```

onActivityResult() 함수의 첫 번째 매개변수인 requestCode는 인텐트를 발생시킨 곳에서 지정한 값입니다. 두 번째 매개변수인 resultCode는 호출되었던 곳에서 되돌리기 전에 지정한 값입니다.

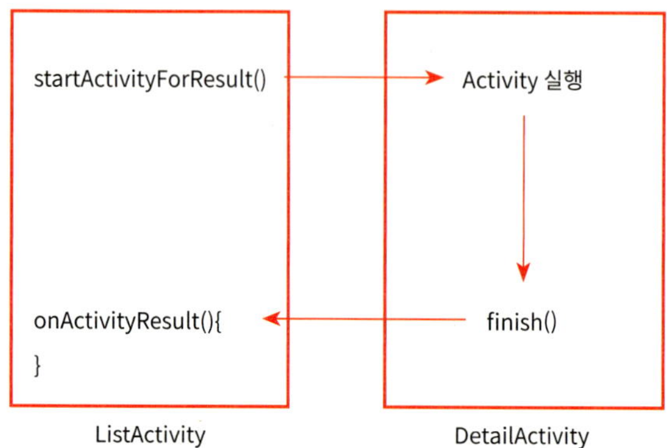

그림 10-10 startActivityForResult 구조

### 10.1.6. 결과 되돌리기 – ActivityResultLauncher

이번에는 androidx에서 제공하는 ActivityResultLauncher로 인텐트를 발생시키고 결과를 되돌려 받는 방법을 살펴보겠습니다. ActivityResultLauncher 방식은 인텐트에 의한 결과를 되돌려 받을 때뿐만 아니라 액티비티에서 무언가를 실행하여 결과를 획득해 무언가를 처리할 때도 사용됩니다. 또한, 퍼미션을 요청할 때도 ActivityResultLauncher를 이용합니다.

그림 10-11 ActivityResultLauncher 구조

위 그림에서 ActivityResultLauncher의 구조를 살펴보겠습니다. ActivityResultLauncher에 Contract 와 Callback 객체를 등록한 후 launch() 함수로 실행합니다. 그러면 ActivityResultLauncher에 등록된 Contract 객체가 실행 요청을 처리하여 그 결과를 Callback에 전달해 사후 처리가 되도록 하는 구조입니다.

Contract는 ActivityResultContract를 상속받은 서브 클래스이며, 직접 만들거나 API에서 제공되는 클래스를 이용합니다. 다음은 API에서 제공되는 Contract 클래스들입니다.

- PickContract: 선택한 연락처의 Uri 획득
- RequestPermission: 권한 요청, 허락 여부 파악
- RequestMultiplePermissions: 여러 권한을 동시에 요청
- StartActivityForResult: 인텐트 발생으로 액티비티 실행, 결과 획득
- TakePicturePreview: 사진 촬영 후 비트맵 획득
- TakePicture: 사진 촬영, 저장, 비트맵 획득

이와 같이 ActivityResultLauncher로 액티비티를 실행시키고 결과를 되돌려 받아야 할 때는 StartActivityForResult를 이용합니다. 또한, 퍼미션 조정을 요청하고 그 결과를 판단할 때는 RequestPermission을 사용합니다.

ActivityResultLauncher 객체는 registerForActivityResult() 함수로 만들어지며, 함수의 매개변수에 작업자인 Contract 객체와 결과를 처리할 Callback 객체를 등록합니다.

```
ActivityResultLauncher<Intent> resultLauncher = registerForActivityResult(
        new ActivityResultContracts.StartActivityForResult(),
        new ActivityResultCallback<ActivityResult>(){
            @Override
            public void onActivityResult(ActivityResult result) {
                Intent intent = result.getData();
                binding.resultTextView.setText(intent.getStringExtra("result"));
            }
        }
);
```

Callback 객체는 ActivityResultCallback을 구현한 객체이며, 결과를 처리할 때 onActivityResult() 함수가 자동으로 호출됩니다. 이렇게 만들어진 ActivityResultLauncher 객체의 launch 함수의 매개변수를 호출하면서 실행하고자 하는 Intent 객체로 지정해주면 됩니다.

```
Intent intent = new Intent(this, DetailActivity.class);
resultLauncher.launch(intent);
```

## [실습 10-1] 인텐트

Step by Step

앞에서 설명한 인텐트를 이용하는 실습을 진행해 보겠습니다. 간단한 테스트를 위해 두 개의 액티비티를 만들어 테스트할 것이며, 첫 번째 액티비티에서 항목을 선택하면 두 번째 액티비티에서 선택한 항목의 서브 항목을 출력하고, 서브 항목을 선택 시 자동으로 화면을 첫 번째 화면으로 되돌려 보겠습니다. 간단하게 실습하기 위해 몇몇 파일들은 필자가 제공한 파일을 복사해서 사용하겠습니다.

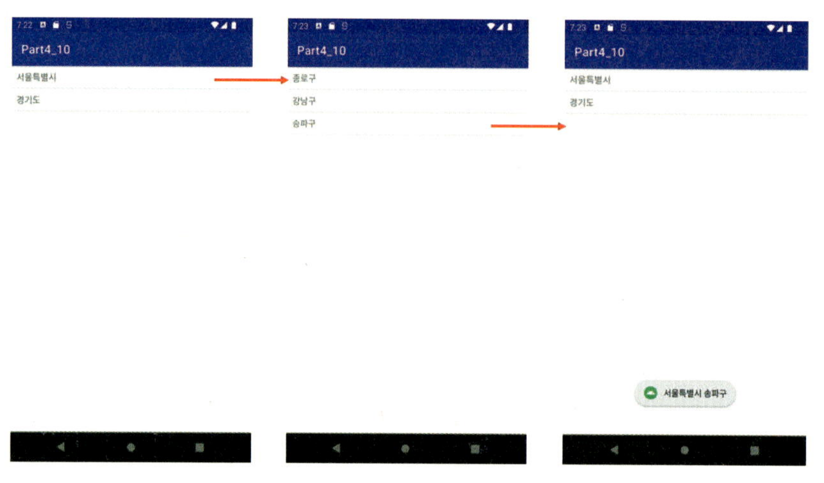


그림 10-12 결과 화면

### Step 1 _ 모듈 생성

이번 10장의 실습을 위해 모듈 이름을 "Part4_10"으로 지정하고 액티비티 설정에서 'Source Language' 부분을 Java로 설정하여 모듈을 새로 만듭니다.

### Step 2 _ ViewBinding 설정

모듈 수준의 build.gradle에 ViewBinding 설정을 하고 〈Sync Now〉를 클릭해 변경사항을 적용합니다.

**build.gradle**

```
android {
    //생략......
    viewBinding {
        enabled = true
    }
}
```

### Step 3 _ DetailActivity 추가

만들어진 모듈에 Empty Activity로 "DetailActivity"라는 이름의 액티비티를 만들어 줍니다.

### Step 4 _ 파일 복사

실습을 위해 제공한 파일 중 layout 폴더에 있는 XML 파일을 res/layout 폴더에 복사하고, java 폴더에 있는 파일을 소스 영역에 복사합니다. 테스트를 위한 데이터는 DBHelper.java에서 가상 데이터로 데이터베이스에 삽입되어 있으며, MainActivity.java 파일과 DetailActivity.java 파일에는 화면 구성의 코드가 작성되어 있습니다.

### Step 5 _ MainActivity 작성

MainActivity에서 화면에 항목을 출력하고 출력된 항목 중 하나를 사용자가 클릭했을 때 DetailActivity를 인텐트로 실행합니다. 실행 시 항목 정보를 DetailActivity에 Extra 데이터로 넘겨주며, 결과를 되돌려받기 위해 ActivityResultLauncher로 인텐트를 발생시켜 줍니다.

**MainActivity.java**

```
public class MainActivity extends AppCompatActivity {
    //생략......
    @Override
    protected void onCreate(Bundle savedInstanceState) {
        //생략......
```

```
        resultLauncher = registerForActivityResult(
                new ActivityResultContracts.StartActivityForResult(),
                new ActivityResultCallback<ActivityResult>(){
                    @Override
                    public void onActivityResult(ActivityResult result) {
                        Intent intent = result.getData();
                        String txt = category + " " +intent.getStringExtra("result");
                        Toast.makeText(MainActivity.this, txt, Toast.LENGTH_SHORT).show();
                    }
                }
        );
    }

    private class MyMainViewHolder extends RecyclerView.ViewHolder {
        //생략......
        public MyMainViewHolder(ItemMainBinding binding) {
            //생략......
            binding.getRoot().setOnClickListener(view -> {
                category = binding.itemMainView.getText().toString();
                Intent intent = new Intent(MainActivity.this, DetailActivity.class);
                intent.putExtra("category", category);
                resultLauncher.launch(intent);
            });
        }
    }
}
```

### Step 6 _ DetailActivity 작성

인텐트에 의해 실행되는 DetailActivity를 다음처럼 작성합니다. 항목을 나열하고 나열된 항목 중 하나가 선택되면 데이터를 포함해서 이전 화면으로 자동 전환해 줍니다.

**DetailActivity.java**

```
public class DetailActivity extends AppCompatActivity {
    //생략......
    private class MySubViewHolder extends RecyclerView.ViewHolder {
        //생략......
        public MySubViewHolder(ItemDetailBinding binding) {
            //생략......
            binding.getRoot().setOnClickListener(view -> {
```

```
                Intent intent = getIntent();
                intent.putExtra("result", binding.itemDetailView.getText().toString());
                setResult(Activity.RESULT_OK, intent);
                finish();
            });
        }
    }

}
```

## Step 7 _ 실행

part4_10 모듈을 실행하여 결과를 확인합니다.

그림 10-13 결과 화면

## 10.2. 액티비티 생명주기

안드로이드 앱은 '액티비티', '서비스', '콘텐츠 프로바이더', '브로드캐스트 리시버' 등 4개의 컴포넌트 조합으로 개발합니다. 이 중 이용빈도도 가장 높고 생명주기가 가장 복잡한 컴포넌트가 액티비티입니다. 액티비티의 생명주기에 따른 각종 상태 변화와 그때 개발자가 무엇을 고려해야 하는지 살펴보겠습니다.

**깡쌤! 질문 있어요!**

**이제껏 우리가 살펴본 액티비티는 모두 onCreate( ) 함수만 이용해서 잘 테스트하였습니다. 꼭 생명주기까지 신경 써야 하는 건가요?**

대부분 코드를 테스트 목적으로 작성해서 그렇습니다. 학습을 목적으로 간단한 것만 확인하는 실습을 진행하다 보니, onCreate( ) 함수만으로도 충분했습니다. 하지만 정식 앱을 만들 때는 onCreate( ) 함수 이외에 생명주기에 따른 다양한 함수를 이용해야 합니다. 그렇지 않으면 에러가 발생하거나 사용자에게 뜻하지 않게 악성 앱을 제공할 가능성이 있습니다.

### 10.2.1. 생명주기

액티비티는 실행부터 종료까지 많은 상태 변화를 거치며 상태가 변할 때마다 생명주기 함수가 자동으로 호출됩니다. 액티비티의 상태에는 '활성 상태(activity running)', '일시 정지 상태(pasue)', 비활성 상태(stop)'가 있습니다.

- **활성 상태(activity running):** 현재 액티비티가 화면을 점유하여 출력되고 있으며 사용자 이벤트 처리가 정상으로 처리되는 상태
- **일시 정지 상태(pasue):** 현재 액티비티가 일시적으로 사용이 불가능한 상태
- **비활성 상태(stop):** 현재 액티비티가 다른 액티비티로 인해 화면이 완벽하게 가려진 상태

#### 활성 상태

활성 상태는 액티비티가 사용자 화면에 보이고 있으며 포커스를 가지고 있어서 사용자 이벤트에 반응할 수 있는 상태입니다. 생성된 액티비티는 onCreate() → onStart() → onResume() 함수가 호출되면서 활성 상태가 됩니다. 활성 상태가 되었다는 건 사용자에게 액티비티 화면이 보이고 있다는 의미이며, 결국 onResume() 함수 호출 전까지 액티비티 화면 내용을 출력해 주어야 합니다.

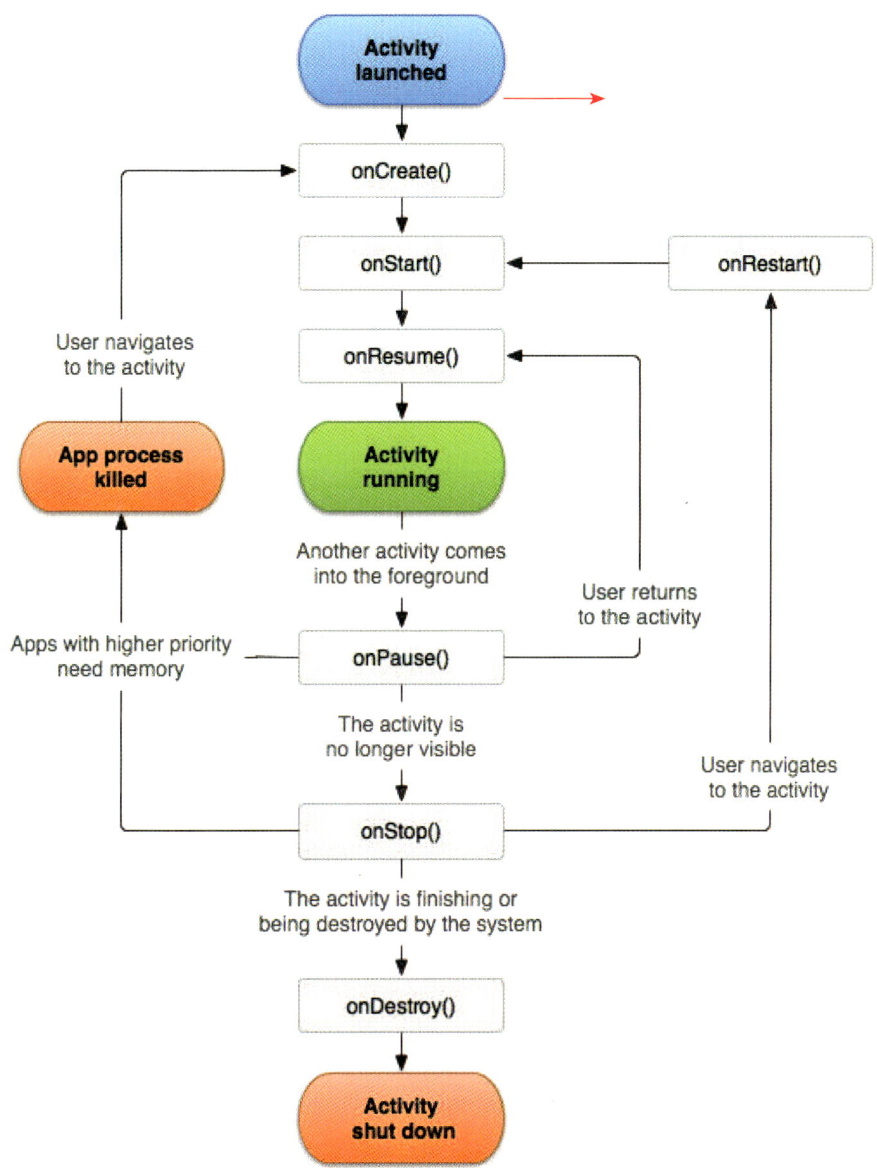


그림 10-14 액티비티 생명주기(출처: developer.android.com)

일반적으로 setContentView() 함수를 이용하여 액티비티 화면을 출력한다고 이야기합니다. 그러나 정확하게 이야기하면 setContentView() 함수가 호출되는 시점은 화면이 출력되는 순간이 아닙니다. onResume() 함수까지 실행하고, setContentView() 함수에서 출력한 내용이 화면에 나오는 구조입니다. 따라서 onResume() 함수가 실행되기까지 setContentView() 함수를 onCreate(), onStart(), onResume() 등 어디선가 호출해 주면 화면에 잘 나옵니다. 반대로 onResume() 함수가 호출될 때까지 setContentView() 함수가 한 번도 호출되지 않는다면, 화면에 아무것도 나오지 않습니다. 이때 에러는 발생하지 않습니다.

그렇다면 onResume() 함수가 실행되기까지 setContentView() 함수를 반복해서 호출하면 어떻게 될까요? 몇 번이고 호출할 수 있지만, 화면에 출력되는 건 맨 마지막에 호출된 내용입니다. 이유는 setContentView()는 이전 화면을 지우면서 새로운 내용을 출력하는 함수이기 때문입니다. 그렇다면 무언가 먼저 출력해 놓고 그 위에 추가로 출력해서 함께 나오게 할 수는 없을까요?

기본 화면을 지우지 않고 그 위에 함께 출력하려면 addContentView() 함수를 이용합니다.

```
@Override
protected void onResume() {
    super.onResume();
    setContentView(R.layout.activity_main);

    ImageView imageView=new ImageView(this);
    //...
    addContentView(imageView, params);
}
```

onResume() 함수에서 화면을 두 번 출력했습니다. 첫 번째는 setContentView() 함수를 이용하였고, 두 번째는 ImageView를 addContentView() 함수를 이용하여 출력하였습니다. 이렇게 하면 그림 10-15처럼 첫 번째 화면 위에 두 번째 화면이 겹쳐져서 나옵니다.

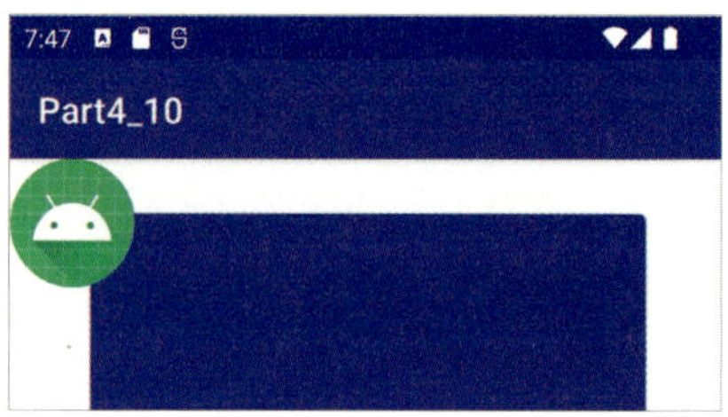

그림 10-15 addContentView

## 일시 정지 상태

일시 정지 상태는 액티비티가 여전히 화면에 보이지만, 포커스를 잃은 상태입니다. 대표적인 예가 다른 액티비티가 화면 전체를 가리지 않고 실행되었을 때입니다. 다른 액티비티가 반투명하게 실행되거나 다이얼로그 스타일로 실행되어 여전히 자신이 화면에 보이지만, 포커스를 잃은 상태입니다. 하지만 일시 정지 상태로 멈출 때도 있지만, 대부분 정지 상태(onStop)로 전환되기 전에 호출되어 곧 정지될 것임을 나타내기 위해 사용됩니다. 일시 정지 상태가 되면 onPause() 함수가 자동으로 호출됩니다.

그림은 버튼이 클릭될 때 다른 액티비티를 다이얼로그 스타일로 실행시킨 예입니다. 다른 액티비티가 다이얼로그 스타일로 실행되면 onPause() 함수는 자동으로 호출됩니다.

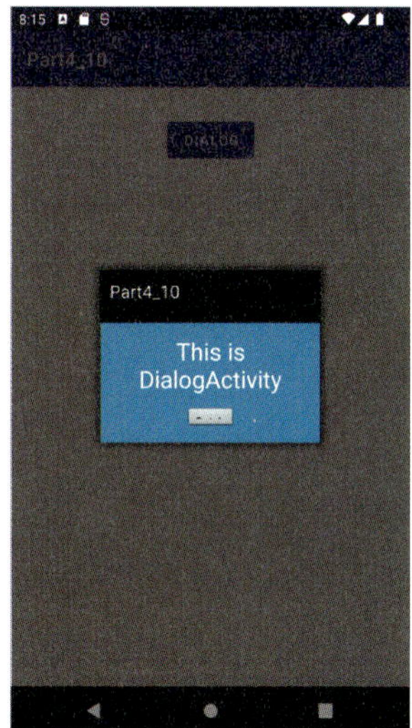


그림 10-16 onPause

onPause() 함수에서는 대부분 다음의 내용을 구현하기를 권장합 니다.

- 애니메이션이나 CPU 소비를 야기할 수 있는 기타 지속적인 작업 정지
- GPS와 같은 센서값 수신, 서버 네트워킹 등 액티비티가 일시 정지된 동안 불필요한 동작 정지

액티비티는 일시 정지 상태가 되어도 정상적으로 동작해야 하는 때가 있습니다. 대표적으로 다른 액티비티가 다이얼로그 스타일로 실행되어 자신이 보일 때 애니메이션에 의한 화면 변화가 지속적으로 유지돼야 하는 경우입니다. 그러나 대부분은 더 이상 실행될 필요가 없는 경우이며 이런 작업을 onPause() 함수에서 멈추었다가 다시 활성 상태로 변경될 때 동작하게 하는 제어가 필요합니다. 그렇지 않으면 앱이 불필요하게 리소스를 점유하거나 메모리를 확보하거나 네트워킹을 계속 발생시켜 사용자에게 악성 앱이 되기 쉽습니다.

**깡쌤! 질문 있어요!**

**리소스나 메모리 해제 등의 작업을 액티비티 종료 시점인 onDestory( ) 함수에서 하면 되지 않나요?**

안드로이드는 멀티태스킹을 지원하므로 화면에 우리의 앱이 안 보이더라도 액티비티는 계속 실행 상태에 있을 가능성이 큽니다. 예를 들어, 사용자가 우리의 앱을 실행하다가 안드로이드 홈 버튼을 눌러 빠져나가서 한 시간 동안 다른 앱을 이용하는 경우, 우리의 액티비티는 종료되지 않습니다. 사용자가 보고 있지도 않은 액티비티를 한 시간 동안이나 동작해서 불필요한 네트워크 트래픽이 계속 발생하거나 배터리를 소모한다고 생각해보세요. 사용자에게 우리의 앱은 의도치 않게 악성 앱이 되는 거지요. 프로그램 알고리즘상 onDestory( ) 함수에서

리소스 해제 등이 필요한 경우도 있지만, 액티비티의 작업은 사용자 화면에 출력되지 않으면 의미 없는 것들이 대부분이므로 onPause( )와 onResume( ) 함수를 이용해서 제어하는 게 좋을 것 같습니다.

**비활성 상태**

비활성 상태는 다른 액티비티로 인해 화면이 완전히 가려진 상태입니다. 보통 다른 액티비티로 화면이 전환되어 안 보이는 경우인데요. 이렇게 되면 onPause() → onStop() 함수까지 호출됩니다. 화면을 가렸던 액티비티가 뒤로가기 비활성 상태에서 뒤로가기 버튼 등으로 화면을 가렸던 액티비티가 사라지면 다시 활성 상태로 전환되는데요. 이때는 onRestart() → onStart() → onResume() 함수가 차례로 호출됩니다.

## 10.2.2. 액티비티 상태 저장

액티비티 내에 많은 데이터가 유지되어 화면에 출력되고, 액티비티가 종료되면 모두 유실됩니다. 하지만 액티비티가 종료되어도 계속 데이터를 유지했다가, 액티비티가 다시 실행되면 그대로 이용해야 할 때도 있습니다. 물론, 데이터베이스나 파일 프로그램을 통해 데이터를 저장했다가 다시 이용할 수도 있지만, 이는 데이터 영속화와 관련된 이야기이며 앱이 종료되었을 때 데이터를 저장하는 방법입니다.

여기서 이야기하려는 데이터 저장은 앱이 종료될 때 데이터를 영속화하는 게 아니라, 액티비티 종료에 대비한 데이터 저장입니다. 앱 종료와 액티비티 종료는 다른 이야기입니다. 액티비티가 종료되더라도 앱 내에 다른 컴포넌트가 여전히 실행 중일 수 있기 때문입니다.

액티비티가 의도치 않게 종료되었다가 바로 다시 실행되더라도 데이터는 유실됩니다. 이처럼 유실되는 데이터를 저장했다가 가져와야 하는 대표적인 예가 화면 회전입니다. 스마트폰은 사용자가 화면을 회전할 수 있으며, 이때 액티비티가 종료되었다가 다시 시작됩니다.

정상으로 실행되어 onResume() 함수까지 호출된 액티비티를 회전하면 onPause() → onStop() → onDestory() 함수까지 호출되어 종료됩니다. 물론 시스템에서 자동으로 다시 시작해서 onCreate() → onStart() → onResume() 함수까지 호출합니다. 화면에 다시 나타나서 별 문제는 없어 보이지만, 만약 onResume() 함수가 실행된 후에 사용자 이벤트나 네트워킹으로 데이터가 발생하였다면 이 데이터는 모두 유실됩니다.

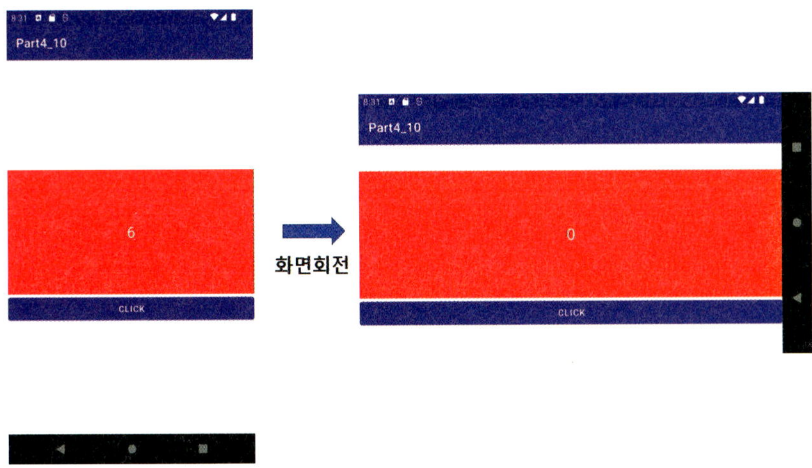


그림 10-17 화면 회전

그림 10-17에서 왼쪽은 액티비티가 화면에 출력된 후 사용자가 COUNT 버튼을 눌러 숫자를 6까지 증가시킨 예입니다. 이 데이터는 onResume() 함수가 실행된 후에 발생한 데이터입니다. 이 상황에서 사용자에 의해 오른쪽 그림처럼 화면이 회전하면, 액티비티 화면은 정상으로 출력되어도 종료되었다 다시 나타난 것이므로 사용자가 증가시켰던 데이터는 사라집니다. 따라서 숫자는 0이 됩니다. 이처럼 액티비티가 종료될 때 유실되면 안 되는 데이터를 저장했다가 다시 액티비티가 시작될 때 복원하여 사용하기 위한 생명주기 함수들이 있습니다.

onResume() 함수까지 실행된 액티비티가 화면 회전으로 출력되면, 자동으로 onPause() → onStop() → onSaveInstanceState() → onDestory() 순으로 함수가 호출되고 액티비티는 종료됩니다. 그리고 다시 액티비티가 시작되면서 onCreate() → onStart() → onRestoreInstanceState () → onResume() 함수가 차례대로 실행됩니다.

onCreate() 함수와 onRestoreInstanceState() 함수, 그리고 onSaveInstanceState() 함수는 액티비티의 상태 관리를 위해 데이터를 저장했다가 복원하는 데 사용합니다. 액티비티가 종료되는 상황에 대비하여 액티비티의 데이터를 저장해야 한다면, 우선 onSaveInstanceState() 함수를 이용합니다.

```
@Override
public void onSaveInstanceState(Bundle outState) {
    super.onSaveInstanceState(outState);
    outState.putString("data1","hello");
    outState.putInt("data2", 100);
}
```

onSaveInstanceState() 함수는 onStop() 함수 호출 후 자동으로 호출되며, 이 함수에서 액티비티의 데이터를 저장합니다. 저장하는 방법은 매개변수로 전달되는 Bundle을 이용하면 됩니다. Bundle은 컴포넌트의 데이터를 저장하기 위한 일종의 Map 객체이며, 이 객체에 데이터를 key-value로 담아주면 내부적으로 파일로 저장해줌으로써 액티비티가 종료되더라도 데이터는 유실되지 않습니다.

이렇게 저장한 데이터를 액티비티가 다시 시작되는 시점에 가져와서 이용할 수 있습니다. 이 작업에는 onCreate()와 onRestoreInstanceState() 함수를 이용합니다.

```
@Override
protected void onRestoreInstanceState(Bundle savedInstanceState) {
    super.onRestoreInstanceState(savedInstanceState);
    String data1=savedInstanceState.getString("data1");
    int data2=savedInstanceState.getInt("data2");
}
```

액티비티가 다시 시작하면서 onCreate()와 onRestoreInstanceState() 함수가 호출될 때 저장된 데이터를 Bundle에 담아 매개변수로 전달합니다.

**깡쌤! 질문 있어요!**

**Q 화면 회전이 안 되게 설정하면 안 되나요?**

**A** 그것도 방법이겠습니다. 설정으로 아주 쉽게 액티비티 화면을 회전하지 못하게 막을 수 있지요. 그런데 그건 개발자가 편하자고 사용자 프렌들리를 포기한 경우라고 생각합니다. 화면 회전이 발생하면 업무 자체를 진행할 수 없는 게임, 동영상 플레이 등은 화면을 고정해야겠지만, 문자열, 이미지 데이터 위주로 화면이 구성되는 앱에서의 화면 회전은 사용자 선택으로 두는 게 좋지 않을까 생각합니다.

## [실습 10-2] 액티비티의 생명주기 *Step by Step*

앞에서 설명한 액티비티의 생명주기를 테스트해 보겠습니다. 생명주기는 특정 업무 구현과 관련이 없다 보니 생명주기를 테스트한다는 건 결국 테스트를 위한 테스트일뿐입니다. 그러나 학습하는 차원에서 생명주기를 제대로 이해할 필요가 있으므로 간단한 테스트를 진행해 보겠습니다. 이번 테스트는 대부분 필자가 제공한 파일을 복사해서 진행하겠습니다.

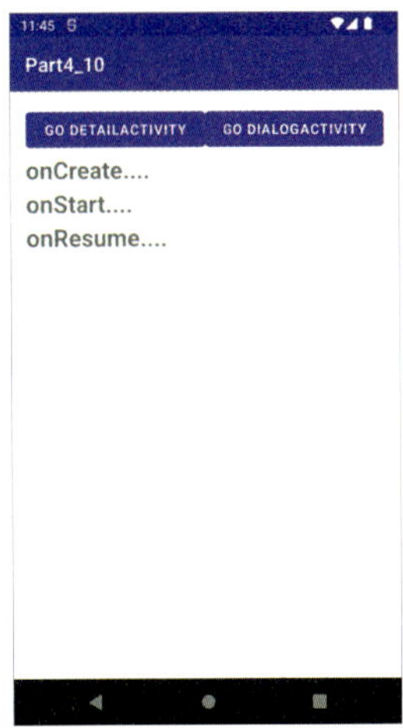


그림 10-18 결과 화면

### Step 1 _ 액티비티 생성

part4_10 모듈에 "Lab10_2Activity"의 이름으로 새로운 액티비티를 만듭니다. 편의를 위해 액티비티를 만들 때 'Launcher Activity' 체크박스에 체크하고 'Source Language'는 Java로 설정합니다.

### Step 2 _ 액티비티 추가

테스트를 위해 모듈에 Empty Activity로 "**SubActivity**"와 "**DialogActivity**"라는 이름의 액티비티 두 개를 만들어 줍니다.

### Step 3 _ 파일 복사

실습을 위해 필자가 제공한 10장-Lab2 폴더의 파일을 사용합니다. layout 폴더의 파일을 res/layout 폴더에 복사합니다. 그리고 java 폴더의 파일을 자바 코드 영역에 복사합니다.

### Step 4 _ AndroidManifest.xml 작성

DialogActivity를 다이얼로그 스타일로 실행하기 위해 AndroidManifest.xml에 다음처럼 Theme를 설정합니다.

**AndroidManifest.xml**

```
<!--중략 -->
<activity
    android:name=".DialogActivity"
    android:exported="false"
    android:theme="@android:style/Theme.Dialog"/>
<!--중략 -->
```

### Step 5 _ Lab10_2Activity 추가

액티비티의 상태 유지 테스트를 위해 복사한 Lab10_2Activity에 다음의 코드를 추가합니다.

**Lab10_2Activity.java**

```
public class Lab10_2Activity extends AppCompatActivity {
    //생략......
    @Override
    public void onSaveInstanceState(Bundle outState) {
        super.onSaveInstanceState(outState);
        datas.add("onSaveInstanceStatel....");
        adapter.notifyDataSetChanged();

        outState.putString("data1", "hello");
        outState.putInt("data2", 100);
    }

    @Override
    protected void onRestoreInstanceState(Bundle savedInstanceState) {
        super.onRestoreInstanceState(savedInstanceState);
        datas.add("onRestoreInstanceState....");
        adapter.notifyDataSetChanged();

        String data1=savedInstanceState.getString("data1");
        int data2=savedInstanceState.getInt("data2");

        Toast toast=Toast.makeText(this, data1+":"+data2, Toast.LENGTH_SHORT);
        toast.show();
    }

}
```

### Step 6 _ 실행

part4_10 모듈을 실행하여 결과를 확인합니다.

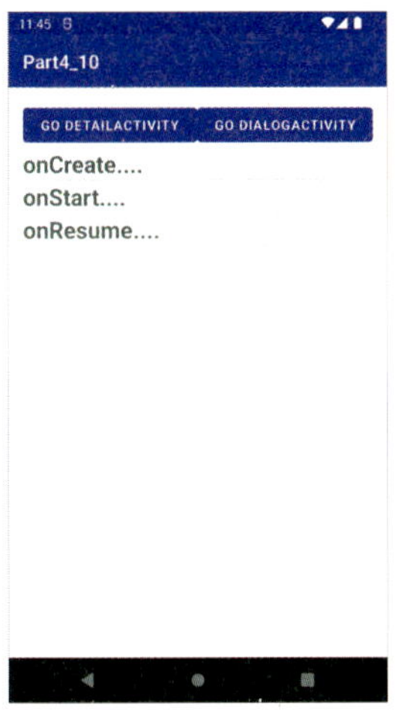


그림 10-19 결과 화면

## 10.3. 태스크 관리

태스크(Task) 관리는 시스템의 동작 원리를 이해하는 부분인데요. 시스템이 우리의 액티비티를 어떻게 수행해 주는지 알아봅니다. 태스크 관리는 대부분 시스템에서 알아서 잘 해주므로 개발자가 추가로 작업해야 하는 경우는 많지 않습니다. 하지만 때에 따라 개발자가 시스템에 태스크 관리가 어떻게 되어야 한다고 명시해야 할 수도 있습니다. 그러려면 우선 시스템에서 태스크 관리가 어떻게 되는지 이해해야 합니다. 만일 개발자가 태스크 관리를 직접 조정한다 하더라도 속성, 혹은 간단한 코드로 가능하므로 이번 절은 개발자 코드보다 태스크 관리의 원리를 이해하는 게 중요합니다.

### 10.3.1. 시스템의 태스크 관리

모든 프로그램이 동일하지만 안드로이드 역시 하나의 앱이 실행될 때 프로세스(Process)가 실행됩니다. 하지만 안드로이드에서는 앱이 실행될 때 태스크(스택이라고도 함)라는 개념이 하나 더 이용됩니다. 태스크는 일종의 앱 실행을 위한 정보 저장공간 정도로 이해하면 됩니다. 안드로이드 시스템에서는 이 태스크 정보를 이용해 앱을 어떻게 수행할지 결정합니다. 흔히 프로세스를 앱의 물리적인 실행 단위라고 표현하고, 태스크는 앱의 논리적인 실행 단위라고 표현합니다. 태스크는 앱 내에서 실행 중인 액티비티의 각종 정보(액티비티의 프로그램적인 데이터가 아닌 시스템 내부 정보)를 저장하기 위한 공간입니다.

앱이 실행되는 형태를 풀어서 설명해 볼까요?

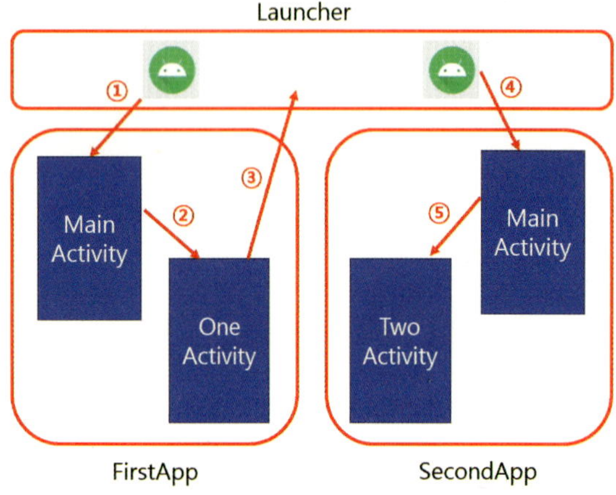


그림 10-20 앱 실행

FirstApp과 SecondApp 이렇게 두 개의 앱이 있다고 가정하겠습니다. FirstApp에는 MainActivity와 OneActivity가 있고, SecondApp에는 MainActivity와 TowActivity가 있다고 가정해 보겠습니다.

① 사용자가 FirstApp을 실행하여 FirstApp의 MainActivity 실행

② FirstApp의 MainActivity에서 인텐트로 OneActivity 실행

③ 사용자가 홈 버튼을 눌러 홈 화면으로 이동

④ 사용자가 SecondApp을 실행하여 SecondApp의 MainActivity 실행

⑤ SecondApp의 MainActivity에서 인텐트로 TwoActivity 실행

이러한 흐름이라면 사용자가 실행한 앱은 두 개입니다. 그러면 당연히 프로세스는 두 개가 실행됩니다.

그런데 이 프로세스 이외에 안드로이드 시스템에서는 앱을 위한 태스크를 만듭니다. 앱이 두 개가 실행되었으므로 태스크도 두 개 만들어집니다.

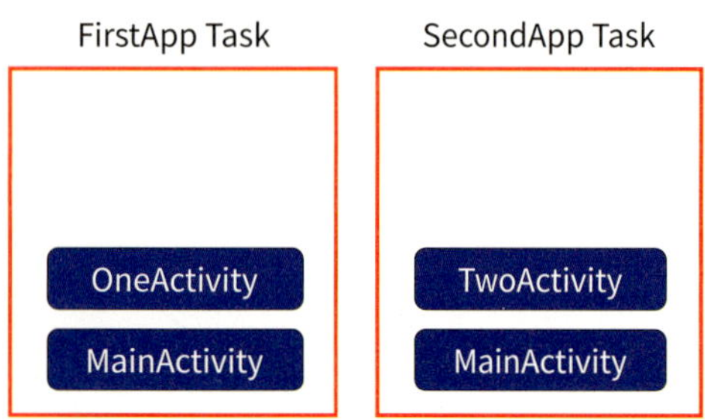


그림 10-21 태스크 목록

FirstApp을 위한 태스크 목록에는 MainActivity, OneActivity의 컴포넌트 정보가 기록되고 SecondApp을 위한 태스크 목록에는 MainActivity, TwoActivity의 컴포넌트 정보가 기록됩니다. 이와 같은 가정으로 앱이 실행되면 프로세스도 두 개이고 태스크도 두 개가 됩니다. 흔히 생각하기에 앱을 위한 프로세스와 태스크는 동일하다고 생각하기 쉬운데, 그렇지는 않습니다.

이번에는 앱 실행을 다르게 가정해 보겠습니다.

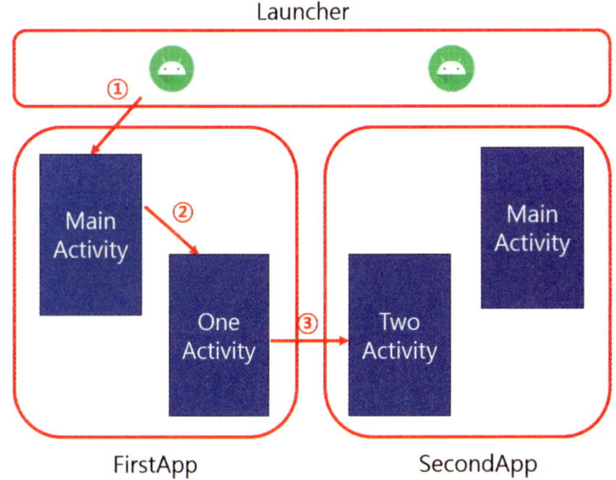


그림 10-22 앱 간 연동

① 사용자가 FirstApp을 실행하여 FirstApp의 MainActivity 실행

② FirstApp의 MainActivity에서 인텐트로 OneActivity 실행

③ OneActivity에서 인텐트로 SecondApp을 실행하여 TwoActivity 실행

이러한 상황이라면 두 개의 앱이 실행되며 두 개의 프로세스가 실행됩니다. 하지만 이때 태스크 목록은 하나만 만들어집니다. 두 앱 간의 연동이 발생하였더라도 사용자는 하나의 앱만 실행한 것이고, 한 앱에서 화면 3개를 실행한 게 됩니다. 흔히 태스크를 "사용자 관점을 고려한 프로그램의 실행단위"라고 표현하는데요. 결국, 사용자 관점에서는 하나의 앱을 실행한 것이므로 태스크는 하나만 만들어집니다.

이처럼 태스크 관리는 사용자 관점을 고려한 일관된 앱 실행 상태를 유지하는 데 목적이 있으며, 태스크가 프로세스와 동일하게 매칭되지 않는 이유입니다. 그림 10-23과 같은 상황이라면 FirstApp을 위한 태스크 목록에 3개의 액티비티 정보가 유지됩니다.

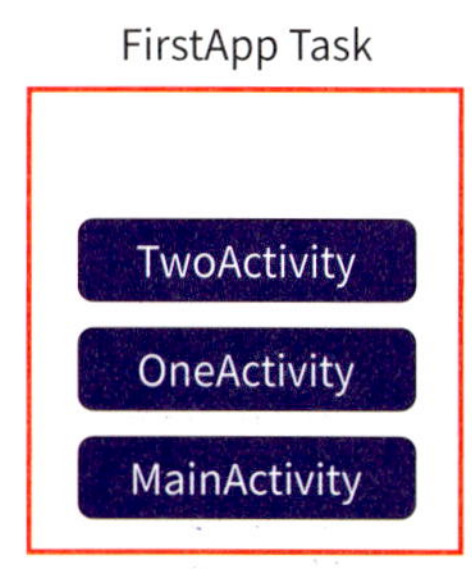


그림 10-23 FirstApp 태스크

이번에는 하나의 액티비티가 두 번 실행되는 상황을 보겠습니다.

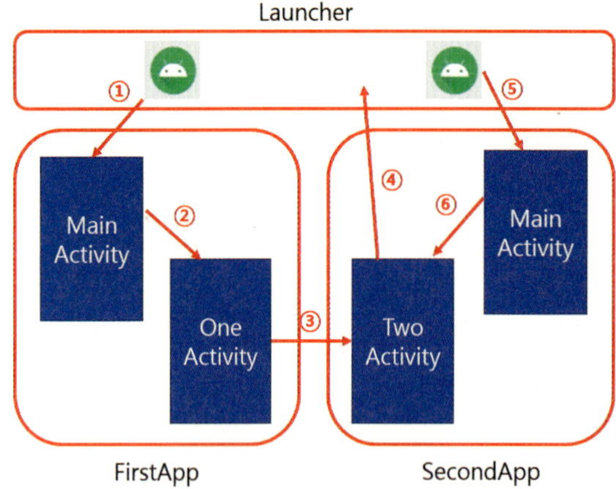


그림 10-24 TwoActivity 두 번 실행

① 사용자가 FirstApp을 실행하여 FirstApp의 MainActivity 실행

② FirstApp의 MainActivity에서 인텐트로 OneActivity 실행

③ OneActivity에서 인텐트로 SecondApp의 TwoActivity 실행

④ 사용자가 홈 버튼을 눌러 홈 화면으로 이동

⑤ 사용자가 SecondApp을 실행하여 MainActivity 실행

⑥ SencondApp의 MainActivity에서 인텐트로 TwoActivity 실행

이렇게 가정하면 사용자는 분명 두 개의 앱을 실행한 것이므로 두 개의 태스크가 만들어집니다. 여기서 중요한 건 TwoActivity가 이미 실행된 상황에서 다시 인텐트에 의해 실행되는 상황입니다. 액티비티는 절대 싱글턴(Singleton)으로 움직이지 않으며 이미 한 액티비티의 객체가 생성되어 이용되고 있더라도 다시 그 액티비티를 실행하기 위한 인텐트가 어디선가 발생하면 다시 생성됩니다. 즉, 하나의 액티비티 클래스는 인텐트가 발생하면 매번 객체가 생성되는 구조입니다. 결국, TwoActivity가 두 번 실행된 경우이므로 객체도 두 개 생성되어 각각 태스크 목록에 저장됩니다.

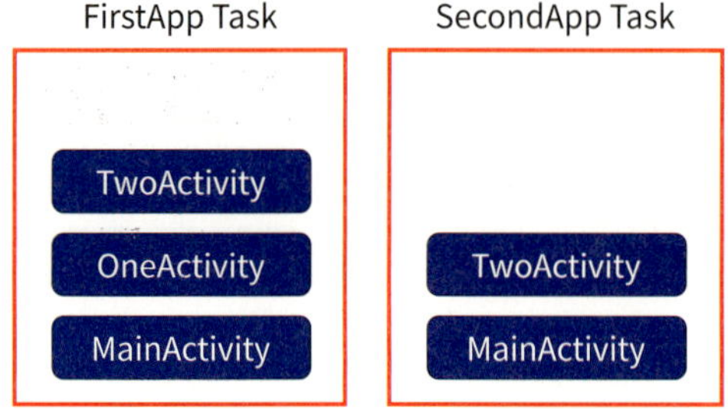


그림 10-25 TwoActivity 두 번 실행했을 때의 태스크

지금까지 살펴본 내용은 개발자가 코드에서 제어하는 게 아니라, 안드로이드 시스템의 내부 실행 규칙입니다. 그리고 시스템에서 이렇게 태스크를 이용해서 사용자 관점을 고려한 논리적인 앱 실행 단위를 표현해주는 건 당연하고 정상적인 것 같습니다.

깡쌤! 질문 있어요!

**싱글턴이 뭔가요?**

OOP 프로그래밍에서 흔히 사용되는 용어 정도로 이해하면 됩니다. OOP 프로그래밍은 하나의 클래스를 만들고 객체를 반복해서 생성할 수 있는데, 어떤 클래스가 단 하나의 객체만 생성되는 경우를 싱글턴(Singleton)이라고 합니다. 구현 방법은 소프트웨어 언어마다 다른데요. 자바에서는 개발자 알고리즘으로 하나의 객체만 생성되게 구현합니다.

## 10.3.2. 태스크 제어

시스템의 태스크 관리 규칙은 대부분 시스템에서 알아서 잘 해주지만 개발자가 직접 제어해야 할 때도 있습니다. 태스크 관리를 제어하는 방법은 두 가지입니다. 첫 번째는 액티비티를 등록하는 AndroidManifest.xml 파일의 설정으로 해당 액티비티가 실행될 때 항상 태스크 목록에 어떻게 올라가야 한다고 명시하는 방법입니다. 그리고 두 번째는 액티비티를 실행하는 인텐트에 플래그(Flag)를 이용해서 이번 실행 때는 태스크 목록에 어떻게 올라가야 한다고 명시하는 방법입니다.

〈activity〉 태그의 launchMode 속성을 사용하여 AndroidManifest.xml 파일의 설정으로 제어할 수 있습니다.

```
<activity
    android:name=".DetailActivity"
    android:exported="false"
    android:launchMode="singleTop"/>
```

코드에서는 인텐트의 flags 값을 지정하여 설정합니다.

```
Intent intent = new Intent(this, DetailActivity.class);
intent.addFlags(Intent.FLAG_ACTIVITY_SINGLE_TOP);
startActivity(intent);
```

### standard

standard는 기본값이며 설정되지 않았을 때를 이야기합니다. standard는 인텐트가 발생하면 매번 액티비티를 생성하고, 태스크 목록에 반복해서 올리겠다는 의미입니다.

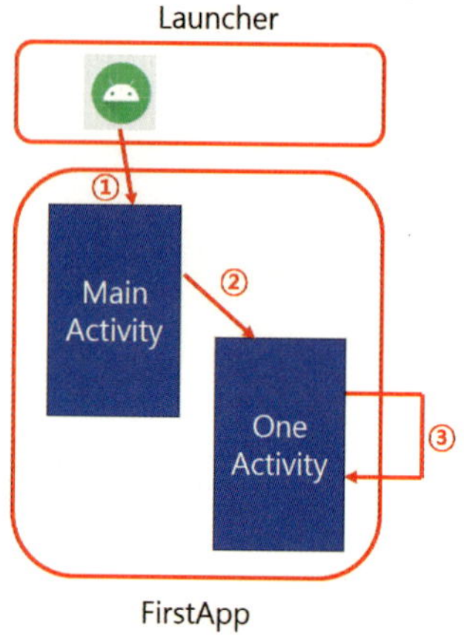


그림 10-26 standard

아주 드문 경우이긴 하지만 standard를 이해하기 위해 그림 10-26처럼 OneActivity까지 실행한 다음, OneActivity에서 인텐트로 자신을 계속 실행한다고 가정하겠습니다. 안드로이드에서는 얼마든지 자신이 자신을 인텐트로 실행할 수 있습니다. 결국, 사용자가 OneActivity 화면을 보고 있는 상황에서 다시 OneActivity를 실행하는 상황입니다. 이때 AdnroidManifest.xml 파일에 launchMode 속성값이 standard이면 액티비티 객체는 매번 생성되고 생성된 객체 정보가 태스크에 매번 저장됩니다.

이러한 상황에서 사용자가 뒤로가기 버튼을 누르면 같은 화면이 3번 나오게 됩니다.

FirstApp Task

| OneActivity |
|---|
| OneActivity |
| OneActivity |
| MainActivity |

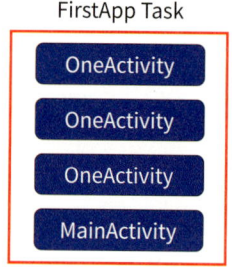

그림 10-27 standard 태스크

### singleTop

이번에는 singleTop으로 선언하는 예를 살펴보겠습니다.

```
<activity android:name=".OneActivity" android:launchMode="singleTop"></activity>
```

singleTop은 실행하려는 액티비티가 태스크의 최상단에 있으면 다시 생성하지 않겠다는 의미입니다. 결국, 객체도 생성되지 않고 화면도 변경되지 않습니다. 태스크 목록의 최상단에 있는 액티비티는 사용자 화면에 출력될 가능성이 있는데, 사용자가 보고 있는 액티비티의 객체를 다시 생성해서 화면을 전환하는 것이 비정상이라고 생각될 때 사용하면 됩니다.

그렇다면 실전에서 singleTop으로 선언해야 하는 상황이 있을까요? 앞에서 예로 든 것처럼 인텐트로 자신을 강제 실행하지 않는 한, 실전에서 화면에 보이는 액티비티가 두 번 실행되는 상황이 있을까요? 네, 있습니다. 대표적인 사례가 알림(Notification)으로 인해 액티비티가 실행되는 경우입니다.

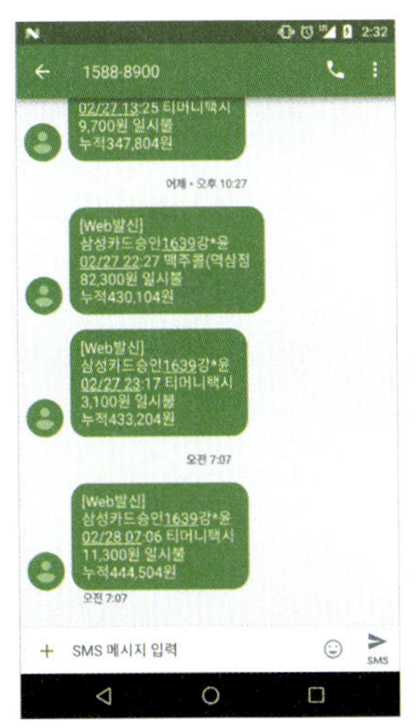


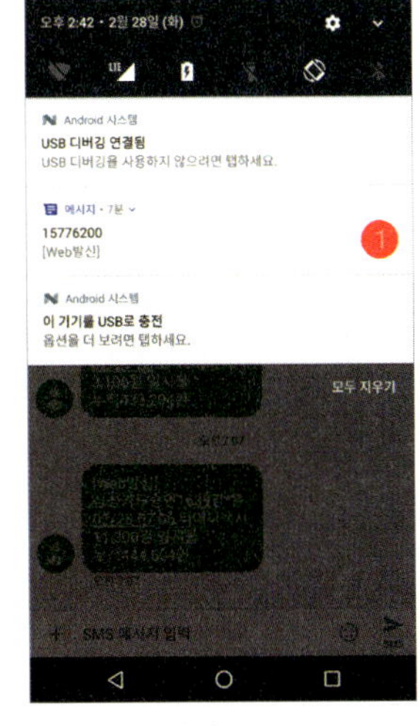

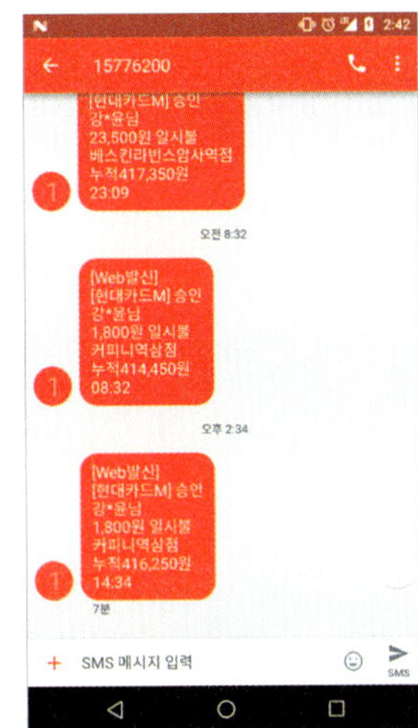


삼성카드 SMS　　삼성카드 SMS　　현대카드 SMS

그림 10-28 알림에 의한 액티비티 실행

예를 들어, 메시지(SMS) 앱의 동작 방식을 보겠습니다. 그림에서 왼쪽처럼 삼성카드에서 온 메시지 내용이 출력되고 있고 사용자가 보고 있다고 생각해 보겠습니다. 그런데 그 상황에서 가운데 그림처럼 현대카드에서 메시지가 전송되어 알림이 떴다고 생각하겠습니다. 사용자가 알림을 누르면 오른쪽 그림처럼 현대카드에서 온 메시지 내용이 보입니다. 이때 메시지 내용을 보여주는 액티비티를 어떻게 실행할까요?

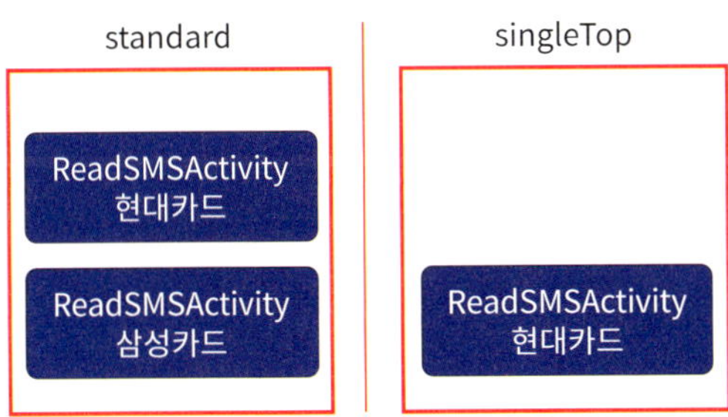


그림 10-29 standard vs singleTop

메시지 상세보기를 제공하는 액티비티의 launchMode를 "standard"로 설정했다면, 알림에 의해 실행될 때 새로운 액티비티가 생성되어 태스크에 저장됩니다(그림 10-29 왼쪽). 그런데 만약 launchMode를 "singleTop"으로 설정했다면 액티비티는 생성되지 않으며 태스크 목록에는 하나의 정보만 저장됩니다(그림 10-29 오른쪽).

launchMode 속성값을 standard로 하든 singleTop으로 하든, 알림에 의한 현대카드의 메시지 내용은 사용자 화면에 잘 나옵니다. 하지만 standard일 때 사용자가 현대카드의 메시지 화면에서 뒤로가기 버튼을 누르면 같은 액티비티가 한 번 더 보이게 됩니다. 그렇게 해도 상관이 없다면 그냥 설정

없이 사용해도 되지만, 내용은 다르더라도 같은 액티비티가 두 번 실행되어 뒤로가기 버튼에 의해 다시 나오는 게 이상하다고 생각되면 singleTop으로 선언해주면 됩니다.

그런데 위에서 예로든 singleTop의 경우는 launchMode 설정만으로 객체 생성 없이 삼성카드의 내용을 보여주다가 알림을 눌렀을 때 현대카드의 메시지 내용으로 전환해야 하는 상황입니다. 객체 생성 없이 객체에서 이 상황을 어떻게 감지할까요? 이런 상황을 위해 onNewIntent()라는 함수를 제공합니다.

```
@Override
protected void onNewIntent(Intent intent) {
    super.onNewIntent(intent);
    // 내용 변경
}
```

singleTop으로 선언하면 태스크 목록에서 액티비티가 최상위에 있을 때 다시 생성 없이 위의 함수만 다시 호출됩니다. 이곳에서 화면의 데이터를 조정하면 됩니다. 그렇다면 singleTop으로 선언된 액티비티가 태스크 목록의 최상위에 있지 않으면 어떻게 될까요? singleTop은 태스크 목록에서 최상위에 있을 때를 위한 제어이므로 최상위에 없을 때는 액티비티가 다시 생성됩니다.

### singleTask

이번에는 singleTask에 대해 살펴보겠습니다. singleTask로 설정한 액티비티는 실행되는 시점에 새로운 태스크 목록을 만들어 그곳에 액티비티 정보를 저장합니다. singleTask 설정은 같은 앱에서는 적용되지 않고, 다른 앱의 액티비티를 인텐트로 실행할 때에만 적용됩니다. 새로운 앱을 실행하지 않은 상태에서 사용자에게 새로운 앱이 실행되었다는 것을 알리고 싶을 때 사용합니다.

예를 들어, 사용자가 FirstApp을 실행하고 MainActivity → OneActivity → TwoActivity까지 실행되는 흐름으로 가정하겠습니다. 앞에서 살펴보았듯이 standard 설정은 하나의 태스크에 3개의 액티비티 정보가 올라와야 하는데요. TwoActivity를 singleTask로 선언해 놓았다면 다음처럼 태스크가 새로 만들어집니다.

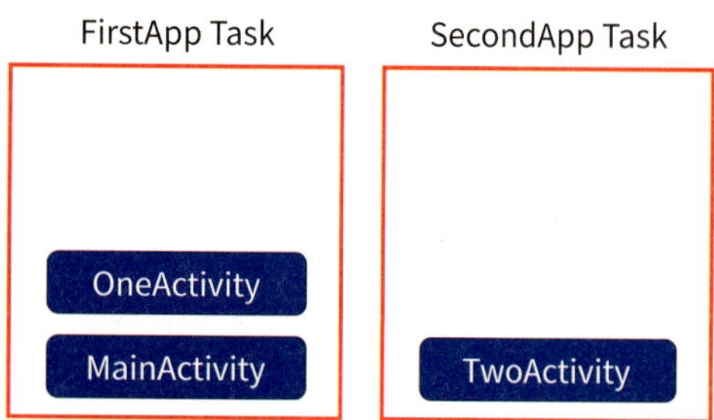


그림 10-30 singleTask

### singleInstance

마지막으로 singleInstance라는 속성입니다. 이 값으로 설정하면 singleTask와 동일하게 새로운 태스크 목록을 만들어 액티비티의 정보를 저장하는데요. singleTask와 다른 점은 singleInstance가 설정된 액티비티 혼자 하나의 태스크를 차지하게 되어 이후에 수행되는 컴포넌트들이 다시 다른 태스크에 쌓이게 된다는 점입니다.

예를 들어, 사용자가 FirstApp을 실행하여 MainActivity → OneActivity → TwoActivity → ThreeActivity까지 실행되는 흐름으로 가정해 보겠습니다.

TwoActivity와 ThreeActivit는 SecondAp에서 제공한다고 가정합니다. 만약 TwoActivity에 singleInstance가 설정되었다면 TwoActivity만 홀로 하나의 태스크를 차지하여 저장됩니다.

그림 10-31 singleInstance

## 10.4. 액티비티를 위한 다양한 설정

액티비티가 출력되는 창(Window)의 다양한 설정을 살펴보겠습니다. 이전에 살펴보았던 Theme 설정으로 가능한 ActionBar의 숨김, 전체화면 모드 등도 창 속성의 설정 중 하나입니다. 여기서는 키보드로 창을 제어하고 API Level 24부터 추가된 다중 창 기능을 중심으로 살펴보겠습니다.

### 10.4.1. 키보드 제어

#### 키보드 보이기와 숨김

안드로이드 폰에서 제공하는 키보드는 크게 하드웨어 키보드와 소프트 키보드로 구분됩니다. 하드웨어 키보드는 스마트폰에서 물리적으로 제공하는 키보드로 우리의 앱에서 창을 제어하는 것과 관련이 없습니다. 그러므로 여기에서는 소프트웨어로 제공하는 소프트 키보드에 대해 살펴보겠습니다. 소프트 키보드는 화면에서 사용자 입력을 위한 EditText나 AutoCompleteTextView 등이 포커스를 받는 순간 자동으로 아래에서 올라옵니다. 자바 코드에서 특정 순간에 키보드를 나타나게 하거나 사라지게 할 수 있으며 이 기능을 제공하는 클래스가 InputMethodManager입니다.

```
InputMethodManager manager=(InputMethodManager)getSystemService(INPUT_METHOD_SERVICE);
```

InputMethodManager 클래스에서 제공하는 showSoftInput() 함수를 이용해 키보드를 보이게 하고, hideSoftInputFromWindow() 함수로 숨깁니다.

- **showSoftInput(View view, int flags)**: 키보드 보임
- **hideSoftInputFromWindow(IBinder windowToken, int flags)**: 키보드 숨김

주의할 점은 showSoftInput() 함수의 첫 번째 매개변수로 글이 입력될 뷰를 지칭하는데, 입력 대상이 되는 뷰에 포커스가 없는 상태라면 키보드가 나타나지 않습니다. 이처럼 현재 포커스가 없는 EditText에 입력되게 키보드를 보이려면 requestFocus() 함수를 이용하여 포커스를 요청한 후 showSoftInput() 함수로 키보드가 나타나게 하면 됩니다.

```
binding.showButton.setOnClickListener(view -> {
    binding.editText.requestFocus();
    manager.showSoftInput(binding.editText, InputMethodManager.SHOW_IMPLICIT);
});
binding.hideButton.setOnClickListener(view -> {
    manager.hideSoftInputFromWindow(getCurrentFocus().getWindowToken(),
            InputMethodManager.HIDE_NOT_ALWAYS);
});
```

코드에서 특정 순간에 키보드를 보이거나 사라지게 하는 방법은 위의 showSoftInput() 함수와 hideSoftInputFromWindow() 함수를 이용하는 방법 이외에 toggleSoftInput() 함수를 이용하는 방법도 있습니다.

- toggleSoftInput(int showFlags, int hideFlags):

toggleSoftInput() 함수는 현 상황과 반대로 키보드를 제어합니다. 현 상황에서 키보드가 안 보이면 보이게 하고, 보이면 사라지게 합니다.

### 키보드로 액티비티 화면 조정

액티비티 화면에서 키보드가 보이면 액티비티가 차지하던 영역에 변화가 생깁니다. 키보드에 일정 정도의 면적을 할당해야 하므로 액티비티 자체를 어떻게 변경할 것인지를 설정해야 합니다.

- **기본(설정 안 된 경우)**: adjustUnspecified와 stateUnspecified가 적용
- **adjustPan**: 키보드가 올라올 때 입력 EditText에 맞춰 화면을 위로 올림
- **adjustResize**: 키보드가 올라올 때 액티비티의 크기 조정
- **adjustUnspecified**: 시스템이 알아서 상황에 맞는 옵션 설정
- **stateHidden**: 액티비티 실행 시 키보드가 자동으로 올라오는 것 방지
- **stateVisible**: 액티비티 실행 시 키보드가 자동으로 올라옴
- **stateUnspecified**: 시스템이 적절한 키보드 상태를 설정하거나 테마에 따라 설정

우선 adjustPan으로 설정하는 예를 살펴보겠습니다.

```
<activity
    android:name=".KeyboardActivity"
    android:exported="true"
    android:windowSoftInputMode="adjustPan">
```

adjustPan으로 설정하고 액티비티를 실행하면 키보드가 올라올 때 EditText에 글 입력이 가능하도록 화면을 위로 올려줍니다.

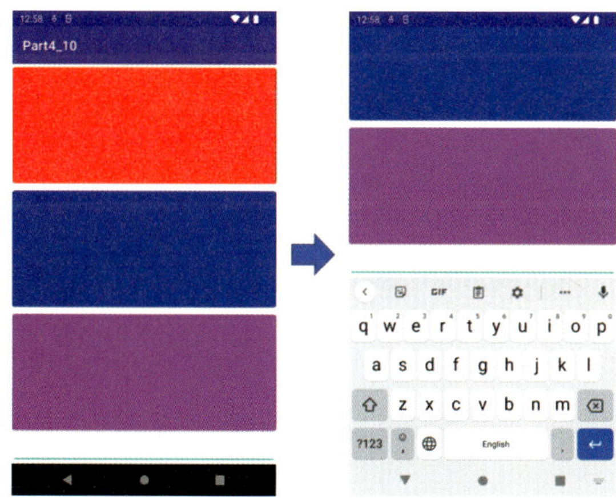


그림 10-32 adjustPan

그런데 그림 10-32를 보면 액티비티의 초기 상태에 키보드가 올라오지 않았습니다. stateVisible으로 액티비티가 실행되는 초기에 키보드가 자동으로 올라와 있도록 설정합니다. 물론 자동으로 키보드가 올라오게 하려면 EditText가 포커스를 가지는 상태이어야 하며, 뷰에 포커스를 지정하는 함수는 requestFocus() 입니다.

```
<activity
    android:name=".KeyboardActivity"
    android:exported="true"
    android:windowSoftInputMode="adjustPan|stateVisible">
```

이번에는 adjustResize로 설정하는 예입니다.

```
<activity
    android:name=".KeyboardActivity"
    android:exported="true"
    android:windowSoftInputMode="adjustResize">
```

adjustResize로 지정하면 키보드를 위해 액티비티 크기를 조정하게 됩니다.

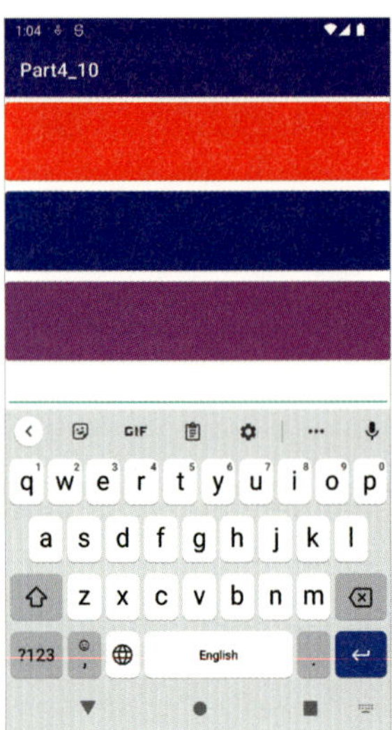


그림 10-33 adjustResize

전체 액티비티 화면을 위로 밀어 올린 게 아니라, 크기를 재조정하면서 키보드가 올라왔습니다. 그런데 초기 상태에 키보드가 자동으로 올라왔습니다. 때에 따라 초기에 키보드가 자동으로 올라오지 않게 설정해야 하는 경우가 있습니다. 이때 stateHidden을 함께 설정합니다.

```
<activity
    android:name=".KeyboardActivity"
    android:exported="true"
    android:windowSoftInputMode="adjustResize|stateHidden">
```

이렇게 설정하면 초기 상태는 키보드가 안 보이며 EditText에 포커스를 주는 순간 크기가 재조정되어 올라오게 됩니다.

## 10.4.2. 화면 방향과 전체화면

### 화면 방향

스마트폰은 사용자가 기기를 회전함에 따라 화면이 자동으로 회전합니다. 그런데 앱을 작성하다 보면 화면을 세로나 가로 방향으로 고정해야 할 때가 있습니다. 액티비티의 screenOrientation 속성만으로 쉽게 액티비티의 방향을 고정할 수 있습니다.

```
<activity
    android:name=".KeyboardActivity"
    android:exported="true"
    android:screenOrientation="portrait">
```

그런데 만약 액티비티의 사용자에 의한 화면 회전이 가능한 상황이라면 화면이 회전되는 순간을 자바 코드에서 감지할 수 있을까요? 이를 지원하기 위한 속성이 configChanges입니다.

```
<activity
    android:name=".KeyboardActivity"
    android:exported="true"
    android:configChanges="orientation|screenSize">
```

configChanges 속성은 액티비티의 각종 환경이 변경되었을 때 액티비티의 콜백 함수를 호출하기 위해 사용됩니다. 다음은 이 속성값으로 orientation|screenSize를 지정하여 화면이 회전할 때 콜백 함수가 호출되게 하는 코드입니다.

```
@Override
public void onConfigurationChanged(@NonNull Configuration newConfig) {
    super.onConfigurationChanged(newConfig);
    if(newConfig.orientation == Configuration.ORIENTATION_PORTRAIT){
        Log.d("kkang","portrait......");
    }else {
        Log.d("kkang","landscape.....");
    }
}
```

configChanges 속성에 의해 등록된 환경이 변경되는 순간 호출되는 액티비티의 콜백 함수는 onConfigurationChanged()입니다.

액티비티를 전체화면으로 표시한다는 것은 액티비티의 콘텐츠 영역을 화면 전체에 나오게 한다는 의미입니다. 액션바는 출력되지 않으며, 액티비티의 내용이 상태바(status bar)의 영역까지 차지하도록 화면을 구성합니다.

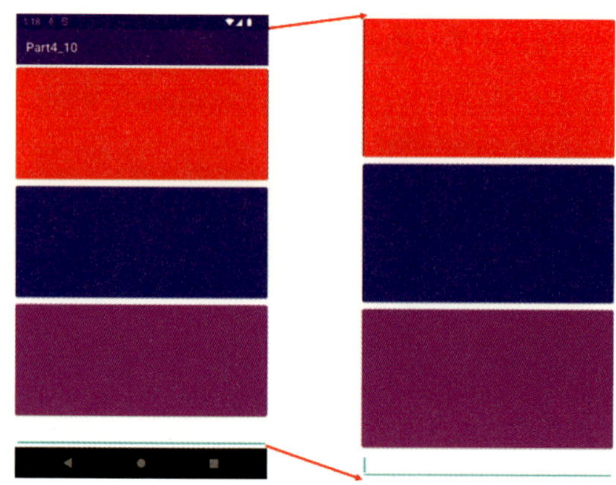


그림 10-34 전체화면 출력

액티비티를 전체화면으로 설정하기 위해서는 먼저 액티비티의 액션바가 출력되지 않도록 테마를 적용해야 합니다.

```
<activity
    android:name=".KeyboardActivity"
    android:exported="true"
    android:theme="@style/Theme.MaterialComponents.DayNight.NoActionBar">
```

그리고 화면 상단의 시간이 나오는 상태바 영역과 화면 하단의 시스템 버튼이 출력되는 네비게이션바 영역에 윈도우 내용이 나오도록 코드에서 제어해주어야 합니다.

제어하는 방법은 API Level 30에서 변경되었습니다. API Level 29까지는 Window 객체의 setFlags() 함수를 이용하였지만 deprecated 되었으며, 30버전부터 WindowInsetsController 객체에 의해 설정됩니다.

```
if(Build.VERSION.SDK_INT >= Build.VERSION_CODES.R){
    Window window = getWindow();
    WindowInsetsController controller = window.getInsetsController();
    if(controller != null){
```

```
        controller.hide(WindowInsets.Type.statusBars()|WindowInsets.Type.navigationBars());
    }else {
        getWindow().setFlags(WindowManager.LayoutParams.FLAG_FULLSCREEN,
                WindowManager.LayoutParams.FLAG_FULLSCREEN);
    }
}
```

위의 코드에서 WindowInsetsController 객체의 hide() 함수로 윈도우에 기본으로 출력되는 상태바와 네비게이션바가 나오지 않도록 설정했습니다. hide() 함수에 WindowInsets.Type.statusBars()|WindowInsets.Type.navigationBars()로 지정하여 설정했으며, 원한다면 이 중 하나만 지정해도 됩니다.

## [실습 10-3] 액티비티 설정

Step by Step

앞에서 설명한 액티비티의 설정을 테스트해 보겠습니다. 액티비티 설정이 자주 이용되기는 하지만, 자바 코드의 알고리즘을 이용하는 것은 아니므로 여기서는 필자가 제공하는 파일을 복사하여 간단하게 테스트를 진행하겠습니다.

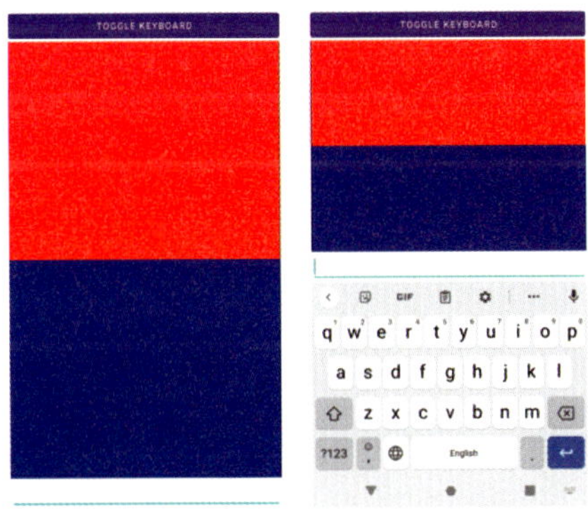

그림 10-35 결과 화면

### Step 1 _ 액티비티 생성

part4_10 모듈에 "Lab10_3Activity"의 이름으로 새로운 액티비티를 만듭니다. 편의를 위해 액티비티를 만들 때 'Launcher Activity' 체크박스를 체크하고 'Source Language'는 Java로 설정합니다.

### Step 2 _ 파일 복사

실습을 위해 필자가 제공한 파일을 복사합니다. 10장-Lab3 폴더의 activity_lab103.xml 파일을 res/layout 폴더에 복사합니다.

### Step 3 _ Lab10_3Activity 작성

액티비티 설정과 관련된 다양한 테스트를 진행하기 위해 복사했던 Lab10_3Activity를 다음처럼 작성합니다.

**Lab10_3Activity.java**

```
public class Lab10_3Activity extends AppCompatActivity {

    @Override
    protected void onCreate(Bundle savedInstanceState) {
        super.onCreate(savedInstanceState);
        ActivityLab103Binding binding = ActivityLab103Binding.inflate(getLayoutInflater());
        setContentView(binding.getRoot());

        InputMethodManager manager=(InputMethodManager)getSystemService(INPUT_METHOD_SERVICE);

        binding.lab3Button.setOnClickListener(view -> {
            manager.toggleSoftInput(InputMethodManager.SHOW_IMPLICIT, 0);
        });

        if(Build.VERSION.SDK_INT >= Build.VERSION_CODES.R){
            Window window = getWindow();
            WindowInsetsController controller = window.getInsetsController();
            if(controller != null){
controller.hide(WindowInsets.Type.statusBars()|WindowInsets.Type.navigationBars());
            }else {
                getWindow().setFlags(WindowManager.LayoutParams.FLAG_FULLSCREEN,
                        WindowManager.LayoutParams.FLAG_FULLSCREEN);
            }
        }


    }
}
```

## Step 4 _ AndroidManifest.xml 작성

AndroidManifest.xml 파일 내에 Lab10_3Activity가 등록된 activity 태그 부분을 다음처럼 설정합니다.

**AndroidManifest.xml**

```
<activity
    android:name=".Lab10_3Activity"
    android:exported="true"
    android:theme="@style/Theme.MaterialComponents.DayNight.NoActionBar"
    android:windowSoftInputMode="adjustResize">
    <intent-filter>
        <action android:name="android.intent.action.MAIN" />

        <category android:name="android.intent.category.LAUNCHER" />
    </intent-filter>
</activity>
```

## Step 5 _ Lab10_3Activity.java 실행

Lab10_3Activity.java 파일에 마우스 오른쪽을 누르고 [Run 'Lab10_3Activity'] 메뉴로 실행합니다.

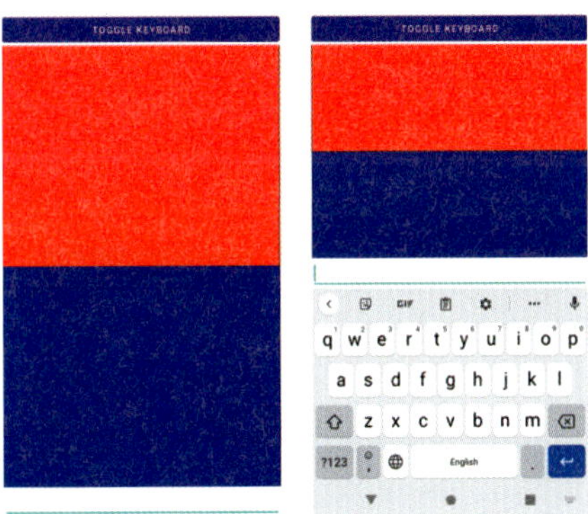

그림 10-36 결과 화면

# 10.5. ANR과 스레드–핸들러

## 10.5.1. 액티비티 ANR

액티비티 ANR(Application Not Responding)이란, 액티비티가 사용자 이벤트에 반응하지 못하는 상황을 이야기합니다. 액티비티가 화면에 출력된 상황에서 사용자 이벤트에 5초 이내에 반응하지 못하면 시스템에서 액티비티를 강제로 종료합니다. ANR은 안드로이드 앱을 수행하다 보면 자주 겪게 되는데요. 다음 화면처럼 에러 메시지가 나오면서 종료됩니다.

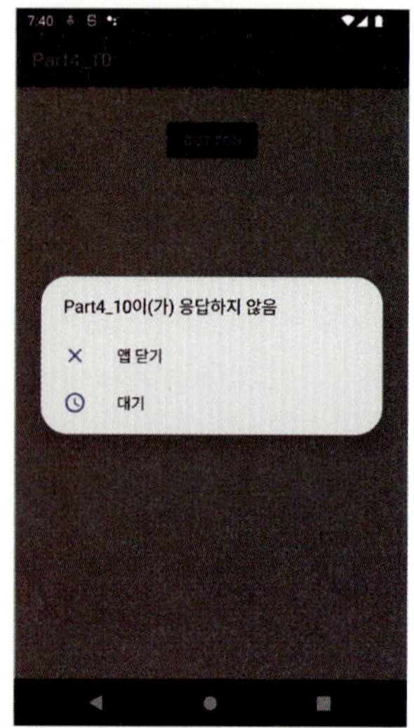

그림 10–37 ANR

액티비티가 종료되면 사용자는 앱을 통해 정상 서비스를 받을 수 없을 뿐 아니라, 앱의 버그라고 생각할 수밖에 없습니다. 이는 개발자가 앱을 개발할 때 주의를 기울여야 하는 부분이기도 합니다. 그럼 왜 액티비티가 사용자 이벤트에 5초 이상 반응하지 못하는 걸까요? 이러한 원인은 대부분 개발자 관점에서 정상적인 경우가 많습니다.

액티비티 내에서 특정 업무처리 로직을 수행하는 데 시간이 오래 걸려 사용자의 이벤트를 처리하지 못하고 5초가 지나게 되는 상황입니다. 결국, 여기서 다루는 내용은 시간이 오래 걸리는 작업이 수행된다고 하더라도 사용자 이벤트에 바로 반응하는 앱을 작성하기 위한 규칙으로 이해할 수 있습니다.

**깡쌤! 질문 있어요!**

**Q. 시간이 오래 걸리는 업무가 있을 때는 Service를 작성하여 수행시키면 되지 않나요? 그러면 액티비티에는 시간이 오래 걸리는 작업이 없지 않나요?**

A. 물론 불가능한 방법은 아닙니다. 시간이 오래 걸리는 작업을 Service에서 수행하게 해서 해결할 수 있습니다. 하지만 이후 Service에서 조금 더 자세히 이야기하겠지만, 시간이 오래 걸린다고 해서 무조건 Service를 만들어 처리하는 건 좋지 않을 수 있습니다. 시간이 오래 걸린다고 하더라도 그 작업 자체가 앱의 화면이 출력되고 있는 상황에서만 필요한 작업이며, 앱이 화면을 점유하지 못하고 다른 앱에 가려진 상황에서는 의미 없는 작업이라면 Service를 만들어 처리하지 않고 액티비티에서 처리하는 게 좋습니다. Service는 작성 시 많은 주의를 기울여야 하는 컴포넌트이며 자칫 잘못 작성하면 사용자에게 악성 앱이 되기 쉬운 컴포넌트이므로 불필요하게 Service를 만드는 건 좋지 않습니다. 액티비티가 감당할 수 있는 작업인데 시간이 오래 걸린다는 이유만으로, ANR을 피할 목적으로 Service를 만드는 건 좋은 방법이 아닙니다.

그러면 액티비티에서 이런 상황이 자주 발생할까요? 요즘처럼 고성능의 스마트폰에서 5초 이상 업무를 처리해야 할 상황이 빈번하지 않을 것처럼 보이지만, 이 문제는 자주 발생합니다. 앱에서 처리하려는 데이터 크기가 워낙 커서 시간이 오래 걸릴 때도 있겠지만, 가장 대표적으로 액티비티에서 ANR 문제를 발생시키는 부분이 네트워킹입니다.

서버 연동을 위한 네트워킹은 HTTP 프로토콜을 이용하거나 TCP/IP 프로토콜을 이용하는데, 서버 요청부터 응답까지 대부분 1~2초 이내에 처리되므로 5초까지 시간이 걸리지 않는다고 생각하기 쉽습니다. 따라서 ANR 문제를 고려하지 않고 작성하는 경우가 많은데요. 하지만 이렇게 작성하면 앱은 수시로 ANR 문제가 발생합니다. 유선 네트워킹에서는 신뢰할 수 있는 네트워크 연결을 이용하므로 빠르게 처리될 수 있지만, 모바일처럼 무선 네트워크를 사용하는 경우는 시간이 오래 걸린다고 생각해야 합니다.

스마트폰은 손에 들고 다니는 장치(handheld device)이므로 이동 중에 이용할 수 있으며, 여전히 통화가 안 되는 지역이 너무 많고 빈번하게 네트워킹이 안 되는 상황이 발생합니다. 정상적인 상황에서 네트워크 연결과 데이터를 읽고 쓰기가 1~2초 이내에 처리되던 것이 5초 이상의 시간이 걸릴 수도 있습니다.

**깡쌤! 질문 있어요!**

**요즘 네트워크망이 좋은데 그렇게까지 신경 써야 하는 건 개발자의 과도한 걱정 아닌가요?**

과도하게 걱정해 주세요. 아무리 이동통신사 망이 좋고 와이파이를 이용한다고 하더라도 네트워킹이 안 되는 상황은 너무 빈번한 것 같습니다. 버튼을 누르면 서버 연동을 통해 데이터를 받아와야 하는 업무가 있는데 사용자가 버튼을 누르면서 엘리베이터를 탔다면 어떨까요? 요즘도 엘리베이터에서는 네트워크가 안 되는 곳이 많습니다. 또 이동통신사 망을 이용하다가 와이파이망으로 갈아타는 상황에서 서버 연동이 필요하다면 어떨까요? 1~2초 안에 와이파이에 접속할 수 있지만, 때로는 와이파이망 접속에 시간이 오래 걸릴 수 있습니다. 또한, 우리가 만드는 앱이 글로벌 앱이라면 어떨까요? 아직 해외의 많은 국가에서는 네트워크가 여전히 느리고 오래 걸릴 수 있습니다. 결국, 네트워크망이 좋다고 해서 이 문제를 고려하지 않고 작성하면 사용자는 "이 앱은 수시로 죽네!!"라고 불평할 수 있습니다. 그냥 고민하지 말고 액티비티의 네트워킹은 무조건 ANR을 고려해서 작성한다고 생각하는 게 좋을 것 같습니다.

## 10.5.2. RxJava를 이용한 ANR 해결

액티비티에서 업무처리를 하느라 5초 이상 사용자 이벤트를 처리하지 못하는 건 액티비티의 수행 흐름이 있기 때문입니다. 인텐트가 발생하여 액티비티가 생성되고 onCreate() 함수부터 차례대로 호출되는 액티비티의 수행 흐름으로, 시간이 오래 걸리는 작업이 있을 때는 사용자 이벤트 처리가 안 되는 것입니다.

결국, ANR 문제를 해결하기 위해 비동기 프로그램을 구축해야 합니다. 비동기 프로그램이란, 이렇게 하나의 업무가 수행되는 동안 다른 업무가 대기 상태에 들어가지 않고 동시에 실행되도록 하는 프로그램을 의미합니다.

비동기 프로그램 중 대표적인 것이 스레드 프로그램이며, 스레드 프로그램을 이용하면 ANR을 해결할 수 있습니다. 안드로이드 개발을 할 때도 많이 사용되었던 방법입니다. 하지만 스레드 프로그램을 이용하는 Thread-Handler와 AsyncTask 등의 방법이 안드로이드 11버전에서 모두 deprecated 되었습니다. 그리고 코루틴(coroutine) 사용을 권장하고 있습니다.

코루틴은 안드로이드 자체에서 제공하는 기능이 아니라 코틀린 언어에서 제공하는 기능입니다. 안드로이드 개발을 자바로 할 때도 코루틴을 사용할 수는 있지만 효율성이 떨어집니다. 그러므로 본 책에서는 개발자들에게 오랜 시간 많이 사용되고 있는 RxJava를 이용한 비동기 프로그램을 소개해보려고 합니다. 물론 RxJava에 대한 내용도 별도의 책 한 권이 나올 수 있을 정도로 많아 ANR 문제를 해결하기 위한 방법의 예시로만 살펴보려고 합니다.

### RxJava

RxJava에서 'Rx'는 Reactive의 약어로, 반응형 프로그래밍(reactive programming)을 통칭하는 단어로 사용됩니다. 이 반응형 프로그래밍 방식을 자바 언어에서 지원하는 라이브러리가 바로 RxJava이며, 자바스크립트에서 지원하는 라이브러리는 RxJS입니다. 이렇게 언어마다 반응형 프로그래밍을 지원하는 별도의 Rx 라이브러리가 있습니다.

반응형 프로그래밍을 비동기식 데이터 흐름을 사용한 프로그래밍이라고 설명합니다. 즉, 반응형 프로그래밍은 비동기 프로그램을 제공하기 위해 사용하는 방식입니다.

안드로이드에서 RxJava는 build.gradle 파일에 아래와 같이 dependencies로 설정합니다.

```
implementation 'io.reactivex.rxjava3:rxandroid:3.0.0'
implementation 'io.reactivex.rxjava3:rxjava:3.0.0'
```

반응형 프로그래밍은 Observable과 Observer로 구분됩니다. Observable에서 어떤 업무가 처리되고 데이터가 발생하며, Observer는 그 업무처리 상태를 확인하거나 데이터를 획득해야 하는 역할자입니다. Observer가 Observable에 자신을 등록하여 Observable의 결과를 구독(subscribe)하는 구조입니다.

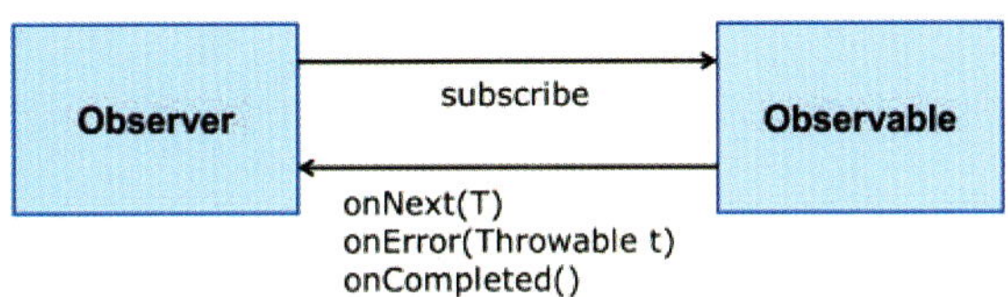


그림 10-38 Observable과 Observer 구조

Observable은 Observable.create() 함수로 만들며, 이 함수의 매개변수로 ObservableOnSubscribe를 구현한 객체를 지정합니다.

```
Observable observable = Observable.create(new ObservableOnSubscribe<Integer>() {
    @Override
    public void subscribe(@NonNull ObservableEmitter<Integer> emitter) throws Throwable {
        try {
            for(int i = 0; i < 3; i++){
                Log.d("kkang", "observer emit "+ i);
                emitter.onNext(i);
                Thread.sleep(1000);
            }
        }catch (Exception e){
            e.printStackTrace();
            if(!emitter.isDisposed())
                emitter.onError(e);
        }finally {
            if(!emitter.isDisposed())
                emitter.onComplete();
        }
    }
});
```

ObservableOnSubscribe<Integer>처럼 제네릭으로 선언된 부분은 Observable이 발행하는 데이터 타입입니다. ObservableOnSubscribe 인터페이스의 subscribe() 함수를 오버라이드하여 이곳에 비동기적으로 처리되어야 하는 로직을 담습니다. 그리고 Observer에게 데이터를 전달할 때는 subscribe() 함수의 매개변수로 전달된 ObservableEmitter 객체를 이용하며, 이 객체의 onNext() 함수를 이용해 전달합니다.

위의 코드처럼 Observable이 준비되어 있다면, 이제 Observable이 발행한 데이터를 획득할 Observer를 구현해야 합니다. 아래의 Observer는 Observer 인터페이스를 구현한 객체입니다.

```
observable.subscribe(new Observer() {
    @Override
    public void onSubscribe(@NonNull Disposable d) {
        Log.d("kkang","onSubscribe...");
    }

    @Override
    public void onNext(@androidx.annotation.NonNull Object o) {
        Log.d("kkang","onNext..."+ (Integer)o);
    }

    @Override
    public void onError(@NonNull Throwable e) {
        Log.d("kkang","onError...");
    }

    @Override
    public void onComplete() {
        Log.d("kkang","onComplete...");
    }
});
```

Observer를 구현한 객체를 Observable의 subscribe() 함수의 매개변수로 지정하면, Observable에서 데이터가 발생하거나 에러가 발생하는 등의 다양한 상황에서 Observer의 알맞은 함수가 호출됩니다.

이렇게 RxJava의 코드를 간단히 살펴보았습니다. 안드로이드 프로그램에서 ANR 문제가 생기면, 코드를 Observable에 구현하고 이를 Observer로 이용하여 해결할 수 있습니다.

# 11장

# 브로드캐스트 리시버와 서비스

이번 장에서는 브로드캐스트 리시버와 서비스에 대해서 살펴봅니다. 브로드캐스트 리시버(BroadcastReceiver)는 인텐트의 동작 원리만 알고 있다면 안드로이드의 4가지 컴포넌트 중 가장 쉽게 이해할 수 있습니다. 개발을 할 때 빈번하게 이용하는 컴포넌트이기도 합니다. 특히 시스템의 특정 상황을 알려야 할 때 많이 사용합니다.

서비스는 장시간 백그라운드에서 수행해야 하는 업무를 담당하는 컴포넌트입니다. 브로드캐스트 리시버와 서비스를 작성하기 위해서는 안드로이드의 백그라운드 제약에 관한 내용도 정리가 되어야 합니다. 이번 장에서 이와 관련된 내용을 살펴보겠습니다.

# 11.1. 브로드캐스트 리시버

## 11.1.1. 브로드캐스트 리시버 이해

브로드캐스트 리시버를 흔히 "이벤트 모델로 수행되는 컴포넌트"라고 부릅니다. 이벤트 모델로 수행되는 컴포넌트가 뭘까요? 브로드캐스트 리시버를 제대로 이해하려면 인텐트(Intent)에 대한 이해가 선행되어야 합니다. 안드로이드 컴포넌트 중 액티비티, 서비스, 브로드캐스트 리시버는 인텐트에 의해 실행됩니다(단, 콘텐츠 프로바이더와 인텐트는 상관이 없습니다. 이후에 다룹니다).

자바 코드에서 인텐트를 준비하고 시스템에 의뢰하면 시스템에서 인텐트 정보에 맞는 컴포넌트를 실행하는 구조입니다. 그런데 액티비티, 서비스, 브로드캐스트 리시버의 인텐트 동작 원리가 각각 다릅니다. 브로드캐스트 리시버 인텐트의 동작 원리를 이해하기 위해 이전에 살펴보았던 액티비티 인텐트의 동작 원리를 먼저 살펴보겠습니다.

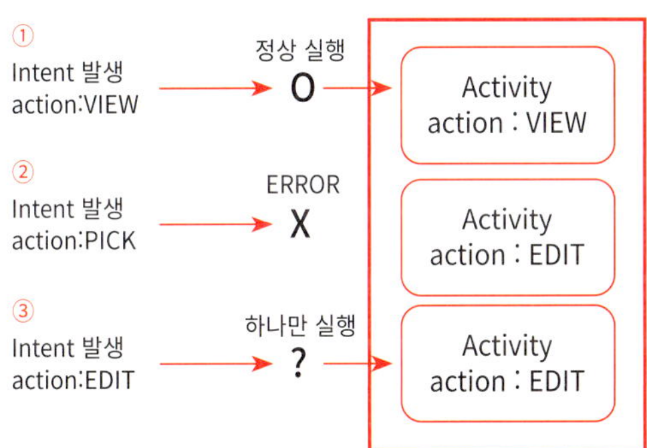


그림 11-1 액티비티 인텐트

그림 11-1은 액티비티를 실행하는 인텐트를 설명한 그림입니다. 그림에서 오른쪽 3개의 액티비티가 각각의 action 문자열로 시스템에 등록된 상황이라는 가정입니다. ①번 예처럼 action 문자열을 VIEW로 하여 액티비티 인텐트가 발생하였고, 시스템에 이 인텐트로 인해 실행할 액티비티가 하나일 때는 해당 액티비티가 정상으로 실행됩니다. 그런데 ②번 예처럼 인텐트 정보와 맞는 액티비티가 하나도 없을 때는 인텐트가 발생한 곳에서 에러가 생깁니다. 또한, ③번 예처럼 인텐트를 발생하였는데 실행할 액티비티가 두 개 이상이라면 사용자 선택으로 하나만 실행됩니다.

**깡쌤! 질문 있어요!**

**Q 사용자 선택으로 액티비티가 실행된다는 게 뭔가요?**

**A** 안드로이드 폰 사용자라면 그림 11-2와 같은 화면을 자주 보았겠지요?
무언가를 실행하려고 하는데 실행되지 않고 그림 11-2처럼 다이얼로그나 Bottom Sheet에 의해 어느 것을 이용할지 묻는 화면을 자주 보았을 겁니다. 이 화면은 인텐트가 발생했는데 인텐트에 의해 수행될 액티비티가 여러 개일 때 시스템이 띄우는 화면입니다. 시스템에서 사용자에게 어느 것을 실행할 것인지 묻는 거죠. 한 화면에 여러 액티비티를 모두 실행할 수 없으므로 사용자 선택으로 하나만 실행하게 됩니다.

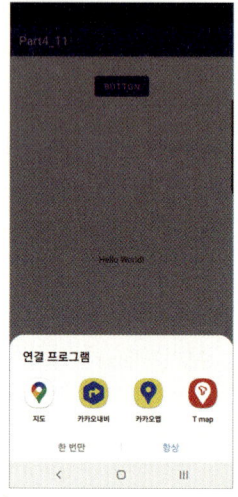


그림 11-2 사용자 선택으로 액티비티 실행

액티비티는 화면이 출력되는 컴포넌트이므로 이렇게 동작하는 게 당연한데, 브로드캐스트 리시버의 동작 원리는 다릅니다. 인텐트가 발생할 때 실행될 브로드캐스트 리시버가 없다고 하더라도 에러가 발생하지 않으며, 브로드캐스트 리시버가 여러 개라면 모두 실행됩니다. 따라서 흔히 브로드캐스트 리시버를 "이벤트 모델로 수행되는 컴포넌트"라고 부릅니다.

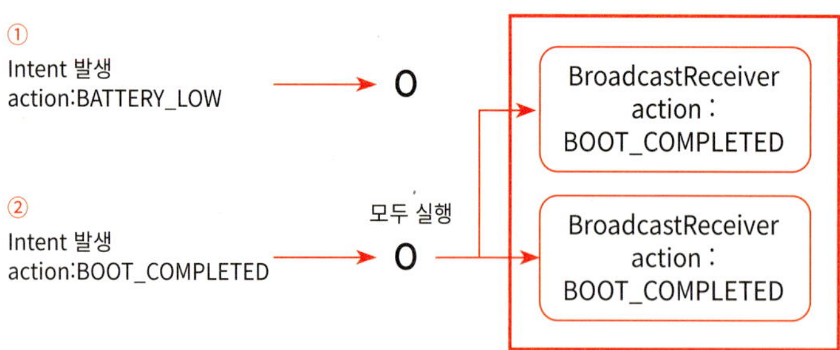


그림 11-3 브로드캐스트 리시버 인텐트

①번 예처럼 브로드캐스트 리시버를 실행하기 위한 인텐트가 발생하였는데, 시스템에 해당 인텐트 정보로 실행할 브로드캐스트 리시버가 없으면 아무 일도 발생하지 않습니다. 그런데 ②번 예처럼 인텐트 발생으로 실행할 브로드캐스트 리시버가 여러 개라면 모두 실행됩니다. "없으면 말고, 있으면 모두 실행하고" 이 말로 브로드캐스트 리시버 인텐트를 이해하면 됩니다.

## 깡쌤! 질문 있어요!

**인텐트로 인해 실행될 브로드캐스트 리시버가 없으면 에러 나지 않고 아무 문제가 없다? 그런 경우가 있을까요? 왜 없는 브로드캐스트 리시버를 인텐트로 발생시키나요?**

안드로이드는 인텐트로 앱 내부의 컴포넌트뿐 아니라 외부 앱의 컴포넌트까지 실행하는 구조입니다. 내부 앱은 브로드캐스트 리시버가 있는지 없는지 판단할 수 있지만, 외부 앱은 없을 수도 있습니다. 가장 큰 예가 시스템에서 브로드캐스트 리시버를 실행하려고 띄우는 인텐트입니다. 예로 하나만 들어 봅시다.

안드로이드는 스마트폰의 배터리가 부족한 상황이 되면 시스템에서 브로드캐스트 리시버를 실행하기 위한 인텐트가 발생합니다. 이 인텐트로 인해 각 앱의 브로드캐스트 리시버가 실행되어 앱에 배터리가 얼마 남지 않았음을 알려줍니다. 그런데 만약 스마트폰에 설치된 모든 앱에서 이에 반응하기 위한 브로드캐스트 리시버를 만들지 않은 상황이 발생한다면 어떨까요? 아무 일도 없겠지요. 내부적으로 에러도 발생하지 않습니다. 이처럼 외부 앱 연동 상황이 빈번하다 보니 브로드캐스트 리시버가 있을 수도 있고 없을 수도 있는 상황은 많습니다. "있으면 실행하고 없으면 말고" 식의 인텐트 발생이 필요하게 됩니다.

**그럼 인텐트로 인해 여러 브로드캐스트 리시버가 실행되어야 하는 상황은요? 그런 경우가 있을까요?**

앱 내부에서야 필요한 기능의 브로드캐스트 리시버를 하나만 만들면 되고, 그 브로드캐스트 리시버만 실행하면 됩니다. 하지만 외부 앱 연동 시 여러 앱에서 특정 인텐트에 반응할 브로드캐스트 리시버를 만들 수도 있습니다. 여러 가지 예가 있습니다만 대표적으로 부팅 완료 시점에 시스템에서 띄우는 인텐트 이야기를 해보겠습니다.

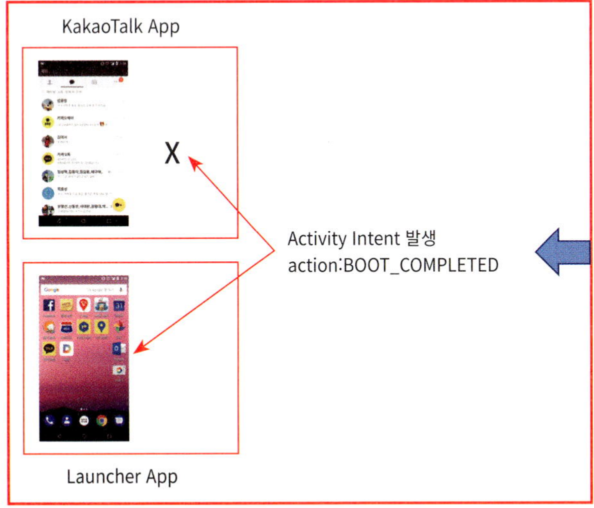


그림 11-4 부팅 완료 시 액티비티 실행 가정

그림 11-4는 부팅이 완료되는 시점에 앱이 수행되는 상황을 가정한 것입니다. 부팅 완료 시 런처 화면(바탕화면)이 보이는데, 안드로이드에서는 모든 앱이 평등하다는 사상으로 개발되므로 런처 화면은 런처 앱의 액티비티고, 이 액티비티도 인텐트로 인해 실행됩니다. 이렇게 이해하면 결과적으로 부팅 완료 시점에 시스템에서 발생하는 인텐트로 인해 런처 앱의 액티비티가 실행되었다고 해석할 수 있습니다.

그런데 서드파티 밴더의 앱들도 부팅 완료 시점에 동작해야 하는 경우도 많습니다. 대표적인 앱이 카카오톡입니다. 카카오톡은 사용자가 앱을 실행하지 않아도 부팅 완료와 동시에 서버에 접속해야 채팅을 제공할 수 있습니다. 만약 부팅 완료 시점에 시스템에서 띄우는 인텐트가 액티비티를 실행하는 인텐트라면, 액티비티는 하나밖에 실행되지 않으므로 결국, 런처 앱의 액티비티가 실행된다면 나머지 앱(카카오톡)은 실행될 수 없다는 이야기입니다.

그럼 어떻게 부팅 완료 시점에 서드파티 밴더의 앱이 실행되는 걸까요? 이유는 시스템에서 부팅 완료 시점에 실행하는 인텐트가 액티비티 인텐트가 아닌 '브로드캐스트 인텐트'이기 때문입니다. 브로드캐스트 인텐트가 발생하면 브로드캐스트 리시버가 여러 개여도 모두 실행됩니다.

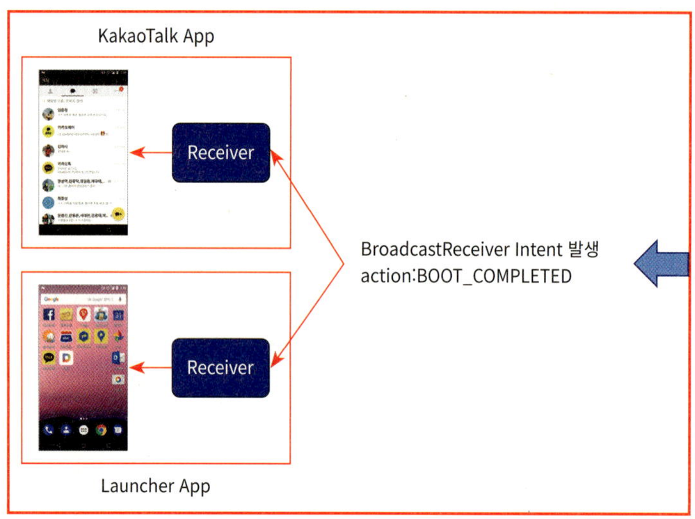


그림 11-5 부팅 완료 시 브로드캐스트 인텐트 발생

안드로이드 시스템은 부팅이 완료될 때 브로드캐스트 인텐트를 발생시킵니다. 따라서 런처 앱의 브로드캐스트 리시버가 실행되고, 다시 브로드캐스트 리시버에서 액티비티를 실행하여 런처 화면이 나옵니다. 이 구조대로 카카오톡 같은 서드파티 밴더의 앱들도 부팅 완료 시점에 동작할 브로드캐스트 리시버를 만들어 놓으면 부팅이 완료될 때 수행할 수 있다는 이야기입니다.

이처럼 하나의 인텐트 발생으로 여러 앱이 함께 동작해야 하는 상황은 많습니다. 따라서 브로드캐스트 리시버는 가치가 있는 것입니다.

"없으면 말고, 있으면 모두 실행하고" 형태로 실행되는 원리를 이해하였다면, 브로드캐스트 리시버 내부에 구현해야 할 내용은 무엇일까요? 정답부터 말하자면 브로드캐스트 리시버는 특정한 목적의 업무를 담당하기 위해 정의된 컴포넌트가 아닙니다. 액티비티는 화면 출력이 목적이며, 서비스는 백그라운드 업무 로직 구현이 목적이고, 콘텐츠 프로바이더는 앱 간의 데이터 공유가 목적입니다. 하지만 브로드캐스트 리시버는 특정한 목적의 업무는 없습니다.

브로드캐스트 리시버는 특정 업무를 처리하기에 부적절합니다. 인텐트로 인해 한 번 생성되어 실행된 브로드캐스트 리시버는 10초 이내에 업무 처리가 종료되어야 한다는 규칙이 있습니다. 결국 시간 제약도 있고 메모리에 지속하지도 않으므로 대단한 업무를 진행할 수 없습니다.

단지, 브로드캐스트 리시버는 이벤트 모델(없으면 말고, 있으면 모두 실행하고)로 수행되는 컴포넌트가 필요해서 만들어 놓은 것입니다. 대부분 간단한 업무만 처리하거나 아니면 브로드캐스트 리시버에서 다른 액티비티나 서비스를 실행하는 역할로만 사용됩니다. 결국, 이런 이유로 인텐트에 대한 수행 원리만 이해한다면 4개의 컴포넌트 중 가장 쉽게 이용할 수 있습니다

### 11.1.2. 브로드캐스트 리시버 작성 방법

브로드캐스트 리시버는 BroadcastReceiver를 상속받아 작성하는 클래스이며, 이 클래스 내에 onReceive()라는 함수만 정의해 주면 됩니다. onReceive()는 브로드캐스트 리시버가 인텐트로 인해 수행될 때 자동으로 호출되는 함수입니다.

```
public class MyReceiver extends BroadcastReceiver {
    @Override
    public void onReceive(Context context, Intent intent) {
        Toast toast=Toast.makeText(context, "I am BroadcastReceiver", Toast.LENGTH_SHORT);
        toast.show();
    }
}
```

이렇게 작성된 브로드캐스트 리시버는 안드로이드 컴포넌트 클래스이므로 AndroidManifext.xml 파일에 <receiver> 태그로 등록되어 있어야 합니다.

```
<receiver
    android:name=".MyReceiver"
    android:enabled="true"
    android:exported="true"></receiver>
```

〈receiver〉 태그에 클래스를 등록할 때 〈activity〉와 마찬가지로 암시적 인텐트에 의해 실행되어야 한다면, 〈receiver〉 태그 내에 〈intent-filter〉가 등록될 수도 있습니다. 이렇게 만들어진 브로드캐스트 리시버를 sendBroadcast() 함수로 인텐트를 발생시켜 실행합니다.

```
Intent intent=new Intent(this, MyReceiver.class);
sendBroadcast(intent);
```

함수만 sendBroadcast() 함수를 이용하는 것이며 인텐트 부분은 다른 컴포넌트와 같습니다. 또한, putExtra() 함수를 이용하여 데이터를 넘길 수도 있습니다.

### 11.1.3. 시스템 상태 파악

브로드캐스트 리시버는 앱 내부에서 사용하려고 자주 만들지만(이후 서비스 컴포넌트 부분을 보면 필요성을 이해할 수 있습니다), 시스템에서 실행하는 인텐트에 반응하여 각종 시스템 상황을 감지하려고도 자주 사용합니다. 시스템에서는 많은 브로드캐스트 리시버 인텐트를 발생시키는데, 이곳에서는 자주 이용되는 몇 가지를 살펴보겠습니다.

#### 부팅 완료

스마트폰의 부팅 완료 시점에 동작하여 간단한 업무를 수행하거나 서비스 등을 구동해야 할 때가 있습니다. 이는 부팅 완료 시점에 시스템에서 발생시키는 브로드캐스트 인텐트에 반응할 브로드캐스트 리시버만 정의해주면 쉽게 구현할 수 있습니다.

```
<receiver
    android:name=".MyReceiver"
    android:enabled="true"
    android:exported="true">
    <intent-filter>
        <action android:name="android.intent.action.BOOT_COMPLETED"/>
    </intent-filter>
</receiver>
```

AndroidManifest.xml 파일에 등록할 때 시스템에서 띄우는 인텐트의 Action 문자열과 같은 문자열로 intent-filter를 구성하여 등록하면 됩니다. 부팅 완료 시점에 띄우는 인텐트의 action 문자열은 android.intent.action.BOOT_COMPLETED입니다.

부팅 완료 시점에 브로드캐스트 리시버가 동작하게 하려면 퍼미션이 등록되어 있어야 합니다.

```
<uses-permission android:name="android.permission.RECEIVE_BOOT_COMPLETED"/>
```

### 화면 On/Off

사용자 스마트폰의 화면이 on/off 되는 상황은 빈번합니다. 따라서 개발을 할 때, 화면의 on/off 상황에 맞게 특정 로직을 수행하거나 정지하도록 구현해야 하는 경우도 많습니다. 화면이 On/Off 되는 상황에 시스템에서 브로드캐스트 인텐트를 발생해 주며 앱에서 브로드캐스트 리시버를 이용하여 이 상황을 감지할 수 있습니다. 화면 On/Off를 위한 브로드캐스트 리시버는 다른 브로드캐스트 리시버와 다르게 AndroidManifest.xml 파일에 <receiver> 태그로 등록하면 실행되지 않습니다. 액티비티 또는 서비스 등의 코드에서 동적으로 등록해야만 실행됩니다.

```
BroadcastReceiver brOn=new BroadcastReceiver() {
    @Override
    public void onReceive(Context context, Intent intent) {
        Log.d("kkang", "screen on........");
    }
};
```

위의 코드는 액티비티나 서비스 클래스 내부의 코드로 보면 됩니다. 자바 코드에서 브로드캐스트 리시버를 정의한 후 registerReceiver() 함수로 시스템에 등록하면 됩니다.

```
registerReceiver(brOn, new IntentFilter(Intent.ACTION_SCREEN_ON));
```

화면 On/Off 때 시스템에서 띄우는 인텐트의 Action 문자열은 android.intent.action.SCREEN_ON과 android.intent.action.SCREEN_OFF이며 이 문자열을 가지는 IntentFilter 객체를 만들어 registerReceiver() 함수로 동적 등록한 코드입니다. 이렇게 코드에서 동적으로 등록한 브로드캐스트 리시버는 또 코드에서 동적으로 등록이 해제되는데, 해제는 unregisterReceiver() 함수를 이용합니다.

```
unregisterReceiver(brOn);
```

**깡쌤! 질문 있어요!**

**액티비티나 서비스 내부에 브로드캐스트 리시버를 작성하고 코드에서 동적 등록/해제를 해야 하는 경우가 많나요?**

네 맞습니다. 앞에서 예로 든 화면 On/Off 때 시스템에서 띄우는 인텐트에 반응할 브로드캐스트 리시버는 자바 코드에서 동적으로 등록해야만 실행되니 어쩔수 없이 registerReceiver( ) 함수를 이용해야 하지만, 이처럼 시스템에서 강제하는 사항이 아닐 때도 자주 코드에서 동적 등록/해제를 합니다.

이렇게 하는 대부분의 경우는 브로드캐스트 인텐트로 인해 실행되어야 하지만 특정 액티비티나 서비스가 구동 중에만 의미가 있을 때입니다. AndroidManifest.xml에 등록하면 인텐트가 발생하기만 하면 항상 실행됩니다. 하지만 액티비티나 서비스가 구동되어 있지 않다면 의미 없을 때는 액티비티 또는 서비스의 생명주기 함수를 이용하여 등록하고 해제하는 방법을 이용합니다.

### 배터리

스마트폰에 USB 케이블 등으로 전원이 공급되고 있는 상황과 전원 공급이 끊어진 상황 등을 앱에서 인지해야 할 때도 있습니다. 이런 배터리와 관련된 각종 상황이 발생할 때 시스템에서는 앱에서 이런 상황을 인지할 수 있도록 브로드캐스트 인텐트를 발생해 줍니다. 배터리와 관련된 브로드캐스트 인텐트의 action 문자열은 여러 가지입니다.

- **android.intent.action.BATTERY_LOW**: 스마트폰의 배터리가 낮은 상태가 되었을 때
- **android.intent.action.BATTERY_OKAY**: 스마트폰의 배터리가 낮은 상태에서 벗어날 때
- **android.intent.action.BATTERY_CHANGED**: 스마트폰 배터리의 충전 상태가 변경되었을 때
- **android.intent.action.ACTION_POWER_CONNECTED**: 케이블 등으로 외부 전원공급이 연결되었을 때
- **android.intent.action.ACTION_POWER_DISCONNECTED**: 외부 전원공급이 끊어질 때

```
registerReceiver(batteryReceiver, new IntentFilter(Intent.ACTION_POWER_CONNECTED));
registerReceiver(batteryReceiver, new IntentFilter(Intent.ACTION_POWER_DISCONNECTED));
```

여러 action 문자열을 등록하여 실행되는 브로드캐스트 리시버에서는 onReceive() 함수에서 action 문자열을 추출하여 자신이 어떤 인텐트 정보로 인해 실행된 것인지 구분할 수 있습니다.

```
BroadcastReceiver batteryReceiver=new BroadcastReceiver() {
    @Override
```

```
    public void onReceive(Context context, Intent intent) {
        String action=intent.getAction();
        if(action.equals(Intent.ACTION_POWER_CONNECTED)){
            addListItem("ON CONNECTED........");
        }else if(action.equals(Intent.ACTION_POWER_DISCONNECTED)){
            addListItem("ON DISCONNECTED........");
        }
    }
};
```

이번 장은 브로드캐스트 리시버를 다루는 곳이지만, 스마트폰에서 배터리가 워낙 중요한 내용이므로 배터리와 관련된 이야기를 조금 더 살펴보겠습니다. 앞에서 살펴본 배터리 상태 파악은 브로드캐스트 리시버를 이용한 이벤트 모델이고, 어떨 때는 특정 코드(액티비티, 서비스)가 실행되면서 배터리 상황을 파악해야 할 때도 있습니다.

```
IntentFilter ifilter = new IntentFilter(Intent.ACTION_BATTERY_CHANGED);
Intent batteryStatus = registerReceiver(null, ifilter);
```

위의 코드도 registerReceiver() 함수로 브로드캐스트 리시버를 등록하는 구문이지만, 브로드캐스트 리시버 객체 부분이 null로 대입되었습니다. 실제 개발자가 준비한 브로드캐스트 리시버를 등록하는 구문이 아니라, 시스템의 배터리 상태의 정보값만 얻기 위한 구문입니다. 이렇게 얻은 인텐트 객체에 다양한 배터리 정보가 담기게 됩니다. 가장 많이 얻는 정보가 스마트폰에 전원이 공급되고 있는지에 대한 정보입니다.

다음은 현재 스마트폰에 전원이 공급되고 있는지를 파악하기 위한 구문입니다.

```
int status = batteryStatus.getIntExtra(BatteryManager.EXTRA_STATUS, -1);
boolean isCharging = status == BatteryManager.BATTERY_STATUS_CHARGING ;
```

isCharging 값이 true면 전원이 공급되고 있는 상황입니다. 또한, 전원이 공급되고 있을 때 USB를 이용하는 건지 아니면 AC를 이용하는 건지를 파악해야 할 때도 있습니다. 이처럼 전원 공급의 유형을 파악하는 구문은 다음과 같습니다.

```
int chargePlug = batteryStatus.getIntExtra(BatteryManager.EXTRA_PLUGGED, -1);
boolean usbCharge = chargePlug == BatteryManager.BATTERY_PLUGGED_USB;
boolean acCharge = chargePlug == BatteryManager.BATTERY_PLUGGED_AC;
```

이번에는 스마트폰의 배터리가 몇 퍼센트 충전된 상황인지를 파악하는 구문입니다.

```
int level = batteryStatus.getIntExtra(BatteryManager.EXTRA_LEVEL, -1);
int scale = batteryStatus.getIntExtra(BatteryManager.EXTRA_SCALE, -1);

float batteryPct = (level / (float)scale) * 100;
```

## [실습 11-1] 브로드캐스트 리시버

Step by Step

앞에서 설명한 브로드캐스트 리시버 중 시스템에서 실행하는 인텐트에 반응할 브로드캐스트 리시버를 테스트해보겠습니다. 액티비티 화면에서 휴대폰의 배터리 상태를 출력해봅시다. 화면은 액티비티에 의해 작성되지만 배터리 상태 정보를 획득하기 위해서는 브로드캐스트 리시버를 사용해야 합니다.

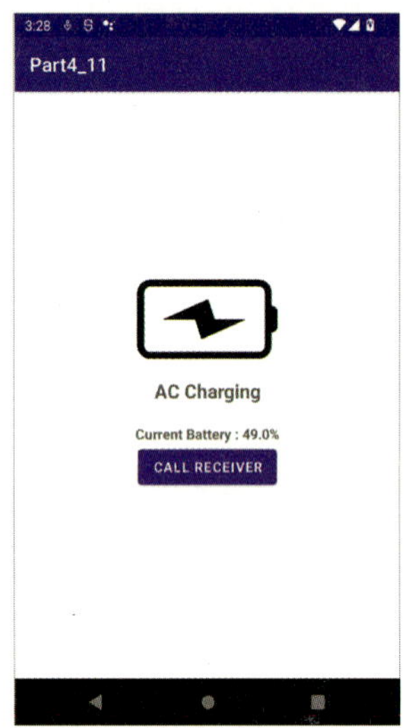


그림 11-6 결과 화면

### Step 1 _ 모듈 생성

이번 11장의 실습을 위해 모듈 이름을 "Part4_11"로 지정하고 액티비티 설정에서 'Source Language' 부분을 Java로 설정하여 모듈을 새로 만듭니다.

### Step 2 _ ViewBinding 설정

모듈 수준의 build.gradle에 ViewBinding 설정을 하고 〈Sync Now〉를 클릭해 변경사항을 적용합니다.

**build.gradle**

```
android {
    //생략......
```

```
    viewBinding {
        enabled = true
    }
}
```

## Step 3 _ 브로드캐스트 리시버 생성

테스트를 위해서 브로드캐스트 리시버를 생성합니다. 소스 영역에서 마우스 오른쪽을 누르고 [New → Other → Broadcast Receiver] 메뉴를 선택하여 브로드캐스트 리시버를 만듭니다.

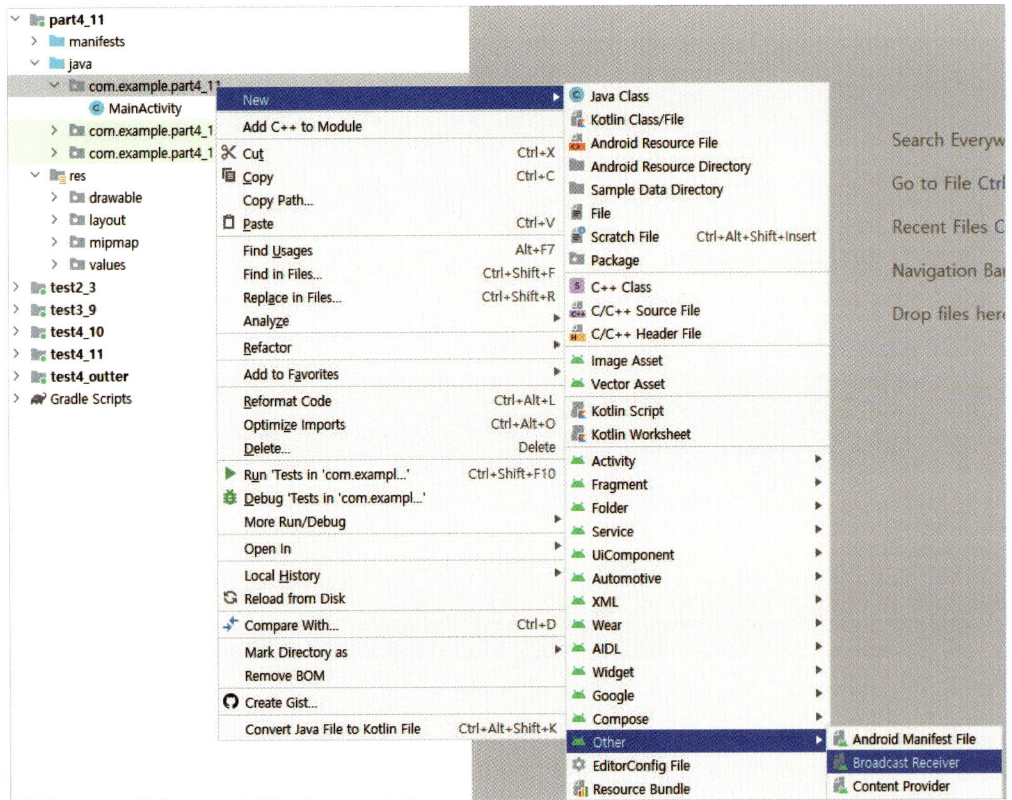

그림 11-7 Broadcast Receiver 메뉴 선택

New Android Component 창에서 클래스명에 "MyReceiver"라는 이름을 입력하여 브로드캐스트 리시버를 만듭니다.

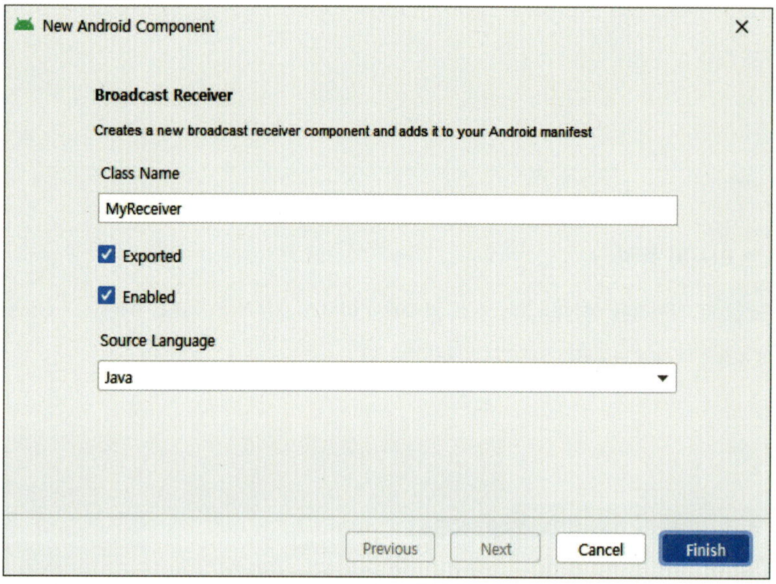

New Android Component

Broadcast Receiver

Creates a new broadcast receiver component and adds it to your Android manifest

Class Name

MyReceiver

☑ Exported

☑ Enabled

Source Language

Java

Previous Next Cancel Finish

그림 11-8 새로운 안드로이드 컴포넌트

## Step 4 _ 파일 복사

실습을 위해 필자가 제공한 파일 중 drawable 폴더의 battery_icon.png 파일을 res/drawable 폴더에 복사하고, layout 폴더의activity_main.xml 파일을 res/layout 폴더에 복사합니다.

## Step 5 _ MyReceiver.java 작성

MyReceiver를 다음처럼 작성합니다. 브로드캐스트 리시버가 실행되었는지를 확인하기 위해서 토스트를 띄우는 코드입니다.

**MyReceiver.java**

```
public class MyReceiver extends BroadcastReceiver {

    @Override
    public void onReceive(Context context, Intent intent) {
        Toast.makeText(context, "I am receiver", Toast.LENGTH_SHORT).show();
    }
}
```

## Step 6 _ MainActivity.java 작성

MainActivity.java 파일을 다음처럼 작성합니다.

**MainActivity.java**

```
public class MainActivity extends AppCompatActivity {

    @Override
    protected void onCreate(Bundle savedInstanceState) {
        super.onCreate(savedInstanceState);
        ActivityMainBinding binding = ActivityMainBinding.inflate(getLayoutInflater());
        setContentView(binding.getRoot());

        binding.lab1Button.setOnClickListener(view -> {
            Intent intent = new Intent(this, MyReceiver.class);
            sendBroadcast(intent);
        });

        //battery......
        IntentFilter ifilter = new IntentFilter(Intent.ACTION_BATTERY_CHANGED);
        Intent batteryStatus = registerReceiver(null, ifilter);

        int status = batteryStatus.getIntExtra(BatteryManager.EXTRA_STATUS, -1);
        boolean isCharging = status == BatteryManager.BATTERY_STATUS_CHARGING ;

        if(isCharging){
            int chargePlug=batteryStatus.getIntExtra(BatteryManager.EXTRA_PLUGGED, -1);
            boolean usbCharge=chargePlug == BatteryManager.BATTERY_PLUGGED_USB;
            boolean acCharge=chargePlug == BatteryManager.BATTERY_PLUGGED_AC;
            if(usbCharge) {
                binding.lab1PluggedView.setText("USB Charging");
            } else if(acCharge) {
                binding.lab1PluggedView.setText("AC Charging");
            }
        }else {
            binding.lab1PluggedView.setText("unPlugged");
        }

        int level = batteryStatus.getIntExtra(BatteryManager.EXTRA_LEVEL, -1);
        int scale = batteryStatus.getIntExtra(BatteryManager.EXTRA_SCALE, -1);
        float batteryPct = (level / (float)scale) * 100;
        binding.lab1LevelView.setText("Current Battery : " + batteryPct + "%");
    }
}
```

### Step 7 _ 실행

part4_11 모듈을 실행하여 결과를 확인합니다.

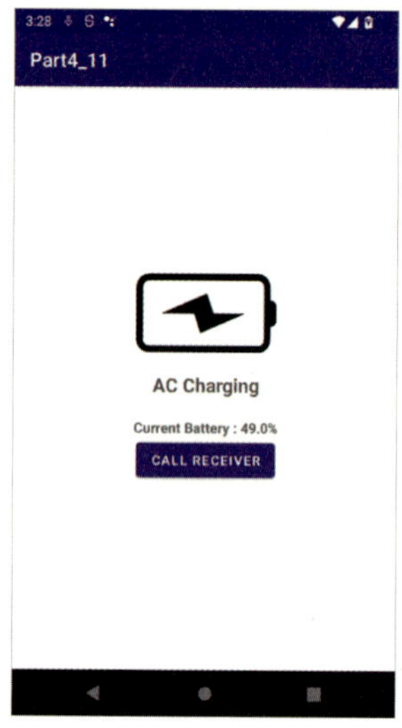


그림 11-9 결과 화면

## 11.2. 서비스

### 11.2.1. 서비스 작성 방법

서비스는 백그라운드 작업을 위한 컴포넌트이며 화면과 상관없이 장시간 동안 처리해야 하는 업무를 구현할 때 사용됩니다. 그런데 업무를 처리하는 데 오랜 시간이 걸린다고 무조건 서비스로 구현하는 건 바람직하지 않습니다. 아무리 시간이 오래 걸리는 업무라도 앱의 화면이 스마트폰에 떠 있는 동안만 진행되어야 한다면, 서비스가 아닌 액티비티로 작성하는 게 좋습니다. 즉, 서비스는 다른 앱이 사용자 화면을 점유하고 있더라도 앱의 프로세스가 살아서 계속 무언가 작업을 수행해야 할 때 사용하는 컴포넌트입니다.

서비스는 Service라는 클래스를 상속받아 작성합니다.

```
public class PlayService extends Service {
    //...
}
```

그리고 이렇게 작성한 서비스도 컴포넌트 클래스이므로 AndroidManifest.xml 파일에 등록해야 합니다. AndroidManifest.xml 파일에 등록할 때 액티비티나 브로드캐스트 리시버와 마찬가지로 암시적 인텐트로 수행되게 하려면 〈intent-filter〉를 서브 태그로 등록해 주어야 합니다.

```
<service
    android:name=".PlayService"
    android:enabled="true"
    android:exported="true"></service>
```

이렇게 만든 서비스를 실행하려면 startService() 함수를 이용합니다.

```
Intent intent=new Intent(this, PlayService.class);
startService(intent);
```

액티비티나 브로드캐스트 리시버와 마찬가지로 서비스를 실행하면서 인텐트의 Extra 데이터를 전달할 수도 있습니다. 그런데 서비스는 액티비티나 브로드캐스트 리시버와 다르게 서비스를 종료하는 인텐트 발생도 제공합니다. 서비스 종료는 stopService() 함수를 이용합니다.

```
Intent intent=new Intent(this, PlayService.class);
stopService(intent);
```

서비스를 실행하고 종료하는 작업은 startService()와 stopService() 함수 외에 bindService(),

unbindService() 함수로도 수행할 수 있습니다. 이 함수들의 차이점과 왜 두 가지 방법을 제공하는지는 이후 살펴보도록 하고, 우선 작성 방법을 살펴보겠습니다. 서비스를 bindService() 함수로 실행하려면 ServiceConnection 인터페이스를 구현한 객체를 준비해야 합니다.

```
ServiceConnection connection=new ServiceConnection() {
    @Override
    public void onServiceConnected(ComponentName name, IBinder service) {
    }
    @Override
    public void onServiceDisconnected(ComponentName name) {
    }
};
```

ServiceConnection 인터페이스의 추상 함수인 onServiceConnected()는 bindService() 함수로 인해 서비스가 구동하는 시점에 호출되며 onServiceDisconnected() 함수는 unbindService()

함수로 인해 서비스가 종료된 시점에 호출됩니다. 이처럼 ServiceConnection을 구현한 객체를 준비하였다면 이제 bindService() 함수로 서비스를 실행합니다.

```
Intent bIntent=new Intent(this, BindService.class);
bindService(bIntent, connection, Context.BIND_AUTO_CREATE);
```

bindService() 함수로 서비스를 구동하면서 두 번째 매개변수로 ServiceConnection을 구현한 객체를 알려주어야 합니다. bindService() 함수로 실행된 서비스는 unbindService() 함수로 종료할 수 있습니다.

```
unbindService(connection);
```

## 11.2.2. 서비스 생명주기

서비스를 개발하려면 생명주기를 이해해야 하는데요. 서비스의 생명주기는 액티비티보다 간단하지만, 구동 방법이 startService()와 bindService() 두 가지이므로 어느 함수로 실행하는지에 따라 다릅니다.

### startService( ) 함수 이용 시 생명주기

먼저 startService() 함수로 서비스를 실행하고 stopService() 함수로 종료할 때의 생명주기에 대해 살펴보겠습니다.

서비스가 startService() 함수로 실행되면 onCreate() → onStartCommand() 함수가 자동으로 호출되면서 Running 상태가 됩니다. stopService() 함수로 서비스가 종료될 때는 onDestory() 함수가 자동으로 호출되면서 종료됩니다. 그런데 이미 실행되어 Running 상태인 서비스를 다시 startService() 함수로 실행하면 객체는 다시 생성되지 않습니다. 그리고 onCreate() 함수도 호출되지 않고 onStartCommand() 함수만 한 번 호출됩니다. 서비스는 액티비티와 다르게 싱글톤으로 동작하는 컴포넌트입니다. 결국, onCreate()는 최초 한 번 호출되는 함수이고 onStartCommand()는 반복 호출할 수 있는 함수입니다.

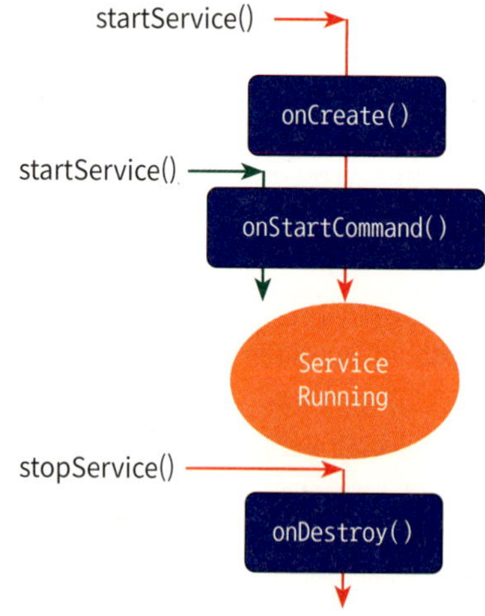

그림 11-10 startService( ) 생명주기

### bindService( ) 함수 이용 시 생명주기

이번에는 bindService() 함수로 서비스를 실행할 때 생명주기를 살펴보겠습니다.

서비스가 bindService() 함수로 시작되면 onCreate() → onBind() 함수가 호출되면서 Running 상태가 됩니다. bindService() 함수로 실행된 서비스는 unbindService()

함수로 종료하며, 종료하면서 unBind() → onDestory()

함수가 호출됩니다. startService() 함수와 마찬가지로 서비스는 싱글톤이며 이미 구동된 서비스를 다시 bindService() 함수로 실행하면 객체가 매번 생성되지 않고 onBind() 함수만 반복 호출됩니다.

그런데 bindService() 함수로 인해 호출되는 onBind() 함수는 다른 생명주기 함수와 다르게 반환값이 있습니다.

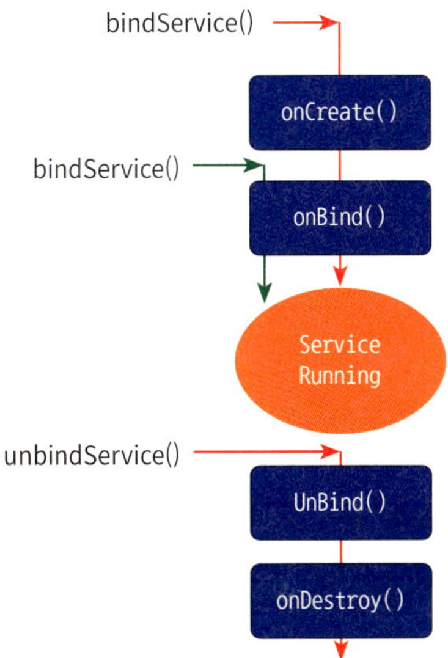


그림 11-11 bindService( ) 생명주기

```
@Override
public IBinder onBind(Intent intent) {
    return new MyBinder();
}

class MyBinder extends Binder{
    public void some(){
        //...
    }
}
```

onBind() 함수에서 반환할 객체는 Binder를 상속받아 개발자가 만든 클래스의 객체입니다. Binder를 상속받아야 한다는 규칙 이외에 클래스 내부의 함수 구현 규칙은 없습니다. 개발자가 임의로 함수를 정의하면 됩니다. 이 클래스의 객체를 생성해서 onBind() 함수에서 반환하면 서비스가 bindService()

함수로 실행한 곳에 전달됩니다. 즉, 함수 이름처럼 서비스가 실행되면서 onBind() 함수에서 반환한 객체가 서비스를 실행한 곳에 바인딩 되는 방법입니다. onBind() 함수에서 반환한 객체는 bindService() 함수의 매개변수로 지정한 ServiceConnection 구현 객체의 onServiceConnected() 함수의 매개변수로 전달됩니다.

```
ServiceConnection connection=new ServiceConnection() {
    @Override
    public void onServiceConnected(ComponentName name, IBinder service) {
    }
    @Override
    public void onServiceDisconnected(ComponentName name) {
    }
};
//...
Intent bIntent=new Intent(this, BindService.class);
bindService(bIntent, connection, Context.BIND_AUTO_CREATE);
```

① Service 실행

```
@Override
public IBinder onBind(Intent intent) {
    return new MyBinder();
}

class MyBinder extends Binder{
    public void some(){
        //...
    }
}
```

② 객체 리턴

그림 11-12 onBind( ) 객체 반환

bindService() 함수로 실행된 서비스는 자신에게 바인드된 컴포넌트가 하나도 없으면 자동으로 종료됩니다. 즉, 하나의 액티비티가 bindService() 함수로 서비스를 실행한 것이라면 해당 액티비티가 종료되는 시점이나 unbindService() 함수로 종료를 명시하는 시점에 서비스도 함께 종료됩니다. 물론, 여러 액티비티가 bindService() 함수로 서비스를 이용하고 있다면, 하나의 액티비티가 종료되거나 unbindService() 함수를 호출하더라도 종료되지 않고 계속 움직이게 됩니다.

## 11.2.3. Messenger 바인딩

bindService() 함수로 서비스를 실행하면 IBinder를 구현한 객체가 바인딩 됩니다. 그런데 Messenger 객체를 바인딩하는 방법도 있습니다. Messenger 객체를 이용하는 방법은 이후에 살펴볼 AIDL에서도 사용할 수 있습니다. Messenger 객체를 바인딩한다는 것은 서비스의 onBind() 함수에서 개발자가 준비한 IBinder가 아닌 Messenger 객체를 반환한다는 의미입니다.

우선 Handler를 상속받은 클래스를 먼저 준비합니다. 이 클래스가 서비스를 실행한 곳에서 전달할 데이터를 받아 처리합니다.

```
public class PlayService extends Service {

    class MessageHandler extends Handler {
        @Override
        public void handleMessage(@NonNull Message msg) {
```

```
            if(msg.what == 1){
                Toast.makeText(getApplicationContext(), "what=1 : "+(String)msg.obj,
Toast.LENGTH_SHORT).show();
            }else if(msg.what == 2){
                Toast.makeText(getApplicationContext(), "what=2 : "+(String)msg.obj,
Toast.LENGTH_SHORT).show();
            }else {
                super.handleMessage(msg);
            }
        }
    }
    @Override
    public IBinder onBind(Intent intent) {
        Messenger messenger = new Messenger(new MessageHandler());
        return messenger.getBinder();
    }
}
```

서비스를 실행한 곳에서 데이터를 전달하면, handleMessage() 함수가 자동으로 호출됩니다. 이때 외부에서 전달한 데이터는 Message 타입이며, Message의 int 타입인 what 변수로 어떤 성격의 데이터인지를 구분하고 Object 타입의 obj 변수로 전달된 데이터를 획득합니다.

Messenger를 이용하기 위해, onBind() 함수의 반환값으로 Messenger 객체를 생성하면서 생성자 매개변수로 Handler를 구현한 객체를 지정합니다. 그리고 Messenger 객체를 onBind() 함수의 결괏값으로 반환합니다. 그러면 서비스를 실행한 곳에 Messenger 객체가 전달됩니다.

이제 서비스를 이용하는 액티비티의 코드입니다. Messenger를 이용하는 액티비티 코드는 IBinder를 전달받는 코드와 큰 차이가 없습니다. bindService() 함수로 서비스를 실행하고, 서비스에서 넘어온 객체는 onServiceConnected() 함수의 매개변수로 받습니다. 서비스로부터 넘어온 객체를 Messenger의 생성자 매개변수에 지정만 해주면 됩니다.

```
public class MainActivity extends AppCompatActivity {

    Messenger messenger;
    ServiceConnection connection = new ServiceConnection() {
        @Override
        public void onServiceConnected(ComponentName componentName, IBinder iBinder) {
            messenger = new Messenger(iBinder);
        }
```

```
        @Override
        public void onServiceDisconnected(ComponentName componentName) {

        }
    };

    @Override
    protected void onCreate(Bundle savedInstanceState) {
        super.onCreate(savedInstanceState);
        //중략......

        Intent intent = new Intent(this, PlayService.class);
        bindService(intent, connection, Context.BIND_AUTO_CREATE);
    }
}
```

이렇게 서비스를 실행한 후 서비스에 데이터를 전달하고 싶을 때는 다음처럼 Messenger의 send() 함수를 호출합니다.

```
Message message = new Message();
message.what = 1;
message.obj = "hello";
messenger.send(message);
```

send() 함수의 매개변수는 전달하는 데이터를 추상화한 Message 객체입니다. 액티비티에서 send() 함수를 호출하는 순간 서비스의 handleMessage() 함수가 자동으로 호출됩니다.

### 11.2.4. 패키지 공개 상태

bindService()로 외부 앱을 연동할 때는 패키지 정보를 지정해주어야 합니다. 외부 앱을 연동하려면 패키지 정보에 접근하기 위해 패키지 공개 상태(package visibility)라는 개념이 필요합니다. 외부 앱을 연동하는 경우에 항상 필요하지는 않지만, 외부 앱의 패키지 정보에 접근해야 한다면 꼭 사용해야 하는 개념입니다. 대표적으로 다음의 함수를 이용해 패키지 정보에 접근합니다.

- PackageManager.getPackageInfo()
- PackageManager.queryIntentActivities()
- Intent.resolveActivity()
- PackageManager.getInstalledPackages()

- PackageManager.getInstalledApplications()
- bindService()

패키지 공개 상태란 AndroidManifest.xml 파일에 접근하고자 하는 외부 앱의 패키지 정보를 명시적으로 선언하는 것을 의미합니다. 예를 들어, 아래의 코드를 패키지 공개 상태 설정 없이 실행했다고 가정해봅시다.

```
try {
    PackageInfo packageInfo = getPackageManager().getPackageInfo("com.example.test4_outter", 0);
    String versionName = packageInfo.versionName;
    Log.d("kkang", versionName);
}catch (Exception e){
    e.printStackTrace();
}
```

Android 10 버전까지는 위의 코드가 정상적으로 실행됩니다. 하지만 11 버전 이상부터 아래의 에러가 발생합니다.

```
android.content.pm.PackageManager$NameNotFoundException: com.example.test4_outter
```

AndroidManifest.xml 파일에 아래의 설정을 추가하여 패키지 공개 상태를 설정하면 이 에러를 해결할 수 있습니다.

```
<manifest    생략  >
    <queries>
        <package android:name="com.example.test4_outter" />
    </queries>
    <!-- 생략 -->
</manifest>
```

〈package〉 태그를 이용하여 접근하고자 하는 앱의 패키지명을 명시적으로 선언한 후 사용합니다. 만약 여러 앱의 패키지 정보에 접근해야 한다면 위의 코드처럼 작성하지 않고 모든 외부 앱의 패키지 정보에 접근 허용을 해달라는 퍼미션을 선언해도 됩니다.

```
<uses-permission android:name="android.permission.QUERY_ALL_PACKAGES" />
```

이렇게 퍼미션 선언으로 외부 앱의 패키지 정보에 접근할 수도 있지만, 권장사항은 〈package〉 태그를 이용하는 방식입니다.

## 11.2.5. AIDL

AIDL(Android Interface Definition Language)은 안드로이드에서 프로세스 간의 통신을 지칭하는 용어입니다. 앱과 앱 간의 데이터를 공유하기 위한 기술은 이후 살펴볼 콘텐츠 프로바이더이며 AIDL은 두 앱의 프로세스가 실행된 상태에서 발생하는 데이터를 프로세스 간의 통신을 통해 주고받기 위한 기술입니다.

AIDL은 프로세스 간의 통신이지만, 개발자가 직접 코드를 작성하지 않고 외부 앱의 함수 호출만으로 되게 하는 기법입니다. 함수만 호출하면 되므로 그만큼 개발이 쉬워진다는 이야기입니다. AIDL은 bindService() 함수로 서비스 컴포넌트를 실행하여 객체를 공유하고, 공유된 객체의 함수를 호출하면서 프로세스 간의 통신을 수행합니다.

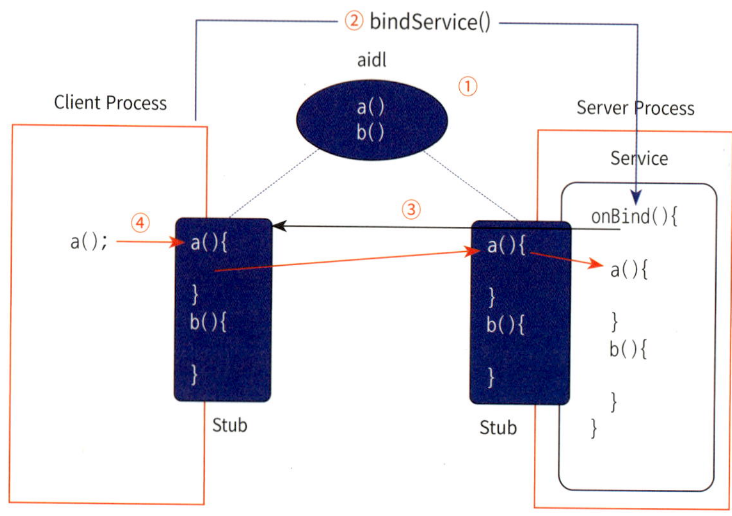


그림 11-13 AIDL 구조

AIDL이 네트워킹 개념은 아니지만, 이해하기 쉽도록 두 프로세스가 있다고 가정해보겠습니다. 그리고 서비스를 요청하는 곳을 '클라이언트 프로세스', 이 요청으로 인해 업무가 진행되는 곳을 '서버 프로세스'라고 칭하겠습니다.

① 서버 프로세스 쪽에서 확장자가 `aidl`인 파일을 하나 만듭니다. 이 `aidl` 파일은 자바의 인터페이스처럼 함수만 선언한 파일인데, 이 함수를 클라이언트 프로세스에서 호출하게 됩니다. 만들어진 `aidl`을 구현하여 실제 업무 로직을 가지는 객체를 서버 프로세스에서 서비스 컴포넌트로 준비해 주어야 합니다. 그리고 이 `aidl` 파일은 클라이언트 프로세스 쪽에도 공유되어야 합니다.

② 이렇게 사전 준비가 되었다면 이제 클라이언트 프로세스 쪽에서 서버 프로세스 쪽의 서비스를 `bindService( )` 함수로 실행해 줍니다.

③ bindService( ) 함수로 실행된 서비스는 onBind( ) 함수가 자동으로 호출되고, 이 함수에서 결괏값을 aidl 통신을 대행해 주는 Stub 클래스를 자동으로 만들어 클라이언트 프로세스 쪽에 반환합니다. 결국 반환한 Stub 객체로 인해 프로세스 간의 통신이 이루어지며 이 Stub 객체를 개발자가 직접 만드는 것이 아니라 자동으로 만들어지므로 개발이 편해진다는 이야기입니다

④ 이제 클라이언트 프로세스 쪽에서는 필요할 때마다 반환받은 바인드 객체의 함수를 호출하고, 이 호출이 서버 프로세스 쪽으로 넘어가서 실제 서버 프로세스의 함수가 실행되는 구조입니다. 이때 함수의 매개변수 혹은 반환값으로 데이터를 주고받을 수 있습니다.

AIDL 방식으로 동작하는 서비스는 자신에게 바인드된 다른 프로세스가 있을 때만 계속 동작하며, 만약 하나의 프로세스만 바인드된 상태에서 그 프로세스가 종료되면 자신에게 바인드된 프로세스가 없으므로 자동으로 종료됩니다.

### aidl 파일 작성

AIDL을 위해서는 우선 확장자가 aidl인 파일을 하나 준비해 주어야 합니다.

```
interface IPlayService {
    void start();
    void stop();
}
```

확장자가 aidl이라는 것 이외에 자바의 인터페이스 작성과 차이가 없습니다.

### 서비스 작성

AIDL은 서비스를 이용하는 방식입니다. 그러므로 AIDL로 다른 프로세스의 요청에 의해 업무가 진행될 앱에서 서비스를 작성해 주어야 합니다.

```
@Override
public IBinder onBind(Intent intent) {
    return new IPlayService.Stub() {

        @Override
        public void start() throws RemoteException {
            //...
        }
        @Override
        public void stop() throws RemoteException {
            //...
        }
```

```
    };
}
```

bindService() 함수로 실행되는 서비스이므로 onBind() 함수가 자동으로 호출되며, 이 함수에서 aidl 파일을 구현한 클래스 객체를 반환해야 합니다. return new IPlayService.Stub() {} 구문으로 자동으로 Stub 객체가 반환되는데, 이 객체는 업무 로직을 가지지 않고 프로세스 간의 통신을 대행합니다.

### bindService( ) 함수에 의해 서비스 실행

aidl을 만들고 aidl을 구현한 서비스가 준비되었다면 이제 외부 앱에서 이 서비스를 인텐트로 실행하면 됩니다.

```
Intent intent=new Intent("com.example.ACTION_PLAY");
intent.setPackage("com.example.test7_20_aidl");
bindService(intent,connection, Context.BIND_AUTO_CREATE);
```

bindService() 함수로 인텐트를 발생시킬 때 꼭 대상이 되는 앱의 패키지명을 setPackage() 함수로 설정해야 합니다.

### 바인드 객체 획득 및 이용

bindService() 함수로 서비스가 실행되면 Stub 객체가 반환됩니다. 이 객체를 onService Connected() 함수에서 받아 이용하게 됩니다.

```
ServiceConnection connection = new ServiceConnection() {
    @Override
    public void onServiceConnected(ComponentName name, IBinder service) {
        pService = IPlayService.Stub.asInterface(service);
        //...
    }

    @Override
    public void onServiceDisconnected(ComponentName name) {
        pService = null;
    }
};
```

onServiceConnected() 함수 내에 IPlayService.Stub.asInterface(service); 구문이 서비스의 onBind() 함수에서 반환한 객체입니다. 이렇게 객체를 획득하여 함수를 호출하면 서비스 쪽 프로세스의 함수가 실행됩니다. 또한 서비스를 이용하는 앱의 매니페스트 파일에는 패키지 공개 상태 개념을 위해 <package> 태그가 선언되어 있어야 합니다.

## [실습 11-2] AIDL

Step by Step

음악 재생하는 기능을 한다는 가정 하에 앞에서 설명한 AIDL을 테스트해 보겠습니다. 자신에게 바인딩 된 앱이 하나도 없으면 서비스가 자동으로 종료되도록 하는 AIDL 방식으로 사용자가 뒤로가기 버튼을 눌러 액티비티 화면을 벗어나면 음악이 나오지 않도록 하는 기능을 구현할 수 있습니다.

그림 11-14 결과 화면

### Step 1 _ 액티비티 생성

part4_11 모듈에 "Lab11_2Activity"의 이름으로 새로운 액티비티를 만듭니다. 편의를 위해 액티비티를 만들 때 'Launcher Activity' 체크박스를 체크하고 'Source Language'는 Java로 설정합니다.

### Step 2 _ 새로운 모듈 생성

이번 실습이 프로세스 간의 통신이므로 음악을 재생할 또 하나의 모듈이 있어야 합니다. 모듈 이름을 "Part4_11_aidl"로 지정하고 액티비티 설정에서 'Source Language' 부분을 Java로 설정하여 모듈을 새로 만듭니다.

## Step 3 _ 파일 복사

테스트를 위해 필자가 제공한 11장-Lab2 폴더의 drawable 폴더에 있는 이미지를 part4_11 모듈의 res/drawable 폴더에 복사하고, layout 폴더에 있는 XML 파일을 part4_11 모듈의 res/layout 폴더에 복사합니다. 그리고 raw 폴더를 part4_11_aidl 모듈의 res 폴더에 복사합니다.

## Step 4 _ part4_11_aidl 모듈 작업 : aidl 파일 준비

먼저 aidl 파일을 만들어야 하는데, 일반 파일을 만드는 것과 작성 방법이 조금 다릅니다. 우선 part4_11_aidl 모듈에 aidl 폴더를 만들어야 합니다. 모듈명에 마우스 오른쪽을 누르고 [New → Folder → AIDL Folder] 메뉴를 선택하여 aidl 폴더를 만듭니다.

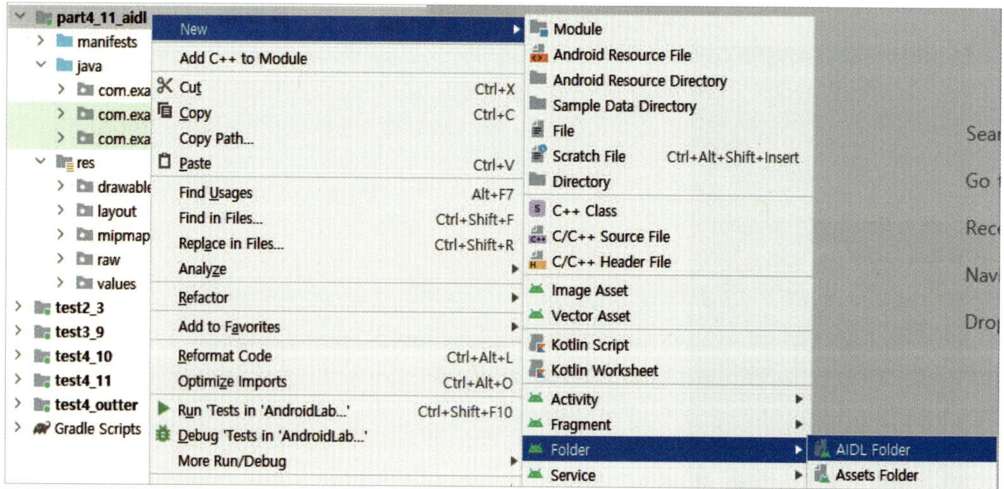


그림 11-15 AIDL 폴더 생성

만들어진 aidl 폴더에 마우스 오른쪽을 누르고 [New → AIDL → AIDL File] 메뉴를 선택하여 aidl 파일을 만듭니다.

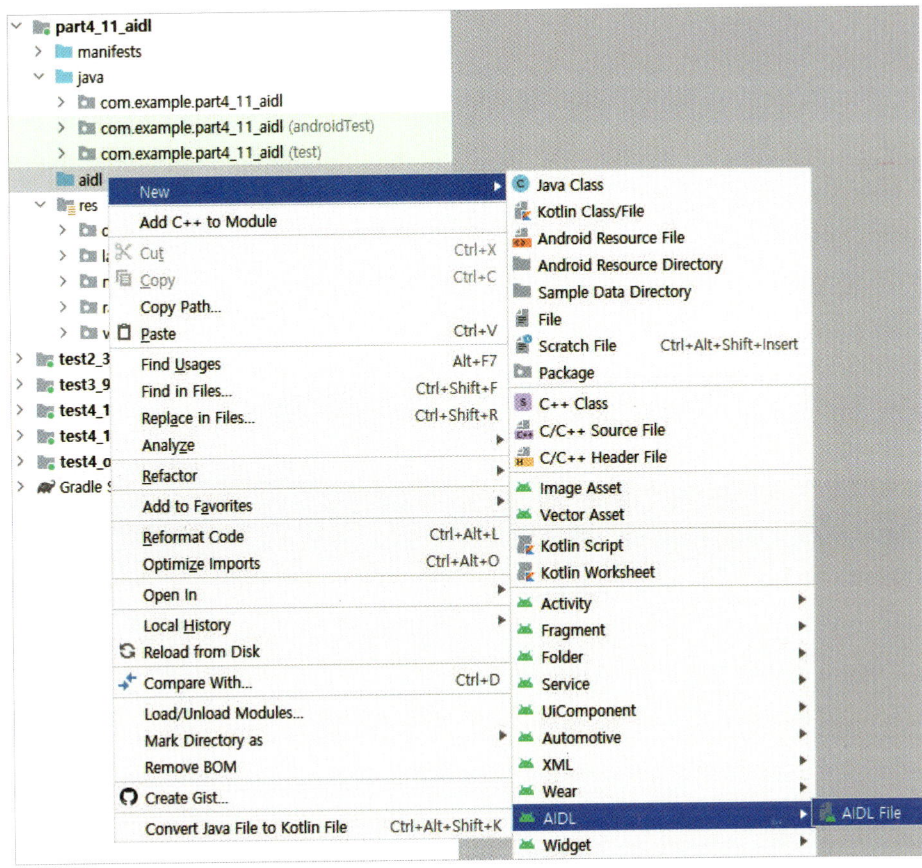


그림 11-16 AIDL File

[New Android Component] 화면에서 Interface Name을 "IPlayService"로 지정하여 aidl 파일을 만들어 줍니다.

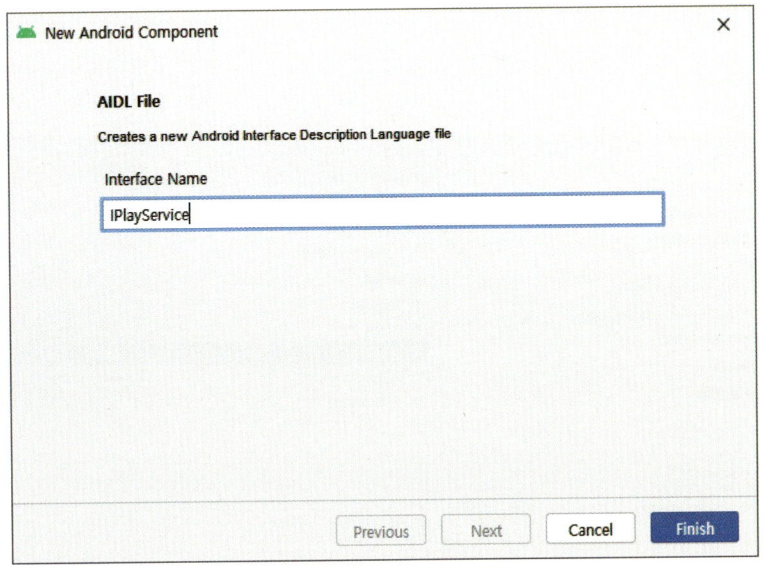


그림 11-17 IPlayService

이렇게 만들어진 IPlayService.aidl 파일을 다음처럼 작성합니다.

aidl/IPlayService.aidl

```
interface IPlayService {
    void start();
    void stop();
}
```

방금 만든 aidl 파일을 자바 코드에서 인식하려면 Make Module 작업을 해주어야 합니다. 모듈명에 마우스 오른쪽을 누르고 [Build → Make Module 'AndroidLab.part4_11_aidl'] 메뉴를 눌러 Make Module 작업을 진행합니다.

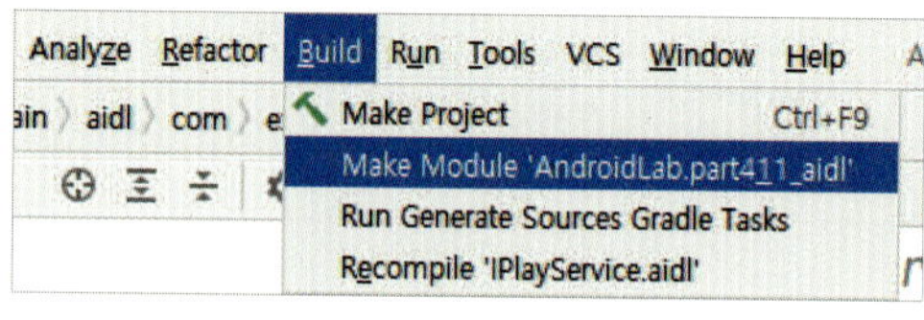

그림 11-18 Make Module

## Step 5 _ part4_11_aidl 모듈 작업 : PlayService 작성

aidl 파일을 만들었다면 이제 서비스를 만들어야 합니다. 자바 소스 영역에 마우스 오른쪽을 누르고 [New → Service → Service] 메뉴로 "PlayService"라는 이름의 서비스를 만들어 줍니다.

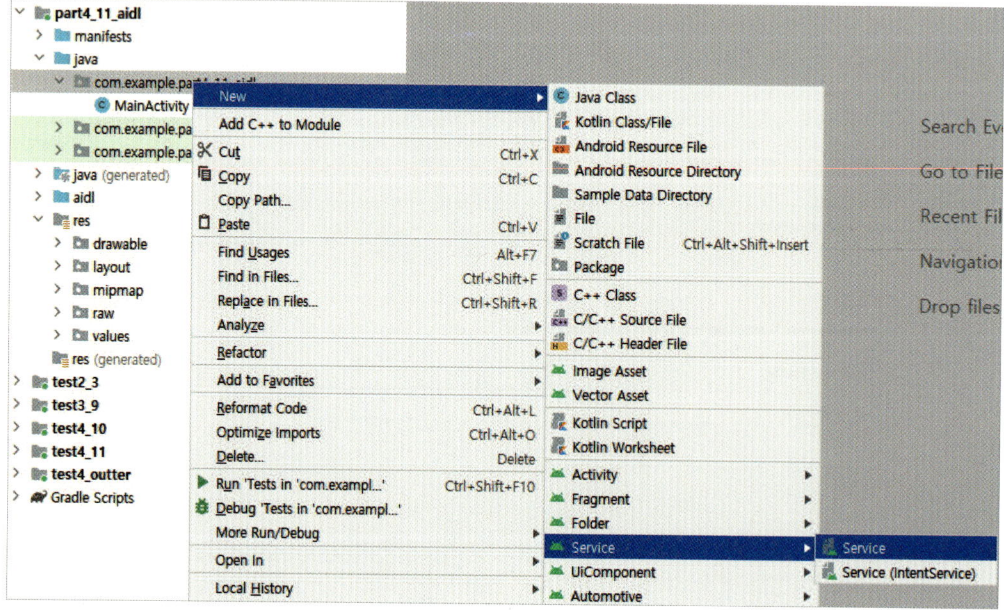

그림 11-19 Service 생성

이렇게 만들어진 PlayService.java 파일을 다음처럼 작성합니다.

**PlayService.java**

```
public class PlayService extends Service {
    MediaPlayer player;
    @Override
    public void onDestroy() {
        player.release();
        super.onDestroy();
    }
    @Override
    public IBinder onBind(Intent intent) {
        //aidl 파일을 구현한 객체를 만들고
        //이 객체로 외부 프로세스에서 통신할 Stub을 만들어 반환
        return new IPlayService.Stub() {
            @Override
            public void start() throws RemoteException {
                player = MediaPlayer.create(PlayService.this, R.raw.music);
                try {
                    player.start();
                } catch (Exception e) {
                    e.printStackTrace();
                }
            }
            @Override
            public void stop() throws RemoteException {
                if (player.isPlaying())
                    player.stop();
            }
        };
    }
}
```

### Step 6 _ part4_11_aidl 모듈 작업 : AndroidManifest.xml 추가

음악 재생은 part4_11_aidl에서 진행되므로 서비스를 외부에서 암시적 인텐트로 실행할 수 있게 〈intent-filter〉를 추가합니다.

AndroidManifest.xml

```
<manifest ... >

    <application ... >
        ...
        <service
            android:name=".PlayService"
            android:enabled="true"
            android:exported="true">
            <intent-filter>
                <action android:name="com.example.part7_20.ACTION_PLAY"/>
            </intent-filter>
        </service>
    </application>
</manifest>
```

### Step 7 _ part4_11 모듈 작업 : aidl 파일 추가

part4_11_aidl 모듈 준비가 끝났다면 이 모듈을 AIDL 방법으로 이용할 part4_11 모듈 작업을 진행합니다. 가장 먼저 aidl 파일을 준비합니다. 〈Step 4〉에서 설명한 대로 우선 aidl 폴더를 하나 만들어야 합니다. 폴더를 만들었다면 aidl 파일을 만들어야 하는데, 여기서 주의해야 할 게 aidl 파일이 part4_11_aidl과 같은 패키지명에 있어야 합니다. aidl 폴더에 마우스 오른쪽을 누르고 [New → Package] 메뉴를 눌러 새로운 패키지를 만듭니다.

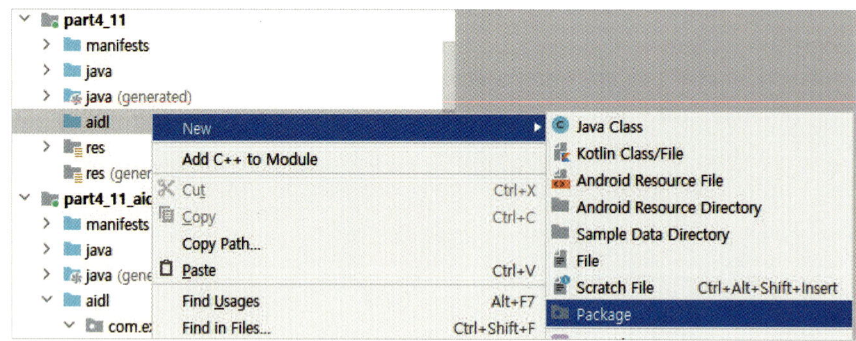


그림 11-20 Package 생성

패키지명을 임의로 지정하면 안 되고 part4_11_aidl 모듈의 aidl 파일이 있는 패키지명과 같게 지정해야 합니다. "com.example.part4_11_aidl"로 지정하여 만듭니다.

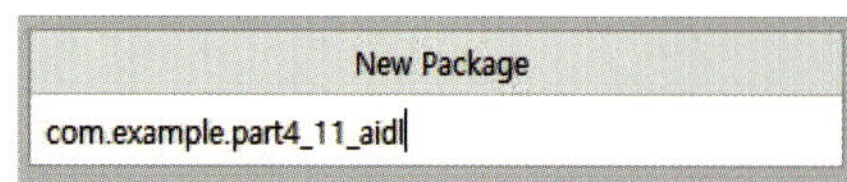


그림 11-21 New Package

패키지까지 만들어졌다면 part4_11_aidl의 IPlayService.aidl 파일을 복사하여 part4_11 모듈의 만들어 놓은 패키지에 복사합니다. 그리고 자바 코드에서 인식되게 〈Step 4〉의 방법처럼 메뉴에서 [Build → Make Module AndroidLab.part7_20]을 선택하여 Make 작업을 합니다.

### Step 8 _ Lab11_2Activity.java 작성

Lab11_2_Activity.java 파일을 다음처럼 작성합니다.

**Lab20_2_Activity.java**

```
public class Lab11_2Activity extends AppCompatActivity {
    IPlayService pService;
    ActivityLab112Binding binding;

    ServiceConnection connection = new ServiceConnection() {
        @Override
        public void onServiceConnected(ComponentName name, IBinder service) {
            pService = IPlayService.Stub.asInterface(service);
            binding.lab2Play.setEnabled(true);
        }
        @Override
        public void onServiceDisconnected(ComponentName name) {
            pService = null;
        }
    };

    @Override
    protected void onCreate(Bundle savedInstanceState) {
        super.onCreate(savedInstanceState);
        binding = ActivityLab112Binding.inflate(getLayoutInflater());
        setContentView(binding.getRoot());

        Intent intent=new Intent("com.example.part7_20.ACTION_PLAY");
        intent.setPackage("com.example.part4_11_aidl");
        bindService(intent,connection, Context.BIND_AUTO_CREATE);

        binding.lab2Play.setOnClickListener(view -> {
            if(pService != null){
                try{
                    pService.start();
                    binding.lab2Play.setEnabled(false);
                    binding.lab2Stop.setEnabled(true);
```

```
                }catch (Exception e){
                    e.printStackTrace();
                }
            }
        });
        binding.lab2Stop.setOnClickListener(view -> {
            if(pService != null){
                try{
                    pService.stop();
                    binding.lab2Play.setEnabled(true);
                    binding.lab2Stop.setEnabled(false);
                }catch (Exception e){
                    e.printStackTrace();
                }
            }
        });
    }

    @Override
    protected void onDestroy() {
        super.onDestroy();
        unbindService(connection);
    }
}
```

### Step 9 _ part4_11 모듈의 AndroidManifest.xml 수정

외부 앱의 패키지 정보에 접근하기 위해 part4_11 모듈의 AndroidManifest.xml 파일에 아래처럼 패키지 정보를 추가합니다.

**AndroidManifest.xml**

```
<manifest xmlns:android="http://schemas.android.com/apk/res/android"
    package="com.example.part4_11">
    <!--중략-->
    <queries>
        <package android:name="com.example.part4_11_aidl" />
    </queries>

</manifest>
```

### Step 10 _ part4_11_aidl 모듈 실행

우선 서비스를 가지고 있는 part4_11_aidl 모듈을 먼저 실행합니다. 이 모듈은 화면 구성을 목적으로 하지 않으므로 화면에 "Hello World" 문자열만 보이게 됩니다.

### Step 11 _ Lab11_2Activity.java 실행

Lab11_2Activity.java 파일에 마우스 오른쪽을 누르고 [Run 'Lab11_2Activity'] 메뉴로 실행합니다.

그림 11-22 결과 화면

## 11.3. 백그라운드 제약

안드로이드는 멀티 태스킹을 지원합니다. 동시에 여러 앱을 실행할 수 있으며, 하나의 앱이 화면을 점유하여 실행되고 있더라도 다른 앱이 백그라운드에서 실행될 수 있는 구조입니다. 이는 앱의 다양한 기능을 구현하기에는 도움이 되지만, 사용자에게 의도치 않게 좋지 않은 영향을 미칠 수도 있습니다. 백그라운드에서 실행되는 앱이 스마트폰의 메모리나 배터리 등의 리소스를 과도하게 소비할 수 있기 때문입니다.

API Level 26(Android Oreo)부터는 이를 개선하기 위해 백그라운드 실행에 제한을 가하고 있습니다. 이 때문에 API Level 26 이상의 스마트폰에서 실행될 앱이라면 백그라운드 실행 제한을 고려하여 앱을 개발해야 합니다. 백그라운드 실행 제한은 크게 2가지로 나뉩니다. 백그라운드 서비스 제한과 브로드캐스트 제한입니다.

### 11.3.1. 브로드캐스트 리시버 제약

브로드캐스트 리시버의 백그라운드 제약은 암시적 인텐트에 의한 실행 제한입니다. 앱에서 암시적 방법으로 BroadcastReceiver를 실행하는 부분만 제한합니다. 일반적으로 BroadcastReceiver는 시스템의 특정 상황(부팅 완료, SMS 수신 등)을 파악하기 위해 많이 사용하며, 이때 시스템에서 발생시키는 인텐트에 의해 실행되므로 AndroidManifest.xml 파일에 암시적 방법으로 등록합니다. 이 부분은 전혀 제한이 없으며 기존에 이용하던 방법대로 등록하여 사용할 수 있습니다.

```
<receiver
    android:name=".MyReceiver"
    android:enabled="true"
    android:exported="true">
    <intent-filter>
        <action android:name="android.intent.action.BOOT_COMPLETED"/>
    </intent-filter>
</receiver>
```

부팅이 완료된 시점에 실행될 BroadcastReceiver를 AndroidManifest.xml 파일에 등록했습니다. 이는 암시적 방법으로 실행됩니다. 위의 BroadcastReceiver는 문제없이 잘 실행됩니다. 제한이 가해진 부분은 앱에서 BroadcastReceiver를 실행하기 위해 암시적 방법으로 인텐트를 발생시키는 경우입니다.

```
<receiver
    android:name=".MyReceiver"
    android:enabled="true"
    android:exported="true">
    <intent-filter>
        <action android:name="com.example.ACTION_MY_RECEIVER" />
    </intent-filter>
</receiver>
```

위와 같이 AndroidManifest.xml 파일에 등록된 리시버가 있다고 가정하겠습니다. 이를 앱의 코드에서 인텐트로 실행해보겠습니다.

```
Intent intent=new Intent("com.example.ACTION_MY_RECEIVER");
sendBroadcast(intent);
```

암시적 방법으로 리시버를 실행하는 코드입니다. API Level 26부터는 위의 코드로 리시버가 실행되지 않으며, 다음처럼 로그캣 창에 로그가 출력됩니다.

```
BroadcastQueue: Background execution not allowed: receiving Intent {
act=com.example.ACTION_MY_RECEIVER flg=0x10 }
```

인텐트가 발생하기는 했지만, 암시적 방법으로의 인텐트 발생은 허용하지 않겠다는 의미입니다.

물론 명시적 방법으로는 리시버가 잘 실행됩니다. 이번에는 AndroidManifest.xml 파일에 등록된 같은 리시버를 명시적 방법으로 실행해봅시다.

```
Intent intent=new Intent(this, MyReceiver.class);
sendBroadcast(intent);
```

결국, 개발자 코드에서 암시적 인텐트로의 리시버 실행을 제한한 것입니다. 하지만 완전히 금지한 것은 아닙니다.

API Level 26의 변경사항의 주목적은 백그라운드 실행 제한입니다. 즉, 리시버가 백그라운드에서 암시적인 방법으로 실행되는 것을 제한한 것입니다. 리시버가 백그라운드가 아니라면 암시적 인텐트로도 잘 실행됩니다.

```
registerReceiver(new MyReceiver(), new IntentFilter("com.example.ACTION_REGISTER_RECEIVER"));
```

위의 코드는 리시버를 AndroidManifest.xml 파일에서 등록하지 않고, 코드에서 registerReceiver() 함수를 이용해 등록한 예입니다. 액티비티 같은 특정 컴포넌트가 실행되면서 리시버가 등록됩니다. 그러므로 리시버 혼자 백그라운드에서 실행되는 것이 아니며, 특정 컴포넌트 작업과 연관되어 있습니다. 이는 백그라운드 실행으로 판단되지 않을 것입니다. 따라서 위와 같은 코드에서 registerReceiver() 함수로 등록한 리시버는 암시적 인텐트로 실행할 수 있습니다.

### 11.3.2. 서비스 제약

이번에는 서비스 제약에 대해 살펴보겠습니다. API Level 26(Android Oreo) 버전부터는 백그라운드 실행 제한이 있습니다. 포그라운드(foreground)에 있을 때의 서비스 이용에는 아무런 제약사항이 없습니다. 안드로이드 매뉴얼을 보면 앱의 포그라운드를 다음의 경우로 판단하고 있습니다.

- 시작되거나 일시 중지되는 것과는 상관없이 보이는 액티비티가 있는 경우
- 포그라운드 서비스가 있는 경우
- 앱의 서비스 중 하나에 바인드하거나 앱의 콘텐츠 제공자 중 하나를 사용하여 앱에 또 다른 포그라운드 앱이 연결된 경우

이외에는 앱이 백그라운드 상황에 있다고 판단합니다. 하지만 앱이 백그라운드 상황에 있어도 다음의 경우에는 서비스가 정상적으로 실행됩니다.

- 우선순위가 높은 파이어베이스 클라우드 메시징(FCM) 처리
- SMS/MMS 메시지와 같은 브로드캐스트 수신
- 알림에서 PendingIntent 실행
- VPN 앱이 포그라운드로 승격되기 전에 VpnService 시작

즉, 앱의 액티비티가 화면에 보이는 것과 상관없이 실행 상태이거나, 액티비티가 실행되지 않더라도 화면과 관련된 서비스라면 정상적으로 실행됩니다. 알림의 프로그레스바를 지속해서 증감하는 서비스를 대표적인 예로 들 수 있습니다. 이는 화면을 위한 액티비티는 아니지만, 포그라운드를 목적으로 합니다. 그리고 바인드 방법으로 이용되는 서비스도 정상적으로 실행됩니다.

위의 상황과 상관없이 실행되는 서비스에는 인텐트에 의한 서비스 실행에 제약이 가해집니다. 대표적인 사례가 스마트폰 부팅이 완료되자마자 실행되는 리시버에서 서비스를 구동하려는 경우입니다. Android Oreo까지는 전혀 문제없이 잘 실행되는 코드이지만, Android Oreo부터는 서비스를 구동하기 위한 인텐트를 발생시키면 다음의 에러가 발생합니다.

```
java.lang.IllegalStateException: Not allowed to start service Intent
```

결국 앱이 포그라운드 상황이 아니면 서비스 구동에 제약이 있다는 이야기입니다. 그렇다면 백그라운드 상황에서 앱의 서비스를 정상적으로 구동할 수는 없을까요? 대표적인 사례가 부팅 완료 시점에 앱의 서비스를 구동하는 경우입니다. 부팅 완료 시점이므로 당연히 앱은 백그라운드 상황입니다. 이때도 서비스를 정상으로 구동하는 방법이 있습니다.

```
if (Build.VERSION.SDK_INT>=Build.VERSION_CODES.O) {
    context.startForegroundService(intent1);
}
else {
    context.startService(intent);
}
```

부팅 완료 시점에 실행되는 리시버의 코드이며 Android Oreo일 때는 startForegroundService() 함수에 의해 서비스 인텐트를 발생시키면 서비스가 정상 실행됩니다. 하지만 startForeground Service() 함수에 의해 실행된 서비스는 빠른 시간 내에(몇초 이내로) 알림 등을 위한 startFore ground() 함수를 호출해야 합니다. startForeground()는 알림을 위한 함수로 서비스에서 알림을 발생시키기 위해 사용됩니다. 즉, 서비스를 포그라운드 서비스로 만드는 기법입니다.

만약 startForegroundService() 함수에 의해 실행된 서비스에서 빠른 시간 내에 startForeground() 함수를 호출하지 않으면 서비스는 자동으로 종료됩니다. 테스트를 해보면 startForegroundService() 함수에 의해 실행된 서비스에서 startForeground() 함수가 호출되지 않으면 다음의 에러 메시지가 로그캣에 발생하며 서비스가 종료됩니다.

```
Context.startForegroundService() did not then call Service.startForeground():
```

다음의 코드는 startForegroundService() 함수에 의해 실행된 서비스가 startForeground() 함수를 호출한 경우입니다.

```
Notification notification = builder.build();
startForeground(1, notification);
```

startForeground() 메서드를 호출한다는 것은 결국 알림을 띄운다는 의미입니다. 서비스를 구동하면서 알림을 띄우면 사용자 화면에 알림이 출력되므로 앱은 포그라운드 상황이라고 볼 수 있습니다. 하지만 위의 방법으로 서비스를 구동하는 것은 API Level 27까지만 잘 실행됩니다. API Level 28(Android 9.0) 버전부터는 startForeground() 메서드 호출에서 다음과 같은 에러가 발생합니다.

```
Permission Denial: startForeground from pid=8482, uid=10089 requires
android.permission.FOREGROUND_SERVICE
```

에러 메시지를 보면 퍼미션 이야기입니다. 즉, API Level 28부터는 startForeground() 메서드를 이용해 앱을 포그라운드로 실행하면서 서비스를 구동하려면 아래처럼 퍼미션을 설정해주어야 합니다.

```
<uses-permission android:name="android.permission.FOREGROUND_SERVICE"/>
```

### 11.3.3. JobScheduler

백그라운드 상황에서는 앱이 정상적으로 실행되지 않습니다. 그런데 백그라운드 상황에서 무언가를 처리해야 할 때도 있을 것입니다. 예를 들어, 앱이 실행되지 않은 상황이지만 폰이 와이파이 네트워크에 연결된 순간을 자동으로 감지하여 서버로부터 얻은 데이터로 앱의 내용을 갱신하도록 구현해야 하는 경우가 있습니다.

이처럼, 앱이 백그라운드 상황에 있어도 작동하는 서비스를 위해 JobScheduler를 만듭니다. JobScheduler는 앱이 백그라운드 상황에 있어도 서비스가 시스템에서 실행될 수 있도록 합니다. 하지만 JobScheduler를 이용하여도 모든 상황에서 서비스가 실행되는 것은 아닙니다. JobScheduler를 시스템에 등록할 때, JobScheduler가 실행되어야 하는 조건을 명시해야 하며 이 조건에 해당될 때 시스템에서 서비스를 실행합니다.

JobScheduler에 조건으로 명시할 수 있는 조건은 아래와 같습니다.

- 네트워크 타입
- 배터리 충전 상태
- 특정 앱의 콘텐츠 프로바이더 갱신

위에서 예로 들은 와이파이 네트워크에 연결된 경우가 네트워크 타입에 관한 조건입니다. 이러한 상황이라면 앱이 백그라운드에 있어도 서비스를 실행시킬 수 있습니다.

아래와 같은 조건도 명시할 수 있습니다.

- 실행 주기
- 최소 지연 시간
- 시스템이 재구동될 때 현재 조건 유지 여부

네트워크 타입이나 베터리 충전 상태가 바뀌거나 특정 앱의 콘텐츠 프로바이더 갱신이 발생하지 않아도, 위의 조건으로 서비스가 주기적으로 실행되도록 할 수 있습니다. 폰이 재구동 되어도 위의 조건은 시스템에 그대로 유지되도록 할 수 있습니다.

이러한 JobScheduler의 구성요소는 3가지입니다.

- JobService: 백그라운드에서 처리할 업무를 구현한 개발자 서비스 클래스
- JobInfo: JobService가 실행되어야 할 조건이 지정된 객체
- JobScheduler: JobInfo를 시스템에 등록시키는 객체

### JobService

JobService는 개발자가 만드는 서비스 클래스입니다. AndroidManifest.xml 파일에 <service> 태그로 등록되어 있어야 하며, android.permission.BIND_JOB_SERVICE 퍼미션이 추가되어야 합니다.

```
<service
    android:name=".MyJobService"
    android:enabled="true"
    android:exported="true"
    android:permission="android.permission.BIND_JOB_SERVICE"></service>
```

서비스를 만들 때는 JobService를 상속받아 작성합니다. 서비스의 라이프사이클 함수인 onCreate와 onStartCommand, 그리고 onDestory를 추가할 수 있습니다. onStartCommand 함수는 추가할 수는 있지만 JobService가 실행될 때 호출되지 않기에 의미가 없습니다.

JobService를 작성할 때 onStartJob() 함수와 onStopJob() 함수가 중요합니다.

```
public class MyJobService extends JobService {

    @Override
    public boolean onStartJob(JobParameters jobParameters) {
        return false;
    }

    @Override
    public boolean onStopJob(JobParameters jobParameters) {
        return false;
    }
}
```

JobService가 실행되면 onStartJob() 함수는 자동으로 호출됩니다. onStartJob() 함수에는 주로 백그라운드에서 실행될 기능을 구현합니다. onStartJob() 함수의 반환값은 boolean 타입입니다. 이 값에 따라 onStartJob() 함수가 다르게 동작합니다.

- false: 업무가 정상적으로 처리되어 종료되었음을 의미
- true: 작업이 아직 끝나지 않았음을 의미

false가 반환되면 시스템은 JobService의 업무가 정상적으로 처리되어 완벽하게 끝났다고 판단합니다. onStartJob() 함수가 자동으로 호출되어 실행되고, onDestory() 함수를 실행시킨 후에 서비스를 종료합니다.

true가 반환되면, onStartJob() 함수는 실행이 끝났지만 아직 업무 처리가 진행되고 있다고 판단합니다. onStartJob() 함수 내에서 스레드 프로그램으로 시간이 오래 걸리는 작업을 수행하는 경우를 대표적인 예로 들 수 있습니다. onStartJob() 함수는 끝났지만, 아직 스레드에 의해 업무가 처리되고 있습니다. 이처럼 true가 반환되면 시스템에서는 서비스를 종료시키지 않습니다. 즉, onDestory() 함수를 호출하지 않습니다. 물론 이 경우에는 업무가 종료된 후에 코드에서 jobFinish() 함수를 이용해 명시적으로 업무 실행이 종료되었음을 알려주어야 합니다.

onStopJob() 함수는 항상 호출되지는 않습니다. onStartJob() 함수에서 true 혹은 false가 반환되더라도 실행이 되지 않을 수 있다는 의미입니다. JobService가 실행되는 도중에 JobService를 실행시키기 위한 조건이 변경되거나, 어디선가 명시적으로 cancel() 함수를 이용해 JobService를 종료했을 때 onStopJob() 함수가 호출됩니다. 즉, onStopJob() 함수는 JobService의 업무 처리 상황과 상관없이 호출되며, JobService가 정상적으로 구동되기 힘든 상황에서 JobService가 종료되기 전에 처리해야 할 업무를 실행시킵니다.

onStopJob() 함수의 반환 타입도 boolean으로, 그 값에 따라 다르게 동작합니다.

- false: 시스템에 등록 취소
- true: 시스템에 재등록

onStopJob() 함수가 호출되었다는 것은 JobService가 처리해야 할 업무를 정상적으로 진행하지 못하고 종료되었다 의미입니다. 이러한 상황에서 다시 시스템에 조건에 맞게 등록하면, 다시 실행되도록 할지 반환 타입으로 명시합니다.

false가 반환되면 등록이 취소되며, 다시 실행되지 않습니다. true가 반환되면 시스템에 재등록이 되어, JobService가 구동되도록 조건을 재설정하면 다시 실행됩니다.

### JobInfo

JobInfo는 실행할 JobService 클래스명과 JobService가 실행되어야 할 조건 정보를 담는 객체입니다.

```
JobInfo.Builder builder = new JobInfo.Builder(1, new ComponentName(this, MyJobService.class));
builder.setRequiredNetworkType(JobInfo.NETWORK_TYPE_UNMETERED);
JobInfo info = builder.build();
```

JobInfo 객체를 위한 Builder를 생성할 때, 생성자 매개변수에 ComponentName 타입의 객체를 등록하여 실행할 JobService 클래스에 대한 정보를 전달합니다. 그리고 Builder 객체의 다양한 setter 함수를 이용해 JobService가 실행될 조건을 등록합니다.

- setPersisted(true): 재부팅될 때 작업 등록을 유지할지 설정
- setPeriodic(long intervalMillis): 작업의 실행 주기 설정
- setMinimumLatency(long minLatencyMillis): 작업 실행의 지연 시간 설정
- setOverrideDeadline(long maxExecutionDelayMillis): 다른 조건에 만족하지 않더라도 작업이 이 시간 안에 실행되어야 함을 설정
- setRequiredNetworkType(int networkType): 네트워크 타입 설정
- setRequiresBatteryNotLow(boolean batteryNotLow): 배터리가 낮은 상태가 아님을 설정
- setRequiresCharging(boolean requiresCharging): 배터리가 충전 상태인지 설정

이렇게 Builder에 조건을 명시한 후, JobScheduler의 schedule() 함수를 이용해 JobInfo 객체를 시스템에 등록합니다.

```
JobScheduler scheduler = (JobScheduler)getSystemService(JOB_SCHEDULER_SERVICE);
scheduler.schedule(info);
```

# 12장

## 콘텐츠 프로바이더

콘텐츠 프로바이더(ContentProvider)는 앱 간의 데이터 공유를 목적으로 사용되는 컴포넌트입니다. 데이터를 외부 앱에 공유하거나 반대로 외부 앱이 가지고 있는 데이터를 획득할 목적으로 사용됩니다. 한 회사에서 앱을 여러 개 만든다면 같은 회사의 앱이다 보니 앱 간에 데이터를 공유해야 할 때가 있습니다. 그런데 앱을 하나만 만들거나, 혹은 여러 앱 간의 데이터를 공유할 게 없더라도 콘텐츠 프로바이더는 중요합니다. 이유는 스마트폰에 기본으로 설치된 앱들이 중요한 데이터를 워낙 많이 가지고 있는 만큼, 이 기본 앱과 데이터 공유 없이 앱을 개발하기 힘든 측면이 있습니다. 대표적인 예가 주소록, 갤러리 등입니다. 이번 장에서 콘텐츠 프로바이더를 만들고 이용하는 방법과 구글 기본 앱의 콘텐츠 프로바이더를 이용하여 스마트폰의 기본 데이터를 이용하는 방법을 살펴보겠습니다.

# 12.1. 콘텐츠 프로바이더 이해

## 12.1.1. 콘텐츠 프로바이더 구조

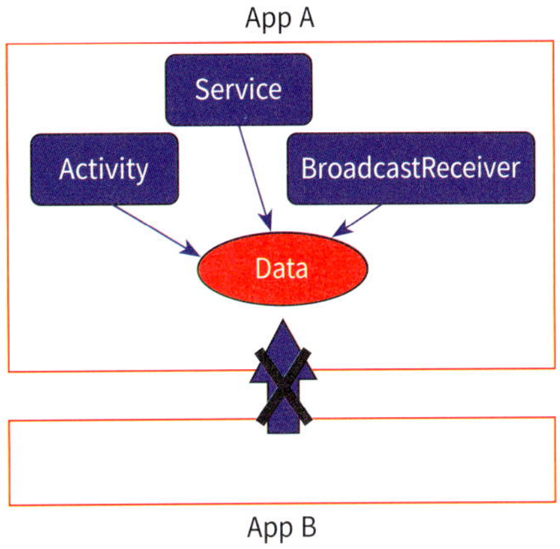

콘텐츠 프로바이더는 앱 간의 데이터 공유를 목적으로 사용되는 컴포넌트입니다. 두 앱이 있다고 가정해 보겠습니다. 데이터를 가지는 A라는 앱이 있고 이 앱의 데이터를 이용해야 하는 B라는 앱이 있습니다.

A 앱이 가지고 있는 데이터는 파일 데이터, 데이터베이스, Preference 등 다양합니다. 이 데이터를 B 앱에서 접근할 수 있을까요? 물론, 접근할 수 없습니다. 외부 앱이 데이터에 직접 접근할 수 있다면 보안상 큰 문제겠지요. 물론 파일 데이터가 외장 메모리 공간에 저장되어 있다면 다른 앱에서도 경로와 파일명만 알면 얼마든지 접근할 수 있습니다.

그림 12-1 외부 앱 데이터 접근

하지만 여기서 이야기하는 파일, 데이터베이스, Preference는 모두 내장 메모리 공간에 저장된 데이터입니다. 이전에 살펴보았듯이 이런 데이터들은 앱의 패키지명으로 된 디렉터리에 저장되므로 외부 앱이 접근할 수 없습니다. 하지만 콘텐츠 프로바이더를 이용하면 접근할 수 있습니다.

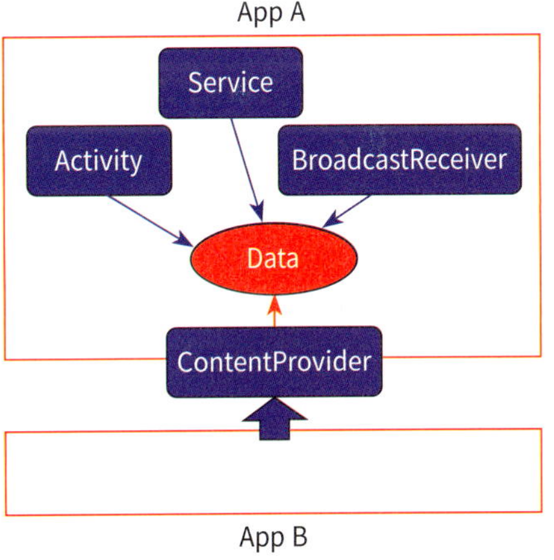

그림 12-2 콘텐츠 프로바이더 이용

B 앱에서 A 앱의 데이터를 이용하려면, 우선 데이터를 가지고 있는 A 앱의 개발자가 콘텐츠 프로바이더를 만들어 주어야 합니다. 즉 자신의 앱에 콘텐츠 프로바이더를 만든다는 것은 자신의 데이터를 일정 정도 외부 앱에 오픈하겠다는 의미입니다. 그리고 외부 앱인 B 앱은 A 앱의 데이터에 직접 접근하는 게 아니라, A 앱에서 만들어준 콘텐츠 프로바이더의 함수를 이용하여 데이터를 이용하는 구조입니다.

결국 콘텐츠 프로바이더를 매개로 해서 데이터와 데이터를 이용하는 외부 앱이 직접 연결되지 않게 하려는 의도입니다. 외부 앱에서 데이터를 이용한다고 하더라도 콘텐츠 프로바이더의 함수를 이용하는 구조이므로 콘텐츠 프로바이더를 만든 개발자가 얼마든지 제어할 수 있습니다. 외부 앱에 데이터를 공개하기 싫으면 콘텐츠 프로바이더를 만들지 않으면 되고, 외부에 일정의 데이터를 오픈하려고 콘텐츠 프로바이더를 만들었다고 하더라도 콘텐츠 프로바이더의 함수를 이용하는 구조이므로 개발자 알고리즘으로 얼마든지 오픈되는 데이터를 제어할 수 있습니다. 보안상 문제가 되는 데이터를 제외하고 오픈하는 등의 작업이 가능해집니다.

### 12.1.2. 콘텐츠 프로바이더 작성법

콘텐츠 프로바이더를 작성하는 방법은 안드로이드 DBMS 프로그램과 유사합니다. 이전에 살펴보았던 데이터베이스를 이용한 데이터 영속화 부분을 이해하는 독자라면 콘텐츠 프로바이더에 나오는 API가 낯설게 느껴지지는 않을 겁니다. 물론 API가 DBMS 프로그램과 유사하다는 거지 콘텐츠 프로바이더에서 꼭 데이터베이스의 데이터만을 외부에 공유해야 한다는 건 아닙니다. 콘텐츠 프로바이더 내부에서 접근하는 데이터는 파일, 데이터베이스, Preference 혹은 메모리의 데이터일 수도 있습니다.

```
public class MyContentProvider extends ContentProvider {
    public MyContentProvider() {
    }
    @Override
    public int delete(Uri uri, String selection, String[] selectionArgs) {
        return 0;
    }
    @Override
    public String getType(Uri uri) {
        throw new UnsupportedOperationException("Not yet implemented");
    }
    @Override
    public Uri insert(Uri uri, ContentValues values) {
        return null;
    }
    @Override
    public boolean onCreate() {
        return false;
    }
    @Override
    public Cursor query(Uri uri, String[] projection, String selection,
                        String[] selectionArgs, String sortOrder) {
        return null;
    }
    @Override
```

```
    public int update(Uri uri, ContentValues values, String selection, String[] selectionArgs) {
        return 0;
    }
}
```

콘텐츠 프로바이더는 ContentProvider 클래스를 상속받아 작성하며, 위의 모든 함수를 재정의해야 합니다. 콘텐츠 프로바이더의 생명주기 함수는 onCreate() 함수 하나만 있으며 최초에 한 번만 호출됩니다. 그리고 나머지 query(), insert(), update(), delete() 함수는 외부 앱에서 필요할 때 호출됩니다. 이곳에서 적절한 데이터 획득, 저장, 수정, 삭제 작업을 하면 됩니다.

**깡쌤! 질문 있어요!**

**콘텐츠 프로바이더에 insert( ), delete( ) 함수가 있다는 건 외부 요청에 의해 외부 데이터가 저장, 삭제도 된다는 이야기인가요?**

콘텐츠 프로바이더를 작성할 때는 앞에서 살펴본 query( ), insert( ), update( ), delete( ) 함수를 재정의해야 하며, 따라서 외부 앱은 재정의한 함수를 모두 호출할 수 있습니다. 그런데 외부 앱의 요청으로 인해 자신의 데이터가 추가되거나 삭제되는 걸 막고 싶다면, 즉 나는 그냥 내 데이터를 외부 앱에 전달하는 용도로만 쓰겠다 하면, insert( ), update( ), delete( ) 함수 부분을 비워두면 됩니다. 외부에서는 모든 함수를 호출할 수 있지만, 외부 호출로 인해 어떤 데이터가 어떻게 접근되고 관리되는지는 콘텐츠 프로바이더를 만드는 개발자 마음입니다.

서드파티 밴더의 앱에서 콘텐츠 프로바이더를 제공한다면 query( ) 함수를 열심히 구현해서 제공하겠지요. 그런데 구글 기본 앱의 콘텐츠 프로바이더들은 대부분 insert( ), update( ), delete( ) 함수에도 일정 정도의 작업을 해줍니다.

콘텐츠 프로바이더를 만들었다면 콘텐츠 프로바이더도 안드로이드 컴포넌트이므로 Andorid Manifest.xml에 등록해서 사용해야 합니다. 그런데 이때 주의할 점이 있습니다. 액티비티나 서비스, 그리고 브로드캐스트 리시버는 AndroidManifest.xml 파일에 각각 <activity>, <service>, <receiver> 태그로 등록할 때 생략할 수 없는 속성이 name뿐입니다.

하지만 콘텐츠 프로바이더는 <provider> 태그로 등록하는데 name 이외에 authorities라는 속성을 꼭 정의해 주어야 합니다.

```
<provider
    android:name=".MyContentProvider"
```

```
    android:authorities="com.example.test.Provider"
    android:enabled="true"
    android:exported="true"></provider>
```

authorities 속성값은 개발자 임의의 문자열이지만, 유일해야 합니다. 다른 앱의 콘텐츠 프로바이더와 같은 값이 대입되면 앱 자체가 사용자 스마트폰에 설치되지 않습니다. 결국 authorities 값은 스마트폰 전체에서 콘텐츠 프로바이더를 구분하기 위한 식별자가 됩니다.

### 12.1.3. 콘텐츠 프로바이더 이용

지금까지는 콘텐츠 프로바이더를 작성하는 관점에서 코드를 살펴보았습니다. 이번에는 만들어진 외부 앱의 콘텐츠 프로바이더를 이용하는 관점에서 코드를 살펴보겠습니다. 콘텐츠 프로바이더는 안드로이드 컴포넌트이지만, 인텐트로 실행하지 않습니다. 안드로이드 컴포넌트 중 인텐트로 실행하는 컴포넌트는 액티비티와 서비스 그리고 브로드캐스트 리시버이며, 콘텐츠 프로바이더는 인텐트와 전혀 상관이 없습니다. 그렇다면 같은 컴포넌트인데 콘텐츠 프로바이더만 왜 인텐트로 실행하지 않는 걸까요? 그 이유는 콘텐츠 프로바이더의 독특한 생명주기 때문입니다.

액티비티와 서비스 브로드캐스트 리시버는 부팅 완료 시점부터 어느 앱에서 어떤 이름의 컴포넌트를 가지고 있다는 정보가 시스템에 등록되지만, 실제 객체가 생성되는 시점은 어디선가 그 컴포넌트를 이용하기 위해 인텐트를 발생시키는 순간입니다. 하지만 콘텐츠 프로바이더는 시스템에서 인지하는 순간 이용하지 않더라도 미리 생성해 놓습니다. 따라서 스마트폰이 부팅되면 여러 앱의 모든 콘텐츠 프로바이더가 생성됩니다.

외부 앱의 콘텐츠 프로바이더를 이용하는 곳에서는 이렇게 시스템에서 미리 생성해놓은 콘텐츠 프로바이더 객체를 ContentResolver를 이용해 획득하여 사용합니다. ContentResolver는 콘텐츠 프로바이더로 생성된 객체들을 담고 있는 관리자 역할의 클래스로 이해하면 됩니다.

ContentResolver에는 모든 앱의 모든 콘텐츠 프로바이더가 등록되어 있습니다. 그렇다면 내가 이용하고자 하는 객체를 어떻게 식별할까요? 이때 식별자로 이용되는 것이 Uri 객체입니다. 그래서 콘텐츠 프로바이더를 흔히 "Uri 모델로 식별되어 이용되는 컴포넌트"라고 표현합니다. 결국 Uri 객체를 적절한 URL로 잘 만들어 주어야 하는데요. 콘텐츠 프로바이더를 식별하기 위해 사용되는 URL은 규칙이 있습니다.

```
content:// com.example.test.Provider
```

콘텐츠 프로바이더를 식별하기 위한 URL의 프로토콜명은 content를 이용합니다. 그리고 host 부분이 이용하고자 하는 콘텐츠 프로바이더의 식별자가 됩니다. 그러므로 이용하고자 하는 콘텐츠 프로바이더가 자신의 AndroidManifest.xml 파일에 등록될 때, com.example.test.Provider 문자열이 〈provider〉 태그의 authorities 속성값으로 작성됩니다. 콘텐츠 프로바이더를 이용하기 위한 식별자 URL 문자열이 다음처럼 설정되는 경우도 있습니다.

```
content:// com.example.test.Provider/user
content:// com.example.test.Provider/user/1
```

위와 같이 URL이 정의되어 있다면 각 부분의 의미는 그림 12-3과 같습니다.

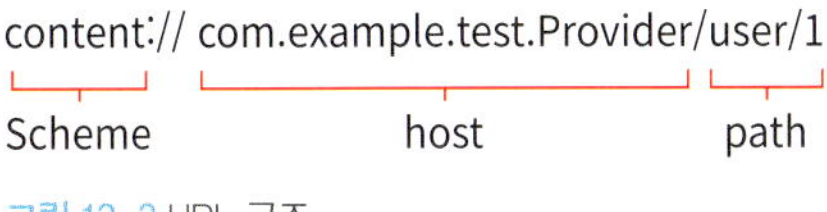


그림 12-3 URL 구조

URL의 Scheme은 "content"라는 단어로 고정됩니다. 그리고 host 부분이 콘텐츠 프로바이더의 식별자입니다. 여기까지가 URL을 구성할 때 꼭 들어가야 하는 정보이고, 이 정보가 맞아야 이용하고자 하는 콘텐츠 프로바이더를 식별하여 사용할 수 있습니다. 그런데 host 하위의 path 정보는 필수 요소가 아니며, 콘텐츠 프로바이더를 이용하는 곳에서 임의로 추가할 수 있는 정보입니다. path의 의미는 그 단어로 표현되는 모든 데이터를 지칭하게 되며 path의 끝부분이 숫자로 끝나면 id 값을 지칭하여 해당 id 값의 데이터를 치칭합니다.

즉, content://com.example.test.Provider/user는 content://com.example.test.Provider로 식별되는 콘텐츠 프로바이더의 모든 user 데이터를 지칭합니다. content://com.example.test.Provider/user/1은 content://com.example.test.Provider로 식별되는 콘텐츠 프로바이더의 user 데이터 중 id 값이 1인 데이터를 지칭하는 의미로 사용하길 권장하고 있습니다.

물론 path 값을 설정할 것인지는 콘텐츠 프로바이더를 이용하는 개발자 마음이며, 이용하는 곳에서 path 값을 설정하였더라도 콘텐츠 프로바이더를 만든 곳에서 path 값을 무시하면 의미는 없습니다. 하지만 path로 일정 데이터의 where 조건을 명시할 수 있지 않느냐는 의도이고, 그런 의미에서 path 값이 설정되면 데이터의 조건으로 사용할 것을 권장하고 있습니다.

ContentResolver를 이용해서 적절한 Uri 객체로 콘텐츠 프로바이더를 식별할 수만 있다면 이후 콘텐츠 프로바이더를 이용해 데이터를 획득하거나 추가하는 등의 작업은 DBMS 프로그램과 유사합니다. 콘텐츠 프로바이더의 query(), insert(), update(), delete() 함수를 적절하게 호출해 주면 됩니다.

```
Cursor cursor=getContentResolver().query(uri, null, null, null, null);
```

getContentResolver() 함수로 ContentResolver 객체를 획득하고 Uri 값을 첫 번째 매개변수로 주어 어느 콘텐츠 프로바이더를 이용할 것인지 판단하게 됩니다. 그리고 나머지 매개변수는 데이터 획득을 위한 조건입니다.

- query(Uri uri, String[] projection, String selection, String[] selectionArgs, String sortOrder)
- insert(Uri url, ContentValues values)
- update(Uri uri, ContentValues values, String where, String[] selectionArgs)
- delete(Uri url, String where, String[] selectionArgs)

## 12.2. 구글 기본 앱 연동

안드로이드 앱을 개발할 때, 스마트폰에 내장된 구글 기본 앱과의 연동을 자주 사용합니다. 주소록 앱과 갤러리 앱, 그리고 카메라 앱 등의 구글 기본 앱은 스마트폰의 여러 가지 기본 데이터와 다양한 기능을 담은 화면을 제공합니다. 그러다 보니 많은 앱 개발자가 스마트폰의 기본 데이터 획득이나 앱의 화면 공유를 하기 위해 빈번하게 연동하고 있습니다.

이번 절에서는 이러한 앱 연동 기법을 살펴볼 것입니다. 구글의 기본 앱을 예로 들었지만, 앱 연동 기법은 구글 앱에 국한되지 않습니다. 구글의 기본 앱 또한 외부 앱이며, 외부 앱 연동 기법으로 모든 다양한 앱과 연동할 수 있습니다.

### 12.2.1. 주소록 앱 연동

구글의 기본 앱 중 주소록 앱을 많이 연동합니다. 주소록 목록을 화면에 띄우고, 그 목록에서 사용자가 선택한 항목의 전화번호나 이메일을 가져와야 할 때 주소록 앱을 연동하여 이용합니다. 주소록 앱을 연동하여 목록 화면을 띄우기 위해서는 인텐트를 발생시켜야 합니다.

```
Intent intent = new Intent(Intent.ACTION_PICK);
intent.setData(ContactsContract.CommonDataKinds.Phone.CONTENT_URI);
contactsLauncher.launch(intent);
```

Action 문자열을 Intent.ACTION_PICK, 데이터 정보를 ContactsContract.Contacts.Phone.CONTENT_URI로 설정하여 인텐트를 발생시키면 주소록의 목록 화면이 뜨게 됩니다. 결과를 되돌려 받아야 하므로, ActivityResultLauncher를 이용하였습니다. 목록 액티비티가 실행된 후에는 사용자가 선택한 항목의 식별자 값이 Uri 객체 타입으로 전달됩니다.

```
ActivityResultLauncher<Intent> contactsLauncher = registerForActivityResult(
        new ActivityResultContracts.StartActivityForResult(),
        new ActivityResultCallback<ActivityResult>(){
            @Override
            public void onActivityResult(ActivityResult result) {
                Uri data = result.getData().getData();

                Log.d("kkang", "uri : "+data.toString());
            }
        }
);
```

넘어온 Uri 값을 출력해보면 아래와 같습니다.

```
content://com.android.contacts/data/1
```

이 Uri 정보를 이용해 구체적인 전화번호나 이메일 등의 값을 다시 가져와야 하는데요. 이 부분은 앱과 앱 간의 데이터 부분이므로 콘텐츠 프로바이더를 이용해야 합니다. 주소록의 콘텐츠 프로바이더 이용은 퍼미션 등록이 필요합니다.

```
<uses-permission android:name="android.permission.READ_CONTACTS"/>
```

콘텐츠 프로바이더로 주소록 앱과 연동하여 전화번호를 획득하는 코드는 아래와 같습니다.

```
Cursor cursor = getContentResolver().query(
        result.getData().getData(),
        new String[]{ContactsContract.CommonDataKinds.Phone.DISPLAY_NAME,
                ContactsContract.CommonDataKinds.Phone.NUMBER}  ,
        null, null, null
);

if (cursor.moveToFirst()) {
    String name = cursor.getString(0);
    String phone = cursor.getString(1);
```

```
    binding.resultTextView.setText("name: "+name +", phone: "+ phone);
}
```

## 12.2.2. 카메라 앱 연동

카메라 앱 또한 연동하여 유용하게 사용됩니다. 개발하는 앱에 사진을 찍거나 동영상을 촬영하는 기능이 포함되어야 할 때, 카메라 앱을 연동하면 편리합니다. 카메라 앱의 사진을 찍는 화면도 결국 액티비티이므로 인텐트를 발생시키는 것만으로도 쉽게 촬영 기능과 촬영된 데이터를 얻을 수 있습니다. 이때, 카메라 앱을 연동하여 촬영한 데이터를 획득하는 방법에는 섬네일로 받는 방법과 파일 공유 방법이 있습니다.

섬네일로 결과를 받는 방법을 사용하면, 연동한 카메라 앱으로 촬영한 결과 데이터만 앱에서 전달받습니다. 촬영된 데이터는 파일로 저장되지 않으며, 데이터 전달 방식이므로 사진 데이터의 크기가 작게 전달됩니다.

파일 공유 방식을 사용하면, 연동한 카메라 앱으로 촬영한 사진 데이터의 정보가 공유된 파일에 저장됩니다. 연동한 앱과 파일을 공유하고, 파일에 저장된 정보로 사진 데이터를 추출해야 하므로 다소 복잡한 코드로 구현됩니다. 하지만 촬영된 사진 파일을 그대로 전달받을 수 있습니다.

### 섬네일로 결과 받기

```
Intent intent = new Intent(MediaStore.ACTION_IMAGE_CAPTURE);
cameraThumbnailLauncher.launch(intent);
```

Action 문자열을 MediaStore.ACTION_IMAGE_CAPTURE로 지정하고 인텐트를 발생시켜 간단하게 카메라 앱의 액티비티를 실행할 수 있습니다. 결괏값은 onActivityResult() 함수로 얻습니다.

```
ActivityResultLauncher<Intent> cameraThumbnailLauncher = registerForActivityResult(
        new ActivityResultContracts.StartActivityForResult(),
        new ActivityResultCallback<ActivityResult>(){
            @Override
            public void onActivityResult(ActivityResult result) {
                Bitmap bitmap = (Bitmap) result.getData().getExtras().get("data");

            }
        }
);
```

촬영한 결과는 result.data.getExtras().get("data")로 얻으며, 전달되는 타입은 Bitmap입니다.

### 파일 공유 방법

섬네일로 결과를 받는 방식으로 촬영된 사진 데이터를 받을 수 있지만, 문제는 이미지 데이터가 너무 작게 전달된다는 것입니다. 필자가 테스트한 스마트폰에서는 사진 데이터가 189x252 크기로 전달되었습니다. 스마트폰 카메라의 사양에 따라 차이는 있겠지만, 결국 섬네일 이미지 데이터만 전달되는 것은 마찬가지입니다.

크기를 줄이지 않고 촬영한 크기 그대로의 사진 데이터를 이용해야 하는 경우도 있습니다. 이를위해 파일 정보를 공유하는 방법을 이용해야 합니다. 파일 공유 방법은 개발한 앱에서 임의의 경로에 파일을 하나 만드는 것으로 시작합니다. 해당 파일의 경로를 카메라 앱에 전달하고, 카메라 앱에서 촬영 데이터 정보를 파일에 쓰고(write) 성공 여부를 반환합니다.

우선, 파일을 하나 만들고 이 파일 정보를 외부 앱, 즉 카메라 앱에 넘겨주어야 합니다. 파일 정보를 외부 앱에 전달하기 위해서는 content:// URI를 보내고, 이 URI에 대해 임시 액세스 권한을 부여해야 합니다. 이 권한을 쉽게 부여하려면 FileProvider 클래스를 이용합니다.

FileProvider 클래스는 androidx에서 제공하는 콘텐츠 프로바이더로, XML 설정을 기반으로 파일에 대한 Content URI를 생성해줍니다. FileProvider를 이용하려면 res/xml 폴더에 임의의 이름으로된 XML 파일을 만들어 아래의 내용을 작성해야 합니다.

```
<paths xmlns:android="http://schemas.android.com/apk/res/android">
    <external-path name="myfiles" path="Android/data/com.example.test4_12/files/Pictures"/>
</paths>
```

<external-path> 태그는 외부 저장 공간의 파일을 공유하기 위해 사용되며, 내부 저장 공간에 대한 공유는 <file-path> 태그를 이용합니다. 이렇게 작성한 XML 파일을 AndroidManifest.xml에서 FileProvider를 등록할 때 설정해줍니다.

```
<provider android:name="androidx.core.content.FileProvider"
    android:authorities="com.example.test4_12.fileprovider"
    android:exported="false"
    android:grantUriPermissions="true">
    <meta-data android:name="android.support.FILE_PROVIDER_PATHS"
        android:resource="@xml/file_paths"></meta-data>
</provider>
```

FileProvider는 개발자가 작성한 콘텐츠 프로바이더가 아닌 androidx 라이브러리에서 제공하는 클래스입니다. authorities 속성에 유일성이 확보된 식별자 문자열을 하나 선언해줍니다. 위의 코드에서는 앱의 패키지명을 이용하여 선언하였습니다. 그리고 〈meta-data〉 태그로 정의한 XML 파일의 정보를 설정합니다. 이렇게 FileProvider를 등록하고 자바 코드에서 공유하려는 파일 정보의 Uri 값을 가져옵니다.

```
Uri photoURI = FileProvider.getUriForFile(
        this,
        "com.example.test4_12.fileprovider",
        file
);
```

얻은 Uri 값을 카메라 앱 실행을 위한 인텐트의 Extra 데이터로 설정합니다.

```
Intent intent = new Intent(MediaStore.ACTION_IMAGE_CAPTURE);
intent.putExtra(MediaStore.EXTRA_OUTPUT, photoURI);
cameraFileLauncher.launch(intent);
```

이렇게 하면 파일 공유 방식으로 카메라 앱을 이용할 수 있습니다.

### 이미지 로딩으로 인한 OutOfMemoryException 문제

카메라 앱 연동에 대해 다루다 보니 외부 앱 파일 공유 이야기도 나왔는데요. 이미지에 관해 조금 더 살펴보아야 할 것 같습니다. 여기서 다루는 이미지의 OutOfMemoryException 해결은 카메라 앱 연동에만 관련된 문제는 아니므로 잘 정리해두어야 합니다.

안드로이드를 개발하다 보면, 크기가 큰 데이터를 로딩하다가 앱의 메모리 부족으로 실행 도중에에러가 발생하는 경우가 많습니다. 서버로부터 내려받은 이미지나 카메라로 찍은 사진 이미지는 데이터의 크기가 클 수 있습니다. 이러한 이미지를 화면에 출력하기 위해 로딩하면 OutOfMemoryException이 자주 발생합니다.

결국, 이 문제를 피하려면 이미지의 크기를 줄여서 로딩해야 합니다. 이미지 크기를 줄이는 방법은 API에서 제공하므로 쉽게 작업할 수 있습니다.

```
Bitmap bitmap = BitmapFactory.decodeFile(filePath.getAbsolutePath());
```

Bitmap은 이미지를 표현하는 클래스로 BitmapFactory 클래스로 생성하고, BitmapFactory의 decodeXXX() 함수로 생성하여 이용합니다.

- BitmapFactory.decodeByteArray(): byte[] 배열로 Bitmap 생성
- BitmapFactory.decodeFile(): 파일 경로로 FileInputStream을 만들어서 decodeStream 이용
- BitmapFactory.decodeResource(): Resource 폴더에 저장된 파일
- BitmapFactory.decodeStream(): InputStream으로 Bitmap 생성

이때 옵션을 설정할 수 있습니다. 특히, Options 클래스의 inSampleSize 속성이 중요합니다. 이 속성값을 decodeXXX() 함수의 두 번째 매개변수에 option으로 지정하면, 이미지 크기를 자동으로 줄여서 로딩합니다.

```
BitmapFactory.Options imgOptions = new BitmapFactory.Options();
imgOptions.inSampleSize = 10;
Bitmap bitmap = BitmapFactory.decodeFile(filePath.getAbsolutePath(), imgOptions);
```

위의 코드에서는 이미지의 크기를 10으로 지정하였는데요. 이는 전달받은 이미지를 10분의 1로 줄여서 로딩하라는 의미입니다. 이렇게 간단하게 이미지 크기를 줄여서 OutOfMemoryException 문제를 해결할 수 있습니다.

### 12.2.3. 갤러리 앱 연동

갤러리 앱은 주소록 앱만큼 많이 연동하여 이용합니다. 갤러리 앱의 사진을 목록으로 보여주거나, 한 장의 사진을 크게 보여주는 액티비티를 인텐트로 실행할 수 있습니다. 물론 사진에 대한 각종 데이터를 콘텐츠 프로바이더를 이용해 얻을 수도 있습니다. 우선 인텐트를 발생시켜 갤러리 앱의 목록 액티비티를 띄웁니다.

```
Intent intent = new Intent(Intent.ACTION_PICK, MediaStore.Images.Media.EXTERNAL_CONTENT_URI);
intent.setType("image/*");
galleryLauncher.launch(intent);
```

인텐트에 Action 정보와 Type 정보, 그리고 Data 정보를 주어 갤러리 앱의 목록 액티비티를 띄웁니다. 이때 사용자가 사진 한 장을 선택하면 다시 화면으로 되돌아와야 하므로 ActivityResultLauncher를 이용했습니다.

```
ActivityResultLauncher<Intent> galleryLauncher = registerForActivityResult(
        new ActivityResultContracts.StartActivityForResult(),
        new ActivityResultCallback<ActivityResult>(){
            @Override
```

```
            public void onActivityResult(ActivityResult result) {
                int calRatio = calculateInSampleSize(
                        result.getData().getData(),
                        getResources().getDimensionPixelSize(R.dimen.imgSize),
                        getResources().getDimensionPixelSize(R.dimen.imgSize)
                );


                BitmapFactory.Options option = new BitmapFactory.Options();
                option.inSampleSize = calRatio;

                try{
                    InputStream inputStream =
getContentResolver().openInputStream(result.getData().getData());
                    Bitmap bitmap = BitmapFactory.decodeStream(inputStream, null, option);
                    inputStream.close();
                    if(bitmap != null){
                        binding.resultImageView.setImageBitmap(bitmap);
                    }
                }catch (Exception e){
                    e.printStackTrace();
                }


            }
        });
```

onActivityResult() 함수 내에서 갤러리 앱의 콘텐츠 프러바이더가 제공하는 InputStream 객체를 획득할 수 있습니다. 이 객체로 사용자가 갤러리 앱에서 선택한 사진을 획득합니다.

## 12.2.4. 지도 앱과 전화 앱 연동

### 지도 앱

앱에서 위치 정보 데이터인 위경도 데이터를 가지고 있을 때, 이 데이터로 지도를 띄울 수 있습니다. 지도 앱을 인텐트로 실행하여 간단하게 구현해봅시다.

```
Intent intent = new Intent(Intent.ACTION_VIEW, Uri.parse("geo:37.5662952,126.9779451"));
startActivity(intent);
```

Action 문자열을 Intent.ACTION_VIEW로 지정하며, 지도에서 가운데 위치로 이용할 위경도 값을 데이터 정보로 설정합니다. 이때, URL의 scheme은 "geo"로 설정합니다.

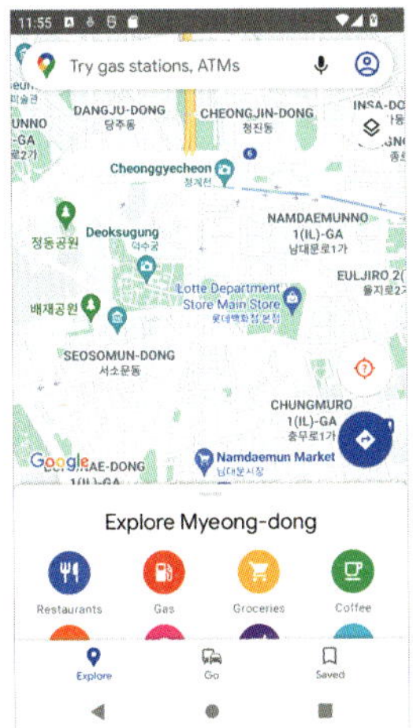


그림 12-4 지도 앱 연동

## 전화 앱

앱에서 전화번호 데이터를 가지고 있을 때, 이 데이터와 전화를 거는 기능을 연결할 수 있습니다. 이 또한 전화 앱 연동으로 쉽게 구현할 수 있습니다. 우선 퍼미션이 필요합니다.

```
<uses-permission android:name="android.permission.CALL_PHONE"/>
```

퍼미션이 있다면 간단하게 인텐트만으로 전화 걸기 기능을 구현할 수 있습니다.

```
Intent intent=new Intent(Intent.ACTION_CALL, Uri.parse("tel:02-120"));
startActivity(intent);
```

전화 걸기 기능에서 "tel"로 scheme 정보를 설정합니다. 그 뒤에 전화번호 정보를 추가해서 이용합니다.

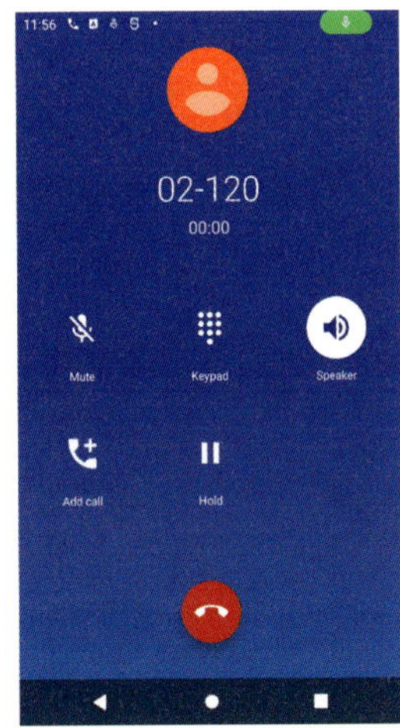


그림 12-5 전화 앱 연동

## [실습 12-1] 카메라앱과 갤러리 앱 연동 Step by Step

지금까지 살펴본 구글의 기본 앱을 연동하는 방법으로 카메라 앱과 갤러리 앱을 연동해보겠습니다.

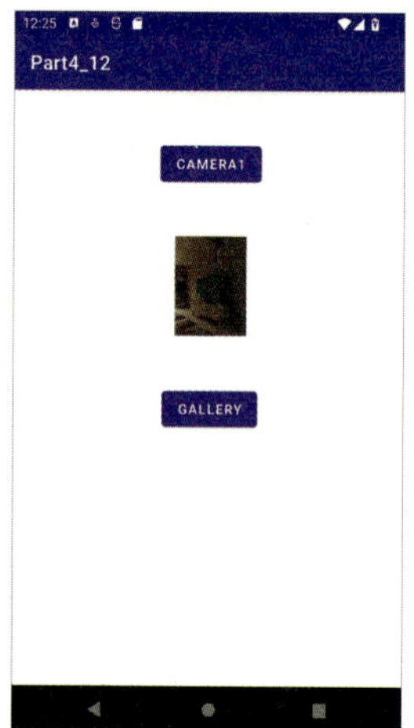


그림 12-6 결과 화면

### Step 1 _ 모듈 생성

이번 12장의 실습을 위해 "Part4_12"라는 이름으로 새 모듈을 만듭니다. 모듈을 만들 때 액티비티 설정에서 'Source Language' 부분을 Java로 설정합니다.

### Step 2 _ ViewBinding 설정

모듈 수준의 build.gradle에 ViewBinding 설정을 하고 〈Sync Now〉를 클릭해 변경사항을 적용합니다.

**build.gradle**

```
android {
    //생략......
    viewBinding {
        enabled = true
    }
}
```

### Step 3 _ 파일 복사

실습을 위해 필자가 공개한 파일 중 activity_main.xml 파일을 Part7_21 모듈의 res/layout 폴더에 복사하고, demens.xml 파일을 res/values 폴더에 복사합니다. 그리고 MainActivity.java 파일을 Part4_12 모듈의 자바 코드 영역에 복사합니다.

### Step 4 _ FileProvider 용 XML 작성

res 폴더에 xml 폴더를 만들고, 그 아래에 file_paths.xml 파일을 생성하여 다음과 같이 작성합니다.

**file_paths.xml**

```
<?xml version="1.0" encoding="utf-8"?>
<paths xmlns:android="http://schemas.android.com/apk/res/android">
    <external-path name="myfiles" path="Android/data/com.example.part4_12/files/Pictures"/>
</paths>
```

### Step 5 _ AndroidManifest.xml 작업

카메라 앱과 파일을 공유를 하기위해 FileProvider를 아래와 같이 등록합니다.

**AndroidManifest.xml**

```
<manifest.............>

    <application ..............>
        <!--중략-->
        <provider android:name="androidx.core.content.FileProvider"
            android:authorities="com.example.part4_12.fileprovider"
            android:exported="false"
            android:grantUriPermissions="true">
            <meta-data android:name="android.support.FILE_PROVIDER_PATHS"
                android:resource="@xml/file_paths"></meta-data>
        </provider>

    </application>
</manifest>
```

### Step 6 _ MainActivity 작성

복사한 MainActivity의 코드를 아래처럼 추가합니다.

**MainActivity.java**

```
public class MainActivity extends AppCompatActivity {
    //중략......
    @Override
    protected void onCreate(Bundle savedInstanceState) {
        //중략......
        ActivityResultLauncher<Intent> cameraFileLauncher = registerForActivityResult(
                new ActivityResultContracts.StartActivityForResult(),
                new ActivityResultCallback<ActivityResult>(){
                    @Override
                    public void onActivityResult(ActivityResult result) {
                        int calRatio = calculateInSampleSize(
                                Uri.fromFile(new File(filePath)),
                                getResources().getDimensionPixelSize(R.dimen.imgSize),
                                getResources().getDimensionPixelSize(R.dimen.imgSize)
                        );


                        BitmapFactory.Options option = new BitmapFactory.Options();
                        option.inSampleSize = calRatio;
                        Bitmap bitmap = BitmapFactory.decodeFile(filePath, option);
                        if(bitmap != null){
                            binding.resultImageView.setImageBitmap(bitmap);
                        }
                    }
                });

        binding.cameraButton.setOnClickListener(view -> {
            try {
                String timeStamp = new SimpleDateFormat("yyyyMMdd_HHmmss").format(new Date());
                File storageDir = getExternalFilesDir(Environment.DIRECTORY_PICTURES);
                File file = File.createTempFile(
                        "JPEG_"+timeStamp+"_",
                        ".jpg",
                        storageDir
                );
                filePath = file.getAbsolutePath();
                Uri photoURI = FileProvider.getUriForFile(
                        this,
                        "com.example.part4_12.fileprovider",
                        file
                );
```

```
            Intent intent = new Intent(MediaStore.ACTION_IMAGE_CAPTURE);
            intent.putExtra(MediaStore.EXTRA_OUTPUT, photoURI);
            cameraFileLauncher.launch(intent);
        }catch (Exception e){
            e.printStackTrace();
        }

    });

    ActivityResultLauncher<Intent> galleryLauncher = registerForActivityResult(
            new ActivityResultContracts.StartActivityForResult(),
            new ActivityResultCallback<ActivityResult>(){
                @Override
                public void onActivityResult(ActivityResult result) {
                    int calRatio = calculateInSampleSize(
                            result.getData().getData(),
                            getResources().getDimensionPixelSize(R.dimen.imgSize),
                            getResources().getDimensionPixelSize(R.dimen.imgSize)
                    );


                    BitmapFactory.Options option = new BitmapFactory.Options();
                    option.inSampleSize = calRatio;

                    try{
                        InputStream inputStream =
getContentResolver().openInputStream(result.getData().getData());
                        Bitmap bitmap = BitmapFactory.decodeStream(inputStream, null, option);
                        inputStream.close();
                        if(bitmap != null){
                            binding.resultImageView.setImageBitmap(bitmap);
                        }
                    }catch (Exception e){
                        e.printStackTrace();
                    }

                }
            });

    binding.galleryButton.setOnClickListener(view -> {
        Intent intent = new Intent(Intent.ACTION_PICK,
MediaStore.Images.Media.EXTERNAL_CONTENT_URI);
```

```
                intent.setType("image/*");
                galleryLauncher.launch(intent);
            });

        }
    }
```

## Step 7 _ 실행

part4_12 모듈을 실행하여 결과를 확인합니다.

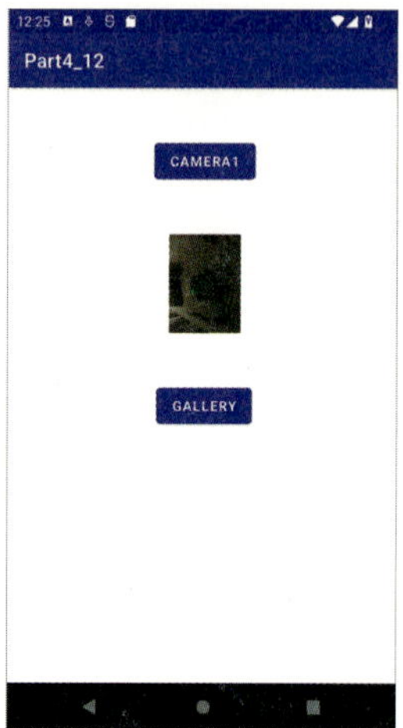


그림 12-7 결과 화면

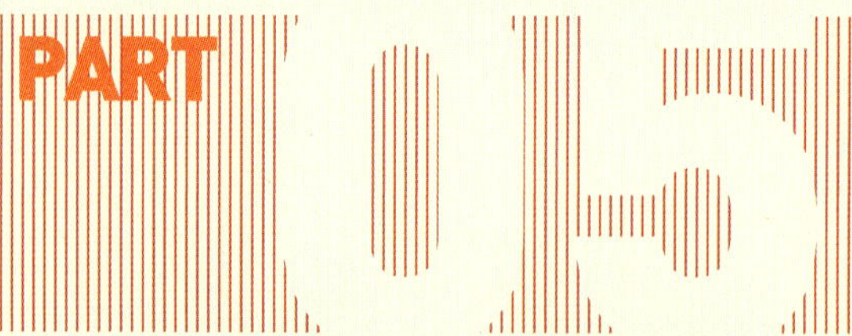


# 다양한 기능을 구현하자

## 이번 파트에서는...

이번 파트에서는 앱의 다양한 기능을 구현하는 방법을 알아봅니다. 우선, 대부분의 앱이 데이터를 영속적으로 저장할 때 사용하는 DBMS, 파일 읽기/쓰기, Preference 프로그램 등에 대해서 살펴보겠습니다.

또한, 서버와 네트워킹을 통한 데이터 사용법에 대해 알아볼 것입니다. 이를 위해 안드로이드 앱의 HTTP 통신 방법과 실시간 서버 푸시 방법을 살펴보겠습니다.

스마트폰은 이동성이 보장된 기기이며 많은 앱에서 사용자의 위치 정보를 활용합니다. 마지막으로, 안드로이드 앱에서 사용자의 위치를 획득하고 구글 지도를 활용하는 방법을 알아봅니다.

# 13장

## 데이터 영속적 저장

안드로이드 앱의 데이터를 저장하여 영속하는 방법에는 3가지가 있습니다. File을 이용할 수도 있고, SharedPreference를 이용할 수도 있습니다. 또한 DBMS 프로그램을 사용할 수도 있습니다.

이번 장에서는 앱 데이터를 저장하는 방법에 대해 살펴보겠습니다. 3가지 방법 모두 앱을 개발할 때 자주 이용되므로, 잘 정리해두면 유용하게 사용할 수 있을 것입니다.

## 13.1. SQLite을 이용한 영속화

SQLite(www.sqlite.org)는 오픈소스로 만들어진 관계형 데이터베이스로 복잡하고 구조화된 애플리케이션 데이터를 저장하고 관리합니다. 프로세스가 아닌 라이브러리를 이용하므로 데이터베이스가 애플리케이션의 일부로 통합됩니다. 즉, 서버가 아니라 애플리케이션에 넣어 사용하는 비교적 가벼운 데이터베이스입니다. 따라서 MP3 플레이어, 아이폰, 아이팟터치 등 모바일 장치에서 많이 사용됩니다. SQLite를 이용한 데이터는 파일에 저장되며 다음과 같은 경로에 저장됩니다.

```
data/data/[package_name]/databases
```

**깡쌤! 질문 있어요!**

**보통의 앱들은 자신의 데이터를 서버에 저장하지 않나요? 굳이 로컬 데이터베이스를 사용할 필요 있나요?**

주소록이나 SMS 등 기본 앱들이야 로컬에 데이터를 저장하지만 대부분 상용 앱들의 데이터는 서버를 이용합니다. 서버 데이터베이스에 저장된 데이터를 네트워크 프로그램을 통해 안드로이드에서 이용하는 구조겠지요. 하지만 그렇다고 하더라도 안드로이드 데이터베이스 프로그램의 이용 빈도가 낮다고 할 수는 없습니다. 이유는 네트워크 상태에 있습니다. 모바일은 유선 네트워크보다 신뢰적이지 못합니다. 수시로 서버 통신이 안 되는 상황이 발생한다는 이야기지요. 그 상황에서 사용자에게 아무것도 안 보여 줄 것인가의 문제가 있습니다.

그림 13-1은 스마트폰의 네트워크가 안 되게 강제 설정한 후 아웃룩(Outlook) 프로그램을 실행한 결과입니다. 화면에 보이는 데이터는 모두 서버 데이터입니다. 따라서 네트워크가 안 되면 화면에 어떤 데이터도 안 나와야 합니다. 하지만 정상적으로 데이터가 보이며, 하단에 "인터넷 연결 없음" 이라는 메시지만 보여주고 있습니다. 결과적으로 위의 데이터는 스마트폰 내부에 저장된 데이터라고 볼 수 있습니다. 서버에서 받은 데이터를 일정 정도 스마트폰 내부에 저장해야 네트워크 연결이 끊기는 상황에 대응할 수 있습니다. 이 때문에라도 데이터베이스 프로그램은 자주 이용된다고 할 수 있습니다.

그림 13-1 네트워크가 끊긴 상황

### 13.1.1. SQLiteDatabase 클래스

안드로이드에서 데이터베이스 프로그램의 핵심 클래스는 SQLiteDatabase입니다. 데이터베이스에 데이터를 저장하고 가져오고 수정, 삭제하는 모든 SQL 질의문은 SQLiteDatabase 클래스의 함수를 이용하여 수행합니다. 이러한 작업을 수행하려면 우선 다음 구문으로 SQLiteDatabase 객체를 얻어야 합니다.

```
SQLiteDatabase db=openOrCreateDatabase("memodb", MODE_PRIVATE, null);
```

SQLiteDatabase 객체를 얻으려면 openOrCreateDatabase() 함수를 이용합니다. 이 함수의 첫 번째 매개변수는 개발자가 지정하는 데이터베이스 파일명입니다. 이렇게 얻은 SQLiteDatabase 객체의 함수를 이용해 SQL 문을 수행합니다.

- **execSQL(String sql)**: insert, update 등 select 문이 아닌 나머지 SQL 수행
- **rawQuery(String sql, String[] selectionArgs, Object[] bindArgs)**: select SQL 수행

데이터베이스에 데이터를 저장하려면 insert 문을 사용합니다. execSQL() 함수로 insert 문을 수행하는 예는 다음과 같습니다.

```
db.execSQL("insert into tb_memo (title, content) values (?,?)", new String[]{title, content});
```

execSQL() 함수에서 큰따옴표로 묶인 첫 번째 매개변수가 SQL 문입니다. 만약 이곳에서 데이터 부분(values)을 ?로 작성했다면, 두 번째 매개변수에서 각각의 ?에 대응하는 데이터를 지정합니다. 위의 예에서는 ?가 두 개이므로 문자열 두 개를 가지는 배열을 적용했습니다. 첫 번째 데이터가 첫 번째 ? 부분에 적용됩니다.

데이터베이스에 저장된 데이터를 찾아서 가져오려면 select 문을 사용합니다. 이때는 rawQuery() 함수를 이용합니다.

```
Cursor cursor= db.rawQuery("select title, content from tb_memo order by _id desc limit 1", null);
```

SQL 문에 ? 표현이 없어 두 번째 매개변수 부분이 null입니다. rawQuery() 함수의 결괏값은 Cursor 객체입니다. Cursor는 선택된 행(row)의 집합 객체 정도로 이해하면 됩니다. 여기서 각 열(column)에 해당하는 데이터를 획득하려면 Cursor 객체를 이용해 행을 선택하고 선택된 행의 열 데이터를 획득하는 구조입니다. Cursor의 행을 선택하는 함수는 다음과 같습니다. 이 함수로 행을 선택하지 않은 상태에서 열 데이터를 추출할 수는 없습니다.

- **moveToNext()**: 순서상으로 다음 행 선택
- **moveToFirst()**: 가장 첫 번째 행 선택
- **moveToLast()**: 가장 마지막 행 선택
- **moveToPrevious()**: 순서상으로 이전 행 선택

moveToNext() 함수를 이용하여 행을 선택하고, 선택된 행의 getString() 함수를 이용하여 열 데이터를 가져오는 예입니다. 이때 getString() 함수의 매개변수는 몇 번째 열의 데이터를 가져오는지 지정합니다. 예를 들어, getString(0)이면 첫 번째 열의 데이터를 가져옵니다.

```
while (cursor.moveToNext()){
    titleView.setText(cursor.getString(0));
    contentview.setText(cursor.getString(1));
}
```

### 13.1.2. SQLiteOpenHelper 클래스

간단하게 SQLiteDatabase와 Cursor 클래스만 사용해도 모든 SQL 문을 수행할 수 있지만, SQLiteOpenHelper 클래스를 이용할 수도 있습니다. 이 클래스를 사용하면 편리한 점이 많은데요. 일종의 데이터베이스 관리만을 목적으로 하는 클래스라고 보면 됩니다. 데이터 저장이나 획득 등의 코드는 SQLiteDatabase 클래스를 이용하여 insert와 select 작업을 하고, 테이블 생성이나 스키마 변경 등의 작업은 SQLiteOpenHelper 클래스로 일원화하는 구조입니다. 이렇게 함으로써 insert와 select 작업을 수행할 때 테이블 생성 여부를 판단하지 않아도 되는 이점이 있습니다. SQLiteOpenHelper 클래스는 추상 클래스이므로 서브 클래스를 만들어 사용해야 합니다.

```
public class DBHelper extends SQLiteOpenHelper {

    public static final int DATABASE_VERSION = 1;

    public DBHelper(Context context) {
        super(context, "memodb", null, DATABASE_VERSION);
    }
    @Override
    public void onCreate(SQLiteDatabase db) {
        //...
    }
    @Override
    public void onUpgrade(SQLiteDatabase db, int oldVersion, int newVersion) {
        //...
    }
}
```

위의 코드는 SQLiteOpenHelper를 상속받아 작성한 하위 클래스의 구조입니다. 생성자를 보면 super(context, "memodb", null, DATABASE_VERSION); 구문이 있는데 "memodb"가 데이터베이스 파일명입니다. 그리고 DATABASE_VERSION은 데이터베이스 버전 정보입니다. SQLiteOpenHelper를 작성하려면 onCreate()와 onUpgrade() 함수를 재정의해야 합니다.

- **onCreate():** 앱이 설치된 후 SQLiteOpenHelper가 최초로 이용되는 순간 한 번 호출
- **onUpgrade():** 데이터베이스 버전이 변경될 때마다 호출

onCreate() 함수는 앱이 설치되어 SQLiteOpenHelper 클래스가 최초로 사용되는 순간 호출됩니다. 결국 onCreate() 함수는 앱에서 가장 처음 한 번만 수행되는 코드가 작성되는 함수로, 대부분 여기에서 테이블을 생성합니다. onUpgrade() 함수는 SQLiteOpenHelper 클래스의 생성자에 전달되는 데이터베이스 버전 정보가 변경될 때마다 반복해서 호출됩니다. 즉, 테이블의 스키마 부분을 변경하기 위한 용도로 사용됩니다. 단, version이 변경되지 않으면 호출되지 않습니다.

이처럼 SQLiteOpenHelper를 정의했다면 실제 SQL 문 수행을 위해 SQLiteDatabase 객체를 획득합니다. 이때는 SQLiteOpenHelper 클래스의 getReaderableDatabase() 함수와 getWritableDatabase() 함수를 이용합니다.

```
DBHelper helper = new DBHelper(this);
SQLiteDatabase db = helper.getWritableDatabase();
```

### 13.1.3. insert( ), query( ), update( ), delete( ) 함수 이용

SQL 문을 수행하려면 SQLiteDatabase 클래스의 함수를 이용하는데, 앞서 살펴봤던 rawQuery() 함수와 execSQL() 함수 이외에 다음의 함수를 이용할 수도 있습니다.

- insert(String table, String nullColumnHack, ContentValues values)
- update(String table, ContentValues values, String whereClause, String[] whereArgs)
- delete(String table, String whereClause, String[] whereArgs)
- query(String table, String[] columns, String selection, String[] selectionArgs, String groupBy, String having, String orderBy, String limit)

rawQuery() 함수와 execSQL() 함수는 개발자가 직접 SQL 문을 매개변수로 주어야 하지만, 위의 함수들은 SQL 문을 만들기 위한 정보만 매개변수로 주면 자동으로 SQL 문을 만들어 실행해줍니다. 이 중 insert()와 update() 함수는 ContentValues 클래스를 매개변수로 넘기는데, 이 클래스는 insert

데이터와 update 데이터를 표현하는 집합 객체입니다. key-value 형식으로 이용되며 key 값이 실제 테이블의 열(column)입니다.

다음은 USER_TB 테이블에 values 객체의 내용을 삽입하는 코드입니다. name 열에 "kkang", phone 열에 "0100000" 데이터를 삽입합니다.

```
ContentValues values=new ContentValues();
values.put("name", "kkang");
values.put("phone", "0100000");
db.insert("USER_TB", null, values);
```

다음은 query() 함수를 이용한 예인데요. USER_TB 테이블에서 ID가 "kkang"인 사용자를 선택하여 해당 사용자의 name과 phone 값을 불러옵니다. group by, having, order by 조건은 null을 대입하여 생략하였습니다.

```
Cursor c=db.query("USER_TB", new String[]{"name", "phone"},
        "ID=?", new String[]{"kkang"},
        null, null,null);
```

## [실습 13-1] SQLite 실습 Step by Step

앞에서 설명한 SQLite를 이용해 데이터를 영속화하는 실습을 진행해 보겠습니다. 간단한 메모장 기능을 가정해서 작성하겠습니다. 사용자가 입력한 글을 데이터베이스에 저장하고 저장된 데이터를 선택해서 화면에 출력해 보겠습니다.

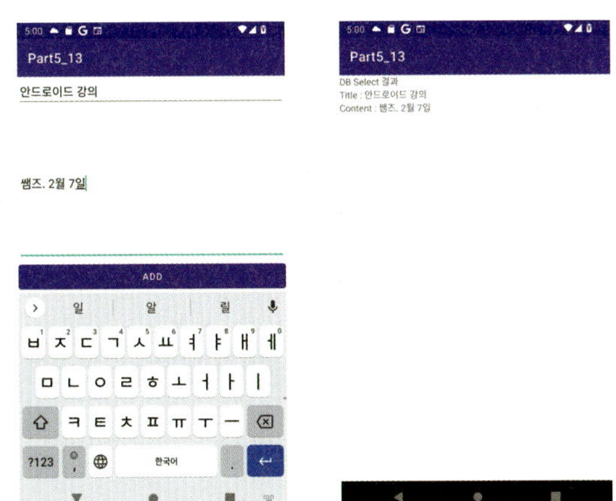


그림 13-2 결과 화면

### Step 1 _ 모듈 및 액티비티 생성

13장 실습을 위해 모듈 이름을 "Part5_13"로 지정하고 액티비티 설정에서 'Source Language' 부분을 Java로 설정하여 모듈을 새로 만듭니다. 그리고 결과를 확인할 액티비티를 "ReadDBActivity" 이름으로 추가합니다.

### Step 2 _ ViewBinding 설정

모듈 수준의 build.gradle에 ViewBinding 설정을 하고 〈Sync Now〉를 클릭해 변경사항을 적용합니다.

**build.gradle**

```
android {
    //생략......
    viewBinding {
        enabled = true
    }
}
```

### Step 3 _ 레이아웃 XML 파일 복사

실습을 위해 필자가 제공한 activity_main.xml **파일과,** activity_read_dbactivity 파일을 각각의 파일에 덮어쓰기로 복사합니다.

### Step 4 _ DBHelper 클래스 작성

SQLiteOpenHelper 클래스를 상속받는 "DBHelper"라는 이름의 새로운 자바 클래스 파일을 만들고 다음처럼 작성합니다.

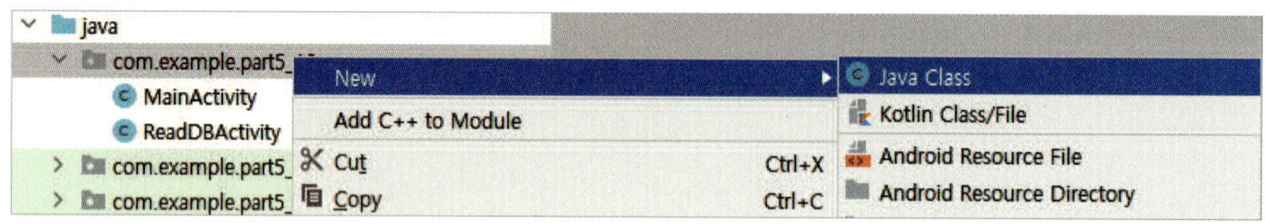


그림 13-3 자바 클래스 추가

**DBHelper.java**

```
public class DBHelper extends SQLiteOpenHelper {

    public static final int DATABASE_VERSION = 1;
    public DBHelper(Context context) {
        super(context, "memodb", null, DATABASE_VERSION);
```

```
    }
    @Override
    public void onCreate(SQLiteDatabase db) {
        String memoSQL= "create table tb_memo " +
                "(_id integer primary key autoincrement," +
                "title," +
                "content)";
        db.execSQL(memoSQL);
    }
    @Override
    public void onUpgrade(SQLiteDatabase db, int oldVersion, int newVersion) {
        if(newVersion==DATABASE_VERSION){
            db.execSQL("drop table tb_memo");
            onCreate(db);
        }
    }
}
```

onCreate( ) 함수에서 tb_memo라는 테이블을 만들었으며, 칼럼은 _id, title, content 3개로 구성하였습니다. 만약 테이블 생성을 잘못해서 수정해도 onCreate( ) 함수는 앱 설치 후 최초 한 번만 호출되므로 수정한 부분이 반영되지 않습니다. 이럴 때 DATABASE_VERSION의 값을 증가하면 onUpgrade( ) 함수가 자동으로 호출되고, 잘못 만든 테이블을 삭제 후 다시 만들게 작성하였습니다.

## Step 5 _ MainActivity 작성

사용자 입력 데이터를 테이블에 저장하기 위한 MainActivity.java 파일을 다음처럼 작성합니다.

**MainActivity.java**

```
public class MainActivity extends AppCompatActivity {
    @Override
    protected void onCreate(Bundle savedInstanceState) {
        super.onCreate(savedInstanceState);
        ActivityMainBinding binding = ActivityMainBinding.inflate(getLayoutInflater());
        setContentView(binding.getRoot());

        binding.addBtn.setOnClickListener(view -> {
            String title = binding.addTitle.getText().toString();
            String content = binding.addContent.getText().toString();
            DBHelper helper = new DBHelper(this);
            SQLiteDatabase db = helper.getWritableDatabase();
```

```
            db.execSQL("insert into tb_memo (title, content) values (?,?)",
                    new String[]{title, content});
            db.close();
            Intent intent=new Intent(this, ReadDBActivity.class);
            startActivity(intent);
        });
    }
}
```

자바 소스 코드에서 SQL 문을 표현할 때 데이터가 들어갈 자리를 ?로 표현한 후 이후에 ?에 해당하는 데이터를 지정하는 방식은 소프트웨어 개발에서 흔히 이용하는 방식입니다.

### Step 6 _ ReadDBActivity 작성

테이블에 저장된 데이터를 선택해서 화면에 뿌리기 위한 ReadDBActivity.java 파일을 다음처럼 작성합니다.

**ReadDBActivity.java**

```
public class ReadDBActivity extends AppCompatActivity {
    @Override
    protected void onCreate(Bundle savedInstanceState) {
        super.onCreate(savedInstanceState);
        ActivityReadDbactivityBinding binding =
ActivityReadDbactivityBinding.inflate(getLayoutInflater());
        setContentView(binding.getRoot());

        DBHelper helper = new DBHelper(this);
        SQLiteDatabase db = helper.getWritableDatabase();
        Cursor cursor= db.rawQuery("select title, content from tb_memo order by _id desc limit 1", null);
        while (cursor.moveToNext()){
            binding.readTitle.setText(cursor.getString(0));
            binding.readContent.setText(cursor.getString(1));
        }
        db.close();
    }
}
```

### Step 7 _ 실행

part5_13 모듈을 실행하여 결과를 확인합니다.

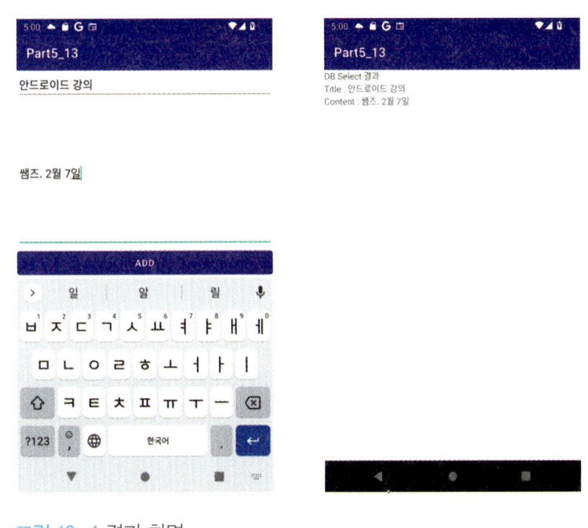


그림 13-4 결과 화면

## 13.2. 파일 읽고 쓰기

이번 절에서는 안드로이드에서 파일을 읽고 쓰는 방법을 살펴보겠습니다. 안드로이드에서 파일 관련 프로그램은 대부분 자바 API를 그대로 사용하므로 java.io 패키지의 클래스들을 이용해서 작성합니다.

- **File**: 파일 및 디렉터리를 지칭하는 클래스
- **FileInputStream**: 파일에서 바이트 데이터를 읽기 위한 함수 제공
- **FileOutputStream**: 파일에 바이트 데이터를 쓰기 위한 함수 제공
- **FileReader**: 파일에서 문자열 데이터를 읽기 위한 함수 제공
- **FileWriter**: 파일에 문자열 데이터를 쓰기 위한 함수 제공

안드로이드 파일 저장 공간은 내장 메모리와 외장 메모리 공간으로 구분됩니다. 또한 외장 메모리 공간은 다시 앱 저장 공간과 공용 저장 공간으로 구분됩니다. 앱 저장 공간은 다른 앱에서 접근할 수 없고, 공용 저장 공간은 모든 앱이 접근할 수 있습니다.

그림 13-5 메모리 공간

안드로이드에서 저장소와 관련된 각종 정보는 Environment 클래스로 얻을 수 있습니다.

- **Environment.getExternalStorageState()**: 외부 저장 공간 상태
- **Environment.getExternalStorageDirectory().getAbsolutePath()**: 외부 저장 공간 경로
- **Environment.getDataDirectory().getAbsolutePath()**: 내부 저장 공간 경로

메모리 공간의 경로는 스마트폰마다 다를 수 있습니다. 따라서 파일을 이용할 때 경로를 문자열로 지정하는 게 아니라, 위의 함수를 이용하여 스마트폰에 따라 다르게 대응해야 합니다.

### 13.2.1. 외부 저장 공간 이용

외부 저장 공간을 이용하려면, 우선 스마트폰에서 이를 제공하고 있는지 판단해야 합니다. Environment.getExternalStorageState() 함수로 외부 저장 공간에 대한 정보를 얻습니다.

```
String state = Environment.getExternalStorageState();
if (state.equals(Environment.MEDIA_MOUNTED)) {
    if (state.equals(Environment.MEDIA_MOUNTED_READ_ONLY)) {
        externalStorageReadable = true;
        externalStorageWritable = false;
    } else {
        externalStorageReadable = true;
        externalStorageWritable = true;
    }
}else {
    externalStorageReadable = externalStorageWritable = false;
}
```

Environment.getExternalStorageState() 함수를 통해 얻은 상태 값이 Environment.MEDIA_MOUNTED이면 외부 저장 공간이 제공된다는 의미입니다. 상태 값이 Environment.MEDIA_ MOUNTED_READ_ONLY인지를 판단해 파일을 읽거나 쓸 수 있는지 확인합니다.

이제 실제로 외부 저장 공간에 파일을 읽거나 쓰는 작업을 살펴보겠습니다. 외부 저장 공간에 접근할 때 ContentResolver에서 제공하는 InputStream 등을 이용하면 필요하지 않지만, 그렇지 않다면 매니페스트 파일에서 android.permission.READ_EXTERNAL_STORAG 또는 android.permission.WRITE_EXTERNAL_STORAG 퍼미션 설정을 해야 합니다.

만약 File API를 사용한다면 Android 10 버전부터는 2가지의 퍼미션 설정과 함께 requestLegacyExternalStorage값 설정도 해주어야 합니다. 결국 파일을 이용하는 방식은 안드로이드 버전에 따라 다르며, API 호환성까지 고려하면 외장 메모리를 사용할 때 다음처럼 선언하는 것이 좋습니다.

```
<manifest ........... >
    <uses-permission android:name="android.permission.READ_EXTERNAL_STORAGE" />
    <uses-permission android:name="android.permission.WRITE_EXTERNAL_STORAGE" />
    <application
        .............
        android:requestLegacyExternalStorage="true">
        ..........
    </application>

</manifest>
```

## 앱 저장소 이용

외장 메모리 공간은 앱 저장소와 공용 저장소로 이루어져 있습니다. 앱 저장소에는 각 앱의 개별 공간이 할당되어 있으며, 기본적으로 각각의 앱에서 할당받은 공간에만 접근할 수 있습니다.

외장 메모리의 앱 저장소 위치는 getExternalFilesDir() 함수로 구합니다.

```
File file = getExternalFilesDir(null);
Log.d("kkang", file.getAbsolutePath());
```

기기에 따라 다를 수 있지만, getExternalFilesDir(null) 함수가 반환하는 위치는 다음과 같습니다.

- /storage/emulated/0/Android/data/패키지명/files

외장 메모리의 Android 아래에 패키지명으로 디렉터리가 생기고, 그 아래에 있는 files 디렉터리에 각각의 앱별 파일이 저장됩니다. getExternalFilesDir() 함수의 매개변수로 파일의 종류를 지정하며, null이 아닌 다음과 같은 Environment 상수를 전달할 수도 있습니다.

- Environment.DIRECTORY_PICTURES: 이미지 파일 저장 폴더
- Environment.DIRECTORY_MUSIC: 음악 파일 저장 폴더
- Environment.DIRECTORY_MOVIES: 영상 파일 저장 폴더
- Environment.DIRECTORY_DOWNLOADS: 다운로드한 파일 저장 폴더
- Environment.DIRECTORY_DCIM: 카메라로 촬영한 사진 저장 폴더
- Environment.DIRECTORY_ALARMS: 알람으로 사용할 오디오 파일 저장 폴더
- Environment.DIRECTORY_NOTIFICATIONS: 알림음으로 사용할 오디오 파일 저장 폴더

만약 Environment.DIRECTORY_ALARMS 상수를 getExternalFilesDir() 함수의 매개변수에 전달했다면, 파일이 저장되는 위치는 다음과 같습니다.

- /storage/emulated/0/Android/data/패키지명/files/Alarms

이제 파일을 읽거나 쓰는 코드를 작성해보겠습니다. 우선, 외부 저장 공간에 파일을 쓰는 방법에 대해 살펴봅시다. 다음은 Environment.DIRECTORY_DOCUMENTS 타입의 앱 저장소에 text.txt라는 파일을 만들어 문자열 데이터를 저장하는 코드입니다.

```
try {
    File file = new File(getExternalFilesDir(Environment.DIRECTORY_DOCUMENTS), "test.txt");
    //파일이 없다면 새로 만들어 준다
    if (!file.exists()) {
        file.createNewFile();
    }
    FileWriter writer = new FileWriter(file, true);
    writer.write("hello world");
    writer.flush();
    writer.close();
}catch (Exception e){
    e.printStackTrace();
}
```

문자열 데이터를 저장하기 위해 FileWriter를 사용했습니다. 이미지 등의 바이트 데이터 저장하려면 OutputStream 클래스를 사용합니다.

이번에는 외부 저장 공간의 파일을 읽기 위한 코드를 살펴보겠습니다. Environment.DIRECTORY_DOCUMENTS 타입의 앱 저장소에 text.txt라는 파일을 찾아 읽고, StringBuffer 객체에 저장합니다.

```
try {
    File file = new File(getExternalFilesDir(Environment.DIRECTORY_DOCUMENTS), "test.txt")

    BufferedReader reader= new BufferedReader(new FileReader(file));
    StringBuffer buffer=new StringBuffer();
    String line;
    while ((line=reader.readLine()) != null){
        buffer.append(line);
    }
    reader.close();

    Log.d("kkang", buffer.toString());
}catch (Exception e){
    e.printStackTrace();
}
```

만약, 각 앱 저장소에 있는 파일에 외부 앱이 접근되도록 하려면 12장에서 살펴본 FileProvider를 이용하면 됩니다.

### 공용 저장소 이용

외장 메모리의 앱 저장소에는 개별 앱에서 만든 파일을 저장합니다. 그런데 해당 파일을 모든 앱에서 이용할 수 있게 해야 하는 경우도 있습니다. 이때 공용 저장소를 이용합니다.

또한, 내장 메모리나 외장 메모리의 앱 저장소는 개별 앱을 위한 공간이므로 앱이 삭제되면 파일도 모두 삭제됩니다. 하지만 공용 저장소는 모든 앱을 위한 공간이므로 파일을 만든 앱을 삭제해도 파일은 삭제되지 않습니다.

안드로이드 시스템에서 공용 저장소의 폴더는 파일 종류로 구분되어 있습니다. 사진이나 음원, 또는 문서 등 그 종류에 따라 해당 파일이 저장되는 폴더가 지정되어 있습니다. 이 공용 저장소에는 파일 경로로 직접 접근하지 않고 시스템이 제공하는 API를 이용합니다.

```
try{
    String[] projection = {
            MediaStore.Images.Media._ID,
            MediaStore.Images.Media.DISPLAY_NAME
    };
```

```
    Cursor cursor = getContentResolver().query(
            MediaStore.Images.Media.EXTERNAL_CONTENT_URI,
            projection,
            null,
            null,
            null
    );
    while (cursor.moveToNext()){
        Log.d("kkang", "_id : "+cursor.getLong(0)+", name : "+cursor.getString(1));
    }

}catch (Exception e){
    e.printStackTrace();
}
```

위 코드는 공용 저장소에 저장된 이미지 파일의 정보를 가져와 로그로 출력하는 코드입니다. 외장 메모리의 파일 정보를 이용하지만 파일 경로를 직접 사용하지는 않았습니다.

getContentResolver().query() 함수의 첫 번째 매개변수에 Uri 값을 지정할 때 MediaStore.Images를 이용했는데, 이는 안드로이드폰의 이미지 파일이 저장되는 공용 저장소인 DCIM과 Pictures 디렉터리를 의미합니다. MediaStore.Video는 DCIM과 Movies, 그리고 Pictures 디렉터리입니다. 그리고 MediaStore.Audio는 Alarms, Audiobooks, Music, Notifications, Podcasts, Ringtones 디렉터리입니다.

아래의 코드는 공용 저장소의 이미지 파일 정보를 이용해 이미지 데이터를 가져오고, 화면에 출력하는 코드입니다.

```
Uri contentUri = ContentUris.withAppendedId(
        MediaStore.Images.Media.EXTERNAL_CONTENT_URI,
        cursor.getLong(0)
);


InputStream inputStream = getContentResolver().openInputStream(contentUri);
// stream 객체에서 작업 수행
BitmapFactory.Options option = new BitmapFactory.Options();
option.inSampleSize = 10;
Bitmap bitmap = BitmapFactory.decodeStream(inputStream, null, option);
binding.resultImageView.setImageBitmap(bitmap);
```

ContentUris.withAppendedId() 함수의 두 번째 매개변수가 가져온 이미지의 식별자입니다. 이렇게 하면 해당 이미지 파일을 이용할 수 있는 Uri 값이 반환되고, Uri 값으로 이미지를 읽는 InputStream 객체를 얻습니다.

getContentResolver().openInputStream(contentUri)로 파일을 읽는 Stream 객체를 얻고, 이 객체로 이미지 데이터를 획득합니다.

### 13.2.2. 내부 저장 공간 이용

앱의 데이터를 내부 저장 공간에 저장하려면 해당 경로를 얻어야 하는데요. 이 경로는 getFileDir()

함수로 얻을 수 있습니다. 다음은 getFileDir() 함수로 앱의 내부 저장 공간에 myfile.txt 파일을 만들고, 그 파일에 문자열 데이터를 쓰는 예입니다. 저장 경로를 지칭하는 방법만 외부 저장 공간과 차이가 있으며, 데이터를 읽거나 쓰는 코드는 같습니다.

```
String filename = "myfile.txt";
FileWriter writer;

try {
    File file = new File(getFilesDir(), filename);
    if(!file.exists()){
        file.createNewFile();
    }
    writer = new FileWriter(file, true);
    writer.write(content);
    writer.flush();
    writer.close();
} catch (Exception e) {
    e.printStackTrace();
}
```

다음은 내부 저장 공간에서 myfile.txt 파일의 내용을 읽어 StringBuffer에 저장한 예입니다. getFileDir() 함수를 이용하여 파일의 경로를 내부 저장 공간으로 지정한 것 말고는 외부 저장 공간 이용과 같은 코드입니다.

```
file = new File(getFilesDir(), "myfile.txt");

try {
    BufferedReader reader= new BufferedReader(new FileReader(file));
```

```
        StringBuffer buffer=new StringBuffer();
        String line;
        while ((line=reader.readLine()) != null){
            buffer.append(line);
        }
        reader.close();
    }catch (Exception e){
        e.printStackTrace();
    }
```

## [실습 13-2] 파일 다루기 Step by Step

앞에서 설명한 앱에서 파일을 읽고 쓰는 실습을 간단한 메모장 형태를 구현하여 진행해보겠습니다. 사용자가 입력한 글을 파일로 저장하고, 저장된 파일의 내용을 읽어서 화면에 출력해보겠습니다. 파일을 저장하는 위치는 외장 메모리의 앱 저장 공간입니다.

그림 13-6 결과 화면

### Step 1 _ 액티비티 생성

part5_13 모듈에 "Lab13_2Activity"의 이름으로 새 액티비티를 만듭니다. 편의를 위해 액티비티를 만들 때 'Launcher Activity' 체크박스에 표시하고 'Source Language'는 Java로 설정합니다.

### Step 2 _ 결과 확인을 위한 액티비티 생성

파일에서 내용을 읽어 화면에 뿌릴 액티비티를 "ReadFileActivity" 이름으로 만듭니다.

## Step 3 _ 파일 복사 작성

필자가 제공한 13장–Lab2 폴더의 activity_lab132.xml 파일과 activity_read_file.xml 파일을 res/layout 폴더에 덮어쓰기합니다.

## Step 4 _ ReadFileActivity 작성

ReadFileActivity에 파일 내용을 읽어 화면에 뿌리는 코드를 작성합니다.

**ReadFileActivity.java**

```
public class ReadFileActivity extends AppCompatActivity {

    @Override
    protected void onCreate(Bundle savedInstanceState) {
        super.onCreate(savedInstanceState);
        ActivityReadFileBinding binding = ActivityReadFileBinding.inflate(getLayoutInflater());
        setContentView(binding.getRoot());

        try {
            File file = new File(getExternalFilesDir(Environment.DIRECTORY_DOCUMENTS),
"test.txt");

            BufferedReader reader= new BufferedReader(new FileReader(file));
            StringBuffer buffer=new StringBuffer();
            String line;
            while ((line=reader.readLine()) != null){
                buffer.append(line);
            }
            reader.close();

            binding.fileResult.setText(buffer.toString());
        }catch (Exception e){
            e.printStackTrace();
        }
    }
}
```

### Step 5 _ Lab13_2Activity 작성

사용자 입력을 파일로 저장하기 위한 Lab13_2Activity를 다음처럼 작성합니다.

**Lab13_2Activity.java**

```
public class Lab13_2Activity extends AppCompatActivity {

    @Override
    protected void onCreate(Bundle savedInstanceState) {
        super.onCreate(savedInstanceState);
        ActivityLab132Binding binding = ActivityLab132Binding.inflate(getLayoutInflater());
        setContentView(binding.getRoot());

        binding.btn.setOnClickListener(view -> {
            //외장, 앱별 read/write
            try {
                File file = new File(getExternalFilesDir(Environment.DIRECTORY_DOCUMENTS),
"test.txt");
                //파일이 없다면 새로 만들어 준다
                if (!file.exists()) {
                    file.createNewFile();
                }
                FileWriter writer = new FileWriter(file, true);
                writer.write(binding.content.getText().toString());
                writer.flush();
                writer.close();
                Toast.makeText(this, "file save ok", Toast.LENGTH_SHORT).show();

                Intent intent = new Intent(this, ReadFileActivity.class);
                startActivity(intent);
            }catch (Exception e){
                e.printStackTrace();
            }
        });
    }
}
```

### Step 6 _ Lab13_2Activity.java 실행

Lab13_2Activity.java 파일에 마우스 오른쪽을 누르고, [Run 'Lab13_2Activity'] 메뉴를 클릭해 실행합니다.

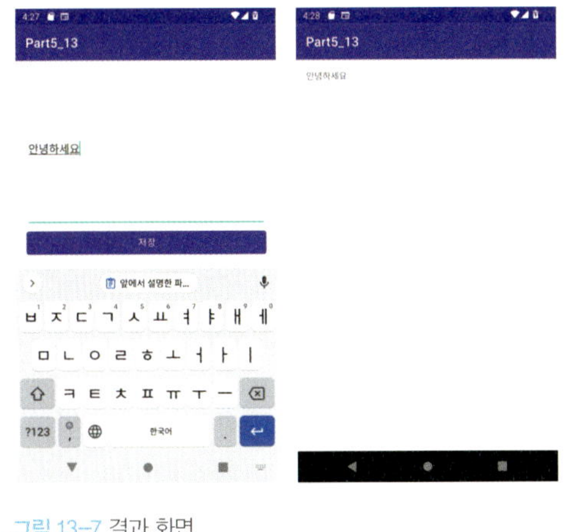

그림 13-7 결과 화면

# 13.3. Preferences

## 13.3.1. SharedPreferences

SharedPreferences는 앱의 데이터를 영속적으로 저장할 때 사용하는 클래스입니다. SharedPreferences는 데이터를 테이블 구조로 저장하여 영속화하는 DBMS 방식과는 달리, 간단하게 키-값(key-value) 형태로 저장합니다. SharedPreferences로 저장한 데이터 역시 XML 파일로 저장되지만, 파일을 읽고 쓰는 코드를 개발자가 직접 작성하지 않고 SharedPreferences 객체를 이용합니다. 즉, 개발이 편해진다는 이야기지요.

SharedPreferences를 이용하려면 다음과 같은 함수로 SharedPreference 객체를 획득해야 합니다.

- Activity.getPreferences(int mode)
- Context.getSharedPreferences(String name, int mode)

Activity.getPreferences() 함수는 별도로 파일명을 지정하지 않고, 자동으로 액티비티 이름의 파일을 찾아 저장합니다. 예를 들어, MainActivit에서 getPreferences() 함수로 SharedPreferences를 획득하면 자동으로 MainActivity.xml 파일에 저장합니다. 즉, 하나의 액티비티만을 위한 저장 공간이 생성되는 것이며 다른 액티비티에서는 해당 데이터를 이용할 수 없습니다.

```
SharedPreferences sharedPref = getPreferences(Context.MODE_PRIVATE);
```

반면, Context.getSharedPreferences() 함수는 앱 전체에서 이용할 수 있는 SharedPreferences 객체를 얻을 때 사용됩니다. 이 함수의 첫 번째 매개변수에 지정한 이름의 파일에 데이터가 저장됩니다.

```
SharedPreferences sharedPref2 = getSharedPreferences("my_prefs", Context.MODE_PRIVATE);
```

SharedPreferences로 데이터를 저장하려면 Editor 클래스의 함수를 이용합니다. Editor 클래스의 putter 함수를 이용하여 키-값 형태로 데이터를 저장합니다.

- putBoolean(String key, boolean value)
- putFloat(String key, float value)
- putInt(String key, int value)
- putLong(String key, long value)
- putString(String key, String value)

이처럼 각 데이터 타입을 위한 함수가 제공되며, 이 함수를 이용하여 저장한 데이터를 최종 반영하기 위해 commit() 함수를 호출합니다.

```
SharedPreferences.Editor editor=sharedPref.edit();
editor.putString("data1", "hello");
editor.putInt("data2", 100);
editor.commit();
```

저장된 데이터를 획득할 때는 SharedPreference 클래스의 getter 함수를 이용합니다.

- getBoolean(String key, boolean defValue)
- getFloat(String key, float defValue)
- getInt(String key, int defValue)
- getLong(String key, long defValue)
- getString(String key, String defValue)

```
String data1=sharedPref.getString("data1", "none");
int data2=sharedPref.getInt("data2", 0);
```

## 13.3.2. 앱 설정 자동화

스마트폰은 사용자 사생활에 민감한 기기입니다. 따라서 대부분 앱에서 사용자가 어떤 환경으로 이용할 것인지 설정하는 기능을 제공합니다. 카카오톡이 왔을 때 소리나 진동 중 어떤 방식으로 알릴지를 사용자가 설정하도록 하는 것이 대표적인 예입니다.

이러한 앱의 환경설정을 위해 액티비티에서 설정 화면을 구성하고, 그 화면에서 발생하는 다양한 사용자 이벤트를 처리하여 데이터를 영속적으로 저장해야 합니다. 이 과정을 대행해주는 것이 앱 설정 자동화입니다.

플랫폼 API에서 이처럼 앱의 설정 기능을 자동화해주는 기능을 제공하지만, API Level 29(Android 10) 버전부터 모두 deprecated되었습니다. 그리고 androidx의 Preference를 이용할 것을 권장하고 있습니다. androidx의 Preference는 앱에서 설정 기능을 제공하도록 하는 제트팩의 API입니다.

androidx의 Preference를 이용하려면 build.gradle 파일에 다음과 같은 라이브러리를 dependencies로 선언해야 합니다.

```
implementation 'androidx.preference:preference-ktx:1.1.1'
```

설정 화면을 위한 XML 파일을 하나 준비해야 합니다. 이 XML 파일에 대한 별도의 폴더가 지정되지 않았으므로 res 하위에 "xml"이라는 폴더에 만듭니다. 그리고 설정 XML 파일에서 다음과 같은 태그로 설정 화면을 구성합니다.

- 〈PreferenceScreen〉: 설정 XML의 root 태그
- 〈PreferenceCategory〉: 설정 여러 개를 시각적으로 묶어서 표현
- 〈Preference〉: 설정 화면 중첩
- 〈CheckboxPreference〉: 체크박스가 나오는 설정
- 〈EditTextPreference〉: 글 입력을 위한 설정
- 〈ListPreference〉: 항목 다이얼로그를 위한 설정
- 〈MultiSelectListPreference〉: 항목 다이얼로그인데 체크박스가 자동 추가되어 여러 선택 가능
- 〈RingtonPreference〉: 알람음 선택을 위한 설정
- 〈SwitchPreferenceCompat〉: 스위치를 이용한 설정

### 〈CheckboxPreference〉와 〈SwitchPreferenceCompat〉

사용자에게 설정 응답을 boolean 값으로 전달받는 태그입니다.

```
<PreferenceScreen xmlns:android="http://schemas.android.com/apk/res/android">
    <CheckBoxPreference
        android:key="message"
        android:title="소리 알림"
        android:summary=" 알림을 소리로 받으려면 체크하세요"/>
    <SwitchPreferenceCompat
        android:key="vibrate"
        android:title="진동 알림"
        android:summary="알림을 진동 울림으로 받으려면 체크하세요"/>
</PreferenceScreen>
```

〈CheckboxPreference〉 태그와 〈SwitchPreferenceCompat〉 태그는 자주 이용되는 설정 방식으로, 설정 내용 옆에 체크박스와 스위치를 제공하여 사용자가 설정 상태를 바꿀 수 있게 합니다. title 속성과 summary 속성이 화면에 출력하는 문자열이며, 상태를 변경하면 SharedPreferences로 사용자 설정 내용을 자동으로 저장합니다.

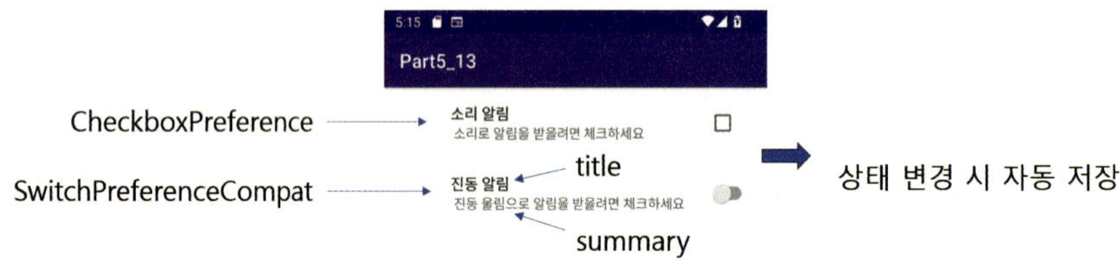


그림 13-8 Preference 구조

위의 화면에서 사용자가 체크박스의 상태를 변경하면, 자동으로 SharedPreferences 객체에 true 혹은 false 값이 저장됩니다. 이때 키 값은 XML 속성 중 key에 지정한 값을 이용합니다.

### 〈EditTextPreference〉

사용자에게 설정 응답을 간단한 글로 입력받는 태그입니다.

```
<EditTextPreference
    android:key="nickname"
    android:title="Nickname"
    android:summary="Nickname을 설정하세요"
    android:dialogTitle="Nickname 설정" />
```

〈EditTextPreference〉 태그는 대화상자를 띄워 사용자에게 설정 응답 내용을 입력받아 자동으로 저장해줍니다.

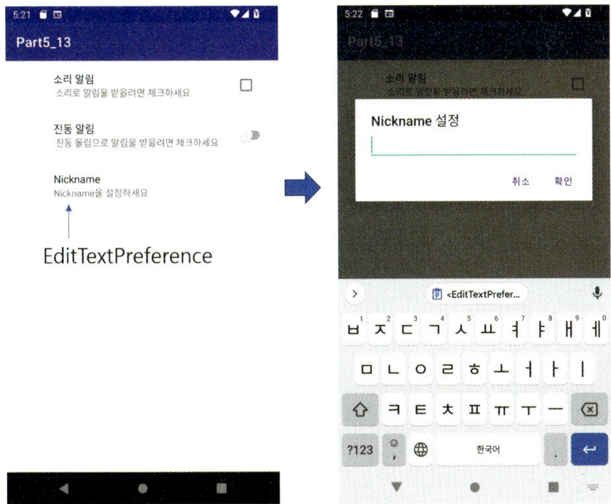


그림 13-9 EditTextPreference

## 〈ListPreference〉와 〈MultiSelectListPreference〉

〈ListPreference〉 태그와 〈MultiSelectListPreference〉 태그로는 목록을 띄워 사용자에게 설정 응답을 받습니다. 목록 선택을 위한 대화상자가 자동으로 열립니다. 〈ListPreference〉 태그로 나타나는 목록에서는 하나의 항목만 선택되며, 〈MultiSelectListPreference〉 태그로 생성한 목록에서는 여러 개를 선택할 수 있습니다.

```
<ListPreference
    android:key="sound"
    android:title="알림음"
    android:summary="카톡"
    android:entries="@array/array_voice"
    android:entryValues="@array/array_voice" />
```

entries 속성으로 목록 선택 대화상자의 항목 문자열을 설정하고, entryValues 속성으로 선택한 항목을 위해 저장되어야 하는 값을 지정합니다. 위의 코드는 entries 속성과 entryValues 속성에 같은 문자열을 주어, 화면에 보이는 항목 문자열이 그대로 저장되도록 처리한 예입니다. 원한다면 values 값을 다르게 설정할 수도 있습니다. 〈MultiSelectListPreference〉 태그는 사용자가 여러 개를 선택할 수 있다는 것만 다르고 코드에서의 사용 방법은 같습니다.

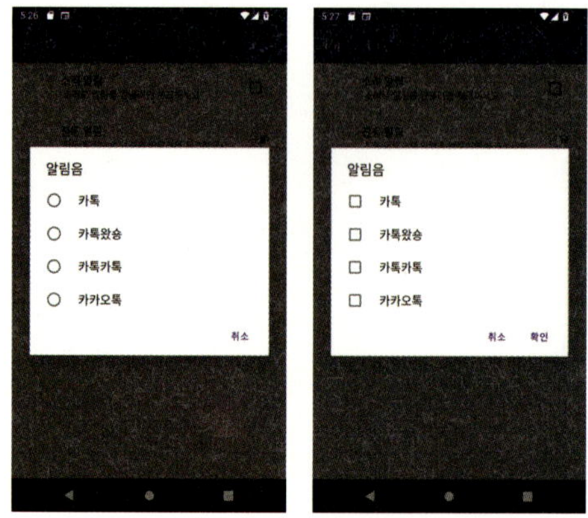


그림 13-10 ListPreference(왼쪽)와 MultiSelectListPreference(오른쪽)

entries 속성과 entryValues 속성의 값은 배열 리소스로 등록합니다. 배열 리소스는 res/values 폴더를 이용하며, 〈string-array〉 태그로 등록합니다. R.array.array_voice를 이용하면 등록된 여러 문자열이 배열로 반환됩니다.

```
<resources>
    <string-array name="array_voice">
        <item>카톡</item>
        <item>카톡왔숑</item>
        <item>카톡카톡</item>
        <item>카카오톡</item>
    </string-array>
</resources>
```

## 〈PreferenceCategory〉

〈PreferenceCategory〉 태그는 화면에 나오는 여러 개의 설정을 하나로 묶어 줍니다. 일종의 서브 타이틀을 생성해주는 태그입니다.

```
<PreferenceCategory android:title="디버깅">
    <SwitchPreferenceCompat
        android:defaultValue="false"
        android:key="debugging"
        android:summary="USB가 연결된 경우 디버그 모드 사용"
        android:title="USB 디버깅" />
    <CheckBoxPreference
        android:defaultValue="false"
        android:dependency="debugging"
```

```
        android:key="usb_app"
        android:summary="ADB/ADT을 통해 설치된 앱의 유해한 동작이 있는지 확인"
        android:title="USB를 통해 설치된 앱 확인" />
</PreferenceCategory>
```

2개의 설정이 〈PreferenceCategory〉 태그로 묶여 있습니다. 생성된 설정창을 스마트폰으로 확인해보면, 2가지의 설정이 구분되어 있을 것입니다.

dependency 속성이 Preference의 결합 관계를 표현합니다. dependency에 연결된 Preference가 true이면 해당 설정이 활성화되고, false이면 비활성화됩니다. 위의 코드에서는 false이기 때문에 2가지 설정이 구분됩니다. 의미 있는 결합된 설정을 생성할 때는 Preference가 모두 true여야 합니다.

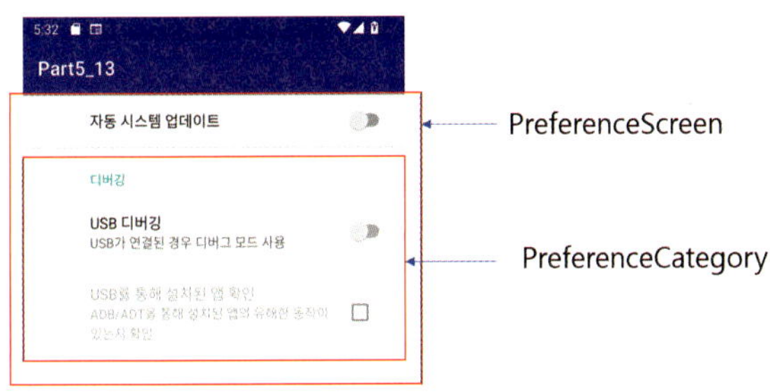


그림 13-11 PreferenceCategory

## 〈Preference〉

화면을 여러 개로 분리하는 방법으로 더 많은 설정 항목을 생성할 수 있습니다. 설정 화면을 2개로 분리하려면, 설정 XML 파일과 프래그먼트를 2개씩 만들어야 합니다. 그리고 각 설정 화면을 포함하는 메인 설정 XML 파일을 작성합니다. 메인 설정 XML 파일에서 각각의 설정 화면이 〈Preference〉 태그로 지정됩니다. 그러면 메인 설정 화면에서 사용자가 항목을 클릭할 때 fragment 속성에 지정한 설정 화면으로 전환됩니다.

```
<PreferenceScreen xmlns:android="http://schemas.android.com/apk/res/android"
    xmlns:app="http://schemas.android.com/apk/res-auto">
    <Preference
        app:key="one"
        app:title="One Setting"
        app:fragment="com.example.test5_13.OneSettingFragment" />
    <Preference
        app:key="two"
        app:title="Two Setting"
```

```
        app:fragment="com.example.test5_13.TwoSettingFragment" />
</PreferenceScreen>
```

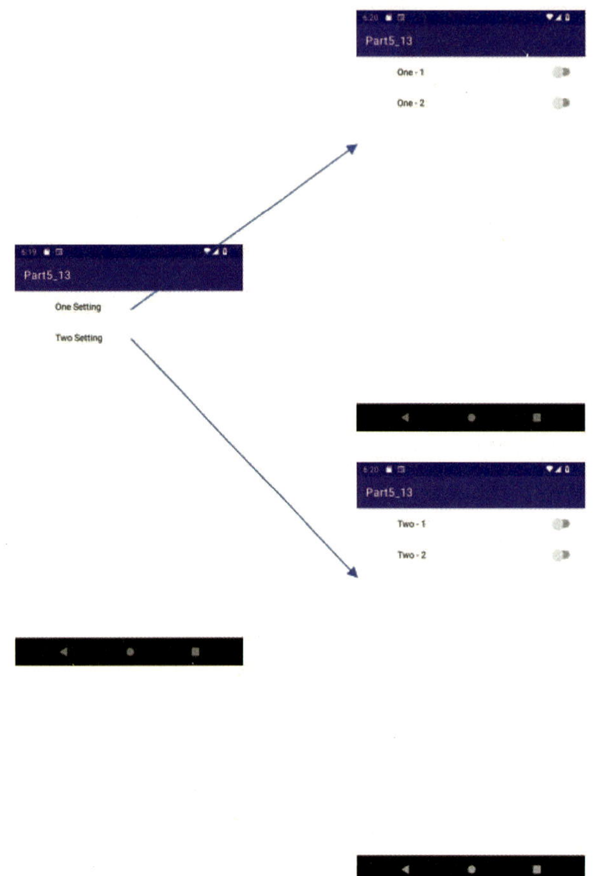


그림 13-12 〈Preference〉

〈Preference〉 태그를 이용해 설정 화면을 분할했다면 액티비티에서 PreferenceFragmentCompat.OnPreferenceStartFragmentCallback 인터페이스를 구현합니다. 그리고 onPreferenceStartFragment() 함수를 재정의해야 합니다. 이 함수를 정의하지 않아도 설정 화면이 분할되는 것에는 문제가 없지만, 뒤로가기 버튼을 눌렀을 때 이전 화면이 출력되지 않게 됩니다.

```
public class SettingsActivity extends AppCompatActivity implements
PreferenceFragmentCompat.OnPreferenceStartFragmentCallback{

    //.................

    @Override
```

```
    public boolean onPreferenceStartFragment(PreferenceFragmentCompat caller, Preference pref) {
        Bundle args = pref.getExtras();
        Fragment fragment = getSupportFragmentManager().getFragmentFactory().instantiate(
                getClassLoader(),
                pref.getFragment());
        fragment.setArguments(args);
        getSupportFragmentManager().beginTransaction()
                .replace(R.id.setting_fragment, fragment)
                .addToBackStack(null)
                .commit();
        return true;
    }
}
```

복잡한 설정 화면을 구현할 때는 메인 설정 화면에서 인텐트를 이용해 하위 설정 화면을 띄우는 방법을 사용합니다. 이 작업을 코드에서 할 수도 있지만, 설정 XML 파일 등록만으로도 처리할 수 있습니다. 즉, 설정 화면의 항목을 사용자가 클릭했을 때 다른 액티비티를 실행하는 기능은 XML 파일에서 설정해주는 것만으로 구현할 수 있습니다

```
<Preference
    app:key="activity"
    app:title="Launch activity">
    <intent
        android:targetClass="com.example.test5_13.MainActivity"
        android:targetPackage="com.example.test5_13" />
</Preference>
```

〈Preference〉 태그 하위에 〈intent〉 태그로 설정 화면을 지정하여, 사용자가 이 항목을 클릭했을 때 해당 설정 화면이 실행되도록 합니다. 이때 다음처럼 Extra 정보를 포함할 수도 있습니다.

```
<Preference
    app:key="activity"
    app:title="Launch activity">
    <intent
        android:targetClass="com.example.test5_13.MainActivity"
        android:targetPackage="com.example.test5_13" >
        <extra
            android:name="example_key"
            android:value="example_value" />
    </intent>
```

```
</Preference>
```

<intent> 태그 하위에서 <extra> 태그로 설정하여 전달할 Extra 데이터를 지정하면 됩니다. 또한 위 코드처럼 명시적 인텐트 정보뿐만 아니라 암시적 인텐트 정보도 설정할 수 있습니다.

```
<Preference
    app:key="activity"
    app:title="Launch activity">
    <intent
        android:action="android.intent.action.VIEW"
        android:data="http://www.google.com" />
</Preference>
```

### PreferenceFragmentCompat

앞에서 앱의 설정 화면을 구성하는 XML 파일 작성 방법을 살펴보았습니다. 이제 이 XML 파일을 적용해야 합니다. 설정 XML 파일을 적용하기 위해 PreferenceFragmentCompat을 상속받는 개발자 서브 클래스를 만듭니다.

```
public class SettingFragment extends PreferenceFragmentCompat {
    @Override
    public void onCreatePreferences(Bundle savedInstanceState, String rootKey) {
        setPreferencesFromResource(R.xml.settings, rootKey);
    }
}
```

PreferenceFragmentCompat 서브 클래스의 onCreatePreferences() 함수 내에서 setPreferencesFromResource() 함수를 호출하면 XML 파일이 적용됩니다. 매개변수로 설정 XML 파일 정보를 알려줍니다.

화면을 출력하려면 Activity 클래스가 필요한데, 위의 클래스는 Activity 클래스가 아닙니다. 따라서 Activity 클래스에서 설정할 수 있도록 PreferenceFragmentCompat 서브 클래스를 화면에 띄워야 합니다. 이를 위해 액티비티의 레이아웃 XML 파일에서 <fragment> 태그로 PreferenceFragment 서브 클래스를 등록합니다. 이때 android:name 속성값에는 전체 패키지명을 입력합니다.

```
<fragment xmlns:android="http://schemas.android.com/apk/res/android"
    android:layout_width="match_parent"
    android:layout_height="match_parent"
    class="com.example.test5_13.SettingFragment"
    android:id="@+id/setting_fragment"/>
```

액티비티가 실행되면서 PreferenceFragmentCompat 클래스를 화면에 출력하고, PreferenceFragmentCompat 클래스에서 설정을 위한 XML을 적용하는 구조입니다.

## 13.3.3. 설정 제어 및 이벤트 처리

이번에는 사용자가 설정 항목을 클릭한 순간의 이벤트를 처리하거나 설정값을 설정 항목 옆에 나타나게 하는 방법을 알아보겠습니다. 즉, 코드에서 설정을 제어하는 방법입니다.

먼저 각 설정 항목에 해당하는 객체를 findPreference() 함수로 얻어야 합니다. 예를 들어 XML 파일에 〈EditTextPreference〉 태그와 〈ListPreference〉 태그가 아래처럼 작성되어 있다고 가정해보겠습니다.

```
<EditTextPreference
    app:key="id"
    app:title="ID 설정" />
<ListPreference
    android:key="sound"
    android:title="알림음"
    android:entries="@array/array_voice"
    android:entryValues="@array/array_voice" />
```

위의 코드처럼 XML 파일을 작성하는 것만으로도 설정 화면이 알맞게 생성되며, 사용자가 설정한 값이 자동으로 잘 저장됩니다. 그런데 설정한 내용을 Summary에 출력하고 싶다면 어떻게 할까요? Summary 출력이란 android:summary 설정으로 XML 파일에 지정된 문자열이 출력되도록 하는 것입니다. 사용자가 설정한 값은 그 순간의 동적인 문자열이므로, 이 문자열을 이용해 Summary를 출력하려면 findPreference() 함수로 설정 객체를 획득한 후 제어해주어야 합니다.

그림 13-13 Summary 조정

```
EditTextPreference idPreference = findPreference("id");
ListPreference colorPreference = findPreference("sound");

idPreference.setSummaryProvider(EditTextPreference.SimpleSummaryProvider.getInstance());
colorPreference.setSummaryProvider(ListPreference.SimpleSummaryProvider.getInstance());
```

위의 코드에서는 사용자가 입력하거나 선택한 데이터를 그대로 Summary에 지정하기 위해 SimpleSummaryProvider를 이용하였습니다. 만약 사용자가 입력한 데이터를 이용해 로직을 실행한 후 그 결과를 Summary에 지정하고 싶다면, SummaryProvider를 구현한 객체를 이용합니다.

```
idPreference.setSummaryProvider(new Preference.SummaryProvider() {
    @Override
    public CharSequence provideSummary(Preference preference) {
        String text = ((EditTextPreference)preference).getText();
        if (TextUtils.isEmpty(text)) {
            return "설정이 되지 않았습니다. ";
        } else {
            return "설정된 ID 값은 : "+text+" 입니다.";
```

```
        }
    }
});
```

또한, 설정이 변경되는 순간을 감지해 변경된 값을 이용하는 경우도 있습니다. 이때 설정 변경을 감지하는 방법에는 2가지가 있습니다. 하나는 Preference.OnPreferenceChangeListener를 이용하는 방법이고, 다른 하나는 SharedPreferences.OnSharedPreferenceChangeListener를 이용하는 방법입니다.

전자는 각 Preference 객체마다 이벤트 핸들러를 직접 지정하여 설정 내용이 변경되는 순간의 이벤트를 처리합니다. 후자는 모든 설정 객체의 변경을 하나의 이벤트 핸들러에서 처리합니다. 그리고 Preference.OnPreferenceChangeListener를 이용해 이벤트 콜백함수의 매개변수로 이벤트가 발생한 Preference 객체와 바뀐 값을 가져옵니다.

```
idPreference.setOnPreferenceChangeListener(new Preference.OnPreferenceChangeListener() {
    @Override
    public boolean onPreferenceChange(Preference preference, Object newValue) {
        String key = preference.getKey();
        String value = (String)newValue;
        Log.d("kkang",key + " changed..."+ value);
        return true;
    }
});
```

SharedPreferences.OnSharedPreferenceChangeListener를 사용할 때는 설정 프래그먼트 클래스에서 구현하고, 추상함수인 onSharedPreferenceChanged()를 재정의합니다. 그리고 registerOnSharedPreferenceChangeListener() 함수로 이벤트 핸들러를 등록합니다. 이벤트를 더 이상 감지하지 않아도 될 때 unregisterOnSharedPreferenceChangeListener() 함수를 이용해 이벤트 등록을 해제합니다.

```
public class SettingFragment extends PreferenceFragmentCompat implements
SharedPreferences.OnSharedPreferenceChangeListener {
    //......
    @Override
    public void onSharedPreferenceChanged(SharedPreferences sharedPreferences, String s) {
        if (s.equals("id")) {
            Log.i("kkang", "newValue : " + sharedPreferences.getString("id", ""));
        }
    }
```

```
    @Override
    public void onResume() {
        super.onResume();
        getPreferenceManager().getSharedPreferences()
                .registerOnSharedPreferenceChangeListener(this);
    }

    @Override
    public void onPause() {
        super.onPause();
        getPreferenceManager().getSharedPreferences().unregisterOnSharedPreferenceChangeListener(this);
    }
}
```

## [실습 13-3] 설정 자동화 Step by Step

지금까지 살펴본 설정 자동화에 대한 실습을 진행해보겠습니다.

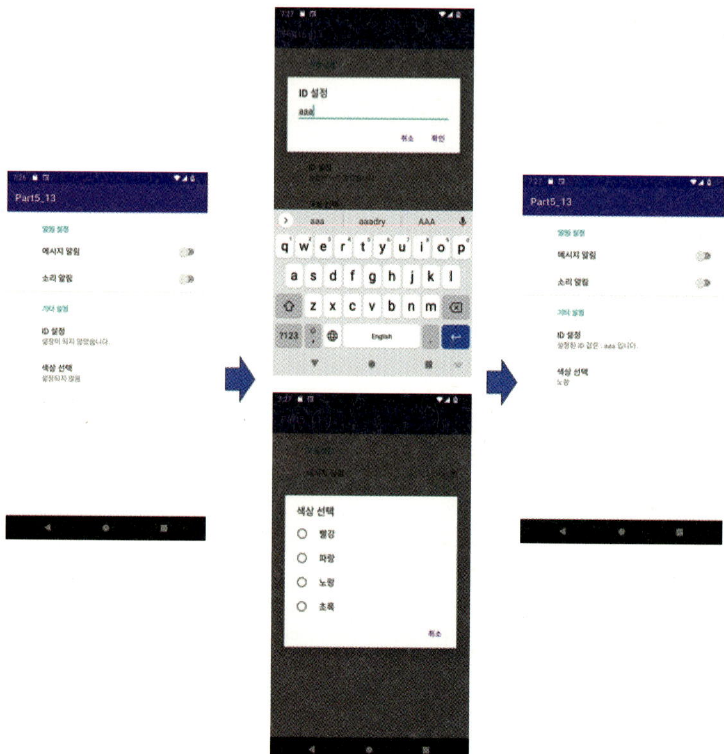


그림 13-14 결과 화면

### Step 1 _ 액티비티 생성

part5_13 모듈에 "Lab13_3Activity"의 이름으로 새 액티비티를 만듭니다. 액티비티를 만들 때 'Launcher Activity' 체크박스를 체크하고 'Source Language'는 Java로 설정합니다.

### Step 2 _ 파일 복사

실습을 위해 필자가 공유한 Ch13-Lab3 폴더의 파일을 복사합니다. java 폴더의 SettingFragment.java 파일을 코드 영역에 복사합니다. res 폴더의 values 폴더와 xml 폴더를 복사합니다.

### Step 3 _ 라이브러리 등록

PreferenceFragmentCompat 클래스를 이용하기 위해 라이브러리를 등록합니다. 그레이들 파일의 dependencies 부분에 아래처럼 한 줄을 추가한 후 〈Sync Now〉 버튼을 클릭해 변경사항을 적용합니다.

**build.gradle**

```
dependencies {
    //..............
    implementation 'androidx.preference:preference-ktx:1.1.1'
}
```

### Step 4 _ settings.xml 작성

설정을 위해 복사했던 res/xml 폴더의 settings.xml 파일을 아래처럼 작성합니다.

**settings.xml**

```
<PreferenceScreen xmlns:android="http://schemas.android.com/apk/res/android"
    xmlns:app="http://schemas.android.com/apk/res-auto">
    <PreferenceCategory
        app:key="notification"
        app:title="알림 설정">
        <SwitchPreferenceCompat
            app:key="noti_message"
            app:title="메시지 알림" />
        <SwitchPreferenceCompat
            app:key="noti_sound"
            app:title="소리 알림" />
    </PreferenceCategory>
    <PreferenceCategory
        app:key="etc"
```

```
        app:title="기타 설정">
        <EditTextPreference
            app:key="id"
            app:title="ID 설정" />
        <ListPreference
            android:entries="@array/array_color"
            app:entryValues="@array/array_color"
            app:key="color"
            app:title="색상 선택" />
    </PreferenceCategory>
</PreferenceScreen>
```

### Step 5 _ SettingFragment 작성

소스 영역에 복사했던 SettingFragment를 다음처럼 작성합니다.

**SettingFragment.java**

```
public class SettingFragment extends PreferenceFragmentCompat {
    @Override
    public void onCreatePreferences(Bundle savedInstanceState, String rootKey) {
        setPreferencesFromResource(R.xml.settings, rootKey);

        EditTextPreference idPreference = findPreference("id");
        ListPreference colorPreference = findPreference("sound");

        colorPreference.setSummaryProvider(ListPreference.SimpleSummaryProvider.getInstance());

        idPreference.setSummaryProvider(new Preference.SummaryProvider() {
            @Override
            public CharSequence provideSummary(Preference preference) {
                String text = ((EditTextPreference)preference).getText();
                if (TextUtils.isEmpty(text)) {
                    return "설정이 되지 않았습니다. ";
                } else {
                    return "설정된 ID 값은 : "+text+" 입니다.";
                }
            }
        });

        idPreference.setOnPreferenceChangeListener(new Preference.OnPreferenceChangeListener() {
```

```
            @Override
            public boolean onPreferenceChange(Preference preference, Object newValue) {
                String key = preference.getKey();
                String value = (String)newValue;
                Log.d("kkang",key + " changed..."+ value);
                return true;
            }
        });
    }

}
```

## Step 6 _ activity_lab133.xml 작성

액티비티를 만들 때 생성된 activity_lab133.xml 파일에 다음과 같은 코드를 작성합니다.

**activity_lab133.xml**

```
<fragment xmlns:android="http://schemas.android.com/apk/res/android"
    android:layout_width="match_parent"
    android:layout_height="match_parent"
    class="com.example.part5_13.SettingFragment"
    android:id="@+id/setting_fragment"/>
```

## Step 7 _ Lab13_3Activity.java 실행

Lab13_3Activity.java 파일에 마우스 오른쪽을 누르고, [Run 'Lab13_3Activity'] 메뉴로 실행합니다.

그림 13-15 결과 화면

**깡쌤! 질문 있어요!**

**데이터 영속화를 위해 DBMS가 제공되는데, 꼭 SharedPreference를 이용해야 하는 건가요?**

DBMS 방식도 많이 이용되지만, SharedPreferencce도 자주 이용됩니다. DBMS 방식은 여러 건의 데이터를 구조적으로 저장하기에 좋은 방식입니다. 대표적인 것이 주소록 앱입니다. 많은 데이터가 저장되고 한 사람을 대상으로 여러 데이터가 저장되다 보니, 테이블을 만들어서 DBMS 방식으로 저장하는 게 좋습니다.

그런데 앱 내에서 간단한 데이터를 저장해야 하는 경우가 있습니다. 예를 들어 카카오톡이 왔을 때 진동을 울리게 설정할 수 있습니다. 진동이 울리게 설정했다면 그 값이 저장되어 계속 진동이 울려야 합니다. 이 값은 true 혹은 false 데이터일 텐데요. 이 데이터 하나를 저장하자고 테이블을 만들고 행 하나에 열 하나를 만드는 건 뭔가 어색해 보입니다. 물론, 하려면 할 수도 있지만, 이런 간단한 데이터 몇몇 건은 결국 SharedPreference를 이용해 키-값 형태로 저장해서 이용하는 게 더 좋아 보입니다. 이러한 이유로 SharedPreference는 여러 곳에 이용되지만, 다음에 살펴보고자 하는 앱 설정 자동화 기법이 대표적인 사용 예입니다.

# 14장

# 네트워크 프로그래밍

안드로이드 앱에서 네트워크 프로그래밍으로 서버와 데이터를 주고받습니다. 이를 위해서는 스마트폰의 네트워크 상태를 파악해야 하며 서버와 HTTP 통신을 해야 합니다.

HTTP 통신 프로그램은 표준 라이브러리에서 제공하는 Java API로 작성되기도 하지만, 대부분 외부 라이브러리가 이용됩니다. 그리고 그 중심에는 Retrofit2 라이브러리가 있습니다. 서버 이미지를 다운로드할 때는 이미지 로딩 라이브러리인 Glide를 이용해 이미지를 핸들링합니다.

실시간 서버 푸시(realtime server push) 프로그램이 필요할 때는 표준 라이브러리의 Java API를 이용하여 직접 소켓(socket) 프로그램을 작성할 수도 있고, 구글의 파이어베이스 클라우드 메시징(Firebase Cloud Messaging, FCM)을 이용할 수도 있습니다.

이번 장에서는 네트워크 정보 활용과 HTTP 통신을 위해 Regrifi2와 Glide 라이브러리를 이용하는 방법과 구글의 FCM을 이용하는 방법에 대해 살펴보겠습니다.

# 14.1. 네트워크 정보 활용

## 14.1.1. TelephonyManager

스마트폰은 사용자 관점에서 일종의 컴퓨터입니다. 자신의 스마트폰에 다양한 앱을 설치하고 그 앱을 이용하여 다양한 서비스를 받습니다. 하지만 그렇다 하더라도 스마트폰의 가장 기본적인 기능은 전화입니다. 전화가 걸려 오거나 전화를 거는 기능은 사용자뿐만 아니라 앱 개발자 관점에서도 중요한 기능입니다. 앱을 개발하면서 전화기로서의 기본 기능과 관련된 정보에 접근할 필요가 있는데, 이를 지원하는 클래스가 TelephonyManager입니다. 이 클래스를 이용하여 전화기로서의 다양한 정보와 각종 상태 변경 상황을 감지해 낼 수 있습니다.

스마트폰의 상태를 파악할 때는 PhoneStateListener를 이용하거나 TelephonyCallback을 이용합니다. PhoneStateListener를 이용하는 방법은 안드로이드 초기 버전부터 제공되던 방식으로, API Level 31(Android 12)에서 deprecated 되었습니다. 그리고 같은 기능을 하는 TelephonyCallback이 추가됐습니다. 그러나 PhoneStateListener가 워낙 오랫동안 이용되었으며, API Level 31 하위 버전을 위해 사용되어야 합니다. 그러므로 이번 장에서는 PhoneStateListener와 TelephonyCallback을 모두 살펴보겠습니다.

TelephonyManager를 이용해 각종의 상태를 파악하거나 정보를 획득하기 위해서는 아래의 퍼미션이 선언되어 있어야 합니다.

```
<uses-permission android:name="android.permission.READ_PHONE_STATE" />
```

### 스마트폰 상태 변경 감지 : PhoneStateListener

TelephonyManger를 이용하여 스마트폰의 상태 변경을 감지하려면 PhoneStateListener를 구현한 클래스를 TelephoyManger에 등록해야 합니다. 상태 변경에 맞게 TelephonyManger가 등록된 PhoneStateListener의 함수를 자동으로 호출합니다.

- `onCallForwardingIndicatorChanged(boolean cfi)`: 통화 전달 상태 변화
- `onCallStateChanged(int state, String incomingNumber)`: 통화 상태 변경
- `onCellLocationChanged(CellLocation location)`: 스마트폰의 셀 위치 변경
- `onDataActivity(int direction)`: 데이터 in/out 상태 변경
- `onDataConnectionStateChanged(int state, int networkType)`: 데이터 연결 상태 변경
- `onMessageWaitingIndicatorChanged(boolean mwi)`: 메시지 대기 상태 변경

- onServiceStateChanged(ServiceState serviceState): 단말기의 서비스 상태 변경
- onSignalStrengthsChanged(SignalStrength signalStrength): 신호 강도 변화

PhoneStateListener는 Listener 단어가 들어가기는 했지만, 인터페이스가 아니며 클래스입니다. 즉, 위의 함수들을 모두 재정의해서 작성할 필요는 없으며 필요한 함수만 정의해주면 됩니다.

```
PhoneStateListener listener=new PhoneStateListener(){
    @Override
    public void onServiceStateChanged(ServiceState serviceState) {
        super.onServiceStateChanged(serviceState);
    }

    //...
};
```

PhoneStateListener을 상속받아 만든 클래스를 TelephonyManager에 등록하면 상태 변경을 감지하게 됩니다.

```
TelephonyManager telManager=(TelephonyManager)getSystemService(TELEPHONY_SERVICE);
telManager.listen(listener, PhoneStateListener.LISTEN_CALL_STATE);
```

getSystemService() 함수로 TelephonyManager를 얻고 TelephonyManger의 listen() 함수로 PhoneStateListener를 구현한 클래스를 등록하면, PhoneStateListener의 함수가 각 상황 변경이 발생할 때 호출됩니다. listen() 함수로 등록할 때 어떤 상태 변화를 감지할 것인지를 매개변수로 지정하게 됩니다. 위의 코드에서는 PhoneStateListener.LISTEN_CALL_STATE를 등록하였으므로 통화 상태가 변경될 때만 onCallStateChanged() 함수가 호출됩니다.

이처럼 listen() 함수로 등록할 때 매개변수로 지정하는 상수는 다음과 같습니다.

- PhoneStateListener.LISTEN_CALL_FORWARDING_INDICATOR: 통화 전달 시
- PhoneStateListener.LISTEN_CALL_STATE: 통화 상태 변경 시
- PhoneStateListener.LISTEN_CELL_LOCATION: 기지국 변경 시
- PhoneStateListener.LISTEN_DATA_ACTIVITY: 데이터 송수신 활동 내역 변경 시
- PhoneStateListener.LISTEN_DATA_CONNECTION_STATE: 데이터 연결 상태 변경 시
- PhoneStateListener.LISTEN_MESSAGE_WAITING_INDICATOR: 메시시 수신 대기 시
- PhoneStateListener.LISTEN_SERVICE_STATE: 전화기 상태 변경 시
- PhoneStateListener.LISTEN_SIGNAL_STRENGTHS: 전화 신호 세기 변경 시

PhoneStateListener에서 여러 개의 상태를 감지하고 싶다면, listen() 함수를 호출할 때 위의 상수를 OR(|)로 연결하여 지정하면 됩니다. PhoneStateListener을 이용한 스마트폰의 상태 변경 감지 중 자주 이용되는 몇 가지를 살펴보겠습니다. 우선 앱에서 스마트폰에 전화가 걸려온 상태를 감지하는 방법입니다.

```
public void onCallStateChanged(int state, String incomingNumber) {
    switch(state) {
        case TelephonyManager.CALL_STATE_IDLE:
            //...
            break;
        case TelephonyManager.CALL_STATE_RINGING:
            //...
            break;
        case TelephonyManager.CALL_STATE_OFFHOOK:
            //...
            break;
    }
}
```

onCallStateChanged() 함수는 통화 대기 상태, 전화벨이 울리는 상태, 통화 중인 상태 등의 전화 상태 변경을 감지합니다. 그리고 걸려오는 전화의 상대방 전화번호를 매개변수로 얻을 수 있습니다. 첫 번째 매개변수는 상태를 나타내는 값이며 다음의 상수로 식별합니다.

- **TelephonyManager.CALL_STATE_IDLE**: 통화 대기 상태
- **TelephonyManager.CALL_STATE_RINGING**: 전화벨이 울리는 상태
- **TelephonyManager.CALL_STATE_OFFHOOK**: 통화 중인 상태

다음은 전화기의 서비스 상태 변경을 감지하는 함수입니다. 사용자가 스마트폰의 환경설정에서 비행기 모드 등으로 서비스 상태를 변경하면, 서버 연동이 불가능하므로 네트워크 프로그램에서는 중요한 상태 변화입니다.

```
public void onServiceStateChanged(ServiceState serviceState) {
    switch(serviceState.getState()) {
        case ServiceState.STATE_EMERGENCY_ONLY:
            //...
            break;
        case ServiceState.STATE_IN_SERVICE:
            //...
            break;
```

```
        case ServiceState.STATE_OUT_OF_SERVICE:
            //...
            break;
        case ServiceState.STATE_POWER_OFF:
            //...
            break;
        default:
            //...
            break;
    }
}
```

onServiceStateChanged() 함수를 구현하여 스마트폰에서의 서비스 상태 변경을 감지할 수 있는데, 변경된 상태는 함수의 매개변수로 전달됩니다. ServiceState 객체의 getState() 함수로 각 상태를 나타내는 값을 얻어 상태를 파악합니다. 각 상태를 나타내는 상수는 다음과 같습니다.

- **ServiceState.STATE_IN_SERVICE**: 서비스 가능 상태
- **ServiceState.STATE_EMERGENCY_ONLY**: 긴급 통화만 가능한 상태
- **ServiceState.STATE_OUT_OF_SERVICE**: 서비스 불가 상태
- **ServiceState.STATE_POWER_OFF**: 비행모드 등 전화 기능을 꺼놓은 상태

### TelephonyCallback

Android 12 버전부터는 스마트폰의 각종 상태 변화를 감지할 때 TelephonyCallback을 이용합니다. TelephonyCallback을 구현한 객체를 TelephonyManager에 등록하면, 상태 변화가 발생했을 때 TelephonyCallback의 함수가 자동으로 호출됩니다.

우선 TelephonyCallback을 상속받아, 상태를 감지하고자 하는 목적에 맞게 구현된 인터페이스를 준비합니다.

```
@RequiresApi(api = Build.VERSION_CODES.S)
class MyTelephonyCallback extends TelephonyCallback
    implements TelephonyCallback.ServiceStateListener
    @Override
    public void onServiceStateChanged(@NonNull ServiceState serviceState) {
        switch (serviceState.getState()) {
            case ServiceState.STATE_EMERGENCY_ONLY:
                Log.d("kkang", "STATE_EMERGENCY_ONLY");
                break;
```

```
            case ServiceState.STATE_IN_SERVICE:
                Log.d("kkang", "STATE_IN_SERVICE");
                break;
            case ServiceState.STATE_OUT_OF_SERVICE:
                Log.d("kkang", "STATE_OUT_OF_SERVICE");
                break;
            case ServiceState.STATE_POWER_OFF:
                Log.d("kkang", "STATE_POWER_OFF");
                break;
            default:
                Log.d("kkang", "unKnown");
                break;
        }
    }
}
```

위 코드의 클래스에서는 TelephonyCallback을 상속받았고, ServiceStateListener를 구현한 클래스를 준비하였습니다. 이렇게 하면 전화기의 서비스 상태를 감지하게 됩니다. ServiceStateListener 이외에도 다양한 상태 변화를 감지하는 인터페이스가 준비되어 있습니다. 다음은 대표적인 상태 감지 인터페이스입니다.

- TelephonyCallback.CellLocationListener: 셀(cell) 위치 변화 감지
- TelephonyCallback.ServiceStateListener: 서비스 상태 변화 감지
- TelephonyCallback.SignalStrengthsListener: 신호 세기 변화 감지
- TelephonyCallback.DataActivityListener: 데이터 송수신 상태 변화 감지
- TelephonyCallback.DataConnectionStateListener: 데이터 접속 상태 변화 감지
- TelephonyCallback.CallStateListener: 전화 상태 변화 감지

TelephonyCallback을 TelephonyManager에 등록할 때는 registerTelephonyCallback() 함수를 이용합니다.

```
TelephonyManager telephonyManager = (TelephonyManager) getSystemService(Context.TELEPHONY_SERVICE);
if (Build.VERSION.SDK_INT >= Build.VERSION_CODES.S) {
    telephonyManager.registerTelephonyCallback(
            getMainExecutor(),
            new MyTelephonyCallback()
    );
}
```

### 스마트폰 정보 획득

TelephonyManager는 스마트폰의 다양한 상태를 감지하는 것 이외에도 전화기로서의 각종 정보를 가져오는 역할도 합니다.

- getNetworkCountryIso(): 네트워크 제공 국가
- getNetworkOperatorName(): 네트워크망 제공 사업자
- getLine1Number(): 사용자 스마트폰 번호

```
String countryIos=telephonyManager.getNetworkCountryIso();
String operatorName = telephonyManager.getNetworkOperatorName();
String number = telephonyManager.getLine1Number();
```

getLine1Number() 함수로 전화번호를 획득하려면 아래의 퍼미션이 선언되어 있어야 합니다.

```
<uses-permission android:name="android.permission.READ_PHONE_NUMBERS" />
```

## 14.1.2. ConnectivityManager

네트워크 프로그램은 우선 현재 네트워크망에 접속되어 있는지를 확인해야 합니다. 접속되어 있는 네트워크가 이동통신사망인지, 아니면 와이파이인지 판단해야 할 때도 있습니다.

깡쌤! 질문 있어요!

**네트워크 프로그램에서 데이터를 주고받는 기능 이외에 네트워크 상태 정보를 파악하는 것이 꼭 필요한가요?**

매우 중요할 수 있습니다. 현재 네트워크망에 접속되어 있는지, 그렇다면 접속되어 있는 네트워크는 이동통신사망인지 혹은 와이파이인지 파악을 꼭 해주는 게 좋습니다. 만약 그렇게 하지 않으면, 오프라인 상황에서 사용자가 자신의 스마트폰이 네트워크에 연결되어 있지 않다는 것을 모르고 우리 앱이 잘못되었다고 판단할 수 있습니다. 그리고 개발자가 연결 타임아웃 시간을 설정해놓아도, 사용자는 그동안 멍하니 화면을 보며 답답함을 느낄 수도 있습니다. 그러므로 서버 통신을 이용한 데이터 서비스가 필요할 때는 네트워크 상태 파악을 통해 현재 스마트폰의 네트워킹에 문제가 있다면 바로 사용자에게 알려주는 게 좋겠지요.

안드로이드에서 네트워크 상태 정보를 확인하려면, ConnectivityManager 클래스를 이용합니다. 우선 AndroidManifest.xml 파일에의 아래와 같은 퍼미션이 필요합니다.

```
<uses-permission android:name="android.permission.ACCESS_NETWORK_STATE"/>
```

스마트폰에서 네트워크 사용이 가능한지, 가능하다면 어떤 네트워크에 접속되어 있는지를 알아보는 방법에는 2가지가 있습니다. getActivityNetwork() 함수를 이용하는 방법과 NetworkCallback을 이용하는 방법입니다.

### getActivityNetwork()

네트워크의 상태를 파악할 때 ConnectivityManager의 getActiveNetwork() 함수로 Network 객체를 얻어서 이용합니다. 그런데 이 함수는 API Level 23부터 제공됩니다. 23 하위 버전에서도 실행되는 앱을 개발하려면 ConnectivityManager의 getActiveNetworkInfo() 함수를 이용해 NetworkInfo 객체를 얻어야 합니다.

```
ConnectivityManager connManager =
(ConnectivityManager)getSystemService(Context.CONNECTIVITY_SERVICE);
boolean isNetworkAvailable=false;
if (Build.VERSION.SDK_INT >= Build.VERSION_CODES.M) {
    Network network = connManager.getActiveNetwork();
    if(network != null){
        NetworkCapabilities capabilities = connManager.getNetworkCapabilities(network);
        if(capabilities != null){
            if(capabilities.hasTransport(NetworkCapabilities.TRANSPORT_WIFI)){
                Log.d("kkang", "wifi available");
                isNetworkAvailable=true;
            }else if(capabilities.hasTransport(NetworkCapabilities.TRANSPORT_CELLULAR)){
                Log.d("kkang", "cellular available");
                isNetworkAvailable=true;
            }
        }
    }
} else {
    NetworkInfo networkInfo =  connManager.getActiveNetworkInfo();
    if(networkInfo != null){
        if(networkInfo.isConnected()){
            isNetworkAvailable = true;
            if(networkInfo.getTypeName().equalsIgnoreCase("WIFI")){
                Log.d("kkang", "wifi available");
```

```
                isNetworkAvailable=true;
            }else if(networkInfo.getTypeName().equalsIgnoreCase("MOBILE")){
                Log.d("kkang", "cellular available");
                isNetworkAvailable=true;
            }
        }
    }

}
if(!isNetworkAvailable){
    Log.d("kkang", "network not available");
}
```

getActivityNetwork() 함수로 획득한 값이 null이면, 현재 스마트폰이 네트워크에 접속할 수 없다는 뜻입니다. getActivityNetwork() 함수로 얻은 Network 객체를 다시 getNetworkCapabilities() 함수의 매개변수에 지정하면 현재 접속된 네트워크 정보를 얻을 수 있습니다. 이 함수의 반환값은 NetworkCapabilities 객체이며, hasTransport() 함수를 이용해 이동통신망에 접속된 상태인지 아니면 와이파이에 접속된 상태인지를 확인합니다.

### NetworkCallback

NetworkCallback 객체를 이용하여 네트워크 접속 정보를 파악할 때는 ConnectivityManager 클래스의 requestNetwork() 함수를 사용하거나 registerNetworkCallback() 함수의 매개변수에 NetworkCallback 객체를 등록하여 콜백으로 획득합니다.

requestNetwork() 함수는 필요한 순간 한 번 정보를 획득하고, registerNetworkCallback() 함수로는 지속적으로 정보를 얻을 수 있습니다. requestNetwork() 함수를 이용하려면 다음의 퍼미션을 추가해야 합니다.

```
<uses-permission android:name="android.permission.ACCESS_NETWORK_STATE"/>
<uses-permission android:name="android.permission.CHANGE_NETWORK_STATE" />
```

기본적으로는 addCapability() 함수와 addTransportType() 함수를 이용해 NetworkRequest에 획득하고자 하는 네트워크의 정보를 설정하고, 결과를 콜백으로 받습니다.

우선 NetworkRequest 객체에 획득하고자 하는 네트워크 정보를 설정합니다.

```
NetworkRequest networkReq = new NetworkRequest.Builder()
        .addCapability(NetworkCapabilities.NET_CAPABILITY_INTERNET)
```

```
        .addTransportType(NetworkCapabilities.TRANSPORT_CELLULAR)
        .addTransportType(NetworkCapabilities.TRANSPORT_WIFI)
        .build();
```

일반적인 네트워크 상태 정보를 addCapability() 함수의 매개변수에 NetworkCapabilities.NET_CAPABILITY_INTERNET를 전달하여 설정하였습니다. 이외에도 NetworkCapabilities.NET_CAPABILITY_MMS 등의 다양한 상숫값으로 지정할 수 있습니다.

addTransportType() 함수에는 네트워크 타입을 지정합니다. TRANSPORT_CELLULAR, TRANSPORT_WIFI, TRANSPORT_BLUETOOTH, TRANSPORT_ETHERNET, TRANSPORT_VPN 등의 상숫값으로 지정할 수 있습니다.

이렇게 준비한 NetworkRequest 객체를 requestNetwork() 함수의 매개변수에 NetworkCallback 객체와 함께 전달하면 됩니다. NetworkCallback의 콜백함수가 자동으로 호출되면서 네트워크 정보가 전달됩니다.

```
connManager.requestNetwork(networkReq, new ConnectivityManager.NetworkCallback() {
    @Override
    public void onAvailable(Network network) {
        super.onAvailable(network);
        Log.d("kkang", "onAvailable");
    }

    @Override
    public void onUnavailable() {
        super.onUnavailable();
        Log.d("kkang", "onUnavailable()");
    }
});
```

## 14.2. Retrofit2

### 14.2.1. 매니페스트 설정

네트워크 프로그램 작성하는 이유는 클라이언트 프로그램과 서버 프로그램 간에 데이터를 송수신하기 위해서입니다. 안드로이드 앱은 HTTP 네트워크의 클라이언트 프로그램으로, 통신하기 위해 서버 프로그램이 필요합니다. 서버 프로그램은 웹 서버 앱을 구축하는 자바, ASP.Net, PHP, Node.js 등으로 개발합니다.

이제 안드로이드 앱에서 HTTP 통신 프로그램을 구축하는 방법을 살펴보겠습니다. 플랫폼 API를 이용할 수도 있고 Volley 등의 다양한 라이브러리를 활용할 수도 있지만, 여기에서는 대부분의 안드로이드 앱에서 이용하는 Retrofit 라이브러리를 사용하는 방법에 대해 알아보겠습니다.

우선 앱에서 네트워킹을 하려면 AndroidManifest.xml 파일에 다음처럼 퍼미션을 선언해야 합니다.

```
<uses-permission android:name="android.permission.INTERNET"/>
```

android.permission.INTERNET은 외부 서버와 데이터를 주고받을 때 필요한 퍼미션이며, HTTP 통신뿐 아니라 소켓 연결 때도 사용해야 하는 퍼미션입니다.

HTTP 통신을 위한 AndroidManifest.xml 파일의 설정은 하나가 더 추가될 수 있습니다. API Level 28(Android 9)부터는 보안 강화 목적으로 앱에서의 HTTP 통신이 기본으로 금지되었습니다. HTTPS를 사용해야 한다는 의미입니다. 그런데 만약 HTTP를 계속 이용하겠다면 별도로 설정해주어야 합니다.

res/xml 폴더에 임의의 이름으로 xml 파일을 만들고 아래와 같이 작성해야 합니다.

```
<?xml version="1.0" encoding="utf-8"?>
<network-security-config>
    <domain-config cleartextTrafficPermitted="true">
        <domain includeSubdomains="true">xxx.xxx.xxx.xxx</domain>
    </domain-config>
</network-security-config>
```

<domain> 태그의 xxx.xxx.xxx.xxx 부분에 HTTP 통신을 허용할 도메인이나 IP 주소를 명시해주어야 합니다. 만약 HTTP 통신할 도메인이 여러 개라면 <domain> 태그를 여러 개 사용하면 됩니다. 이렇게 명시적으로 HTTP 통신을 허용할 서버 도메인이 등록된 xml 파일을 AndroidManifest.xml 파일의 <application> 태그에 아래처럼 설정해주면 됩니다.

```
<application
    …
    android:networkSecurityConfig="@xml/network_security_config">
```

그런데 때때로 HTTP 통신을 해야 하는 특정 서버의 도메인을 개발 시점에 확정하지 못할 수도 있습니다. 앱이 동작하면서 동적으로 도메인이 결정되는 경우입니다. 이때는 XML 파일을 만들지 않고 아래처럼 <application> 태그에 속성을 추가합니다.

```
<application
    ...
    android:usesCleartextTraffic="true">
```

## 14.2.2. Retrofit2 구조

안드로이드 앱에서 서버와 HTTP 통신을 도와주는 유명한 라이브러리 중 하나가 Retrofit입니다. HTTP 통신 프로그램을 작성할 때 개발자 관점에서 중요한 점은 "얼마나 성능이 나올까? 얼마나 쉽게 작성할 수 있을까?"인 것 같습니다. 이 두 가지 측면에서 보면 현재 안드로이드에서 HTTP 통신 프로그램 중에 Retrofit이 가장 많은 선택을 받을 수밖에 없는 라이브러리가 아닌가 싶습니다. 인터넷상에 Retrofit과 Volley, AsyncTask의 성능을 비교한 표에서 Retrofit이 가장 빠른 성능을 자랑하고 있습니다. 또한, Retrofit의 코드 작성이 가장 편하다는 평을 받고 있습니다(물론 필자의 생각은 이 Retrofit의 프로그램 작성 방법에 익숙하다는 전제가 있어야 합니다).

표 14-1 Retrofit의 성능 비교(출처: http://instructure.github.io/)

| | One Discssion | Dashboard(7 requests) | 25 Discussions |
|---|---|---|---|
| AsyncTask | 941ms | 4,539ms | 13,957ms |
| Volley | 560ms | 2,202ms | 4,275ms |
| Retrofit | 312ms | 889ms | 1,059ms |

Retrofit을 이용해 서버 연동을 하려면 기본 Call 객체가 필요합니다. Call 객체는 실제 서버 연동을 실행하는 객체로 생각하면 됩니다. 그런데 이 Call 객체를 개발자가 직접 만들지 않고 Retrofit이 자동으로 만들어 준다는 개념입니다.

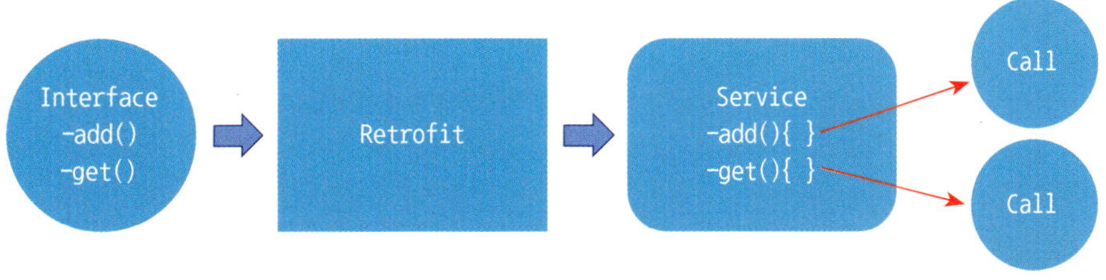


그림 14-1 Retrofit 기본 구조

위의 그림은 Retrofit의 동작 흐름입니다. 여기서 개발자가 네트워크를 위해 직접 작성해야 하는 것은 인터페이스뿐입니다. 인터페이스에 네트워킹 시 호출해야 할 함수들을 등록합니다. 당연히 인터페이스 내에는 실제 네트워킹을 위한 코드가 작성되어 있지 않습니다. 그냥 추상 함수만 선언되어 있습니다.

이렇게 작성한 인터페이스를 Retrofit에 전달하면, Retrofit에서 인터페이스의 함수를 구현해 Call 객체를 반환하는 Service 객체를 생성합니다. 그리고 Call 객체가 실제 네트워킹을 진행합니다. 여기에서의 Service는 Retrofit에서 사용하는 용어로, 안드로이드 백그라운드 업무를 담당하기 위한 Service가 아닙니다. 즉, Service 객체는 개발자가 만든 클래스의 객체가 아니며 Service 내의 함수는 개발자가 등록한 인터페이스와 같은 이름으로 구현됩니다. 이렇게 Service 객체를 획득하여 실제 네트워킹이 필요한 순간 Service의 함수를 호출하여 Call 객체를 받고 Call 객체에게 일만 시키면 됩니다. 결국, 인터페이스를 이용하여 Service 객체를 생성해놓으면 네트워킹이 필요할 때 Call 객체만 획득해 이용하면 되는 구조입니다.

Retrofit을 이용하려면 build.gradle 파일에 의존성 설정이 필요합니다. Retrofit만을 설정해서 이용할 수도 있지만, 서버 연동을 할 때 주고받는 데이터가 대부분 JSON 파일과 XML 파일이어서 이를 파싱하는 것이 여간 불편한 게 아닙니다. 그래서 대부분은 자동으로 파싱해 개발자가 만든 VO 객체로 변환해주는 기능을 요구합니다. 이 기능을 컨버터(Convertor)라고 부릅니다. 하지만 불행히도 Retrofit에는 이 컨버터가 내장되어 있지 않습니다. 하지만 걱정할 필요 없습니다. Retrofit을 이용하면서 JSON, XML 데이터를 VO 객체로 변환해주는 외부 라이브러리 연동을 지원하므로 이를 이용하면 됩니다.

다음은 Retrofit에서 함께 이용할 수 있는 컨버터들입니다. 이 중 하나를 이용하면 됩니다. 책에서는 이 중 Gson을 이용한 실습 코드를 담겠습니다.

- Gson: com.squareup.retrofit2:converter-gson
- Jackson: com.squareup.retrofit2:converter-jackson
- Moshi: com.squareup.retrofit2:converter-moshi
- Protobuf: com.squareup.retrofit2:converter-protobuf
- Wire: com.squareup.retrofit2:converter-wire
- Simple XML: com.squareup.retrofit2:converter-simplexml

먼저 build.gradle 파일의 설정은 다음과 같습니다.

```
implementation 'com.squareup.retrofit2:retrofit:2.9.0'
implementation 'com.google.code.gson:gson:2.8.6'
implementation 'com.squareup.retrofit2:converter-gson:2.9.0'
```

### Model 정의

Model은 서버 연동을 위한 데이터 추상화 클래스입니다. JSON이나 XML 데이터를 개발자가 직접 파싱하지 않고 컨버터가 자동으로 생성해 객체 생성 후 변수에 파싱된 데이터를 담아 줍니다.

```
public class ItemModel {
    public long id;
    public String author;
    public String title;
    public String description;
    public String urlToImage;
    public String publishedAt;
}
```

Model은 데이터를 담기 위한 목적이므로 위처럼 public으로 선언한 변수들이 나열된 클래스입니다. 물론 이 클래스에 개발자가 선언한 변수나 함수를 추가해도 되지만, 컨버터가 데이터를 저장하는 변수는 public으로 선언해야 합니다.

위처럼 변수를 선언하면 컨버터는 변수명과 파싱된 데이터의 키값을 매핑해서 데이터를 저장합니다.

```
{
      "author":"kkang",
      "description":"…",
      "id":1,
      "publishedAt":"2019-01-30T18:30:00Z",
      "title":"....","urlToImage":"..."
}
```

만약 서버에서 전송된 데이터가 위와 같다면 키값에 해당하는 변수에 각각의 데이터가 저장됩니다. author 키값인 kkang이라는 데이터가 public String author 변수에 저장됩니다. 그런데 때로는 JSON의 키값과 변수명이 다를 때도 있습니다. 이때는 @SerializedName이라는 어노테이션을 추가해 다음처럼 변수에 할당할 데이터의 키값을 명시해주면 됩니다.

```
public class ItemModel {
    ...
    @SerializedName("publishedAt")
    public String published_at;
}
```

또한, Model은 구조적으로 작성할 수도 있습니다. 예를 들어 아래처럼 특정 페이지 정보와 그 페이지에 포함되는 여러 항목 데이터가 넘어올 수도 있습니다.

```
{
  "articles":[{
      "author":"......",
      "description":"......",
      "id":0,
      "publishedAt":"........",
      "title":".......",
      "urlToImage":"......."
    },{
      "author":".....","description":"......",
      "id":0,
      "publishedAt":".........",
      "title":"........",
      "urlToImage":"......."
    }],
  "id":0,
  "totalResults":24718
}
```

만약 데이터가 위와 같다면 id, totalResults, articles를 저장하기 위한 Model 클래스와 articles 안의 몸체인 {} 부분을 저장하기 위한 Model 클래스 이렇게 두 개가 필요합니다. 예를 들어 articles 안의 몸체를 저장하기 위한 클래스가 ItemModel이라면 id, totalResults, articles를 저장하기 위한 PageListMode 클래스를 아래처럼 만들면 됩니다.

```
public class PageListModel {

    public long id;
    public long totalResults;
    public List<ItemModel> articles;
}
```

### Retrofit 객체 생성

Model이 준비되었다면 이제 Retrofit을 이용하면 됩니다. Retrofit은 Builder에 의해 만들어지며 Builder의 세터 함수로 각종 정보를 설정합니다.

```
public class RetrofitHelper {
    static Retrofit getRetrofit() {
        return new Retrofit.Builder()
                .baseUrl("https://~~~~~~")
                .addConverterFactory(GsonConverterFactory.create())
                .build();
    }
}
```

baseUrl() 함수로 전달한 인자는 Retrofit을 이용할 때 기본으로 적용되는 서버 URL입니다. 이곳에서 URL을 지정해 놓으면 실제 네트워킹 때는 이 URL 뒤에 이어지는 경로나 질의 문자열 등만 지정하면 됩니다. 물론 이렇게 baseUrl이 지정되었더라도 실제 네트워킹 때 다른 URL을 사용할 수도 있습니다.

addConverterFactory() 함수로 서버와 통신할 데이터 타입에 맞는 컨버터를 지정합니다. 위에서는 GsonConverterFactory를 지정하였으므로 JSON 데이터를 Gson 라이브러리로 파싱하고 그 데이터를 Model에 자동으로 담아줍니다.

### Service 인터페이스

Retrofit의 핵심은 서버 네트워킹을 위한 함수를 인터페이스의 추상 함수로 만들고 그 함수에 어노테이션으로 GET/POST 등의 HTTP method와 서버 전송 질의를 지정하면, 그 정보에 맞게 서버를 연동하는 Call 객체를 자동으로 만들어 주는 구조라는 것입니다.

```
public interface RetrofitService {

    @GET("/v2/everything")
    Call<PageListModel> getList(@Query("q") String q,
                                @Query("apiKey") String apiKey,
                                @Query("page") long page,
                                @Query("pageSize") int pageSize);
}
```

어노테이션 선언이 중요한데 위의 코드에 담긴 어노테이션의 의미를 설명해 보겠습니다.

```
@GET("/v2/everything")
```

Get 방식으로 연동이 이루어져야 하며 baseUrl 뒤에 Path로 "/v2/everything"가 지정되어야 한다는 설정입니다.

```
@Query("q") String q
```

서버 연동 시 넘어가야 하는 질의 문자열을 지정하는 부분입니다. 만약 String에 1이 대입되어 있다면 서버 URL은 https://~~~~~/v2/everything?q=1이 됩니다. 위에서는 @Query를 여러 매개변수에 지정하였습니다. 연동되는 URL은 다음과 같습니다.

```
https://~~~~/v2/everything?q=1&apiKey=~~&page=1&pageSize=10
```

### Call 객체 획득

이제 Call 객체를 만들어줄 Retrofit Service 객체를 획득하면 됩니다.

```
networkService = RetrofitHelper.getRetrofit().create(RetrofitService.class);
```

Retrofit 객체의 create() 함수로 네트워킹을 위한 Call 객체를 가지는 Service 객체가 자동으로 만들어집니다. 이렇게 얻은 Service 객체를 이용해 인터페이스에서 정의한 함수를 호출하면 Call 객체가 반환됩니다.

```
Call<PageListModel> call = networkService.getList(QUERY, API_KEY, 1, 2)
```

Call 객체의 제네릭 정보는 획득하고자 하는 데이터 타입입니다. 위에서 만들어놓은 Model 클래스입니다.

### 네트워킹 시도

Call 객체까지 획득했다면 이제 실제 네트워킹이 이루어지게 일만 시키면 됩니다. 이때 enqueue() 함수를 이용합니다.

```
call.enqueue(new Callback<PageListModel>() {
    @Override
    public void onResponse(Call<PageListModel> call, Response<PageListModel> response) {
        if(response.isSuccessful()) {

            //…

        }
    }
```

```
    @Override
    public void onFailure(Call<PageListModel> call, Throwable t) {

    }
});
```

Call 객체의 enqueue() 함수를 호출하면서 Callback 클래스의 객체를 매개변수로 지정하면 네트워킹을 시도하고 서버에서 정상적으로 결과를 받으면 자동으로 onResponse() 함수가 호출되어 이 함수의 매개변수로 결과 데이터가 전달됩니다. 서버 연동에 실패하면 자동으로 onFailure() 함수가 호출됩니다.

## 14.2.3. Retrofit2 어노테이션

결국 Retrofit을 사용할 때 인터페이스의 함수에 적절한 어노테이션을 추가하는 부분이 중요합니다. 어노테이션만 잘 추가해주면 알아서 네트워킹이 되므로 여기서는 Retrofit에서 사용할 수 있는 어노테이션에 대해 살펴보겠습니다.

### @GET, @POST, @PUT, @DELETE, @HEAD

HTTP Method를 지정할 때 사용합니다. @GET("/users/list")로 지정하면 http://~~~/users/list URL의 서버를 GET 방식으로 호출하며, @POST("/user/list")라고 지정하면 http://~~~/users/list URL의 서버를 POST 방식으로 호출합니다. 이때 서버에 전송해야 하는 데이터를 @Query 어노테이션으로 명시할 수도 있지만, @GET("/users/list?sort=desc")처럼 URL에 직접 명시할 수도 있습니다. 이렇게 하면 서버 연동 URL은 http://~~~/users/list?sort=desc가 됩니다.

### @Path : URL의 Path 부분 동적 할당

URL의 일부분이 동적 데이터에 의해 결정될 때도 있습니다. 이를 위해 @Path 어노테이션을 제공합니다. URL에서 동적 값이 들어갈 부분을 중괄호 { }로 명시하고 이 위치에 들어갈 데이터를 @Path 어노테이션으로 명시하는 개념입니다.

#### ① 인터페이스의 함수 선언

```
@GET("/group/{id}/users")
Call<List<UserModel>> groupList(@Path("id"));
```

② 함수 호출

```
Call<List<UserModel>> test1 = testService.groupList(10);
```

③ URL

```
https://~~~/group/10/users
```

@Path 어노테이션으로 전달된 매개변수 값이 URL에서 중괄호 {}로 지정한 부분에 대입됩니다. 만약, ①번처럼 선언된 인터페이스 함수를 ②번처럼 호출하여 이용한다면 실제 서버를 연동할 때 URL이 ③번처럼 됩니다. 이후 설명도 이런 방식으로 진행해보겠습니다.

### @Query : 질의 문자열로 지정해야 하는 데이터 명시

① 인터페이스의 함수 선언

```
@GET("group/{id}/users")
Call<List<UserModel>> groupList(@Path("id") int groupId,
                        @Query("sort") String sort, @Query("name") String name);
```

② 함수 호출

```
Call<List<UserModel>> test1 = testService.groupList(10, "date", "kkang");
```

③ URL

```
https://~~~/group/10/users?sort=date&name=kkang
```

### @QueryMap : Map 객체로 질의 데이터 지정

① 인터페이스의 함수 선언

```
@GET("group/{id}/users")
Call<List<UserModel>> groupList2(@Path("id") int groupId,
                              @QueryMap Map<String, String> options,
                              @Query("name") String name);
```

② 함수 호출

```
Map<String, String> map = new HashMap<>();
map.put("phone", "01000");
```

```
map.put("address", "seoul");
Call<List<UserModel>> test2 = testService.groupList2(10, map, "kkang");
```

③ URL

```
https://reqres.in/group/10/users?address=seoul&phone=01000&name=kkang
```

### @Body : 객체를 request body 에 포함(POST 방식에서 사용)

Model의 @SerializedName 어노테이션에 명시된 키값으로 필드값을 JSON 문자열로 만들어 전송합니다. 만약 Model에 @SerializedName 어노테이션이 추가되어 있지 않으면 변수명이 키값이 됩니다.

① 인터페이스의 함수 선언

```
@POST("group/{id}/users")
Call<UserModel> groupList3(@Path("id") int groupId,
                           @Body UserModel user,
                           @Query("name") String name);
```

② 함수 호출

```
UserModel userModel = new UserModel();
userModel.firstName="gidong";
userModel.lastName="hong";
Call<UserModel> test3 = testService.groupList3(10, userModel, "kkang");
```

③ URL

```
http://70.12.247.20:8000/group/10/users?name=kkang
```

④ 서버 전송 데이터

```
{"first_name":"gidong","last_name":"hong"}
```

만약 Model의 객체 변수에 값이 없다면 해당 데이터는 전송되지 않습니다. 하지만 자바에서 int 등 기본 데이터 타입으로 선언된 변수는 디폴트 값이 대입되므로 명시적으로 값을 주지 않더라도 서버 전송에 포함됩니다.

```
public class UserModel {

    public String data1;
    public int data2;;

}
```

위처럼 선언된 Model 클래스가 있다고 가정해 봅시다. 이 객체를 생성하고 변수에 어떤 값도 대입하지 않은 상태에서 @Body 어노테이션으로 서버에 전송하면 서버에는 아래와 같은 JSON 문자열이 전송됩니다.

```
{"data2":0}
```

### @FormUrlEncoded : Form-encoded data(POST 방식에서 사용)

@Field 어노테이션이 추가된 데이터를 인코딩해서 전송합니다. @Field 어노테이션은 @FormUrlEncoded 어노테이션이 추가되었을 때만 사용할 수 있습니다. 그리고 @FormUrlEncoded 어노테이션은 @POST 어노테이션에서만 사용할 수 있습니다.

**① 인터페이스의 함수 선언**

```
@FormUrlEncoded
@POST("user/edit")
Call<UserModel> groupList4(@Field("first_name") String first,
                    @Field("last_name") String last,
                    @Query("name") String name);
```

**② 함수 호출**

```
Call<UserModel> test4 = testService.groupList4("gildong 길동", "hong 홍", "kkang");
```

**③ URL**

```
http://70.12.247.20:8000/group/10/users?name=kkang
```

**④ 서버 전송 데이터**

```
first_name=gildong%20%EA%B8%B8%EB%8F%99&last_name=hong%20%ED%99%8D
```

@FieldUrlEncoded 어노테이션과 @Field 어노테이션을 이용할 때는 POST 방식으로 데이터를 전송합니다. Model 클래스를 사용하지 않고 개별 매개변수를 body로 전송하고자 할 때 이용합니다.

Form-encoding 방식은 객체에는 사용할 수 없으며 배열이나 리스트 데이터에 사용할 수 있습니다. 배열이나 리스트에 담긴 데이터가 같은 키로 전달됩니다.

① 인터페이스의 함수 선언

```
@FormUrlEncoded
@POST("tasks")
Call<UserModel> groupList5(@Field("title") List<String> titles);
```

② 함수 호출

```
List<String> list = new ArrayList<>();
list.add("홍길동");
list.add("류현진");
Call<UserModel> test5 = testService.groupList5(list);
```

③ URL

```
http://70.12.247.20:8000/tasks
```

④ 서버 전송 데이터

```
title=%ED%99%8D%EA%B8%B8%EB%8F%99&title=%EB%A5%98%ED%98%84%EC%A7%84
```

## @Headers : HTTP 요청 헤더 지정

```
@Headers("Cache-Control: max-age=640000")
@GET("widget/list")
Call<List<UserModel>> groupList7();
```

여러 개를 한꺼번에 지정해야 한다면 다음처럼 설정할 수 있습니다.

```
@Headers({
        "Accept: application/vnd.github.v3.full+json",
        "User-Agent: Retrofit-Sample-App"
})
@GET("users/{username}")
Call<UserModel> getUser(@Path("username") String username);
```

### @Url : base URL과 상관없는 특정 URL 지정

① 인터페이스의 함수 선언

```
@GET
Call<UserModel> list(@Url String url);
```

② 함수 호출

```
Call<UserModel> test5 = testService.list("https://www.google.com");
```

③ URL

```
https://www.google.com/
```

## 14.3. Glide 라이브러리

이번 절에서는 Glide 라이브러리에 대해서 살펴보겠습니다. Glide 라이브러리는 이미지를 안드로이드 앱에서 손쉽게 이용할 수 있도록 하는 이미지 전문 라이브러리입니다. 범프라는 앱에서 내부적으로 이용되다가 구글에서 인수한 후 공개하였습니다. 모든 종류의 이미지를 빠르게 로딩하며, 이미지의 크기 변경과 에러 이미지 출력 등의 다양한 기능 구현을 지원합니다.

Glide 라이브러리를 사용하지 않아도, 다양한 방법으로 네트워크에서 서버의 이미지를 다운로드할 수 있습니다. 이미 살펴본 Retrofit 라이브러리로도 가능합니다. 하지만 Glide 라이브러리를 이용하면 이러한 기능을 더 쉽게 구현할 수 있습니다.

Glide 라이브러리를 사용하기 위해서는 build.gradle 파일에 dependencies를 선언해야 합니다.

```
implementation 'com.github.bumptech.glide:glide:4.12.0'
```

이제, Glide 라이브러리의 이용 방법을 알아보겠습니다. 앱에서는 리소스 이미지와 파일 이미지, 그리고 네트워크 이미지를 사용합니다. 이 이미지를 ImageView에 출력하려면 Glide로 가져와 load() 함수와 into() 함수만 이용하면 됩니다.

```
Glide.with(this)
        .load(R.drawable.android)
        .into(binding.imageView);
```

위의 코드는 load() 함수에 리소스 이미지를 지정해 로딩하고 into() 함수의 ImageView에 출력하는 예입니다.

이번에는 파일 이미지를 출력하는 방법에 대해 살펴봅시다. 갤러리 앱의 목록 화면을 보여주고 사용자가 선택한 사진을 Glide로 출력하는 예입니다.

```
ActivityResultLauncher<Intent> galleryLauncher = registerForActivityResult(
        new ActivityResultContracts.StartActivityForResult(),
        new ActivityResultCallback<ActivityResult>(){
            @Override
            public void onActivityResult(ActivityResult result) {
                Glide.with(getApplicationContext())
                        .load(result.getData().getData())
                        .into(binding.imageView);

            }
        });

Intent intent = new Intent(Intent.ACTION_PICK, MediaStore.Images.Media.EXTERNAL_CONTENT_URI);
intent.setType("image/*");
galleryLauncher.launch(intent);
```

ContentProvider를 이용하여 진행했던 갤러리 앱 연동을 통한 사진 출력도 Glide로 훨씬 간단하게 작성할 수 있습니다. 사용자가 선택한 사진의 식별자 값을 load() 함수에 Uri 객체로 지정만해주면 사진 이미지가 로딩되어 출력됩니다.

네트워크의 이미지를 다운로드받아 출력하는 코드도 쉽게 작성할 수 있습니다.

```
Glide.with(this)
        .load(url)
        .into(binding.imageView);
```

이미지를 이용할 때 Out Of Memory(OOM) 문제를 항상 고려해야 합니다. 이 문제를 해결하기 위해 이미 살펴보았던 BitmapFactory.Option을 이용하여 이미지의 크기를 줄여서 로딩할 수 있습니다. 그런데 Glide를 이용하면 코드에서 따로 이미지 크기를 줄이지 않아도, 이미지가 자동으로 출력하고자 하는 ImageView 크기에 맞게 로딩됩니다. 그러므로 OOM 문제를 크게 신경 쓰지 않아도 됩니다. 이때 만약 이미지를 특정 크기로 출력하고 싶다면 override() 함수를 이용하면 됩니다.

```
Glide.with(this)
        .load(url)
```

```
        .override(200, 200)
        .into(binding.imageView);
```

파일이나 서버에서 이미지를 획득할 때, 로딩 시간이 오래 걸릴 수 있습니다. 이때 로딩 상태를 표현하는 이미지를 별도로 출력해주는 경우가 많습니다. 또한 이미지 로딩에 실패했을 때, 실패 상태를 표현하는 이미지를 별도로 출력해주기도 합니다. 이런 작업도 Glide로 쉽게 구현할 수 있습니다.

```
Glide.with(this)
        .load(url)
        .override(200, 200)
        .placeholder(R.drawable.loading)
        .error(R.drawable.error)
        .into(binding.imageView);
```

placeholder() 함수에 로딩 상태를 표현할 이미지를 지정하고, error() 함수에 이미지 로딩에 실패했을 때 출력할 이미지를 지정합니다.

마지막으로, 로딩한 이미지 데이터를 직접 이용하는 방법에 대해 살펴보겠습니다. 로딩한 이미지를 ImageView에 출력하려면, into() 함수에 ImageView 객체를 지정해야 합니다. 이 into() 함수에 CustomTarget 객체를 전달하면 이미지 데이터를 획득할 수 있습니다.

```
Glide.with(this)
        .load(url)
        .into(new CustomTarget<Drawable>() {
            @Override
            public void onResourceReady(@NonNull Drawable resource, @Nullable Transition<? super
Drawable> transition) {

            }

            @Override
            public void onLoadCleared(@Nullable Drawable placeholder) {

            }
        });
```

into() 함수의 매개변수로 지정된 CustomTarget 객체의 onResourceReady() 함수가 자동 호출되면서, 첫 번째 매개변수에 Drawable 객체가 전달됩니다. 이 객체가 바로 로딩한 이미지 객체입니다. 이미지를 Drawable 타입이 아닌 Bitmap 타입으로 받고 싶을 때는 함수를 추가해주어야 합니다.

```
Glide.with(this)
        .asBitmap()
        .load(url)
        .into(new CustomTarget<Bitmap>() {
            @Override
            public void onResourceReady(@NonNull Bitmap resource, @Nullable Transition<? super 
Bitmap> transition) {

            }

            @Override
            public void onLoadCleared(@Nullable Drawable placeholder) {

            }
        });
```

## [실습 14-1] Retrofit과 Glide

Step by Step

앞에서 살펴본 Retrofit과 Glide를 이용하는 실습을 진행하겠습니다. 간단하게 서버에서 데이터를 획득해 화면을 구성하는 실습입니다. 서버는 편의상 https://newsapi.org을 이용하겠습니다. 이곳에서 제공하는 뉴스를 화면에 출력하는 테스트입니다.

그림 14-2 실행 결과

### Step 1 _ 모듈 생성

14장의 실습을 위해 모듈 이름을 "Part5_14"로 지정하고, 액티비티 설정에서 'Source Language' 부분을 Java로 설정하여 모듈을 새로 만듭니다.

### Step 2 _ 파일 복사

실습을 위해 필자가 제공한 java 폴더의 AppUtil.java 파일과 MainActivity.java 파일을 소스 영역에 복사하고, layout 폴더의 activity_main.xml 파일과 item_main.xml 파일을 res/layout에 복사합니다.

### Step 3 _ 그레이들 설정

Retrofit과 Glide를 사용하기 위해 part5-14 모듈의 build.gradle 파일을 열어 ViewBinding 설정을 하고, 다음처럼 작성한 후 〈Sync Now〉를 클릭해 반영합니다.

**build.gradle**

```
android {
    //......
    viewBinding {
        enabled = true
    }
}

dependencies {
    //......
    implementation 'com.squareup.retrofit2:retrofit:2.9.0'
    implementation 'com.google.code.gson:gson:2.8.6'
    implementation 'com.squareup.retrofit2:converter-gson:2.9.0'
    implementation 'com.github.bumptech.glide:glide:4.12.0'
}
```

### Step 4 _ AndroidManifest.xml 설정

네트워킹을 위해 AndroidManifest.xml 파일에 다음처럼 퍼미션을 설정합니다.

**AndroidManifest.xml**

```
<uses-permission android:name="android.permission.INTERNET" />
```

### Step 5 _ 서버 키 획득

실습에서 이용하는 https://newsapi.org 서버에서 정상적으로 데이터를 가져오려면 키가 필요합니다. 브라우저에서 https://newsapi.org 사이트를 열고 이곳에서 간단하게 키를 발급받습니다.

https://newsapi.org 사이트의 〈Get API key〉를 클릭하고 몇 가지 입력하면 쉽게 키를 받을 수 있습니다.

### Step 6 _ Model 클래스 작성

데이터를 담기 위한 Model 클래스가 두 개 필요합니다. "ItemModel"과 "PageListModel"이라는 이름의 자바 파일을 만듭니다. 그리고 ItemModel.java 파일을 다음처럼 작성합니다.

**ItemModel.java**

```
public class ItemModel {
    public long id;
    public String author;
    public String title;
    public String description;
    public String urlToImage;
    public String publishedAt;
}
```

PageListModel.java 파일은 아래처럼 작성합니다.

**PageListModel.java**

```
public class PageListModel {
    public long id;
    public long totalResults;
    public List<ItemModel> articles;
}
```

### Step 7 _ RetrofitService.java 작성

가장 먼저 네트워킹을 위한 인터페이스를 만듭니다. "RetrofitService"라는  이름의 인터페이스를 소스 영역에 새로 만듭니다.

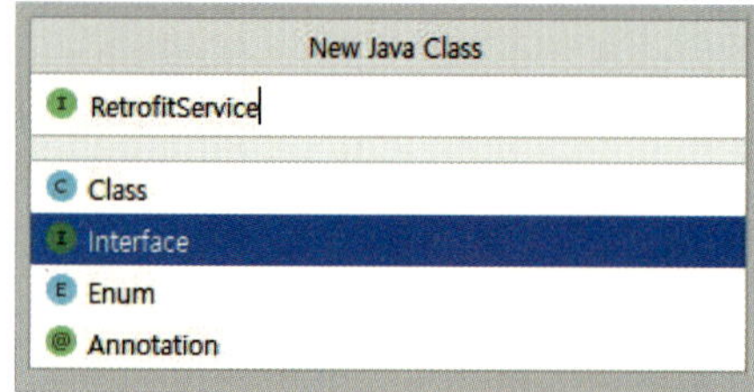


그림 14-3 인터페이스 생성

새로 생성된 RetrofitService.java 파일을 다음처럼 작성합니다.

**RetrofitService.java**

```
public interface RetrofitService {

    @GET("/v2/everything")
    Call<PageListModel> getList(@Query("q") String q,
                                @Query("apiKey") String apiKey,
                                @Query("page") long page,
                                @Query("pageSize") int pageSize);
}
```

## Step 8 _ RetrofitFactory.java 작성

Retrofit 객체를 생성해 주는 클래스를 새로 만듭니다. 소스 영역에 "RetrofitFactory" 이름의 자바 파일을 새로 만듭니다. 그리고 다음처럼 작성합니다.

**RetrofitFactory.java**

```
public class RetrofitFactory {

    private static String BASE_URL = "https://newsapi.org";

    public static RetrofitService create() {

        Retrofit retrofit = new Retrofit.Builder()
                .baseUrl(BASE_URL)
                .addConverterFactory(GsonConverterFactory.create())
                .build();
        return retrofit.create(RetrofitService.class);
    }
}
```

### Step 9 _ MainActivity.java 작성

복사한 MainActivity.java 파일을 열고 다음처럼 작성합니다. 클래스 윗부분의 API_KEY 변수에 https://newsapi.org에서 발급받은 키를 등록합니다.

**MainActivity.java**

```
public class MainActivity extends AppCompatActivity {
    //......
    private static final String API_KEY = "079dac74a5f94ebdb990ecf61c8854b7";
    @Override
    protected void onCreate(Bundle savedInstanceState) {

        //add......
        RetrofitService networkService = RetrofitFactory.create();
        networkService.getList(QUERY, API_KEY, 1, 10)
                .enqueue(new Callback<PageListModel>() {
                    @Override
                    public void onResponse(Call<PageListModel> call,
                                           Response<PageListModel> response) {
                        if(response.isSuccessful()) {
                            MyAdapter adapter = new MyAdapter(response.body().articles);
                            binding.mainList.setAdapter(adapter);
                        }
                    }
                    @Override
                    public void onFailure(Call<PageListModel> call, Throwable t) {
                    }
                });
    }

    class ItemViewHolder extends RecyclerView.ViewHolder {
        ItemMainBinding binding;

        public ItemViewHolder(ItemMainBinding binding) {
            super(binding.getRoot());
            this.binding = binding;
        }
    }
    class MyAdapter extends RecyclerView.Adapter<ItemViewHolder> {
        List<ItemModel> articles;
        public MyAdapter(List<ItemModel> articles) {
            this.articles=articles;
```

```
        }
        @Override
        public int getItemCount() {
            return articles.size();
        }

        @NonNull
        @Override
        public ItemViewHolder onCreateViewHolder(@NonNull ViewGroup parent, int viewType) {
            ItemMainBinding binding =
ItemMainBinding.inflate(LayoutInflater.from(parent.getContext()), parent, false);
            return new ItemViewHolder(binding);
        }

        @Override
        public void onBindViewHolder(@NonNull ItemViewHolder holder, int position) {

            ItemModel item=articles.get(position);

            String author = item.author == null || item.author.isEmpty() ? "Anonymous" :
item.author;
            String titleString =  author+" - "+ item.title;

            holder.binding.itemTime.setText(titleString);
            holder.binding.itemTime.setText(AppUtil.getDate(item.publishedAt)+" at "+
AppUtil.getTime(item.publishedAt));
            holder.binding.itemDesc.setText(item.description);
            Glide.with(MainActivity.this).load(item.urlToImage).override(250,
200).into(holder.binding.itemImage);
        }

    }
}
```

### Step 10 _ 실행

part5_14 모듈을 실행하여 결과를 확인합니다.

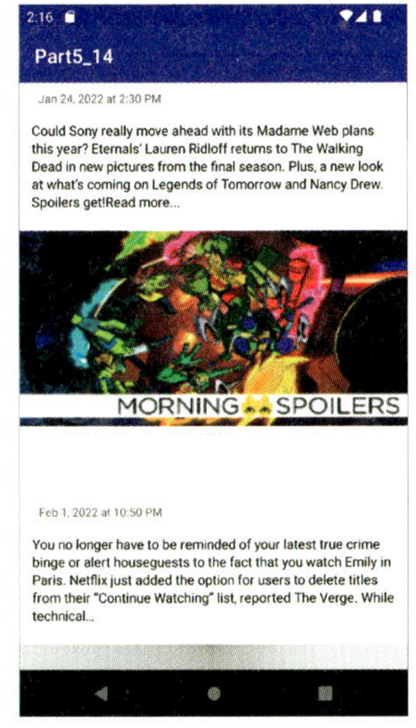


그림 14-4 실행 결과

## 14.4. 파이어베이스 클라우드 메시징

HTTP 통신 프로그램은 서버와 데이터를 주고받을 때 가장 많이 이용되지만, 서버와 클라이언트 간의 연결을 지속적으로 유지하지 못해 실시간 서버 푸시를 구현할 수 없습니다. 네트워크 프로그램 작성하는 이유는 클라이언트 프로그램과 서버 프로그램 간에 데이터를 송수신하기 위해서입니다. 여기서 클라이언트는 서버의 도메인이나 IP 주소와 같은 네트워크 정보로 필요할 때 네트워크 연결을 요청하는 역할자입니다. 이 책에서 다루고 있는 안드로이드 앱이 바로 네트워크 프로그램에서 클라이언트의 역할을 합니다. 그리고 서버는 대기 상태에 있다가 클라이언트로부터 넘어오는 연결 요청을 받아 네트워크 연결을 완성하는 역할자입니다.

HTTP 통신도 결국 클라이언트-서버 구조의 프로그램입니다. 하지만 이 HTTP 통신 프로그램은 실시간 서버 푸시를 구현해야 하는 곳에서는 사용할 수 없습니다. 서버와 데이터를 주고받은 다음 응답이 끝나면, 자동으로 네트워크 연결이 끊어지기 때문입니다. 이를 "HTTP의 stateless"라 부릅니다.

물론, 데이터를 송수신이 필요할 때 클라이언트에서 요청을 보내 네트워크에 다시 연결할 수는 있습니다. 하지만 응답이 끝나면 연결이 끊어진 상태가 되므로 서버 측에서 데이터가 발생한 순간 그 데이터를 클라이언트에게 전송해야 하는 실시간 서버 푸시는 구현할 수 없습니다. 따라서 실시간 서버 푸시는 서버와의 연결을 지속한 상태에서 데이터를 송수신하는 소켓 프로그램을 통한 방법과 이곳에서 살펴보고자 하는 FCM을 이용하는 방법을 사용하여 구현합니다. 파이어베이스는 구글의 모바일 앱 개발 통합 플랫폼이며, 파이어베이스에서 제공하는 여러 가지 서비스 중 하나가 FCM입니다. 이번 절에서는 FCM의 동작 원리를 살펴보고 실습을 통해 실제로 구현해보도록 하겠습니다.

FCM을 이용하면 앱이 서버와 연결되어 있지 않아도 서버의 데이터를 수신할 수 있습니다. 네트워크 연결 없이 어떻게 서버의 실시간 데이터를 얻을 수 있을까요? 이것을 이해하고 구현하기 위해서는 FCM의 동작 원리를 알아야 합니다.

FCM의 동작 원리는 두 단계로 나누어 살펴보아야 합니다. 첫 번째 단계가 앱을 위한 키를 FCM 서버를 통해 얻는 단계입니다.

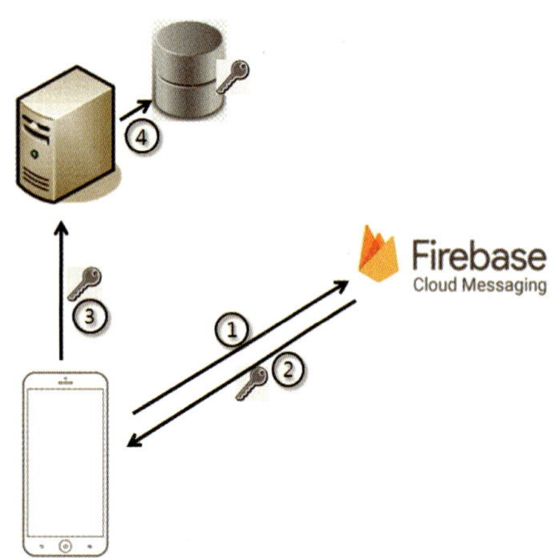


그림 14-5 키 획득

① 스마트폰에 앱이 설치되는 순간 시스템에서 이 앱을 위해 Firebase 서버에 키 획득을 위한 요청을 보냅니다. Firebase 서버에 키를 위한 요청은 안드로이드 시스템에 의해 자동화되므로 개발자가 구현할 로직은 없습니다. 그렇다면 시스템은 설치된 앱이 FCM을 이용하는지 어떻게 알고 키 요청을 하는 걸까요? 그건 이후 Step by Step 부분의 실습을 해보면 알겠지만, FCM 방법을 이용하는 앱은 FCM 방식을 위한 라이브러리와 플러그인이 설치되어야 하므로 시스템이 이를 인지하여 키 요청을 보낼 수 있게 되는 구조입니다.

② Firebase 서버에서 키를 만들어 스마트폰에 전달합니다. 키가 전달되면 시스템은 인텐트를 발생해 앱의 서비스를 구동합니다. 그러면 개발자가 작성한 서비스가 실행되고 서비스 내에서 키값을 획득합니다. 물론, 이 작업이 가능해지려면 개발자가 미리 앱을 여러 절차에 맞게 Firebase 서버에 등록해 주어야 합니다. 이 작업은 이후 실습에서 해보겠습니다.

③ 앱에 전달된 키를 서버에 전송합니다. 실시간 데이터 푸시 기능이 필요한 곳은 서버이며, 서버에서 전달된 키를 이용하여 데이터를 전송합니다.

④ 서버에서는 전달된 키값을 영속화합니다. 보통 DB에 저장해 둡니다. 이렇게 하면 서버 DB에는 앱이 깔린 모든 클라이언트 스마트폰의 키가 저장됩니다.

두 번째 단계로 서버에서 데이터를 스마트폰에 전달하는 절차입니다.

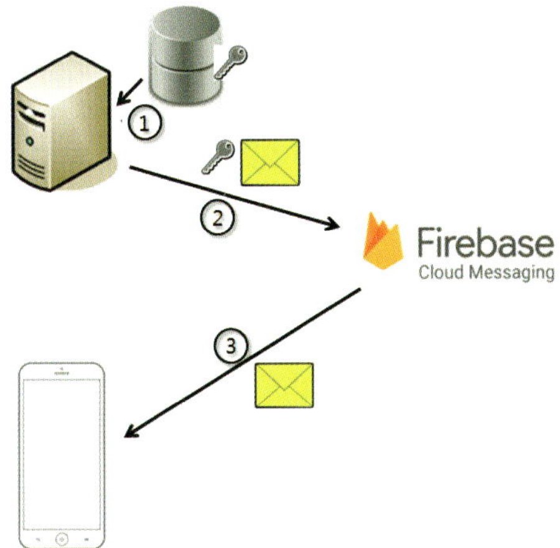


그림 14-6 데이터 전송

① 서버에서 데이터를 스마트폰에 전달하기 위해 DB에서 키를 획득합니다. 이 키는 스마트폰에 설치된 앱을 식별할 수 있는 유일성이 확보된 값입니다.

② DB의 키와 실제 앱에 전송하고자 하는 데이터를 Firebase 서버에 전달합니다. Firebase 서버와는 HTTP 통신이 이용되며 Firebase 서버에서 원하는 방식대로 데이터를 구성하여 요청이 이루어집니다.

③ Firebase 서버에서는 전달받은 키값을 식별해 어떤 스마트폰의 어떤 앱인지를 식별합니다. 결국, 키값에 의해 특정 스마트폰에 데이터를 전달할 수 있습니다. 시스템에서는 이 데이터가 전달되면 데이터를 수신해야 하는 앱을 실행해 줍니다. 이때 앱에서 실행되는 건 서비스입니다. 개발자가 앱에 데이터를 받기 위한 서비스를 만들어 두면 Firebase 서버로부터 데이터가 수신될 때마다 서비스가 실행되어 데이터를 획득합니다.

FCM의 동작 원리를 이해했다면 이제 구현 방법입니다. 구현 방법은 여러 설정 절차 등이 필요하므로 바로 실습을 통해 알아보겠습니다.

## [실습 14-2] 파이어베이스 클라우드 메시징 *Step by Step*

이번 실습에서는 테스트를 위한 코드 구현이 많지는 않지만, 그에 앞서 여러 설정을 해주어야 합니다. 파이어베이스 콘솔에서 작업이 정상적으로 실행되어야 앱에서 FCM을 이용할 수 있습니다. 테스트를 단순하게 진행하기 위해 앱에서 받은 토큰과 서버 데이터를 로그로 확인하도록 하겠습니다.

## Step 1 _ SHA1 지문 획득

FCM을 이용하려면 파이어베이스 콘솔에 앱을 등록해야 합니다. 이를 위해 자바의 keytool 명령어로 PC에서 추출한 SHA1 지문이 입력합니다. 이때 앱을 빌드하기 위해 사용한 키 파일이 있어야 합니다.

```
keytool -list -v -keystore <키 파일명> -alias <키 이름> -storepass <키 파일 비밀번호> -keypass
<키 비밀번호>
```

위의 명령을 명령 프롬프트 창 혹은 터미널 창에 입력합니다. 만약 단순 테스트라면 안드로이드 스튜디오에서 디버그용 키를 획득하여 이용합니다.

다음의 SHA1 지문으로 안드로이드 스튜디오에서 획득한 키는 디버그용으로, 테스트할 때만 사용합니다. 정식으로 앱을 배포하기 위해서는 자바의 keytool 명령어를 사용하여 앱에 서명한 키로 SHA1 지문을 획득해야 합니다.

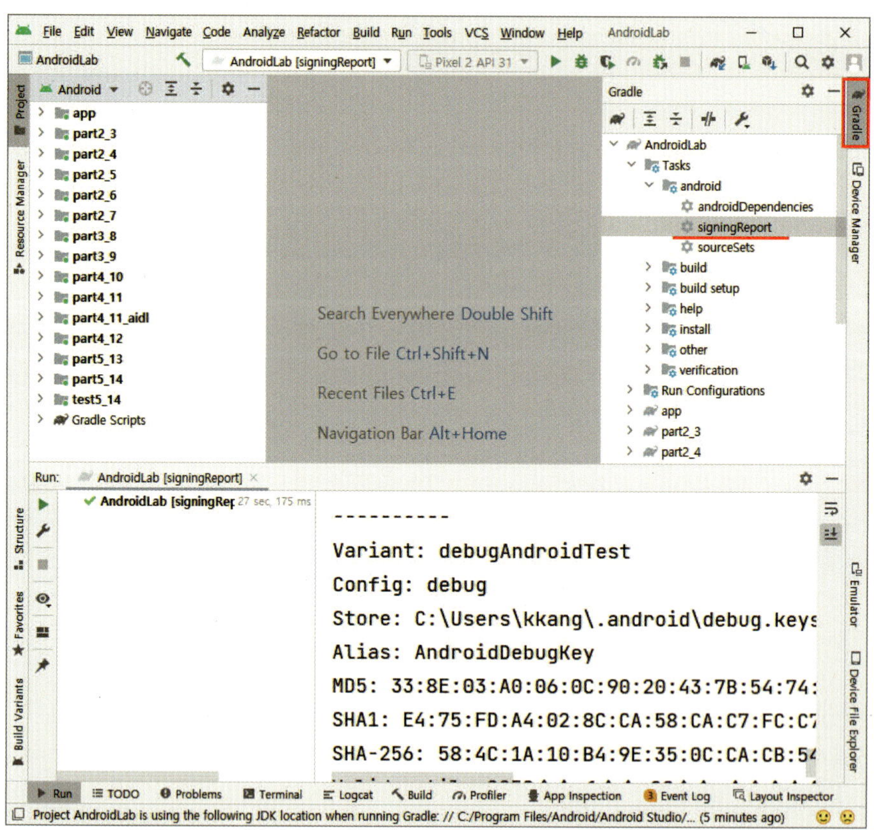


그림 14-7 SHA1 지문 획득

안드로이드 스튜디오 화면의 오른쪽에 있는 [Gradle]이라는 메뉴를 클릭하면, 그레이들 폴더의 구조 중 AndroidLab/Tasks/android/signingReport가 보입니다. 'signingReport'를 클릭하여 SHA1 지문을 획득합니다. 이렇게 획득한 SHA1 지문은 파이어베이스 콘솔에 앱을 등록할 때 이용되므로 개발자가 따로 보관해두어야 합니다.

## Step 2 _ 파이어베이스 콘솔 작업

이제 파이어베이스 콘솔 사이트에 앱을 등록합니다. 파이어베이스 콘솔에 접근하려면 구글 계정이 필요합니다. 만약 파이어베이스 콘솔 사이트에 처음 접속한다면 신규 프로젝트를 만들어야 합니다. 파이어베이스 콘솔에서 〈프로젝트 추가〉를 클릭하여 프로젝트를 만듭니다.

- 파이어베이스 콘솔 사이트: https://console.firebase.google.com/

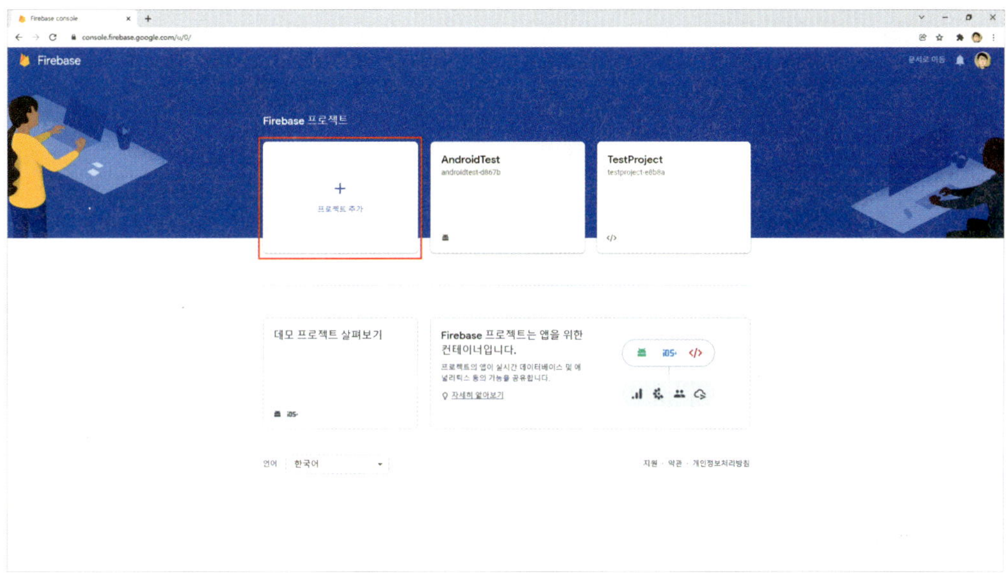


그림 14-8 프로젝트 만들기

아래와 같이 프로젝트 이름을 입력하면 자동으로 프로젝트 식별자가 지정됩니다.

그림 14-9 프로젝트 이름 지정

다음은 구글의 애널리틱스 사용 설정 화면입니다. 애널리틱스 서비스로 앱의 다양한 사용 정보를 분석할 때 도움을 받을 수 있습니다. 내용을 확인하고 〈계속〉 버튼을 누릅니다.

그림 14-10 애널리틱스 사용 설정

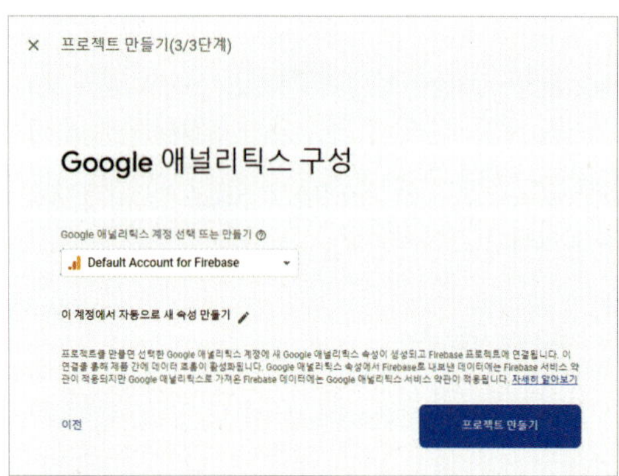


그림 14-11 애널리틱스 계정 선택

구글 애널리틱스를 처음 사용한다면 몇 가지 약관에 동의하는 절차를 따라야 합니다. 모든 체크박스에 표시해줍니다. 그리고 'Google 애널리틱스 계정 선택 또는 만들기'에서 기본으로 제공되는 'Default Account for Firebase'를 선택한 후, 〈프로젝트 만들기〉를 클릭하여 애널리틱스 사용 설정 작업을 마무리 짓습니다.

프로젝트를 만들면 아래의 화면이 나타나는데, 여기에서 앱을 등록합니다. 파이어베이스는 안드로이드 앱만을 위한 서비스가 아니므로 IOS, Android, WebApp의 선택 메뉴가 보입니다. 이중 안드로이드 아이콘을 클릭합니다

그림 14-12 안드로이드 앱 선택

이제, 다음 화면에서 패키지 이름과 〈Step 1〉에서 얻은 SHA1 지문을 입력합니다. 그리고 〈앱 등록〉 버튼을 클릭합니다.

1 앱 등록

Android 패키지 이름
com.example.part5_14

앱 닉네임 (선택사항)
TestApp

디버그 서명 인증서 SHA-1(선택사항)
E4:75:FD:A4:02:8C:CA:58:CA:C7:FC:C7:C7:BF:A5:25:E

앱 등록

그림 14-13 앱 등록

앱을 등록하면, 다음처럼 구성 파일을 다운로드하는 화면이 나타납니다. 이 화면에서 〈google-services.json 다운로드〉 버튼을 클릭하여 파일을 내려받습니다.

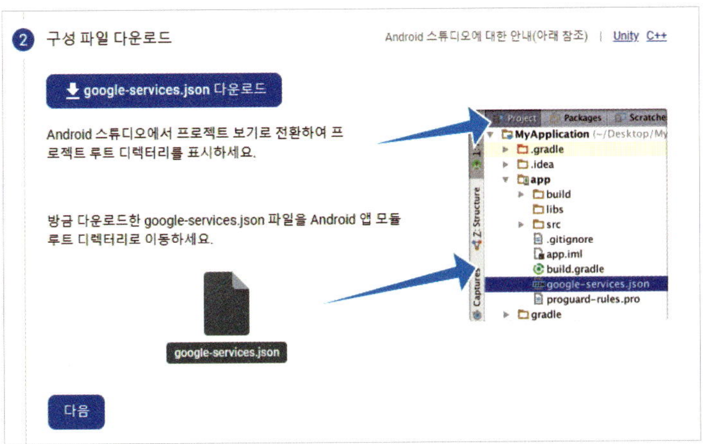


그림 14-14 google-services.json 파일 다운로드

내려받은 google-services.json 파일을 탐색 창 혹은 안드로이드 스튜디오에서 적용하고자 하는 모듈에 복사합니다. 아래의 그림은 part5_14 모듈의 루트 디렉터리에 복사한 예입니다. 그리고 위의 그림에서 〈다음〉 버튼을 클릭합니다.

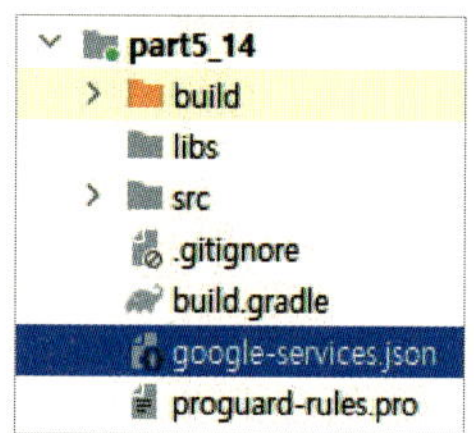


그림 14-15 google-services.json 파일 복사

앱 등록 마지막 화면으로 그레이들 파일의 설정을 어떻게 해야 한다는 설명이 나옵니다. 이 화면에서 〈다음〉 버튼을 클릭합니다.

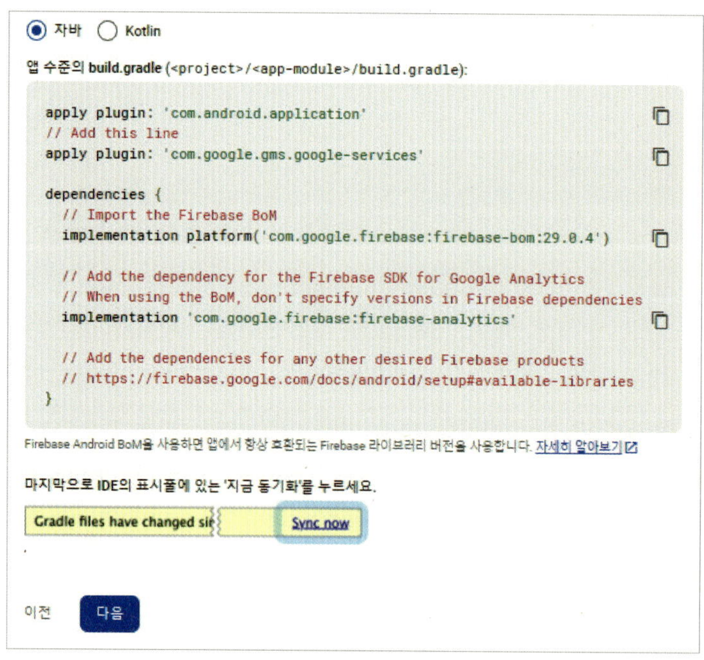


그림 14-16 파이어베이스 SDK 추가

마지막으로 '설정이 끝났습니다.'라는 메시지가 나오게 됩니다. 여기서 〈콘솔로 이동〉 버튼을 누릅니다.

그림 14-17 설정 완료

### Step 3 _ build.gradle 설정

FCM은 안드로이드 표준 라이브러리에서 제공하는 기능이 아니므로, 그레이들 설정을 통해 의존성을 명시해야 합니다.

2개의 build.gradle 파일에 FCM 설정을 해야 합니다. 우선 프로젝트 수준의 build.gradle 파일에 다음과 같은 설정을 합니다.

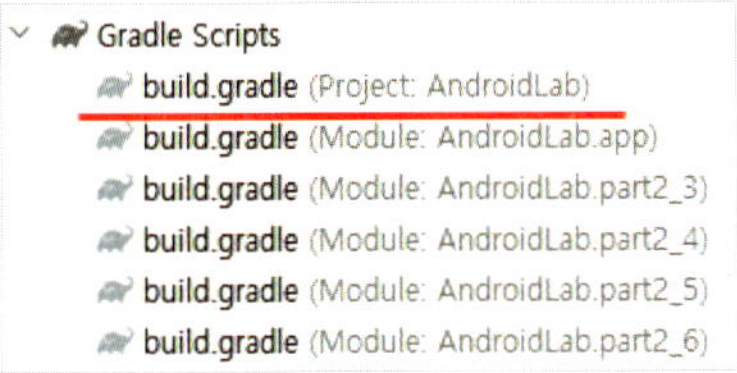

Gradle Scripts
build.gradle (Project: AndroidLab)
build.gradle (Module: AndroidLab.app)
build.gradle (Module: AndroidLab.part2_3)
build.gradle (Module: AndroidLab.part2_4)
build.gradle (Module: AndroidLab.part2_5)
build.gradle (Module: AndroidLab.part2_6)

그림 14-18 프로젝트 수준의 build.gradle

안드로이드 스튜디오에서 'Gradle Scripts'를 확장하면 위의 그림처럼 여러 build.gradle 파일을 확인할 수 있는데, 이 중 'Project' 단어가 추가된 파일이 프로젝트 수준의 build.gradle 파일입니다. 이 파일을 열어 다음처럼 설정을 추가합니다.

**build.gradle - 프로젝트 수준**

```
plugins {
    //......
    id 'com.google.gms.google-services' version '4.3.10' apply false
}
```

모듈 수준의 build.gradle 파일 설정도 필요합니다. 모듈의 build.gradle 파일을 열어 다음의 내용을 추가합니다.

**build.gradle - 모듈 수준**

```
plugins {
    //......
    id 'com.google.gms.google-services'
}
//......
dependencies {
    //.............
    implementation 'com.google.firebase:firebase-bom:29.0.0'
    implementation 'com.google.firebase:firebase-messaging:23.0.0'
    implementation 'com.google.firebase:firebase-analytics:20.0.0'

}
```

그리고 〈Sync Now〉를 클릭하여 변경 사항을 적용합니다.

### Step 4 _ MyFirebaseMessageService 작성

FCM을 이용하려면, 앱에 서비스가 작성되어 있어야 합니다. 안드로이드 컴포넌트인 서비스이지만 Service 대신 FirebaseMessageService를 상속받습니다. 서비스가 자동으로 실행되면서 앱을 위한 토큰 및 서버 데이터가 전달됩니다.

"MyFirebaseMessageService"라는 이름의 서비스를 추가한 후, 아래와 같이 내용을 작성합니다. 토큰 및 메시지는 로그로만 확인하겠습니다.

**MyFirebaseMessageService.java**

```
public class MyFirebaseMessageService extends FirebaseMessagingService {
    @Override
    public void onNewToken(@NonNull String s) {
        super.onNewToken(s);
        Log.d("kkang","fcm token....:"+s);
    }

    @Override
    public void onMessageReceived(@NonNull RemoteMessage remoteMessage) {
        super.onMessageReceived(remoteMessage);
        Log.d("kkang", "fcm message......:"+remoteMessage.getNotification());
        Log.d("kkang", "fcm message......:"+remoteMessage.getData());
    }
}
```

서비스에 onNewToken() 함수를 재정의하면, FCM 서버로부터 토큰이 전달될 때 자동으로 호출됩니다. 매개변수의 값은 토큰입니다. onMessageReceived() 함수를 재정의해놓으면 FCM 서버에서 메시지가 전달될 때 자동으로 호출되며, 매개변수 객체의 data 프로퍼티로 메시지를 얻을 수 있습니다.

### Step 5 _ 파일 복사

실습을 위해 제공되는 파일을 복사합니다. 복사하는 파일은 앱이 메시지를 받았을 때 띄울 알림 설정 이미지와 색상의 값이 등록된 리소스 파일입니다. 14장-Lab2 폴더의 파일을 사용합니다. drawable 폴더와 values 폴더를 복사해 res 폴더에 덮어쓰기를 합니다.

### Step 6 _ AndroidManifest.xml 작성

서버에서 FCM 서버에 전달하는 정보는 알림과 데이터, 그리고 앱을 식별하는 토큰으로 구분됩니다.

**AndroidManifest.xml**

```
{
    notification: {
        title:'noti title',
        body: 'noti body..'
    },
    data: {
        title:'data title',
        value: '20'
    },
    token: token
}
```

위의 내용에서 data는 모두 개발자가 임의로 구성할 수 있지만, notification은 title과 body 키에 값을 등록해야 합니다. 이처럼 데이터와 별도로 알림 정보를 두는 이유는, 대부분의 앱에서 파이어베이스 클라우드 메시지를 받을 때 사용자에게 알림을 띄우므로 일반 데이터와 알림 구성 정보를 구분하기 위해서입니다.

물론 앱에서 파이어베이스 클라우드 메시지를 받을 때 꼭 알림을 발생시키거나 notification 정보를 활용해야 하는 것은 아닙니다. 하지만 여기에 notification 정보가 포함되어 있으면 코드에서 알림을 발생시키지 않아도 됩니다. 이를 위해 매니페스트 파일에 다음과 같은 메타 데이터 설정을 해야 합니다.

**AndroidManifest.xml**

```
<application ......>
    <meta-data
```

```
        android:name="com.google.firebase.message.default_notification_icon"
        android:resource="@drawable/ic_stat_ic_notification"/>
    <meta-data
        android:name="com.google.firebase.message.default_notification_color"
        android:resource="@color/colorAccent"/>
    <meta-data
        android:name="com.google.firebase.message.default_notification_channel_id"
        android:value="fcm_default_channel"/>
    <service
        android:name=".MyFirebaseMessageService"
        android:enabled="true"
        android:exported="true">
        <intent-filter>
            <action android:name="com.google.firebase.MESSAGING_EVENT"/>
        </intent-filter>
    </service>
    ......
</application>
```

## Step 7 _ 앱 실행

이번 실습에서는 새로운 액티비티를 만들지 않고, part5-14 모듈에 FCM을 위한 서비스만 추가하였습니다. part5-14 모듈을 실행하면 이전에 테스트했던 화면이 그대로 나옵니다.

그런데 만들어 놓은 MyFirebaseMessageService가 자동 실행되면서 토큰이 전달되고, 전달된 토큰을 로그캣 창에서 확인할 수 있습니다.

```
fcm token....: fkAWM4r2QOue1zIbAAJzeg:APA91bEoKcqnvenC8u6fHDfo8qCIyaI-wENTxvQyVrvAcgWUqSm7VVikV
ETHdNVg1gW8fHJqSOUMdbbKkkJ2Ul0QpbmRPdBR3Cjs7QqACgv3AeFDyY2JWTAiavxAae4Ya2xB2DVgzMVF
```

위의 굵은 글씨 부분이 FCM 서버로부터 획득한 키 값입니다.

## Step 8 _ 파이어베이스 콘솔에서 비공개 키 내려받기

이제, 서버에서 FCM에 데이터를 전송할 때 사용할 비공개 키를 파이어베이스 콘솔에서 내려받습니다. 왼쪽 메뉴에서 [프로젝트 개요] 옆에 있는 설정 아이콘을 클릭하고 [프로젝트 설정]을 선택합니다.

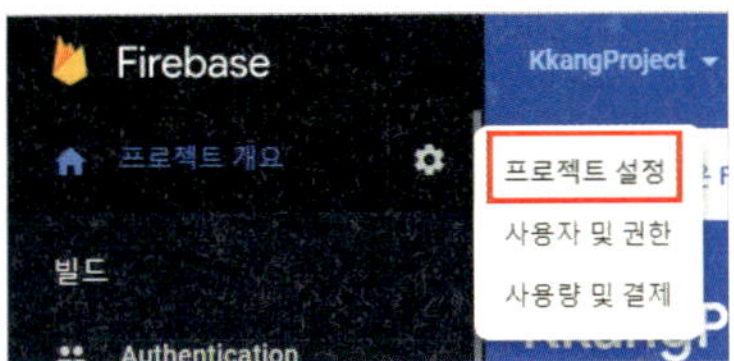


그림 14-19 프로젝트 설정

그리고 설정 화면에서 [서비스 계정] 탭을 클릭하고 아래쪽에 〈새 비공개 키 생성〉 버튼을 클릭합니다.

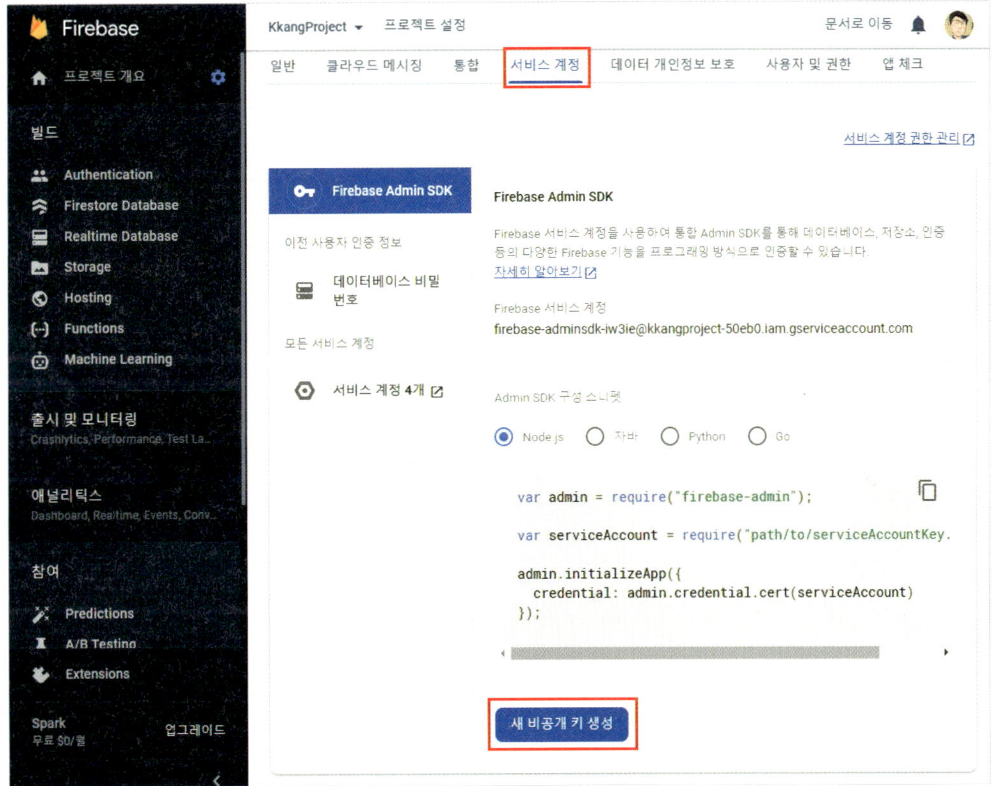


그림 14-20 새 비공개 키 생성

아래와 같은 창이 뜨면 〈키 생성〉 버튼을 눌러 파일을 내려받습니다. 파일을 저장할 때 server_key.json이라고 이름을 짧게 바꾸면 사용할 때 편리합니다.

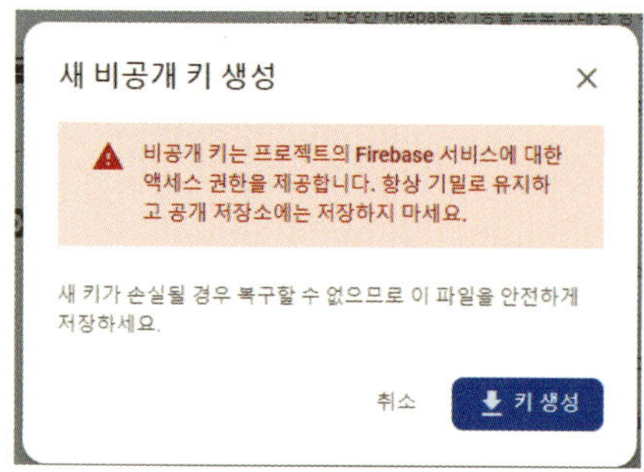


그림 14-21 키 생성

이렇게 내려받은 키 파일은 서버를 실행하는 파일이 있는 공간에 저장해야 합니다. 그런데 아직 서버를 구현하지 않았으므로, 우선 fcm_node_server라는 이름으로 디렉터리를 만들어 저장합니다. 필자는 프로젝트 루트 디렉터리에 AndroidLab/fcm_node_server/ 구조로 만들었습니다. 다음 단계에서 이 디렉터리에 Node.js 서버를 구현할 것입니다.

### Step 9 _ Node.js로 FCM 데이터 전달

이제 안드로이드 앱에서는 파이어베이스 클라우드 메시지를 이용하기 위한 모든 준비가 완료되었습니다. 이번 실습에서는 획득한 토큰을 로그로 출력하여 이용하지만, 테스트용 앱이 아니라면 이 키를 앱의 서버에 전송하여 서버의 DB에 저장한 상태일 것입니다. 서버에서 특정 데이터를 FCM 방식으로 앱에 전달하고 싶다면 서버 측 응용프로그램이 구축되어 있어야 합니다. 이 프로그램은 자바, ASP.NET, Node.js 등 여러 가지 언어로 작성할 수 있지만, 여기서는 Node.js로 테스트해보겠습니다. 실습을 위해 필자가 제공한 node_fcm_server.js 파일을 〈Step 7〉에서 만든 폴더에 (필자는 – fcm_node_server) 복사합니다.

우선 Node.js를 홈페이지에서 다운로드하여 컴퓨터에 설치합니다. 특별한 옵션을 변경하지 않고 기본 사항으로 설치하면 됩니다. Node.js를 설치한 후, 명령 프롬프트를 열어 〈Step 7〉에서 만든 fcm_node_server 디렉터리로 이동합니다. 여기서 다음과 같은 명령으로 Node.js에서 사용할 FCM 라이브러리를 설치합니다.

- Node.js 홈페이지: nodejs.org/ko/

```
fcm_node_server> npm install firebase-admin
```

그리고 node_fcm_server.js 파일을 만들고 메모장 등을 사용하여 아래와 같이 작성합니다. 〈Step 6〉에서 발급받은 토큰과 〈Step 7〉에서 내려받은 비공개 키 파일명을 알맞은 위치에 입력합니다.

**node_fcm_server.js**

```
var admin=require('firebase-admin')
var serviceAccount=require('./server_key.json')

admin.initializeApp({
```

```
    credential: admin.credential.cert(serviceAccount)
})

var token="xxxxxxxxxxxxxxxxxxxxxxxxxxxxxxxxxxxxxxxxxx"
var fcm_message = {
    notification: {
        title:'noti title',
        body: 'noti body..'
    },
    data: {
        title:'data title',
        value: '20'
    },
    token: token
}

admin.messaging().send(fcm_message)
    .then(function(response){
        console.log('send ok...')
    })
    .catch(function(error){
        console.log('send error...')
    })
```

이제 서버를 실행하여 FCM 서버에 메시지를 전달하겠습니다. 다음 명령어로 Node.js 서버를 실행합니다. 'send ok...'라는 메시지가 출력되면 메시지를 정상으로 전송한 것입니다.

```
fcm_node_server> node node_fcm_server.js
```

앱에서 FCM 메시지를 받은 결과는 로그캣 창에서 확인할 수 있습니다.

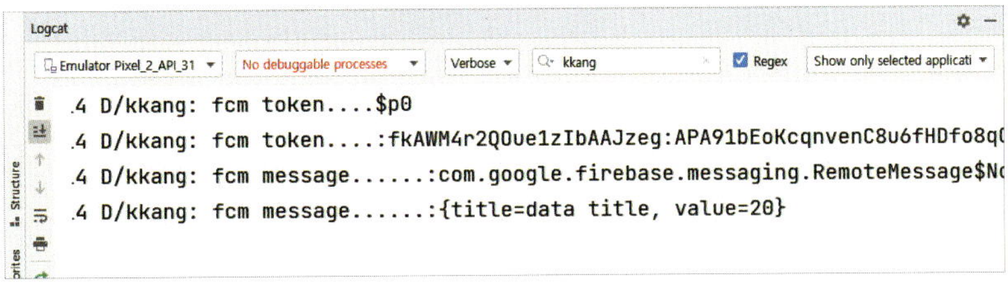

```
Logcat
Emulator Pixel_2_API_31 | No debuggable processes | Verbose | kkang | Regex | Show only selected applicati
.4 D/kkang: fcm token....$p0
.4 D/kkang: fcm token....:fkAWM4r2QOue1zIbAAJzeg:APA91bEoKcqnvenC8u6fHDfo8q
.4 D/kkang: fcm message......:com.google.firebase.messaging.RemoteMessage$N
.4 D/kkang: fcm message......:{title=data title, value=20}
```

그림 14-22 로그캣 화면

# 15장

## Geo 프로그래밍

스마트폰은 데스크톱과 다르게 이동성이 보장된 기기입니다. 그러다 보니 많은 앱에서 기기의 현재 위치를 획득하여 활용하고 있습니다. 이번 장에서는 위치 정보를 활용하는 프로그램 작성 방법과 구글 지도를 이용하는 방법에 대해 살펴보겠습니다.

# 15.1. 위치 정보 획득 – LocationManager

LBS 프로그램은 Location Based Service의 약어로 위치 정보를 활용하는 서비스를 의미합니다. 일반적으로 LBS 프로그램은 크게 두 가지로 나누어지는데, 기기의 현재 위치를 얻는 부분과 그 위치 정보를 활용하여 다양한 서비스를 연계하는 부분입니다. 물론 다양한 서비스의 대부분은 지도와 관련되어 있습니다.

**깡쌤! 질문 있어요!**

**우리가 작성하는 앱이 '구글 지도', '티맵' 등 누가 봐도 LBS 전문 앱이 아닌데도 LBS 프로그래밍을 활용할 일이 있을까요?**

물론 대부분 앱은 LBS 전문 앱이 아닙니다. 하지만 대부분 모바일 앱에서 사용자의 위치와 관련된 서비스를 제공하고 있습니다. 일단 서버나 데스크톱은 고정된 위치에서 이용하므로 위치 정보 자체가 가치가 없을 수 있습니다. 또한, 위치를 추적하려면 GPS 칩 등이 내장되어 있어야 하는데 대부분 그렇지도 않습니다. 하지만 스마트폰은 이동성이 보장된 기기이므로 위치가 중요 데이터가 될 수 있고, 위치를 정확하게 얻을 수 있는 GPS 칩도 내장되어 있습니다. 결국, 모바일에서 가치가 있다는 이야기지요.

LBS 전문 앱이 아니더라도 앱에서 약간의 위치 정보와 관련된 데이터가 있다면 사용자의 현재 위치를 바탕으로 한 서비스를 제공할 수 있습니다. 예를 들어, 앱에 회사의 지점을 보여주는 기능이 있다면 지점의 위치를 단순하게 지도로 보여줄 수도 있지만, 사용자의 현재 위치를 얻어서 그 주변에 있는 지점을 보여줄 수도 있습니다.

또한, 앱에서 위치 정보와 관련된 어떠한 데이터도 보이지 않더라도 이용됩니다. 대부분 앱이 CRUD 성격의 앱이고, 앱에서 발생한 데이터를 서버로 전송해서 저장합니다. 블로그 앱 등이 대표적인 예인데요. 그런데 그런 앱들이 사용자가 스마트폰에서 발생한 데이터를 서버에 전송할 때 문자열이나 이미지뿐만 아니라, 데이터가 발생한 위치까지 전송합니다. 대표적인 앱이 페이스북, 구글 갤러리 등입니다. 뭐 이렇게 설명하지 않아도 스마트폰의 권한 화면을 보면 하다못해 메모장 앱까지도 위치추적 권한을 요구할 정도입니다. 결국, 필자가 하고 싶은 이야기는 "모바일에서 LBS 프로그램은 기본이다" 이게 되겠네요.

## 15.1.1. 위치 정보 제공자

우선 스마트폰의 현재 위치를 얻는 방법 중 표준 라이브러리에서 제공하는 LocationManager를 이용하는 방법을 먼저 보겠습니다. 위치 정보를 얻으려면 아래의 퍼미션이 선언되어 있어야 합니다.

- android.permission.ACCESS_COARSE_LOCATION: 와이파이나 모바일 데이터(또는 둘 다)를 사용해 기기의 위치에 접근하는 권한
- android.permission.ACCESS_FINE_LOCATION: 위성, 와이파이, 모바일 데이터 등의 위치 제공자로 최대한 정확한 위치에 접근하는 권한
- android.permission.ACCESS_BACKGROUND_LOCATION: API Level 29(Android 10) 이상의 환경에서 백그라운드 상태로 위치에 접근하는 권한

얼마나 정확한 위치가 필요한지에 따라 ACCESS_COARSE_LOCATION과 ACCESS_FINE_LOCATION을 선택합니다. 길 안내처럼 정확도가 높아야 하는 기능에서는 ACCESS_FINE_LOCATION을, 대략 어느 블록 안에 있는지만 파악해도 된다면 ACCESS_COARSE_LOCATION을 등록합니다.

29 버전부터는 백그라운드 상태로 위치에 접근하려면 ACCESS_BACKGROUND_LOCATION을 추가로 등록해야 합니다. API Level 31(Android 12) 버전부터는 android.permission.ACCESS_FINE_LOCATION을 사용할 때 android.permission.ACCESS_COARSE_LOCATION을 같이 등록합니다.

서비스 컴포넌트에서 위치에 접근하려면 다음처럼 foregroundServiceType 속성에 "location"을 지정합니다.

```
<service
    android:name=".MyService"
    android:enabled="true"
    android:exported="true"
    android:foregroundServiceType="location"></service>
```

위치 정보는 LocationManager 클래스에서 제공하는 함수를 이용하여 얻을 수 있습니다. LocationManager는 시스템 서비스로 다른 시스템 서비스와 마찬가지로 getSystemService() 함수로 얻어서 사용합니다.

```
manager = (LocationManager) getSystemService(LOCATION_SERVICE);
```

이렇게 획득한 LocationManager의 함수를 이용하여 위치 정보를 가져오면 됩니다. 프로그램 구조는 의외로 간단하지만, 정보 제공자(LocationProvider) 부분이 문제가 될 수 있습니다. 위치 정보 제공자는 LocationManager에 위치 정보를 요청할 때 지정해 주어야 하는 문자열입니다. 안드로이드 폰에서 앱이 활용할 수 있는 위치 정보 제공자는 다음과 같습니다.

- **GPS**: GPS 위성을 이용하여 위치 정보 획득
- **Network**: 이동통신사 망 정보를 이용하여 위치 정보 획득
- **Wifi**: 와이파이의 AP 정보를 이용하여 위치 정보 획득
- **Passive**: 다른 앱에서 이용한 마지막 위치 정보 획득

GPS와 Network가 널리 사용되며 Wifi는 지역이나 국가에 따라 지원되지 않는 곳도 많습니다. 또한, Passive는 별도의 제공자를 이용하는 방법이라기보다는 다른 앱에서 획득한 위치 정보를 그대로 가져오는 제공자입니다.

**깡쌤! 질문 있어요!**

**GPS 제공자가 가장 일반적이므로, GPS 제공자만 있으면 되는 거 아닌가요?**

물론 스마트폰에 대부분 GPS 칩이 내장되어 있다 보니, 위치 정보를 제공하는 가장 일반적인 제공자는 맞습니다. 하지만 GPS만 고려했다가는 위치 값을 획득하지 못하는 상황이 발생할 수도 있습니다. GPS 제공자는 위성 신호를 이용하다 보니 이 신호를 받을 수 없는 음영지역이 너무 많다는 단점이 있습니다. 즉, 지하철 내부에서, 지하 주차장에서는 위치 추적이 안 된다는 단점이 있습니다.

그러면 Network 제공자로 위치를 추적하면 되지 않느냐고 생각하기 쉬울 것 같습니다. 이동통신사 망 정보를 이용하는 제공자이므로 개통된 스마트폰이라면 위치 추적이 가능하지만 정확도 문제가 있습니다. 정확도는 GPS 제공자가 더 좋습니다.

요즘 스마트폰의 앱으로 길 안내를 받는 '티맵'이나 '카카오내비' 등을 많이 이용하는데요. 차량이 터널 안으로 들어가면 위치를 추적하지 못한다고 위성 그림이 깜빡거리는 걸 볼 수 있습니다. 스마트폰이므로 이동통신사 망 신호는 받을 텐데, 길을 안내할 정도의 정확도가 안 된다는 이야기지요. Network 제공자로 고정하면 길거리에서 더 좋은 GPS 제공자가 있는데 정확도가 낮은 제공자를 이용하는 상황이 되는 겁니다. 결국, 무조건 GPS 혹은 Network로 결정할 수 없는 이유입니다.

위치 정보 제공자는 스마트폰이나 지역마다 다를 수 있습니다. 다음의 함수를 이용하면 어떤 위치 정보 제공자를 활용할 수 있는지 알아볼 수 있습니다.

- **getAllProviders()**: 스마트폰에서 제공하는 모든 위치 정보 제공자
- **getProviders(boolean enabledOnly)**: 사용 가능한 위치 정보 제공자

```
List<String> providers=manager.getAllProviders();
for(String provider:providers){
```

```
    //...
}

List<String> enabledProviders=manager.getProviders(true);
for(String provider:enabledProviders){
    //...
}
```

국내에서 테스트하면 GPS, Network, Passive 위치 정보 제공자가 목록으로 나옵니다.

### 15.1.2. 위치 정보 획득

적절한 위치 정보 제공자가 결정되었다면 이제 그 위치 정보 제공자를 이용하여 스마트폰의 위치를 얻어야 합니다. 가장 간단한 방법은 LocationManager의 getLastKnownLocation() 함수를 이용하는 방법입니다.

```
Location location=manager.getLastKnownLocation(provider);
```

매개변수에 담긴 문자열이 위치 정보 제공자이며, 이 함수가 위치 값을 얻지 못하면 null을 반환합니다. 위치 값을 잘 가져오면 위치와 관련된 다양한 정보를 Location 객체에 담아 전달합니다. 이렇게 얻은 Location 객체의 getter() 함수로 각종 정보를 얻을 수 있는데, 고도와 속도 데이터는 없을 수도 있습니다.

- **getAccuracy()**: 정확도
- **getAltitude()**: 고도
- **getBearing()**: 방위
- **getLatitude()**: 위도
- **getLongitude()**: 경도
- **getProvider()**: 위치 정보 제공자
- **getSpeed()**: 속도
- **getTime()**: 획득 시간

위치 정보를 얻어오는 함수는 getLastKnownLocation()인데 이 함수는 필요한 순간 한 번만 이용할 수 있습니다. 그러나 때로는 일정 시간 동안 반복해서 위치 정보를 얻어와야 할 때도 있습니다. 이를 위해 LocationListener를 제공합니다.

```
LocationListener listener=new LocationListener() {
    @Override
    public void onStatusChanged(String provider, int status, Bundle extras) {
        //provider의 상태가 변경되때마다 호출
    }
    @Override
    public void onProviderEnabled(String provider) {
        //provider가 사용 가능한 상태가 되는 순간 호출
    }
    @Override
    public void onProviderDisabled(String provider) {
        //provider가 사용 불가능 상황이 되는 순간 호출
    }
    @Override
    public void onLocationChanged(Location location) {
        //위치 정보 전달 목적으로 호출
    }
};
```

onStatusChanged(String provider, int status, Bundle extras) 함수는 위치 정보 제공자의 상태 변경 시 호출되며 상태 정보 값으로 OUT_OF_SERVICE, TEMPORARILY_ UNAVAI LABLE, AVAILABLE의 상수 변수가 전달됩니다. onLocationChanged() 함수가 위치 정보를 전달하기 위해 자동으로 호출되는 함수입니다. 이렇게 정의한 LocationListener를 Location Manager에 등록하여 위치 값을 지속해서 얻을 수 있습니다.

```
manager.requestLocationUpdates(bestProvider, 10000, 10, listener);
```

LocationManager의 requestLocationUpdates() 함수로 LocationListener를 등록하는데, 매게변수로는 이용할 위치 정보 제공자, LocationListener 호출 주기, 그리고 변경 위치 거리의 정보를 주면 됩니다. 위의 코드는 지정된 위치 정보 제공자를 이용하여 10초마다 10미터 변경될 때마다 listener 객체의 함수를 호출하게 됩니다.

이처럼 LocationListener를 등록하여 반복적으로 위치 값을 추적할 때는 필요 없는 순간에 등록을 해제하는 것도 중요한데요. 해재는 removeUpdates() 함수를 이용합니다.

```
manager.removeUpdates(listener);
```

## 15.2. 위치정보 획득 – Fused API

이번 절에서는 앞에서 살펴본 LocationManager 클래스를 이용하는 방법 이외에 기기의 현재 위치를 획득하는 또 다른 API를 소개하고자 합니다. LocationManager를 이용하여 위치를 얻을 때 위치 정보 제공자(GPS, Network 등)를 지정해야 합니다. 이때 어떤 제공자를 이용할 것인지 여러 가지를 고려하여 판단해야 하며, 이 때문에 개발 코드가 복잡하고 길어지는 측면이 있습니다.

현재 가용한 위치 정보 제공자를 판단하거나, 제공자가 enable 또는 disable 상태로 변경되는 상황에 대응해야 합니다. 또한 정확도, 배터리 소모량, 속도 등을 고려해서 여러 제공자 중 어느 제공자를 이용할지 작성해야 합니다. 이 작업을 대행해 주는 API가 있습니다.

Fused Location은 구글의 라이브러리인 play-service 라이브러리에서 제공되는 API로, 어떤 위치 정보 제공자를 이용해야 하는지에 대한 최적의 알고리즘을 제공하고, 그렇게 결정된 제공자를 이용해 위치를 얻어옵니다. Fused Location API의 목적을 다음처럼 소개하고 있습니다.

- 낮은 전력 소모
- 정확도 향상
- 간단한 APIs
- 멋지고 새로운 기능 도입
- 대부분 안드로이드 기기에서 사용 가능

Fused Location API를 여러 특징으로 소개하고 있지만, 개발자 관점에서 가장 큰 부분은 '간단한 APIs'인 것 같습니다. Fused Location API을 이용하면 전력 소모량은 적고, 정확도는 높은 위치 정보를 획득하는 코드를 간단하게 작성할 수 있습니다.

구글 개발자 사이트에서는 스마트폰에서 활용되는 위치 정보 제공자의 종류와 특징을 그림 15-1처럼 소개하고 있습니다.

| | GPS | WiFi | Cell | Sensors |
|---|---|---|---|---|
| Power | ☹ | 😐 | ☺ | 😐 |
| Accuracy | ☺ | 😐 | ☹ | 😐 |
| Coverage | ☹ | 😐 | ☺ | ☺ |

그림 15-1 위치 정보 제공자(출처: developer.android.com)

위치 정보 제공자를 GPS, Wifi, Cell, Sensor로 정의하고 각각의 배터리 소모, 정확도, 서비스 영역 등을 고려해서 결정해야 해야 하는데, 이 작업을 대행하고자 하는 목적이 Fused Location API입니다. Fused Location API는 표준 라이브러리에서 제공하는 API가 아니라, 구글의 play-services 라이브러리에서 제공하는 API이므로 사용하려면 그레이들 파일에 의존성 관계를 설정해야 합니다.

```
implementation 'com.google.android.gms:play-services:12.0.1'
```

그리고 GoogleApiClient와 FusedLocationProviderClient 두 개의 클래스를 이용하여 위치를 얻어옵니다.

- **FusedLocationProviderClient**: 위치 정보 획득
- **GoogleApiClient**: 위치 정보 제공자 이용 준비, 다양한 콜백 제공

GoogleApiClient를 이용하여 사용할 위치 정보 제공자를 결정하고 FusedLocationProviderClient의 함수를 이용해서 위치 정보를 얻는 구조로 작성합니다. 가장 먼저 GoogleApiClient의 작업에 의한 콜백 함수 등록을 위해 두 가지 인터페이스를 구현해야 합니다.

- **GoogleApiClient.ConnectionCallback**: 위치 정보 제공자가 사용 가능 상태가 되었을 때 호출되는 onConnected( ) 함수와 사용 불가능 상태가 되었을 때 호출되는 onConnectionSuspended( ) 함수를 가지는 인터페이스
- **GoogleApiClient.OnConnectionFailedListener**: 위치 정보 제공자를 얻지 못할 때 호출되는 onConnection Failed( ) 함수를 가지는 인터페이스

```
public class Lab2Activity extends AppCompatActivity
        implements GoogleApiClient.ConnectionCallbacks,
        GoogleApiClient.OnConnectionFailedListener {
    @Override
    public void onConnected(@Nullable Bundle bundle) {
    }
    @Override
    public void onConnectionSuspended(int i) {
    }
    @Override
    public void onConnectionFailed(@NonNull ConnectionResult connectionResult) {
    }
}
```

두 인터페이스를 구현하고 GoogleApiClient 객체와 FusedLocationProviderClient의 객체를 준비합니다.

```
apiClient = new GoogleApiClient.Builder(this)
        .addApi(LocationServices.API)
        .addConnectionCallbacks(this)
        .addOnConnectionFailedListener(this)
        .build();

providerClient = LocationServices.getFusedLocationProviderClient(this);
```

GoogleApiClient 객체를 준비하면서 GoogleApiClient.ConnectionCallbacks과 GoogleApiClient.OnConnectionFailedListener를 구현한 객체를 addConnectionCallbacks()와 addOnConnectionFailedListener() 함수를 이용하여 등록합니다.

그런데 코드에 addApi(LocationServices.API) 구문이 있습니다. play-services 라이브러리와 그 라이브러리에서 제공하는 GoogleApiClient는 Fused Location API만을 제공하는 라이브러리 및 클래스가 아닙니다. 다양한 구글의 서비스를 활용하기 위한 라이브러리입니다. 결국, addApi(LocationServices.API) 구문은 play-services 라이브러리에서 제공하는 많은 API 중에서 위치 정보 획득을 위한 LocationServices.API을 사용하겠다고 등록하는 구문입니다.

이제 GoogleApiClient, FusedLocationProviderClient 객체가 준비되었다면 위치 정보 획득을 위한 위치 정보 제공자를 준비해야 합니다.

```
apiClient.connect();
```

GoogleApiClient의 connect() 함수를 이용하여 위치 정보 제공자를 준비합니다. 이때 어떤 위치 정보 제공자가 이용되는지는 개발자가 알 필요는 없습니다. 내부적으로 여러 위치 정보 제공자 중 다양한 조건을 고려해 최적의 제공자를 결정해 줍니다. connect() 함수로 인해 결정된 위치 정보 제공자가 사용 가능해지면 자동으로 콜백으로 등록한 onConnected() 함수가 호출되며, 현시점에 가용한 위치 정보 제공자가 없으면 onConnectionFailed() 함수가 호출됩니다. 결국, onConnected() 함수가 호출된 것은 위치 값을 가져올 수 있다는 의미이므로 이 함수에서 위치 값을 가져오면 됩니다.

```
@Override
public void onConnected(Bundle bundle) {
    providerClient.getLastLocation().addOnSuccessListener(this, new OnSuccessListener<Location>() {
```

```
        @Override
        public void onSuccess(Location location) {

        }
    });
}
```

onConnected() 함수 내부에서 FusedLocationProviderClient의 getLastLocation() 함수로 위치 값을 획득합니다. 획득한 결괏값은 addOnSuccessListener로 등록한 콜백 함수로 전달됩니다. 즉, 위치 값을 획득하면 위의 소스에서 onSuccess() 함수가 호출되면서 매개변수로 전달됩니다.

## 15.3. GoogleMap

### 15.3.1. 지도 출력

안드로이드 앱에서 지도를 출력하기 위한 표준 라이브러리는 제공하지 않습니다. 지도 서비스가 앱에서 자주 이용되지만, 지도는 특정 업체의 콘텐츠라서 앱 개발자가 다양한 업체의 콘텐츠를 이용할 수 있기 때문입니다. 안드로이드 앱에서 지도를 이용하려면 우선 어느 업체의 지도 콘텐츠를 이용할 것인지 결정해야 합니다. 다양한 업체의 지도를 활용할 수 있으며 어느 업체의 콘텐츠를 활용하는지에 따라 API는 달라질 수 있습니다. 이 책에서는 안드로이드 앱에서 가장 많이 이용하는 구글 지도를 중심으로 살펴보겠습니다.

우선 구글 지도를 화면에 출력하기까지는 많은 설정이 필요합니다. 어떤 설정들이 필요한지 정리하고 설정에 대한 자세한 작업은 Step by Step 실습에서 다루겠습니다.

**깡쌤! 질문 있어요!**

**구글 지도 이외에 다른 업체의 지도를 안드로이드 앱에 포함하는 것도 가능한가요?**

해당 업체가 개발자를 위한 API를 제공하고 있다면 가능합니다. 예를 들어, 국내에서 지도 서비스를 제공하는 업체는 네이버, 카카오 등이 있습니다. 네이버 지도, 카카오 지도 모두 개발자를 위한 API를 제공하며, 개발자 사이트가 잘 정리되어 있어서 참고하여 개발하면 됩니다. 어느 업체의 지도 콘텐츠를 이용할 것인지는 개발자의 선택입니다.

### play-services 라이브러리 준비

구글 지도는 구글에서 제공하는 play-services 라이브러리의 API를 이용하여 개발합니다. play-service 라이브러리는 Fused API로 위치 정보를 획득할 때뿐만 아니라, 구글 지도를 이용하기 위한 API도 제공합니다.

```
implementation 'com.google.android.gms:play-services:12.0.1'
```

### API 키 준비

play-services 라이브러리를 이용하여 지도를 출력하려면 개발자 사이트에서 API 키를 획득하여 AndroidManifest.xml 파일에 포함해야 합니다. 지도는 구글 서버의 콘텐츠로 지도가 나오는 시점에 구글 서버에서 지도 데이터를 내려받아 화면에 보이는 구조입니다. 물론 그렇다고 개발자가 직접 구글 서버와 네트워크 프로그램을 통해 데이터를 획득할 필요는 없습니다. play-services 라이브러리에서 구글 서버와 연동을 대행해 줍니다.

그런데 AndroidManifest.xml에 설정된 API 키를 라이브러리 내부적으로 구글 서버에 넘기게 되어 있는데, 이 값이 없거나 잘못된 값을 넘기면 구글 서버에서 지도 데이터를 전달하지 않습니다. 결국, 지도 화면이 정상적으로 나오게 하려면 구글 개발자 콘솔(인터넷 사이트)에서 API 키를 획득하여 AndroidManifest.xml 파일에 추가해 주어야 합니다.

지도를 위한 API 키를 획득하려면 우선 PC에서 SHA-1 지문을 얻어야 합니다. FCM 기법을 사용할 때 진행했던 것과 같은 방식으로 SHA-1 지문을 획득합니다. 테스트를 위한 앱이라면 디버그용 키를 이용해 획득해도 되지만, 정식 출시용 앱이라면 앱을 서명했던 키로 획득해야 합니다.

개발자 PC에서 SHA-1 지문을 획득했다면 이제 구글 개발자 콘솔(인터넷 사이트)에서 API 키를 얻어야 합니다. 사이트는 https://console.cloud.google.com/google/maps-apis이며 개발 시점에 URL이 변경되었을 수도 있습니다(지금까지 자주 변경됨). 따라서 구글 검색으로 "google api key console"로 입력하여 사이트에 접속하는 게 가장 좋을 것 같습니다. 먼저, 전체적인 구성의 개념을 설명하겠습니다.

구글 개발자 콘솔에서 API 키를 얻으려면 그림 15-2처럼 앱의 패키지 이름과 SHA-1 지문을 추가해야 합니다.

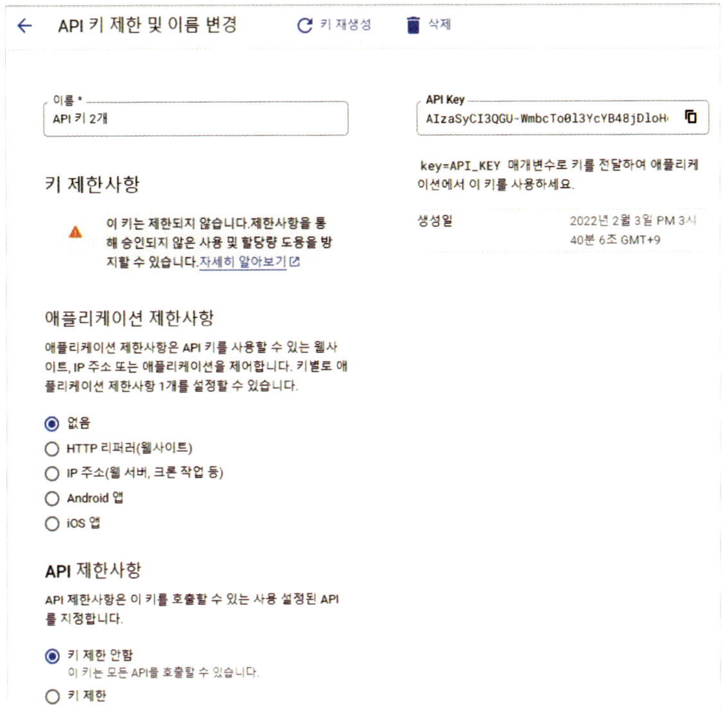


그림 15-2 구글 개발자 콘솔

이렇게 획득한 API 키를 AndroidManifest.xml 파일에 추가하여 내부적으로 이용할 수 있게 합니다.

```
<meta-data
    android:name="com.google.android.maps.v2.API_KEY"
    android:value="~~~~~~~~~~~~~~~~~~~~~~~~" />
```

## AndroidManifest.xml 파일 준비

구글 지도를 화면에 출력하려면 AndroidManifest.xml 파일에 위의 API 키 설정 이외에 다양한 설정이 필요합니다. play-services 라이브러리 내부에서 필요한 여러 <uses-permission>을 선언해야 합니다.

```
<uses-permission android:name="android.permission.ACCESS_NETWORK_STATE"/>
<uses-permission android:name="android.permission.INTERNET"/>
<uses-permission android:name="android.permission.WRITE_EXTERNAL_STORAGE"/>
```

- android.permission.ACCESS_NETWORK_STATE와 android.permission.INTERNET: play-services 라이브러리 내부적으로 구글 서버와 연동하기 위해 필요한 권한
- android.permission.WRITE_EXTERNAL_STORAGE: play-services 라이브러리에서 구글 서버의 콘텐츠를 외부 메모리 공간에 캐싱 개념으로 저장하고 사용하기 위해 필요한 권한

위에 선언한 모든 퍼미션은 개발자 코드에서 필요한 게 아니고, play-services 라이브러리 내부에서 필요하기 때문에 선언해야 하는 퍼미션입니다. 또한, 사용하는 play-services 라이브러리의 버전도 meta 태그로 꼭 명시해 주어야 합니다.

```
<meta-data
    android:name="com.google.android.gms.version"
    android:value="@integer/google_play_services_version" />
```

이제 구글 지도를 액티비티 화면에 출력해 주어야 합니다. 구글 지도는 Fragment로 제공되므로 액티비티를 위한 레이아웃 XML 파일에 지도가 나올 부분을 <fragment> 태그로 준비해 주어야 합니다.

```
<fragment xmlns:android="http://schemas.android.com/apk/res/android"
    android:id="@+id/mission1_map"
    android:layout_width="match_parent"
    android:layout_height="match_parent"
    android:name="com.google.android.gms.maps.SupportMapFragment"/>
```

라이브러리에서 제공하는 SupportMapFragment 클래스를 <fragment>로 등록하면 지도 화면이 출력됩니다.

### 15.3.2. 지도 제어

앞서 배운 것처럼 AndroidManifest.xml 설정과 레이아웃 XML 파일의 <fragment> 태그로 지도 화면을 출력할 수 있습니다. 하지만 세계지도의 일부분만 보이는 형태로 출력됩니다. 화면에 지도가 정상으로 보인다면 가장 기본으로 제어해야 할 사항은 지도의 중심이 특정 위치로 보이게 해주는 작업입니다. 이를 위해서는 우선 자바 코드에서 지도 객체를 얻어야 합니다. play-services 라이브러리에서 지도는 GoogleMap 객체로 표현되는데, 이 객체는 이벤트 모델로 얻습니다.

```
public class MainActivity extends AppCompatActivity implements OnMapReadyCallback{
    GoogleMap map;
    @Override
    protected void onCreate(Bundle savedInstanceState) {
        //...
```

```
        ((SupportMapFragment) getSupportFragmentManager().
                findFragmentById(R.id.lab1_map)).getMapAsync(this);
    }

    @Override
    public void onMapReady(GoogleMap googleMap) {
        map=googleMap;
    }
}
```

지도 객체를 얻으려면 OnMapReadyCallback 인터페이스를 구현한 클래스를 getMapAsync() 함수를 이용하여 등록해야 합니다. 이렇게 해놓으면 지도 객체를 사용할 수 있을 때 onMapReady() 함수가 자동으로 호출되면서 매개변수로 GoogleMap 객체가 전달됩니다.

GoogleMap 객체를 얻었다면 이제 GoogleMap을 이용하여 지도를 제어해야 하는데요. 가장 기본적인 제어가 지도의 중심 위치 이동입니다. 사용자의 현재 위치나 회사 위치 등 특정 위치를 지도의 중심에 보여주어야 합니다.

```
LatLng latLng = new LatLng(37.566643, 126.978279);
CameraPosition position = new CameraPosition.Builder()
        .target(latLng).zoom(16f).build();
map.moveCamera(CameraUpdateFactory.newCameraPosition(position));
```

지도 내에서 특정 위치는 LatLng 객체로 표현됩니다. LatLng 객체를 생성하면서 매개변수로 위도와 경도를 줍니다. CameraPosition 클래스는 지도가 화면에 출력되기 위한 정보를 가지는 클래스로 지도의 중심 위치를 target() 함수로, 지도의 확대 수준을 zoom() 함수로 지정합니다. 이렇게 만들어진 CameraPosition을 GoogleMap의 moveCarmera() 함수의 매개변수로 지정하면 CameraPosition 정보대로 지도에 표시됩니다. 위의 코드는 LatLng 객체가 표현하는 위치에 확대 수준 16의 지도를 화면에 출력합니다.

특정 위치를 중심으로 지도 화면이 출력된 다음 발생하는 다양한 사용자 이벤트 프로그램이 필요할 수 있습니다. 사용자가 지도를 손으로 밀어 위치를 변경하거나 확대 레벨을 변경하는 순간의 이벤트를 처리할 수 있습니다.

- **OnMapClickListener**: 지도의 특정 위치를 클릭
- **OnMapLongClickListener**: 지도의 특정 위치를 롱클릭
- **OnCameraMoveListener**: 지도의 중심 위치가 변경되거나 확대 수준이 변경
- **OnCameraIdleListener**: 지도의 중심 위치, 확대 수준 변경이 완료된 순간

OnMapClickListener 이벤트와 OnMapLongClickListener 이벤트로 사용자의 지도 클릭, 롱클릭 이벤트를 처리할 수 있으며, 클릭한 지점의 위경도 값을 얻을 수 있습니다. OnCameraMoveListener 이벤트는 사용자가 지도의 중심을 이동하거나 확대 수준을 변경하는 순간의 이벤트이며, 변경하는 순간 빈번하게 이벤트 콜백 함수가 호출되어 그 순간의 중심 위치 및 확대 수준을 콜백 함수로 얻을 수 있습니다. OnCameraIdleListener는 지도 변경 이벤트가 끝난 순간 한 번 호출되는 이벤트입니다.

```
map.setOnMapClickListener(new GoogleMap.OnMapClickListener() {
    @Override
    public void onMapClick(LatLng latLng) {
        //...
    }
});
map.setOnMapLongClickListener(new GoogleMap.OnMapLongClickListener() {
    @Override
    public void onMapLongClick(LatLng latLng) {
        //...
    }
});
map.setOnCameraMoveListener(new GoogleMap.OnCameraMoveListener() {
    @Override
    public void onCameraMove() {
        int zoom=(int)map.getCameraPosition().zoom;
        String center=map.getCameraPosition().target.latitude+":"+
                map.getCameraPosition().target.longitude;
        //...
    }
});
map.setOnCameraIdleListener(new GoogleMap.OnCameraIdleListener() {
    @Override
    public void onCameraIdle() {
        int zoom=(int)map.getCameraPosition().zoom;
        String center=map.getCameraPosition().target.latitude+":"+
                map.getCameraPosition().target.longitude;
        //...
    }
});
```

### 마커 보이기

사용자의 현재 위치나 회사의 위치 등 특정 위치에 아이콘 이미지를 보여야 할 때가 있는데요. 이처럼 위치를 나타낼 때 지도에 표시되는 이미지를 마커(Marker)라고 부릅니다. 마커는 개발자가 준비한 임의의 아이콘 이미지일 수도 있고 동적으로 그려진 이미지일 수도 있습니다.

```
MarkerOptions markerOptions = new MarkerOptions();
markerOptions.icon(BitmapDescriptorFactory.fromResource(R.drawable.ic_marker));
markerOptions.position(latLng);
markerOptions.title("서울시청");
markerOptions.snippet("Tel:02-120");
```

마커에 대한 정보는 MarkerOptions 객체로 표현합니다. MarkerOption에 icon() 함수를 이용하여 마커로 사용할 이미지를 지정하며, position() 함수로 마커가 추가될 위치를 지정합니다. 또한 마커를 사용자가 클릭했을 때 풍선 도움말 형태의 정보 창을 자동으로 보여줄 수 있는데, 정보 창에 표시할 정보를 title() 함수와, snippet() 함수로 지정합니다. 이렇게 마커에 대한 정보를 가지는 MarkerOption 객체를 준비한 후 addMarker() 함수로 지도 위에 마커를 출력하면 됩니다.

```
map.addMarker(markerOptions);
```

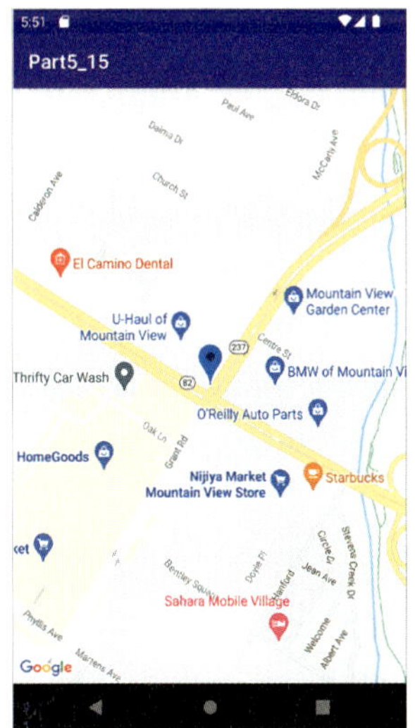


그림 15-3 Marker

### 마커 이벤트 처리

사용자가 지도에 출력된 마커를 클릭한 순간의 이벤트나 마커의 정보 창을 클릭했을 때의 이벤트 처리가 필요할 수 있습니다.

- **OnMarkerClickListener**: 마커를 클릭한 순간의 이벤트
- **OnInfoWindowClickListener**: 마커의 정보 창을 클릭한 순간의 이벤트

```
map.setOnMarkerClickListener(new GoogleMap.OnMarkerClickListener() {
    @Override
    public boolean onMarkerClick(Marker marker) {
        if(marker==marker1){
            //...
        }
        return false;
    }
});
map.setOnInfoWindowClickListener(new GoogleMap.OnInfoWindowClickListener() {
    @Override
    public void onInfoWindowClick(Marker marker) {
        //...
    }
});
```

setOnMarkerClickListener와 setOnInfoWindowClickListener 함수를 이용하여 이벤트를 등록하며, 이벤트 발생 시 호출되는 함수의 매개변수로 Marker 객체가 전달되어 마커 내의 정보를 얻어 처리할 수 있습니다.

**[실습 15-1] Geo 프로그래밍** *Step by Step*

앞에서 살펴본 위치 정보 획득과 구글 지도를 이용하는 방법을 실습해보겠습니다. 위치 정보 획득은 Fused API를 이용할 것이며, 구글 지도는 사용자 위치를 가운데로 띄운 상태에서 마커를 올리는 식으로 진행하겠습니다.

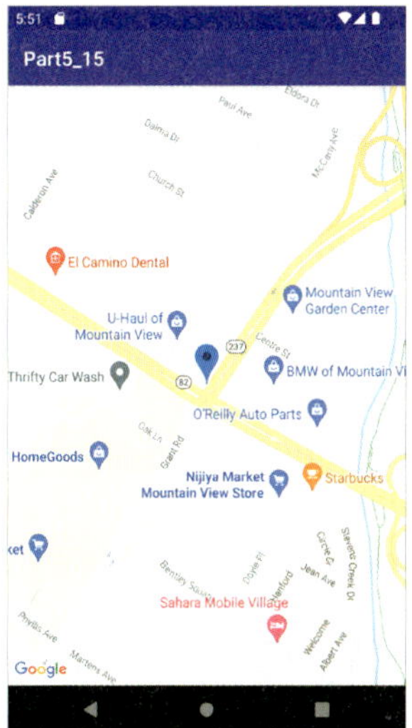


그림 15-4 결과 화면

## Step 1 _ 모듈 생성

이번 15장의 실습을 위해 모듈 이름을 "Part5_15"로 지정하고 액티비티 설정에서 'Source Language' 부분을 Java로 설정하여 모듈을 새로 만듭니다.

## Step 2 _ build.gradle 설정

build.gradle 파일에 dependency 설정으로 play-services 라이브러리를 추가합니다.

**build.gradle**

```
//......
android {
        //......
        multiDexEnabled true
    }


}


dependencies {
    //......
    implementation 'com.google.android.gms:play-services:12.0.1'
}
```

defaultConfig 영역에서 multiDexEnabled 항목을 true로 설정하면, 해당 앱이 참조하는 라이브러리의 메서드가 65,536개를 초과할 때 발생하는 빌드 오류에 대처할 수 있습니다. 그리고 구글 지도와 Fused Location Provider를 사용하고자 play-services 라이브러리를 등록했습니다.

## Step 3 _ SHA-1 지문 획득

지도를 출력하려면 개발자 콘솔에서 API 키를 획득해야 하는데, 이때 SHA1 지문이 필요합니다. 아래의 자바 keytool 명령어로 SHA1 지문을 획득하기 위해 앱을 빌드할 때 사용한 키 파일이 있어야 합니다.

```
keytool -list -v -keystore 〈키 파일명〉 -alias 〈키 이름〉 -storepass 〈키 파일 비밀번호〉 -keypass 〈키 비밀번호〉
```

위의 명령을 명령 프롬프트 창 혹은 터미널 창에서 입력합니다. 만약 단순 테스트라면 안드로이드 스튜디오에서 디버그용 키를 획득하여 이용합니다. 정식으로 배포하고자 하는 앱은 keytool 명령어로 SHA1 지문을 획득해야 합니다.

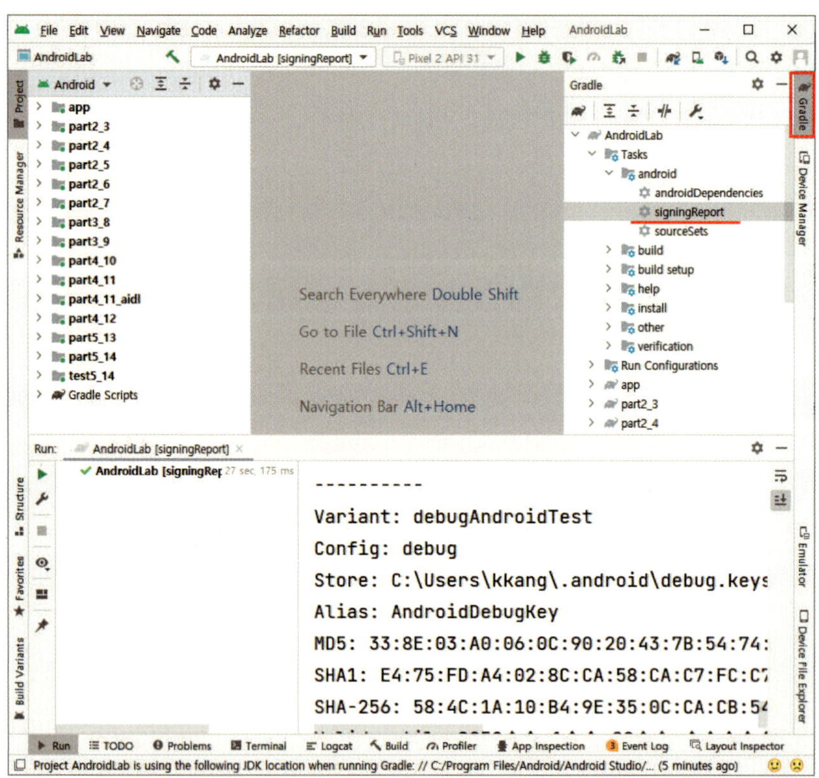


그림 15-5 SHA1 지문 획득

안드로이드 스튜디오 화면의 오른쪽에 있는 [Gradle]이라는 메뉴를 클릭하면, 그레이들 폴더의 구조 중 AndroidLab/Tasks/android/signingReport가 보입니다. 'signingReport'를 클릭하여 SHA1 지문을 획득합니다.

이렇게 획득한 SHA1 지문은 파이어베이스 콘솔에 앱을 등록할 때 이용되므로 개발자가 따로 보관해두어야 합니다.

### Step 4 _ 구글 개발자 콘솔 작업

구글 개발자 콘솔 사이트를 브라우저로 엽니다. 사이트에 접속하려면 구글 계정이 있어야 합니다.

개발자 콘솔에 처음 접속하면 국가와 서비스 약관에 동의해야 합니다. 그리고 메인 화면 위쪽에 있는 [프로젝트 선택]을 누르고 이어지는 화면에서 임의의 이름으로 〈새 프로젝트〉를 클릭합니다.

- 구글 개발자 콘솔 사이트: https://console.cloud.google.com/google/maps-apis

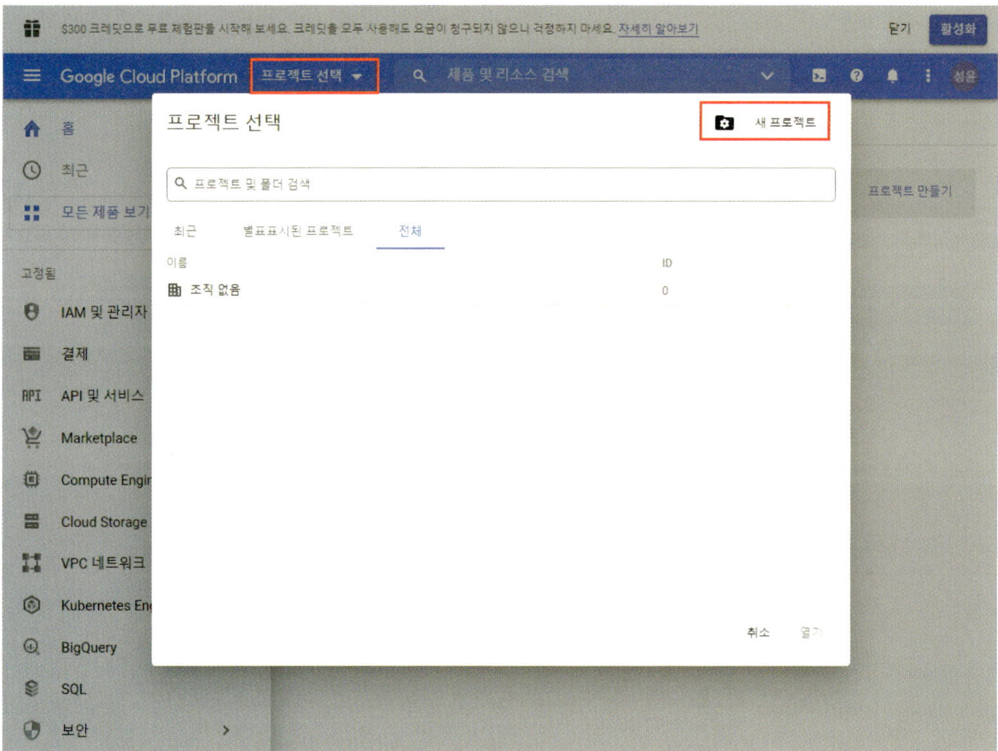


그림 15-6 프로젝트 만들기

프로젝트를 만들었으면 다시 [프로젝트 선택]을 눌러, 방금 만든 프로젝트를 선택하고 왼쪽 메뉴에서 [API 및 서비스 → 라이브러리]를 선택합니다.

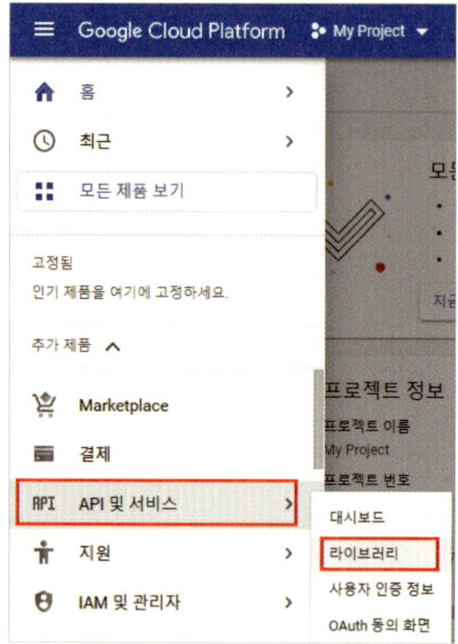

그림 15-7 라이브러리 메뉴 선택

라이브러리를 선택하면 아래와 같은 화면이 나옵니다. 사용하고자 하는 API 라이브러리를 선택하는 화면입니다. 이 중 〈Maps SDK for Android〉를 선택합니다.

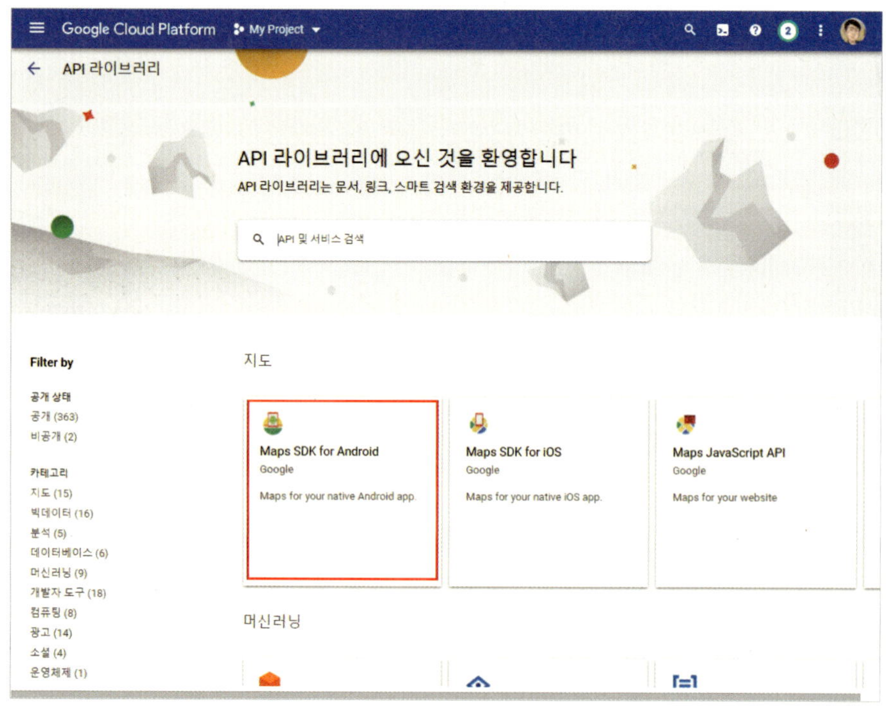

그림 15-8 라이브러리 선택

Maps SDK for Android 화면에서 〈사용〉 버튼을 클릭하면 이 API를 사용할 수 있게 됩니다.

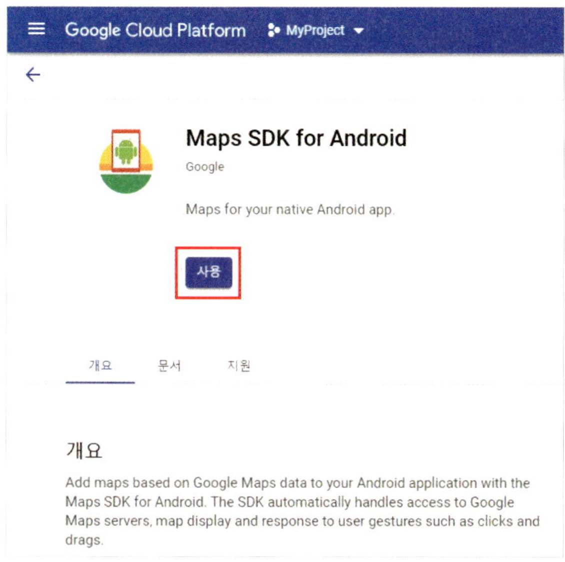


그림 15-9 사용 설정

API 설정 화면으로 이동하면, 왼쪽 메뉴에서 [사용자 인증 정보]를 클릭합니다. 화면의 위쪽에 〈+ 사용자 인증 정보 만들기〉를 누르고 'API 키'를 차례대로 누릅니다.

그림 15-10 API 키 만들기

그러면 API 키가 생성되는데, 이 키가 잠시 후 매니페스트에 작성해야 할 지도 API 키이므로 복사해둡니다. 그리고 지도 API 키를 안드로이드 앱에서 사용하려면 키 제한을 걸어야 하므로, 〈키 제한〉을 누릅니다.

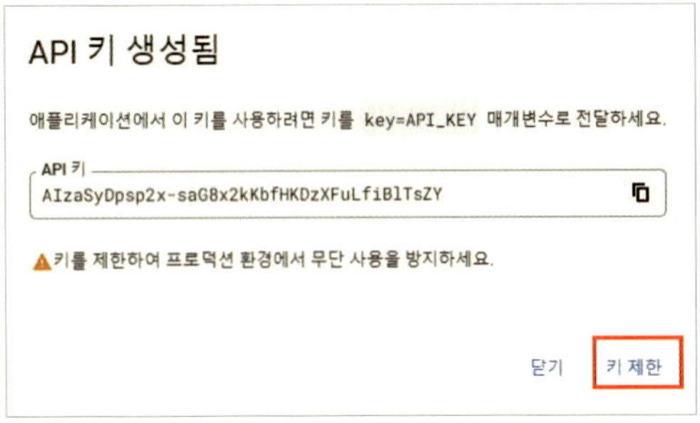

API 키 생성됨

애플리케이션에서 이 키를 사용하려면 키를 key=API_KEY 매개변수로 전달하세요.

API 키
AIzaSyDpsp2x-saG8x2kKbfHKDzXFuLfiBlTsZY

⚠키를 제한하여 프로덕션 환경에서 무단 사용을 방지하세요.

닫기 키 제한

그림 15-11 키 제한

키 제한 화면에서 '이름'에 적절한 키 이름을 작성하고 '애플리케이션 제한사항'에서 [Android 앱]을 선택합니다. 그리고 'Android 앱의 사용량 제한'에서 〈항목 추가〉를 누릅니다.

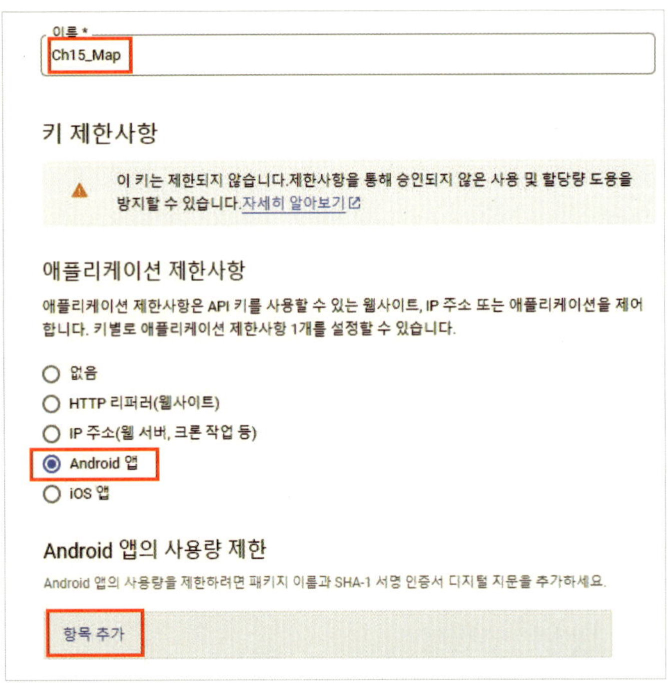


그림 15-12 키 제한 사항

새 항목 창에서 앱의 패키지 이름과 〈Step 3〉에서 얻은 SHA1 지문을 넣고 〈완료〉 버튼을 누릅니다.

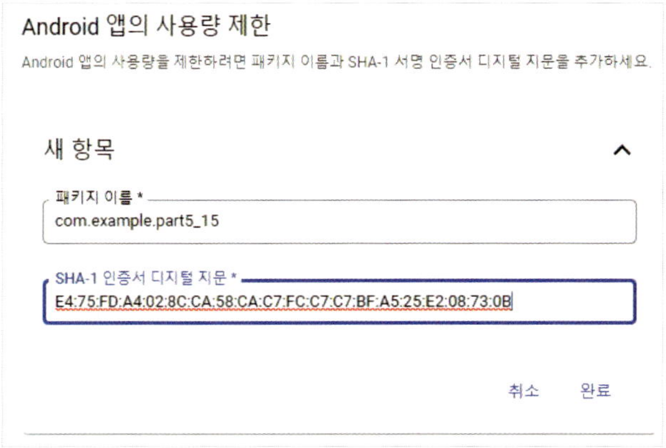

Android 앱의 사용량 제한

Android 앱의 사용량을 제한하려면 패키지 이름과 SHA-1 서명 인증서 디지털 지문을 추가하세요.

새 항목

패키지 이름 *

com.example.part5_15

SHA-1 인증서 디지털 지문 *

E4:75:FD:A4:02:8C:CA:58:CA:C7:FC:C7:C7:BF:A5:25:E2:08:73:0B

취소 완료

그림 15-13 새 항목 추가

그다음 'API 제한사항'에서 [키 제한]을 선택하고 아래 펼침 목록을 눌러 'Maps SDK for Android'를 선택한 후 〈확인〉을 누릅니다. 그리고 〈저장〉 버튼을 클릭하여 API 키 설정을 마칩니다.

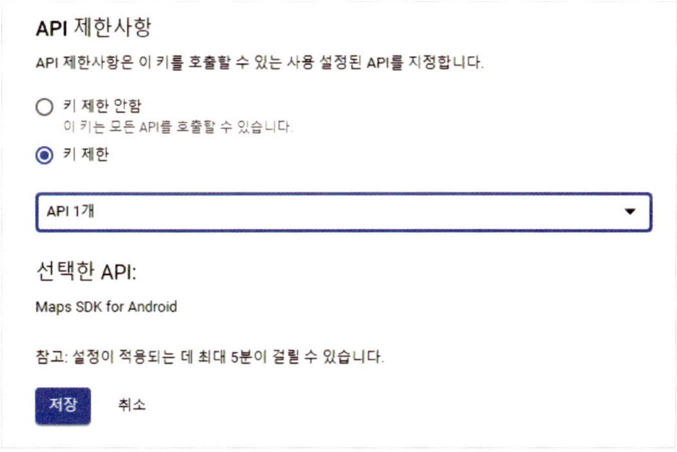

API 제한사항

API 제한사항은 이 키를 호출할 수 있는 사용 설정된 API를 지정합니다.

키 제한 안함

이 키는 모든 API를 호출할 수 있습니다.

키 제한

API 1개

선택한 API:

Maps SDK for Android

참고: 설정이 적용되는 데 최대 5분이 걸릴 수 있습니다.

저장 취소

그림 15-14 키 제한

## Step 5 _ AndroidManifest 작업

위치 정보 획득과 지도 출력을 위한 AndroidManifest.xml 파일에 다음과 같이 작성하여 설정합니다. 〈meta〉 태그로 〈Step 4〉에서 획득한 API 키 값을 com.google.android.maps.v2.API_KEY의 value 값으로 설정합니다.

**AndroidManifest.xml**

```
<manifest ......>
    <uses-permission android:name="android.permission.ACCESS_FINE_LOCATION"/>
    <uses-permission android:name="android.permission.ACCESS_COARSE_LOCATION"/>
    <uses-permission android:name="android.permission.ACCESS_NETWORK_STATE"/>
    <uses-permission android:name="android.permission.INTERNET"/>
```

```
    <uses-permission android:name="android.permission.WRITE_EXTERNAL_STORAGE"/>
    <application ......>
        <uses-library android:name="org.apache.http.legacy" android:required="true"/>
        <meta-data android:name="com.google.android.maps.v2.API_KEY"
            android:value="AIzaSyDpsp2x-saG8x2kKbfHKDzXFuLfiBlTsZY"/>
        <meta-data android:name="com.google.android.gms.version"
            android:value="@integer/google_play_services_version"/>
        ......
    </application>

</manifest>
```

### Step 6 _ activity_main.xml 작성

지도를 출력하기 위해 activity_main.xml 파일에 다음처럼 <fragment> 태그를 작성합니다.

**activity_main.xml**

```
<fragment xmlns:android="http://schemas.android.com/apk/res/android"
    android:id="@+id/mapView"
    android:layout_width="match_parent"
    android:layout_height="match_parent"
    android:name="com.google.android.gms.maps.MapFragment"/>
```

### Step 7 _ MainActivity 작성

위치 정보 획득과 지도 제어를 하는 MainActivity를 다음처럼 작성합니다.

**MainActivity.java**

```
public class MainActivity extends AppCompatActivity
implements GoogleApiClient.ConnectionCallbacks
 , GoogleApiClient.OnConnectionFailedListener, OnMapReadyCallback {

        FusedLocationProviderClient providerClient;
        GoogleApiClient apiClient;
        GoogleMap googleMap;

        @Override
        protected void onCreate(Bundle savedInstanceState) {
            super.onCreate(savedInstanceState);
```

```
    setContentView(R.layout.activity_main);

    ActivityResultLauncher<String[]> activityLauncher = registerForActivityResult(
            new ActivityResultContracts.RequestMultiplePermissions(), isGranted -> {
        if (isGranted.containsValue(false)) {
            Toast.makeText(this, "퍼미션 설정해야 합니다.", Toast.LENGTH_SHORT).show();
        }else {
            apiClient.connect();
        }
    });

   MapFragment mapFragment =
   (MapFragment) getFragmentManager().findFragmentById(R.id.mapView);
   mapFragment.getMapAsync(this);

   providerClient = LocationServices.getFusedLocationProviderClient(this);
   apiClient = new  GoogleApiClient.Builder(this)
           .addApi(LocationServices.API)
           .addConnectionCallbacks(this)
           .addOnConnectionFailedListener(this)
           .build();

   if(ContextCompat.checkSelfPermission(this,
   android.Manifest.permission.ACCESS_FINE_LOCATION) !=
   PackageManager.PERMISSION_GRANTED ||
   ContextCompat.checkSelfPermission(this,
   android.Manifest.permission.WRITE_EXTERNAL_STORAGE) !=
   PackageManager.PERMISSION_GRANTED ||
   ContextCompat.checkSelfPermission(this,
   android.Manifest.permission.ACCESS_NETWORK_STATE) !=
   PackageManager.PERMISSION_GRANTED) {
              activityLauncher.launch(
                  new String[]{
                  android.Manifest.permission.ACCESS_FINE_LOCATION,
                  android.Manifest.permission.WRITE_EXTERNAL_STORAGE,
                  android.Manifest.permission.ACCESS_NETWORK_STATE
              }
       );
   }else {
       apiClient.connect();
   }
}
```

```
private void moveMap(double latitude, double longitude){
    LatLng latLng = new LatLng(latitude, longitude);
    CameraPosition position = new CameraPosition.Builder()
            .target(latLng)
            .zoom(16f)
            .build();

    googleMap.moveCamera(CameraUpdateFactory.newCameraPosition(position));

    MarkerOptions markerOptions = new MarkerOptions();
    markerOptions.icon(
    BitmapDescriptorFactory.defaultMarker(BitmapDescriptorFactory.HUE_AZURE));
    markerOptions.position(latLng);
    markerOptions.title(" MyLocation ");

    googleMap.addMarker(markerOptions);
}

@Override
public void onConnected(@androidx.annotation.Nullable Bundle bundle) {
    if(ContextCompat.checkSelfPermission(this,
    android.Manifest.permission.ACCESS_FINE_LOCATION)
    == PackageManager.PERMISSION_GRANTED){
        providerClient.getLastLocation().addOnSuccessListener(this, location -> {
            double latitude = location.getLatitude();
            double longitude = location.getLongitude();
            moveMap(latitude, longitude);
        });
        apiClient.disconnect();
    }
}

@Override
public void onConnectionSuspended(int i) {

}

@Override
public void onConnectionFailed(
@androidx.annotation.NonNull ConnectionResult connectionResult) {

}
```

```
    @Override
    public void onMapReady(GoogleMap googleMap) {
        this.googleMap = googleMap;
    }
}
```

## Step 8 _ gradle.properties

다음은 에러가 발생할 상황에 대응하기 위한 작업입니다. 작성하는 시점에 사용한 라이브러리 버전 혹은 그레이들 버전에 따라, 앱을 빌드할 때 아래와 같은 에러가 발생할 수 있습니다.

```
Duplicate class android.support.v4.app.INotificationSideChannel found in modules
core-1.7.0-runtime (androidx.core:core:1.7.0) and support-compat-26.1.0-runtime
(com.android.support:support-compat:26.1.0)
//중략……
```

위의 에러가 발생한다면, gradle.properties 파일에 아래의 설정을 추가해야 합니다.

**gradle.properties**

```
# ......
android.enableJetifier=true
```

## Step 9 _ 실행

part5_15 모듈을 실행하여 결과를 확인합니다.

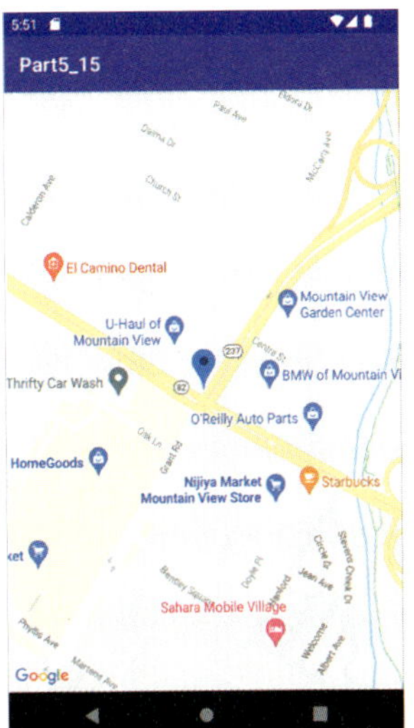


그림 15-15 결과 화면

## A – C



## D – I

## J – N

## ㄱ – ㅎ



## 기타